KB186561

자유주의는 진화하는가

— 열린 자유주의를 위하여 —

자유주의는 진화하는가

— 열린 자유주의를 위하여 —

황경식 지음

철학과 현실사

머리말: 열린 자유주의를 위하여

자유주의는 오늘날 한국정치의 화두가 되고 있으며 한국사회의 지배적인 담론이라 해도 과언이 아니다. 사실상 해방 이후 오늘에 이르기까지 우리는 자유민주주의를 정치이념으로 내세워 왔거늘 지금 와서 다시 자유주의가 새삼 거론되고 때로는 자유주의를 명분으로 서로 갈등하기까지 하는 이유는 어디 있는가?

필자가 보기에 그 해답은 자유주의가 고정된 하나의 이념체계이기보다는 마치 유기체와 같이 성장하고 진화해 가는 살아 있는 이념이기 때문이 아닌가 한다. 물론 자유주의 그 자체도 이같이 미래를 향해 열린 개방적 이념이지만 자유주의에 대한 우리의 인식이나 이해 또한 점진적으로 심화되고 숙성해 가기 때문이기도 하다는 생각이 든다.

다른 정치이념과는 달리 자유주의는 그것이 본질적으로 개방적인 이념이고 따라서 다소 무정형한 측면을 갖는 까닭에 역사의 굽이마다 새로운 자극과 자양분으로 변신하고 성숙해 가는 것으로 보인다. 따라서 현실적으로 존재하는 것은 자유주의 그 자체라기보다는 다양한 자유주의들

(liberalisms)이라고 하는 것이 옳을 듯하다. 그러므로 어떤 역사적, 사회적 맥락에서의 자유주의를 지정해서 논하지 않는 한 자유주의 담론이 난맥상을 이루는 것 또한 이 때문이 아닌가 한다.

정치철학자 포퍼(Karl Popper)가 그의 유명한 저서 『열린 사회와 그 적들(*Open Society and Its Enemies*)』에서 열린 사회에 대해 말한 것을 거의 그대로 자유주의에 대입해도 큰 무리가 없을 듯하다. 세상에는 자유주의와 이에 적대하는 것들이 존재하며 자유주의는 이러한 적들과 투쟁하는 가운데 성숙하고 성장해 가는 열린 이념이라 할 수 있다.

나아가 자유주의는 이에 저항하는 적대자들을 타파하고 계몽하는 이념으로서 더욱 역동적인 성격을 갖는다고 생각된다. 이런 의미에서 필자는 이 책의 부제를 '열린 자유주의를 위하여'라고 붙여보았다. 어쩌면 자유주의는 과거완료형이기보다는 현재진행형으로서 열린 이념(open idea)보다 여는 이념(opening idea)이라는 표현이 더 적절할지 모른다.

또한 자유주의라는 정치적 프로젝트는 그 기원에 있어 가치의 분화 내지는 가치관의 다원화를 모태로 하기에 자유주의와 다원주의(pluralism)는 태생적 친화력을 갖는다는 생각이 든다. 따라서 과거 전체주의나 집단주의를 획책하는 정치가들은 자유주의를 주적으로 경계할 수밖에 없었으며 또한 이 같은 전체적 집단체제 속에서는 모두가 획일적인 가치관을 공유하고 있기에 자유주의는 오히려 불필요하고 무용한 것일 수도 있었다.

정치권력에 의해 강제되지 않고 자유가 보장되는 여건에서는 가치관의 다원화라는 추세를 막을 수가 없다고 본다. 또한 다원적인 가치관들이 평화 공존하기 위해서도 자유주의 이념은 필수적으로 요청된다. 이 같은 이유로 자유주의와 다원주의는 상호 의존적이고 상호 요청적이라 할 수 있다. 물론 자유주의와 다원주의가 반드시 가치 상대주의를 전제하는지는 다시 논의되어야 할 또 다른 주제라 할 것이다.

자유주의는 근세 이후 전개된 다원주의라는 사회적 사실에 대처하기 위해 구상된 가장 현실적인 정치적 대안이라고 생각된다. 사회의 다원주의적 원심성을 용납하면서도 사회정의에 의거한 최소한의 규범을 구심점으로 중심잡기를 모색하는 것이 자유주의가 아닌가 한다. 이 같은 관점에서 이해할 때 사실상 신중한 자유주의자와 신중한 공동체주의자 간의 이견은 화해 불가능한 것이 아니라고 여겨진다. 이는 결국 바람직한 인간사회를 형성함에 있어 원심성과 구심성에 두게 될 비중의 조정문제로 환원될 수 있기 때문이다. 따라서 현대적 정치사상의 담론에 있어서 자유주의자가 아닌 신중한 공동체주의자는 없다고 생각되며 공동체적 유대의 가치를 외면한 신중한 자유주의자는 없는 것으로 보인다.

세계화 시대에 자유주의의 현안과제 중 하나는 문화다원주의를 수용하는 가운데 그와 양립 가능한 보편윤리를 구상하는 과제이다. 이는 근세 이후 자유주의적 개별국가의 형성이라는 국내적 과제가 규모를 달리하는 세계화 시대에 국제적 과제로 확대된 것일 뿐이라 생각된다. 물론 국제적 과제는 국내적 과제보다 더 복잡하고 따라서 고려해야 할 사항이 복합적일 뿐 아니라 그 시행상의 난점도 가중될 수밖에 없다. 그러나 어떤 경우이건 간에 자유주의적 프로젝트의 기본 얼개는 사회정의를 기반으로 한 다원주의의 중심잡기로 요약할 수 있을 것으로 생각된다. 이런 점에서 정치적 자유주의자 롤즈는 『정의론』에서 시도한 그의 국내적 정의론이 성공할 경우 『만민법』에서 국제적 정의론으로 확대 적용할 경우에도 승산이 있을 것으로 기대한다.

자유주의 역사를 일별하면 자유주의는 다양한 버전을 통해 진화해 왔으며 진화의 방향은 대체로 사회성원들이 향유하는 자유의 극대화를 겨냥하고 있다는 생각이 든다. 여기서 문제되는 자유는 특정 자유이기보다는 다양한 자유들의 꾸러미 개념(bundle concept)으로서 여러 가지 자유들의 체계를 의미하며 이 같은 꾸러미 전반의 극대화를 함축한다. 또한 사회성원들 역시 어느 누구도 배제하지 않고 모든 성원들을 포함함으로써 자유주의는 이들 모든 성원들이 향유하는 자유체계의 극대화를 지향하게 되는 것이다.

단지 정치적 자유에 집착했던 초기 자유주의의 형식적 공허성은 사회주의적 도전에 불씨를 제공했고 사회주의적 평등이념은 자유주의적 자유개념을 실질적으로 보완하는 결과를 갖게 된다. 따라서 최근 자유주의가 자유만이 아니라 평등에도 관심을 갖게 되는 까닭은 고전적 자유주의가 내세운 자유의 유명무실을 극복하기 위함에 있다 할 것이다. 이렇게 해서 자유주의 역사는 자유지상주의(libertarianism)와 자유주의적 평등이념의 분기점에 이르게 된다.

자유주의의 진화가 모든 사회성원들이 향유하는 바, 양립 가능한 자유체계의 극대화를 지향한다고 전제할 경우 합당하고도 현실성 있는 자유주의 유형은 그러한 자유체계의 극대화를 현실적으로 구현하고 보장해 줄 정책 인프라를 소지했느냐에 의해 평가된다. 흔히 자유주의를 두고 전개되는 좌우 대립적인 이념들 간의 승패는 자유체계의 극대화를 위한 현실성 있는 정책제안에 달려 있다 할 것이다. 대안적 정책에 의해 검증되지 못한 이념논쟁은 소모적인 공리공담에 다름 아니기 때문이다.

이렇게 볼 때 한국사회의 자유주의 담론은 언어유희의 수준을 크게 벗어나지 못하는 듯이 보인다. 언쟁의 수준에서는 서로 상대방을 적대적으로 비판할 만큼 자신의 차별성을 주장하면서도 막상 그것을 뒷받침할 정책적 구상과 정책제안에 있어서는 취약한 것이 우리네 자유주의 담론의 허상이라 생각된다. 그뿐만 아니라 우리는 자유주의를 내세우면서도 서로 상대방의 사소한 차이를 용납하지 못하고 관용에 지극히 인색하다. 그야말로 설익은 자유주의, 닫힌 자유주의의 징표가 아닐 수 없다.

사이버 시대에 있어 가치다원화 경향이 극단에 이르러 해체의 단계로 나아가는 지점에 주목해야 할 것이다. 해체는 영역들 간의 경계가 허물어지고 따라서 독자적 정체성의 소멸을 함축한다. 근세로 접어든 초기 근대는 개인의 자아를 비롯해서 개별국가의 경계가 구축, 구성되는 시기였다면, 근세 후반에서 현대에 이르는 시기는 자아와 국가의 경계가 해체, 소멸되어 가는 시대인 듯하다. 그래서 근대는 국가형성과 자아확립이 시대적 과제였다면, 현대는 국가의 경계가 약화되어 지구촌 사회로 편입되고 통일적 자아의 경계가 무너져 다중자아로 이행하기에 이른다.

그러나 극단적인 해체 일변도는 혼란과 무정부상태를 결과하게 되고 이 또한 엄청난 사회적 비용을 예고하게 되는 까닭에 해체시대를 감당하고 지탱해 줄 최소한의 중심잡기가 요구된다. 다원주의와 해체주의 그 자체를 탓할 바는 아니나 그것이 최소한의 중심잡기에 의해 지속 가능한 것이 되게 해야 하며 그런 의미에서 최소한의 규범으로서 사회정의의 문제가 중요한 관심사로 떠오르게 된다.

우리가 동일한 가치관이나 인생관의 공유를 기대할 수는 없으나 공동체 구성을 위한 최소한의 헌장에 합의한다는 것은 불가피할 뿐만 아니라 시도할 가치가 있는 프로젝트라 생각된다. 그래서 우리는 서로 다른 가치관에 따른 다양한 삶의 방식을 추구하면서도 이들 간에 중첩되는 최소한의 공통분모에 대한 합의를 도출함으로써 자유로우면서도 평화공존하는 길을 가게 된다.

그래서 우리는 서로 중첩적 합의를 이룬 부분에 대한 신의를 구축하면서도 서로의 다양성과 차이성에 대한 관용과 인정을 훈련해야 할 것이다. 서로의 차이를 인정하고 그에 대해 관용을 베푼다는 것이 반드시 상대방의 진리성을 수용한다는 뜻은 아니다. 관용은 피차간의 오류 가능성과 진리에 이르는 다원적 통로를 열어두는 것을 의미한다. 인간은 유한하고 상대적인 이성을 소지한 까닭에 상호간의 의사소통과 대화는 진리에 점진적으로 접근할 수 있는 차선의 방법이라 할 수 있다.

이런 맥락에서 우리는 자유주의의 최소주의적 프로젝트로서 롤즈의 정치적 자유주의(political liberalism)에 관심을 갖게 된다. 가능한 한 서로를 불화하게 하는바, 철학적 신념이나 형이상학적 입장을 괄호 속에 넣고

서로 중첩하는 사항에 합의를 도출함으로써 공동체를 위한 최소한의 헌장으로 삼자는 발상이다. 그것은 개인권의 존중과 인간다운 삶의 최소조건에 대한 규정으로 구성되는 바 관용의 한계가 될 것이며 공동체의 기본 구조나 틀거리가 될 것이다. 이같이 공동체의 존재근거가 될 최소한의 기본 요건에 대한 합의도출이 불가할 경우 공동체는 유명무실하며 해체의 길을 걷게 될 것이다.

그동안 필자는 자유민주 이념에 바탕한 교육을 받아 왔고 철학공부를 하는 도중 우연히 자유민주주의의 최근 버전이라 할 수 있는 롤즈의 『정의론』에 접하게 되었다. 롤즈의 『정의론』은 필자의 잠재의식적 자유정신이 점차 의식화되면서 자유주의를 향한 사회경제적 인프라를 각성하게 된 기회를 제공했다. 따라서 근래에 필자가 쓴 논문들은 그 주제들을 불문하고 나름대로 구상해 온 자유주의적 입장으로 일관하고 있는 듯하여 이들을 한 권의 책으로 묶어볼 용기를 내게 되었다.

근세 이후 자유주의가 그 본격적 시동 이후 사회주의적 도전에 직면, 자유지상주의와 자유주의적 평등이념으로 분화하는 자유주의의 역사에 대한 인식, 최근 자유주의와 공동체주의 간의 논쟁을 바라보는 시각, 그리고 칸트로부터 밀을 거쳐 롤즈에 이르는 일련의 정치철학을 바라보는 관점 등 제1부에서 다루는 모든 주제들에 있어 필자 나름의 자유주의 이해가 바탕을 이루고 있다. 나아가 제2부에서 세계화 시대의 지구촌 정의, 문화다원주의와 보편윤리의 양립 가능성을 추구하는 입장이나, 아시아적 가치의 지양, 충효사상과 같은 전통윤리의 현대적 이해 등을 논의하는 시각에 있어서도 필자의 자유주의 이해는 일관된 주조를 이루고 있다고 판단된다.

제3부 사회정의의 현실적 구현에 있어서도 정의로운 전쟁론, 소유권과 분배정의, 기업윤리와 경영권 상속의 문제, 공직윤리의 철학적 기초, 나아가 사회개혁과 시민운동에 있어서도 롤즈류의 자유주의적 평등이념이 기

조를 이루고 있다. 이 밖에도 사회적 자본으로서의 도덕성 및 한국사회의 도덕교육, 전문직과 직업윤리 등 현대 한국의 윤리교육을 논의하는 제4부, 이어서 제5부 실천윤리와 미래의 전망에서 지적 재산권 개념, 정보기술의 사회윤리적 함축, 다중자아와 자아정체성, 응용윤리의 전망 등에 있어서도 결국 해체시대의 중심잡기는 자유주의적 사회정의관에 의거한 것이어야 한다는 일관성을 유지하고 있다고 생각한다.

이 책이 한국 자유주의 담론의 발전과 진화에 작은 밑거름이 되었으면 하는 기대를 가져본다.

2006년 여름
꽃마을에서 황경식 적음

차례

제1장 자유주의는 진화하는가
- 자유와 소유 그리고 공동체

1. 들어가는 말

대한민국은 해방 이후 일관되게 자유민주주의를 국가철학으로 내세워 왔다. 그러나 해방 60여 년이 흐른 지금에 이르러서도 한국사회의 자유주의 담론은 난맥상을 이루고 있어 사이비 자유주의와 사이비 비판이론이 판을 치고 있는 실정이다. 근래에는 자유주의의 이름으로 현정권의 노선을 비판하기도 하고 자유주의의 우파적 버전인 뉴라이트(New Right)를 비판적 대안으로 내세우기도 한다.

물론 자유주의도 역사의 구비마다 갖가지 굴절을 거쳐 성장, 발전해 온 정치이념으로서 다양한 스펙트럼을 갖는다. 고전적 자유주의는 사회주의의 도전을 거치는 가운데 평등의 계기를 수용함으로써 자유와 평등의 가치를 조정하는바 자유주의적 평등(liberal equality)을 내세우는 입장과 평등보다는 자유의 가치를 우선시하는 자유지상주의(libertarianism)로 양분된다. 이로써 자유주의(liberalism)는 우파적

인 자유지상주의와 좌파적인 사회주의 사이의 중도적인 위치에 자리
하게 된다. 그러나 실상 현실 자유주의는 자유와 평등의 가치에 대한
미묘한 강조점의 차이를 두고 중도좌파 자유주의와 중도우파 자유주
의로 양분되는 경향이 있다.

여하튼 우리의 관심은 자유주의의 핵심 즉, 자유주의를 다른 정치이
념과 차별화하는 본질적 요소를 분명히 하고, 이와 관련해서 자유주의
에 대해 가장 위협적인 요소 즉, 반자유주의적(anti-liberal) 요소가
무엇인지를 이해함으로써 자유주의의 외연을 확인하는 데에 있다. 이
점이 분명해지면 진정 자유주의가 무엇이며 그 적 또한 무엇인지가 이
해될 것이고 따라서 무모하게 자신의 입장과 사소한 차이를 보인다고
해서 자유주의의 적으로 매도하는 우는 범하지 않게 될 것이다.

한국 자유주의 담론을 관찰할 경우 직관적으로 떠오르는 몇 가지 인
상을 열거할 수 있을 것으로 보인다. 우선 한국에는 심정적 자유주의
자들이 많다는 생각이다. 다시 말하면 스스로 자유주의자로 공언하는
사람도 구체적인 입장이나 정책에 의거한 자유주의자이기보다는 자유
주의에 대해 막연하면서도 우호적인 정서를 갖는 수준이 전부인 것으
로 보인다. 나아가 정서나 심정에 기반을 둔 자유주의인 까닭에 다른
자유주의 버전과 자신의 입장을 차별화할 구체적 대안이나 정책이 빈
약한 것이다. 자유주의 스펙트럼에 있어 다른 자유주의와 차별화할 특
성이 없을 뿐 아니라 다른 형태의 자유주의에 대한 평가에서는 의외로
과격하고 적대적이다. 이를테면 좌, 우, 중도적 버전의 자유주의를 표
방하든, 뉴라이트나 뉴레프트라는 신조어를 들고 나오든 간에 그들이
내세우는 정책들에 일관성이 없을 뿐 아니라 정책들 간에 뚜렷한 차이
를 간파하기가 어려운 것이 심정적 자유주의의 특색이 아닌가 한다.

각양의 자유주의를 차별화해 줄 인프라, 즉 정책적 기반에 차이가 없
는 까닭에 입장을 달리하는 자유주의자들 간의 담론은 화려한 이념적
언어들로 된 말놀이가 주종을 이룬다. 그리고 이같이 하부구조에 기반

을 두지 못한 말장난에서는 시비나 승부를 가릴 기준이 없는 까닭에 이념적 언설의 공회전만 있을 뿐이다. 정책적 기준이 없을 뿐 아니라 자유주의의 핵심에 대한 이해의 공유가 없는 까닭에 자유주의의 적과 동지에 대한 식별이 어려워지고 따라서 상대방 자유주의가 갖는 차이를 과대평가하거나 과소평가함으로써 공정한 담론이 어려워진다. 이를테면 자유주의의 동일한 스펙트럼에 속하지만 다소간 평등지향적 좌경을 하거나 소유지향적 우경을 할 경우 상대를 자유주의의 적들로 평가하는 일이 비일비재하다. 한국 자유주의의 담론에 있어서는 자본주의나 재벌기업 옹호론을 펴게 되면 수구나 보수로 낙인 찍히게 되고 평등지향적 복지정책을 편들게 되면 좌경세력이나 사회주의자로 지탄받게 된다. 이 같은 흑백논리적, 2항대립적 구도에 있어서 중도는 기회주의자가 되고 건전한 중도우파나 중도좌파가 설 자리를 잃게 된다.

세계 정치사상사를 일별할 경우 분명 자유주의는 근세 이후 정치이념의 주류를 형성해 온 것이 분명하며 이에 대해 비판적으로 제시된 각종 대안적 정치이념들과 부단한 갈등과 대결을 거치면서 자유주의는 지속적으로 발전, 진화해 온, 그리고 진화해 가는 이념이라는 생각이 든다. 필자가 생각하기에 자유주의의 변증법적 발전에 있어 가장 중대한 두 가지 매개변수는 사회주의와 공동체주의가 아닌가 한다. 근세 이래 자유주의가 오늘날의 자유주의로 성장해 옴에 있어 사회주의의 평등주의적 주장과 공동선, 공동체의 가치를 중심으로 한 공동체주의의 부단한 비판과 견제는 무비의 기여를 해온 것으로 생각된다. 고전적 자유주의의 소유권지향적 개인주의(possessive individualism)는 평등주의적 비판과 공동체주의적 비판 속에서 정치이념의 주류를 감당할 수 있는 이념으로 성장, 진화해 온 것이 아닌가 한다. 하지만 우리는 현대적 자유주의만으로 섣불리 역사의 종언을 말하기는 어려울 것이라 생각되는데, 이는 자유주의가 그 성장과 진화의 여력이 다했다고 하기가 어려울 것이기 때문이다.

우리는 이상과 같은 배경적 이해 속에서 한국 자유주의 담론의 성장과 진화 및 세계 자유주의의 진화에 있어서의 기여를 위해 선결되어야 할 많은 과제가 있을 것이라 생각한다. 우선 우리는 자유주의와 관련해서 갖가지 언어적, 개념적 명료화 작업 내지는 교통정리를 해가야 할 것이다. 지금과 같은 개념적 혼란 위에서는 효율적 의사소통이 불가능할 것이며 공리공담에 그치는 소모전만 있을 수 있기 때문이다. 그리고 자유와 소유권에 대한 더 세밀한 분석이 있어야 할 것이다. 물론 우리의 전통에서는 자유의 진정한 기반은 소유가 아니라 무소유에 있다는 철학도 있기는 하나, 우선 우리는 사회적 자유에 있어 소유의 문제가 더 일차적인 과제임이 분명한 만큼 이러한 분석에 주력하면서 무소유에 기반한 자유에 대한 전망도 잊어서는 안 될 것이다. 끝으로 자유주의적 개인권과 공동체주의적 공동선의 상보관계에 대해서도 깊은 분석이 요청된다. 특히 이는 동서문명의 대화와 융합을 통한 새로운 정치이념을 모색함에 있어 반드시 짚고 넘어가야 할 이념적 과제의 하나라 생각되기 때문이다.

2. 자유주의, 진화하는 정치이념

자유주의란 무엇인가? 자유주의에 대한 간명한 설명을 시도하려 할 경우 우리는 곧바로 우리가 논의하려는 주제가 자유주의인가 아니면 자유주의들인가(liberalism or liberalisms)라는 당혹스러운 질문에 직면하게 된다.[1] 유명한 자유주의자들을 열거하기는 쉬우나 그들이 공유하고 있는 게 무엇인지를 말하기는 간단하지 않다. 존 로크, 아담 스미스, 몽테스키외, 제퍼슨, 존 스튜어트 밀, T. H. 그린, 존 듀이 그

---

1) Alan Ryan, "Liberalism", *A Companion to Contemporary Political Philosophy*, eds., R. E. Goodin and Philip Pettit, Blackwell, 1993, p.291.

리고 I. 벌린이나 J. 롤즈 같은 현대 학자들도 분명 자유주의 진영에 속한다. 그러나 그들은 관용의 범위, 복지국가의 정당성, 민주주의의 장점 등 주요 정치적 문제들에서도 합의하지 못하고 있다. 심지어 그들은 자유주의자들이 추구해야 한다고 생각하는 자유의 성격에 대해서마저 합의하지 못하고 있는 실정이다.

물론 정치학과 관련된 다른 주요 개념들 역시 정의되지 않거나 정의할 수 없는 것들이라는 점은 흔히 제기되는 불평이기는 하다. 심지어 정치적인 것과 비정치적인 것 간의 구분까지도 논란의 여지가 있으며 국가의 규범적 특징, 합법성의 필요충분조건까지도 끊임없는 논란의 대상이 되고 있음은 주지의 사실이다. 그러나 자유주의가 다른 이념적 경쟁자들에 비해 형편이 더 나쁜 것은 아니며 대다수의 정치이념들이 유사한 처지에 있는 셈이라 할 수 있다. 자유주의자, 보수주의자, 사회주의자까지도 오직 이슈별로 그 차이성이 확인될 수 있을 뿐이며 한 이슈에 대한 입장이 다른 이슈에 대한 입장을 추정할 수 있는 결정적 단서가 될 수도 없는 것이 현실이다.

보수주의나 사회주의도 비슷한 처지이긴 하나 특히 자유주의와 같은 정치이념이 정의하기 어려운 한 가지 이유는 그런 이념이 정치적 투쟁에 있어 찬양이나 비방의 용어로 이용되기 때문이다. 홉스가 지적한 대로 정치이념에 대한 논의가 분분한 까닭은 상충하는 이해관계의 결과이기 때문이라 할 수 있다. 이를테면 1970년대 이래 공동체주의로 알려진 정치적 운동은 그 주요 특징 중 하나가 자유주의에 대한 적대감이라 할 수 있다. 공동체주의자의 기술에 따를 경우, 자유주의는 매력 없는 이론이고 사회학적 오류와 도덕적 환상에 바탕을 두고 구성된 것이라 한다. 롤즈와 같은 자유주의자도 이 같은 혹평은 자신들의 입장을 비꼬기 위해 개작한 패러디에 불과하다는 것이다.[2]

자유주의와 같은 정치적 용어를 정의하기 어려운 또 한 가지 설명은 정의 자체가 본질적으로 논란의 여지가 있는 용어로 구성되며 이 용어들의 의미와 지시내용이 지속적으로 논란거리가 되는 것이기 때문이다. 만일 우리가 자유주의를 '개인의 자유가 최고의 가치이며 제도와 관행을, 자유를 증진함에 있어 성공 여부에 의해 판단되는 것이라는 믿음'으로 정의할 경우 이는 또 다른 논쟁을 불러일으킬 뿐이라는 점이다. 여기에서 우리는 다시 자유란 무엇인가, 자유는 적극적 자유인가 소극적 자유인가, 국가 전체의 자유는 그 성원들의 자유와 어떻게 관련되는가를 물어야 한다. 나아가 자유만이 논란의 여지가 있는 것이 아니라 정의 속에 나오는 문제의 개인은 누구인가, 성원으로서 개인에는 어린아이가 포함되는가, 노인들과 정신적 결격이 있는 자는 어떤가, 거기에는 외국인 거주자나 재외 국민도 포함되는가, 이같이 논의의 여지가 있는 용어들을 포함할 경우 정의는 본질상 논쟁거리를 배제하기 어려운 것이 될 수밖에 없다.[3]

이같이 자유주의가 정의하기 어려운 정치이념이며 다양한 자유주의 버전 간에 공통되는 본질적 요소를 구분해 내는 일이 어려운 것이 사실이나 또한 우리는 이들 자유주의들에 있어 더 온건한 의미에서 가족유사성(family resemblance)마저 외면해서는 안 된다는 점도 일리있는 충고라 생각된다. 다시 말하면 우리는 자유주의가 개인, 사회, 국가 이론에 있어 나름으로 입장을 지니며 비록 그 이론이 다른 정치이념과 부분적으로 중첩되는 점이 있기는 하나 이들이 결합되어 자유주의라는 하나의 사조를 형성해 오고 있으며 나아가 자유주의는 다른 사조들과 충돌하고 화합하는 가운데 더 복합적이고 세련된 형태의 자유주의로 발전, 진화해 간다는 사실을 관찰할 수 있다고 생각한다.

일반적으로 자유주의 역사에는 고전적 자유주의와 현대적 자유주의

---

2) John Rawls, "Justice as Fairness: Political not Metaphysical", *Philosophy and Public Affairs*, vol.14, no.3, Summer 1985, p.233.
3) Alan Ryan, 앞의 논문, p.292.

라는 두 종류의 자유주의가 있는 것으로 간주된다. 고전적(classical) 자유주의는 존 로크, 아담 스미스, 토크빌, 하이에크 등에 의해 대변된다. 이들의 중심 논의는 제한된 정부(limited government)라는 관념, 법의 지배(rule of law)의 유지, 임의적인 자유재량권(discretionary power)의 회피, 자유계약과 사유재산(private property)의 신성성, 각자의 운명에 대한 개인의 책임(responsibility of individuals) 등에 집중되고 있다. 고전적 자유주의는 오늘날의 관점에서 볼 때 다수결을 존중하기는 하나 반드시 민주주의적 이론이 아니었고 인간능력에 대한 신뢰에 기반한 진보적인 교설도 아니었으며 사회정의에 바탕한 복지국가에 호의적이지도 않았다.

고전적 자유주의에 대한 현대적 지지자들은 최소한의 도덕적 근거로 간주하는 바에 의거해 최소정부(minimal government)를 옹호하며, 정부에 의해 간섭받지 않을 경우 경제가 번영을 가져다준다는 점에서 최소국가를 정당화했다. 이러한 논변은 자연적 자유(natural liberty) 체제를 옹호한 아담 스미스의 국부론으로부터 비롯되었고 근래에는 하이에크에 의해 전승되고 있으며 현실 사회주의의 패망 후 더욱 그 신뢰를 공고히 하고 있다. 물론 고전적 자유주의자도 법의 지배에 반대하진 않았지만 국가의 강제권이 갖는 갖가지 폐해를 들어 최소정부를 옹호하고자 했다. 그러나 고전적 자유주의의 현대적 옹호자들은 그들의 주장이 현대적 자유주의에 의해 위협당하고 있다고 판단한다.

현대적 자유주의(modern liberalism)는 존 스튜어트 밀의 『자유론(On Liberty)』에 의해 예시되고 있는데 이에 따르면 인간은 진보하는 존재(progressive being)로서 그들의 개성은 개방된 다원성 속에서 만개할 수 있다는 것이다. 철학적으로는 영국의 이상주의자들(idealists)과 홉하우스 같은 신자유주의자들(new liberals)에 의해 주창되었다. 현대적 자유주의 이념은 제2차 세계대전 전에는 자유주의 정부의 복지 입법에 의해, 전쟁 중에는 뉴딜 정책을 통해, 전쟁 후에는 복지국가 활동의 활성화에 의해 구체화되었다. 현대적 자유주의는 그것이 근거하고 있는 도덕적 기초가 자유에 의해 규정될 수 있는 까닭에 심지어 그 비판자들에 의해서도 자유주의의 한 형태임은 합의되고 있는 주지의 사실이다.[4]

소극적으로 말하면 현대적 자유주의의 목표는 개인들을 기아, 실직, 질병, 노령 등의 두려움으로부터 해방하는 일이며 적극적으로는 밀이나 훔볼트가 꿈꾸어 온 방식대로 현대 산업사회의 성원들이 행복과 번영을 누리게끔 돕자는 것이다. 이 같은 목표를 도모함에 있어 현대적 자유주의는 복지국가 이념을 지지하며 경제에 대해 상당한 정도 정부의 간섭 없이는 그런 이념이 성취될 수 없다고 본다. 따라서 현대적 자유주의는 사유재산을 신성불가침한 것으로 간주하지 않으며 정부의 기능을 야경국가와 같은 최소한의 것으로 제한하지 않는다. 그래서 롤즈와 같은 현대적 자유주의자들은 사유재산은 개인의 자기표현에 있어 필요불가결한 요인이긴 하나 과도한 소유는 정당화되기 어렵다고 못박고 있다. 물론 현대적 자유주의 비판자들은 그것이 자유주의의 한 형태임을 부인하지 않으면서도 바로 그 점에서 위험한 유형의 자유주의로 간주한다.

자유주의 이론에 있어서 고전적–현대적 자유주의 간의 구분과 밀접한 관련을 갖기는 하나 동일하지는 않은 또하나의 구분이 있는데, 그것이 바로 자유지상주의와 자유주의 간의 구분이다. 어떤 구분에 있어서이건 각 유형의 자유주의는 자신만이 진정한 자유주의이며 이와 대립되는 입장을 비판적으로 배제하고자 한다. 근래의 자유지상주의자들(libertarians)은 가끔 그들이 바로 고전적 자유주의자들이라 주장하기는 하나 그것이 전적으로 진실이라고 하기는 어려운 실정이다. 또한 자유주의와 자유지상주의를 구분하는 일이 쉬운 것만은 아니다. 양

---

4) 위의 논문, p.294.

자는 모두 개인적 자유의 증진을 내세우며 모두가 자신과 더불어 자신의 자질을 자유로이 이용할 권리를 갖고서 세상에 태어난다는 인간권리를 기반으로 하고 있다.

그러나 자유지상주의와 자유주의가 갈라지는 시발점은 국가에 대한 그들의 입장에서이다. 자유지상주의는 정부가 필요악이 아닐 뿐 아니라 대체로 불필요한 악이라고 한다. 이에 비해서 자유주의는 정부가, 조심해서 다루어야 하겠지만 다른 도구들과 마찬가지로 선용하면, 좋은 목적에 쓰일 수 있다는 것이다. 아마도 가장 중요한 차이점은 자유지상주의자들은 권리를 사유재산의 한 형태로 간주하는데 특히 자유지상주의의 한 대변자인 노직은 이를 소유권한(entitlement)이라 부른다.[5] 그에 따르면 개인은 자기 자신과 그 능력의 소유자이며 이를 이용해서 생겨난 노동산물이나 타인들이 자유로이 양도한 자원에 대해 정당한 소유권을 갖는다는 것이다. 하지만 정부는 이러한 소유권의 주체가 될 수 없으며 따라서 분배나 재분배권을 가질 수 없다고 주장함으로써 복지국가에 대한 반론을 강하게 내세운다.

이에 반해서 복지국가적 자유주의(welfare state liberalism)를 강력히 내세우는 자유주의자 롤즈는 그의 『정의론』에서 우리가 갖는 권리와 향유할 자유의 종류 및 범위를 이해하기 위해 자신의 천부적 재능과 사회적 지위를 모르는 무지의 베일(veil of ignorance)을 쓴 가상적 입장에서 정의의 문제를 숙고해야 한다는 것이다. 이로부터 롤즈는 최대한의 평등한 자유원칙과 최소수혜자를 포함한 모든 성원에게 이득이 될 차등원칙을 이끌어낸다.[6] 이같이 자유주의적 정치이론을 옹호함에 있어 사회정의관을 도입하는 것은 J. S. 밀로부터 내려오는, 진보하

---

5) R. Nozick, *Anarchy, State and Utopia*, New York: Basic Books, 1974, p.150 이하
참조.
6) John Rawls, *A Theory of Justice*, Cambridge: Harvard University Press, 1971,
pp.11-17.

는 존재로서 개인의 자기개발권 이념에 기반을 둔 것으로서 고전적 자유주의 옹호자들에게 정면으로 도전을 하는 셈이다.

필자는 고전적 자유주의에서 현대적 자유주의로, 그리고 자유지상주의에서 자유주의로의 흐름으로부터 자유주의는 나름으로 진화해 가고 있는 정치이념이라 생각한다. 특히 전자로부터 후자로의 진화와 발전에 있어서는 마르크스에 의거한 사회주의적 이념의 매개가 본질적 기여를 했다는 점도 유념해야 할 것이다. 여하튼 자유주의는 그 정의상 유명무실한 자유가 아니라 명실상부한 자유를 선호해야 한다면, 나아가 자유주의가 가진 소수자의 자유보다는 모든 성원의 자유를 선호해야 할 이유가 있다면, 자유지상주의로부터 자유주의로의 운동은 하나의 진화로 볼 수 있음에 틀림없다. 자유주의가 자유체계의 극대화를 지향하는 이념이라면 현대 자유주의가 자유와 더불어 평등에 관심을 가질 수밖에 없으며 그래서 자유주의가 자유주의적 평등(liberal equality) 이념으로 발전하는 이치를 충분히 이해할 수 있을 것으로 보인다. 이런 점에서 우리는 고전적 자유주의가 암암리에 전제하고 있는 소유적 개인주의(possessive individualism)를 비판적으로 성찰해야 할 것이다.

나아가 앞으로 살피겠지만, 자유주의는 최근 공동체주의적 도전에 직면하여 자신을 보완하거나 아니면 자신의 공동체주의적 측면을 변호하면서 자유주의의 개인권과 공동체주의의 공동선을 통합적으로 추구하는 공동체주의적 자유주의로 발전하고 있는데, 이것도 자유주의가 진화하고 있는 한 양상을 보여주고 있다. 또한 자유주의는 한 국가 내의 문화다원주의와 국제 간 문화의 충돌에 봉착하여 자신의 입장이 더 큰 수용 가능성을 확보하고 다른 정치이념들에 대해서도 관용의 범위를 더욱 확장하기 위해 최소주의적 전략을 채택하는바, 자신을 다양한 문화 간의 중첩적 합의가 이루어지는 공적인 영역에 국한하고자 한다. 이 같은 자유주의의 최소주의적 프로젝트의 결과는 롤스의 정치적 자유주의(political liberalism)에 의해 가장 잘 대변되며 이 또한 자유주의적 진화의 최근 모습 중 하나로서 주목할 만하다.[7]

3. 자유주의, 그 적들과 동지들

앞에서 논구한 바와 같이 우리가 자유주의에 대한 정의나 자유주의들에 공통된 본질을 찾는 야심을 버리고 다양한 자유주의들에 중첩되는 가족유사성에 주목한다면, 우리는 자유주의를 나름으로 어떤 인간론, 사회론, 국가론을 갖는 사조로서 이해할 수 있을 것이다. 우선 자유주의가 일정한 정치제도와 상관되는 것이긴 하나 그에 앞서 자유주의는 개인들의 좋은 삶(the good life)에 대한 이론으로서, 그리고 그런 삶이 영위될 수 있는 사회적, 경제적, 정치적 체제와 관련해서 설명될 수 있다. 롤즈는 그의 『정의론』에서, 우리는 좋은 삶에 대한 특정한 입장을 받아들임 없이 제도적 디자인을 하기 위한 자유주의적 이론을 구성해야 한다는 입장에 대한 설득력 있는 논변을 제시하고 있다.

롤즈에 따르면 자유주의적 정치 및 경제제도를 위한 합의를 추구하는 일은, 종교적 신앙이나 개인적 가치관과 같이 아주 중요하기는 하나 이론의 여지가 있는 문제에 중립적인 기반을 찾을 경우 더욱 원활하게 진행될 수가 있다는 것이다.[8] 물론 비판가들이 주목했던 바와 같이 롤즈는 실제로 좋은 삶에 대한 최소주의적 가정을 통해 자유주의자가 되고자 했다. 다시 말하면 롤즈에 따르면 노예제는 이론의 여지없이 악이며 양심적 믿음의 억압은 용납할 수 없는 것이고, 합리적인 사람이면 누구든 직업생활과 삶의 양식에 있어 선택의 자유가 삶이 의미있

---

7) John Rawls, *Political Liberalism*, Columbia University Press, 1993 참조.
8) John Rawls, "The Domain of the Political and Overlapping Consensus", *New York University Law Review* 64, 1989, pp.233-255.

는 것이기 위해 본질적으로 중요하다는 것을 롤즈도 인정하고 있다. 롤즈의 정의이론이 바탕을 두고 있는 인간본성과 인간적 선에 대한 최소한의 전제들은 회의주의나 도덕적 신념의 결여를 반영한다기보다 각 개인은 자신의 운명을 선택하는 주체이고 타인들이 좌우할 수 없다는 자유주의적 사고의 강력한 표현인 것이다.

결국 자유주의적 인간관은 다양한 대변자를 가지긴 하나 한 가지로 요약될 수 있는데, 개인은 스스로를 창조하는 존재이며 어떤 한 가지 단일한 가치관으로는 성공적인 자기창조를 규정할 수 없고 이같이 자신의 삶에 책임을 지는 것 자체가 자유주의자들이 이해하는 좋은 삶의 일부라는 점이다. 그리고 자유주의가 좋은 삶에 대한 단일한 가치관을 갖지 못하는 이유는 자유주의자들이 통상 경험론자인 까닭에 오직 경험을 통해서만 개인의 행복과 번영에 진정 도움이 되는 것이 무엇인지 알 수 있기 때문이다. 또한 자유주의자들은 다원주의자이기에 자율적 개인은 서로 아주 상이하면서도 동등하게 좋은 삶의 다양한 가능성을 선택할 수 있기 때문이다. 물론 이 같은 인생관, 가치관이 이론의 여지가 없는 것은 아니며 다수의 비판가들에 의해 매력없는 것으로 비난받고 있음도 사실이기는 하다.

사회이론과 관련하여 자유주의는 흔히 공동체의 역할을 평가절하한다는 비판을 받기도 한다. 그러나 자유주의자들은 사회가 성원들의 삶의 형태를 주형, 형성하는 방식을 이해하고, 사회가 더 이상 그들의 삶을 왜곡하거나 불구로 만들지 않을까 조바심하는 것은 사실이나, 자유주의 나름의 사회이론이 없다고 보기는 어렵다. 현대 자유주의자들은 사회의 기원을 설명하기 위해서라기보다 그것을 바라보고 평가하기 위해 사회가 일종의 계약(contract)을 함축한다고 보는 계약론적 논변이 크게 도움이 된다고 본다. 개인에 대한 집단의 권위는 절대적인 것이 아니며 개인이 그런 권위를 받아들이기로 합의할 계약의 가상적 조건에 의존하는 만큼 상대적인 것이라 할 수 있다는 것이다.

이상은 사회의 강제적 권위와 관련된 것이고 이를 넘어서 자유주의적 사회가 어떤 것인지는 그리 간단히 말하기 어렵다. 앞서 논의한 바와 같이 자유주의는 개인의 자율적 선택을 중시하는 만큼 자유주의자들의 사회는 그 성원들의 삶을 고양시키는 다양한 자발적 연합체(voluntary associations)가 번성하는 시민사회적 공간이라고 할 수 있을 것이다. 이 이상을 넘어 자유주의적 공동체에 대한 구체적 논의를 하기는 어려울 것이나 중요한 것은 다양한 공동체를 구성하는 과정에 있어 성원들의 인권과 개인적 자유가 존중된다는 점이 더 중요하며 이 같은 기본 요건이 충족되는 한 다원적 공동체들 간에는 공존과 관용이 용납되는 것이다. 결국 강권에 의해 통제하지 않고 자유가 허용되는 한 자유주의 사회는 다원주의(pluralism) 사회로 나아가리라 추정할 수 있을 것이다.[9]

사회에 적용되는 것과 국가에 적용되는 것은 동일할 수가 없을 것이다. 사회는 공식적, 비공식적 연합의 영역으로서 거기에서는 여론이 어느 정도의 강제적 기능을 하게 될 것이나 자발적 연합의 여지가 큰 까닭에 사회는 소규모 공동체의 다원적 형태라 할 수 있다. 이에 비해 국가는 본질적으로 강제적 제재에 의한 결합체로서 그 본질상 경쟁자나 대안이 존재하지 않는다. 자유주의 국가는 법의 지배에 의거해 작동할 것은 말할 필요가 없으며, 시민들은 그 대응에 있어 가능한 한 최소한의 강제력을 이용하려 할 것이다. 그런데 문제는 자유주의가 어떤 특정한 형태의 정부를 지정하는지를 두고서 논의가 분분할 수 있을 것이다.

자유주의는 역사적으로 한때는 민주주의(democracy)에 의해 위협을 받았고 다른 때에는 민주주의를 함축하는 것으로 생각되기도 했다. 자유주의가 취할 수 있는 국가는 우선 입헌적 정부라 할 수 있다. 특별

---

9) Alan Ryan, 앞의 논문, p.305.

한 경우를 제외하고 법의 지배라는 요구조건은 정부가 권력을 취득하고 그것을 시행하는 방식에까지 확대 적용된다. 그런데 자유주의와 민주주의 간의 관계는 더 이상의 분석이 요구된다. 민주주의에 다수결의 문제가 불가피하다면 다수자가 자유주의적 입장을 수용할지의 여부는 우연적인 문제이다. 수용할 경우는 자유민주주의가 성립할 것이지만 그렇지 않을 경우 자유주의는 성립할 수가 없는 것이다. 여기에서 자유주의나 민주주의 조정에 대한 각종 입장과 전략이 요구된다. 다수의 권위를 제한하는 한에서 이상의 방책들은 본질적으로 비민주적인 것이 될 수도 있다. 민주주의가 다수의 횡포가 되지 않기 위해서는 중장기적인 교육 프로그램과 전략 또한 요구된다.[10]

지금까지 우리는 자유주의 친화적인 입장들, 자유주의 성립을 도운 동지적 입장들 내지는 각양의 자유주의자들이 부분적으로 공유하는 가족유사성의 범주에 포함될 수 있는 입장들을 살펴왔다. 대체로 이러한 입장들로는 개인주의, 합리주의, 다원주의, 나아가 계약주의, 민주주의 등을 열거할 수 있을 것이다. 그런데 우리가 자유주의를 이해하는 방식은 자유주의 친화적인 입장을 열거함으로써 뿐만이 아니라 자유주의가 거부하는바 자유주의 적대적인 입장을 알아봄으로써도 가능할 것이다. 자유주의의 최고 가치인 자유가 자유를 구속하는 각종 장애를 통해 이해되듯 자유주의의 역사도 그에 적대적인 이념들과의 대립을 통해서 더 잘 이해될 수가 있을 것이다.

이런 관점에서 자유주의의 연속적 역사를 이해하는 한 가지 방식은 모든 형태의 절대적 권위에 대한 지속적인 저항(anti-absolutism)으로서의 자유주의에 주목하는 일이다.[11] 오랜 역사를 거치면서 자유주의자들의 한결같은 관심사는 절대적이고 자의적인 권력에 저항하는

---

10) 위의 논문, p.307.
11) 위의 논문, pp.297-298 참조.

일이었다. 시민사회적 관점에서 자의적인 절대권을 거부했던 로크로부터 나치 독일이나 스탈린주의 러시아의 전체주의적 체제에 대한 20세기 자유주의자의 혐오에 이르기까지 자유주의자들은 자의적인 권위를 용납하거나 관용할 수 없다고 판단했다. 절대권력에 대한 자유주의적 저항의 배후에 깔린 이념 중 한 가지는 정치적 권위는 종교적이거나 계층적, 인종적 목적이 아니라, 순전히 인간의 현세적 목적을 더 합리적이고 효율적으로 충족시키기 위해 존재한다는 점이다.

나아가 자유주의가 지향하는 현세적 목표의 내용은 정치적 권위의 지배를 받게 될 모든 인민들의 견해에 귀기울임으로써만 결정될 수 있다는 것이다. 이는 자유주의가 모든 인간이 날 때부터 자유롭고 평등하다는 주장을 그 도덕적 논거로 삼고 있음을 의미한다. 정치권력의 자유주의적 정당근거를 이루는 또 한 가지 요소는 현대 자유주의의 반전체주의적 에너지의 대부분을 제공한 것으로서 자유롭고 평등한 개인들은 그러한 자유와 평등을 정치제도는 물론이고 법 체제 속에서 인정받아야 한다는 점이다. 인간은 자유로이 자신의 목적을 위해 결사를 조직할 수 있으며 다양한 사회적, 경제적, 지적 활동에 가담할 수 있다는 것이다.

자유주의적 전통에 관류하는 절대주의에 대한 저항과 대립은 또 다른 하나의 기원을 갖는다. 이는 자유주의가 현세적 권위와 종교적 권위의 혼동에 적대적인 입장을 취하는 것과 관련되며 자유주의가 양심의 자유나 권리에 집착하는 점과도 관련된다. 정치적 맥락에서 사용되는 '자유주의적(liberal)'이라는 말은 사실상 19세기 유럽에서 반-신정주의(anti-theocracy)의 맥락에서 처음으로 사용되었던 것이다. 따라서 자유주의는 교회와 국가를 분리하고자 한 19세기적 유럽사상과 연관되며 가톨릭 교회가 더 이상 가톨릭을 신봉하는 나라의 정치에 영향력을 행사하지 못하게 하려는 것이었다. 논변의 핵심은 종교적 관용을 옹호하고 종교적 독점에 저항하는 논변이었던 것이다.[12]

정치적 전제주의(despotism), 신정주의(theocracy), 양자의 현대적 결합물인 전체주의(totalitarianism)에 대한 혐오는 긴 역사를 갖는다. 그런데 자유주의와 적대관계에 있는 세 번째 유형은 이에 비해 더 짧은 역사를 지닌다. 19세기 중반 이래 오늘날까지 자유주의의 한 흐름은 자본주의를 자유주의의 적으로 간주하고 있는데(밀, 듀이 등) 이는 자유주의의 역사에 있어서 대단한 역전으로 규정될 수 있다. 19세기 초두에 이르기까지 자유주의와 자본주의(capitalism)는 적대적인 관계가 아니었다고 말하는 것은 지나친 단순화가 아니라고 할 수 있기 때문이다.

인간은 사상에 있어서도 자유와 자율을 향유해야 하지만 노동에 있어서도 자유와 자립의 기반에 서야 한다. 개인들이 이같이 자신의 두 발로 서서 자유, 자율, 자립을 누리고 그에 대해 책임을 질 때 사회도 발전하고 경제적인 번영도 기대할 수 있다고 본다. 이렇게 볼 때 사유재산제도에 바탕한 자본주의가 자유주의와 원천적으로 적대관계에 있을 이유는 없다. 그러나 사유재산은 이롭게 쓰일 수도 있지만 억압적으로 이용될 수 있음도 사실이다. 상당한 재산을 가진 기업가의 자유와 아무것도 갖지 못한 노동자의 협상력 간에는 깊은 갈등이 있게 된다. 19세기를 통해서 억압적으로 오도된 정부로부터 재산가나 기업가를 해방시킬 필요와 더불어 자본가의 폭력으로부터 노동자나 소비자를 해방시킬 필요가 있다고 느끼게 되었다.

밀은 현대 일용 노동자는 고대의 노예와 진배없이 직업선택의 자유를 누리지 못하고 있음을 알았다. 바로 그런 정신에서 그는 노동자가 힘의 균형을 다소나마 회복하게 하기 위해 조합의 결성권을 옹호했다. 그린이나 홉하우스는 이로부터 더 나아가 말하기를 자본주의는 술마시는 관행의 유포를 통해 피해자들의 건강과 자존심을 파괴하는 즉,

---

12) 위의 논문, pp.299-300 참조.

일반인들에게 일종의 도덕적 폭력을 행사한다는 것이다. 신자유주의는 영국이나 미국의 예에서 보듯 갖가지 적극적인 야심도 가졌지만 노동자가 자본가의 힘으로부터 해방될 필요가 있다는 부정적 견해도 가졌다.[13]

이미 살핀 바와 같이 자유주의는 반전제주의적이고 반독단주의적이며 20세기적 전체주의와도 적대적인 것이다. 그러나 고전적 자유주의와 현대적 자유주의 간에 긴장이 있듯 친자본주의적 자유주의와 반자본주의적(anti-capitalist) 자유주의 간에도 동일한 긴장관계가 나타난다. 그래서 대부분 자유주의자가 복지국가라는 목표를 추구하되 제한적이고 합법적인 정부의 존재를 위협할 정도에까지 나아가지 않듯 자본주의적 경제의 운용을 제한하되 계획경제의 수준으로까지 나아가지는 않는다고 할 수 있다. 어떻든 자유주의는 자유에 대한 위협에 적대적인 만큼 시대에 따라 상이한 양상으로 나타나게 되고 따라서 다양한 유형의 자유주의가 있게 되는 것이다. 이상과 같이 우리는 자유주의가 정치적 절대주의, 종교적 독단주의, 소유적 자본주의와 대립하는 가운데 성장, 진화해 온 정치이념임을 확인하게 된다.

4. 자유체계의 극대화와 소유관

자유주의의 핵심과 맞닿아 있으면서도 다양한 자유주의를 차별화하는 한 가지 포인트는 그러한 자유주의가 어떤 소유체계를 지지하는가이다. 소유체계와 관련하여 자유주의를 논하게 될 경우, 자칫 추상적인 공리공담으로 흐를 우려가 있는 자유주의 담론이 더 구체적인 지반 위에서 수행되는 실사구시적 담론으로 전환될 것이며 종국에는 소유체계와 연관된 정책대결에로의 문을 열게 된다고 본다. 헤겔도 지적했

---

13) 위의 논문, pp.302-303 참조.

듯 소유는 자유의 사회적 인정(recognition)을 함축하며 현실적 기반을 의미하기 때문이다. 정당화될 수 있는 소유체계에 대한 물음이 전제될 경우 합당한 임금체계, 합당한 상속과 증여체계, 합당한 세금체계 등도 의미있게 논의될 수 있을 것이다.

목적가치는 자유이고 지향하는 목표가 자유의 극대화라면 소유나 소유체계는 그러한 목적이나 목표를 효율적으로 달성해 줄 수단이나 도구라 할 수 있을 것이다. 개인에 있어서는 자신의 자유를 극대화하는 것이 목표일 수도 있겠지만 사회나 국가는 특정 개인이나 계층의 자유가 아니라 성원 모두의 자유를 극대화하는 것을 목표로 삼아야 할 것이다. 나아가 자유 또한 단일한 개념이기보다는 다양한 자유의 체계로 이루어진 꾸러미 개념(bundle concept)이라고 생각할 경우 결국 자유주의 이념의 정치적 목표는 성원 모두의 자유체계의 극대화가 될 것이며, 이를 가장 효율적으로 달성해 줄 소유체계를 모색하는 일이 정책적 과제가 된다 할 것이다.

자유주의에 대한 이해방식도 갖가지이며 자유주의자들이 비판의 표적으로 삼는 것도 다양하기는 하나 이들에 있어 공통되는 한 가지 요소는 개인이나 집단의 자유(liberties)에 대한 관심이라 할 수 있을 것이다. 그런데 자유주의를 더 체계적으로 해명하고자 하는 또 다른 접근방식이 있을 수 있는데, 이에 따르면 문제의 자유들은 인간이 가진 권리(rights)에 대한 일정한 견해에 근거를 두고 있다는 것이다. 옹호할 만한 인간의 권리체계가 함축하는 바를 고려함으로써 자유의 적절한 목록이 제시될 수 있다는 입장은 J. 로크와 I. 칸트에서 비롯하는 자유주의적 전통을 이루고 있다. 이에 따르면 자유주의적 입장은 인간의 권리가 무엇인가에 대한 견해에 기초하고 있으며 특정한 자유체계에 대한 옹호는 바로 그런 권리귀속에 대한 옹호가 된다는 것이다.

가능한 일련의 권리 중 자유주의가 전제로 하는 가장 합당한 인간의 기본 권리는 자기 소유권(self-ownership)이다. 자기 소유권은 일반적인 사유재산권과 더불어 통제권(right of control)이라는 한 가지 특성을 공유하고 있다. 이 점에 있어서 사람들이 자기 인신에 대해 갖는 통제권과 소유자가 자신이 소유한 재산에 대해 갖는 통제권 간에는 명백한 유비관계가 있으며, 두 경우 모두에 있어 통제권이 존재한다고 전제할 경우 우리는 권리의 행사로부터 생겨나는 상황에 정당성이 부여된다고 믿는다. 그러나 자신의 인신에 대한 통제권을 인정한다고 해서 그로부터 사유재산권 개념에 내포된 일련의 특정 통제권을 인정하는 것으로 나아가는 단순한 논변이 성립한다는 것은 아니다. 자유주의의 적절한 근거로서 자기 소유권에 대한 인정이 강한 사유재산권(strong property rights)을 거부하게 한다는 것을 입증하는 것은 더 규명되어야 할 논점들 중 하나인 것이다.[14]

사람들이 마땅히 지녀야 할 자유는 모든 이의 자기 소유권이 존중될 경우 그들이 갖게 될 자유이다. 사람들이 이러한 권리를 갖는다는 것은 우리에게 직관적인 호소력이 있는 것으로 보이며, 대부분의 도덕적 논의의 기저에 깔린 가정으로 전제된다. 우리가 법적으로나 도덕적으로 금지된다고 믿는 대부분의 행위는 바로 자기 소유권이 존중될 경우 금지되어야 할 행위들인 것이다. 나아가서 우리는 우리에게 그러한 행위가 금지되는 이유 또한 자기 소유권을 통해서 생각하게 된다. 그러나 이러한 권리가 설득력이 있다고 해서 그에 대한 정당화가 생략되어도 좋을 이유가 되지는 않는다. 마르크스주의나 롤즈에 대한 일부 해석자를 비롯해서 이러한 전제를 받아들이지 않는 자들이 있는 것은 사실이나 우리는 이 논문에서 그러한 권리를 자유주의자들이 공유하는 전제로 가정하고서 논의를 전개해 가고자 한다.

지금까지 우리는 자유주의자들이 내세우는 다양한 자유의 근저에 자기 소유권이 전제되고 있음을 보았다. 다음에 우리는 이러한 자유와

---

14) D. A. Lloyd Thomas, *In Defense of Liberalism*, Basil Blackwell, 1988, p.9 참조.

자기 소유권이 세계 소유권(world ownership), 즉 세계의 각종 자원들에 대한 소유권에 대해 어떤 함축을 갖는지 살피고자 한다. 우선 자기 외부의 일부 사물까지 통제할 권한을 갖지 않고서 자기 소유권을 옹호한다는 것은 무의미할 것으로 보인다. 자기 외부에 있는 물질세계의 일부를 이용하거나 처분할 수 없으면서 우리가 수행할 수 있는 행위는 거의 존재하지 않는다. 심지어 철학적 명상을 하기 위해서도 우리는 명상하는 그곳에 존재할 권리를 가져야 한다. 따라서 물질세계의 일부에 대한 통제권을 결여할 경우 자신에 대한 통제권을 부여한다는 것은 무의미한 일이다.[15] 자기 신체의 외부에 있는 물질세계에 대한 통제권이 없다면, 선택을 보장하는 권리를 개인에게 배정한다는 것이 무슨 의미가 있을 것인가?

나아가서 대부분의 경우 자기 소유권만으로부터는 자유주의의 특징적인 자유의 체계를 제대로 끌어낼 수 없다는 점에도 주목해야 할 것이다. 우리는 또한 자기의 외부에 있는 사물을 이용할 권리도 가정해야 한다. 밀이 제시한 자유의 체계 중 생각과 느낌의 자유, 소견과 감정의 자유는 어떤 곳에 존재할 권리 이외에 다른 외적 사물을 이용할 권리를 특별히 요구하지 않는다. 그러나 언론과 출판의 자유와 결사의 자유, 나아가서는 거주 이전의 자유는 어떤가? 결사의 자유는 뜻을 같이하는 자들이 모일 적절한 장소에 있을 권리를 전제하며, 이동의 자유는 땅을 밟고 길을 갈 수 있는 권리를 전제하는 것이다.

그런데 이런 식의 생각은 개인의 자기 소유권뿐만 아니라 외부의 물질적 사물에 대한 통제권을 필요로 한다는 점을 보여주기는 하나, 그것이 곧바로 개인이 사유재산권을 필요로 한다는 것을 입증한다고 말할 수는 없다. 이런 자유들 중에는 오히려 사유재산이 장애가 되어 바

---

15) G. A. Cohen, "Self-Ownership, World-Ownership and Equality: Part II", *Marxism and Liberalism*, Basil Blackwell, 1986, p.86.

람직하지 않은 경우도 있다. 예를 들어 만일 모든 땅이 사유화되어 있다면, 우리는 아무도 자기가 소유한 땅 이외에는 이동의 자유를 갖지 못하게 될 것이다. 그럴 경우 다른 곳으로 이동할 권리는 나아갈 땅의 소유자 모두의 동의를 얻는다는 조건에 의해 제약될 것이기 때문이다. 따라서 통행권에 필요한 땅은 그 누구의 사유재산이 되어서는 안 된다는 결론에 이르게 된다.[16]

하지만 이상과 같은 점이 사실이라 할지라도 자기 소유권에 기초한 자유주의적 관점에서 볼 때 적어도 어떤 사물에 대해서는 개인의 사유재산권을 옹호할 근거가 있다고 생각된다. 만일 사람들이 집단 소유권 (collective ownership rights)의 행사를 통해서만 어떤 것을 이용할 권리를 갖는다면, 집단적 소유자들로부터 동의를 얻어내야 한다는 조건이 전제된다. 따라서 개인은 그런 재산을 이용하는 한에서 자기 마음대로 살 수 있는 자유를 누릴 수 없으며, 그런 점에서 이런 체제는 개인의 사유재산을 허용하는 체제와는 다른 면에서 자유에 대한 제한을 부과하게 되는 것이다.[17]

지금까지 우리는 자유주의의 기본 전제로서 자기 소유권 및 그와 관련된 세계 소유권에 대한 논의를 해왔다. 그런데 자유주의라면 일반적으로 우파적 이념과 결부되는 입장으로 이해되고 있으나, 우리는 앞에서 규정한 자유주의는 마르크시즘에 대한 어떤 해석과도 양립 불가능한 것이 아니라는 점에서 좌파적 자유주의의 함축에 대해서도 논의하고자 한다.[18] 앞서 논의된 바와 같이 자유주의는 그 전통적인 의미들 중 하나를 이념화할 경우 각자는 자기 자신에 대해 완전한 소유권을 갖는다는 입장으로 규정할 수 있다. 그는 타인을 상해하지 않는 한 자신

---

16) D. A. Lloyd Thomas, 앞의 책, p.86.
17) G. A. Cohen, 앞의 논문, p.85.
18) 위의 논문, p.78.

이 원하는 바를 행할 수 있는 권리를 지닌다. 그런데 주지하다시피 R. 노직이 대변하는 우파적 자유주의는 그러한 전제와 더불어 자기를 소유하는 사람은 외적 자원의 불평등한 소유에 대해서도 마찬가지로 강한 사적 소유권을 갖는다고 말한다. 이에 비해서 좌파적 자유주의는 자기 소유권의 전제를 가정하면서도 외적 자원의 집단 소유를 내세우거나 H. 슈타이너 등과 같이 외적인 자원에 대해 평등주의적 입장을 제시한다.[19]

마르크스주의를 좌파적 자유주의로 해석하려는 시도에 무리가 없는 것은 아니나, 적어도 두 가지 관점에서 마르크스주의는 위에서 규정한 바의 자유주의를 반드시 거부할 필요가 없을 것으로 보인다. 그 중 하나는 자본주의적 부정의에 대한 비판과 관련되는데 이에 따르면 자본가들에 의한 노동자의 착취로 인해 노동자들은 물질적 생산자원을 소지하지 못하며, 따라서 그러한 자원에 대해 계급적 독점을 향유하는 자본가들에게 그들의 노동력을 팔 수밖에 없다는 것이다. 따라서 마르크스주의자들에게 있어서 자본주의의 부정의는 외적 사물에 대한 권리와 관련된 불공정의 문제이며, 결국 이러한 비판은 자기 소유라는 자유주의적 입론을 거부할 근거가 되지 않음은 물론 오히려 자기 소유권에 의거한 비판으로 해석될 여지를 남기는 것이다.

또 한 가지는 제시된 이상적 사회의 성격과 관련된 것으로서 마르크스주의적 공산사회에 있어서는 외적 자원이 공유되고 있으며, 그로 인해서 개인은 자신에 대한 효율적인 주체가 되고, 따라서 자신을 온전히 실현한 자유롭고 자율적인 존재가 되는 것이다. 또한 상당한 정도의 풍요는 일부 인간의 재능을 다른 사람들의 행복을 위해 희생시키는 일도 불필요하게 한다는 것이다.[20] 그런데 이상과 같은 자본주의적 착

---

19) 위의 논문, p.79. Hillel Steiner에 대해서는 "The Natural Right to the Means of Production", *Philosophy and Public Affairs*, vol.10, no.4, Fall 1981 참조.
20) G. A. Cohen, 앞의 논문, pp.79-80.

취에 대한 비판과 집단적 소유나 공산주의적 평등의 옹호에 입각한 좌파적 자유주의의 대안적 체제는 또한 각자가 자신을 지배하는 온전한 주체가 되는 일을 무의미하게 하거나 불가능하게 하며, 이는 결국 평등주의자로서 마르크스주의자들이 자기 소유의 이념을 포기할 수밖에 없는 결과에 이르게 한다. 따라서 자기 소유권과 외적 자원의 평등 내지 집단 소유를 결합시키려는 마르크스주의자들의 시도는 실패할 수밖에 없는 무리한 시도임을 보이고자 한다.

여기에서 우리는 중도적 자유주의자(?)로서 롤즈의 정의론이 정의로운 기본 구조에 있어서의 재산권과 관련해서 무엇을 함축하는 것인지 알아볼 필요가 있다. 특이하게도 롤즈는 이 점에 관해서 그리 분명한 입장을 밝히지 않은 채 그러한 문제와 관련된 논의에 도움이 되는 몇 가지 일반적인 점만을 시사하고 있다. 우선 그는 자유시장체제와 생산 수단의 사적 소유 간에 어떤 본질적 관련도 없다고 주장한다. 따라서 시장체제는 사회주의적 제도, 특히 국가나 사회집단이 모든 생산자원을 소유하는 사회적 소유형태와 온전히 양립 가능하다고 본다.[21] 사실상 롤즈는 정의로운 기본 구조가 노동자에 의해 관리되는 형태의 시장경제에 의해서도 구성될 수 있음을 암시하고 있다.

그러나 한편 롤즈는 이상과 같이 자신의 정의원칙이 체제에 대해 중립적인 것임을 시사하면서도 다른 한편 분배정의의 배경적 제도를 자본과 자연 자원의 사적 소유를 허용하는, 적절히 조직된 민주국가의 관점에서 예시하고 있기도 하다. 물론 이러한 맥락에서도 개인의 사적 소유권은 지나친 재산 축적에 한계를 두게끔 제약받게 된다.[22] 롤즈는 증여에 대한 제한조건과 더불어 자본소득과 재산상속에 대한 특별과세를 제안한다. 이러한 절차들에 일관된 기본 목표는 재산의 광범위한

---

21) John Rawls, *A Theory of Justice*, sec. 42 참조.
22) 위의 책, sec. 43 참조.

분포를 조장하여 평등한 자유의 공정한 가치(fair value of liberties)가 유지되기 위한 필수조건을 확보하려는 것이다. 달리 말하면 이러한 목표는 특히 정치적 자유의 공정한 가치를 보장하기 위한 것으로서 이들 자유가 유린될 경우 누적적인 부정의가 산출된다는 점에 근거하고 있다.[23]

이상과 같이 살펴볼 때, 우리는 롤즈의 입장이 다양한 해석의 여지를 허용하는 불확정성을 내포하고 있다는 느낌을 갖게 된다. 다시 말하면 재산권의 정당화 문제와 관련하여 롤즈의 정의론은 상충하는 여러 입장을 지지할 수 있는 이론이라는 생각이 든다. 롤즈를 자유주의적으로 해석하는 자는 롤즈의 관점에 서서 사회주의적 소유양식에 반대할 것이며, 사유재산권에 대한 최소한의 제약만을 옹호하려 들 것이다. 개인의 소유권이 노직의 주장에서와 같이 절대불가침의 것은 아닐지라도 사적 소유권은 정의의 제1원칙이 보장하는 기본적 자유의 목록에 분명히 포함되어 있다고 본다. 따라서 설사 시장체제가 생산수단의 사유 없이도 효율적으로 작동할 수 있을지는 모르나, 그것이 생산수단의 사유를 폐기할 근거는 될 수 없다는 것이다. 오히려 이러한 기본 자유는 다른 자유들과 양립 가능한 한 최대로 보장받아야 하며, 제1원칙의 우선성으로 인해 다른 어떤 명분으로도 재산권이 침해될 수 없다는 것이다.

그러나 좌파적 입장에서 해석하는 롤즈적 사회민주주의자들은 롤즈의 정의론을 더 면밀히 검토해 볼 경우, 그가 사유재산에 대한 기본적 자유를 생산수단이 배제되는 방식으로 규정하고 있다고 주장할 것이다. 롤즈는 (개인적) 재산을 소지할 권리에 대해서만 언급했을 뿐인 까닭에 생산수단의 사유제를 포기하는 것은 정의의 제1원칙과 일관성을 갖는 것이 분명하다는 것이다. 그리고 실제로 사회주의적 소유체제가

---

23) 위의 책, p.226.

제대로 구성될 경우 기본 구조의 정의를 더욱 증대시킬 수 있다고 본다. 롤즈는 상이한 기본적 자유들이 서로 조정되어 전반적 자유의 가장 광범위한 체계를 결과해야 한다는 점을 명시하고 있다.[24] 그런데 총체적 자유는 민주주의적 참여의 정치적 자유가 노동의 영역에까지 확대됨으로써 엄청나게 증대될 수 있음이 명백하다는 것이다. 생산재의 관리와 의사결정에 노동자들이 참여함으로써 생겨날 자유의 총량은 사유재산권과 관련된 선택의 자유를 침해함으로써 잃게 될 자유의 총량을 훨씬 능가할 것이라는 게 사회민주주의자들의 주장이다.

여하튼 이상의 논의를 통해서 볼 때 기본 가치의 배분(결국은 삶의 기대치에 대한 배분)과 기본 구조의 재산형태 간의 관련에 대해 롤즈의 정의론은 구조상의 불확정성(structural indeterminacy)을 함축하는 듯이 보인다. 그러나 재산권의 정당화에 있어서의 이러한 불확정성은 분배정의의 관점에서 재산권을 보고자 하고, 따라서 재산권이 정의라는 목적에 의거해 조정되어야 할 수단적, 부차적 제도로 보고자 하는 롤즈의 특유한 입장에서 유래한 것이라 생각된다.

이런 의미에서 재산권과 관련된 정의론의 불확정성은 이론상의 결함으로서의 애매모호성이라기보다는 재산제도의 수단적 가변성으로 해석되어야 할 것으로 보인다. 따라서 재산권과 관련된 법적 제도는 정의의 원칙에 의거해서 자동적으로 도출되는 것이라기보다는 그러한 원칙이 구체적인 현실에 적용되는 과정에 있어 여러 가지 역사문화적, 사회경제적 매개 변수에 의해 달라질 수 있을 것으로 생각된다. 이런 관점에서 볼 때, 롤즈의 재산권론은 다양한 해석 가능성을 허용한다기보다는 다양한 적용 가능성을 갖는 정합적인 하나의 통일된 입장으로 해석되어야 하는 것이다.

앞에서도 밝힌 바와 같이 롤즈는 시장체제, 소비자 선호, 직업의 자

---

24) 위의 책, p.226.

유선택을 옹호하면서도 그에 상응하는 바 생산수단의 사유에 대한 특정한 입장을 내세우지 않고 있다.[25] 이는 달리 표현하면, 롤즈는 원리상 정의를 보장하는 경제체제를 옹호하고자 한다고 할 수 있다. 이러한 체제는 역사상 그 기본 요소로서 사유재산체제를 함축하고 있으나, 롤즈는 그러한 제도에 대한 확신이 없다. 그럴 경우 그의 이론은 사적 소유 없는 자본주의(capitalism without ownership)를 옹호하는 셈이며, 결국 소유의 문제는 의도적으로 미제로 남기고 있는 셈이다.

그래서 이미 논의한 대로 롤즈는 생산수단의 사유뿐만이 아니라 생산수단의 사회적 소유도 허용하고자 한다. 결국 그에 있어서 생산수단의 소유 문제는 어떤 체제가 차등의 원칙을 만족시키는가를 관찰함으로써 경험과학적으로 정해질 문제로 본다.[26] 사적 소유나 공적 소유 혹은 두 가지 혼합형 중 어떤 것이든 특정한 산업구조나 경제체제 내에서 차등의 원칙을 만족시킬 수 있는 까닭에 사유나 공유, 개인 소유나 집단 소유에 대해 롤즈는 원리상 불가지론적인, 따라서 개방적인 입장을 취하게 되는 것이다.

그에게 더 중요한 것은 어떤 소유형태가 정당화될 것인가를 결정해 줄 원리를 제시하는 일이며, 기존하는 소유형태가 이러한 기준을 충족시키는지 여부를 검토하고자 한다. 그에 의하면 생산수단의 소유제도는 기본적인 경제제도이기보다는 사회의 기본 구조 속의 배경적 제도 중의 하나이다. 사유 혹은 공유의 문제는 그것이 개인의 재능과 능력을 계발, 이용하여 재화나 용역의 생산성이 증대되는 결과를 조장할 경우에만 정당화된다. 따라서 소유제도는 증대된 생산성에 기여하는 바에 따라서 규정되며, 이는 결국 정의로운 소유양태가 차등의 원칙에 의해 결정되는 것임을 의미한다.

---

25) 위의 책, pp.270–271, 300.
26) 위의 책, pp.258–282 참조.

롤즈에 따르면, 소유제도는 정의롭게 질서지워진 사회의 기본 구조에 있어서 마지막으로 올려지는 벽돌에 비유할 수 있다. 이는 소유의 문제가 그 중요성에 있어서 사소한 것임을 의미하기보다는 그 제도가 언제나 규범적 평가의 관점에서 볼 때 개변의 가능성을 내포하기 때문이다. 소유제도는 다른 배경적 제도들과 더불어 차등원칙에 의해 측정되는바 그 현실적 기여, 즉 사회적 재화의 생산력을 제고하여 최소수혜자의 삶의 기대가 극대화되는 결과에 따라 평가되는 것이라 할 수 있다.

결국 롤즈에 있어서 생산재의 특정한 소유형태에 대한 기본 구조상의 권리는 없는 셈이다.[27] 사적 소유권이나 경영에 대한 개인의 기본권이 없는 것과 마찬가지로 공적 소유권이나 노동자가 경영에 참여할 기본권도 미리 정해져 있는 것이 아니다. 이런 점에 대한 롤즈의 입장은 개인의 재산 소유에 대한 그의 주장과 대조를 이룬다. 개인 재산에 대한 소유권은 정의의 제1원칙에 포함된 기본권으로서 이미 보장된 기본적 자유이다.[28] 하지만 롤즈는 생산재의 소유 문제는 증대된 생산성의 측정 가능한 기여도에 의해 평가된다는 점에서 관리나 경영문제와 본질적으로 차이가 없으며, 따라서 소유도 경영과 같은 기준과 관점에서 의사결정이 이루어지고 평가되어야 한다는 것이다.[29]

5. 자유주의와 공동체주의의 상보

자유주의를 둘러싼 담론에서 뜨거운 논쟁을 불러일으키는 주제 중 하나는, 한 극단으로서 자유지상주의와 다른 한 극단으로서 평등지향

---

27) John Rawls, "The Basic Liberties and Their Priority", *Taner Lectures on Human Values* 3, pp.12, 53-54 참조.
28) John Rawls, "Reply to Alexander and Musgrave", *Quarterly Journal of Economics* 88, 1974, p.640.
29) John Rawls, *A Theory of Justice*, p.280.

적 자유주의로 이루어지는 자유주의의 다양한 스펙트럼 가운데 가장 합당한 자유주의의 유형을 모색하는 데서 생겨난다. 자유와 평등이라는 사회적 가치 중 자유를 최고의 가치로 추구하는 자유지상주의야말로 자유주의의 적자라고 생각하는 사람이 있는가 하면, 자유의 의미있는 추구, 즉 실질적 자유를 향유하기 위해서는 평등에 관심을 갖지 않을 수 없다는 자유주의적 평등을 내세우는 사람도 있어 이들 간에 논쟁이 뜨겁게 전개되고 있다.

자유주의의 좌, 우 혹은 중도파 간에 벌어지는 이상의 정치이념적 논쟁에 못지않게 최근 자유주의 담론에서 재연된 또하나의 주제는 자유주의와 공동체주의 간의 논쟁이다.[30] 물론 이는 자유주의와 비자유주의적인 공동체주의 간의 논쟁으로 볼 수도 있겠으나 신중한 공동체주의자들 역시 자유주의적 마인드를 공유하고 있는 것으로 해석될 경우이 또한 자유주의 내부적 논쟁의 하나로 이해될 수 있으리라 생각된다. 그뿐만 아니라 개체론에 기반한 고전적 자유주의가 헤겔, 마르크스 등 공동체주의자의 도전을 맞아 자유지상주의와 자유주의적 평등주의로 분화하고 근래에는 심지어 공동체주의적 자유주의로 진화하고 있음을 감안할 때 자유주의와 공동체주의 논쟁 역시 자유주의 담론의 중요 주제 중 하나라 할 만하다.

자유주의와 공동체주의 간의 논쟁을 바라보는 오늘날 우리의 이해방식은 서로 무시하기 어려운 두 가지 도덕적 직관 내지 신념 간의 갈등으로 다가온다. 그 중 하나의 직관은 근세적 체험을 통해 발견되었고, 자유주의를 중심으로 한 근대적 기획이 그 보전책을 지속적으로 추구하고 있는, 개인권(individual rights)이라는 가치이다. 다른 하나의 도덕적 직관은 단지 개인으로서가 아니라 공동의 삶 속에서 비로소 인

---

30) 이 책 제1부 제2장 「왜 자유주의와 공동체주의인가 — 개인권과 공동선의 갈등과 화합」 참조.

간이 되고 인간의 의미와 보람을 갖게 된다는 공동선(common good)
이라는 가치이며, 이는 또한 그것이 없을 경우 깊은 인간적 상실감과
소외감을 느낀다는 공동체주의적 요구의 원천이다. 따라서 우리의 과
제는 우리가 공유하고 있는 이 두 가지 도덕적 직관 내지 신념을 정합
적으로 통합시키는 방도를 찾는 일이 아닐 수 없는 것이다.

이런 관점에서 자유주의와 공동체주의 간의 논쟁을 개인주의와 공유
된 가치관 간의 날카로운 구분으로 특성화하는 것은 현실적으로 논의
되고 있는 문제의 지나친 단순화로 여겨진다. 각 진영은 이미 상대편
의 중심 가치를 자신의 입장 속에 고려하고 있기 때문이다. 신중한 자
유주의도 분명 어떤 공동의 책임과 공유된 가치관(shared values)이
바람직한 사회에 있어서 필수적인 요소임을 인정하고 있으며 신중한
공동체주의 역시 통합된 사회질서관 속에 진정한 개인성(indi-
viduality)의 여지를 남겨두지 않을 수 없는 것이다.

자유주의와 공동체주의 간의 갈등과 조정의 문제를 아시아적 맥락,
나아가서는 한국적 맥락에서 논의하고자 할 경우 한 가지 짚고 넘어가
야 할 문제는, 흔히 거론될 뿐만 아니라 당연시되고 있는 영미를 비롯
한 서구의 개인주의와 아시아적 공동체주의 간의 이원적 대립구도이
다. 이는 동서를 비교함에 있어 우리가 흔히 의존하게 되는 개념틀로
서 동서의 강점을 언급할 때뿐만이 아니라 동서의 약점을 논의할 경우
에도 당연한 것으로 받아들이는 이해방식이다. 그러나 자유주의와 공
동체주의의 상호 조정과 보완을 시도함에 있어 우리는 그러한 대립구
도에 대한 재고는 물론 그 반대입론의 여지 즉, 서구의 공동체주의적
전통과 아시아의 개인주의적 요소에도 주목할 필요가 있을 것으로 생
각된다.[31]

31) Inoue Tatsuo, *Liberalism and Asia*, 김창록 역, 부산대학교 출판부, 1999, III장 2절
'대립도식을 넘어서—리버럴 데모크라시의 아시아적 문맥', pp.197-215 참조.

우선 지적할 수 있는 것은 공동체주의적 요소가 서구 시민사회를 형성하는 데 초석의 역할을 하고 있다는 점이다. 이에 대한 웅변적 증언으로 영미에서 최근 하나의 사상적 주류를 이루고 있는 많은 학자들의 공동체주의에서 발견되며 이것이 개인주의의 아성으로 간주되어 온 미국을 진원지로 하여 전개되고 있다는 사실 또한 주목할 만하다. 사회학자 후쿠야마(F. Fukuyama)에 따르면 경제발전의 원동력은 근대적 합리성, 개인주의, 계약사상만에서는 나올 수 없으며 이를 넘어 전통으로부터 전래되는 도덕적 유산, 공동체감, 신뢰정신 등에 근원적 뿌리가 있다고 보며 이를 사회적 자본(social capital)으로 간주하고자 한다.

공동체주의자들은 자유주의적 개인주의가 철학적으로 부적절할 뿐만 아니라 미국의 전통에 대한 역사적 해석으로서도 잘못이라고 주장한다. 그들에 따르면 미국의 민주주의는 타운십, 근린공동체, 교회, 자선단체, 클럽 등 활발한 공동체생활 등 사회참여의 장이 되는 중간공동체에 그 생명력을 의지해 왔다. 민주주의에는 공민적 덕성(civic virtue) 즉, 자신의 정치공동체의 공동선을 배려하고 그것을 실현하기 위한 공동의 토의, 결정, 실행의 과정에 자발적, 적극적으로 참여하는 사람들의 의지와 능력이 불가결한데 이러한 중간공동체야말로 시민의 공민적 덕성을 배양하는 묘판이 되어 왔다는 것이다. 공동체론자가 공동체적 유대의 활성화를 창도하는 것은 개인주의적 시민사회상에 대항하여 공동체에 바탕한 시민사회상을 내세움으로써 민주적 전통을 회복하고자 한다는 의미에서 혁명적이기보다는 복고적 프로젝트라 할 것이다.[32]

후쿠야마는 『신뢰(Trust)』라는 자신의 저술이 경제활동을 검토함으로써 얻을 수 있는 가장 큰 교훈을 다루고 있다면서, 그것은 "한 국가

---

32) 위의 책, p.198.

의 복지와 경쟁력은 하나의 지배적인 문화적 특성, 즉 한 사회가 고유하게 지니고 있는 신뢰의 수준에 의해 결정된다는 사실"이라 한다.[33] 그에 따르면 성공적인 공동체는 외적인 규칙과 규제에 의해서가 아니라 공동체 구성원에게 내면화된 윤리적 관습과 호혜적인 도덕적 의무감을 바탕으로 해서 형성된 문화공동체이며 바로 이 규칙이나 관습은 공동체의 구성원에게 신뢰의 터전을 마련해 준다는 것이다. 그에 따르면 장기적으로 볼 때 경제공동체의 내적 연대성이 더 유익한 결과를 가져온다는 것이며 공동체적 기질이 결여되어 있을 경우에는 경제적 기회가 주어지더라도 이를 활용할 역량이 없다는 것이다.

후쿠야마는 사회적 자본의 축적은 복잡하면서도 신비스러운 문화적 과정이라고 전제한 뒤 역사적 종언에 즈음하여 출현한 자유민주주의는 그러므로 전적으로 근대적인 것만은 아니라고 한다. 민주주의와 자본주의 제도가 제대로 작동하려면 그 기능을 원활하게 해주는 특정한 전근대적인 문화적 관습이 병행되어야 한다는 것이다. 법률, 계약, 경제적 합리성 따위는 후기 산업사회의 안정과 번영을 위한 필요조건이기는 하지만 충분조건은 아니다. 그밖에도 합리적 계산을 넘어 관습에 바탕을 둔 호혜성, 도덕률, 공동체에 대한 의무, 신뢰 등이 가미되어야하며 이런 것들은 현대사회에 있어 시대착오적인 것이라기보다 그 성공을 위한 필수조건이라고 주장한다.[34]

2항 대립구도에 대한 비판적 재고의 눈을 아시아 쪽으로 돌리면 개인주의적 요소가 아시아에 있어서도 소원한 이념이 아님을 발견하게되며, 특히 유교의 전통은 개인의 주체성의 가치에 무지하였다고 단정하기에는 너무나도 풍요롭고 복잡함을 알게 된다. 중국사상 연구가 드

---

33) Francis Fukuyama, *Trust—The Social Virtues & Creation of Prosperity*, The Free Press, 1995 참조.
34) 위의 책 참조.

바리(W. de Bary)에 의하면 송명대의 중국에서는 "지금까지 존재하지 않는 그러한 새로운 비판적 기질을 길렀을 뿐만 아니라 … 신유학 운동은 자유주의 교육과 자발적 정신을 강조하였으며 이는 독특한 개인주의의 기초가 되었다"고 한다. 나아가 그는 이 같은 개인주의적 자유주의의 경향을, 사대부의 도덕주의를 넘어 그 제도화, 민중화를 시도한 황종희(黃宗羲)를 신유학적 자유주의의 완성된 하나의 전형으로 간주한다.

이 같은 신유학 해석에는 이론의 여지가 얼마든지 있을 수 있으나 정치권력의 도덕적 통제, 지도를 주요 임무로 하는 유교에는 도덕적 불관용이나 체제적 권위주의에의 경향도 있는 반면 권력에 대한 비판정신, 불의에 맞서는 저항정신, 주체의 내면적 도야를 강조하는 경향도 내재해 있다. 이 양자 간의 역동적 관계로 인해 유교는 오랜 세월에 걸쳐 인류의 유산으로서 그 생명을 지켜왔다고 할 수 있다. 여하튼 유교가 본질적으로 반개인주의적인가 친개인주의적인가, 반자유주의적인가 친자유주의적인가를 논쟁하는 것은 그다지 의미가 없다. 중요한 점은 유교가 자신의 본질에 대해 분열, 대립하는 해석 사이의 갈등과 경쟁을 통해 발전되어 왔다는 것, 그리고 이 전통의 내적 다양성은 드 바리의 리버럴한 해석에도 개방될 정도로 풍요롭다는 것을 이해하는 일이다.[35]

개인주의적 요소는 불교 속에도 유교 이상으로 농후하게 존재한다. 이미 불교의 전통 속에서 관용과 자유는 좋은 사회의 중심 가치로 강조되고 있으며 초월적 개인주의라 할 수 있는 것이 불교정신의 내부에 깊이 뿌리를 내리고 있음도 사실이다. 출가의 이념에도 함축되고 있듯 개인이 가족이나 세속 공동체의 굴레로부터 이탈, 혹은 적어도 거기에 몰입하지 않고 자신의 힘으로 깨달음을 얻도록 정신의 내적 탐구에 정

---

35) Inoue Tatsuo, 앞의 책, pp.199-201 참조.

진하는 것을 이상으로 삼고 있다. 자기에의 귀의를 강조하는 점에도 나타나 있듯 초월적 진리추구를 위해 모든 사회적 권위나 속박으로부터 독립된 정신의 자율성을 지향하는 불교의 개인주의는 "너 자신을 알라"고 하는 소크라테스의 정신과도 통하는 것이라 할 수 있다.[36]

이상에서 우리는 개인주의적 서구와 공동체주의적 아시아라는 2항 대립구도에 대해 여러 측면에서 비판적인 검토를 해왔다. 물론 여기에서 제시된 설명만으로 결정적인 설득력을 갖는 것은 아니나 종래에 통용되어 온 2항 대립구도가 자명한 것만은 아니라는 점이 분명할 것으로 보인다. 나아가 이 점은 아시아에서 자유주의나 민주주의의 수용가능성에 있어서도 상당한 함축을 가질 것으로 사료된다. 다시 말하면 자유민주주의의 아시아적 수용이 원천적으로 장애가 있다는 통념은 재고될 여지가 있다는 점에 주목해야 할 것으로 생각된다.

2항 대립구도를 비판적으로 재고함에 있어 우리가 제시하고자 하는 바는 개인주의와 공동체주의의 긴장이 서구와 아시아 사이에 있기보다는 양쪽 각각의 내부에 모두 관류하고 있다는 사실이다. 개체와 공동체의 갈등, 긴장은 말하자면 인간사회의 보편적인 고뇌이며 그것으로부터 자유로운 사회는 존재하지 않는다. 확실히 개인주의적 요소와 공동체주의적 요소의 관련성이나 상대적 역할은 시대와 사회에 따라 다르고 그것이 시대적, 사회적으로 상이한 문제상황을 결과한다고 할 수 있다. 따라서 자유민주주의가 개인주의에 바탕을 둔다는 명제를 수용한다 할지라도 아시아가 비개인주의적 전통 위에 서 있어 자유민주주의의 수용이 불가능하다는 주장은 무리를 범한다고 할 수 있다.[37]

더욱이 자유민주주의가 개인주의적 바탕 위에 서 있다는 명제 또한 유보 없이 받아들이기 어렵다. 적어도 자유민주주의의 민주적 계기는

---

36) 위의 책, pp.201-202.
37) 위의 책, p.206.

현대의 공동체주의자가 제시하는 것처럼 공동체주의적 요소와 밀접하게 결합되어 있는 것이다. 민주주의는 공민의 덕성을 도야하는 다양한 중간공동체를 활력의 원천으로서 필요로 하며 또한 자신의 사회에서 공동체와의 동일화는 그 사회의 정치적 결정과정에 민주적 참여과정을 통해 배양되기 때문이다. 이같이 생각할 때 아시아의 공동체주의적 요소는 민주화의 저해요인이기보다는 촉진요인이 될 수 있다. 나아가 개인들의 공동체적 덕성 즉, 공동선을 배려하는 책임감을, 연고주의를 넘어 사회적 문맥에서 발전시키고자 한다면 아시아 국가들은 민주화를 필요로 한다는 점이다.

제2장 왜 자유주의와 공동체주의인가
- 개인권과 공동선의 갈등과 화합

1. 머리말

어떤 학자는 고전적인(classic) 것이란 시대를 넘어서면서도(time-less) 시의에 맞는(timely) 의미를 갖는 것이라고 규정한다. 이런 뜻에서 철학적 주제들 중 고전적인 가치를 지니는 주요 문제의 하나가 바로 인간의 모습을 한 사회구성체에 대한 논의로서 '자유주의와 공동체주의'라는 주제가 아닌가 생각한다.

이 문제는 적어도 근대적 의미에서 자유, 개인, 인권의 가치가 소중한 인간적 가치로서 체험되면서 자유주의가 주창된 이래 현대에 이르기까지 개인주의적 자유주의에서 파생되는 상실감, 공허, 소외를 극복하기 위한 공동체주의적 도전과 회귀가 제기되면서 항구적인 (perennial) 사회철학적 주제가 되고 있다는 점에서 시대초월적인 주제의 하나라고 생각할 만한 근거가 있다.

동시에 이 문제는 최근 세계적 보편질서로서 신자유주의적 개편이 강요되고 아시아적 공동체주의의 위상과 정체성이 도전, 위협받고 있는 가운데 뜨겁게 부상한 세계화(globalization)와 아시아적 가치(Asian Values) 논쟁이 쉽사리 종결되고 있지 않다는 점에서, 또한 그것이 단지 경제적인 수준보다는 더 깊은 차원에서 다시 논구될 의의가 있다는 점에서 시의 적절한 주제라는 점도 부인하기 어려운 실정이 아닐 수 없다. 바로 이런 이유 때문에 자칫 진부한 듯한 자유주의와 공동체주의라는 물음은 새삼스레 제기되고 답변될 이유가 있는 것이다.

새로운 천년(Millenium)을 맞이한 시점에서 전근대적 자산과 근대적 체험을 토대로 탈근대를 살아갈 우리의 모습을 구상함에 있어 우리는 진정 인간의 얼굴을 하고 인간의 향내와 맛을 느낄 수 있는 인간적 공동체를 염원하지 않을 수 없다. 더욱이 우리는 그러한 공동체를 구상하는 데 있어 무한한 가능성과 동시에 엄청난 위험 또한 함축하고 있는 정보시대(information age)라는 맥락 속에서 조심스레 모색해 보지 않을 수 없는 것이다.

2. 방법론적 함축: 보편주의와 역사주의

일반적으로 자유주의와 공동체주의 간의 논전은 그 각각의 입장이 핵심주장으로 내세우고 있는 정치철학의 실질적 내용을 중심으로 전개되고 있으며 개인권과 공동선을 관건개념으로 하는 이 같은 담론이 논의에 있어 일차적 중요성을 갖는 것은 당연하다고 생각된다. 하지만 이 같은 논의에 있어서 자유주의와 공동체주의가 그 각각의 기반으로 하고 있는 방법론적 함축 또한 중대한 의의를 갖는 것으로서 이를 실질적 내용과 관련하여 음미해 보는 것도 또한 의미 있을 것으로 생각된다.

대체로 자유주의자들은 근세 이래 현대에 이르기까지 이성적 논변을 통해 정당화 논변을 전개하고 있으며 보편주의적(universalistic) 귀결을 겨냥하고 있다고 할 수 있다. 이에 비해서 공동체주의자들은 역사적 논의나 맥락적 해명을 통해 논의를 전개하고 있으며 시대와 상황에 맞는 특수주의적(particularistic) 귀결에 이르고자 한다. 이 같은 논의의 고전적 대변자로서 자유주의, 보편주의, 이성주의 진영에는 칸트(I. Kant)를, 공동체주의, 특수주의, 역사주의 진영에는 헤겔(G.W.F. Hegel)을 들 수가 있을 것이다.

근래에 하버마스(J. Habermas)는 이와 같은 이성(reason)과 역사(history) 간의 대비가, 보편화 가능한 원칙으로서의 도덕(morality: 칸트적 의미에서의 Moralität)과 공동체의 구체적 관행으로서 인륜생활(ethical life: 헤겔적 의미에서의 Sittlichkeit) 간의 관계라는 제목 아래 요약될 수 있다고 주장한 바 있다.[1] 왜냐하면 칸트 윤리학의 형식주의(formalism)를 최초로 분명히 해명한 자가 바로 헤겔이기 때문이다. 헤겔은 단순한 보편화 가능성의 원리만으로는 구체적인 도덕적 규범을 산출할 수 없으며 그 실질적 내용을 위해서는 사회의 현실적 관행에 의존해야 함을 보여준 것이다.

그런데 하버마스는 이성과 역사가 분리될 경우 그 각각은 방법론적 난점을 갖게 됨으로써 올바른 사회규범을 산출하기 어렵다고 생각한다. 따라서 하버마스는 그의 담론윤리학(discursive ethics)을 통해 보편적 규범이 개인적 필요와 이해관심이 표출되는 토론의 결과이어야 함을 제안함으로써 칸트의 정신을 더욱 철저화하고 그 합리성과 도덕규범이 가진 몇 가지 결함을 극복하고자 한다. 즉 가장 중요한 것으로서 칸트의 형식주의가 갖는, 구체적인 적용(application) 상황으로부터의 추상성과 경험적으로 효율적인 동기화(motivation) 능력의 결여가 지양, 보완되어야 한다고 생각한다.

---

1) Jürgen Habermas, "Über Moralität und Sittlichkeit" 참조.

다른 한편 하버마스는 또한 칸트의 형식주의 비판가들이 헤겔의 절대정신(Absolute Spirit)의 보증이 없이 단지 우연적으로 생겨난 인륜생활(Sittlichkeit)에 호소하는 것도 설득력이 없으며 그럴 경우 그들은 무조건적인 도덕적 상대주의(relativism)를 견제할 방도가 없게 될 것이라고 주장한다. 이런 난점에 대한 하버마스의 해결책은 옳은 것(the right)을 좋은 것(the good)에 우선시킴으로써 즉 정의와 같은 규범적 문제를, 훌륭한 삶에 대한 평가적 문제와 구분하고 후자가 아니라 전자만을 합리적 담론절차에 회부하며 그런 다음에 이들 양자를 재통합함으로써 도덕과 인륜생활 간의 역사적 매개의 문제가 더 수월하게 해결될 수 있다는 것이다.

최근에 이르러 칸트를 계승하는 자유주의 진영에 있어서 일련의 설득력 있는 철학적 논변들은 일종의 절차주의적(proceduralist) 형태를 띠고 있다. 이러한 논변들은 원초적 입장(original position)을 상정하거나 이상적 담화상황(ideal speech situation) 혹은 우주선상의 대화(conversation in a spaceship) 등을 가상한다. 이들 각각은 참여하는 당사자들에 대한 제약조건들(constraints), 참여의 규칙들에 의해 구성된다. 그리고 당사자들은 여타의 다른 사람들의 이해관심까지 대변하는 것으로 가정된다.

참여자들은 주어진 제약조건 내에서 추론하고 협상하며 담화한다. 그리고 이 같은 제약조건들은 일정한 도덕의 형식적 규준들을 부과하는 것으로 기획된다. 따라서 절대적 공평성이나 그와 기능상 유사한 어떤 결과가 예상되며 이 같은 기획이 성공할 경우 당사자들이 도달한 결론은 도덕적 권위를 갖는 것으로 간주된다. 이렇게 해서 우리는 우리의 모든 현실적 추론, 협상, 담론 그리고 사실상 우리의 모든 정치적, 사회적, 경제적 활동의 기반이 될 규제원칙을 제공받게 된다. 우리는 가능한 한 우리의 생활과 사회 속에서 그러한 원칙들이 효율적으로 작동할 수 있게끔 노력해야 한다. 자유주의자들은 직간접적으로 이 같은 구성절차를 통해 보편원칙을 도출하고자 한다는 관점에서 가족유사성을 보이고 있다고 할 수 있다.

이에 비해서 공동체주의자들은 인간 공동체에 있어서 이상과 같이 보편적인 원칙을 도출하기 위한 절차주의적 기획에 대해 지극히 회의적이다. 인간 공동체는 상이한 역사, 문화, 정체성을 갖는 까닭에 서로 다른 정치형태를 취할 수밖에 없으며 이러한 정치구조들에 있어 보편타당성을 기대하기는 어렵다는 것이다. 모든 시간·공간적 제약을 넘어서 어떤 여건에서나 적용될 수 있고 모든 체제를 규율할 수 있는 원칙이란 존재하지 않는다고 한다. 공동체주의자들은 절차주의적 논변이 시공적, 상황적 차별화가 없다는 바로 그 이유로 인해 우리에게 현실적 도움을 줄 수 없다고 판단한다.

그래서 공동체주의자들이 옹호하는 대안은 현실적으로 가용한 상이한 정치형태들을 검토하는 더 역사적이고 맥락주의적인(historical and contextual) 접근법이며 이를 바탕으로 이상적 형태를 구상하는 최소한의 사변을 허용하고자 한다. 그들은 이러한 현실적 체제들의 이상적 형태와 그 특성들은 물론 역사적 왜곡형태들을 비교, 검토하며 또한 이 같은 체제들이 상이한 참여자들(집단과 개인, 이득 보는 자와 해악 입는 자)에 의해 경험되는 방식, 그리고 다른 체제에 참여하는 국외자들에 비친 모습도 살피는 가운데 바람직한 공동체의 유형을 모색하고자 한다.

그런데 이상과 같은 자유주의자들의 절차주의적, 보편주의적 방식이나 공동체주의자들의 역사주의적, 특수주의적 방식은 각각 나름의 강점과 더불어 약점도 갖는 것으로 비판받는다. 절차주의적 접근법은 추론의 전제로서 구성절차상의 제약조건들을 어떻게 설정하는가에 따라 추상적 형식주의나 나쁜 유토피아니즘이라는 비판에 당면하게 된다. 투입되는 제약조건들이 과도하게 되면 현실정치에 유의미하게 적용되기에는 지나치게 추상적이고 형식적인 귀결만을 얻게 되며 투입되는 제약조건들이 과소할 경우 역시 이론은 아름답고 화려하나 현실적으로 공허한 결과를 도출하기에 이른다.

공동체주의자들은 서로 상이한 각 체제들로부터 가장 훌륭한 특성들을 모두 추출하여 그것들을 결합하여 하나의 효율적이고도 조화로운 통합체를 만든다는 것은 가망 없는 일이라고 생각한다. 대체로 특정한 하나의 역사적 체제에서 우리가 높이 살 만한 특성은 그 속에서 우리가 혐오하는 특성들과 유기적 관련을 맺고 있다. 그 중 우리가 좋은 점을 모방하면서도 싫은 점은 회피할 수 있다고 상상하는 것은 나쁜 유토피아니즘(bad utopianism)이라 불리는 것으로 귀착하게 된다는 것이다. 나쁜 유토피아니즘을 피하고 정치생활에서 이루어지는 선택의 어려움을 감안한다면 철학은 역사적 지식과 사회과학적 역량을 갖추어야 할 것이라고 공동체주의자들은 경고한다.

선택이 어려울수록 철학적으로 정당화된 추상적 이론의 현실적 성공은 보장되기 어렵다. 아마도 우리는 이 경우에는 이런 방식을 다른 경우에는 다른 방식을, 이 시점에는 이런 방식을 다른 시점에는 다른 방식을 선택해야 할 것이다. 우리의 모든 선택은 잠정적이고 실험적이며 언제나 개선 가능성, 번복 가능성이 있음을 부인하기 어렵다. 하지만 우리의 선택이 단일한 보편원칙이나 일련의 원칙들에 의해 결정되지 않으며 한 경우에 올바른 선택이 다른 경우에도 반드시 올바를 수 없다는 이러한 공동체주의자들의 입장은 또한 일종의 상대주의에 빠져들고 있다는 생각을 지울 수가 없다. 최선의 정치체제는 그런 체제에서 살아갈 사람들의 역사와 문화에 상대적이고 상관적이라는 공동체주의의 접근법은 필경 상대주의에 봉착하리라는 비난을 벗어날 수 있는가?

최근 한 논문에서 퍼트남(H. Putnam)은 역사주의의 기원 및 결과와 관련해서 의미 깊은 한 가지 관찰을 제시한 적이 있다.[2] 그에 따르면 헤겔은 우리의 문화에 대해 긴장관계에 있는 두 가지 중대한 관념을 제공했다는 것이다. 한편에서 헤겔이 우리들에게 가르친 것은 합리성이라는 관념을 포함해서 우리의 모든 관념이 역사적 제약 아래 조건화되어 있다는(historically conditioned) 점이다. 다른 한편에서 헤겔은 합리성의 객관적 이념 또한 가정하고 있는데 이는 우리 혹은 절대정신이 지금까지 진전되어 온 점진적인 사회적, 지성적 개혁의 온전한 성취와 더불어 도달하게 될 종국목표라는 것이다.

여기에서 첫 번째 헤겔의 생각, 즉 우리의 합리성 혹은 이성관은 모두 역사적으로 조건화되어 있다는 것을 받아들이고 두 번째 생각 즉 역사진행의 종국 혹은 객관적 이념에 대한 생각을 거부할 경우 우리는 역사적 혹은 문화적 상대주의자가 되는 경향이 있다는 것이 바로 퍼트남의 관찰이다. 여기에서 퍼트남은 널리 유행하고 있는 한 가지 견해를 대변하고 있는데 즉 우리가 역사를 통해 의식의 점진적 발전에 대한 헤겔의 19세기적 신념을 버리고 그의 맥락적이고 역사적인 이성관을 견지할 경우 역사주의(historicism)는 어떤 형태의 상대주의적 회의주의에 떨어짐으로써 역사의 종국에는 과거의 입장들이 판정되고 그 최종목적을 확인할 수 있는 어떤 관점이나 기준도 없게 된다는 것이다. 퍼트남에 따르면 헤겔의 역사철학으로부터의 지원 없이는, 역사주의는 필연적으로 니체의 회의주의로 빠져들게 된다는 것이다.

매킨타이어, 왈쩌 등을 위시해서 대부분의 현대 공동체주의자들은 헤겔의 첫 번째 생각에 동조하고 두 번째 생각을 포기하면서도 애써 상대주의적 회의주의에 빠지는 것을 피할 수 있는 시도를 하고 있다. 따라서 이들의 역사주의적 중심입론은, 인간의 이성은 언제나 역사적 상황의 포로임을 받아들이면서도 우리의 합리성 형태가 불가피한 역

---

2) Hilary Putnam, "Beyond historicism" 또한 *Reason, Truth and History*, p.158 참조.

사진전의 결과가 아님을 보임으로써 현대의 많은 역사주의자가 빠져들었던 상대주의, 로티(Richard Rorty)나 푸코(Michel Foucault) 등이 속한 니체적 캠프로의 전락을 피하는 일이다. 그러나 과연 이러한 전략은 성공할 수 있는가? 역사적 이성(historical reason)에의 호소가 과연 독단주의의 암초와 회의주의의 늪을 피할 수 있는 정합적 중도(via media)를 제시할 수 있는가가 해결해야 할 남은 과제가 아닐 수 없다.

3. 전근대 – 근대의 변증법: 공동선과 개인권

자유주의와 공동체주의 간의 실질적 내용에 대한 논쟁 역시 크게 두 가지 차원에서 접근할 수 있으리라 생각된다. 그 하나는 논리적이고 개념적인 접근이며 다른 하나는 현실적이고 역사적인 접근이라 할 수 있다. 논리적이고 개념적인 차원에서 자유주의와 공동체주의 간의 논쟁에 접근할 경우 그것은 가능한 한 이원적이고 대립적인 구도에서 두 입장 간의 대조점과 상이점을 드러냄으로써 논점의 핵심이 명확하게 밝혀지게 된다. 원자론적-전체론적, 개체론적-집단론적, 기계론적-유기체적 등은 그 대표적인 이원구도이며 이때 자유주의가 근래의 평등주의적 유형보다 대체로 고전적 자유주의 즉 자유지상주의(libertarianism)의 형태를 띨수록 두 입장 간의 논점은 더 강하게 부각될 수 있다.

그러나 자유주의와 공동체주의 간의 논쟁이 현실적, 역사적 차원에서 전개될 경우에 이는 변증법적(dialectic) 구도에서 이해될 수 있고 발전적이고 보완적인 맥락에서 나타날 수 있다고 생각된다. 근세 초두에는 중세의 전체론적이고 집단론적 공동체주의에 대한 반정립으로서 원자론적이고 개체론적인 고전적 자유주의가 나타나게 된다. 이 같은 혁명적인 계몽적 기획(Enlightenment Project)에 대해 헤겔이나 마르크스 등에 의한 공동체주의적 도전과 저항이 있게 된다. 나아가 공동체성을 강하게 내세우는 공산주의나 사회주의적 자극으로 인해 자유주의는 자유지상적인 고전적 자유주의로부터 다소 궤도 수정을 하게 되고 복지국가의 이론적 배경으로서 평등주의적 성향의 자유주의로 발전함으로써 자유지상주의와 자유주의 간의 분화를 맞게 된다. 따라서 역사적 맥락에 있어서 자유주의와 공동체주의 간의 논쟁은 양자 간의 갈등과 보완을 통해 공동체주의적인 자유주의로 발전해 가는 양상을 띠게 되는 것이다.

포퍼(K. Popper)의 개방사회론에 따르면 닫힌 사회는 자연발생적인 연고관계에 바탕한 부족사회 혹은 집단적, 비합리적 사회를 의미하며 열린 사회는 개인이 자신의 인생을 스스로 선택하고 결단을 내릴 수 있는 합리적인 사회를 말한다. 닫힌 사회는 함께 살며 공동의 노력과 공동의 위험, 공동의 기쁨과 공동의 고통을 나누는 혈족관계에 의해 예속되며 거의 유기체적 단위로 존재하는 집단이나 부족과 비슷하다.

이에 비해 열린 사회의 성원들은 노동의 분업이나 상품의 교환과 같은 추상적인 사회관계에 의해 서로 관련을 맺고 있으며 대다수의 구성원들이 사회적 상승을 위해, 그리고 타인의 지위를 차지하기 위해 투쟁하고 이로 인해 계급투쟁과 같은 중대한 사회적 현상이 일어나기도 한다. 닫힌 사회에서는 구성원들 간에 지위 다툼이 있을 수 없으며 계급제를 포함해서 닫힌 사회의 제도는 신성불가침의 금기인 데 비해 열린 사회는 유기적인 특성이 배제됨으로써 점차 추상적 사회(abstract society)로 발전해 가게 된다.

포퍼에 따르면 현대의 열린 사회에서 집단들이 갖는 비인간적인 추상적 성격으로 인해 대부분의 사람들은 익명과 고립 속에서 살게 되며 결과적으로 불행한 상태에서 살고 있다는 것이다. 사회는 비록 추상화되었지만 인간의 생물학적 구조는 크게 변하지 않는 고로 추상적 사회에서는 만족할 수 없는 공동체적 욕구를 갖기 때문이라 한다.[3] 그러나 포퍼에 따르면 이러한 상태는 더 값진 이득을 얻기 위해 인간이 치러야 할 불가피한 대가라는 것이다. 혈연, 지연 등 우연적 변수에 의해 결정되는 것이 아니라 자신의 자유로운 선택에 의한 새로운 인간관계가 나타나게 되며 생물학적인 육체적 결속 대신 정신적인 새로운 유대가 중심적 역할을 하게 된다는 것이다.

닫힌 사회가 붕괴되고 전통사회가 해체됨으로써 우리의 욕구를 억제하고 합리적으로 되고자 하며 자신이 선택하고 스스로 책임지고자 하는 노력으로부터 문명은 일종의 긴장상태(strain of civilization)를 감수하게 되며, 이러한 긴장은 추상적 사회에서 지식과 합리성이 증대함과 더불어 우리가 치러야 할 대가라는 것이다. 그럼으로써 우리의 생존기회가 증대하며 우리는 더욱 인간다운 방식으로 존재할 수 있다고 한다. 이 같은 포퍼의 개방사회론은 자유로운 논의와 합리적인 비판을 통해 사회를 점차적으로 개혁, 개선해 가고자 하는 자유주의적 개인주의를 토대로 한 것이다.

물론 이상과 같은 포퍼의 닫힌 사회와 열린 사회에 관한 서술이 그대로 공동체주의와 자유주의에 일대일 대응관계를 갖는 것은 아니다. 그러나 위에 서술된 닫힌 사회와 열린 사회가 적어도 각각 공동체주의와 자유주의를 지지하는 몇몇 본질적 계기를 포함하는 사회유형인 것만은 사실이라 생각된다. 시대정신의 요청으로 인해 전통사회가 해체되고 근대 시민사회가 성립했을 때 개인주의와 자유주의를 기반으로 하는 시민사회의 추상성이 갖는 갖가지 문제는 유기적 연고관계에 바탕을 둔 전통사회의 구체적 공동체성의 소멸을 아쉬워하면서 공동체주의를 동경하게 하는 동기화의 원동력이 된 것은 사실이다.

그러나 전통사회의 극단적 연고주의의 폐해로부터 해방되기 위해

---

3) Karl Popper, *Open Society and Its Enemy*, Vol. I, pp.174-175 참조.

다른 극단으로 치닫던 초기의 자유주의는 그 지나친 추상성으로 인해 많은 반동적 반응들을 결과했으나 자유주의가 이룩한 역사적 성과 또한 평가절하되어서는 안 될 것이라 생각한다. 공동체나 공동선을 명분으로 매몰, 유린되어 온 개인의 발견, 그러한 개인으로서 인간의 존엄성을 확보하기 위해 수호되어야 할 개인의 자유와 권리는 다시 어떤 형태의 공동체주의를 수용한다 할지라도 결코 희생되거나 포기될 수 없는, 근세적 체험을 통해 쟁취한 고귀한 인간적 가치가 아닐 수 없는 것이다. 이런 의미에서 개인주의적 자유주의에 대해서는 나름의 혁명적 의의의 인정과 그에 걸맞은 자리매김이 요구된다 할 것이다.

자유주의와 공동체주의 간의 논쟁을 바라보는 오늘날 우리의 이해 방식은 서로 무시하기 어려운 두 가지 도덕적 직관 내지 신념 간의 갈등으로 다가온다. 그 중 하나의 직관은 근세적 체험을 통해 발견되었고 자유주의를 중심으로 한 근대적 기획이 그 보전책을 지속적으로 추구하고 있는 개인권(individual rights)이라는 가치이다. 다른 하나의 도덕적 직관은 단지 개인으로서가 아니라 공동의 삶 속에서 비로소 인간이 되고 인간으로서의 의미와 보람을 찾게 된다는 공동선(common good)이라는 가치이며 이는 또한 그것이 없을 경우 깊은 인간적 상실감과 소외감을 느낀다는 공동체주의적 요구의 원천이다. 따라서 우리의 과제는 우리가 공유하고 있는 이 두 가지 도덕적 직관 내지 신념을 정합적으로 통합시키는 방도를 찾는 일이 아닐 수 없는 것이다.

이런 관점에서 자유주의와 공동체주의 간의 논쟁을 개인주의와 공유된 가치관 간의 날카로운 구분으로 특성화하는 것은 현실적으로 논의되고 있는 문제의 지나친 단순화로 여겨진다. 각 진영은 이미 상대편의 중심가치를 자신의 입장 속에 고려하고 있기 때문이다. 자유주의도 분명 어떤 공동의 책임과 공유된 가치관(shared values)이 바람직한 사회에 있어서 필수적인 요소임을 인정하고 있으며 공동체주의도 통합된 사회질서관 속에 진정한 개인성(individuality)의 여지를 남겨두고자 한다.

특히 자유주의자들은 공인된 권리와 의무 및 그에 상관된 자유주의적 덕목의 계발을 조장하는 제도를 지지하는 공동의 합의를 주장한다. 공동체주의자 또한 모든 사람이 동일한 이념, 가치관, 인생관을 획일적으로 갖는 완벽하게 통합된 단일한 사회를 염두에 두고 있지는 않다. 그들에 있어서도 공유된 가치관에 의해 기본 지침이 주어지는 사회 내에서 개인성의 차원에 대한 최대의 여지와 배려를 염두에 두고 있다. 그러나 이 같은 공통점을 전제한다 할지라도 그 양자 간의 차이점은 깊고도 또한 넓은 것이라 생각된다.

양 진영이 모두 인간존재가 본질적으로 사회적이며 그들의 진정한 자기실현을 위한 사회적 상호 보완과 상호 의존을 인정하고 있다. 이같이 함께 인정하는 사회성의 범위는 노동분업으로부터 고급문화의 성취, 언어의 공적이고 사회적인 성격, 보편적 유대를 갖는 행위자로서의 의미 있는 활동 등에 걸쳐 있다. 하지만 그 두 입장이 갈라지는 것은 진정한 인간적 자기실현과 행복의 성취에 최적인(optimal) 사회적 통합체에 대한 전망에 있어서이다.

자유주의자는 인간적 자기실현의 다원적 모형을 전제하는 만큼 개인적 자율성의 가치를 강조하고 이러한 다양한 모형개발을 허용할 만큼 충분히 개방적인 사회통합체를 내세우며 이러한 다양한 발전을 위해 필요한 조건을 제공하는 사회구조를 옹호한다. 자유주의적 사회질서에 있어서는 옳은 것이 좋은 것에 선행하며 이로 인해서 '얕은 공동체(shallow community)'만을 용납하고자 한다. 왜냐하면 공동의 합의가 총체적 선의 수준까지는 침투하지 않기 때문이다.

이에 반해서 공동체주의자에게 있어서는 '깊은 공동체(deep community)' 즉 인간적 선에 대한 공유된 입장에 의해 정보와 지침이 주어지는 공동체가 진정한 인간의 자아실현을 위해 필수적인 것이다. 인간의 본질적인 사회적 성격은 인간의 자기실현의 유일한 이념을 제도적으로 명시하고 조장하지 않는 균열된 사회(fragmented society)에서는 결코 실현될 수 없는 것이다. 이상과 같이 적어도 개념적으로 구분되는 자유주의나 공동체주의적 사회모형이 현실 속에서 어떤 방식으로 양립 가능하며 하나의 모형 속에서 통합될 수 있는지 다음 절에서 시사적으로 논의해 보고자 한다.

4. 자유주의적 인간이해와 무연고적 자아

만일 우리가 인간이 무엇이며 인간의 본성이 어떤 것인지를 분명히 알 수만 있다면 버크(Edmund Burke)가 말했듯이 우리는 정치를 그것에 맞추어 조정할 수 있을 것이다. 그러나 불행하게도 정치철학자들은 인간의 본성에 대해 다양하고 서로 상충하는 입장을 제시하고 있다. 최근 정치이론의 핵심적 논의 중의 하나는 이같이 서로 상충하는 인간관을 내세우는 철학자들, 특히 자유주의자와 공동체주의자 간의 논쟁이라 할 수 있을 것이다.

쟁점이 되고 있는 것은 자유주의자가 전제하고 있는 인간의 본성에 대한 이해에서 비롯된다고 할 수 있다. 공동체주의적 관점에서 본다면 인간(개인, 주체, 자아)에 대한 그 같은 이해는 그릇된 것일 뿐만 아니라 역기능적인 것이다. 자유주의적 입장에 있어서 인간은 개인적 권리(individual rights)에 의해 보호되어야 할, 자신이 선택한 목적과 이해관심을 갖는 고립적 존재로서 라이프니츠의 이른바 단자(monad)와 같은 어떤 것이라 할 수 있다.

단자에 있어서 개인들 간의 상호관계나 집단의 성원자격(membership)은 개인적 목적을 성취하고 이해관심을 증진하기 위해 선택된 것이며 개인들의 선택이나 판단의 기준은 합리적이고 추상적이며 개체의존적인 것이다. 따라서 각 개인은 그가 타인에게 행한 행위결과와 그가 창출한 인생에 대해 책임을 져야만 한다. 이 같은 인간 이해에 대한 일반적 명칭은 자유주의자나 공동체주의자 모두에 있어서 공히 개인주의 혹은 개체주의(individualism)라 할 수 있을 것이다.

여기서 개인주의라는 것은 때때로 원자주의(atomism)와 동의어로 쓰이기도 한다. 특히 공동체주의자 테일러(C. Taylor)는 원자주의와 개인주의를 동의어로 쓸 것을 제안하고 있으며 두 용어는 그런 뜻에서 상호 교환 가능한 것이다. 원자주의와 같이 개인주의에 있어서 개인의 목표는 사적 목적을 성취하는 것이고 인간 간의 관계는 도구적, 수단적이며 개인의 본질적 특성은 사회적 요구에 우선하는 개인적 권리의 소유이고 사회는 이런 개인들로 구성된다고 한다.

물론 많은 공동체주의자들은 개인주의를 자유주의의 핵심으로 본다. 그들은 자유주의적 자아(liberal self) 혹은 자유주의적 인간의 본질은 어떤 구성적 정체(constitutive identity)나 특정한 실체를 갖지 않는다고 본다. 사실상 이상적인 자유주의적 자아는 공동체주의자들이 보기에 무연고적 자아(unencumbered self)로서 이는 자아정체성의 한계나 기준이 되는 어떤 특성이나 관계 혹은 집단 연고로부터 독립적이다.

따라서 자유는 자유주의가 추구하는 목적가치이며 바로 그런 이유로 자유주의라는 명칭으로 불리게 된다. 자유주의자는 자신의 가치, 신념, 목적, 기호를 선택함에 있어 타인에의 의존을 함유하는 어떤 연고나 장애도 원치 않는다. 바로 이런 이유 때문에 자유주의적 자아는 인생을 영위하는 데 있어 순전히 추상적 원리에 따라 움직이는 철저히 초월적이고 초험적인 선택자(transzendent chooser)라 할 수 있다.

바로 이 같은 자아관이 현대의 모든 공동체주의자들이 공격하고자 하는 목표이다. 그러나 문제는 과연 개인주의가 모든 자유주의자들의 자아를 대변할 수 있는 것인지, 아니면 자유주의자의 일부만을 대변하고 있는지, 그렇다면 개인주의가 자유주의적 인간관의 본질적인 부분인지에 대해 제기된다. 사실상 자유주의에 있어 개인주의가 지배적인 것도 사실이며 자유주의적 자아와 무연고적 자아 간에 상관관계가 있다는 공동체주의자의 비판에 일리가 있다는 것도 사실이다. 그러나 우리가 더 관심을 갖는 것은 이 같은 자유주의에 대한 통상적 비판의 합당성 여부를 확인하는 일보다는 자유주의에 대한 공동체주의적 대안과 대비하는 가운데 자유주의적 입장을 평가하는 일이다.

자유주의적 자아가 지나친 추상성으로 인해 현실적 맥락을 상실한다는 점에 결함이 있다면 공동체주의적 인간은 공동체와의 두터운 연고성으로 인해 비판적 거리를 취하기 어렵고 따라서 개인의 온전한 자율성을 확보하는 데 난점을 갖게 된다. 결론적으로 말하면 필자의 입장은 자유주의적 자아관 못지않게 공동체주의적 인간관에도 결함이 있다는 생각이며 자유주의적 입장과 공동체주의적 입장은 잘해야 절반의 진리를 나타내고 있을 따름이라는 점이다. 그러나 우리는 이 두 입장 간의 갈등을 해소하기 위해 어중간한 절충을 시도하기보다는 발달심리학의 시사에 기초해서 새로운 제 3의 자아관을 제시해 보고자 한다. 자유주의와 공동체주의의 두 입장을, 자아에 대한 더 나은 새로운 입장이 도입되는 맥락으로 이용할 수 있을 것으로 본다.

우리가 시도하고자 하는 새로운 자아이론, 인간본성에 대한 새로운 견해는 발달심리학(developmental psychology)의 최근 성과에 기초한 것이다. 그 이론은 두 부분으로 되어 있는데 첫 번째 부분은 자아발달(self-development)에 대한 이론이라 할 수 있다. 발달심리학은 인간이 질적으로 상이한 자아의 단계(stage)들을 통해 발달해 가고 있음을 보여준다. 여기에서 각 단계들은 타고난(innate) 인지적, 언어적 구조를 반영하며 타고난 연속적인 구조의 전개와 더불어 각 자아단계는 더 포괄적인 자아에 의해 대체되는데 이 상위의 자아는 새롭고 더 발전된, 타고난 구조를 나타내지만 동시에 타고난, 그 이전의 구조가 갖는 특성도 내포하고 있다. 따라서 자아의 단계들은 타고난 구조들을 전개시키는 여건에 의존한다는 뜻에서 역사적이고 존재적인 것이라 할 수 있다.

발달심리학은 자아발전이 자아의 다양한 단계들을 통해 진행되는 심리적 운동의 한 형태임을 보여준다. 타고난 구조를 전개하는 각 단계는 그 이전의 구조가 갖는 특성을 보존하는 동시에 이전 수준에서는 볼 수 없던 어떤 것을 추가한다는 뜻에서 연속하는 각 구조는 그에 앞선 것을 복합적으로 간직한다고 할 수 있다. 따라서 이러한 심리이론을 복합적 개인(compound individuality)이론이라 부를 수 있을 것이다. 이러한 이론을 통해서 우리는 인간성의 다양한 형태와 그 본질을 구분할 수 있으며 이런 구분은 자아발달의 과정과 목표를 이해하는 데 도움이 될 수 있다.

정치철학자들은 자아의 본성에 대해 다양한 사변을 구사해 왔으나 이에 반해 자아발달의 경험적 근거들을 제대로 살피지 못한 점이 지적된다. 우리가 위에서 본 바와 같이 발달심리학을 자아이론의 기초로 이용한 복합적 개인이론은 헤겔의 용어법을 원용하면 개인주의와 공동체주의의 자아관을 지양(Aufheben, negates but preserves)할 뿐만 아니라 모든 합당한 인간이해들을 종합할 여지를 갖는다고 할 수 있다.

새로운 자아이론의 두 번째 부분은 복합성의 다른 부분을 보여준다. 복합적 개체론에 있어서 자아는 그 발달의 연속적 과정에 있어서 위계적 복합체일 뿐만 아니라 각 단계가 그 자체와 더불어 이전 단계의 선천적 구조를 반영하고 있다는 의미에 있어서도 하나의 복합체이다. 개체성이 생겨나는 발달 수준 즉 자율성(autonomy)으로 특성화되는 자아발달 수준에서 자아는 또 다른 의미에 있어서 이중적 복합체라 할 수 있다. 이 경우 개인의 정체성은 개인적 자율성과 동시에 구성적 관계성 양자에 의해 구성되어 있다. 개인은 자립적 자아인 동시에 타자들과의 관계로 구성되며 따라서 자아는 복합적 개체이다. 복합적 개체론이 지적하는 것은 바로 이 같은 수준과 관련되며 이러한 복합적 자아는 재구성된 자유주의적 자아이고 개인주의를 넘어선 자아라고 할 수 있다.

결국 인간의 자아는 집단성원으로서의 자아와 추상적이고 자율적인 자아라는 이원적 구조를 갖는 중층적 복합체이다. 발달심리학자들은 이들 각 단계가 인간의 인지발달능력(구체적 조작과 추상적 조작, concrete, abstract operation)과 상관적인 것이라 한다. 또한 집단성원으로서의 자아는 소멸되지 않고 자율적 자아 속에 보존되어 존속한다는 점에서 발달심리학자들의 성과는 자유주의자와 공동체주의자의 자아관 모두를 포괄적으로 설명해 주고 있다. 그리고 이 각각의 특성이 균형 있게 발달하기 위해서는 그에 합당한 구성적 환경으로서 참여민주주의적 사회체제가 요구된다는 점에도 주목할 필요가 있을 것이다.

5. 공동체 유형과 공동체주의자의 딜레마

현대사회에 대한 공동체주의자들의 비판에는 공동체의 해체 내지 소멸에 대한 탄식이 들어 있다. 그들은 상업화, 산업화와 더불어 도래한 전문화 과정에서, 개인들에게 삶의 의미와 정체성을 부여했던 공동체적 삶의 방식이 해체 내지 소멸해 가는 것을 간파했던 것이다. 이같은 공동체적 삶의 방식을 해명하기 위하여 퇴니스(F. Tönnis)는 이해관계에 기초한 인위적 구성체로서 이익사회(Gesellschaft, association)에 대비해서 가족이나 친족과 같이 자연적 연고에 기반한 공동사회(Gemeinschaft, community)의 개념을 제시했던 것이다.

공동사회와 이익사회 간에 퇴니스가 제시한 구분과 관련해서 우리는 전형적인 공동체가 갖는 몇 가지 기준을 생각해 볼 수 있을 것이다. 공동체는, ① 단지 이해관계를 공유하거나 일정한 목적에 대한 수단으로서 서로 연합하는 것이 아니라 성원들이 하나의 총체적인 삶의 방식(a total way of life)을 공유하고 있어야 하며, ② 일정한 규모를 확인하는 방식으로서 성원들은 서로 면접적 관계(face to face relationships)로 구성된다.

나아가 공동체는 이상과 같은 특징으로부터 생겨나는 특성으로서, ③ 공동체의 성원들은 다른 모든 성원들의 복리에 대한 관심과 이를 조장하기 위해 각자가 반드시 행해야 할 호혜적 의무(reciprocal obligation)를 지니며, ④ 공동체가 성원들의 정체성(identity)을 구성하는 중심을 이루고 있어 그와 관련된 관계, 의무, 규범, 역할, 전통 등이 단지 중요할 뿐만 아니라 정체성의 핵심을 형성하게 된다.

이상 네 가지 기준들은 공동체를 위한 필요조건일 뿐만 아니라 그들 모두가 함께 공동체를 규정하는 충분조건이라 할 수 있다. 이런 기준들 중 한 가지라도 결여하게 되면 그 공동체는 단지 연합체 내지 이익사회로 환원된다고 할 수 있다. 삶의 전반적 형식을 공유한다는 요구조건을 결여하고 삶의 일부만을 공유하는 것으로 충분하다면 사업차 모인 단체도 공동체가 될 수 있을 것이다. 그럴 경우 우리의 자아는 적어도 두 부분 이상으로 균열될 것이며 이는 바로 공동체주의자들이 비판의 표적으로 삼는 바라고 할 수 있다.

또한 면접적 관계라는 기준이 결여될 경우 시공적으로 아무리 멀리 떨어져 있어도 삶의 방식만 공유하면 공동체가 성립한다는 결론이 나온다. 그런데 면접적 관계라는 조건은 성원 각자가 서로 누군지 모를 정도로 공동체가 비대해서는 안 된다는 것이다. 시공적으로 공동체가 확대되면 사실상 성원들 간에 상호 관심과 호혜적 의무감이 희박해져 이를 실감하지 못하게 되고 그 실행에 대한 구속력도 사라지게 된다.

그럴 경우 구체적인 인간관계가 하나의 거대체제(system)로 이행하게 되며 이러한 공동체는 더 이상 이해관계에 바탕한 이익사회와 차별화가 어렵게 된다.

끝으로 성원들의 정체성이 공동체와 무관하며 공동체와의 일체감이 결여될 경우 성원들의 온전한 참여와 완전한 의무이행은 어려워지게 된다. 특정국가의 성원들과 외견상 동일한 삶의 방식을 공유하고 그들과 면접적 관계를 갖는다 할지라도 그 국가와 일체감을 갖지 못하는 스파이와는 더 이상 공동체적 관계가 성립할 수 없는 것이다. 그는 단지 외견상 성원일 뿐 실제로는 가면을 쓰고 있으며 따라서 공동체적 정체성을 결여하고 있고 공동체를 특수목적을 위한 도구로 이용하고 있는 셈이다.

공동체의 회복을 주장하면서 공동체주의자들은 대체로 이상의 네 가지 기준을 충족시키는 공동체를 염두에 두고 있다고 할 수 있다. 그러나 자유주의 사회에 있어서도 상호간에 친밀한 인간관계와 정서적 유대를 누릴 수 있는 가족 및 친족 관계, 동호인 및 클럽모임, 신앙을 공유하는 종교모임 등이 있음에도 불구하고 공동체주의자는 더 이상 무엇을 원하고 있는가? 그들은 단지 친밀한 정서적 유대 이상으로 전인격적 인간관계를 가능하게 하고 정체성 형성(constitution)에도 도움이 되며 인간들을 결속시키는 삶의 방식으로서의 공동체가 더 이상 존재하지 않음을 개탄하고 있다.

그래서 공동체주의자들은 자신의 모델을 고대 그리스, 특히 아테네의 폴리스, 중세의 마을, 엘리자베스 시대의 사회 등에서 찾고자 한다. 그러나 이 같은 모형들은 현대인의 감수성을 충족시키는 데 성공하기 어렵다. 왜냐하면 그 같은 공동체를 위해 치러야 할 대가로서 경직된 사회적 위계질서, 그와 더불어 나타날 사회적 지위의 불평등 등은 너무나 값비싼 것이기 때문이다.

따라서 공동체주의자들이 추구하는 바는 과거 그대로의 모사품이기보다는 그 정신을 현대적 맥락 속에 재활시키고자 하는 것이다. 그들은 마르크스(K. Marx)가 말한 이른바 공동존재(Gemeinwesen)를 추구한다고 할 수 있으며 이에 있어서 모든 인간은 유기적 공동체의 일부로서 공동의 삶을 영위하고 개인이 온전히 그 속에 통합되지만 이들의 개성이나 개체성(individuality)만은 그대로 견지되는 유형의 공동체이다.

공동체주의자들이 반복적으로 제시하는 목표는 결국 개인의 자율성(autonomy)과 공동체성(community)의 결합이라 할 수 있으며 이는 테일러가 지적했듯이 칸트의 극단적 자율성과 그리스 폴리스의 통일성을 통합하고자 하는 헤겔의 프로젝트와 상통하는 것이라 할 수 있다. 그러나 이는 현실적으로 구현되기 어려운 지극히 의심스러운 과제가 아닐 수 없는 것이다.

자아와 관련해서 공동체주의자들의 고민은 자율성을 훼손하지 않은 채 공동체를 견지하기 어렵다는 점에 있다. 이는 공동체와 관련해서도 그대로 적용된다고 할 수 있다. 그러한 과제가 그나마 의미 있는 것으로 남아 있는 까닭은 대부분의 공동체주의자들에 있어서 공동체 개념이 애매모호하게 규정되고 있는 덕분이다. 하지만 결국 모든 사람을 하나의 단일한 삶의 방식 속에 결집시킬 수 있는 공동체는 총체적 혹은 전체적 공동체(total community)일 뿐이다.

그런데 전체적 혹은 총체적 공동체는 문자 그대로 전체주의적(totalitarian) 함의로부터 벗어나기 어렵다. 총체적 공동체는 자율성의 핵심이 되는 개인들의 독자적 비판을 감당할 수가 없는 것이다. 공동체주의자가 자신이 추구하는 그런 종류의 공유된 삶과 정체성을 보장하는바, 위에서 말한 네 가지 기준을 충족하는 공동체를 희망할 경우 그들은 결국 개체의 자율성을 그 대가로 희생하지 않을 수 없는 것이다.

총체적 공동체의 개념에 가장 근접하면서도 자율성을 보장하는 것으로 제시된 공동체의 정의는 샌들(M. Sandel)의 그것이다. 그에 따르면 강한 의미의 공동체가 되기 위해서는 공동체가 성원들이 공유하는 자기이해(self-understanding)를 구성하는 것이어야 한다. 이 같은 구성적 공동체는 우리가 선택하는(choose) 관계라기보다는 우리가 발견하는(discover), 주어진 연고와 목적과 역할의 복합체이다. 비록 샌들이 공동체는 우리의 정체성을 구성하는 것이라는 대체적인 언급을 하기는 했으나 구체적으로 그러한 구성이 어떻게 이루어지는지에 대해서는 애매한 채로 남아 있다.

연고관계에 있는 것을 발견할 경우 그 발견은 어떻게 이루어지는지, 발견된 연고는 어느 정도 구속력을 갖는지, 그에 대해 개인들이 반성적이고 비판적인 거리를 취할 수 있는지 등에 대해 구체적 설명이 제시되지 않고 있다. 그에 있어서 공동체의 개념은 자기이해의 구조를을 의미하는데 이는 그 틀 속에 있는 개인의 감정이나 성향과 구분되며 그에 선행하여 개인의 정체성을 형성하는 것이다. 그러나 우리의 반성적 사고가 공동체 속에 주어진 것들을 반성할지라도 틀 그 자체를 반성할 수 없다면 그런 한에서 우리의 자율성은 제약되며 이는 진정한 자율성이라 할 수 없는 것이다. 결국 공동체주의자의 딜레마는 총체적 사회와 같은 지나치게 짙은 공동체관과 연합체와 같은 옅은 공동체관을 피해 가려는 시도 속에서 비롯된다.

6. 자유주의적 공동체주의와 시민공동체 모형

공동체주의자들은 인간의 자기실현을 위한 진정한 사회통합체를 이상적 가능성으로 하는 사회의 본성과 범위라는 문제를 두고 서로 의견이 분분하다. 많은 공동체주의자들은 총체적 사회(total society)를 겨냥하며 그 정치질서가 공유된 가치관을 구현하게끔 사회구조가 개편되어야 한다고 생각한다. 그러나 이와는 달리 그 체제 속에 진정한 공동체의 선이 실현될 수 있는 소규모의 하위집단(small subgroups)을 조장하는 정치체제를 꿈꾸는 더 온건한 공동체주의자들도 있다.

이러한 구분은 일반적인 정치적 구조의 가능성과 규모(scale)의 적절성에 대한 상이한 평가에 달려 있다. 더 온건한 대안인 지역공동체(local community)의 구상이 더욱 설득력을 갖는 이유는 어떤 근대적 정치구조도 바람직한 인간적 삶을 담지할 수 없다는 믿음과 더불어 규모의 문제가 더없이 중요한 것이라는 인식 때문이다. 바람직한 인간적 공동체는 사적인 의사소통과 상호작용을 요구하며 그것이 가능한 규모 정도의 공동체를 필요로 하는 것이다.

또한 사회 전체의 정치적 질서를 공동체주의적으로 재편성하는 첫 번째 대안은 자칫 공동체주의적 기획을 전체주의로 회귀시킬 위험을 내포하고 있다. 따라서 이런 의미의 공동체에 있어서는 자유주의와 공동체주의가 손을 맞잡을 가능성이 전무하다고 생각된다. 그러나 총체적 사회가 아니라 지역적 공동체를 겨냥하는 더 온건한 공동체주의를 취할 경우 자유주의와 공동체주의는 여러 가지 형태로 만날 가능성이 있다. 나아가 비록 매킨타이어 등과 같이 소규모 공동체를 의도한다 할지라도 그것이 전체사회 속의 지역공동체를 뜻하는 것이 아니라 그리스의 폴리스 같이 전체사회를 작은 규모로 나누어 그 각각을 정치공동체화하는 기획으로 제시될 경우 그것은 첫 번째 대안의 극단적 공동체주의로 해석되어야 할 것이다.

한 가지 특기할 것으로 공동체주의자와 정치적 자유주의자 간의 논쟁은, 공동체의 가치를 인정하는 자와 인정하지 않는 자 간의 갈등으로 보는 대신 공동체의 가치를 보장하는 최선의 전략, 관련된 위험에 대한 상이한 평가에 뿌리를 둔 전략에 대한 이견으로 볼 수도 있다는 점이다. 이렇게 볼 때 우리는 정치적 자유주의자를 무모하게 이상향을 그리는 공동체주의자가 아니라 현실적으로 신중한 공동체주의자라 할 수 있을 것이다. 신중한 공동체주의자의 논변은 전체사회를 포괄하는 공동체의 달성이란 현대적 조건 아래서 불가피하게 전체주의로 나아갈 수밖에 없다고 생각하기보다는 그것이 자유주의적 대안보다 상대적으로 더 큰 위험부담을 갖는다고 가정한다.[4]

자유주의에 대한 공동체주의적 정당화 논변은 다음과 같이 전개된다. 자유주의가 가장 중시하는 결사, 표현, 종교의 자유에 대한 권리는 역사적으로 볼 때 국민국가(nation state)에 있어서 공동체를 파괴하거나 지배하려는 다양한 시도들에 대해 공동체를 지키는 강력한 보루로서 역할을 해온 것이 사실이 아닌가? 그러한 권리들은 현존하는 공동체를 외부로부터의 간섭에서 보호함으로써, 또한 개인들이 마음에 맞는 타인들과 새로운 공동체를 창출할 자유를 줌으로써 공동체라는 본질적인 인간적 가치를 향유하는 데 기여해 왔다. 자유주의적 정치입론에 대한 이상과 같은 공동체주의적 옹호논변은 사실상 더욱 강화될 수 있을 것으로 생각된다.

적어도 금세기에 있어 공동체에 대한 가장 강력한 위협은 아마도 전체주의(totalitarianism)라 할 수 있을 것이다. 그 이름이 지시하듯 전체주의 국가는 그 권위의 한계를 인정하지 않고 시민생활의 거의 모든 측면을 지배하고자 했다. 전체주의 체제는 모든 것을 포함하는 정치공동체를 달성한다는 명분 아래 특히 가정과 교회 등 전통적 공동체를 와해시키기 위해 가장 무자비한 방도를 이용해 왔다.

이와 대조적으로 자유주의적 정치입론은 전체주의 국가를 직접적이고도 명시적으로 거부해 왔다. 따라서 전체주의 국가가 공동체들에 위협이 되는 한에서 우리는 자유주의와 관련된 개인의 시민적, 정치적 권리의 우위성을 공동체의 보호책으로 간주해야 한다. 물론 자유

---

4) A. E. Buchanan "Assessing the Communitarian Critique of Liberalism", *Ethics*, 1989. 7.

주의적 정치입론 그 자체는 인간 삶에 있어 공동체의 중요성에 대해 직접적인 언급을 하지 않을지라도 이는 자유주의에 대한 공동체주의적 옹호논거가 될 수 있을 것으로 생각된다.

원자적 개인들이 자신의 이해관심에 따라 이합집산하는 시민사회(civil society)는 인간적 공동체를 꿈꾸는 공동체주의자들, 특히 헤겔과 마르크스 등에 의해 비판의 표적이 되곤 했다. 필자는 오래 전부터 시민사회와 같이 자유주의적 함축을 지니면서도 공동체주의적 특성을 보완한 이념적 모형으로서 시민공동체(civil community)를 구상해 오고 있다.[5] 물론 이같이 자유주의적 공동체주의의 이념을 구현한 시민공동체는 다양한 양태로 구상해 볼 수 있을 것이며 특히 그 정치경제학적 기초에 유념할 필요가 있을 것이다.

우선 시민공동체의 한 모형으로서 공동체주의자인 매킨타이어나 샌들 등이 제안한 지역공동체(local forms of community) 혹은 그 변형으로서 시민공동체를 구상해 볼 수 있을 것이다.[6] 그러나 이는 비록 소규모 공동체이기는 하나 전체사회가 정치공동체화된다는 점에서 전체주의로 회귀할 위험과 동시에 정치경제학적 이유에서도 우리가 수용하기 어려운 모형이라 생각된다. 서구에 있어서는 그리스의 도시국가(polis)가 그 고전적 전형으로 이해되는 것으로서 이러한 공동체가 명실공히 하나의 독자적 공동체로서 기능하기 위해서는 그러한 공동체의 물적 토대로서 공동체의 사회경제적 기초가 문제되지 않을 수 없다. 이 같은 시민공동체가 나름의 관행과 전통을 보전하기 위해서는 가능한 한 자립적, 자급자족적 경제기반을 가져야 할 것으로 생각된다.

자립적, 자급자족적 경제기반을 갖지 못하고 국경 없는 보편적 시

---

5) 황경식, 『시민공동체를 향하여』, 민음사 참조.
6) Alasdair MacIntyre, *After Virtue*, p.263.

장경제에 내맡길 경우 결국 공동체의 내적 질서는 와해되고 말 것이며 공동체의 해체는 다시 시민사회적 유형으로 환원될 우려를 남기게 될 것이다. 또한 오늘날 세계를 이 같은 지역공동체로 재편성한다는 것도 거의 현실성이 없는 것으로 보인다. 세계를 그같이 공동체 단위로 재편한다는 것은 어떤 혁명적 계기에 의해서가 아니면 거의 불가능하리라 생각된다. 지역공동체라는 매킨타이어의 구상이 갖는 바를 긍정적으로 수용한다면 기껏해야 그것은 지방자치제를 더 강화하는 쪽으로 생각해 볼 수 있을 것이다.

시민공동체의 두 번째 모형은 노직이 제안한 메타 유토피아(Meta-Utopia)적 공동체이다.[7] 이는 국가 전체의 기반을 노직이 제시한 자유지상주의에 둔 것으로서 그 안에 이념을 달리하는 각종 소규모 공동체가 공존하는 구도이다. 자유지상주의적 국가에 소속한 시민들은 자유의사에 의거해서 소규모 공동체들 중 어떤 것이든 선택, 가담할 수 있으며 그로부터 탈퇴도 자유선택으로 이루어질 수 있다. 어떤 공동체는 가부장적이거나 지극히 전체주의적 체제일 수도 있으나 그런 공동체에 동조하는 자들이 있는 경우에만 성립한다는 점에서 전체 공동체는 여전히 자유지상주의적이라 할 수 있을 것이다.

공동체주의자로 분류되기도 하나 본인은 자유주의자에 더 가깝다고 생각하는 왈쩌도 최근 출간한 관용에 관한 소책자에서 이상과 유사한 모형을 제시하고 있다.[8] 그에 따르면 다수의 공동체들이 상호 관용하면서 평화공존하는 체제에는 다민족 제국, 동맹국, 국제사회, 국민국가, 이민국가 등이 있는데 이 중에서 개인권이 보장되면서도 공동체 간에 관용이 유지되는 국민국가(nation state)와 이민사회(immigrant society)에 특별한 관심을 두고 있다. 개인의 시민권이

---

7) Robert Nozick, *Anarchy, State and Utopia*, Part Ⅱ 참조.
8) Michael Walzer, *On Toleration*, 1997.

존중되면서도 종교적, 민족적, 문화적 공동체들 간에 관용이 이루어진다는 뜻에서 자유주의적 가치에 기반을 두면서도 공동체의 내면적 삶이 보존된다는 점에서 시민공동체의 한 모형이 될 수 있으리라 생각된다. 왈쩌의 자유주의가 노직 등의 자유지상주의인지 롤즈류의 평등주의적 자유주의인지가 분명하지는 않으나 공동체들 간의 관용체제로서 왈쩌의 국가관은 분명 시민공동체의 한 모형으로 발전시켜 봄직하다고 생각된다.

시민공동체의 마지막 유형은 노직의 메타 유토피아, 왈쩌의 관용의 체제로서의 국가와 유사하면서도 공동체를 감싸는 국가의 자유주의적 질서가 공동체주의적 성향을 더 강하게 띠게 되는 모형이다. 롤즈의 자유주의적 정의론에 방법론적으로 개인주의적 함축이 있음에도 불구하고, 사람들의 천부적 자질을 공동의 자산(common asset)으로 보는 그의 인간관을 비롯해서 그로부터 결과된 차등의 원칙(difference principle)이 자유, 평등 이외에도 박애(fraternity)의 정치적 함축을 구현한 것이라는 점에서 그의 자유주의는 지극히 공동체주의적 성향을 갖는 것으로 보인다.[9] 이는 공동체주의자 샌들이나 매킨타이어가 비판의 1차적 표적으로 삼는 것이 롤즈의 정의론이라는 점에 비추어볼 때 아이러니가 아닐 수 없다.

전체국가의 정치적 질서가 정치적 자유주의이고 그 속에 다원적 공동체들이 보존될 경우 그러한 시민공동체는 이중으로 공동체적이라 생각된다. 자연적이건 이념적이건 다양한 공동체적 삶이 어떤 공동체주의적 국가에서 더 번성할 수 있다는 점에서 공동체주의적일 뿐만 아니라 국가 전체의 자유주의적 질서 역시 상당한 공동체적 함축을 지닌다는 점에서 그러하다. 부캐넌의 주장과 같이 이런 식으로 자유주의가 공동체를 더욱 번성하게 하고 공동체를 보존하는 더욱 확고한

---

9) John Rawls, *A Theory Justice*, *Political Liberalism* 참조.

방책이라는 점에서 이를 자유주의의 공동체주의적 정당화(commu-nitarian justification of liberalism)라 부르는 것이 마땅하다고 생각된다.

7. 맺음말

자유주의적 공동체주의 혹은 공동체주의적 자유주의에 바탕한 시민공동체적 이념은 적어도 다음과 같은 몇 가지 정책적 함축을 암시하는 것으로 보인다. 우선 그러한 이념은 비공적인 영역에 있어서 문화적으로 다원화, 특수화, 지역화 내지 지방화(culturally parti-cularize or localize)를 지지하고 조장할 것으로 보인다. 이에 비해 또한 그러한 이념은 공적인 영역에 있어서 정치적으로 보편화, 세계화, 국제화(politically universalize or globalize)를 지지하고 조장할 것이다. 따라서 시민공동체 이념은 문화적 공동체주의와 정치적 자유주의의 결합이라고도 할 수 있다.

우선 강조되어야 할 것으로서 세계는 바야흐로 개별국가의 주권(sovereignty)보다 개별시민들의 개인권(individual rights)으로 중심이동이 진행되고 있는 새로운 생활공간으로 전환되어 가고 있다는 점이다. 따라서 국가의 주권이라는 명분 아래 각종 문화적 관행이나 관습, 심지어는 비인간적이고 인권유린적인 것까지도 관용되는 시대는 지나가고 있다. 적어도 원리상으로는 인권유린적인 비인간적 상황이 전개될 경우 세계정신은 국가주권까지 침해하고 간섭할 수 있는 명분이 있음을 세계시민의 양심과 합의로 생각하게 하는 것이다.

세계시민 모두의 인권과 인간적 삶이 보장된다는 전제 아래 다양한 비공적 혹은 사적인 문화공동체가 번성하는 것은 또한 인간적 삶에 있어 필수요건이 아닐 수 없다. 이상적인 삶이 무엇인가에 대해서 우리 모두가 일치될 수 없을 뿐만 아니라 설사 어떤 시점에서 일치한다 할지라도 그러한 일치가 지속될 수도 없는 것이다. 나아가 또한 인간의 선이나 이상에 있어서 그러한 일치가 어려운 것은 난관이라기보다는 축복일 수가 있다. 인간이 가진 무한한 가능성과 역량을 어느 한 인간이나 인간집단이 실현하는 것은 불가능한 까닭에 우리는 자족적 존재가 아닌 이상, 아리스토텔레스나 마르크스가 말한 바와 같이 사회적 동물이며 유적 존재(Gattungs-Wesen)인 것이다. 개인은 인류가 어울려 내는 장대한 오케스트라의 일개 성원에 불과한 것이다.

제3장 I. 칸트와 자유주의 이념

1. 자유주의의 정의와 칸트

우리에게 있어 칸트(I. Kant)의 인식론은 지나치게 강조되어 온 데 비해 그의 정치 및 사회철학은 상대적으로 소홀히 다루어져 온 것이 사실이다. 여하튼 자유의 이념이 칸트 정치철학의 핵심이라는 말은 전혀 놀랍지가 않다. 그 이유는 칸트가 계몽주의 사상가로서 인간의 자유라는 개념이 그의 비판철학 전체를 일관하는 개념이기 때문만이 아니라, 자유의 이념이 현대에 이르러 칸트를 자유주의 정치철학 속에 수용함에 있어서 특별히 강조되고 있기 때문이기도 하다. 그동안 다소 망각의 세월을 거쳐 오늘날 칸트는 홉스, 로크, 루소, 밀과 같이 자유주의 담론의 전통을 이루어 온 위대한 사상가들의 반열에 오름은 물론 그 이상으로 평가되고 있다.

영미 문화권에서 칸트를 자유주의의 주류 대열에 편입한 것은 거의 전적으로 존 롤즈의 『정의론(A Theory of Justice)』에 기인한다고 할 수 있다. 하지만 독일이나 여타 대륙의 전통에서는 자유주의 정치담론에 있어 칸트의 재등장이 그다지 드라마틱하지 못한 이유는 그가 온전히 무시되거나 망각된 적이 없었기 때문이다. 예를 들어 칸트는 하버마스의 정치적 및 사회적 저술 속에서 언제나 일정한 자리를 차지하고 있었다. 그밖에도 법치국가에 대한 칸트의 이념이 독일의 자유주의 사상 속에 깊이 뿌리내려 온 것은 주지의 사실이기 때문이다.[1]

자유주의에 대한 만족스러운 정의를 제시하는 것이 지극히 어렵다는 것은 여러 학자들에 의해 면밀히 검토된 바 있다. 이 문제를 다룬 한 연구자가 바로 『자유주의(*Liberalism*)』라는 책을 저술한 매닝(David Manning)이라 할 수 있는데, 그는 자신의 저서에서 어떤 한 학자, 이를테면 J. S. 밀조차도 자유주의의 전형적 대변자로 간주하기 어려우며 자유주의적 전통에서 이끌어낸 어떤 일련의 견해도 자유주의를 전적으로 대표한다고 보기 어렵다고 하였다. 매닝의 주장에 따르면, 자유주의는 무엇보다도 이른바 하나의 상징적 형식(a symbolic form)을 지니는 이념적 저술들의 한 전통(a tradition of ideological writings)이라는 것이다.[2]

매닝에 따르면, 그러한 상징적 형식은 비록 자유주의 교설 전체는 아닐지라도 자유주의 사상가들의 저술에서 가장 자주 나타나는 세 가지 지속적인 특성을 갖는다고 한다. 다시 말하면, 자유주의는 하나의 보편적인 본질을 갖는 학설이라기보다는 다양한 형태의 자유주의 유형들 간에 어떤 가족유사성(family resemblances) 같은 것을 지니고 있으며, 그러한 정도의 일관성(consistency)으로 인해 다양하고 상이한 형태에도 불구하고 그들이 자유주의로 불리게 되는 것이다. 결국 우리

---

1) Katrin Flikschuh, *Kant and Modern Political Philosophy*, Cambridge University Press, 2000, p.2.
2) D. Manning, *Liberalism*, Dent. London, 1976, p.13, Howard Williams, *Kant's Political Philosophy*, Oxford: Basil Blackwell, 1983에서 재인용.

가 내세우는 입장이 자유주의적 담론(discourse)의 전통을 이루는 일부가 되기 위해서는 준수되어야 할 일련의 규칙이 있어야 하리라는 것이다.

매닝은 자유주의의 상징적 형식에 속하는 일관성의 세 가지 요소들을 제시하고 있다. 그에 따르면, 첫 번째 요인은 개인의 자유 및 복지와 사회의 정의 및 안녕은 그들 모든 성원들 간에 분명히 규정되고 시행되는 법적 관계에 의존한다는 믿음이다. 달리 말하면, 자유주의자들은 법의 지배(rule of law, 법치주의)를 신뢰하며 어떤 개인도 그러한 법규 이상으로 자신을 고려할 권리가 없다고 주장한다는 것이다. 두 번째 요소는 자유주의자들에 있어서 외적 강제(external compulsion)가 바람직하지 못한 까닭은 사회의 동기화 힘이나 사회적 개혁의 에너지는 개인정신의 자발성과 해방된 의지력에서 유래하기 때문이라는 것이다.[3]

그리고 매닝이 제시한 세 번째 요소는, 인간사회가 적절한 발전수준에 이르게 되면 민주주의적 제도(democratic institutions)가 사회 속에 구현될 것으로 기대할 수 있다는 원칙이다. 이는 마치 충분한 환경 조건이 조성될 경우 어떤 물리적 현상이 발생할 것으로 기대해도 좋은 이치와 마찬가지라는 것이다. 달리 말하면, 자유주의자들은 더 자유로운 형태의 사회와 정부를 향한 진보에 대해 낙관주의적 신념을 갖는다고 할 수 있다.[4] 이상 세 가지 요소가 자유주의가 반드시 갖추어야 할 필수요건인가에 대해서 매닝은 다소 유보적인 태도를 취한다. 시대와 상황이 워낙 다양한 변수들의 영향을 받는 까닭에 통시대적, 통사회적 보편성을 기대하기가 어렵기 때문이라는 것이다.

칸트에 대한 우리의 해석이나 이해도 그의 시대로부터 두 세기에 걸

---

3) 위의 책, pp.14-16.
4) 위의 책 p.23.

처 생겨난 상이한 정치문화에 의해 영향을 받지 않을 수 없다. 그러나 주목할 만한 사실은 칸트 정치이론의 기본 원리들이 약간의 수정만 가하면 매닝이 말한 자유주의의 상징적 형식들과 상당한 일관성을 갖는다는 점이다. 매닝이 칸트를 자유주의적 담론 전통의 반열에 포함시킨 것을 보면 그러한 수정이 대단한 것이 아님을 추정할 만한 이유가 될 것으로 보인다.[5]

우선 자유주의의 상징적 형식과 일관성을 갖기 위해 우리가 모두 법 앞에(before the law) 평등하다는 첫 번째 원칙은, 적어도 한 사람만은, 다시 말하면 칸트가 불가침의 존재로 간주한 통치자(군주, the sovereign)만은 법 위에(above the law) 존재한다는 약간의 수정이 요구된다. 물론 칸트도 사적인 개인으로서 군주는 다른 개인들과 같이 법에 예속되어야 하나, 군주로서 그는 외견상 부정의한 행동에 대해 처벌받을 수가 없다는 것인데, 그 이유는 군주는 국가 속에 정의를 구현하는 자이기 때문이다. 여기에서 칸트는 자유주의적 전통 밖에 존재하는 자라는, 토머스 홉스의 통치자에 대한 견지를 공유하는 셈이다.

외적인 강제를 거부하는바, 상징적인 형식의 두 번째 요소에 대해 칸트는 어떤 수정도 없이 거의 그대로 받아들인다. 그는 역사철학 속에서 주장하기를, 근대 시민사회 속에서 개인들 간의 경쟁은 사회화와 진보의 원동력이라는 것이다. 물론 칸트가 사회개혁의 동력이 개인의 의지에서 생겨나기는 하나 그러한 개혁이 통치자(군주)의 올바른 업무를 통해서 실현될 수 있다고 본 점에서 약간의 수정은 불가피해진다. 또한 칸트가 민주주의적 제도의 불가피한 성장에 대한 세 번째 요소를 충분히 수용할 만한 것으로 간주하기 위해서는 '민주주의적'이라는 말이 '대의주의적(representative)'이라는 말로 교체되어야 할 것이다. 그가 겨냥하는 정치이념을 구현해 줄 것은 대의적 제도이며, 이에 비

---

5) 위의 책, pp. 75-77.

해 전적인 민주사회에 대해 그는 다소 의혹을 지닌 셈이다.[6]

이상과 같이 살펴볼 경우, 칸트는 과연 자유주의 사상의 전통에 속한다고 할 수 있는가? 자유주의의 상징적 형식에 부합하기 위해 그의 정치사상의 기본 원리에 필요한 수정은 대체로 보수주의적(conservative) 함축을 갖는다고 할 수 있다. 따라서 칸트의 사상이 훔볼트, 밀, 스펜서, 그린, 그리고 홉하우스 등과 같은 사상가들의 반열에 들기에는 다소 절대주의(absolutism)적 색채를 갖는다고 평가될 수 있다. 그러나 칸트의 지위를 독일에 있어서 근대 자유주의 사상의 선구자로 규정하는 데는 큰 무리가 없을 것으로 보인다. 예를 들어서 『독일(1789-1815) 정치사상사(*History of Political Thought in Germany 1789-1815*)』에서 칸트의 정치이념을 살피는 가운데 에이리스(Aris)는 결론짓기를, 그는 독일에 있어서 자유주의에 대한 최초의 대변자였다는 것이다.[7] 크리거(Leonard Krieger)도 『독일의 자유이념(*The German Idea of Freedom*)』을 포괄적으로 설명하면서 "그 어떤 다른 한 개인보다, 칸트야말로 독일 자유주의의 대표적 인물이다. 그를 통해서 자유주의의 고유한 문제와 일반적인 해결방식이 명백하게 표현되었다"고 주장했다.[8]

이는 다소 놀라운 결론이라 생각된다. 그것은 만일 칸트가 자유주의자로 간주되어야 한다면 그는 무엇보다도 먼저 독일이라는 국가적 맥락에서 자유주의자로 간주되어야 함을 보여주는 것이다. 당시 독일이라는 국가는 영국과 미국에 비해 산업화에 있어서나 자체의 중산층이 발전함에 있어 후발국이었고, 따라서 대의제나 정당의 발전에 있어서

---

6) Howard Williams, 앞의 책, p.127.
7) R. Aris, *History of Political Thought in Germany 1789-1815*, Frank Cass, London, 1965, p.104.
8) L. Krieger, *The German Idea of Freedom*, Chicago University Press, 1957, p.86.

도 뒤처질 수밖에 없는 처지였다. 사회나 권위의 봉건제적 형식에 대한 도전은 자본주의의 발전이 상당한 수준으로 진행되기까지 독일에서는 나타나지 않았다. 이런 관점에서 볼 때, 칸트 자유주의가 갖는 한계는 독일 정치발전의 한계를 보여주는 잣대로 간주함이 좋을 것이다. 에이리스가 결론짓듯, 이런 후진성은 결국 나치시대의 비극적 종말로 귀결된 것이다.

에이리스에 따르면, 비록 칸트가 자유, 평등, 재산의 안전 등이 기본권임을 요구하는바, 독일에 있어 최초의 사상가라는 점이 엄연한 사실이라 할지라도, 그는 정치적 문제에 대해 정치권력을 통해서가 아니라 도덕적이고 철학적 방식으로 접근했던 독일 중산층의 지적 리더들 사이의 지배적인 성향을 반영하고 있다. 이러한 성향은 중산층의 정치적 취약성과 그들의 정치의식의 결여를 나타내는 것이다.[9] 1920년대 국가사회주의(national socialism)의 도전을 받자 자유주의적, 반권위주의적 정치의식에 대한 이러한 결여가 치명적인 결과를 낳게 된 것이다.

2. 자유주의의 이념과 현실

칸트는 자신의 국가이론을 그의 도덕철학에 있어서 인간관에 특징적이던 이원론적 방식에 따라 구성하고 있다. 우선 그는 루소의 『사회계약론(*Social Contract*)』의 영향 아래 공화적이고 자유민주적 국가이념을 옹호하며, 여기에서 특히 칸트는 정치체제를 세움에 있어 개인의 자율성, 재산을 소유 · 처분할 권리, 동의의 의의 등을 강조하고 있다. 그러나 이는 순수실천이성의 선험적 이념(a priori ideas)으로 간주되는 까닭에 경험계의 국가는 자유주의적이고 공화적인 것에 다소 미치

---

9) R. Aris, 앞의 책, p.10.

지 못할 가능성이 언제나 열려 있게 된다. 칸트에 따르면, 모든 현실국가는 여러 종류의 우연적 여건 아래에서 발전해 가게 된다는 것이다. 이런 배경으로 인해 그가 제시한 국가이념은 개별국가의 발전을 평가하게 될 척도나 기준 역할을 하게 된다. 따라서 어떤 국가가 성숙해 갈수록 그 국가는 그러한 척도에 더 근접해 간다고 할 수 있다.

그러나 특정 국가의 발전수준이 어떠하든 간에 칸트는 자신이 제시한 국가이념을 이용해서 현실국가에 대한 우리의 존중을 이끌어내고자 한다. 왜냐하면 규범에 대한 존중은 비록 현존국가가 규범이 요구하는 바에 미치지 못한다 할지라도 현실국가에 대한 충성을 요구할 것이기 때문이라는 것이다. 물론 이 점은 칸트 정치철학에서 가장 역설적인 측면 중 하나를 제시하고 있다. 즉, 칸트는 우리가 국가권력에 저항하기보다는 필요할 경우 독재(tyranny)도 감수해야 한다는 것을 권유하고 있는 것이다. 따라서 칸트의 이원론적 사유로 인해서 그에 있어서는 자유주의적 개혁을 선호할 수도 있으며 국가 전복의 위협이 있을 경우는 가장 반동적인 정부를 옹호할 수도 있게 되는 것이다. 원리에 있어 칸트는 자유주의적이나 실천에 있어 그는 보수주의적이고 권위주의적이었다고 할 수 있다.[10]

칸트는 그의 논문 「속담에 관하여: 이는 이론상 참이나 실천에는 적용되지 않는다(On the Common Saying: "This may be rue in Theory, but it does not Apply in Practice.")」에서 그의 자유주의 원칙들의 개요를 제시하고 있다. 이 논문은 1973년 *Berlinische Monatsschrift*에 최초로 출판되었는데, 거기에서 그는 시민사회의 조건이 갖는 다음과 같은 세 가지 본질적인 특성이 있다고 주장한다.

1) 인간으로서 사회 모든 성원의 자유(freedom)

---

10) Howard Williams, 앞의 책, p.128.

2) 각자는 신민으로서 다른 모든 사람들과 평등함(equality)

3) 시민 공동체의 성원으로서 각자의 독립(independence)[11]

칸트는 이 세 가지 원칙에 대해 이성의 선험적 이념으로서 언급하고 있다. 이러한 언급으로 인해 그 원칙들은 이론의 여지가 없는 지위를 갖게 된다. 이러한 원칙들은 그것이 인간 공동체에 대해 갖는 적합성이라는 도덕적 관점에서 이론의 여지가 없을 뿐만 아니라 그것이 존재하지 않을 경우 시민사회는 생각조차 할 수 없다는 논리적 의미에서도 그러하다. 달리 말하면, 만일 우리가 진정한 시민사회에 의거해 생각하고자 한다면 이들은 무시할 수 없는 원리들이라 할 수 있다. 시간과 공간 개념이 자연세계를 연구하는 데 없어서는 안 되듯, 그러한 원리들은 정치이론에 있어 불가결한 것이라고 한다. 자연과학자가 먼저 시공간 개념을 갖지 않고서는 연구하고자 하는 대상을 지각할 수 없듯, 정치철학자는 자유, 평등, 그리고 독립의 개념을 우선적으로 갖지 않고서는 국가이념을 다룰 수가 없다는 것이다.[12]

위에서 언급한 칸트 정치철학의 역설을 해명함에 있어 한 가지 주목할 것은 그의 입장을 정치적 담론의 통상적인 범주로 규정하는 데는 상당한 어려움이 있다는 점이다. 어떤 관점에서 보면 칸트는 홉스적 정치학의 보수주의적, 권위주의적 전통을 따르는가 하면, 다른 관점에서 보면 로크에 의해 대변되는 자유주의적 사상의 전통에 서 있다고 말할 수 있다. 그러나 또 다른 측면에서 보면, 칸트는 루소에 의해 대표되는 더욱 급진주의적이고 해방적인 경향을 보이기도 한다. 그러나 여하튼 그의 정치철학의 핵심은 자유주의적 전통에 뿌리를 두고 있다고 보는

---

11) I. Kant, "On the Common Saying", in *Kant's Political Writings*, trans., H. B. Nisbet, ed., H. S. Reiss, Cambridge University Press, 1977, p.74.

12) Howard Williams, 앞의 책, p.129.

것이 가장 합당한 평가일 것으로 보인다. 하지만 그를 더욱 통상적인 자유주의자로 단정함에 있어 다른 이들과 그의 정치철학에서 감지되는 놀랍고도 근본적인 차이는 그가 자유주의에 대해 강한 현실주의적 감각을 부여하고자 함으로써 사회에 있어 권위(authority)의 중요성에 강조점을 두고자 했기 때문에 생겨난 것이 아닌가 추정된다.[13]

칸트는 평등, 독립, 양심의 자유, 표현의 자유 등 자유주의적 이상을 열렬히 옹호했지만, 동시에 사회 속에 그러한 이념이 구현되는 것은 당대의 역사적 전통, 사회적 여건, 국가의 권력 등에 상당한 정도로 의존하고 있음도 강조했다. 국가에 대한 충성과 문화적, 역사적 배경에 대한 존중은 개인적 자유의 실현과 유지에 장애물이기보다는 (일부 자유주의자들의 주장처럼) 필수적으로 요구되는 본질적 요건이라고 본다.[14] 자유주의적 이상을 보존함에 있어서 역사적 여건의 중요성에 대한 칸트의 절실한 인식은 자유를 허락하는 정부의 긍정적인 면과 더불어 부정적인 면까지 관용할 필요를 지시하며 자유주의적 이상을 적극적으로 추구하는 권력자를 지원할 필요 역시 함축하고 있다. 칸트는 개인적 자유의 보존에 있어 정치적 권위와 건전한 전통이 중대하다는 인식에서 통상적인 자유주의자들보다 훨씬 더 현실주의적이라 할 수 있다.

달리 말하면, 이상의 논의는 칸트의 정치이론과 9세기 영국의 두 정치이론가들 간에 두드러진 연계성이 존재한다는 것으로 요약할 수 있다. 공지성 원리에 대한 칸트의 옹호는 표현의 자유에 대한 밀의 옹호론과 지극히 유사해 보인다. 양자는 모두 그 누구도 진리에 대한 독점권을 가질 수 없으며, 사회정치적 문제에 있어서 진리는 공적이고 개방된 토론의 기회가 규제되지 않을 경우에만 나타나게 된다는 입장을

---

13) 위의 책, p.274.
14) 위의 책 참조.

지닌다. 그리고 양자는 함께 정치철학자들만이 진보의 과정을 도울 수 있다는 입장을 공유하고 있다. 그러나 칸트는 전체 사회나 국가의 중대성을 부여하는 점에서 밀과 거리를 둔다. 이 점에서 칸트는 개인에게 합당하고 인간적인 자유를 확보함에 있어 온건한 애국주의와 공동체 의식의 중요성을 강조하는 점에서 T. H. 그린의 사상과 흡사하다. 아이디얼리스트의 입장에서 자유주의를 재구성하는 그린에 있어서 칸트의 영향은 심대하다 할 수 있다.

3. 칸트에 있어서 자유와 자율

칸트에 있어 시민사회체제 속에서 어떤 개인이 자유롭게 살고자 하는 권리는 단적으로 그가 인간이라는 사실에 바탕을 두고 있다. 인간 개체의 가장 두드러진 특성 중 하나는 그가 자율적(autonomous)인 존재일 수 있다는 점이다. 진정한 시민정부가 개인의 자율성을 진작시키고 조장해야 할 이유는 개인이 선악에 대해 스스로 결단을 내릴 수 없는 한, 그는 자유롭지 못하기 때문이다. 칸트가 생각하기에 우리 대신 타인에게 선악을 결정할 권한을 주는 것은 최악의 독재라는 것이다.

이러한 견해는 칸트가 그의 논문 「계몽이란 무엇인가?(What is Enlightenment?)」에서 설득력 있게 표현하고 있다.[15] 여기에서 그는 계몽이란 인간이 스스로 초래한 미성숙으로부터 해방되는 것으로 규정하고 있다. 인간의 미개한 상태는 자신의 능력에 대한 신뢰의 결여에서 결과한다. 칸트가 이 점을 더 강하게 설명하고 있는 것은 그가, 인간이 자신의 자유의지를 행사함에 주저하는 것은 나태와 비겁에 기인

---

15) I. Kant, "What is Enlightenment?", in *Kant's Political Writings*, trans., H. B. Nisbet, ed., H. S. Reiss, Cambridge University Press, 1977, p.54.

한다고 했을 경우이다. 그는 비록 미성숙의 상태로 사는 것이 편한 일일지는 모르나, 인간의 바람직한 모습은 아니라고 본다.

인간은 스스로의 의사와 의도에 따라 행위할, 그야말로 자율적 능력을 가진 존재이다. 따라서 인간은 스스로의 판단에 의존할 용기를 가져야 한다는 것이다. 칸트에 있어서 바로 이 점이 계몽의 진정한 메시지인 것이다. 즉 "과감히 깨어나라(Sapere aude)"고 명한다. 개인은 과감히 깨어나 지혜를 길러야 하며 자신의 지성을 활용할 용기를 지녀야 한다. 비록 스스로에 기인한 미성숙이 자신에게 제 2의 천성으로 굳어졌다 할지라도 개인들은 이 점에 힘써야 한다. 인간이 자유를 제대로 향유하기 위해서는 자신의 이성에 잠재된 힘을 일깨워 각성해야 한다는 것이다.

이렇게 해서 개인은 시민사회체제에서 자신의 행복을 자기에게 적합하다고 생각하는 방식으로 추구할 권리를 지녀야 한다. 개인이 자신의 복리에 대한 타인의 입장을 수용하게끔 해서는 안 된다. 자신의 행복을 추구함에 있어 개인에게 정당하게 부여될 수 있는 유일한 제약조건은 자신의 행복추구가 유사하게 자신의 이해관심을 추구하는 타인의 권리와 상충하거나 그것을 해쳐서는 안 된다는 점이다. 이것이 결국 의미하는 바는 우리가 소지하고자 하는 권리에 있어 타인들과 호혜적 관계를 유지해야(reciprocate) 한다는 것인데, 왜냐하면 개인은 자신이 소지한 자유를 타인에게 거부하는 것은 불공정하기 때문이다. 칸트에 따르면, 모든 사람은 자신의 행복을 추구하기 위해 타인들과 시민 공동체를 구성하지만 자신의 행복에 대한 결정권을 국가에 양도하지는 않는다는 것이다. 시민 공동체를 구성함에 있어 개인들의 의도는 자기에게 좋은 것을 결정할 권리는 그대로 보존한 채 자신의 복리를 추구하는 일이 타인의 복리에 미치게 될 해로운 결과에 대해서는 국가가 감시해 줄 것을 요구하는 것일 뿐이라고 한다.

이상에서 제시된 것은 다소 소극적인 자유관이기는 하나, 칸트는 그것을 건전한 자유주의적 입장의 근간으로서 수용한다. J. S. 밀은 개인이 지닌 행위의 자유를 간섭하기 위한 유일한 정당근거는 자기보호(self-protection)임을 그의 『자유론(On Liberty)』에서 옹호하고 있으며, 또한 우리가 스스로 향유하고자 하는 자유에 있어 우리가 타인과 호혜성, 상호성의 관계에 있음은 그린이 전폭적으로 동조한 입장이다. 칸트는 그의 정치이념을 선험적으로 제안했을 때 개인의 자율과 자립의 이념을 강하게 옹호했으며, 밀이나 그린과 더불어 자신의 행복한 삶에 대한 개인의 자결권을 유린하게 될 간섭주의적 정부(paternalistic government)의 이념을 강력하게 거부하고 있다.[16]

이 같은 간섭주의적 정부는 개인을 책임 있고 자립적인 존재로 대우하지 않고 그들이 마치 미성숙한 어린이인 양 다루게 된다. 이러한 정부는 개인들에게 국가가 그들에게 최선의 이해관심이라 생각하는 바를 제공함에 있어 독재적이기보다는 이타적(benevolent)이라 주장하면서 스스로를 정당화하고자 할 것이다. 그러나 칸트가 보기에 그로 인한 개인의 자유상실은 어떤 물질적 이득으로도 보상될 수 없다는 것이다. 권위주의적 정부가 시민들을 위해 그들의 복지와 관련된 문제들을 아무리 이타적으로 해결해 준다 할지라도 그것은 결국 최악의 폭력적 독재체제로 끝날 수밖에 없다는 것이다. 우리의 자유를 거부함에 있어서는 어떤 보상도 있을 수 없다는 것이 칸트의 입장이다.

그런데 칸트에 따르면 애국적인 정부(patriotic government) 아래에서 인간은 자유로울 수 있지만 간섭주의적 정부(paternalistic government) 아래에서는 인간이 자유로울 수 없다는 것이다. 시민국가의 자유시민들은 공동의 이해관계를 공유하지만 이러한 공동의 이해관계는 간섭주의적 정부의 위압적 관심과 배려로부터는 나올 수 없다. 한 국가의 거주자로서 시민들은 그들이 공유하고 있는 문화를 과

---

16) Howard Williams, 앞의 책, p.130.

거 세대에 빚지고 있으며 미래 세대에 대해 이러한 문화와 쟁취한 자유를 보존할 의무가 있다. 이렇게 해서 개인이 국가 속에서 향유하는 문화와 자유는 국민적 긍지의 문제가 된다.

개인은 자유국가의 성원이 되는 한에서만 자유로울 수 있으며, 따라서 우리가 자신의 자유를 존중하고 보존하고자 한다면, 국가에 대해서도 존중과 충성을 바쳐야 한다는 결론이 나온다. 바로 이 점에서 칸트가 제시한 자유관은 미묘하고도 복잡해진다. 그의 주장에 따르면, 개인은 스스로 결정하고 행동할 수 있는 자율성을 향유해야 한다. 그러나 동시에 이러한 자유는 공동체에 대한 애국적 공감에 의해 조정되어야 한다는 것이다. 국가는 시민들에게 자유를 보장하는 대신 충성을 요구하기 때문이라는 것이다.[17]

사실상 칸트는 사회에 있어서 개인의 도덕적 자결권과 자율성을 강력하게 주장하고 있다. 그러나 이러한 신념은 개인이 자신이 소속한 국가에 절대적 충성을 해야 한다는 그의 견해와 균형을 이루어야 하는 것이다. 물론 이로 인해서 칸트가 극단적인 국가주의자가 되는 것은 아니다. 칸트에 따르면, 우리가 국가의 성원이 됨에 긍지를 지녀야 하는 이유는 국가가 우리의 자유를 구체적으로 실현할 기반이기 때문이다. 우리는 국가와 그 배경이 되는 문화 공동체에 충성해야 할 의무가 있다는 칸트의 애국주의는 지극히 온건하고도 냉정한 것으로서, 그 속에 어떤 배타성에 대한 언급도 없다. 그의 애국개념은 전적으로 한 국가 내의 인종적, 언어적 다원성과 양립 가능할 뿐만 아니라 그의 궁극적 소망이 인류가 하나의 공동체, 즉 자유주의적, 애국주의적 이념을 구현한 도덕 공동체에 소속되어야 하는 것인 만큼 세계시민주의와도 양립 가능한 것이다.

---

17) 위의 책, p.131.

4. 표현의 자유와 공지성 원칙

칸트 정치철학에서 가장 중요한 개념 중의 하나는 공지성(公知性, principle of publicity)의 원칙이다. 이 원칙은 일반적으로 자유주의 정치이론가들이 표현의 자유(freedom of expression)라는 이름 아래 다루어 온 정치사상의 주요 영역 중 하나이다. 물론 칸트가 이러한 자유의 현실적 인정에 대해 무조건적이고 전폭적인 지지를 했는지 그다지 분명하지 않은 까닭은 우리가 통치권에 대한 절대적 충성의 의무를 갖는다는 것이 그의 또 다른 신념이기 때문이다. 그의 견해에 따르면, 우리가 기존 정부에 대항해서 싸울 권리를 가질 수 있는 정당한 조건이 선험적으로 존재하지는 않는다는 것이다. 칸트는 이러한 배경 속에서 표현의 자유가 행사되어야 한다고 주장하는데, 즉 우리의 비판적 견해가 어떤 것이건 우리는 충성스런 시민(loyal citizen)으로서 그러한 견해를 표명해야만 한다는 것이다.[18]

칸트는 정부를 비판할 우리의 권리를 아주 재치있게 도출하고 있다. 우선 우리는 통치자가 부정한 행위를 하고자 하는 의지가 없을 것으로 가정하고, 설사 부정한 행위가 이루어졌다 할지라도 과오의 소치로 생각해야 한다는 것이다. 칸트가 생각하기에 통치자도 인간이기에 다른 인간들과 마찬가지로 완벽하지는 못하다고 한다. 따라서 시민은 통치자의 승인 아래 그의 정책이 국가에 대해 부정의한 것이라는 비판적 견해를 공적으로 표명할 권리를 가져야만 한다는 것이다. 국가의 지도자가 그의 행위에 대한 우리의 비판권을 행사하는 것을 방해할 이유가 없는 것은 그 자신도 세계에 대한 신적인 절대적 지식을 갖지 못한다는 것을 알기 때문이라는 것이다. 이 점을 감안할 경우 국가의 지도자는 자신의 정책에 대한 논쟁과 폭넓은 지혜를 환영해야 할 것이라

---

18) 위의 책, p.149.

고 본다.

이 점에 있어 칸트는 홉스와 견해를 달리한다. 홉스는 국가의 시민들이 통치자에 대해 무비판적 충성을 다할 것을 요구한다. 물론 칸트도 통치자에 대해 우리가 강제권을 갖고 있지 않다는 것을 전적으로 인정하지만, 이로 인해서 통치자의 정책에 대한 공공 논의와 비판의 권리가 배제되는 것은 아니라는 것이다. 통치자의 행위를 논평하고 비판할 권리는 없어서는 안 될 자유이다. 우리는 통치자가 판단할 문제들에 대해 자신의 견해를 알릴 권리를 가져야 하며 그러지 못할 경우 통치자는 무책임하게 그의 권한을 남용할 경향을 갖게 될 것이다.

홉스가 국가의 지도자는 그 국가의 시민들에 대해 계약상의 의무를 갖지 않는다고 주장했을 때 통치자는 오류를 범할 수 없다(infallible)는 것을 함축하고 있다. 그러나 리바이어던의 절대 무결한 권능이란 정당화될 수도 없고 정당한 것도 아니다. 사실상 칸트에 있어 그같이 위대한 통치자가 현존할 가능성은 지극히 의심스러운 일이다. 그의 생각에 따르면, 모든 통치자는 공적으로 표명될 그 신민들의 견해를 경청할 의무가 있다고 한다. 그래서 언론의 자유는 국민들의 권리에 대한 유일한 안전장치라고 본다.[19]

그러나 칸트에 따르면 정부에 대한 비판자는 이상적으로는 그의 공지권이 남용이나 오용되지 않게끔 책임 있는 방식으로 사용해야 한다. 그래서 그는 생각하기를 언론인과 정부가 상호 긴밀히 협동해서 가치 있는 비판이 수용되고 필요한 제재가 즉각 지켜지는 자유주의적 분위기를 창출해야 한다는 것이다. 이런 관점에서 볼 때 통치자가 범하게 될 최대의 과오는 시민들에게 언론의 자유권을 거부하는 일인데, 그 이유는 그렇게 함으로써 통치자는 스스로 정보의 원천을 차단하게 되어 그것을 소유할 경우보다 슬기롭게 통치하는 데 도움이 될 가능성을

---

19) 위의 책, p.150.

배제하는 셈이 되기 때문이다.

J. S. 밀이 강조했듯, 우리의 소견과 견해의 표현에 있어 건강한 경쟁은 중요한 견해가 무시되지 않고 더 나은 견해가 드러날 기회를 갖게끔 해줄 유일한 보상책이라는 것이다. 칸트의 일차적 관심은, 비록 정부의 정책을 변경시키는 것은 아니지만 국가의 지도자가 권리의 남용에 대해 무지한 위치에 있어서는 안 되며, 그것을 자각했을 경우 어떤 조치를 취할 수 있게 된다는 점에 있다. 칸트는 통치자가 판단상의 불필요한 오류를 피하는 데 있어 표현의 자유가 갖는 이점을 강조하고 있다. 통치자가 이러한 과오를 범하게 될 위치에 있지 않게 할 보장책은 오직 표현의 자유를 신장하는 일인 것이다.[20]

따라서 유능한 통치자는 자유의 정신이 보장되는 분위기에서 통치해야 한다. 이성적 설득에 의한 통치가 아닐 경우 통치자는 자기모순에 빠지게 된다. 모든 시민들은 법의 준수가 평화롭고 안정된 사회의 유지를 위해 본질적으로 중요한 일임을 알지만, 준법이 강제되지 않고 이성적으로 설득될 경우, 더 만족하게 될 것이기 때문이다. 바로 이 때문에 통치자의 법 제정이 비판되고 토론되는 자유로운 분위기가 지극히 중요한 것이다. 토론과 논변을 통해 얻어진 시민들의 합의야말로 통치자가 필수적으로 확보해야 할 기반이다.

「이론과 실천(Theory and Practice)」이라는 논문에서 칸트는 공지성의 원리를 다음과 같이 표현하고 있다. "국민들이 스스로 부과하지 않는 것이라면 입법자에 의해서도 부과될 수 없다."[21] 도덕적 관점에서 볼 때, 통치자는 오직 그가 공동체의 일반의지(general will)를 대변한다는 이유로만 국민들에게 권위를 지닐 수 있다. 통치자가 일반적 이

---

20) 위의 책, p.151.
21) I. Kant, "Theory and Practice", in *Kant's Political Writings*, trans., H. B. Nisbet, ed., H. S. Reiss, Cambridge University Press, 1977, p.85.

해관계의 파수꾼으로서 마땅히 해야 할 일을 행한다면 자립적이고 공공적인 비판을 두려워해야 할 이유가 없는 것이다. 만일 시민들이 그의 행위를 공지성의 이념에 따라 판단한다면, 그들은 통치자가 어느 지점에서 과오를 범하고 있는지 즉각 정보를 줄 수가 있게 된다.

결론적으로 말하면, 칸트는 충성스런 시민이 자신의 정부를 비판할 권리로서 표현의 자유를 옹호하고 있다. 그는 표현의 자유를, 좋은 정부와 조화로운 사회로 가는 확고한 길로서 옹호하고 있다. 그러나 칸트가 간과하고 있는, 그의 논변에 있어 중요한 약점이 하나 있다. 칸트는 시민들에 대한 통치자의 태도가 선의지(good will)라고 전제하며 통치자가 시민들에게 의식적으로 잘못을 저지르지는 않는다고 믿고 있다.

물론 칸트가 그러기를 소망한다고 해서 비판받을 수는 없다. 그러나 그가 그러한 믿음을 너무 일반화시킬 경우, 잘못된 길로 접어들게 된다. 칸트는 포악한 독재자들의 치하에서 저항하는 시민들에게 제시할 별다른 조언이 없다. 그러나 이럴 경우 이성의 공공적 사용(public use of reason)은 기껏해야 비효율적이며 나쁘게는 철저히 봉쇄당하게 된다.[22] 따라서 분명한 것은 표현의 자유에 대한 칸트의 옹호론이 경우에 따라서만 타당할 뿐이며, 결국 통치자가 바랄 경우에만 그러하리라는 점이다. 칸트는 표현의 자유가 가장 요긴한 때에 그에 대해 가장 인색한 자유주의자로 평가될 가능성을 남기고 있는 것이다.

5. 롤즈에 전해진 칸트의 자유주의

롤즈가 해석한 칸트의 자유주의이건 혹은 롤즈에 전해진 칸트의 자유주의이건 간에 이 양자를 연계하는 가장 핵심적인 개념은 자유

---

22) Howard Williams, 앞의 책, p.155.

(freedom)의 개념이다. 롤즈가 말하는, 자유롭고 평등한 도덕적 존재로서의 칸트적 인간관(Kantian conception of the free and equal moral person)은 개인의 자유에 대한 전통적인 자유주의의 이해에 있어, 특히 정치적 정당화와 관련해서 자유가 갖는 기능에 있어 중대한 변화를 가져온 셈이다. 만일 고전적 자유주의가 개인의 자유를, 각자가 서로에 대해 무제한한 선택과 행동에 대해 갖는 자연권(natural right)으로 간주한다면 롤즈가 해석한 칸트에 있어서는 자유, 실천적 추론, 정치적 정당화 간에 강한 연관성이 주창되고 있다.

오늘날 자유주의자들은 개인의 자유를 자연권으로 보기보다는 도덕적 능력(moral capacity)으로 생각한다. 다시 말하면, 개인의 자유를 개인적 선택의 합리성을 통해 좁은 의미로 해석하기보다는 개인들 간에 가능한 사회적 협동의 선결요건으로서 간주한다. 이같이 상호 대립적인 정치적 자유관으로부터 상호 협동적인 도덕적 이해로의 이행은 상당한 정도로 칸트적인 것이라 할 수 있다. 하지만 여기에서 두 가지 문제점이 제기되고 있다. 그 하나는 최근 칸트를 자유주의 주류 속에 편입시키는 근거가 지나치게 칸트의 윤리서(이를테면 *Groundwork*)에 편향되어 있으며, 그의 정치적 저술(이를테면 *Rechtslehre*)이 지속적으로 경시되고 있다는 점이다. 또 하나는 칸트를 자유주의자의 반열에 올리는 일이 그의 실천적 형이상학에 대한 명백한 거부를 전제함으로써 강조점이 칸트의 형이상학이 없는 도덕철학에만 주어지고 있다는 점이다.[23]

물론 이같이 편향된 칸트 독법이 원리상 그릇된 것은 아닐지라도 이를 통해서 칸트의 정치사상과 그에 대한 현대 자유주의의 관계 모두에 대한 왜곡된 이해가 조장될 우려가 있다는 지적이 있다. 정치적 자유에 대한 칸트의 입장을 배제하고 그의 도덕적 자유관에 초점을 두는 결

---

23) Katrin Flikschuh, 앞의 책, p.3.

과 중 하나는, 상충하는 두 가지 자유론에 대한 현대 자유주의 내부의 긴장관계를 야기할 수 있다는 것이다. 이 점은 공정으로서의 정의관 (justice as fairness)이 갖는 롤즈의 두 원칙에 의거해서 예시될 수가 있다. 시민으로서 개인의 평등한 지위와 관련된 정의의 첫번째 원칙에 대한 롤즈의 해명은 칸트의 도덕적 인격관으로서 롤즈가 기술한 내용과 대체로 일치하고 있다.[24]

그러나 분배적 정의와 관련된 정의의 두 번째 원칙은 깊은 측면에 있어서 칸트적이라 할 수 없는(un-Kantian) 자유로운 행위자와 개인적 선택의 합리성에 대한 이해를 전제하고 있다. 자유롭고 평등한 존재로서 도덕적 인간관이 적어도 개별 국가의 범위 내에서 합당성(rea-sonableness)과 공적인 숙고에 대한 칸트의 입장을 채택하는 것인 데 비해 차등의 원칙을 이끌어내는 경제적 자유에 대한 해명은 그 기본 방향에 있어 홉스적이라 할 수 있는, 대표적 경제이론의 동기적 가정들을 수용하는 것이다.

롤즈의 이론에 있어서 두 가지 상이한 동기적 측면, 즉 도덕적 동기와 이기적 동기 간의 긴장은 자주 지적되어 왔다. 여기에서 주요 문제는 칸트의 도덕적 자유관이 경제적 자유에 대한 홉스적 가정을 견뎌낼 수 있는가 여부이다. 물론 롤즈 자신은 이 점에 대해 나름의 변명을 제시할 수도 있을 것이다. 특히 자신의 이득을 극대화하고자 하는 홉스적 동기는 롤즈에 있어서 현실적으로 존재하는 인간관의 일부이기보다는 무지의 베일 속에 있는 가상적 존재로서 원초적 입장의 당사자가 갖는 한 속성에 불과하다고 해명할 것이다. 그러나 두 가지 동기 간의 갈등이 손쉽게 해소되지 않을 경우 사회적, 분배적 정의에 대한 현대의 많은 자유주의적 이론들은 생각보다 덜 칸트적이라는 비난을 면하기 어려울 것이다.

---

24) 위의 책, p.3.

선택과 행위의 개인적 자유에 대한 칸트의 정치적, 경제적 입장을 무시함으로써 생겨난 두 번째 결과는 칸트 형이상학에 대한 거부라 할 수 있다.[25] 물론 이는 새로운 사실이 아니며, 칸트의 도덕이론에 대한 존경은 그 기초가 되는 형이상학적 전제들에 대한 불편함 때문에 언제나 약화되어 왔다. 또한 감지되는 그런 불편함에 대한 상당한 책임은 순수실천이성의 이념으로서 자유이념이라고 할 수 있다. 칸트의 도덕철학에 있어서 실천이성의 선험적 관점과 현상적 관점 간의 구분은 그의 인식이론에 있어서 현상과 물 자체 간의 구분과 동일한 정도의 저항에 봉착해 왔다. 진정 칸트의 선험적 관념론은 많은 철학자들 간에 상당한 논란의 대상이 되어 온 것이다.

그러나 형이상학에 대한 현대 자유주의적 거부는 더 일반적인 것이어서 유독 칸트의 선험적 관념론에만 전적으로 겨냥되어 있는 것은 아니다. 현대철학의 다른 분야에 있어서 형이상학에 대한 관심의 재활과 비교해 볼 때 정치철학에 있어서 그에 대한 거부는 오히려 강화되어 왔다 해도 과언이 아니다. 그런데 일부 학자들은 이 점이 칸트의 정치철학과 관련해서 뿐만이 아니라 정치철학과 일반의 과제와 관련해서도 그릇된 일이라고 지적한다.

형이상학에 대한 적대적 태도가 그릇되었다고 믿는 한 가지 이유는 홉스류의 정치철학과는 달리 그 이론구성 자체가 형이상학적 토대에 의거해 있는 칸트의 정치철학은 형이상학적 근거가 이론체계 속에 정합적으로 함축되어 있기 때문이다. 따라서 칸트의 도덕철학은 소극적인 의미에서 형이상학적 토대를 회피할 수 없을 뿐만 아니라 적극적인 관점에서 형이상학은 일관된 실천적 이론체계가 전개되는 개념적, 규범적 기본 틀을 제공함으로써 정합적 이론구성을 용이하게 하기 위해, 오히려 요청된다는 지적이 제시되고 있다.[26]

---

25) 위의 책, p.4.

이미 언급했듯이 철학의 다른 분야에서는 형이상학에 대한 관심이 재개되는 데 비해 정치철학에 있어서 형이상학의 거부는 변화의 기미조차 보이지 않고 있다. 자유주의 진영 내에서 형이상학에 대한 회의주의는 다원주의를 하나의 사실로(pluralism as a fact) 받아들이고자 하는 롤즈의 입론을 통해서 더욱 강화되고 있다. 그의 입론에 따르면, 자유주의 사회에 있어 개인들(individuals)의 다양한 가치관이 지배하는 사회는 특정 형이상학에 의해 지지되는바, 포괄적인 사회적 가치관(comprehensive social values)이 소용없는 것이 되게 한다는 것이다. 다원주의의 조건 아래서 모든 개인이 동일한 포괄적 관점에 동의하기 어려운 까닭에 형이상학은 그런 자유주의적 사회에서 그 정당화의 힘을 잃게 되기 때문이다.

다원주의라는 사실이 정치적 사유에 있어 형이상학을 기피할 수밖에 없는 이유로서 자주 거론되어 왔다. 그러나 동시에 자유주의 사회에 대한 사회적 입론으로서 다원주의라는 사실을 받아들이는 것이 과연 형이상학을 기피할 충분조건이 되는지에 대한 의혹 또한 만만하지는 않다. 이같이 의혹을 제기하는 자들 중에는 다원주의라는 사실이 오히려 형이상학적 전제들에 대한 더 심각한 탐구를 재촉하게 된다는 학자들도 있다.[27] 나아가서 일부 공동체주의자들은 롤즈와 같은 자유주의자들의 자아관이나 가치관에 암암리에 칸트의 형이상학적 가정들이 잠입해 있다고 비난하기도 하나, 이러한 혐의 또한 롤즈는 다원주의라는 사실을 들어 물리치고 있다.

여하튼 롤즈의 입장은 개인 성원들 간에 근본적인 가치다원주의라는 특성을 지닌 사회에 있어서 정치적 정당화의 과제와 관련해서는 형이상학에의 호소가 불가능하고 무용하다는 점이다. 롤즈에 따르면, 이렇

---

26) 위의 책, pp.4-5 참조.
27) 위의 책 참조.

게 말한다고 해서 개인에게 그가 선택한 특정 형이상학이 중대하다는 것을 부인하는 것은 아니며, 일정한 형이상학적 체계의 진리화 가능성을 거부하는 것도 아니라는 것이다. 형이상학을 경시하거나 공개적으로 적대시하기보다, 롤즈는 단지 회피의 전략(strategy of avoidance)을 내세움으로써 정의나 정치적 정당화의 자유주의적 이론은 철학적으로 형이상학의 외곽에 자리해야 한다고 본다.[28] 그 이유로서는 종교적, 형이상학적 입장이 중요하지 않아서가 아니라, 그것이 합의에 의해 정치적으로 해결되기에는 너무나 중대한 것이기 때문이라는 것이다. 시민들은 자신의 종교적, 형이상학적 신념을 포기할 것을 요구받지 않을 뿐 아니라 단지 공공적인 정치적 사유에 가담할 경우, 형이상학에 대해서 거리를 취하고 판단 중지할 것이 요청된다는 것이다.

6. 칸트에 대한 절차주의적 해석

하버마스나 아펠(O. Apel)이 주장하는 담론윤리학(discourse ethics)의 기본 프로그램은 절차주의적 윤리학(procedural ethics)의 근대적 전통을 전반적으로 혁신하였으며, 적어도 칸트 이래 근대사상을 특징짓는 전통에 있어 가장 흥미롭고도 가장 현실성 있는 시도라 할 만하다.[29] 담론윤리학은 과거의 이론적 구상들, 특히 칸트 이론의 독백적(monological) 특성에 담긴 일련의 부적합한 것들을 극복하고 대화적(dialogical) 유형의 절차적 윤리설을 전개하고 있다. 그러나 이 같은 절차적 윤리가 좋은 것(善, the good)의 문제보다 옳은 것(義, the

---

28) John Rawls, "Justice as Fairness: Political not Metaphysical", *Philosophy and Public Affairs* 14, 1985, p.230.

29) Charles Taylor, "The Motivation behind a Procedural Ethics", eds., Ronald Beiner and William James Booth, *Kant and Political Philosophy*, Yale University Press, 1993, p.337.

right)의 문제를 우선시할 경우, 그것이 과연 도덕적 삶에 대한 이론으로서 설득력을 가질 수 있는 것인지에 대한 의문이 제기된다.

근래에 이르러 절차주의 윤리 및 그와 관련된 윤리학의 문제들은 영미 문화권에서도 철학적 논의의 중요한 주제들이 되고 있다. 물론 영미 철학에서도 절차적 윤리설은 다양한 방식으로 제시되고 있는데, 즉 한편에는 헤어(R. M. Hare)의 공리주의적 칸트주의(utilitarian Kantianism)가 있다면 다른 편에는 롤즈에 의해 제안된 도덕이론에 있어 칸트적 구성주의(Kantian constructivism)가 있다.[30] 우선 우리는 절차적 윤리설, 특히 절차주의적 정의론이 대두하게 된 역사적 맥락을 간단히 일별하고 칸트에 대한 롤즈의 절차주의적 해석을 살펴보고자 한다.

플라톤 이래 정의(justice)의 정의(definition)를 규명하고자 하는 철학자들의 야심찬 시도들에도 불구하고 정의의 역사는 백가쟁명의 난맥상을 보여왔으며 일치된 합의의 도출이 어렵다는 귀결에 이르렀다 해도 과언이 아니다. 이 같은 사태를 염두에 두고 현재의 사회철학자 카우프만(W. Kaufmann)은 분배적 정의의 기준을 제시할 가능성을 공박하면서 전통적으로 제시되어 온 정의의 다양한 기준들을 비판적으로 검토한 후 정의론에 대해 회의주의적 결론에 이르게 된다. 그에 따르면, 구체적 상황에 있어서 정의에 대한 결정은 고려되어야 할 지극히 복잡한 변수들로 인해서 전통적 이론들 중 어떤 것도 그 임무를 성공적으로 수행할 수 없다는 것이다.[31]

경제철학자 레셔(N. Rescher)도 이와 유사한 문맥에서 분배적 정의에 대한 전통적 기준들을 비판적으로 검토한 후 그들이 공유하는 동일

---

30) 위의 논문 참조.
31) Walter Kaufmann, "Doubt about Justice", *Ethics and Social Justice*, New York State University Press, 1968, pp.52-74.

한 결함은 정의가 요구하는 다른 요구사항들은 배제한 채 단일하고 동질적인 한 가지 기준으로 정의의 문제를 환원시키고자 하는 일원론적(monistic)인 점에 있다고 하며, 그 결과 각 기준들은 모두가 과도한 배타성이라는 귀족주의적 과오를 범하고 있다는 것이다.[32] 그런데 이같은 회의주의적 추세에도 불구하고 정의론의 새로운 활로를 타진하고자 하는 시도로서 최근 우리가 주목하고자 하는 중요한 한 가지 시도는 정의로운 결과(just result)와 정의로운 과정, 혹은 공정한 절차(just procedure) 간의 구분에 근거를 둔 것이다. 절차도 정의롭고 결과도 동시에 정의로울 수 있다면 더없이 바람직할 것이나, 우리의 구체적 상황은 하나를 위해 다른 것의 희생이 불가피한 경우, 공정한 절차의 추구가 차선의 대안일 수 있다는 것이다.[33]

정의에 대한 논의에 있어 유념해야 할 것은 우리가 정의로운 절차나 정의로운 결과 중 어느 것에 대해 논의하고 있는가를 분명히 해야 한다는 점이다. 특히 이 점은 모든 경우에 있어서 정의로운 결과를 보장할 기준이 제시되기 어렵다는 주장과 관련될 경우 더욱 중요한 의의를 지니게 된다. 정의에 대한 최근의 새로운 연구는 전통적인 결과주의적 접근보다는 절차주의적 접근 방식에 암암리에 동의하고 있는 것으로 보이는데, 그 중에서도 특히 자유지상주의자(libertarian)로 알려진 노직과 자유주의적 평등(liberal equality)을 내세우는 롤즈는 정의가 절차적 관점에서 접근할 경우 가장 잘 이해되는 것으로 생각하는 대표적인 철학자들이다.

롤즈는 사회정의의 문제를 순수 절차적 정의(pure procedural justice)로 이해하고, 이를 완전한 절차적 정의 및 불완전한 절차적 정

---

32) Nicholas Rescher, *Distributive Justice*, The Bobbs-Merill Company, Inc., 1966, p.82.
33) Norman E. Bowie and Robert L. Simon, *The Individual and Political Order*, Prentice-Hall Inc., 1977, pp.102-104.

의와 대비시킨다. 그에 따르면 정의로운 결과를 평가할 독립적인 기준도 있고, 그러한 결과에 이를 절차도 구상할 수 있을 때 완전한 절차적 정의(perfect procedural justice)가 성립하며, 독립적인 기준은 있으나 그러한 결과에 이를 절차가 없을 경우 불완전한 절차적 정의(imperfect procedural justice)가 성립한다. 이에 비해서 순수 절차적 정의란 정의에 대한 독립적 기준은 없으나 공정한 절차나 규칙이 있어 그에 따르기만 하면 그 결과가 저절로 정의롭게 되는 경우이다. 이경우 절차의 공정성이 결과의 정의 여부를 보장하는 것으로서, 이러한관점은 롤즈의 공정으로서의 정의관(justice as fairness)의 핵심이 된다 할 것이다.[34]

이미 살핀 바와 같이, 롤즈는 정의를 사회적 상호작용의 최종결과가 갖는 속성이라기보다는 공정한 절차의 속성으로 보아야 한다는 대안적인 절차주의적 정의관의 대변자라 할 수 있다. 그런데 전통적 정의관을 지배해 온 완전한 절차적 정의, 혹은 불완전한 절차적 정의의 개념은 수행된 절차와 무관하게 분배의 결과가 갖는 정의 여부를 확인할수 있다는 관념을 공유하고 있다. 이에 비해 순수 절차적 정의는 어떤특정 결과가 정의로운지는 알 수 없으나, 단지 수행해야 할 정의로운과정이나 절차가 무엇인지는 알 수 있다는 것이다. 롤즈에 따르면, 사회이론으로서 공리주의는 정의를 불완전한 절차적 정의의 관점에서접근하는 입장이라 할 수 있다. 이에 비해 일부 전투적인 마르크스주의자들처럼 정의로운 사회를 구성하는 내용뿐 아니라 그를 보장하는방편이 무엇인지 정확히 제시할 수 있다는 광신적 이데올로그들은 완전한 절차적 정의관을 가진 자라 할 수 있다. 이들과는 달리 롤즈는 순수 절차적 정의관을 통해 자유경제체제에 가장 적합한 정의모형을 구

---

34) John Rawls, *A Theory of Justice*, Harvard University Press, 1971, pp.66-86 참조.

성해 보고자 한다.

칸트 이후 많은 철학자들은 칸트의 윤리설을 지극히 형식주의적 윤리설(formalistic ethics)로 간주하여 그 추상성과 공허성을 비판해 왔으며, 막스 셸러 같은 학자는 이 같은 맥락에서 실질주의적 윤리설(materialistic ethics)을 창안하기도 하였다. 그러나 롤즈는 칸트의 윤리설에 대한 이 같은 전통적 해석 방식은 칸트 윤리설의 깊은 의도를 곡해한 것이며, 따라서 칸트에 대한 공정한 태도가 아니라는 점에 확신을 갖고 그의 윤리설에 대해 절차주의적 해석(procedural interpretation)을 제안한다. 칸트는 자신의 윤리설을 구상함에 있어 형식주의와 실질주의의 이분법을 넘어 도덕원칙을 구성하기 위한 올바른 절차로서 정언명법의 세 가지 형식을 제시한 것으로 간주할 경우, 칸트 윤리설에 대한 가장 합당한 이해가 가능하다는 것이다.

롤즈에 따르면, 칸트는 인식론이나 윤리론 양자에 있어 모두 구성주의(constructivism)의 입장을 견지했으며, 그런 의미에서 이론이성과 실천이성이 동일한 궤도(同軌)에서 움직인다는 것이다. 철학이론에 있어 구성(construction)이라는 개념은 절대주의자들이 말하는 발견(discovery)의 방도도 아니고 회의주의자들이 내세우는 창조(creation)의 방법도 아닌, 제 3의 중도(via media)로서, 인식이건 규범이건 간에 이성이, 외적인 소여를 자료적 내용으로 하고 내재적인 틀을 범주적 형식으로 하여 양자를 결합함으로써 구성하는 것으로 본다. 그럼으로써 구성의 방법은 독단의 암초와 회의의 늪을 피해 가는 활로를 트게 된다는 것이다.[35]

롤즈의 독법에 따르면, 칸트의 정언명법의 세 가지 포뮬레이션은 다양한 사적 규칙 내지 준칙(maxim)들 가운데서 도덕원칙을 구성해 내는 절차들로 간주될 수 있다. 그래서 준칙들 가운데서 보편화 가능성

---

35) 황경식, 「롤즈에 전해진 칸트」, 『칸트사상과 현대철학』, 범한철학회, 1997 참조.

(universalizability)의 조건과 인격의 목적가치(persons as ends)라는 조건, 그리고 목적왕국의 입법자(moral legislator) 조건 등의 시금석을 통과한 것들은 도덕원칙으로서 자격을 갖추게 된다. 롤즈는 칸트의 윤리설에 대한 절차주의적 해석 아래 자신의 정의론을 구상했으며, 그 결과물들이 바로 계약론적 정의론이며, 또한 공정으로서의 정의관이다. 나아가서 이 같은 계약논변(contract argument)뿐만 아니라 롤즈의 원초적 입장에 의거한 정합논변(coherence argument) 또한 이상과 같은 절차주의적 구성주의의 맥락에서 이해될 때 더 합당하게 이해될 수 있을 것이다. 결국 롤즈는 적어도 학문으로서 형이상학에 대해 인색한 시대를 살고 있는 사람들에게 칸트의 도덕론을 살아 있는 전통으로서 설득력을 갖는 것으로 재구성하고자 했으며, 동시에 칸트 윤리설에 대한 오랜 오해로부터 그의 윤리설이 얼마나 생산적인 대안일 수 있는가를 보이고자 노력했다고 할 수 있다.

제4장   J. S. 밀, 자유주의자인가 공리주의자인가
- 자유주의와 공리주의의 조정과 갈등

1. 자유주의와 공리주의의 조정과 갈등

1) 『공리주의』와 『자유론』 간의 조정 프로젝트

J. S. 밀의 대표 저술의 하나인 『공리주의(*Utilitarianism*)』는 개인 도덕과 사회도덕 모두를 다루는 저술이다. 다시 말하면 그것은 개인들이 각각 자신의 인생을 어떻게 살아야 하는지에 대한 물음과, 사회의 법적, 도덕적 제도들이 어떻게 구성되어야 하는지의 문제 전반과 관련된다. 주지하듯이 그 저술은 개인의 삶과 사회의 제도들이 모두 일반의 복지를 극대화하는 것이어야 한다는 공리의 원칙(utility principle)을 지침으로 제시하고 있다. 『공리주의』가 1861년에 간행되었고, 밀의 다른 주요 저서인 『자유론(*On Liberty*)』이 그로부터 2년 전인 1859년에 간행되었으므로 두 저술은 거의 동시에 씌어졌다고 할 수 있다. 『자유론』은 좀더 직접적으로 사회도덕을 다루고 있다고 할 수 있는데, 그

주제는 개인들에 대해 사회가 합당하게 행사할 수 있는 권력의 성격과 범위라 할 수 있다.[1]

밀은 사회도덕을 매우 중대한 것으로 간주하였고 『공리주의』에서도 그에 대해 대체적인 해답을 제시하고 있는 까닭에 우리는 이 두 저술 간의 관계를 좀더 정확히 이해할 필요가 있다. 표면적으로 보면 『자유론』은 『공리주의』와 일관성이 없는 주장을 하고 있는 듯이 보인다. 밀은 『자유론』 서두에서 저술의 목적이, 사회가 개인에게 부과할 수 있는 법적, 도덕적 제한을 철저히 규제하기 위해 매우 간명한 하나의 원칙을 주장하는 일이라고 말한다. 흔히 자유원칙(liberty principle)이라 불리는 이 유명한 원칙에 따르면 "인류가 개인적으로나 집단적으로 그 어떤 성원이 가진 행위의 자유를 간섭함에 있어서 보증받을 수 있는 유일한 목적은 자기보호(self-protection)이다." 즉 "사회는 타인에 대한 해악을 방지하기 위해서만 권력을 행사할 수 있지 결코 그 개인 자신의 선을 위해서는 행사할 수 없다"는 것이다.[2]

이를테면 여러 나라에서 시행하고 있는 안전벨트 착용법을 생각해 보자. 표면상 그 법을 제정하는 일은 간섭주의적(paternalistic)이라고 할 수 있다. 다시 말하면 안전벨트 착용을 각자의 자유의사에 맡겨두지 않고 그 자신의 선을 위해 그의 행위에 간섭하고자 법적 강제를 적용하고 있기 때문이다. 밀이 제시한 자유원칙에 따르면 이 같은 간섭주의적 입법은 정당화될 수 없는 것으로 생각된다.[3] 이에 비해 그런 법규가 초래하게 될 복지의 전반적 결과를 고려하게 될 경우 공리원칙은 그 같은 입법을 허용, 권장함은 물론 요구할 수도 있을 것이다. 이 같은 이유 때문에 많은 사람들은 공리원칙과 자유원칙은 상호 갈등하며 조정될 수 없는 것으로 간주해 왔다. 최근 일부의 해석자에 따르면,

---

1) Roser Crisp, *Mill on Utilitarianism*, Routledge, 1997, ch.8, p.173 참조.
2) J. S. Mill, *On Liberty*, Everyman(edn), 1869, p.72.
3) Joel Feinberg, "Legal Paternalism", *Canadian Journal Philosophy* 1. 1971 참조.

밀은 진정 자유주의자일 뿐이며 아버지 제임스 밀과 벤담 그리고 자신의 초기 신념의 공리주의적 흔적에 집착하고 있을 뿐이라는 것이다.[4]

그러나 이 같은 견해들은 밀의 입장에 대해 지적으로 자비롭지도 않고 합당하지도 않은 해석으로 보인다. 왜냐하면 앞서 말한 바와 같이 그의 두 저술은 거의 동시에 씌어졌을 뿐 아니라 밀이 스스로 독자들에게 당부하듯 『자유론』에서도 공리의 원칙이 망각되어서는 안 된다고 강조하고 있기 때문이다. 그에 따르면 "나는 나의 논변이 공리와는 무관한 추상적인 권리 개념으로부터 도출될 수 있다고는 결코 생각하지 않으며 공리는 모든 윤리적 문제의 최종적 기준으로 간주하고 있다"는 것이다. 물론 여기에서 밀은 공리의 개념이 "진보하는 존재로서 인간의 항구적 이해관심에 근거를 둔 가장 넓은 의미의 공리이어야 한다"는 말을 부기하고 있기는 하다.[5] 여하튼 밀의 구상은 더 깊은 철학적 고민에 바탕한 것으로 보이며 이 복잡한 내면의 일단을 이해하는 일에 이 논문의 목적이 있다.

이미 말한 바와 같이, 이 논문의 주제는 최근 J. S. 밀의 해석과 관련하여 철학적 담론의 가장 심각한 주제가 된 그의 자유주의와 공리주의의 갈등 문제이다. 이 같은 논쟁의 발단을 제공한 『자유론』과 『공리주의』라는 두 저술을 집필한 탁월한 철학자 밀이 그 같은 외견상의 모순을 몰랐을 리 없었으리라는 추정은 합당한 것으로 생각된다. 그렇다면 밀은 처음부터 그 두 주제 간의 상충 가능성에도 불구하고 양자를 모두 자신의 사상체계 내에 편입하지 않을 수 없는 절실한 요구와 더불어 처음부터 자유주의와 공리주의 간의 화해와 조정 가능성을 위해 갖가지 시도를 했던 것으로 짐작된다.

필자가 생각하기에 밀이 공리주의와 자유주의 어느 하나도 버릴 수

---

4) Roser Crisp, 앞의 책, p.174.
5) J. S. Mill, 앞의 책, p.74.

없었던 이유는 경험과학적 접근에 바탕을 둔 합리적 의사결정이론(theory of rational decision-making)으로서 공리주의가 갖는 매력과 근세 이후 현실화된 가치다원주의(value-pluralism)와 더불어 점증하는 자유주의의 강력한 호소력이었다. 근세 이후 시대정신으로서 자유주의의 추세는 거스를 수 없는 사조임은 물론 밀 또한 그 선구적 존재로서 확고한 신념을 견지하고자 했다. 그러나 밀은 또한 중세 이래의 신학적 내지는 선험적 편향에 대한 대안으로서 경험에 바탕한 결과주의적 윤리이론으로서 공리주의에 상당한 기대를 걸고 있었다.[6]

그러나 밀이 수용하고자 한 이 두 사조 간의 화해와 조정은 그리 간단한 문제가 아니었다. 합리적 의사결정이론으로서 공리주의는 원리상 다양한 욕구와 가치를 통합해 줄 하나의 단일한 기준과 잣대를 요구하는 것이었으며 이 점에서 벤담의 양적 쾌락 공리주의는 전형적인 최선의 모형이라 할 만하다. 이같이 비교 가능성, 계산 가능성, 통산 가능성을 크게 희생함이 없이 현실적 가치관의 다양성, 다원성을 수용할 여지를 만들기 위해 밀은 쾌락의 질적 차원을 구상했으며 사전적 의사결정 지침으로서 직접공리주의보다는 사후적 결과평가 기준으로서 간접공리주의를 염두에 두었고 자유, 자율, 개성, 진보 등을 포괄하는 가장 광의의 공리라는 개념을 고안해 내기에 이른 것이다.

그러나 필자는 기본적으로 공리주의와 자유주의 간의 갈등을 조정하고자 한 밀의 프로젝트는 애초부터 성공을 담보하기 어려운 요인을 내포한 것으로 보고자 하며 몇 가지 노력과 개념장치에도 불구하고 그 일에 밀이 크게 성공을 거두지 못한 것으로 평가하고자 한다. 원리상 공리주의는 개인주의보다는 집단주의적(collectivistic) 성향을 가지며

---

6) 롤즈가 제시한 사회윤리이론의 두 가지 정당화 기준으로서 합당성(desirability)과 현실성(workability)을 만족시키는 프로젝트가 밀의 구상 배후에 작용하는 기준과 합치되는 것으로 보인다. John Rawls, *A Theory of Justice*, Harvard University Press, 1971 참조.

자유주의는 그 정의상 개인주의적(individualistic) 성향을 갖는 것이기에 이 양자의 조정은 반드시 어느 한 입장의 변형 내지 손상을 초래하지 않을 수 없다고 생각된다. 공리주의를 강화시키게 될 경우 자유원칙은 그 도구적 내지 이차적 기준으로 전락하게 되고 자유주의를 우선으로 할 경우 가장 광의의 공리원칙은 합리적 의사결정이론으로서 역할이나 기능을 일부 포기하지 않을 수 없게 된다.

밀 이후에 전개된 자유주의의 역사는 밀의 그러한 시도에 무리가 있었음을 더욱 잘 보여주는 것으로 보인다. 공리주의를 포기하고 가치다원주의에 기반해서 자유주의 전통을 이어가고자 한 벌린(Isaiah Berlin)이나 래츠(Joseph Raz), 나아가 다원주의라는 사회적 사실을 전제로 의사결정의 범위를 공적인 영역으로 제한하고자 한 롤즈의 정치적 자유주의 등은 바로 밀의 자유주의가 갖는 난제를 해결하고자 한 후속적 시도들이라 할 수 있다. 여하튼 밀의 자유주의 정당화 프로젝트가 성공했든 아니든 간에 자유주의는 다양한 시도들을 통해 지금도 진화도상에 있으며, 근세 이후 세계 정치철학의 도도한 주류로 간주되고 있다고 생각된다.

2) 사회윤리와 두 요건: 현실성과 합당성

일반적으로 우리는 윤리이론이나 정치이념에 대해 두 가지 관점에서 평가하게 된다. 그 중 하나는 그 이론이나 이념이 우리의 기본적 신념이나 숙고된 판단(considered judgements)에 부합되는 바 합당성(desirability, acceptability)을 만족시키기를 기대한다. 오랜 성찰의 과정을 거쳐 그 이론이나 이념이 우리의 숙고된 판단들을 대체로 만족시킨다고 생각되는, 이른바 반성적 평형(reflective equilibrium)에 이를 때 우리는 그 이론이나 이념이 합당하고 수용 가능하며 바람직한 것이라고 생각한다. 만일 그것이 우리의 기본적 신념이나 숙고된 판단들 중 중대한 한 가지를 고려하지 않을 경우 우리는 바로 이 점을 반대 사례(counter example)로 해서 그에 대한 반론을 구성하고 비판적 이견을 제시하게 된다.

다른 한편 우리는 우리가 내세우고자 하는 윤리이론이나 정치이념이 단지 당위적이고 이상적이기는 하나 비실제적이고 현실성이 없으며 무용한 것이기를 원치 않는다. 이런 뜻에서 우리는 어떤 윤리학설이나 정치이념이 현실성이 있고 실용성이 있기를(feasibility, workability) 동시에 희망하게 된다. 다시 말하면 그것이 합당한 이론이고 우아한 이론인 동시에 실제로 우리의 의사결정에 있어 구체적 지침으로 작동할 수 있기를 바란다. 대체로 정치가를 비롯해서 사회과학자들이 이상의 두 기준 중 현실성에 주목한다면, 이론가나 철학자들은 합당성에 초점을 두는 경향이 있다. 그러나 지나치게 현실성에만 주목하다 보면 명분 없는 타협이나 어용이 되기 쉽고, 과도한 합당성의 추구는 쓸모 없는 공론이 될 위험에 직면할 수 있다.[7]

대체로 근세 이후에 본격적으로 제시되고 있는 공리주의는 그 기본적 지향이 합리적 도덕(rational morality)을 겨냥하고 있으며 구체적 의사결정의 지침이 될 것으로 기대된다. 공리주의가 우리의 직관에 근거한 의무주의보다 객관적 검증이 가능한 결과주의적 모형의 윤리설이며, 가치다원론적 현실에도 불구하고 통약 가능한 쾌락개념에 집착하는 이유도 바로 합리적 도덕을 꿈꾸는 현실주의적 이념의 부담에서 유래된다. 이런 관점에서 볼 때 가장 현실성 있는 공리주의적 기획은 바로 양적 쾌락주의에 기반한 벤담주의적 유형이라 할 수 있으며 밀의 질적 쾌락 공리주의나 무어의 다원적 이상 공리주의는 공리주의의 기본 의도에서 점차 멀어지는 유형일 수밖에 없는 것이다.

그러나 이같이 지나치게 현실성을 추구하는 공리주의적 입장은 다른

---

7) 황경식, 『사회정의의 철학적 기초』, 서론, 제4절 사회윤리와 그 성립요건, pp.38-40 참조.

면에서 우리의 숙고된 판단이나 기본적 신념의 일부를 희생함으로써 이론이나 정치이념이 충족시켜야 할 요구조건인 합당성으로부터의 공격을 면하기 어렵다. 벤담 당시 그의 양적 쾌락 공리주의에 대해 행해진, 다양한 이상주의적, 인간주의적 비판은 바로 이 같은 맥락에서 직면할 수밖에 없는 귀결이었다. 공리주의는 진정한 인간적 행복에 맹목이며 이를 동물적 쾌락으로 격하했다는 비판을 비롯해서, 개인의 권리, 자유, 자율성, 개성 등을 합당하게 고려하지 못하는 전체주의적이고 집단주의적 이념으로 매도되기까지 이른다.

이상과 같이 우리의 기본적 신념이나 숙고된 판단에 있어 중요한 인간적 가치에 의거해서 공리주의에 대해 제시될 수 있는 반례(counter-example)를 피할 수 있는 유형의 공리주의를 구성하기 위해 밀은 쾌락주의에 있어 질적 차원을 도입하고 공리적 의사결정에 있어 간접공리주의를 채택함으로써 행복, 개성, 자율, 자유 등과 같은 인간적 가치를 수용할 수 있는 여지를 마련하고자 했으며, 이를 통해 나름의 반성적 평형에 도달하게 된 것이다. 그러나 사실상 밀은 합당성의 기준을 만족시키기 위해 상당한 정도로 현실성 기준의 손상을 감수할 수밖에 없었던 것이다.

여하튼 필자가 보기에 밀은 처음부터 현실성 있는 공리주의의 기반 위에 합당성도 고려한 인간적 가치, 특히, 자유주의와 같은 이념을 수용하는 프로젝트를 기획했으며 이 두 가지 요소 간의 상당한 긴장과 갈등을 염두에 두고 그 양자를 조정하는 시도를 하고자 했던 것으로 보인다. 그의 사상적 성장에 있어 우선 그는 벤담적 공리주의자로 출발했으나 그것이 각종 인간적 가치를 수용하기 어렵다는 인식을 갖게 되었으며 그러면서도 그의 사상적 대 종합에 있어서 공리주의와 자유주의가 동시적으로 문제되고 그 조정에 골몰했음은 그의 두 주요 저술 중 『공리주의』보다 오히려 『자유론』이 앞서 출간되었음을 보아도 짐작이 간다.[8]

롤즈도 지적하고 있듯 공리주의는 개인의 행복을 중시하는 지극히 개인주의적인 출발을 했음에도 불구하고 전체의 행복 극대화를 최고의 목표로 하는 지극히 전체주의적인 함축을 가진 윤리설로 귀결하는 것은 역설적으로 보인다. 그러나 기본 욕구나 필요의 충족을 내세우는 마르크스주의나 공리의 극대화를 주장하는 공리주의는 노직의 분석에 따르면 모두가 정형적인(patterned) 정의론의 일종이며 또한 양자가 모두 전체주의적 함의를 갖게 된다는 것이다. 이는 필요의 충족이나 공리의 극대화와 같은 목적달성을 위해 경우에 따라 개인의 권리나 소수자의 인권 혹은 자유의 유린도 정당화될 수 있음을 의미한다.

이상과 같이 생각할 때 공리주의는 원리상 자유주의와 화해하기 어렵다는 생각이 든다. 롤즈의 지적과도 같이 개인은 어떤 명분으로도 침해될 수 없는 권리를 지니며 이는 다수의 복지를 명분으로 하는 어떤 정치적 흥정의 대상이 될 수 없다는 것이다. 결국 자유주의와 공리주의의 화해를 위해 우리는 어떤 이론적, 개념적 무리를 범할 수밖에 없다는 생각이 든다. 합리적 의사결정이 불가능할 정도로 행복의 질적 차원을 언급하든지 공리의 개념을 지나치게 확대하여 공리의 개념을 무용하게 만듦으로서 '무용이 대용'이라는 역설적 지경에까지 이를 수도 있는 것이다.

2. 쾌락주의의 역설과 질적 쾌락주의

1) 왜 쾌락의 질적 차원이 문제되는가?

벤담과 이념적 동지이던 아버지 제임스 밀로부터 개인교수를 통해

---

8) R. E. Bales, "Act-Utilitarianism: Account of Right-Making Characteristics or Decision Making Procedures?", *American Philosophical Quarterly*, vol.8, no.3, July 1971, pp.257-265 참조.

성장한 J. S 밀은 태생적으로 벤담적 공리주의자라 해도 과언이 아니었다. 그러나 청소년기를 지나 대륙의 관념론과 이상주의에 눈뜬 밀은 한때 정신분열적 파국으로 고통당하게 된다. 벤담의 쾌락주의는 저열한 인간관을 바탕으로 하고 인생의 다원성과 인간 감정에 대한 몰이해, 미묘한 인간 정신세계에 대한 무감각에서 비롯된 것으로 간주되었다. 그러나 긴 방황 이후 밀은 다시 외견상 벤담의 언어로 진술된 공리주의자로 되돌아오게 된다. 『공리주의』에서 밀은 "최대행복의 원리가 내세우는 바는 행위가 행복을 증진하는 성향에 비례해서 옳고 행복의 역을 산출하는 경향에 비례해서 그르다는 점이다. 여기에서 행복의 의미는 쾌락이고 고통의 결여이며 불행은 고통이고 쾌락의 박탈을 뜻한다"고 말한다.[9] 나아가 밀은 "쾌락과 고통으로부터의 해방은 목적으로서 바람직한 유일한 것이며 다른 모든 바람직한 것들은 그 자체 속에 내재한 쾌락이나 쾌락의 증진과 고통의 예방을 위한 수단으로서 바람직한 것"이라 진술하고 있다.[10]

이 같은 진술은 그가 1830년대부터 인용해 온 벤담의 입장을 요약적으로 보여주는 바로서 1860년대에 와서는 밀 자신의 입장으로도 설명하고 있다. 그렇다면 밀이 그간의 불만과 갈등을 온전히 해소한 듯한 사정의 요인은 무엇이며, 지금까지 수용하기 어려웠던 벤담적 인간관에 대한 거부를 철회하게 된 계기는 무엇인가? 일관성이 없다는 비난을 면할 수 있는 한 가지 설득력 있는 해결책으로서 밀은 인간에 대한 더욱 풍요한 이론을 통합하는 방법을 모색했으며 이는 결국 쾌락이 양적인 차원뿐 아니라 질적인 기준에서도 구분될 수 있다는 입장을 제시하는 길이었다. 『공리주의』에서 밀은 설명하기를 "어떤 종류의 쾌락은 다른 종류의 쾌락들보다 더 바람직한 것이라는 사실의 인정이 공리의

---

9) J. S. Mill, *Utilitarianism*, New York: New American Library, 1974, p.257.
10) 위의 책, p.257.

원칙과 충분히 양립 가능하다. 다른 모든 일을 평가함에 있어서 질과 양이 더불어 고려될 수 있으면서 쾌락의 평가는 양에만 의존해야 한다는 것으로 가정하는 것은 불합리하다"는 것이다.[11]

인간과 같은 행복관을 지닌 존재에게 적합한 삶의 규칙이 돼지와 같은 동물에게 적절한 삶의 규칙과 매우 다른 것이라면 공리주의가 인간을 저급한 삶에 국한시키게 되리라는 우려는 사라지게 될 것이다. 인간존재는 동물적 욕구와는 다른 고귀한 기능을 가지며 일단 그러한 사실을 의식하게 될 경우 이 같은 기능의 만족을 포함하지 않는 어떤 것도 행복으로 간주할 수가 없다는 것이다. 인간적 삶은 따라서 지능, 감정, 상상력, 나아가 도덕감과 관련된 쾌락을 포함하며 이는 단순한 감각적 쾌락과는 다른 더 높은 가치를 갖는다고 한다. 이같이 일단 우리가 쾌락에 질적 우선순위가 매겨질 수 있다는 사실을 알게 될 경우 우리는 쾌락이나 고통으로부터의 해방이 목적으로서 바람직한 유일한 것이라는 명제에 저항할 필요가 없으며 어떤 쾌락이 질적으로 더 우월한 것임을 알 경우 양과 무관하게 이를 저급한 쾌락보다 선호하게 된다는 것이다.

최근 밀의 해석에 있어 자기계발(self-improvement)의 중요성에 대한 그의 생각에 주목하게 되면서 그것이 쾌락의 질적 차원과 관련해서 더욱 잘 설명되기에 이르렀고, 특히 고차적 쾌락은 탁월성(excellency)의 실현을 통해 얻어진 쾌락으로 간주되기도 하며 더 특징적으로 인간적인 쾌락으로 해석되기도 한다. 또한 그것은 우리의 인간적 능력을 계발함에 있어서 특별히 중요한 까닭에 인간의 행복에 있어 무엇보다도 중대한 것으로 간주되기도 한다. 사실상 『공리주의』 제4장에서 밀은 행복이 여러 다른 목적들로 구성된 복합적 목적이며 인생의 목적으로서 행복은 그 속에서 미, 진리, 덕, 인간적 탁월성 등 다른 목

---

11) 위의 책, pp.258-259 참조.

적들이 쾌락과 더불어 존재하는 다차원적 사태라고 했다. 그리고 첨언하기를 어떤 것을 욕구하는 것과 그것이 즐거운지를 아는 것은 전적으로 분리하기 어려운 현상이며 동일한 심리적 사실을 명명하는 서로 다른 방식이라는 것이다.

여하튼 이상과 같이 질적 쾌락주의와 공리주의를 양립시키려는 프로젝트에 몰두하면서 밀은 쾌락에 있어서 질적인 차이의 구분방식을 설명하기를, "두 가지 쾌락 중 이들을 모두 경험한 자가 도덕적 의무감과 상관없이 단연 어느 하나를 선호할 경우 바로 그것이 더 바람직한 쾌락"이라는 것이다. 특히 그 두 쾌락 모두를 유능하게 숙지하고 있는 자가 설령 양에 있어서는 약하다 할지라도 질적으로 더 우월한 것으로 평가할 경우 질적으로 더 높은 쾌락이 된다는 것이다.[12] 이상의 설명에서 쾌락의 질을 선별하는 방법을 우리는 정보에 의거한 선호검사(informed preference test)라 할 수 있다. 다시 말하면 두 쾌락 모두를 경험한 유능한 판단자가 선호하는 쾌락이 질적으로 고차적인 쾌락이라는 것이다.

그러나 이 같은 방법에 의거해 고차적 쾌락과 저급한 쾌락을 다양한 방식으로 대비하고 있음에도 불구하고 쾌락의 질적 비교에 대한 밀의 기준은 그리 분명하지가 않다. 결국 밀은 쾌락의 측정과 합산을 위한 단일한 기수적 척도(cardinal scale)가 존재하지 않는다는 점에서 완전한 기수적 측정을 포기한 것으로 보인다. 고차적 쾌락과 저급한 쾌락을 비교함에 있어서 가능한 유일한 평가는 서수적인(ordinal) 것이라 할 수 있다. 고차적 쾌락은 저급한 쾌락보다 더 가치 있는 것이기는 하나 어느 정도 더 가치 있는 것인지 묻는 것은 밀에 있어서 무의미하게 된다. 왜냐하면 이 같은 비교에서 척도의 전반적 연속성을 보장할 단위(unit)가 있을 수 없기 때문이다.[13]

---

12) 위의 책, p.257.

이상과 같이 쾌락의 질적 차원을 말하는 밀의 입장에 대해 갖가지 반론들이 제기되고 있기는 하나 그 중 가장 통상적인 반론들을 요약, 정리해 보면 밀은 결국 일종의 딜레마에 직면하게 된다.[14] 다시 말하면 합리적 의사결정 절차를 추구하는 공리주의자로서 밀은 결국 외견상 쾌락의 질이 어떤 방식으로건 양적인 차원으로 환원됨으로써 벤담과 동일한 양적 쾌락공리주의의 길을 가게 되거나, 아니면 더 이상 자신을 온전한 쾌락주의자로 간주하는 것을 포기하고 각종 인간적 가치에 충실한 가치다원주의의 길을 가게 된다.

그런데 밀은 결코 쾌락이 벤담처럼 지속성이나 강도만으로 환원될 수 없다고 생각한 것으로 보이며, 쾌락의 질을 말했을 때 그가 염두에 둔 것은 문제의 쾌락이 가진 내재적 가치(intrinsic value)를 의미한 것이다. 즉 고차적 쾌락의 우월성은 그 내재적 가치 때문이라 할 수 있다. 그러나 다른 한편 합리적 선택절차로서 공리주의에 기대가 컸던 밀로서는 공리원리의 작동에 있어서 관건이 되는바 쾌락이 단일한 단위로서의 역할을 수행할 쾌락주의를 끝까지 버릴 수 없다는 부담을 안게 된 것이다. 그런데 이상의 딜레마에서 첫 번째 선택지, 다시 말하면 질적 차원의 양화 가능성만이 밀로 하여금 쾌락주의자로 남아 있게 할 수 있는 유효한 길이긴 하나 이는 쾌락의 질적 구분을 원리상 희생하지 않고서는 기대하기 어려운 길이다.

현실적 작동원리로서 공리주의를 내세우고자 했던 벤담적 쾌락주의자는 한 경험이 다른 경험보다 더 가치 있게 되는 것은 그것이 갖는 쾌감이나 쾌락성(pleasantness, pleasurableness)이라고 주장했다. 이 같은 길을 가기 위해서 밀은 연속적인 척도 위에서 두 경험의 쾌락성이 일관되게 비교될 수 있다고 전제해야 한다. 그러나 밀은 이같이 쾌락

---

13) Roser Crisp, 앞의 책, p.31.
14) 위의 책, pp.32~33 참조.

이 통약 가능한 것임을 부인하며 고차적 쾌락이 저급한 쾌락보다 더 가치 있는 것은 그 양자의 쾌락성과는 다른 이유, 이를테면 그것을 경험한 자의 진정한 자아를 실현하게 한다는 것임을 내세우고자 한다. 그러나 이는 밀을 딜레마의 다른 뿔, 즉 다른 선택지로 밀어붙이는 셈이며 그럴 경우 그는 더 이상 쾌락주의자로 남을 수 없게 된다.[15]

사실상 벤담도 우리의 상식이 이해하고 있는 쾌락의 질적 차원을 몰랐던 것은 아니다. 그러나 벤담은 과학적 시각에서 볼 때 이 같은 외견상의 질적 현상은 그 본질에 있어서 양적인 차이로 환원할 수 있을 뿐이며, 또한 그런 가능성에 의거할 때만이 합리적인 선택원칙으로서 공리주의의 현실적 작동이 가능하게 된다고 본다. 그래서 벤담은 쾌락의 양화 가능성과 더불어 일관성 있는 쾌락계산법(hedonic calculus)을 제시하게 된 것이다. 그 중에서도 특히 생산성 혹은 다산성(fecundity)이라는 기준은 외견상의 질적 차이를 양적 차이로 환원할 수 있는 근거를 제공할 것으로 기대된다. 이를테면 외견상 질적으로 고차적인 쾌락은 사실상 그것이 갖는 본질적 가치로 인해 고차적인 쾌락이 되는 것이 아니라 그로 인해 초래될 상당한 후속적인 쾌락 산출에의 기여도로 인해 그 고차적 우월성이 확보된다는 것이다. 여하튼 밀은 벤담의 이 같은 양적 쾌락주의의 동반자가 되기를 거부하고 있는 셈이다.

딜레마의 다른 선택지를 택할지라도 밀은 여전히 복지가 더 고차적인 쾌락으로 이루어진다는 말을 계속 할 수는 있겠지만, 그러나 이제는 더 이상 그런 쾌락을 좋은 것으로 만드는 성질(good-making property)이 쾌감이나 쾌락성이라는 주장은 견지할 수가 없는 것이다. 이 경우 밀은 이제 더 이상 쾌락주의자일 수가 없으며 자기를 실현해 줄 경험은 비록 그것이 쾌락을 주지 않더라도 인간의 복지에 보탬이 될 수 있다는 사실마저 수용하지 않으면 안 된다는 귀결에 이를 수도

---

15) 위의 책, p.33.

있다. 그럴 경우 밀이 반-쾌락주의자(anti-hedonist)가 되지는 않을 지라도 쾌락 외적인 요소의 본질적 가치를 말하는 비-쾌락주의자(non-hedonist)로 분류될 가능성과 더불어 자아완성론자(perfectionist) 혹은 가치다원론자(value-pluralist)로의 길을 열게 되는 것이다.[16]

이상과 같이 정리된 딜레마적 도식을 생각할 경우 밀의 질적 쾌락주의는 두 개의 뿔 사이에서 구제받을 수 있는 길이 차단되어 있는 것으로 보인다. 밀은 질적인 차원을 철회하고 그냥 양적 쾌락주의자로 남든지 아니면 질적으로 다양한 인간적 가치를 보존하고자 쾌락주의를 포기할 수밖에 없는 노릇이다. 여기에서 밀의 질적 쾌락주의가 구원될 수 있는 길은 저러한 딜레마적 도식을 가능하게 했던, 그리고 소위 양적 쾌락주의가 전제하고 있는 쾌락의 개념 및 그와 관련된 언어적, 심리적 전제들을 성찰하고 새로운 쾌락 개념을 모색함으로써 뿔 사이로 피할 수 있는 길을 추구하는 길이다.[17] 양적 쾌락주의가 전제하고 있는 쾌감 혹은 쾌락성으로서의 쾌락 개념은 추상적 허구이며, 오직 현실적으로 존재하는 쾌락 개념은 쾌락 외적인 어떤 목적이나 대상을 지향하고 있는 지향적 개념(intentional concept)으로서 쾌락,[18] 혹은 그러한 목적이나 대상의 맥락 속에서 대상과 쾌락성이 상호 침투, 혼융되어 있는 맥락적 개념(contextual concept)으로서의 쾌락관[19]을 입증, 정립하는 일이다.

---

16) 위의 책, p.34.
17) Rem B. Edwards, *Pleasure and Pains, A Theory of Qualitative Hedorism*, Cornell University Press, 1979. p.110.
18) Gilbert Ryle, *Dilemmas*, Cambridge University Press, 1954, p.51
19) G. E. Moore, *Principia Ethica*, London: Cambridge University Press, 1976, pp.83-84.

2) 쾌감과 구분되는 지향적 개념으로서의 쾌락

일반적으로 쾌락주의로 통용되고 있는 입장은 엄밀히 말하면 양적 쾌락주의라 할 수 있는 것으로서, 질적 쾌락주의나 가치다원주의와 언어적 입론 및 심리적 입론에 있어서 주장을 달리한다. 양적 쾌락주의자들은 언제나 쾌락이라는 말이 고통이라는 말과 마찬가지로 감정이 갖는 동일한 내적 성질(inner quality of feeling)을 가리킨다는 언어적 입론을 전제한다. 그들은 또한 우리가 한 원천(source)이나 대상(object)에서 얻는 즐거운 감정은 다른 원천이나 대상에서 얻는 즐거운 감정과 강도나 지속성 이외의 성질에 있어서 동일하다는 심리적 가정을 전제한다. 우리가 즐거운 감정을 어떤 방식으로 얻든 상관없이 쾌락은 쾌락이고 고통은 고통일 뿐이라는 것이다.

그런데 이 같은 두 가지 입론이 모두 그른 것으로 판명될 경우 비록 규범적 문제가 제기되지 않을지라도 언어적, 심리적 고려사항은 양적 쾌락주의를 거부하기 위해 온전히 합당한 합리적 근거를 제공한다. 만일 양적 쾌락주의가 언어적, 심리적 혼동에 의거하고 있을 경우 그것은 애초부터 질적 쾌락주의나 가치다원주의에 대한 유용한 규범적 대안이 될 수 없을 것이다. 심리적 입론에 대해서는 앞에서도 부분적으로 살핀 바는 있으나 이 절에서 두 입론에 대한 주제적인 논의를 전개해 보기로 한다.

지난 2세기 동안 영미 문화권에 속한 철학자들은 고전적 공리주의자들의 쾌락주의를 논의해 왔으나, 쾌락주의에 반대하는 진영에서조차도 쾌락이라는 개념 그 자체에 대한 면밀한 분석이 거의 없었다 해도 과언이 아니며, 이로 인해 일반적으로 벤담 자신의 쾌락 개념을 무비판적으로 받아들이는 결과가 되었다. 쾌락 개념에 대한 벤담의 입장에 있어서는 여러 가지 측면들이 일관성 없이 전개되고 있는 것으로 생각된다.[20] 그 중에서도 우리의 논의와 관련해서 가장 중요한 것은 그가 때때로 쾌락과 고통을 감각의 종류들로 말하고 있기는 하나, 공식적으로는 쾌락을 '즐거운 지각(interesting perceptions)'으로 규정하고 있다는 점이다.

따라서 벤담이 모든 쾌락과 고통이 단지 감각에 불과하다는 간명하긴 하나 비현실적인 견해를 주장했다는 것은 편향된 해석에 기인된 것이다. 그는 쾌락이나 고통이 단순한 감각뿐 아니라 감지, 기대, 회상과 같은 여러 가지 인지적 상태 등 모든 종류의 지각이 갖는 호오의 측면이라고 믿었다. 그러나 대부분의 사람들은 그를 위시한 쾌락주의자들이 그 원천이나 대상에 상관없이 내성을 통해서 쾌락으로 구분, 확인할 수 있는 어떤 명백한 경험이나 의식상태가 존재한다고 말한 것으로 이해했으며, 이러한 쾌락 개념은 벤담의 양적 쾌락주의에 복귀한 시즈윅(H. Sidgwick)에 의해 더욱 강화된 듯하다. 우리가 쾌락을 맛보는 어떤 활동이나 경험에 대해서 말할 경우 이상의 입장에 따르면 활동이나 경험이 따로 있고, 그것에 수반하거나 그로 인해 결과되는 별개의 감각이나 감정으로서 쾌락이 있다는 것이다.

그러나 최근에 와서 쾌락의 개념에 대한 라일(G. Ryle)의 분석은 그 개념에 대한 철학적 논의에 있어 새로운 전기가 되고 있다.[21] 물론 그의 쾌락관은 멀리는 아리스토텔레스에서 그 뿌리를 찾을 수 있고, 가까이는 밀이나 무어에 의해 암암리에 가정되었던 것이긴 하나 쾌락이 일종의 감각이나 감정이라는 종래의 견해에 대한 그의 공격은 상당한 설득력을 갖는 것이어서 사실상 최근의 쾌락에 관한 몇몇 학자들의 논의는 대체로 라일의 입장을 가장 잘 입증하는 구체적인 방법에 관한 것이라 해도 과언이 아니다.[22] 이들은 쾌락이 감각이나 감정이라는 견해

---

20) Jeremy Bentham, *An Introduction to the Principles of Morals and Legislation*, ch. iii-v 참조.
21) Gilbert Ryle, *Dilemmas*와 *The Concept of Mind* 참조.

를 거부하든지, 감각을 가리키는 좁은 의미의 쾌락(성적 쾌락 등)이 있기는 하나 모든 그리고 대부분의 쾌락이 감각이라는 견해를 거부하고 있다. 이 점에서 쾌락이 언제나 감각이라는 스마트(J. J. C. Smart)의 쾌락관은 특이한 예외가 아닐 수 없는 것이다.

라일은 자신의 논문 속에서 우리가 어떤 활동으로부터 얻는 즐거움이 그 활동 자체로부터 구분되는 어떤 것(감각 혹은 즐거운 지각)이라는 견해에 반대한다. 그는 주장하기를 "내가 어떤 활동, 예를 들면 골프를 즐길 때 내가 즐기는 것은 골프 그 자체이지 골프에서 얻는 감각이 아닌 것이다. 왜냐하면 골프에서 생겨나는 어떤 감각이 존재한다면, 그것은 골프로부터 나의 관심을 유리시키는 작용을 할 것이기 때문이다. 내가 골프를 즐긴다고 하는 것은 나의 관심이 쉽사리 분산될 수 없을 뿐만 아니라, 실제로도 운동 중 분산되지 않았음을 말하는 것이다."[23] 라일에 있어서 어떤 활동을 즐긴다는 것은 그것에 몰두하는 것이다. 그에 의하면 즐긴다는 것은 주의를 기울이고 주목을 하는 (attending to, heeding to) 행위라는 유개념에 포섭되는 것이다.

이는 결국 쾌락을 의식의 지향적 작용 중의 하나로 보는 것이며, 욕구나 의식과 마찬가지로 쾌락도 지향적 개념(intentional concept)으로 해석하려는 것이다. 지향적 개념은 대상을 요청하는 개념이어서 대상이 없으면 논리적으로 불완전하고 불확정적인 개념이다. 구체적 상황에 있어서의 쾌락과 고통은 일정한 대상을 갖는 어떤 종류의 쾌락이며, 무어가 말한 경험의 다른 성질들과 관련된 맥락에서의 쾌락 (pleasures in context of other properties)[24]이요 밀의 이른바 고유

---

22) 예를 들면 J. L. Cawan, *Pleasure and Pain*; David Perry, *The Concept of Pleasure*; J. C. B. Gosling, *Pleasure and Desire* 등.
23) Gilbert Ryle, *Dilemmas*, p.51.
24) G. E. Moore, *Principia Ethica*, London: Cambridge University Press, 1976, pp.83-84.

한 질을 갖는 쾌락이다. 그것은 경험이나 사고나 상상을 막론하고 지향된 대상과 완전히 분리되어서 확인될 수 없으며, 그것들 상호간에도 지향된 대상과 관련되지 않고는 분간되기가 어렵다.[25]

　이상의 심리학적 분석은 최근의 언어철학적 성찰에 의거해서도 보충된다. 양적인 쾌락주의자들은 일반적으로 두 개 이상의 사물이 공통된 이름으로 불릴 경우 공통된 성질(property)이 존재한다는 언어관을 취하는 것으로 보인다. 비트겐슈타인은 우리의 말들이 갖는 지시대상은 모두가 공통된 성질을 나타내는 것이 아니라, 단지 가족유사성(family resemblance)만을 나타낸다는 점을 보여주었다. 오늘날 공통된 이름을 갖는 모든 것이 동일한 성질을 갖는다고 가정하는 것은 더 이상 견지되기 어려우리라 생각된다. 그런데 바로 이러한 언어이해가 양적 쾌락주의를 오도했을 것으로 생각된다.

　스마트가 스스로 그 상속자로 자처하는 시즈윅이 밀의 질적 쾌락주의를 거부하고 벤담의 양적 쾌락주의로 복귀했을 때 의거했던 주요 논거도 바로 그런 가정에 입각한 것이었다. 시즈윅은 "쾌락의 모든 질적 비교는 실제로 양적 비교로 환원되지 않을 수 없다. 왜냐하면 모든 쾌락들이 쾌락이라 불리는 것은 그것들이 쾌감(pleasantness)이라는 공통된 성질을 가졌기 때문이라 생각되며, 따라서 이러한 공통된 성질에 비추어서 비교될 수 있는 것"이라 했다.[26] 그러나 쾌감이나 고통감과 같은 공통된 성질을 갖는 대신 쾌락이나 고통이란 질적으로 서로 구분되는 다양한 범위에 걸친 호오의 경험이며, 그것은 공통 성질의 개념이기보다는 가족 개념에 더 가깝다 할 것이다.

---

25) Rem B. Edwards, 앞의 책, p.110 참조.
26) Henry Sidgwick, *The Methods of Ethics*, New York: Dover Publications, Inc., 1966, p.94.

3. 직접 공리주의와 간접 공리주의

1) 공리주의와 정당화와 새로운 버전

밀은 그의 저서 『공리주의』 제1장에서 이 책의 목적은 공리주의를 제대로 이해하기 위해 설명과 입증의 문제를 다루는 데 있다고 하고, 여기에서의 입증은 통상적으로 말하는 직접적 증명(direct proof)은 아니라고 했다.[27] 공리주의의 설명과 입증을 본격적으로 다루기 이전에 밀은 윤리이론을 전개함에 있어 지침이 될 만한 두 개의 원칙을 제시하고 있다. 그 중 하나는, 행위는 일정한 목적을 지향하며 따라서 어떤 행위의 옳고 그름은 그 행위가 지향하는 목적에 기여하는 결과에 바탕을 두어야 한다는 목적론적(teleological) 접근과 관련된 원칙이고, 다른 하나는 도덕의 근본이 되는 원리나 법칙은 하나이어야 하고 다수일 경우 우선순위(order)의 기준이 제시되어야 한다는 원칙이다.[28]

이상의 두 원칙을 진술한 다음 밀은 공리주의가 무엇인지를 해명하고자 한다. 우선 밀은 벤담과 마찬가지로 모든 행위가 지향하는 목적을 진술하는 쾌락주의를 수용하고 이를 바탕으로 공리주의를 전개하고 있다. 그래서 밀은 쾌락주의를 기초로 해서 도덕원칙을 진술할 수 있게 되는데 그에 따르면 "도덕의 기초로 받아들이는 공리의 이론이나 최대행복의 원칙에 따르면, 행위는 행복을 증진하는 경향에 따라 옳고 행복에 반대되는 것을 산출하는 성향에 따라 그르다는 것이다. 행복이란 쾌락과 고통의 부재를 의미하고 하고 불행은 고통과 행복의 박탈을 의미한다"고 말한다.[29]

---

27) J. S. Mill, *Utilitarianism*, p.254.
28) 위의 책, p.253.
29) 위의 책, p.257.

그러나 비록 벤담과 같이 공리주의를 표방하고 있기는 하나 밀은 그동안 공리주의를 겨냥했던 비판들에 응답하는 가운데 더욱 차별화된 자신의 공리주의 유형을 명료히 하고자 한다. 특히 벤담과 차별화된 논점 중 중요한 두 가지를 언급하자면 그 중 하나는 이미 앞에서 논의한 바와 같이 공리주의의 기반이 되는 쾌락주의에 있어 양적 차원만이 아니라 질적 차원을 도입하고 있다는 점이다. 다른 하나는 공리의 원칙에 대한 입증이 불가능할 뿐만 아니라 불필요하다는 벤담에 비해 밀은 비록 간접적이기는 하나 갖가지 방식으로 그 입증을 시도하고 있다는 점이다. 하지만 주지되고 있듯 욕구된(desired) 사실로부터 욕구할 만한(desirable) 가치로의 이행논변이나, 개인의 행복이 그 개인에게 선이라는 점에서 전체의 행복이 전체에게 선일 뿐만 아니라 개인에게도 욕구할 만한 선이라는 것을 도출하는 논변 등 대부분의 입증들이 기본적인 논리적 허점들을 드러내고 있음이 비판의 대상이 되고 있을 뿐이다. 벤담은 공리의 원칙이 입증 불가능하다고 생각했다. 왜냐하면 그것은 그 진위 여부가 다른 것에 의거해서 입증될 수 없는 최후의 궁극적(ultimate) 원리이기 때문이다. "그것이 직접적으로 증명이 될 수 있는가? 결코 그럴 수 없는 것이다. 왜냐하면 다른 것을 입증하는 데 이용되는 것은 그 자체가 증명될 수 없기 때문이다. 증명의 연쇄는 어디에선가 시발점이 있어야 하며 그렇지 않을 경우 무한소급이 불가피하기 때문이다." 그리고 벤담은 이 같은 증명이 불가능할 뿐만 아니라 불필요하다는 말을 보태고 있다. 아마도 그는 논리적으로 제시될 수 없는 것을 요구한다는 말은 일관성이 없다고 생각했기 때문인 것으로 추정된다.

밀은 벤담의 이러한 입장에 불만족한 것으로 보이며 나름으로 정당 근거를 제시하고 있는 듯하다. 만일 최대행복의 원리를 입증한다는 말을 할 수 없게 되면 벤담이 조롱했던 직관주의적(intuitional) 철학자들보다 더 나을 게 없기 때문이다. 여기에서 직관주의적 선험철학자들이란 바로 그 근원을 기억할 수 없는 모든 뿌리 깊은 신념이나 모든 강렬한 감정을 그 자체로서 충족된 보증이나 정당근거로 간주하는 사람들로 생각하고 있다. 공리주의자들은 가능한 한 더 이상 검증될 수 없다는 원리의 자명성을 고집하는 일을 회피해야 한다고 생각한다. 물론 밀도 벤담처럼 인식의 제1원리와 마찬가지로 궁극적인 목적의 문제가 일상적인 의미에서 직접적 증명은 불가능하다고 지적한다. 그러나 사실의 궁극적 문제가 지식의 감각적 기초에 의거한 직접적 검증의 대상이 되듯 목적에 대한 궁극적 문제도 자연적 욕구라는 기초에 의거해서 옹호될 수 있다는 것이다.

그러나 불행하게도 『공리주의』 제4장에 제시된 공리의 증명은 성공적이라고 보기 어려우며 깊은 오류를 숨기고 있음은 논란의 여지가 없다. 밀은 목적에 대한 문제는 바람직한(desirable) 것에 대한 문제임을 인정하면서 시작한다. 하지만 곧바로 그는 이 같은 학설을 믿어야 하는지 그 이유를 물으면서, 어떤 대상이 볼 수 있는(visible) 것인지에 대해서 제시될 수 있는 증거가 우리가 실제로 그것을 본다는 사실이며 들을 수 있는 것임을 입증하는 유일한 근거가 우리가 실제로 듣고 있는 사실이듯, 어떤 것이 바람직한(desirable) 것임을 입증하는 유일한 증거는 실제로 우리가 그것을 바라고(actually desire) 있다는 사실이라는 것이다.[30]

이 같은 논증에 있어서의 오류는 명백하다. 우리의 감각적 경험에 있어서 그 증명은 유효할지 모르나 '바람직한'이라는 말(desirable)에서 'able'은 바랄 만한 가치가 있는(worthy)을 의미하기에 동일한 논변이 그대로 적용될 수 없기 때문이다. 행복이 우리 모두가 원하고 있는 것이 사실이긴 하나 그렇다고 해서 우리 모두가 그것을 원해야 한다는 당위(ought)가 귀결되는 것은 아니기 때문이다. 오히려 사람들은 자신

---

30) 위의 책, p.234 참조.

의 의무를 다하기를 바라거나 신의 법칙에 복종하기를 원해야 할 수도 있는 것이다. 설상가상으로 밀은 우리 자신의 행복뿐만 아니라 일반적인 행복(general happiness)도 바람직한 대상임을 입증하기 위해 보완적인 논변을 제공하고 있는데 이 또한 수긍하기가 어렵다.

그의 논변에 따르면 일반의 행복이 바람직한 이유로서 제시할 수 있는 것으로 우리가 각자 자신의 행복을 바라고 있다는 사실 이외에는 없다는 것이다. 이로부터 밀은 행복이 선이며 각자의 행복은 그 사람에 있어서 선이며 따라서 일반의 행복은 모든 이의 집단에 있어서 선이라는 결론으로 나아간다. 그런데 사실상 여기에서 밀이 의도하는 바는 공리주의의 목표인 일반의 선은 개인적 행위자에게 합리적 목표임을 입증하는 일이다. 그러나 각 개인의 행복이 바로 그 개인에게 있어서 선이라는 전제로부터 이 같은 귀결이 나오지 않음은 분명하다. 각 개인의 행복이 모든 사람의 선이 될 수 있을지는 모르나 그것이 곧바로 일반의 행복이 각 개인들에게도 선이라고 말하는 것과는 같지 않은 것이다. 그러나 사실상 이는 공리의 원칙을 입증하기 위해 요구되는 바로 그 전제가 아닌가?

2) 공리의 적용이 간접적이어야 할 이유

공리주의 유형과 관련해서는 이 밖에도 행위의 정당성이 그 행위가 실제로 가져온 결과에 의해 평가된다는 현실결과 공리주의(actualism)인지, 그 행위가 가져올 것으로 예견되는 확률상 가능한 결과에 의거한다는 가상결과 공리주의(probabilism)인지가 문제될 수도 있다.[31] 또한 공리주의는 그것이 구체적으로 채택하게 될 의사결정 절차와 관련해서 개별행위 선택에 공리의 원칙을 직접 적용하는 행위 공리

---

31) Roser Crisp, 앞의 책, pp.99-101.

주의(act utilitarianism)와, 개별행위는 상위 규칙들에 의해 정당화되고 이는 다시 최고의 공리원칙에 의해 정당화되는 3단 구조로 된 규칙 공리주의(rule utilitarianism)로 나누어지기도 한다. 우리는 밀의 공리주의를 좀더 우호적으로 이해하기 위해 우선 그의 입장은 현실결과 공리주의에 가깝고 특히 그의 공리주의는 일종의 확대된 규칙 공리주의로 이해하면서 이 점을 간접 공리주의(indirect utilitarianism)라는 이름 아래 상론해 보고자 한다.[32]

우리가 특히 이 점에 주목하고자 하는 까닭은 만일 밀이 자신의 공리주의적 의사결정 절차를 행위 공리주의나 직접 공리주의적인 것으로 채택할 경우 그의 공리주의는 자유주의와 심각한 갈등관계에 있게 되며 양 원칙 간의 조정 가능성을 찾는 프로젝트가 난관에 부딪치게 되기 때문이다. 밀 스스로도 말한 바와 같이 도덕의 궁극적인 원리는 단일하거나 아니면 다수일 경우 이들의 갈등을 조정할 우선순위의 기준이 있어야 한다. 그런데 밀이 규칙 공리주의자이거나 공리의 원칙을 직접 개별행위에 적용하지 않는 간접 공리주의자일 경우 공리원칙이 1차적이고 궁극적인 원리이며 자유의 원칙은 2차적이고 매개적인 원칙인 까닭에 그의 자유주의와 공리주의 간에는 상당한 정도로 조정의 여지가 마련될 수 있는 것이다.

통념적으로 가장 손쉬운 해석의 하나에 따르면 공리주의는 원칙을 직접 개별행위의 선택원칙으로 간주하는바 행위 공리주의 혹은 직접 공리주의로 이해하는 것이다. 그러나 공리주의가 종합적인 복지 극대화를 요구하는 윤리설로서 개인의 존엄, 자율, 권리 등을 제대로 설명할 수 없다는 통상적인 반론으로부터 자유로우면서도 그동안 별로 주목받지 못한 공리주의의 한 유형이 바로 간접 공리주의라 할 수 있다.

---

32) J. S. 밀의 간접 공리주의에 대한 자상한 설명으로는 John Gray, "J. S. Mill on the Liberty, Utility and Rights", *Nomos Human Rights*, vol.xxx Ⅲ 참조.

이런 형태의 공리주의는 시즈윅에 의해 그 전형이 제시되며[33] 더 분명하고 체계적인 유형은 밀에 의해 설명되고 있다고 평가된다.

우선 가장 기본적인 것으로서 간접 공리주의의 특성은, 공리의 원칙이 개별행위 선택의 처방적(prescriptive) 원리가 아니라 평가의 일반적 기준(general standard of evaluation)으로서 제시되고 있다는 점이다.[34] 도덕적 사고에 있어서 실제적(practical) 수준과 비판적(critical) 수준을 구분할 수 있다면 간접 공리주의에 있어서는 공리의 원칙이 일차적으로 비판적 수준에 적용되는 윤리설이라 할 수 있다. 다시 말하면 공리주의적 평가가 직접적으로 실제적 의사결정이나 행위선택에 적용되는 것이 아니라 행위를 규제하는 모든 고려사항들, 이를테면 단지 사회적 규칙들만이 아니라 특정 선택에 이르게 하는 감정, 태도, 성향 등 일체에 적용되는 것이다. 그 가장 일반적인 적용에 있어서 공리는 인간의 행위결과든 아니든, 모든 형태의 사태를 평가하는 기준으로서 역할을 하게 된다.

다음으로 이상과 같이 간접 공리주의에서 공리원칙의 역할이 특정한 실제적 딜레마를 해결하기 위한 의사결정 절차가 아니라는 사실이 전제될 경우 공리주의적 평가는 실제적 고려에 있어 정보를 제공하는 규칙, 규범, 관행 등과 특별한 관련을 가지며 이 같은 규범체계의 개조나 개혁을 위한 제안을 제시하는 기능을 하게 된다.[35] 이같이 해석할 때 간접 공리주의는 단지 행위와 관련된 규칙만이 아니라 행위와 관련된 규칙, 감정, 태도, 성향, 관행 등 모든 규율체제와 관련된다는 점에서 규칙 공리주의(rule utilitarianism)가 확대되고 일반화된 모형이라

---

33) Henry Sidgwick, 앞의 책, pp.487-489 참조.
34) John Gray, "Indirect utility and Fundamental Rights", *Liberalisms, Essays in Political Philosophy*, Routledge, 1989, p.122.
35) 위의 논문, p.122.

할 수 있다. 개별행위는 규율체제에 의해 정당화되고 규율체제는 다시 공리원칙에 의해 정당화되는데, 공리의 근본 원리가 매개항을 통해 간접적으로 개별행위에 적용된다는 뜻에서 간접 공리주의라 할 수 있는 것이다.

끝으로 간접 공리주의적 정책이 천거되는 근거로서 직접적 공리주의는 자기모순적이고 자가당착적이며 자멸적인 결과(self-defeating effect)를 갖는다는 사실이 전제되고 있다. 여기에서 직접 공리주의란 어떤 행위나 정책을 결정하는 찬반이유로서 제시되는 것이 오직 그것이 갖는 공리주의적 결과라고 주장하는 윤리설을 의미하는데 이러한 공리주의는 일반적으로, 때때로 불가피하게 반생산적(count productive) 결과를 가져오는 것으로 간주된다는 것이다. 간접 공리주의는, 공리 극대화 전략을 채택할 경우 오히려 공리 극대화가 성취될 수 없다는 직접 공리주의의 패러독스로부터 귀결된다고 한다. 사실상 간접 공리주의의 중심 주장은 우리가 공리를 추구할 때 채택하게 될 정책에 대해 일정한 제약을 부과하는 실제적 규범을 활용할 경우에 공리가 최대로 증진된다는 점이다.[36)]

정의규칙(rule of justice)의 출현과 기능을 간접 공리주의적 분석을 통해 제시한 흄과 마찬가지로 밀 또한 공리의 원칙이 우리가 행해야 할 바에 대한 판단에 직접 적용되는 원칙이기보다는 일반적인 평가의 원리임을 강조하는 간접 공리주의를 채택한다. 『공리주의』의 마지막 장이나 『자유론』에서 제시된 밀의 논변은 세 가지 면모를 갖는다. 우선 밀은 행위의 지침이 되는 기준과 공리의 원칙을 구분하고 우리의 실제적 삶을 세 가지 영역으로 나누게 되는데 그는 이들을 각각 사려(타산적, prudence), 고결(미적, nobility), 도덕(당위적, morality)이라 불렀다.

---

36) 위의 논문, p.122 참조.

이상의 세 분야에 대해 밀이 주장하기를, 첫째로 그 각 영역의 준칙이 서로 상충하여 조정이 필요하지 않는 한 우리의 행위를 안내해야 할 것은 공리의 원칙이 아니라 삶의 양식에 대한 각 영역의 규칙들이나 원칙이며 단지 이런 매개적이고 이차적인 원칙은 결국 공리의 원리로부터 도출된다는 것이다. 둘째로 밀은 주장하기를 이들 중 도덕만은 사회적 통제와 시행의 영역으로 들어와야 되지만 다른 두 영역은 자신과 관련된(self-regarding) 영역에 남아 있게 된다는 것이다. 밀에 따르면 도덕은 집단적인 자기방어의 도구이며 침해와 상해로부터 각자의 중대 이해관심을 보호하는 것을 그 목적으로 삼는다고 한다. 사려와 고결은 통제나 시행의 대상이 될 수가 없다는 것이다.[37]

셋째로 밀은 주장하기를 공리주의적 정책의 문제로서 도덕은 자유에 대해 최대한 허용적이어야 한다는 것이다. 공리로부터 도출되는 자유의 제한에 대한 확고한 반론이 있으며 단지 중대한 이해관계가 위협을 받거나 시행의 비용이 엄청난 경우만이 그러한 반론이 유보될 수 있는 것이다. 세 번째 논변을 통해서 밀의 유명한 자유의 원칙이 제시되는데 이는 타인들의 중대한 이해관심에 대한 심각한 상해가 문제되는 경우에만이 자유가 제대로 제약될 수 있음을 진술하는 것이다.

밀의 간접 공리주의에 대한 논의는 여러 가지 이유에서 주목할 만한 것으로 보인다. 우선 공리의 원칙이 단지 윤리에 있어서만이 아니라 행위의 모든 분야에 있어서 최고 평가의 기준으로 적용되는 만큼 그것은 그 자체로서 도덕원칙이 아니고 또한 그 자체로서 올바른 행위규준을 제시하는 것도 아니다. 밀 자신이 제시한 바와 같이 공리의 원칙은 일차적으로 쾌락이나 행복만이 내재적이고 본질적인 가치임을 명시하는 가치론적 힘을 갖는 원칙이다. 『자유론』과 『공리주의』에서 설명되고 있듯 올바른 행위 전략의 목표로 삼아 공리를 직접 추구하는 일은

---

37) 위의 논문, p.125.

결국 다음과 같은 두 가지 방식으로 자가당착적이다.[38]

첫째로 밀은 『공리주의』에서 인간은 직접 행복이나 쾌락을 목표로 하지 않고 그 자체로서 가치 있는 목적을 추구하고 성취하는 가운데 행복이 가장 잘 얻어질 수 있다는 심리학적 역설(psychological paradox)을 끌어들인다. 인간들에 있어 행복은 수많은 쾌락들의 연쇄이기보다는 스스로 선택한 활동들이 상당한 정도로 성공하고 있는 전반적 삶을 의미하며 행복은 수동적 상태가 아니고 모든 사람들에 있어서 동일할 수도 없는 것으로서 각자에게 특유한 성격을 갖는 활동의 추구에서 얻어질 수 있다는 것이다.

이상에서 말한 바와 같이 행복은 개인적으로도 자신이 선택한 활동의 성공적 추구에서 발견되는 것일 뿐만 아니라 또한 밀은 행복의 직접적인 추구가 집단적으로도 자가당착적인 것임을 알고 있었다. 사회적 협동의 조건을 구성하는 데 있어서도 공리의 원리가 부적합하게 되는 바, 인간활동의 사회적 조정(coordination)의 경우에도 문제가 있다는 것이다. 바로 이 같은 문제의식으로 인해 밀은 사회적 삶의 강제적 측면을 규제하기 위한 준칙으로서도 공리가 아니라 자유의 원칙을 채택하게 된 것이다. 이같이 사회생활의 규제를 위해 공리의 원리가 아닌 다른 원칙을 채택함에 대한 공리주의적 옹호를 하는 일은 많은 해석가들에게 혼란을 야기한 문제이다. 우리는 밀이 공리가 아니라 다른 준칙을 채택하고 공리보다 그것에 더 큰 비중을 부여하는 공리주의적 이유를, 공리원칙의 직접적 적용이 자가당착적인 데서 찾을 수 있을 것이다.

흄과 마찬가지로 시즈윅에 있어서도 간접 공리주의적 분석이 대체로 공리원칙을 그대로 적용함에 있어 유보적인 결론에 귀착하게 한다. 시즈윅의 주장에 따르면 공리주의자들은 모든 성원이 공리주의자들로

---

38) 위의 논문, pp.125-126 참조.

된 세계를 바라는 것이 합당할지라도 이 같은 세상을 실현하고자 하는 시도는 심각한 비용을 치르게 될 것인 까닭에 그런 시도는 공리주의적으로 정당화될 수가 없다는 것이다.[39] 어떤 경우에는 공리주의를 공개적으로 선언하지 않는 것이 오히려 옳은 일이 되는 역설적 상황도 있게 된다는 것이다. 개별 경우들마다 공리계산에 의한 의사결정을 하기보다는 약속을 지키고 거짓말을 하지 말라는 관행적 명법을 일관되게 준수하는 일상의 도덕이 오히려 공리주의적으로 정당한 길이 될 수도 있다는 것이다.[40]

4. 자유원칙의 정당화와 간섭주의

1) 자유원칙의 정당화와 광의의 공리

밀의 저서 『자유론』은 국가와 사회가 개인에 대해 합당하게 행사할 수 있는 강제력의 한계를 다루고 있다. 밀에 따르면 과거에는 개인의 자유를 위한 투쟁이 독재정권을 겨냥하고 있었다. 그런데 이 같은 전투는 정부가 국민에 대해 책임을 지고 국민에 의해 바뀔 수 있는 민주주의(democracy)의 확립에 의해 종식되었다고 한다. 권력의 주체인 국민이, 권력이 쓰일 용도를 지정할 수 있는 한에서 정부가 정당하게 권리를 위임받을 수 있다는 믿음이 있었던 것이다.

그러나 이 같은 믿음은 사실이 아닌 것으로 판명되었다. 민주주의에서 권력을 가진 사람은 다수자(majority)였고 사회의 나머지 성원의 자유는 다수의 횡포로부터, 다시 말하면 다수의 견해를 대변하는 정부가 행사하는 권력으로부터 안전하게 지켜질 수 없었다. 이 같은 상황

---

39) Henry Sidgwick, 앞의 책, p.489.
40) 위의 책, p.487.

에서 개인의 자유를 위협하는 것은 억압적 법 체제와 더불어 지배적인 견해와 관행을 모든 사람에게 부과하기 위한 법 외적인 수단의 사용이다. 이 같은 비법적인 강제는 법적 처벌보다 더 철저하고 교묘했는데 그 이유는 그것이 삶의 세세한 부분까지 더 깊이 파고들어 정신 그 자체까지 예속시킴으로서 회피할 여지를 남기지 않기 때문이다.[41]

여하튼 개인의 자유에 대해 사회적 간섭의 적절한 관계를 규정하는 기왕에 인정된 원리는 없었으며 밀은 이 같은 현실을 바꾸기 위해 자신이 하나의 매우 간명한 원칙(one simple principle)을 제안하고자 한다는 것이다. 즉 그 원칙이란 인류가 개인적으로나 집단적으로 그들 일부 성원이 가진 행동의 자유를 간섭하는 일이 보증되는 유일한 목적은 자기보호(self-protection)이다. 다시 말하면 권력이 문명화된 공동체의 어떤 성원에게 그의 의지에 반하게끔 정당하게 행사될 수 있는 유일한 목적은 타인에 대한 해악(harm to others)을 방지하기 위함이다. 그의 의지에 반하게 행동함으로써 그에게 더 낫다든지, 그를 더 행복하게 만든다든지, 남이 생각하기에 그렇게 하는 것이 더 현명하다고 정당해 보이기 때문에 강제로 그렇게 행하게 한다든지, 참고하지 못하게 한다든지 해서는 안 된다는 것이다.[42]

밀은 자신이 제시한 자유원칙의 범위를 설명한다. 그에 따르면 그 원칙은 자신의 능력이 성숙한 인간들에게만 적용되며 어린이나 미개한 사회의 종족들에게는 적용되지 않는다는 것이다. 이 같은 미개상태에서 사람들은 자유롭고 평등한 토론에 의해 개발될 수가 없기 때문이다. 이 원칙에서의 기준은 의지가 아니라 능력이라는 기준이며 또한 특정개인이 아니라 사회의 일반적 수준을 확인하는 데 적용되는 기준이다. 이렇게 생각하는 까닭은, 밀에 따르면 사회성원들이 일반적으로

---

41) J. S. Mill, *On Liberty*, p.68.
42) 위의 책, p.72 참조.

요구되는 능력을 가진 경우에는 그러한 것을 결여한 사람들이 자유로운 분위기 속에서 타인들과의 상호작용을 통해 그런 능력을 획득할 수 있기 때문이다. 또한 명백한 것은, 요구되는 능력의 수준이 그리 높을 이유가 없는 까닭은 밀이 주장하듯 우리가 여기에서 관심을 가질 필요가 있는 모든 나라들이 이미 오래전에 그런 수준에 이르렀기 때문이다.

밀의 원칙은 단지 개인으로서 자기 자신과 관련된 행위와, 타인들과 연관된 행위 간의 구분을 끌어들인다. 이 같은 구분은 흔히 자기관련적(self-regarding) 행위와 타인관련적(other-regarding) 행위 간의 구분으로 정리되기도 한다. 밀이 '타인관련적'이라는 말을 쓰고 있지 않기는 하나 '자기관련적'이라는 용어는 실제로 쓰고 있다. 그의 주장에 따르면 사회가 결코 자기관련적 행위에 대해서 간섭하는 것은 정당화될 수 없다는 것이다. 그러나 사회가 사회적 간섭의 한도 내에 있는 타인관련적 행위에 대해서는 정당하게 간섭할 수 있다. 그렇다고 해서 이 같은 행위에의 간섭이 언제나 정당화된다는 귀결이 나오지는 않는다. 예를 들어서 간섭에 의해 초래되는 해악이 때로는 타인관련적 행위에 의해 생겨날 타인들에 대한 해악보다 클 수도 있기 때문이다.

그런데 철학적으로 더 중요한 것은 밀이 자신의 자유원칙을 어떤 방식으로 옹호하고 있는가이다. 그는 자신의 자유옹호 논거가 "공리와는 무관한 것으로서 추상적인 권리이념(the idea of abstract right, as a thing independent of utility)에 바탕을 두고 있지 않다"고 진술한다. 그에 따르면 "나는 공리가 모든 윤리적 문제에 대한 궁극적인 호소 근거라고 간주한다. 그러나 그것은 진보하는 존재로서 인간의 항구적인 이해관심에 기반한 가장 넓은 의미에 있어서(in the largest sence) 공리이어야만 한다"는 것이다.[43] 결국 밀의 궁극적 가치, 즉 가

---

43) 위의 책, p.74.

장 넓은 의미의 공리가 갖는 성격이 가장 많은 논란의 대상이 되지 않을 수 없는 것이다. 그리고 그 같은 논쟁의 주요 핵심은 밀이 과연 일관된 공리주의자인지 여부와 어느 정도까지 그러한지에 집중되어 있다.

문제는 자유를 옹호하는 밀이 일관성 있는 공리주의자인지로 요약된다. 혹자는 간접 공리주의 등에 의거해서 『자유론』에 있어서도 그가 일관성 있는 공리주의자임을 입증하고자 하고 다른 이는 자유옹호의 논거에 있어 상당한 비공리주의적 요소들이 개재되어 있다는 주장도 제기한다. 여하튼 밀의 자유옹호론이 어떤 유형의 일관된 공리주의와 온전히 화해할 수 있을지는 더 이상의 논의가 필요할 것이다. 그러나 이렇게 말한다 해서 밀이 일관성 없는 사상가라고 단정하는 것은 조급한 처사이다. 대체로 『자유론』은 그 자체로서 내재적 일관성이 있으며 다른 저서들과도 크게 일관성을 잃지 않고 있는 것으로 보인다. 오히려 밀은 모든 이의 개인적 자유라는 명분에 깊이 공감하고 있는 일관적 자유주의자일 수도 있기 때문이다.[44]

밀이 의도했던바, 자유의 원칙이 단순한 원칙이 아니며 또한 그럴 수도 없었던 데에는 여러 가지 이유들이 있다. 우선 첫째로 그 원칙은 자유에 대한 정당한 제한의 필요조건(necessary condition)만을 명시하고 있을 뿐 충분조건(sufficient condition)까지 명시하고 있지는 않기 때문이다. 다시 말하면 그 원칙은 행위자의 자유가 제한될 수 있는 것이 그로 인해 타인에 대한 해악이 방지될 수 있을 경우에 한해서라고 말한다. 달리 말하면 자유는 타인에 대한 해악이 그로 인해 예방될 수 있는 경우 이외에는 정당하게 제한될 수 없다는 것이다.[45]

그런데 이는 부정적인 측면에서 충분히 단순한 원칙임은 사실이다.

---

44) C. L. Ten, *Mill: On Liberty*, Oxford: Clarendon Press, 1980, ch. I, Introduction, p.9.
45) John Gray, 앞의 책, p.220.

그것은 간섭주의적, 도덕주의적, 복지주의적 고려사항들을, 자유에 대한 정당한 제약이유로서 배제하는 데 있어 분명하고도 애매함이 없는 간명한 원칙이다. 그러나 다른 한편 긍정적인 측면에서 볼 때 자유에 대한 어떤 제한이 실제로 정당화되는 것인지에 대해 충분한 지침을 제공해 주지 않는다. 이런 판단을 위해서 우리는 다른 원리 즉 주로 공리의 원리를 참고해야 하기 때문이다. 자유제한에 대한 정책에 있어 간명하고 일관된 지침을 제시하기에는 밀의 원칙이 그 본성상 근본적으로 불완전한 것으로 보인다. 그것은 단지 우리들에게 해서는 안 될 바만 말해 줄 뿐 어떻게 해야 할지를 말해 주지 못하고 있기 때문이다.[46]

자유가 제한되어야 할지 어떨지에 대한 판단을 위해 우리는 그러한 제한이 일반적 복지증진에 기여하게 될 바에 의거해야 한다. 따라서 밀의 원칙을 성공적으로 적용하기 위해서 우리는 통합적 사회복지에 대한 전문가적 판단을 할 수 있는 위치에 있어야 할 것이 전제된다. 이 같은 판단을 함에 있어서 심각한 난점은 벤담의 쾌락계산의 맥락에서뿐만 아니라 도덕적 산술(moral arithmetics)이라는 부당한 추구를 해온 후속자들의 프로젝트를 통해 우리 모두에게 지극히 친숙한 문제이다. 최근 여러 학자들이 주장한 것과 같이 공리에 있어서 비교 가능성과 통약 가능성의 문제는 특정 공리주의 유형에 있어 극복의 가능성이 있을지 모르나 실제로는 그 해결이 지극히 회의적인 문제이다. 벤담이 아니고 더욱이 밀의 공리주의에 있어서 이 같은 총합적 사회복지에 대한 판단을 하는 것은 불가능한 문제임은 의심의 여지가 없다.

결국 밀에 있어서 공리는 단순한 성질이 아닌데 왜냐하면 그것은 오직 행복과 관련되는 것이며, 행복은 그 자체가 내적으로 복잡한 것이기 때문이다. 어떻게 우리가 행복의 다양한 구성성분들의 비중을 재어서 그 행불행의 잔여와 공리의 관계를 산정할 수 있을 것인가? 예를 들

---

46) 위의 책, p.221.

어서 고차적 쾌락과 저급한 쾌락 간의 비교계산은 어떤 식으로 이루어질 것인가? 행복이 그 자체로서 추구할 만한 다양한 목적들로 해석될 경우 행복의 총합에 대한 종합적 판단은 불가능한 것이 아닌가? 총합이라는 개념 자체가 밀의 행복관의 맥락에서는 부적합한 것으로 보인다.

이상의 논의는 밀의 문제가 개인 간 공리의 비교라는 전통적 문제보다 더 심각한 것임을 말해 준다. 그것은 우선 한 개인의 삶의 맥락에서 생겨날 수 있는 통약 불가능성의 문제라 할 수 있다. 나아가 이 점을 밀의 저술에서 제기한 것이 벌린이며 더 체계적으로 비판한 것이 래츠이다. 나아가 이는 실천적 추론의 모든 양식에 있어서 해당되는 비결정성, 비일관성의 문제라 할 수 있다. 자유원칙의 적용은 밀에 있어서는 가능하지 않은 개인적, 사회적 복지에 대한 전반적 판단을 내릴 것을 전제한다. 결국 밀의 원칙은 자유의 제한에 대한 정책적 지침으로서 무용하다는 결론에 이르게 된다.

비록 밀의 경우 공리주의가 당면하고 있는 통약 가능성이라는 특별한 문제가 극복될 수 있다 할지라도 자유원칙 그 자체의 진술에 있어서도 부실한 비결정성이 존재한다. 밀의 원칙을 적용하기 위해서는 언제나 원칙에 대한 더 이상의 해명이 요구되지만 밀의 원칙은 어느 정도의 자유가 어느 정도의 해악 방지를 위해 포기해야 할지 그 자체로서 말해주지 못한다. 여하튼 밀은 해악을 무엇으로 이해하고 있는가? 해악에 대한 해석은 상충하는 도덕관에 따라 달라지는 것으로서 그 적용이 해악에 대한 판단에 의존하는 까닭에 어떤 자유원칙도 상충하는 도덕관의 주장자들 간의 이견을 해소할 것으로 기대할 수 없음은 밀의 기획에 대한 명백한 하나의 반론이 된다.[47]

이상과 같은 논변을 배경으로 해서 밀이 생각하는 해악이, 안전

---

47) 위의 책, p.221.

(security)과 자율(antonomy)에 대한 이해관심에 있어서의 해악이라고 주장하는바, 중대한 이해관심론을 제시할 수 있다. 그러나 이같이 밀을 우호적으로 해석할 수 있다 할지라도 그의 원칙에 있어 결정성의 문제가 해결되지는 않는다. 왜냐하면 타인에 대한 해악을 방지하는 것으로서 밀의 원칙이 허용하는 자유의 재한에 대한 상이한 대책이 자율과 안전에 대한 이해관심에 상이한 영향을 줄 수 있기 때문이다. 각각의 이해관심이 다양한 정도로 손상되거나 조장될 수 있으며 상충하는 이해관심에 대한 해악 간의 손익계산이 행해질 경우 통약 가능성이라는 해결되기 어려운 문제가 다시 불거져 나오게 되는 것이다.[48]

2) 자율성과 선의의 간섭주의

자유나 자율(autonomy)과 짝을 이루는 반대 개념은 간섭 혹은 간섭주의(paternalism)라고 할 수 있다. 밀은 그의 『자유론』에서 자유와 간섭주의를 논의하는 가운데 개인의 자유를 간섭할 수 있는 유일한 정당근거는 그렇지 않을 경우 생겨날 타인에 대한 상해(harm to others)를 막기 위한 것뿐이라고 하면서 오직 어린이와 미성년자만이 선의의 간섭대상이 될 수 있다는 반간섭주의(anti-paternalism)를 내세웠다. 그런데 이러한 반간섭주의의 성격과 범위를 더 잘 이해하기 위해서는 인간행위의 두 측면인 행위결정의 측면과 행위결과의 측면을 구분할 필요가 있다. 행위의 결정을 자율적으로 할 수도 있고 그렇지 않을 수도 있으며, 행위의 결과가 자신에게 이로울 수도 있고 해로울 수도 있다.[49] 그런데 밀이 어린이와 미성년자에 대한 간섭을 허용한 것은 그들에게 자율적 결정의 능력이 없을 뿐 아니라 이로운 결과를 보장할

---

48) 위의 책, p.222 참조.
49) C. L. Ten, 앞의 책, p.137.

만한 지식이나 경험도 없기 때문이다.[50]

따라서 좀더 정확히 말하면 밀은 강한 간섭주의에 반대했지만, 그의 반간섭주의는 어느 정도의 약한 간섭주의를 배제하지는 않았다고 말할 수 있다. 강한 간섭주의(strong paternalism)는 어떤 개인의 의사결정이 완전히 자율적인 경우라 할지라도 그에게 생겨날 해로운 행위결과를 방지하기 위해서는 간섭이 필요하고 정당하다는 주장이다. 이에 비해 약한 간섭주의(weak paternalism)는 행위의 결정능력에 결함이 있는 경우에만 그에게 생겨날 해로운 행위결과를 방지하기 위해서 간섭하는 것이 정당하다는 주장이다.[51] 결국 약한 간섭주의는 결정의 능력이 없고 해로운 결과가 예견될 경우 간섭을 정당화하고, 강한 간섭주의는 자율적 능력이 있다 할지라도 해로운 결과가 예견될 경우의 간섭까지도 정당화한다. 밀은 자기 자신에게 좋은 것을 잘 아는 것은 본인 자신이라고 하여 성인들끼리의 강한 간섭주의는 단호히 배제했다.

물론 강한 간섭주의에 대한 밀의 입장이 그대로 당장 한국사회에 적용될 수 있는 것인지에 관해서는 더욱 논의가 필요할 것이다. 모든 사회에서 정당화될 수 있는 간섭의 수준을 일률적으로 정할 수는 없으리라고 본다. 그러나 적어도 우리 사회에서 의식적으로나 무의식적으로 자행되고 있는 간섭의 수준은 개인의 자율성과 자유를 심각하게 위협하는 정도라는 사실만은 명백하다고 생각한다. 이는 전통적 가족주의에서 유래한 가부장주의의 잔재로서 청산되어야 할 전통이 아닐 수 없다. 타인에 대한 지나친 간섭이나 특히 그의 사생활에 대한 과잉간섭은 그것이 설사 선의라 할지라도 결코 바람직하다고 볼 수 없다.

---

50) J. S. Mill, *On Liberty*, p.137.
51) Joel Feinberg, "Liberty Paternalism", *Canadian Journal of Philosophy* I, 1971 참조.

한국사회에 있어서 자율과 간섭의 수위조정을 위해서는 서양에 있어서 선의의 간섭주의가 등장하게 된 역사적 유래에 주목해 볼 필요가 있다. 가부장적 권위(paternal authority)가 지배해 온 것은 오랜 역사를 갖지만 선의의 간섭주의(paternalism)라는 용어가 나타난 것은 19세기 후반에 이르러서라고 말할 수 있다. 그런데 16세기적 기원을 갖는 용어가 19세기에 와서 전성기를 맞게 된 데는 이 용어 자체의 개념적 변화가 이루어졌다는 점에 그 원인의 일단이 있다. 특히 우리는 가부장주의(partriachalism)와 그 변화된 유형으로서 선의의 간섭주의를 구분함으로써 그러한 변화의 함축을 주의해 봐야 할 것이다.[52]

가부장제는 그 속에서 개인들의 삶의 양식이 사회 전체와 관련된 고려사항에 의해 결정되고 이러한 고려사항은 다시 가부장적 권위에 의해 제시되고 강제되는 그러한 체제라고 할 수 있다. 그런데 자유주의적 사회의 등장과 더불어 그러한 가부장적 질서는 쇠퇴하기에 이른다. 타인들이 합법적으로 판정할 수 없는 개인들의 사적(private) 행위 영역이 다양하게 생겨나고 어떤 사회적, 공공적 목적이 아니라 개인 자신에 바탕을 둔 개인적 이해관계와 가치관이 생겨나게 된다. 이런 맥락 속에서 다소간 가부장적 함축이 남아 있긴 하나 그 개념의 자유주의적 재구성은 선의의 간섭주의라는 새로운 형태를 갖추고 나타나게 된 것이다.

자유주의 진영 내에서는 선의의 간섭주의가 갖는 함축에 대해 비판적인 입장을 취하는 자들이 있긴 하다. 그러나 자유나 자율성의 증감과 관련해서 도덕적 문제를 제기할 수 있긴 하나 선의의 간섭주의는 그 자체로서 도덕적으로 중립적인 개념으로 이해하고자 하는 자들도 있다. G. 드워킨에 따르면 선의의 간섭주의는 대체로 다음과 같이 규정될 수 있다고 한다. 즉 "어떤 사람의 행위의 자유에 대한 간섭이, 전적

---

52) John Kleinig, *Paternalism*, Rowman & Allenheld, 1983.

으로 강제당하는 당사자의 복지, 선, 행복, 필요, 이해, 관심, 가치관과 관련된 이유에 의해 정당화되는 그런 간섭"이 선의의 간섭이라는 것이다.[53] 이런 설명방식이 갖는 한 가지 주요 장점은 그것이 선의의 간섭과 도덕적으로 중요한 가치 즉 자유와 자선(beneficence)을 병립시키고 있다는 점에 있다. 다시 말하면 선의의 간섭에서는 개인의 자유가 자선을 명분으로 해서 제한되고 있는 셈이다.

자유와 간섭주의 간의 조정문제 특히 간섭주의의 정당화 문제에 접근함에 있어 우리는 자유에 대한 두 가지 이해 혹은 두 가지 자유관에 의거한 논변을 구분해 볼 필요가 있다. 우선 쉽게 생각할 수 있는 한 가지 입장은 자유에 대해 수단적 지위를 부여하는 논변이다. 이는 한 개인이 타인의 간섭 없이 자신에게 알맞은 삶을 영위할 경우 더 효율적이고 온전하게 실현되어야 할 궁극적 가치가 있다고 전제하며 그런 가치나 목적은 욕구의 만족, 쾌락, 행복 등과 같은 어떤 심적 상태라 생각한다. 그럴 경우 우리는 당사자가 누구보다 자신의 이런 목적 실현에 가장 깊은 관심을 가지며 그 실현을 위한 수단의 선택에도 가장 유리한 입지에 있다고 추정할 수 있다.

그러나 다른 이들은 이상의 결과주의적 논변이 전제하고 있는 자유가 단지 수단적인 가치에 불과하다는 가정에 대해 의문을 제기한다. 이들에 따르면 자유는 우리의 선호충족을 위한 단순한 수단이 아니라 그 자체로서 충족되어야 할 민족의 주요 원천 중 하나라고 한다. 따라서 선의의 간섭은 자유가 수단이 되는바, 일부 목적의 달성에 도움이 되긴 하나 선택의 자유라는 하나의 중대한 목적을 좌절시킬 수도 있다는 것이다. 따라서 우리는 간섭주의에 대한 결과론적 옹호논변으로서 자유를 목적가치로서 전제하는 자유고양(freedom enhancement) 논

---

53) Gerald Dworkin, "Paternalism", *Morality and the Law*, ed., R. A. Wasserstrom, Wadsworth, 1971, pp.107–126 참조.

변을 일별하고 그에 대한 예상반론들도 검토하기로 한다.

간섭이 자유라는 목적가치를 고양시킨다는 논변에서 두 가지 형태가 있을 수 있는데 우선 약한 유형인 자유증진(freedom promotion) 논변으로서 간섭의 대상이 되는 자의 능력이나 처지상의 어떤 결과를 전제하며 그러한 결격이나 처지를 시정하는 수단으로서 간섭주의를 정당화하고 그들이 책임 있는 선택자가 될 수 있게 돕고자 한다. 자유증진 논변은 본질상 앞서 논의한 바 있는 약한 간섭주의 옹호논변이라 할 수 있다. 이에 비해 강한 형태의 논변은 자유보호(freedom protection) 논변으로서 간섭의 대상이 되는 자가 자결능력이 있으나 단지 그 능력이나 자유 자체를 보호해야 할 수단으로서 간섭주의를 정당화하고자 한다. 이런 논변들은 자유의 우월한 지위를 전제하는 자유주의적 논변들로서 자유를 제약하는 것을 오직 자유를 위해서만 정당화한다는 점에서 일치한다.[54]

밀이 자유의 원리를 해명했을 때 그는 이로부터 어린이와 정신장애자를 제외했다. 이런 부류의 인간에게는 권리로서의 자유가 적용되기 어렵다고 생각했기 때문이다. 그들은 자유롭고 평등한 논의에 의해 그들 자신을 개선할 능력을 결여하고 있으며 따라서 선의의 간섭은 그들의 이러한 결함을 시정하는 데 효율적으로 기여하는 한에서 정당화된다. 약한 간섭주의에 대한 이런 허용의 배후에는 개성에 대한 밀의 이상이 깃들어 있다. 즉 밀은 개인들이 각자 자신의 방식대로 경험을 이용하고 해석할 능력을 발전시킴으로써 그의 다양한 재능을 발전적이고 정합적으로 개발할 수 있어야 한다는 생각을 갖고 있었다.[55] 그런데 이러한 약한 간섭주의는 자결능력의 성취로 인해 막을 내리게 된다.

---

54) Rolf Sartoris, *Individual Conduct and Social Norms*, Dickinson, 1975, Ch.8. p.152.
55) J. S. Mill, *On Liberty*, p.262.

자발적 진보의 능력으로서 자결능력을 갖게 되면 비록 온전한 개성이 형성되지 못했을지라도 선의의 간섭은 중단되어야 하는 것이다.

자유보호 논변을 자발적 노예계약을 인정하지 않는 밀의 논변에서 찾아볼 수 있다. "자유의 원리는 어떤 사람이 자유롭지 않기를 자유로 이 선택하는 것을 허용할 수 없다"[56]는 밀의 주장은 어떤 사람의 자유 행사가 미래의 선택자유를 상당히 감소시키는 결과를 가져올 가능성이 있을 때 선의의 간섭을 행할 정당한 근거가 된다는 것으로 해석할 수 있다. 이러한 논변은 자유의 수단성 논변과는 다른 방식으로 자유에 대한 자유주의적 이념을 제대로 구현할 것으로 보인다. 자유의 수단성 논변은 행복과 같은 목적의 중요성을 과대평가함으로써 자유의 우선성을 제대로 보장할 수 없는 반면 자유보호 논변은 자유만을 위해서 간섭을 허용하는 것으로서 자유와 다른 가치의 상대적 비중을 문제 삼지 않는 것이다.

그러나 설사 자유보호를 명분으로 한다 할지라도 이 경우의 간섭은 개성과 인격을 무시당하는 게 아닌가? 그는 합리적 선택능력이 없는 존재처럼 대우받게 되며 더 이상 행위주체의 지위를 견지하지 못하게 된다는 반론이 가능하다. 결국 인격의 비인격화가 이루어지고 그는 단지 타인의 평가와 결정의 도구일 뿐 목적적 존재로서의 인격일 수가 없는 것이 아닌가?[57] 또한 J. 파인버그의 지적처럼 성인이 자기가 현재 원하는 것을 얻는 일과 미래에 할 선택의 자유를 확보하는 일 사이에서 갈등하고 있을 때 우리는 그의 자율성을 존중함으로써 그의 미래의 자유를 보호하기 위해 그에게 현재의 선택을 강요해서는 안 된다는 반론도 예상된다.[58] 그의 현재의 자율성은 그의 가능한 미래의 선보다 우위

---

56) 위의 책, p.300.
57) John Kleinig, 앞의 책, p.34.
58) Joel Feinberg, "The Child Right to an Open Future", pp.127-128.

에 있으며 그는 현재의 자율성을 마음대로 이용해서 미래의 자아를 희생할 수도 있기 때문이다.

5. 가치다원론과 자유주의의 과제

1) 다원주의 사회와 현대 자유주의

이미 언급한 바와 같이 『자유론』에서 밀은 자유를 그 공리에 의거해서 정당화하고자 하나 여기에서 '공리'라는 용어는 애매하고 오도될 가능성이 있으며 따라서 그 자신이 제시하는 논변의 성격을 모호하게 하는 것으로 생각된다. 그는 자유를 그 공리에 의거해서 옹호하려고 노력하고 있으나 자신이 『공리주의』에서 제시한 의미와는 다른 공리 개념을 쓰고 있는 것으로 보인다. 왜냐하면 그의 논변의 대부분은 지식, 진리, 합리적 신념, 진보, 도덕적 책임, 자기완성 등을 위한 수단으로서 자유가 갖는 공리를 입증하는 일을 겨냥하고 있기 때문이다. 다른 한편, 그는 자유와 관련된 몇 가지 고려사항들을 행복에 도움이 되는 것으로 주목하고 있기는 하나 자유와 행복을 관련짓는 논변은 더 통상적으로 자유가 어떤 목적에 대한 수단으로서이기보다는 자유를 구성요소의 일부로 포함하는 확대된 행복개념과 연관된 것으로 보인다.[59]

밀이 쓴 세 편의 논문을 재출간한 책의 서문에서 월하임(Richard Wollheim)은 밀의 해석에 있어 널리 퍼져 있는 오류를 경고하고 있는데 그 오류는 다음과 같이 제시되고 있다. "밀 자신이 각 경우들마다

---

59) H. J. McClosky, "Mill's Liberalism", *The Philosophical Quarterly*, vol.13, no.51, April 1963, p.145.

주장하기를 그의 도덕 및 사회사상 모두는 공리의 원칙으로부터 도출된다는 것이다. 즉 모든 개인적, 공공적 의사결정에 있어 무게중심이 주어지는 유일한 고려사항은 결과적으로 주어질 쾌락과 고통의 순수 총량이라고 한다. 그런데 근래에 이르러 이상과 같은 공언을 무시하고 밀의 도덕 및 사회사상이 부분적으로 공리와 전혀 상관이 없고 때로는 그것과 양립하지 않는 가치들, 이를테면 자유나 자기계발 등과 같은 가치에 근거를 두고 있는 것으로 간주하는 것이 관행이 되고 있다." 예를 들어서 『자유론』에 있어서의 논변은 그러한 입장에 바탕을 두고 있음에 틀림없다고 주장되고 있다는 것이다.[60]

앞에서도 지적한 바 있지만 어떤 형태의 공리주의자라기보다는 자기완성론적(perfectionist) 윤리설이 밀의 자유주의를 관류하고 있으며 그럴 경우 밀의 자유주의는 일반적으로나 보편적인 방식으로 지지되기는 어렵다. 다시 말하면 인간행복의 내용에 대한 그의 설명은 단지 특정 문화적 환경에서만 타당하게 되는 것이다. 이런 이론에 따를 경우 인간은 자율적인 존재이고 자신의 개성을 발전시킬 경우에만 행복하게 되며 또한 이 점이 보편적 진리로서 간주되고 있다. 그러나 이 같은 이론은 밀 자신이 요구한바 인간의 심리에 대한 천착을 결여하고 있는 셈이며 따라서 보편적인 동의가 따를지 의심의 여지가 있게 된다.

이와 관련해서 밀의 행복관과 관련된 가치다원론적(value pluralism) 함축에 대해서도 더 깊은 주의가 요구된다. 『자유론』에 있어서 밀의 공리주의는 인간행복의 상이한 구성요소들 간의 통약 불가능성(incommensurability)을 원칙적으로 부인하는 입장을 취한다. 그러나 그럴 경우에도 밀의 학설은 가치의 종국적 갈등들이나 그것들이 산출하는 실제적 딜레마를 대처하기가 쉽지 않을 것으로 보인다. 공리가

---

60) D. A. Lloyd Thomas, *Liberalism and Utilitarianism*, vol. 90, no.3, April 1980, p.319.

요구하는 바가 정확히 무엇인지 애매한 까닭에 우리가 그 상충하는 요인들의 비중을 잴 방도가 불투명하기 때문이다. 한 인간의 삶 속에서 진정한 선들이 갈등하기 마련인데 그럴 경우 밀의 질적 쾌락주의가 선택에 어떤 도움을 줄 수 있는지 알기 어렵다.[61]

나아가 밀의 윤리설에 제시되는 딜레마는 사회 전체나 문화권 간에 진정한 선들이 조화되거나 조정되지 못할 경우 더욱 강하게 부각될 수 있다. 자유들과 그 제약들이 갈등하고 상이한 자유들이 상충하며 상이한 선들이 조정되지 못할 때 이 같은 딜레마를 해결하기 위해 밀이 제시할 수 있는 합리적 의사결정 절차는 무엇인가? 밀의 『자유론』에 있어서 공리주의와 가치다원론 간의 균열이 암시되기는 하나 언제나 그의 공리주의는 유리한 지위에 있었다. 이런 방식으로 밀의 이론은 가치다원론과 구분되는바 공리주의 속에 온존할 수 있었다. 그러나 밀의 윤리이론이 상충하는 행복의 요인들 간에 선택의 지침을 제시하지 못할 경우 즉 중요 이해관심들, 이를테면 안녕보다 자율의 우위문제를 해결하지 못하거나 상이한 쾌락과 경쟁적 자유 간에 비중을 재지 못할 경우 그의 공리주의는 결국 불완전한 가치다원론으로 해체되고 말 것이다. 이러한 우선순위에 대한 척도가 제시되지 못할 경우 그의 공리주의는 인간행복의 구성요인들 간의 통약 불가능성이라는 부인할 수 없는 진실에 대한 암암리의 수용에 굴복하지 않을 수 없게 된다. 이런 수용은 자유론 프로젝트만이 아니라 도덕적, 정치적 삶에 있어서 공리주의를 통한 합리적 재구성이라는 밀의 전반적 프로젝트가 몰락의 길로 귀결될 수밖에 없음을 의미한다.

전후 자유주의 정치철학은 밀에 뿌리를 두고 있으면서도 새로운 길을 모색함으로써 과거 자유주의가 당면했던 결함을 극복하고자 한다. 우선 벌린과 래츠 등의 저술에서 우리는 자기비판적이면서도 자유주

---

61) 위의 책, p.152.

의에 대한 더욱 발전적인 시도를 보게 된다. 벌린과 래츠의 저술 모두에 있어 중심을 이루고 있는 것은 가치다원론에 바탕한 윤리설과 자유주의적 정치도덕을 구성하는 중심 가치로서 자유의 주장이다. 물론 자유의 이념은 두 사상가에 있어 서로 달리 이해되고 있다. 래츠는 밀을 추종하여 자율은 정치도덕의 중심에 놓는 반면, 벌린은 소극적 자유주의관을 중심에 두고자 한다.[62]

그런데 두 사상가는 모두 인간적 가치들의 환원 불가능한 다양성, 상충성, 불가통약성에 대한 강한 다원주의적 주장과 다른 사회적 선들에 대한 자유우선성 주장 간의 조정에서 난관에 봉착한다. 만일 선들과 탁월함이 다양하게 존재하고 상호 갈등하는데 그런 갈등을 조정할 중심 원리가 없을 경우 자유와 경쟁하는 다른 사회적 선들에 비해 자유의 일반적 우위성을 자유에 의거해서 정당화할 수 있는 방법이 무엇이겠는가? 만일 가치다원론이 사실일 경우 자유도 많은 선들 가운데 하나로 간주됨이 합당하며 어떤 특권도 누릴 수 없을 것이다. 자유가 인간적 선택에 있어서 중심 요소인 것은 선택의 자율과 개성을 존중하는 특별한 인간적 이상에 불과한 것이 아니겠는가?

자아완성적 자유주의의 문제는 밀의 저술이 암암리에 나타내고 있는 것이건, 벌린이나 래츠의 자유주의가 명시적으로 나타내는 것이건 간에, 그들이 내포하고 있는 인간특성과 삶의 이념이 갖는 권위를 해명하는 문제는 그리 간단하지가 않다. 이런 이념은 욕구 중심적인 공리주의적 이론에 의거, 옹호될 수가 없으며 가치관(선관)이 우선적인 윤리설로서 자아완성론의 바로 그 특성상 권리들의 기본적 역할이 배제된다. 또한 그 두 사상가의 역사적 배경에서 볼 때 그들이 오직 자율적

---

62) Isaiah Berlin, "John Stuart Mill and the Ends Life", *Four Essays on Liberty*. Oxford University Press, 1969, p.173; Joseph Raz, *The Morality of Freedom*, Clarendon Press, 1986, ch. 5 참조.

행위만이 훌륭한 인간적 삶을 살 수 있다는 가정에 있어 현대의 칸트주의적 자유주의의 지배적 전통을 따르기 또한 어려운 일이다.

　현대의 칸트주의적 자유주의를 대변하기는 하나 기본적으로 가치다원주의를 사회적 사실로 전제하는 가운데 자유주의의 새로운 활로를 모색하고 있는 롤즈의 정치적 자유주의 또한 현대 자유주의의 행로에 있어 또 하나의 출구를 열고 있다고 생각된다. 그는 현대사회의 뿌리 깊은 다원주의와 갈등하는 문화들 간의 통약 불가능성을 전제하면서도 그와 관련된 우리의 의사결정 영역을 공적인 영역과 비공적인 영역(public/non-public)으로 나눔으로써 문제를 해결하고자 한다. 롤즈에 따르면 우리는 각자에게 고유한 가치관의 근거인 포괄적 교설들(comprehensive doctrines) 간의 뿌리 깊은 간격을 좁히려 해서도 안 되며 그럼에도 불구하고 중첩적 합의에의 가능성을 공적이고 정치적인 영역에 제한하는 것이 더 현실적인 자유주의적 프로젝트라는 것이다.[63]

　정치적 자유주의(political liberalism)는 최소주의적 자유주의로서 칸트나 밀 등의 포괄적이고 넓은 의미의 자유주의(comprehensive liberalism)가 아니라 공적이고 정치적인 면에서 중립적 합의(over-lapping consensus)를 도출하고 그 이상의 것에 대해서는 관용을 베풀어야 한다는 주문을 하고자 한다. 물론 중첩적 합의사항에 대해 각자가 지닌 종교적, 철학적, 도덕적 교설이 각기 다른 방식으로 정당화해 줄 수는 있을 것이나 그런 교설 자체에 대한 합의는 요구되지 않는다는 것이다. 결국 롤즈는 현대의 가치다원주의적 현실을 수용하면서도 그런 가운데 공존의 가능성을 타진하는 자유주의라 할 수 있을 것이다. 이는 벌린이나 래츠와 같이 가치다원주의를 전제하면서도 의사결정의 문제에 대처하는 현실적 방식을 제시하고자 한다. 그래서 롤즈는

---

63) John Rawls, *Political Liberalism* 참조.

벌린이나 래츠와는 달리 자율과 개성이라는 포괄적 도덕이상에 특별한 의미를 부여하면서도 그 직접적 요구로부터 자유주의를 구제하고자 한다고 할 수 있다.

2) 자유주의 이념의 정당화 과제

자유주의 이념의 정당화를 두고 밀 이후 갖가지 논변들이 제시되어 왔으나 그 각각은 장점들과 더불어 단점들을 노정하고 있는 것으로 평가된다. 자유주의를 옹호하는 논변으로서 지속적으로 시도되고 있는 한 가지 주요 논변은 자유주의적 질서가 인간의 무지(ignorance)를 인정하고 지식(knowledge)의 성장을 도모하는 체제라는 것이다. 물론 이 같은 논변에도 다양한 유형들이 있기는 하나 논변들이 공유하는 핵심은, 인간의 지식과 이해는 한정되어 있는 만큼 그것이 자유로운 분위기 속에서 가장 잘 발전, 성장할 것으로 기대되는 까닭에 우리는 자유가 보장되는 형태의 사회와 정부를 택하지 않을 수 없다는 것이다.[64]

이 같은 논변은 지식의 성장이 인간의 복지에 중대한 기여를 한다는 것이 전제되고 있는 결과주의적 논변이라 할 수 있으나 그러한 전제가 옹호될 수 있는지는 그 이상의 논의가 필요하다. 인간의 지식이 자유주의적 사회에서 가장 빨리 성장한다는 입론에도 다소간 의문을 표명하는 견해가 있기는 하나 일반적으로 수긍이 가는 주장이지만 지식의 성장으로 인해 인간의 복지가 증진된다는 점에 대해서는 상당한 논란의 여지가 있다. 특히 최근 과학적 지식의 성장이 인간의 이해관심을 증진한다는 입장에 대해서는 갖가지 반례들의 제시가 가능하기 때문이다.

---

64) John Gray, *Liberalism, Essays in Political Philosophy*, Postscript: after liberalism, pp.241-242.

근래에 이르러 자유주의 사상을 지배하고 있는 또 한 가지 부류의 자유주의 논변은 자유주의 사회가 합리적 선택의 고유한 결과로서 정당화되며, 특히 그러한 선택구조의 틀을 어떤 결과주의적 고려사항에 대한 본질적 언급 없이 구성하고자 하는 논변이라 할 수 있다. 롤즈 등에 의해 대변되는 이 같은 논변에 따르면 자유주의 사회는 다른 정치적 목표에 비해 개인의 자유에 우선권이 부여되는데 그러한 자유주의 사회는 순수히 숙고된 합리성의 산물로서 제시된다. 이 같은 논변에도 다양한 변형들이 있기는 하나, 이들 계약론적(contractarian) 논변 역시 자유주의 이념을 구성함에 있어 공동의 약점을 공유하고 있는 것으로 지적된다.[65]

우선 지적되는 난점으로서 그러한 논변에 있어서 합의(agreement)가 의무나 책무의 합당한 원천이 되게 하는 근거가 무엇인지, 더 일반적으로 말해 계약(contract)이 정의의 설득력 있는 모형이 되게 하는 근거가 무엇인지에 대한 의문이다. 우리의 일상적인 도덕적 사고에 따르면 계약이나 약속의 권위는 그것이 이루어지는 여건과 동기화하는 이유들에 의존하고 있으며 그러한 것들이 전제되지 않을 경우 약속이나 합의사실만 가지고는 도덕적 근거가 될 수 없으며 어떤 것도 정당한 과제를 줄 수가 없는 것이다. 단순한 합의가 갖는 이 같은 도덕적 공허성을 채우기 위해 갖가지 인간관 등이 제시되나 이 또한 더 이상의 정당화가 요구되는 사정에 봉착한다.[66]

끝으로 자유주의 사상에서 발견되는 자유 우선성에 대한 가장 직접적인 논변은 그것이 인간적 선(human good)에 특유하게 기여하는 점이라는 의미에서 인간적 번영(flourishing), 혹은 인간적 행복으로부터의 논변이라 할 수 있다. 이 같은 논변에 따르면 오직 자유주의 사회

---

65) John Rawls, *A Theory of Justice*.
66) John Gray, 앞의 책, p.249.

에 있어서만 인간존재는 온전히 번영하고 번성할 수 있다는 것으로서 간접적으로는 밀의 논변과도 관련을 가지지만, 더 직접적으로는 인간 종족은 공동의 본질을 가지며 그것은 개인적 자유가 조장되는 체제에서 최선으로 실천될 수 있다는 아리스토텔레스 사상에 그 연원을 두고 있다.

그러나 사실상 아리스토텔레스도 여러 면에서 자유주의 사상가로 보기 어려우며 그의 이론이 자유주의 이념의 기반으로서 합당하지 않음은 주지의 사실이다. 특히 아리스토텔레스는 인간적 선의 다양성, 결합 불가능성과 통약 불가능성 등에 주목하지 않았으며 다양한 인간적 선들 중 일부만이 자유주의 사회에서 번영할 수 있다는 점에 대해서도 주의하지 않았다. 사실상 이 같은 이유 때문에 진정한 가치다원론자들은 원리상 자유주의자가 되기 어려운 측면도 있다 할 것이다. 비록 자유주의 사회가 일반적으로 다양한 선들이 공존할 수 있는 여지가 크다는 것은 부인할 수 없으나 사상의 자유시장으로부터도 배제되거나 소외되는 인간적 선들이 있다는 점은 특히 공동체주의자들의 반론을 유도하는바 자유주의의 또 한 가지 과제라 할 만하다.[67]

밀과 그 이후 전개되는 자유주의 역사에 있어서 해결해야 할 과제는 크게 두 가지로 요약될 수 있다고 생각한다. 그 중 하나로, 자유주의 이념은 자유의 합당한 제한범위를 명시함으로써 현실적 운용에 지침을 제공할 수 있는 자유의 원칙 혹은 권리들에 대한 해명을 내포해야 한다. 그런데 밀 이후의 다양한 자유주의 이론가들에 있어서도 바로 그 같은 원칙이 제대로 진술되지 못하고 있다 해도 과언이 아니다. 모든 후보원칙이, 엄밀한 비판적 반성을 통해 분석해 갈 경우 상충하거나 때로는 통약 불가능한 자유들 간의, 그리고 이 같은 자유들과 다른 인간적 선들 간의 갈등에 봉착할 경우 비결정성 내지 부정합성을 드러내

---

67) 위의 책, pp.254-255 참조.

고 있다는 점이다.

나아가서 그동안 제시된 어떤 자유주의 이론에 있어서도 자유라는 가치가 다른 정치적 가치들에 대해 우선성을 갖는다는 점을 설득력 있게 입증하는 논변을 찾기 어렵다는 것이다. 특히 이 두 번째 과제는 자유주의가 그 이념의 역사적 지역성과 편애성을 벗어나 보편적인 학설로 확립되기 위해 필수적으로 요청되는 논제가 아닐 수 없다. 자유주의에 대한 갖가지 비판과 회의를 넘어 이 같은 과제 해결에 성공할 경우 근세 이후 서구 정치철학의 주류로서 자유주의는 그야말로 보편화 가능한 정치이념으로 진화해 갈 것이다. 그러나 자유주의 이념 자체의 정당화에 성공하지 못할 경우 정치철학은 다시 상대주의나 회의주의의 수렁으로 빠져들지 않을까 우려된다.

6. 맺는말: J. S. 밀이 한국사회에 던지는 시사

지금까지 우리는 J. S. 밀의 사상을 전반적으로 살피는 가운데 다양한 요구들을 하나의 이론틀 속에 아우르고자 하는 밀의 프로젝트가 다소 이론상의 무리를 보이고 있다는 점도 간파하였다. 하지만 비록 이 같은 부담을 이겨내기가 어렵다는 점이 사실이기는 하나 곳곳에서 그가 고심한 흔적은 우리의 현안 과제들을 해결하는 데 적지 않은 시사를 던지는 것으로 보인다. 앞으로 우리는 그가 제시한 유형의 공리주의, 쾌락주의, 자유주의가 한국사회에 주는 메시지와 교훈들을 나름으로 정리해 보는, 이 논문에서는 다소 여론(餘論)의 성격을 갖는 논의를 붙이고자 한다.

1) 공리주의: 윤리에 대한 경험과학적 접근

한국사회는 오랜 세월 동안 윤리 혹은 도덕에 있어서 불교나 유교의 영향권 속에서 훈습되어 왔다. 특히 조선시대 500여 년 동안 우리는 성리학의 전폭적 지배 아래 도덕관, 윤리관을 훈련해 왔으며 성리학적 윤리관, 도덕관은 대체로 윤리학적 의무론(ethical deontology)이라는 전통적 유형의 윤리설로 분류해도 크게 잘못은 아니라고 생각된다. 우리는 행위의 도덕적 정당성을 알기 위해 그 결과의 경험과학적, 합리적 평가에 의존하기보다는 우리의 양심이나 도덕적 직관 혹은 의무감의 판정에 의거해 왔다. 이 점에서 의무론자 칸트의 윤리설과 유교 윤리를 대비, 연구하는 논문이 많은 이유도 쉽게 이해될 수 있다.

서구에서도 근세 이전의 전통적 윤리는 대체로 신학적이거나 의무론적인 윤리가 주류를 이루었고 설사 비의무론적인 진영의 목적론적인 윤리설이라 할지라도 그것은 목적론적 형이상학의 배경 아래서 이해될 수 있는 그런 유형의 윤리설이었다고 할 수 있다. 그러나 근세 이후 합리적이고 이성적인 시대정신은 더욱 경험과학적인 토대를 기반으로 하는 윤리설을 요구했으며 현실적 제반문제에 대해 합리적 의사결정 절차를 제공할 수 있는 실천적 지침으로서의 윤리를 요청하게 된다. 이 같은 시대적 배경 속에서 등장한 것이 바로 공리주의라 할 수 있다.

공리주의는 그 기본 정신에 있어서 기독교적 뿌리를 배제할 수 없음은 공리주의의 원조가 신학적 공리주의(theistic utilitarianism)였음을 보아도 짐작할 수 있다. 그래서 어떤 의미에서 공리주의는 탈종교화, 세속화된 기독교 윤리라고 해도 과언은 아니며 최대다수 최대행복을 옳음의 기준으로 삼고 그러한 결과를 도출하는 과정에 있어 공리주의가 자주 공감적 동일화(sympathetic identification)에 의거한 쾌고의 계산을 말하고 사회일반의 행복과 불행을 여실하게 파악함에 있어 공평한 관망자(ideal spectator)의 관점을 거론하는 이유도 결국 공리주의를 최선으로 운용하는 방법은 우리가 신적인 관점(God's point of view)에 서는 것임을 암시하는 것에 다름 아니다.

그러나 공리주의가 더욱 세속화되고 현실화되는 과정에 있어 이 같은 신학적 의미는 퇴색하고 그것이 갖는 경험과학적 방법론과 합리적 계산에 의거한 의사결정 절차로서의 측면이 전경으로 부상하게 된다. 이제 윤리는 우리의 타고난 양심에 각인된 명법도 아니며 도덕적 직관에 의해 선험적으로 인식될 바의 것이 아니다. 다양한 선택지들 중에서 관련 당사자들에게 주게 될 쾌락과 고통을 경험과학적으로 따져서 합산함으로써 최대의 일반적 행복을 결과할 대안을 탐구하는 과제가 된 것이다. 이제 윤리, 도덕은 종교의 빛 속에서 직관되기보다는 과학의 빛 속에서 탐구되는 것으로 변하게 되었다.

밀은 선험철학적인 의무론적 전통윤리가 아니라 경험과학적 토대에 기반한 공리주의는 이론적으로나 실천적으로 혁명적인 함축을 지닌 것으로서 비록 벤담적 유형의 공리주의가 나름의 비판을 이겨내기 어려운 것을 알지만 공리주의 프로젝트 자체는 결코 포기할 수 없는 근세적 가능성으로 보았다. 우선 그것은 과학적 탐구방법과 상통하는 것으로 보였고 합리적 방법에 의거한 현실적 행위지침을 제공할 것으로 기대되었으며 특히 관습적 규범을 고수하고자 하는 보수주의로부터 자유로운 윤리체계로 생각되었다. 그래서 밀은 공리주의라는 큰 틀 속에서 벤담적 체계를 시정하고 수정함으로써 공리주의적 윤리를 견지하고자 한 것이다.

이상과 같은 역사적 맥락에서 생각할 때 성리학적 윤리체계에 깊이 뿌리를 내리고 있던 한국인의 윤리관, 도덕관으로는 공리주의를 곧바로 수용하기가 쉽지 않았을 것으로 생각된다. 칸트와 같은 의무론자가 공리주의에 대해 가질 만한 생리적 반감은 바로 우리 전통 윤리학자들이 공리주의적 접근을 기피하게 된 배후의 정서를 쉽사리 이해할 수 있게 한다. 무조건적이고 정언적인 명법(categorical imperative)을 진정한 도덕규범으로 이해하고 있는 자들에게 결과에 따라 상대적이고, 그런 뜻에서 조건적인 가언명법(hypothetical imperative)은 지극히 타산적이고 심지어 윤리나 도덕으로서 불경스럽다고 할 수 있을 것이다.

한국의 서양철학 수용사에 있어 가장 소홀히 연구된 부분들 중 하나는 바로 공리주의 윤리설이며, 이와 더불어 미국철학인 실용주의(pragmatism) 또한 연구가 활성화되고 있지 못한 분야 중 하나다. 이는 미국의 실용주의가 영국 전통철학인 공리주의의 직계후손이라 생각하면 그 이유가 쉽사리 이해될 수 있다고 본다. 적어도 한국인들은 현실적 이익을 따지거나 실용성 유무를 논의하는 것은 오묘한 철학이나 진정한 윤리와 맞지 않는 것으로 생각했던 것으로 보인다. 그럼에도 불구하고 우리는 실제로는 지극히 이해타산적이고 실속을 따지는 경향이 있는데 그런 관점에서 볼 때 우리의 윤리, 도덕의식이 다소 이중인격적 성향을 가지고 있음은 논의되어야 할 또 다른 문제 중 하나이다.

이상과 같은 성향과 더불어 우리는 또한 윤리(倫理)와 실리(實利)를 이원적으로 구분하는 경향을 지닌 것으로 보인다. 의(義)와 이(利)는 다르며 올바른 것은 이로운 것과 상관없다는 그야말로 성리학적이고 칸트주의적인 혈통이 우리에게 전해지고 있는 듯하다. 그러나 올바른 것과 이로운 것을 따로 떼어놓을 경우 이는 윤리와 도덕에 큰 손실을 결과하게 된다고 본다. 우선 그런 윤리관, 도덕관은 다소 이기적인 인간상을 감안할 경우 현실구속력을 잃게 마련이며 따라서 '윤리 따로 현실 따로'라는 규범의 이중성에 바탕한 도덕규범의 무용화, 동공화를 초래하고 이중인격의 양상을 조장하게 될 것으로 보인다.

근세 이후 더 현실성 있는 윤리설로서 제시된 공리주의가 오랜 세월 동안 부단히 설득력을 잃지 않고 발전되고 있는 이유는 그것이 올바른 것을 이로운 것과 유리시키지 않으며 가능한 한 다수에게 이로운 것으로부터 올바른 것을 도출하고자 하는 시도이기 때문이 아닌가 생각한다. 물론 여기에서 문제되는 이로운 것은 어느 특정 개인에게만 이로운 것이 아니라 가능한 한 다수에게, 그리고 최선을 말하면, 우리 모두에게 이로운 것이라 할 수 있다. 공리주의의 상당한 성공 배후에는 그 것이 윤리의 두 가지 요청인 정당화(justification)와 동기화(motivation) 모두에 있어 어느 정도 호소력을 갖기 때문이다. 공리주의는 단지 의무감이 아니라 다수의 이익을 겨냥한다는 점에서 동기적 유인력도 있으며 일반적, 보편적 이득을 지향한다는 점에서 도덕으로서 정당화 명분도 제공하고 있는 것이다.

공리주의 윤리설은 경험과학적이고 합리적인 윤리설이며 그런 뜻에서 지극히 근세적인 발상의 윤리설이라 할 수 있다. 우리가 진정 근대화를 넘어서 현대화하고 나아가 세계화를 지향한다면 우리의 행동규범은 이같이 다수 혹은 일반의 행복을 지향하고 대안들 가운데서 그 비용과 이득(cost and benefit)을 경험과학적으로 따져서 모두에게 합리적으로 설득력을 갖는 대안을 찾는 일에 길들어져야 할 것이다. 이제 특정한 종교적 교설이나 막연한 철학적 신념에만 의거해서 서로 갈등하는 시대는 지났으며 양심이나 직감에 의해 설득력을 구걸할 수도 없고 오직 경험적이고 합리적인 방식으로 최소한의 합의를 도출하는 이외의 다른 길은 없다는 생각이다.

2) 쾌락주의: 감각적 향락주의를 넘어선 삶의 질

밀의 쾌락주의가 한국사회에 주는 시사를 살피기 이전에 우선 우리는 쾌락주의라는 개념에 대한 좀더 명료한 이해를 시도할 필요가 있다. 흔히 쾌락주의라 하면 동서를 막론하고 청교도적인 배경 아래서는 감각적 쾌락주의(sensory hedonism)로 오해되는 경향이 있다. 그래서 쾌락이라 하면 관능적 혹은 말초적 쾌락을 연상하고 따라서 도덕적으로 무가치하고 기피해야 할 어떤 것으로 간주한다. 그러나 이 같은 쾌락주의는 이미 서구에서 쾌락주의가 최초로 제안되었던 에피쿠로스 시절부터 쾌락의 역설(hedonic paradox) 혹은 쾌락주의의 역설로서 경고되었고 경계의 대상으로 주목한 지 오래다.

이같이 감각으로서의 쾌락 혹은 쾌감에 집착하는 감각적 쾌락주의는 따라서 쾌락의 원천이나 대상이 무엇인지를 묻지 않고 단지 쾌감이나 쾌락성에 매몰, 집착한다는 뜻에서 향락주의(享樂主義)라 부르는 것이 오히려 합당하다는 생각이 든다. 따라서 우리가 여기에서 논의하고자 하는 쾌락주의는 일반적으로 행복주의로 통용되는 것과 구분되기 어려운 입장으로서 즐거운 감정주의 혹은 즐거운 인생주의라 함이 옳을 것이며 그런 의미에서 도덕적으로, 가치론적으로 중립적인 입장이라 할 수 있을 것이다. 이런 점에서 아리스토텔레스적 행복주의는 그 행복이 다소 고차적이고 귀족적이며 형이상학적이라는 의미에서 행복주의의 특수한 버전이며, 일반적인 의미에서의 행복주의는 우리가 문제 삼고 있는 쾌락주의와 동일한 것을 지칭한다고 할 수 있다.

근세 이전에는 가치서열에 있어 현세적 쾌락이나 행복이 후순위에 배정되었다. 하지만 근세에 이르러 무게중심이 현세의 인간적 삶으로 옮겨지자 이세상의 행복이나 즐거운 인생이 최고의 가치로 떠오르게 된다. 따라서 근세의 지배적인 목적론적 윤리설로서 공리주의가 궁극적 선으로 내세운 것은 바로 인간의 행복 혹은 쾌락이었다. 이제는 신의 영광이나 내세의 지복을 위해서 사는 것이 아니라 현세의 행복과 즐거운 인생이 인간의 궁극목적으로 추구되는 것이다. 그리고 특정 형이상학이나 신학에 의존하지 않는 한 근세 이후 지배적인 가치론은 쾌락주의로 생각되며 그 이상 강력한 대안을 찾기가 어렵게 되었다.

그런데 근세 이후 가치론의 주류라 할 수 있는 쾌락주의도 지속적으로 비쾌락주의(mon-hedonism)의 도전에 직면하게 된다. 이 같은 도전적 반론은 사실상 쾌락주의가 생겨난 이래 계속되어 온 것으로서 가장 고전적인 논의는 쾌락의 역설이다. 그 밖에도 쾌락주의는 무가치한 쾌락(worthless pleasure)으로부터의 반론, 거짓된 쾌락(false pleasure)으로부터의 반론, 혹은 무의식적 쾌락(unconscious pleasure)으로부터의 반론 등에 의해 시달리면서 발전해 왔다. 따라서 쾌락주의자들에게 주어진 주요 과제 중 하나는 이 같은 반론들을 유효하게 물리칠 수 있는 형태의 쾌락주의를 정식화하는 것이라 할 수 있다.

밀의 질적 쾌락주의 또한 쾌락주의에 대한 갖가지 반론을 이겨낼 수 있는 쾌락주의를 정식화하는 과정에서 생겨난 것이다. 사실상 대부분의 반론은 감각적 쾌락주의에 대한 반론에 해당하는 것으로서 밀은 이를 피할 수 있는 한 가지 대안으로서 쾌락의 개념을 새로이 이해하고 벤담과는 달리 개념규정을 하는 일이라 생각했다. 쾌락이 단순한 감각으로서 쾌감이나 쾌락성이 아니라 일정한 대상을 지향하는 즐거운 경험일 경우 그것은 다양한 질을 갖는 쾌락들일 것이며 이들 간에는 상호 가족유사성을 가질 뿐 쾌락성과 같은 보편적 특성을 추상할 수 있는 쾌감이 아닌 것이다. 쾌락은 그것을 경험하게 될 대상이나 상황과 본질적으로 관련되어 있는바 맥락적 관계 속에서만 성립하는 개념인 것이다.

이같이 쾌락주의에 질적 차원을 도입함으로써 밀은 쾌락주의에 대한 오해들로부터 벗어날 수 있을 뿐만 아니라 일반 대중들을 지적으로나 정서적으로 더욱 고귀한 귀족적 삶으로 고양시키는 계몽적 효과도 기대한 것으로 생각했다. "배부른 돼지보다 배고픈 인간, 만족한 사람보다 고뇌하는 소크라테스"라고 외쳤을 때 밀이 의도한 것은 비록 양에 있어서 동일하거나 설사 부족하다 할지라도 우리는 인간으로서 더 고차적인 쾌락을 지향해야 한다고 생각했다. 이는 쾌락의 양이 동일하다면 "압정놀이도 시작(詩作)과 동등한 가치를 갖는다"는 벤담류의 쾌락주의에 대한 정면거부를 선언하는 언사라 할 것이다.

이 점과 관련해서 밀이 염두에 두고 있는 것은 감각적 쾌락주의 혹은 양적 쾌락주의가 전제하고 있는 대체 가능성 입론(replaceability thesis)이라 생각된다. 쾌락의 양만 동일하다면 어떤 대상과 관련된 쾌락이건 상관없이 대체 가능하며 어떤 질의 쾌락도 무방하다는 것이다. A 헉슬리가 쓴 『멋진 신세계(Brave New World)』는 이런 의미에서 다양한 선이나 쾌락의 질이 제거되었거나 적어도 심각히 축소, 변형된 사회라 할 수 있다. 그러나 이 같은 대체 가능성이 과연 본질 자체의 상실 없이 성립할 수 있는지에 대해 밀은 깊은 회의를 한 것이다.

헉슬리가 기술한 바와 같은 세계를 그리는 데는 약간의 상상력이 요구되기는 하나 그의 주장은 단순한 환상이나 공상이 아니라 조만간 도래하거나 혹은 거의 당도한 우리의 현실에 대한 예언에 가깝다 할 것이다. 물론 헉슬리는 그것이 우리의 선택과 상관없이 다음 세기에 대면할 수밖에 없는 불가피한 현상으로 보고 있는 듯하나 사실상 그것은 첨단 과학기술의 발전으로 인해 조만간 실현될 현실적 가능성이기도 하며 심지어 우리 사회는 이미 헉슬리가 예언하고 있는 신세계에 깊숙이 진입되어 있는 듯도 하다.

위대한 신세계라는 행락 유토피아에서는 모든 일상적 행동거지의 결정을 선택하는 자유는 소수의 전문가에게 위임한 채 깨어 있는 시간 거의 전부를 쾌감으로 가득 찬 세계에서 지내게 된다. 인간적 친밀감 혹은 사랑은 타인의 구체성과 고유성에 지속적으로 깊은 정서적 관련을 맺고 그것을 소중히 여기는 일이며 이를 기반으로 해서 우정, 결혼, 가정 등이 이루어진다. 그러나 멋진 신세계에서는 우정, 결혼, 가정 등이 터부시되며 그 같은 깊은 인간관계로 빠져들지 않은 채 부단한, 그러나 가벼운 인간 간의 접촉을 즐긴다. 깊은 애착은 더 큰 쾌락의 기회를 불가능하게 하는 까닭에 기피되며 사랑이 없는 자유로운 성(free sex without love)이 보장됨으로써 쾌락이 극대화된다.

또한 멋진 신세계에서는 미와 예술적 가치들에 대해서는 무감각 내지 탈감각이 조건화되고 음악, 미술 등 시각이나 청각만을 자극하는 지루한 예술보다 오감 전체를 동시에 자극하는 다감각 예술품이 다량의 쾌락을 지속적으로 제공하게 된다. 또한 멋진 신세계는 그 자체가 엄청난 응용과학의 구현으로서 이미 지식기반적 사회인 까닭에 주민들은 더 이상 지식을 가질 필요가 없으며 지식이 주는 무한한 가능성과 불확정성으로 괴로워할 필요가 없다. 또한 향락 유토피아에서는 갈등을 최소화하는 행위를 하게끔 소마(Soma)라는 약물의 도움으로 사회적 조건형성이 이루어져 유덕한 존재가 되기 위한 자기수련과 수양의 고통도 요구되지 않는다.

이상과 같이 깨어 있는 동안 괴로운 감정 없이 순수한 쾌감이 유지된다는 것만이 우리가 추구할 이상이라면 이런 상태는 뇌의 쾌락중추에 일련의 전극을 장치한 후 미약한 전류를 흘려 뇌를 자극함으로써도 그와 같은 쾌락상태에 이를 수 있는 것이다. 전극과 연결된 레버를 눌러 전류를 흐르게 하는 방법을 배운 실험용 쥐는 자신에게 쾌락을 주는 이같이 손쉬운 원천을 선호하는 것으로 보고되고 있다. 그들은 먹고 마시는 것보다, 심지어 다른 쥐와 애써 교미하기보다는 배고파 죽지 않는 지점까지 레버를 눌러대는 것으로 관찰되었다. 이 같은 쾌락기계(pleasure machine)가 장착된 쾌락 유토피아는 그야말로 최대다수 최대향락의 보편적 구현을 보장한다고 할 수 있을 것이다.

향락문화가 우리 생활의 곳곳에 깊숙이 침투되어 있다. 과거에는 일부 특수계층에만 문제되던 향락풍조가 더욱 널리 일반화되고 있으며 대도시 일부지역에 국한되던 향락지대가 주택가, 시장, 농어촌, 공단 등 곳곳으로 확산되고 있다. 인지상정이라 할 수 있는바 쾌락을 추구하는 욕구를 문제삼는 것이 아니라 무엇에 의거한 쾌락인지 쾌락의 내용과 상관없이 쾌감 그 자체에 함몰되는 향락문화의 풍미가 문제인 것이다. 동양의 고전에서 경고하듯 "즐기되 음탕하지 않고, 즐기되 흐르지 않는다(樂而不淫, 樂而不流)"라는 말이 함축하고 있는 중용지도를 깊이 음미할 때이다.

3) 자유주의: 과도한 간섭주의에 매몰된 사생활권

해방 이후 우리는 오랜 세월 동안 적어도 명분상으로는 자유주의를 지향해 왔다. 그러나 자유주의는 단지 정치적 구호에 그쳤으며 우리의 일상은 자유주의적 정신과 무관하게 영위되는 부분이 적지 않다는 생각이다. 우리는 아직 자유주의를 여실하게 이해할 수 있을 정도로 개인주의적이지도 못하며 서로를 인정하는 개인들 간의 공존의 규율에 익숙하지도 못하다. 한편에서 우리는 아직 전통사회의 공동체주의적 연고에 얽매어 있고, 다른 한편 지극히 이기주의적 일면을 나타내고 있어 사회적 갈등이 증폭되고 있다.

때때로 우리는 과연 우리에게 사생활권(privacy) 개념이 있는지, 그리고 우리가 자신만의 사적 공간을 향유하고 있는지 지극히 의심스러운 경우가 있다. 이를테면 전세계에서 타의 추종을 불허한다는 핸드폰 문명과 핸드폰 문화를 일별해 보자. 우리의 핸드폰 기술은 전세계의 선두를 달리고 있으며 그 보급률 또한 유례를 찾기 어려울 것이라 한다. 많은 사람이 핸드폰을 갖고 향유한다는 것은 우리 국민이 얼마나 사적 관계의 친밀성을 소중히 여기고 인간적 유대를 높이 평가하고 있는지를 알게 하는 척도의 하나라 할 수 있다. 원자적 개인주의가 극단화하고 추상적 사회로 치닫는 서구사회에 비견할 경우 이는 오히려 다행한 일면이라는 생각도 없지 않다.

그러나 우리는 이같이 친밀한 유대가 이루어지는 소규모 공동체 내에서 서로의 사생활을 밥 먹듯 침해하고 침해당하면서 불편을 주고받으며 한편으로 이를 즐기는 듯한 양면성을 보이고 있다. 또한 자동차 문명은 첨단적이지만 자동차 문화 즉 교통문화는 시차를 두고 지체되듯 또한 인터넷 기술문명은 첨단적이나 인터넷 사이버 문화 간의 시간차(time lag) 현상은 여러 면에서 청산, 해소되어야 할 난맥상을 드러내고 있다는 생각이다.

국가 대 개인, 개인 대 개인, 집단 대 집단 사이에서 우리는 서슴지 않고 우리 자신의 가치관이나 믿음을 강요하거나 타인의 인생관이나 가치관에 대해서 필요 이상으로 간섭하고 있다. 이러한 성향은 가정에서 비롯되어 학교에서 선생과 학생 간의 관계에 의해 확대, 재생산의 과정을 거침으로써 개인의 자율성은 극도로 위축되어 버리고 만다. 장기간에 걸친 부모에의 전적인 의존, 빈틈 없는 주입식 교육은 은연중에 우리 자신을 간섭주의에 익숙하게 만들며 타인이 나와 인생관이나 가치관에서 다를 수 있음을 관용하는 데 인색하게 만들어가고 있다. 또한 관용(tolerance)은 자유주의적 다원주의 사회를 이끌어 갈 최대의 덕목이다. 관용은 자신의 입장을 견지한 채 그와 다른 타인의 입장 또한 인정하는 미덕이다. 타인의 입장을 인정한다 해서 그것이 진리로서 수용된다는 것을 의미하지는 않는다. 내가 옳듯이 타인도 옳을 수 있으며 타인이 그르듯 나도 그를 수 있다는 인식론적 상대주의 혹은 오류 가능주의(fallibilism)에서 관용이 나온다. 또한 관용은 내가 인간으로서의 존엄성을 지니듯 타인도 똑같이 인간으로서의 존엄성을 지니며 나의 선택이 존중받아야 하듯 타인의 선택 또한 존중받아야 한다는 윤리적 전제에 바탕을 두는 것이기도 하다.

관용은 또한 국내적으로 뿐만 아니라 국제적으로도 중요한 함의를 갖는 덕목으로서, 다문화적인 글로벌 소사이어티에서 관용은 더욱 절실히 요구된다. 우물 안의 개구리가 관용이 무엇이며 왜 요구되는지를 알 리가 없으며 타인이나 타문화가 갖는 차이성(difference)에 빈번하게 부딪치면서 우리는 서서히 관용에 길들어져 가게 된다. 다원주의, 자유주의 그리고 관용을 말한다 해서 반드시 진리에 대한 상대주의, 회의주의, 허무주의를 내세우는 것은 아니다. 설사 진리가 있다 할지라도 우리가 그것을 모를 가능성이 있으며 우리들 중 누군가가 모를 수도 있으며 또한 진리는 하나가 아니라 여럿일 가능성이 있어 우리 각자의 견해들이 진리의 일면을 보이는 일리 있는 생각들일 수도 있다. 이런 관점에서 개방사회의 이념을 설파한 포퍼는 진리에 점차 접근해 가는 진리 박진주의를 말하기도 했다.

끝으로 우리가 밀의 자유주의로부터 배울 수 있는 또 한 가지 교훈은 "우리의 자유가 타인들의 자유들에 의해 제한될 수 있다"는 사실이다. 비록 우리가 오랜 세월 동안 자유주의를 열망해 온 것이 사실이나 그것은 단지 추상적인 정치구호로서일 뿐 우리의 일상과 관련된 생활지침으로서가 아니었던 까닭에 우리의 자유이해는 지극히 막연한 감이 있다. 그래서 우리는 자신의 선택과 행위의 자유를 막연히 주장하기만 할 뿐 그것이 어떤 경우에 제한되고 제약되어야 하는 것인지 잘 모르고 있는 것으로 보인다.

밀에 따르면 우리의 자유는 타인에게 해악을 끼칠 경우 제한될 수 있으며 행동의 자유를 간섭할 수 있는 유일한 목적은 자기보호라고도 했다. 이 점을 달리 표현하게 되면 우리의 자유는 타인들의 자유들에 의해 제한될 수 있으며 타인들의 동등한 자유들과 양립 가능한 한에서 우리의 자유도 보장받을 수 있다고 할 수 있다. 또한 우리 자신의 자유와 권리를 보호받을 수 있는 것은 우리가 타인의 동일한 자유와 권리를 존중할 의무를 다하는 한에서 그러하다는 말로도 나타낼 수 있다. 이같이 생각할 경우 자유의 보장을 위해서는 사람들 간의 평등이 동시에 문제된다고 할 수 있다. 우리가 자신의 자유를 정당하게 행사하고자 할 경우 우리는 반드시 인간의 평등과 타인의 동등한 자유권을 염두에 두어야 할 것이다.

또 한 가지 유념해야 할 논점으로서 비록 우리가 이 논문에서 주제적으로 논의하지는 않았지만 밀의 자유론과 관련해서 중요한 것은 그의 정치경제학적 입장이 일종의 사회주의적 형태에 가깝다는 점이다. 다시 말하면 우리가 평등한 자유에 대한 소신이 확실하고 또한 그러한 자유가 형식적인 빈발이 되기를 원치 않는다면 우리는 단지 평등한 자유만이 아니라 그것을 지탱해 줄 사회경제적 조건에 대해서도 동시에 관심을 갖지 않을 수 없다는 것이다. 빵을 살 수 있는 구매력이 보장되지 않을 경우 빵을 살 수 있는 자유는 유명무실하고 무의미한 구호에 불과할 것이기 때문이다. 이 점에서 밀의 입장은 20세기 정의론자 롤즈에 의해 더욱 체계적으로 계승, 전개되고 있다 할 것이다.

제5장 J. 롤즈의 자유주의적 평등

1. 세기의 정의론자 존 롤즈[1]

존 롤즈(John Rawls, 1921-2002)는 단일주제의 철학자(one-theme philosopher)라는 별명이 붙을 정도로 평생 정의(justice)라는 한 우물을 팠던 철학자요, 그러면서도 당대의 영미는 물론 유럽 대륙의 전역에, 그것도 철학계만이 아니라 인문 · 사회과학계 전반에 걸쳐 큰 획을 그은 금세기 최고의 철학자로 평가받고 있다. 1958년「공정으로서의 정의」라는 논문을 발표한 뒤 그의 관심은 사회정의 개념에 대한 현대적 해석문제에 집중되어「분배적 정의」,「시민불복종」,「정의감」등 여러 논문들을 발표하여 주목을 끌기 시작했고, 그러한 글들에서 제시된 생각의 요지를 체계적으로 정리함으로써 그야말로 20여 년에 걸친 탐구의 결실로서 나타난 것이 바로 그의 대저『정의론』이다.[2]

---

1) 이 글은 2003년 1월『주간조선』에 게재된 것임.

1971년 출간된 이래 이 저서가 받게 된 광범위한 관심과 명성은 타의 추종을 불허하며 영미 철학계는 이를 세기적 대작으로 평가하면서 최고의 찬사를 아끼지 않았다. 윤리학자 햄프셔와 워녹은 각각 이를 "제 2차 세계대전 이후 도덕철학에 있어서 가장 중요하고 의의있는 기여"요, "정치이론에 있어 비교의 대상이 없는 공헌"으로 단정하였으며, 경제학자 애로우는 이것이야말로 현대에 있어 정의개념에 대한 가장 심오한 연구라 하였고, 철학자 파인버그는 이 저서에 철학적 고전의 위치를 부여하는 데 인색하지 않았다.

롤즈의 『정의론』이 던진 파문은 단지 학계에만 국한된 것이 아니었다. 영미의 철학적 전통 속에서 아무리 학계의 대단한 평가를 받았다 하더라도 롤즈처럼 『뉴욕 타임즈』 및 『런던 타임즈』를 위시하여, 『이코노미스트』, 『네이션』, 『스펙테이터』, 『뉴 리퍼블릭』 등 일반 잡지와 신문들이 경쟁하듯 서평과 특집을 싣는 등 그와 같은 실로 파격적인 반응을 불러일으킨 자는 없을 것이다. 『뉴욕 타임즈』 서평은 롤즈 『정의론』에 내재해 있는 정치적 함의는 결국 우리의 일상생활 양식마저 바꾸어 놓으리라고까지 극언하고 있다.

2. 『정의론』 등장의 지적 배경

롤즈가 『정의론』의 기본 구상을 담은 최초의 논문 「공정으로서의 정의(Justice as Fairness)」를 발표했던 1950년대에 대부분의 철학자들은 정치 및 사회 철학 등 규범학의 종언을 노래하는 데 여념이 없었다. 도덕은 한갓 감정표현이나 주관적 소견에 불과하다는 정의주의(emotivism)가 기세를 올렸고 학계에서 다소 지지자를 가진 정치철학은 기껏해야 사회복지의 극대화 원리를 내세우는 공리주의가 전부였

---

2) John Rawls, *A Theory of Justice*, Havard University Press, 1971.

다. 이같이 사회 및 정치 철학 불모의 시대에 롤즈 『정의론』의 출간은 규범철학의 복권(normative turn)을 예고하는 일대 사건이라 할 만하다.

물론 공리주의(utilitarianism)는 학계 바깥에서는 상당한 영향력을 행사하고 있었다. 그것은 공공정책 담당자들이 어려운 정치적 문제를 해결하는 데 이용할 수 있는 간명하고 엄정한 방법을 제공하는 것으로 생각되었기 때문이다. 모든 정책 대안들 가운데서 그 각각이 가져올 이득을 합산하고 유발하게 될 비용을 제외함으로써(cost-benefit analysis) 순수이득을 최대로 결과하는 대안을 선택해서 정책으로 구체화할 수가 있는 것이다. 그러나 공리주의가 이같이 복지정책에 유용한 길잡이를 제공하는 것이기는 하나 자본주의의 지배이념으로서 그것이 갖는 전체주의적 함축으로 인해 권리론자들(right-theorists)의 비판이 점증하게 되었다.

개인의 권리(individual rights)는 사회복지를 명분으로 해서도 희생될 수 없다는 일반인의 도덕적 신념은 공리주의의 규범적 정당성을 끈질기게 위협하는 원동력이 되었다. 그러나 권리 신봉자들은 권리(rights)란 근거 없는 공허한 헛소리에 불과하다는 벤담주의의 경험적 반론을 제압할 만한 체계적인 철학적 논변을 제시하지 못하고 있는 형편이었다. 나아가서 권리 주장자들은 권리란 자본주의적 발상에서 생겨난 빈말에 불과하며, 인간의 보편적 이해관계를 명분으로 부르주아의 계급이익을 호도하는 것이라는 마르크스주의적 비판에 설득력 있게 대응할 방책도 제시하지 못하고 있었다.

그런데 이 같은 정황에서 공방하던 정치 및 사회 철학계는 1950년대부터 1960년대 초반에 걸쳐 적어도 세 가지 점에서 중대한 변화를 보이기 시작했다. 첫째, 대부분의 권리 주장자들은 마르크스주의적 비판의 일부를 수용함으로써 시민적, 정치적 자유에 대한 전통적 목록들을 옹호할 뿐만 아니라, 사회적으로 혜택받지 못한 계층들의 복지와 존엄을 보장하기 위해 필수적으로 요구되는 소득, 부, 교육 및 취업의 기회, 의료 및 여타 재화들에 대한 좀더 평등한 분배를 옹호하게 되었다.

둘째, 학계의 판세는 대체로 공리주의자들로부터 권리론자들에게 유리하게 돌아갔으며, 체계적인 정치이론에 대한 대부분의 대표적 주장자들이 권리론자들로 바뀌어 갔다. 따라서 지금까지 학계를 주도해 온 공리주의자들은 이제 곳곳에서 수세적인 위치로 전락하게 되었다.

셋째, 규범학의 불모지로 간주되었던 정치 및 사회 철학계에서 다시 규범철학의 복권이 주창되면서 거대 이론(grand theory)의 전통이 소생하기 시작했다. 그런데 이상과 같은 세 가지 변화가 모두 결국에는 롤즈의 『정의론』이 가져온 영향력으로 귀착된다고 해도 과언이 아닐 것이다.

3. 자유주의적 평등의 이념

정치철학적으로 롤즈의 정의론이 갖는 실질적 내용을 평가하기 위해서는 그로부터 유래된 일차적이고도 가장 특징적인 변화로서 자유주의적 이론체계 속에 사회주의적 요구를 통합했다는 점에 주목하는 것이 가장 좋은 출발점이라 생각된다. 롤즈가 내세운 정의의 제1원칙, 즉 평등한 자유(equal liberties)의 원칙은 사상, 양심, 언론, 집회의 자유, 보통선거의 자유, 공직 및 개인 재산을 소지할 자유 등 자유주의가 내세우는 가장 기본적인 자유들을 보장하는 것에 우선성을 두고 있다.

그런데 이러한 기본적인 자유의 목록들 가운데 뚜렷하게 제외되어 있는 부분에 주목할 필요가 있는데, 그것은 자본주의적 시장의 자유라 할 수 있는 것으로서 이에는 생산재의 사유 및 생산물의 점유, 소유물의 상속 및 증여의 자유가 포함된다. 기본적인 자유의 목록에서 이 같은 자유를 배제시킨 것은 롤즈 정의론의 과오나 비일관성이 아니라,

그 핵심적 주장의 하나라 할 수 있다. 로크(John Locke)의 사회계약에 등장하는 당사자들과는 달리, 롤즈의 계약 당사자들은 자신의 상대적 부나 소속된 사회계층을 모르는 가운데 분배적 정의의 원칙들을 선택해야 한다. 자신이 자본가인지 노동자인지 알지 못하는 상태에서 그들은 재산 소유자의 이득을 보호하는 일보다 자신과 후손들의 인간으로서 품위 있는 삶(decent life)을 보장하는 데 더 큰 배려를 한다.

롤즈 정의론의 두 번째 원칙은 두 부분으로 이루어진다. 가장 유명한 첫 번째 부분은 차등의 원칙(difference principle)으로, 최소수혜(least advantaged) 시민들에게 최대의 이익을 가져다줄 사회적, 경제적 불평등을 정당화하며, 그렇지 못할 경우 평등분배를 내세우고 있다. 제2원칙의 두 번째 부분은 모든 이에게 '공정한 기회의 균등'을 요구하는 것으로서 단지 직업이나 직책의 기회만이 아니라 삶의 기회들까지 평등화하자는 원리이다. 다시 말하면 유사한 능력과 기능을 가진 사람이라면 누구나 그들이 태어난 사회적 지위와 무관하게 유사한 삶의 기회를 보장받아야 한다는 것이다.

이상과 같이 볼 때, 롤즈의 정의론은 최소수혜자를 우선적으로 고려하는 자유주의라 할 수 있고 사회주의적 비판의 도덕적 의미를 충분히 참작한 자유주의라 할 수 있다. 차등의 원칙으로 인해 빈곤한 계층은 그들의 인생전망을 고양시킬 여지가 더 이상 남아 있어서는 안 될 정도까지 가능한 한 최고의 인생전망을 보장할 것이 요구된다. 마찬가지로 공정한 기회균등은 재능이 있으면 출세할 수 있다는 식의 고전적 자유주의의 이념을 능가하는 것으로서, 그것은 보상적 교육의 실시와 경제적 불평등에 한계를 요구함으로써 사회의 모든 부문에 걸쳐 유사한 동기와 자질을 가진 모든 이에게 교양과 성취를 위한 거의 평등한 전망이 주어져야 한다는 것이다.

지금까지 살핀 바와 같이 정의의 제1원칙은 평등한 시민의 기본적 자유를 희생하는 일을 거부하는 롤즈 이론의 자유주의적 핵심을 나타낸다. 두 번째 원칙은 자유주의적 자유들이 사회적으로 불리한 처지에 있는 자들에게 유명무실한 빈말이 되지 않게 하는바, 롤즈 정의론에 있어 사회주의적 핵심을 대변하고 있다. 물론 롤즈가 고전적 자유주의와 사회주의 간의 간격을 좁히는 방식을 제시한 첫 번째 철학자는 아니다. 롤즈는 밀, 그린, 홉하우스, 듀이 등 자유주의 철학의 오랜 전통의 연장선상에서 로크보다 더 평등주의적이고 마르크스보다 더 자유주의적인, 그야말로 자유주의적 평등(liberal equality)의 이념을 옹호하고 있다. 롤즈의 정의관은 자유주의적 이념과 사회주의적 이념을 가장 체계적이고도 정합적으로 통합한 것으로서, 그 누구와도 견주기 어려운 위치를 점하는 것으로 평가되고 있다.

그런데 자유주의와 사회주의의 이 같은 통합은 두 진영으로부터 많은 동조자를 이끌어내는 매력을 갖는 동시에 대부분의 중도적 입장이 그러하듯, 두 진영으로부터의 공격 또한 면하기 어렵다. 우파를 대변하는 자유지상주의자(libertarian) 노직(R. Nozick)은 자신의 노동 산물을 점유할 자유가 롤즈의 자유목록 속에 제외되고 있음을 비판하면서, 이는 인간의 개체성을 중요하게 보지 못한 결과임을 지적하고 나서며 사회주의자들은 롤즈가 생산수단에 대한 사적 소유 및 집단 소유(collective ownership) 간의 선택문제를 도덕적 논리에 의해 결정하기보다 정치사회학의 문제로서 경험적으로 결정되어야 한다고 주장하는 데 대해 반론을 제기하고 있다.

4. 계약론적 논변과 『정의론』

롤즈의 정의론이 높이 평가되고 있는 이유는 크게 두 가지 측면으로 나누어 생각해 볼 수 있다. 그 하나는 이미 앞서 살핀 바와 같이 그가 제시한 정의원칙의 실질적 내용과 관련되어 있으며, 다른 하나는 이 같은 정의원칙을 도출하기 위한 방법론적 논의와 관련되어 있다. 앞서 언급한 바와 같이 롤즈는 당시 지배적인 도덕이론이었던 공리주의를 실질적 내용에 있어서 뿐만이 아니라, 그 방법론적 함축에 있어서도 비판했다. 결국 롤즈는 공리주의에 대한 대안으로서 권리론 및 정의론의 기초로서 공리주의와 대립적 전통을 이루면서도, 그만큼 발전을 보지 못한 자연권 이론의 바탕이 된 계약이론(contract theory)을 더욱 일반적인 논변 형식으로 발전시켜, 이를 최근 경제학의 성과 중 하나인 합리적 의사결정론(rational decision-making theory)과 연관해서 설명하고 있다.

결국 롤즈 정의론의 방법론적 특징은 이른바 '공정으로서의 정의관'에 있다. 그는 정의가 무엇인가라는 물음에 직접 대답하기보다는 공정한 절차에 의해 합의된 것이면 정의로운 것이라는 소위 순수한 절차적 정의관(pure procedural justice)을 내세운다. 정의의 원칙을 도출하기 위한, 공정성을 보증해 줄 전제들의 집합으로서 소위 그의 원초적 입장(original position)이라는 개념은 전통적 사회계약설의 자연상태(state of nature)에 해당하는 것이기는 하나, 결코 현실에 실재하는 역사적 상황이 아니고 정의원칙의 선택을 위해서 공정한 절차가 될 계약조건들을 통합하여 구성한, 순수하게 가설적인 입장이며 자유롭고 합리적이며 평등한 계약 당사자가 정의의 원칙에 합의하기 위해 받아들여야 할 도덕적 관점이라 할 수 있다.

롤즈에 따르면, 원초적 입장을 구성하는 조건은 크게 두 가지로 설명될 수 있다. 그 하나는 계약 당사자가 인간사회에 관한 일반적 사실을 알고 있으나, 자신의 자연적 재능과 사회적 지위, 그리고 인생계획의 세목과 더불어 자신의 가치관, 소속된 세대 등 특수한 사정들을 알 수 없다는 무지의 베일(veil of ignorance)을 쓰고 정의의 원칙을 숙고하게 된다는 인지적 조건이다. 다른 하나는 당사자들이 합리적 존재로서 자신의 이익은 극대화하고자 하나, 타인의 이해관계에 대해서는 상호 무관심하며(mutually disinterested rationality) 서로 간에 시기심

(envy) 같은 부정적 관심도 동정과 같은 긍정적 관심도 없다고 가정하는 동기상의 가정이다.

그런데 앞서 지적한 바와 같이 롤즈에게 있어 원초적 입장의 당사자가 구체적으로 정의의 원칙을 선택하는 문제는 합리적 의사결정의 문제가 된다. 그에 따르면, 불확실한 상황 아래서의 합리적 선택 전략에는 여러 가지가 있으나 원초적 입장이 갖는 특유한 성격으로 인해 당사자들은 최소 극대화(maximin)라는 지극히 보수적 전략에 의거해서 선택하게 된다고 한다. 다시 말하면, 당사자들은 가능한 대안들 중 각 대안이 가져올 최악의 결과(minimorum) 가운데 가장 최선의 여건(maximum)을 보장하는 대안을 택함으로써 그 선택의 결과가 각자의 인생 계획 실현에 필요 불가결한 기본적 자유나 품위 있는 삶을 위한 최소한의 사회경제적 조건까지도 상실하는 모험을 기피하고자 한다. 이는 결국 우리가 사회의 최소수혜자가 될 가능성으로부터 정의의 원칙을 숙고하는 경우라 할 수 있을 것이다.

나아가서 롤즈는 이 같은 절차에 의해 도출된 정의원칙이 정의에 대한 우리의 상식적 신념, 혹은 숙고된 도덕판단들과도 합치할 것으로 생각한다. 그의 정의원칙은 역사적 체험을 통해 누적된 정치적 지혜로서 우리의 숙고된 도덕판단에 합치한다는 정합논증(coherence argument)뿐만 아니라, 공정한 도덕적 관점인 원초적 입장으로부터 준연역적인 계약논증(contract argument)에 의해서도 도출된 결론이라는 점에서 그 정당화의 힘이 이중으로 강화된다는 것이다. 그의 방법은 한 마디로 정의의 원칙들과 우리의 숙고된 도덕판단들, 그리고 계약논증과 관련된 인간관, 사회관, 도덕관 등의 배경적 이론들 간의 정합성을 추구하는 넓은 의미의 반성적 평형(reflective equilibrium)이라 할 수 있을 것이다.

롤즈는 정의원칙의 실질적 내용에서 뿐만 아니라 원칙 도출의 방법론과 관련해서도 갖가지 비판에 봉착한다. 계약론에 동조하는 자들 가운데도 계약의 조건에 대해 비판과 이견이 분분할 뿐만 아니라, 샌들(M. Sandel), 매킨타이어(A. MacIntyre) 등으로 대변되는 공동체주의자들은 롤즈의 방법론 속에 암암리에 함축된 개인주의적 인간관 및 사회관을 비판하며, 이로 인해 공동선을 위시한 인간의 공동체주의적 측면을 간과함으로써 추상적 보편주의에 빠져 있다고 비판한다. 여하튼 롤즈는 계약론적 방법을 통해 권리론에 대한 설득력 있는 방법적 기초를 제시한 것으로 평가되고 있으며, 오늘날 사회 및 정치 철학 등 규범적 관심을 갖는 대부분의 학자들은 일단 롤즈의 방법론을 논의의 출발점으로 한다는 의미에서 오늘날의 학도들을 롤즈 이후의 세대(post-Rawlsian)라 부를 정도이다.

5. 공유자산으로서의 천부적 재능

롤즈 정의론의 핵심은 천부적 재능과 같이 우리 스스로 생산한 것이 아닌, 어떤 점에서 우리에게 운명적으로 주어진, 그래서 우리가 그것에 대해 책임이 없는 어떤 것에 대한 그의 해석에서 비롯되며 바로 이 점이 다른 정의론자 특히 노직과 같은 소유권적 정의론자와 차별화되는 분기점이 된다. 그에 따르면 천부적 재능의 배정은 단지 자연적 사실로서 도덕적 관점에서 볼 때 정당근거가 없으며 정의는 그러한 자연적이고 운명적인 것을 처리하는 인간적 방식과 관련되는 것이다.

이로부터 롤즈는 분배적 정의란 우리의 천부적 재능을 마치 공유자산(common asset)인 듯이 간주하는 관점에서 도출될 수 있는 것으로 본다. 물론 천부적 재능이 곧바로 공유자산이라 하는 것은 그 또한 어떤 형이상학적 입장일 수 있겠지만 그는 우리의 정의감이 이 같은 천부적 재능의 공유관을 기조로 함이 합당한 것으로 보고자 한다. 이렇게 말한다고 해서 롤즈가 곧바로 평등주의자가 되는 것은 아니며 최소수혜자를 위시한 사회성원들의 이득에 기여하는 바에 따라 차등적 배분의 근거를 찾고자 한다.

"차등의 원칙이란 결국, 천부적 재능을 어떤 측면에서는 공동의 자산으로 간주한다는 합의를 의미한다고 할 수 있다. … 자연에 의해 혜택을 받은 자는 그렇지 못한 자의 형편을 향상시킨다는 조건하에서만 자신의 행운으로부터 이익을 얻을 수 있다. … 아무도 자신의 우수한 천부적 능력을 당연시할 수 없고 사회적으로 유리한 출발지점의 덕을 보아서는 안 된다."[3]

"정당하지 않은 불평등에 대해서는 시정조치가 필요하다. 출생의 불평등, 천부된 자질의 불평등은 정당하지 않으므로 이런 불평등은 어떤 식으로든 보상을 하여야 한다. 그리하여, 모든 사람을 평등하게 대하고 진정한 기회균등을 실현하기 위해서는, 천부적 재능이나 사회적 지위에서 불리하게 태어난 사람들을 위해 사회가 더 많은 배려를 하여야 한다는 원칙이 성립하게 된다. 즉 우연에 의해 발생한 편향을 평등의 방향으로 시정해야 한다는 것이다."[4]

위의 인용문에서 알 수 있듯이 롤즈는 선천적 자질은 "어떤 측면에서는 공동의 자산"이라고 보고 있으며 따라서 천부적인 재능에서 나오는 이익을 그 소유자만이 차지할 수는 없다고 본다. 그리하여 생래적 불평등에 대해서는 어떤 보상조치가 필요하며 천부적 재능이나 타고난 사회적 지위가 불리한 자에 대한 배려가 필요하다고 한다.

흔히 인간이 타고난 육체, 정신, 능력은 자기 자신의 고유의 영역이고 따라서 자신의 심신의 작용에 의한 결과물은 당연히 자신이 소유할 수 있다고 생각하는 경우가 많다. 그런데 롤즈는 천부적 재능을, "어떤 측면에서는"이라는 수식어가 있기는 하나, "공동의 자산"이라고 규정하고 생래적 불평등에 의한 결과적 불평등은 예방은 못하더라도, 어떤

---

3) John Rawls, *A Theory of Justice*, revised ed., 1999, p.87.
4) 위의 책, p.86.

보상방법을 통해 시정되어야 한다고 생각한다는 점이 특이하다.

천부적 재능과 같이 수혜자가 생산하지 않은 것이라는 점에서 공통점을 가진 상속재산에 대한 롤즈의 견해도 참고할 만하다고 생각된다.

"부의 불평등한 상속은 지능의 불평등한 상속과 마찬가지로 본질적으로 부정의한 것은 아니다. 부의 상속은 지능의 상속보다 사회적 통제 대상이 더 쉽게 되겠지만, 어느 것에 의한 불평등이든지 차등의 원칙에 부합해야 한다는 점이 중요하다. 그리하여 상속으로 인한 불평등이 최소수혜 계층에게 이익이 되고 또 자유 및 공정한 기회균등에 위배되지 않을 경우에 국한하여 상속이 허용될 수 있다."[5]

위에서 알 수 있듯이 롤즈는 부를 불평등하게 물려받는 것이 그 자체로 정의롭지 못한 것은 아니지만, 부든 지능이든 상속은 차등의 원칙에 부합해야 한다고 하였다.

이상을 종합하면 롤즈는 선천적 자질, 타고난 사회적 지위, 상속재산을 수혜자가 아무런 시정조치 없이 차지하는 것은 대체로 부정의한 것으로 파악하며, 이를 허용한다면 모두 차등의 원칙에 부합할 것을 요구한다. 즉 그 "불평등이 최소수혜 계층에게 이익이 되고 또 자유 및 공정한 기회균등에 위배되지 않을 경우에 국한하여 허용"해야 한다는 것이다.

6. 『정의론』과 그 후속 연구

『정의론』의 출간 이후 한때 롤즈는 그의 저술을 겨냥한 예상 외의 관심과 찬반 양론들에 대해 응수하느라 여념이 없었다. 그러는 가운데 그는 『정의론』과 상관된 후속 연구를 통해 두 권의 저술을 남겼다. 자신의 『정의론』에 대한 명료화인 동시에 자유주의의 이념에 대한 자신

---

5) 위의 책, p.245.

의 입장을 해명하는 『정치적 자유주의(*Political Liberalism*)』(1993) 와 한 국가를 모형으로 한 자신의 『정의론』을 지구촌적 국제사회에 확 대 적용한 『만민법(*The Law of Peoples*)』(1999)이 그것이다.

롤즈는 그의 두 번째 저서 『정치적 자유주의』에서 '공정으로서의 정 의관'은 절대적인 진리를 추구하는 보편적인 도덕이론이 아니라 다원 주의(pluralism)의 현실 속에서 사회적 통합의 기반을 확립하고자 하 는 현대적 과제를 다룬다는 점에서 실천적인 정치이론(practical, political theory)이라는 것이다. 다시 말하면 종교, 철학, 도덕, 가치 관(롤즈는 이를 포괄적 교설이라 함)에 있어 심각하게 갈등과 이견을 보이는 현실에서 자유롭고 평등한 시민들에 의한 안정되고 정의로운 사회를 오랜 기간 유지하는 방도를 찾는 현대적 문제를 다루는 정치이 론을 제시하고자 했다고 한다. 그에 따르면 가치관의 다원성과 인간 이성이 갖는 한계로 인해 합당한 안정성이 달성될 수 있는 길은 오직 자유주의가 합의되기 어려운 가치관 등 포괄적 교설로부터 분리되어 그 적용범위를 공적이고 정치적인 영역에 한정하는 일, 즉 정치적 자 유주의를 지향하는 일이라고 한다.

바로 이같이 삶 전체와 관련되는 철학으로서의 넓은 의미의 자유주 의(칸트나 밀의 포괄적 자유주의)로부터 오직 정치적 영역과 관련되는 철학으로서의 협의의 자유주의로 이행하는 것이 최대의 수용 가능성 을 위한 최소화 전략에 의거한 정치적 자유주의의 프로젝트라 할 수 있 다. 자유주의적인 공적 문화를 배경으로 하는 다원주의 사회에서 자유 주의가 공적이고 정치적인 영역에 한정될 경우 자유주의는 더 이상 이 견의 여지가 분분한 포괄적 교설이 아니라 포괄적인 가치관들 간의 중 첩적 합의(overlapping consensus)의 대상이 될 수 있다는 게 롤즈의 생각이다.

롤즈는 마지막 저서 『만민법』에서 국내적 형태의 정치적 자유주의를 지구촌적 국제사회에 적용, 세계화된 정의론을 전개하고 있으며 이 점에서 정치적 자유주의의 기본 이념을 특히 관용의 관점에서 논의하고 있다고 할 수 있다. 『만민법』의 서문에서 롤즈는 정치적 자유주의의 확장 프로젝트를 요약적으로 말해 주고 있다. "자유주의 사회에서 시민들이 다른 개인의 포괄적인 종교적, 철학적 교설들을, 그것이 합당한 정치적 정의관에 부합되게 추구되는 한, 존중해야 하듯 자유주의 사회들은 포괄적 교설들에 의해 조직된 다른 사회가, 그들의 정치적, 사회적 제도들이 그 사회로 하여금 합당한 만민법을 준수하게 하는 일정한 조건을 만족시키는 한 그 사회를 존중해야 한다"는 것이다.

롤즈에 따르면 확장의 첫 번째 단계에서 자유주의 국가들의 대표자들은 지구촌적 정의원칙에 합의하기 위해 전 지구적인 원초적 입장(original position)에 참여하게 된다. 지구촌적 프로젝트의 두 번째 단계는 비자유주의적(illiberal) 국가들의 대표자들 역시 기본 인권 및 인간다운 삶의 조건과 관련된 만민법의 원칙들에 자발적으로 동의하리라는 것이다. 물론 호전적인 국가나 그 주민들의 기본권마저 유린하는 전제적인 국가와 같이 무법적인 국가도 있겠지만, 지구촌적 원칙을 준수하는 한에 있어서 비자유주의적 계층사회도 품위 있는 지위를 갖춘 국가로서 대우해야 하며 따라서 자유주의 국가 편에서 이러한 사회를 무력으로 공격하거나 그들의 제도개혁을 위해 경제적 제재 등을 가할 정치적 정당근거가 없다는 것이다.

이상에서 살핀 바와 같이 롤즈의 『정의론』이 남긴 유산은 그 실질적 내용이나 방법론적 접근 모두에 있어 국내적 정의는 물론 국제적 정의 문제를 풀어가는 데 있어 소중한 자산임에 틀림없다. 특히 우리의 경우 통일 한국의 정치적 이념을 구상함에 있어 계약론적 접근에 기반한 자유주의적 평등의 이념은 매우 시사적인 참고자료가 될 것이라고 생각하는 것이 필자만의 추정은 아닌 듯싶다.

제2부　세계화 시대의 보편윤리

제1장　보편윤리와 지구촌 정의

제2장　문화다원주의와 보편윤리의 양립 가능성

　　　－J. 롤즈의 정치적 자유주의를 중심으로

제3장　아시아적 가치의 지양

　　　－전근대와 근대의 변증법

제4장　충효사상의 현대적 의의

제5장　지구촌 불평등, 빈곤과 인권유린

　　　(Global Inequality, Poverty and Infringement of

　　　Human Rights)

제1장 보편윤리와 지구촌 정의

1. 보편윤리의 구상과 지구촌 분배정의의 문제

국제화, 세계화의 도상에서 예견되는 지구촌 대동사회(大同社會)를 규율하게 될 보편윤리(universal ethics)의 구상은 오늘날 시대정신의 요청이라 할 만하다. 사실 전통적 지역공동체가 해체되고 근세 시민사회가 형성될 무렵 많은 사회철학자들이 구상했던 개별국가의 정치이념은 이미 그 속에 인간사회의 보편적 질서원리에 대한 추구가 방법적, 실질적으로 함축되어 있었으며 그런 의미에서 보편윤리의 구상은 근대적 기획(modern project)의 연장선상에서 이해되어야 한다고 본다. 물론 그동안 전개된 역사적 과정으로 인해 보편윤리가 적용될 공동체의 규모(scale)나 환경문제, 여권주의 등 실질적 내용에 있어 다소간 변화가 있긴 하나 원칙적인 면에 있어 보편윤리는 현대에 특유한, 전적으로 새로운 의제(agenda)는 아니라고 생각된다.

그러나 지난번 천인공노할 대참사를 목격하고 이른바 테러 이후의 세기(A.T.: After Terror)를 살아가야 할 지구촌 거주민으로서, 보복이 보복을 불러 끝이 보이지 않는 전란 속에서 도덕적 공황(moral panic)을 실감하는 우리들에게 이제 보편윤리는 테러 이전의 세기(B.T.: Before Terror)에 꿈꾸던 막연한 유토피아적 전망과는 다른 현실적 긴급성과 도덕적 당위로서 시대의 지상과제로 박두하고 있다. 이제 우리 모두가 공유할 최소한의 가치에 대한 합의와 그에 대한 고수에 실패할 경우 인류는 공멸의 위기에 처해 있다 해도 과언은 아닐 것이다.

개별국가의 안정적인 평화를 보증할 올바른 질서원리를 구상, 일찍이 『정의론(A Theory of Justice)』(1971)을 전개한 미국의 철학자 롤즈(John Rawls)는 자신이 제시한 정의의 원칙이 "가치관, 인생관, 종교관이 서로 다른 다원주의적 사회의 성원들 간에 중첩적 합의(overlapping consensus)를 통해 도달하게 될 최소윤리(minimum morality)"라는 생각을 더욱 명료히 하고 공적 이성을 통해 이런 합의를 도출하려는 자신의 입장을 『정치적 자유주의(Political Liberalism』(1993)라고 명명했다. 최근 그의 세 번째 저서인 『만민법(The Law of Peoples)』(1999)에서 롤즈는 자신의 정의관을 국제관계에 확대해서 적용하고자 시도하는 가운데 "한 국가 내부의 정의문제에 비해 국가 간의 정의문제는 더 복잡한 과제이며 우선 국내적 정의론이 성공할 경우 이에 적정한 보완을 함으로써 국제적 정의관으로 확대, 적용할 수 있다"는 입장을 제시하고 있다.

롤즈가 굳이 국제법이 아니라 만민법이라 한 것은 최근 들어 국제정치에서 국민국가 혹은 개별국가의 위상이 대외적으로는 전쟁권에 의해, 대내적으로는 개인권(individual rights)에 의해 제한됨으로써 그 주권(sovereignty)이 점차 약화되고 있는 사정을 반영한다. 그는 만민법을 통해 국제질서의 중심이 주권에서 인권으로 이동되는 추세를 감안해 더욱 전향적인 관점에서 정의롭고 평화로운 지구 공동체를 구상하며 이 점에서 근세철학자 칸트(I. Kant)의 『영구평화론(*On Eternal Peace*)』과도 맥을 같이한다 할 것이다.[1]

롤즈의 정의론을 다소 길게 논술한 까닭은 그의 정의론이 그 방법론이나 실질적 내용에 있어 보편윤리를 구상하는 우리의 기획에 지극히 시사적이기 때문이다. 우선 보편적인 질서원리를 추구하는 이른바 근대적 기획은 어떤 형태의 것이든 간에 그 문제의식의 단초가 근세 이후 전개된 다원주의라는 사회적 사실(pluralism as a fact)에 있으며 이 점에 있어 오늘날 우리의 상황 또한 단지 인종 및 문화 다원성 등으로 인한 정도의 차이만 있을 뿐 근본적 차이를 발견하기 어렵다. 또한 이같은 다원주의를 관리해 줄 평화공존을 위한 지침은 가치관이나 인생철학 전반에 걸친 포괄적 합의가 아니라 중첩적 합의에 의한 최소윤리 혹은 엷은 윤리관(thin conception of morality)을 도출함으로써 모색하는 길 이외에 다른 방도가 없다. 나아가 이 같은 최소윤리에 있어 관건개념은 여전히 개인권이라는 점에도 크게 이견을 제시하기가 쉽지 않을 것으로 보인다.[2]

물론 이상과 같이 개인권을 핵심개념으로 하는 근세 이래의 자유주의적 이념이 보편윤리의 구도에 있어 충분하다고 볼 수는 없다. 주지하다시피 근래에 이르러 자유주의 정치철학이 다양한 측면에서 공동체주의적 도전에 직면하고 있으며 자유주의적 정치문화의 독주에 대한 아시아 및 아랍 문화권의 중심 가치관과 반대담론의 저항으로 인해 보편질서의 원리에 있어 개인권이 공동선(common good) 개념에 의해 보완되어야 한다는 주장이 설득력을 얻고 있으며 이 또한 보편윤리의 조망에 있어 현대적 기획이 근대적 기획과 차별화될 지점이 아닌가 한다. 근대적 기획에 있어 개인권이라는 개체화의 원리가 전경에 나타

---

1) John Rawls, *The Law of People*, Harvard University Press, 1999 참조.
2) John Rawls, *Political Liberalism*, Columbia University Press, 1993 참조.

난 것은 전통사회의 공동체적 연고나 중압으로부터 개인의 해방을 담보하는 원심성이 요구되었기 때문이며, 다시 현대적 기획에서 개인권과 더불어 공동선이라는 공동화의 원리가 균형있게 부상해야 할 이유는 개인권의 유린 못지않게 사회적 구심력으로서 공동체의 해체가 인간의 행복한 삶을 보장함에 있어 치명적 결격이 되기 때문이다.[3]

일반적으로 공동선은 불가분성(indivisibility)과 공공성(publicness)을 그 특징으로 하며 자연, 환경을 위시한 공동선은 전인류를 한 극단으로 하여 다양한 규모의 공중들이 공유하고 함께 향유해야 할 불가분적인 가치들이다. 이에 비해서 개인들에게 할당될 수 있는 배분적 선의 귀속근거로서 개인권은 자아실현을 위한 전제요 최소한의 조건과 결부되어 있다. 여하튼 사회철학자 왈쩌(M. Walzer)가 관찰하고 있듯 보편윤리를 구상하는 우리의 과제, 나아가 그것을 현실윤리(working ethics)로 실행해 가야 할 우리의 과제는 결국 우리 시대의 성원들이 소화하고 납득할 수 있는, 달리 말하면 문화다원주의의 딜레마들에 대처할 수 있는 현대적 관용의 체제(system of toleration), 나아가 다문화 집단 간의 평화공존(peaceful coexistence)의 윤리를 찾는 과제라 할 수 있다. 우리는 지금 우리의 관용이 갖는 폭과 넓이를 확인, 시험하고 있는 것이다.

국제 간의 정의 혹은 분배정의에 대한 심각한 논쟁은 정치철학에 있어 비교적 새로운 주제라 할 수 있다. 이런 논쟁에 대해 최초의 두드러진 기여는 1972년 윤리학자 싱어(Peter Singer)가 『철학과 공공문제(Philosophy and Public Affairs)』라는 잡지에 발표한 논문 「기아, 풍요 그리고 도덕(Famine, Affluence and Morality)」이라 생각된다. 이 글에서 싱어는 빈자나 부자의 지리적 위치와 상관없이 부유한

---

3) 이 책 제1부 제2장 「왜 자유주의와 공동체주의인가 — 개인권과 공동선의 갈등과 화합」 참조.

자들은 빈한한 바들을 먹여살릴 광범위한 의무가 있음을 옹호했다. 이것이 이른바 지구촌 정의논쟁(Global Justice Debate)의 계기가 되어 그 후 배리(Brian Barry, *The Liberal Theory of Justice*), 베이츠(Charles Beitz, *Political Theory and International Relations*), 슈(Henry Shue, *Basic Right: Subsistence, Affluence, and U. S. Foreign Policy*) 그리고 오닐(Onora O'Neill, *Faces of Hunger*) 등의 저술이 잇달아 출간되었다.

이들 학자들은 세계의 빈한한 자들에 대해 전통적 규범이 요구하는 바를 훨씬 넘어서는 관심을 기울여야 한다는 입장을 옹호했고, 민족-국가의 경계는 적어도 정의가 문제되는 한 그 도덕적 지위가 비교적 자의적임을 지적했다. 그러나 이 같은 입장들에 대해 이론적 반론 또한 만만치가 않았다. 민족-국가가 갖는 윤리적 의의를 옹호하는 대표적 학자로는 밀러(David Miller), 왈쩌 등 다수가 있으며 이들 중 일부는 애국주의적 입장(patriotism)이라 할 수 있고 다른 일부는 신-헤겔주의적 관점에서 국가의 주권(sovereignty)을 옹호하는 자들이라 할 수 있다.[4]

이미 앞서 논의한 바와 같이 『정의론』을 통해 정치철학을 부활시킨 롤즈는 그의 저서에서 국내적 정의에 논의를 국한시키긴 했으나 배리, 베이츠, 포그(Thomas Pogge) 등은 롤즈의 전제들을 확대, 적용할 경우 세계의 빈한한 사람들에게 부와 자원을 대규모로 재분배해야 한다는 급진적 귀결로 나아가게 된다고 주장한다.[5] 우리의 입장은 롤즈의 정의론을 원용한 국제정의관에 대체로 공감하면서 국제적 분배정의가 개인권을 통해 가장 잘 전개될 수 있으며 국가 간의 경계는 어떤 근본

---

4) Charles Jones, *Global Justice — Defending Cosmopolitanism*, Oxford University Press, 1999, p.1.
5) 위의 책, p.2.

적인 윤리적 지위도 갖지 않는다고 보는 데 동조한다. 나아가 지구촌 정의는 지리적 위치, 국적, 시민 자격에 상관없이 모든 이의 생존적 이해관심(vital interests)을 옹호하기 위해 다양한 적극적 대책을 요구한다는 생각이다.

일반적으로 분배적 정의는 사람들 간에 이득과 부담의 적절한 배분과 관련되며 정의로운 배분은 각자가 자신의 몫을 누리는 것이라 할 수 있다. 그러나 더욱 중요한 것은 각자의 몫이 실제로 무엇인가를 확인하는 문제이며 이것이 바로 정의론이 구체적으로 풀어야 할 실질적 문제이다. 일반적으로 각자의 몫은 각자가 권리로서(by right) 요구할 수 있는 바와 같다고 할 수 있다. 따라서 분배적 정의는 각자에게 권리를 올바르게 귀속시키는 것이라고도 할 수 있다. 킴리카(W. Kymlika)도 비슷한 문맥에서 정의의 의미는 사람들이 사회적으로 합당한 요구로 인정받을 수 있는 기반으로서 권한(entitlements)의 체계라고 말한다.[6]

그런데 이득과 부담의 이 같은 분배는 일정한 조건 아래서만이 관심의 대상이 된다. 이 같은 조건은 이른바 정의의 여건(circumstances of justice)으로 알려져 있는데 정의의 문제가 성립하고 정의가 덕목이 되게 하는 환경이라 할 수 있다.[7] 정의의 여건은 적절한 유형의 희소성(scarcity)과 그로부터 생겨나는 사람들 간의 갈등(conflict)을 포함한다. 또한 정의의 여건은 관련된 사람들의 적절한 이기심(self-interest)도 요구조건으로 포함한다. 이기심이 적절해야 할 이유는 그들 간의 갈등을 판정해 줄 분배정의의 원칙을 요구하는 자들은 단지 자신에게 최선의 것을 추구하는 자일 뿐만 아니라 타인에 대해서도 그것이 정당화될 수 있는 배분체계가 될 것을 지향해야 할 것이기 때문이다.

---

6) Will Kymlika, *Liberalism, Community, and Culture*, Oxford: Claresdon Press, 1989, p.234.
7) John Rawls, *A Theory of Justice*, Harvard University Press, 1971, pp.109-111 참조.

다음으로 우리는 정의가 요구하는 바가 무엇인가라는 물음에 이르게 된다. 이 문제는 최근 롤즈를 비롯하여 배리, 드워킨(Dworkin), 코헨(Cohen), 센(Sen) 등 여러 정의론자들의 중심적 관심사였으며 논의는 주로 분배적 정의에 있어 평등(equality)의 적절한 의미 즉 복지, 자원, 복지기회, 이득접근권 등에 대한 평등과 더불어 정의론에 있어서, 한편에서 행운과 운수, 다른 한편에서 선택과 책임이 갖는 적절한 역할을 중심으로 전개되었다. 그러나 우리의 현실적 관심사는 평등이나 불평등 그 자체보다도 빈곤(poverty)이라는 특수한 문제에 있으며 이는 국제적 정의문제를 평가하는 데 있어 가장 시급하고 절박한 문제라 생각된다.

끝으로 분배정의와 관련해서 권리의 주체와 의무의 주체문제가 제기된다. 권리주체의 범위와 관련해서는 호혜적(reciprocal) 협동체제의 참여자에게만 배타적으로 제한하자는 입장보다는 국적이나 시민권에 상관없이 모든 인간의 기본적 이해관심(vital interests)과 필요가 고려의 대상이 되어야 한다는 입장을 옹호하고자 한다. 또한 우리는 권리의 담지자뿐만 아니라 정의의 의무를 누구에게 배정해야 할 것이며 정의의 부담 중 어느 정도를 각 개인이나 집단이 감당해야 하는지의 문제도 고려해야 할 것이다.[8]

국제적 분배정의 문제와 관련하여 한 가지 더 추가적으로 논의하고자 하는 것은 이른바 실현 불가능성 반론(the incapacity objection)이다. 이러한 반론은 국제적 정의의 적실성을 부인하려는 시도에 있어 가장 지배적인 입장이다. 지구촌 분배정의의 문제는 그러한 분배를 현실화할 방책이 구현 가능하지 않을 경우 무의미한 것이 되고 말거나 단지 유토피아적인 것에 불과하게 된다. 당위(ought)는 가능(can)을 함축하며 현재의 여건 아래 가능하지가 않을 경우 당위를 말하는 것은 의

---

8) Charles Jones, 앞의 책, pp.5-6.

미 없는 일이 된다. 비록 지구촌의 가난과 빈곤이 애석한 일이긴 하나 구제할 지구촌적 제도체계가 전제되지 않는 한 이를 부정의라고 말하는 것은 무의미하다는 것이다.

이 같은 반론이 비중을 가진 시절도 있었다. 지난 인류역사를 돌이켜보면 지방마다 가치 있는 자원의 잉여물이 없었을 뿐 아니라 광역적 운송수단도 없었던 까닭에 정의가 지구촌의 지역 간에 자원의 재분배를 요구한다는 말은 무의미했다. 그러나 지구촌의 부의 분배에 영향을 주게 될 기술적 능력을 갖게 된 오늘 그 같은 분배의 도덕성에 대해 문제를 제기하는 것은 당연하다고 하겠다. 따라서 국제적 정의를 주장하는 일은 개인적이건 제도적이건 간에 자원에 대한 권리의 배분구조를 개혁할 수 있는 인간적 역량을 인정하는 데서 시작된다고 할 수 있다.[9]

지구촌 분배정의 구현의 프로젝트에 대한 또 한 가지 반론은 개인이나 국가들 간에 인생전망이나 부 및 자원의 불평등은 자연적(natural) 불평등일 뿐이라는 주장이다. 그러나 이 같은 주장의 그릇됨은 손쉽게 반증될 수 있다. 수백만 인류가 체험하고 있는 해묵은 가난은 자연적 사실이 아니며 높은 사망률 또한 불가피한 것이 아니다. 국제 간의 가파른 불평등은 경제적, 사회적 기본 구조의 보수성과 완고함에 기인한 것이다. 따라서 도처에 깔린 가난과 기아는 자연적 운명을 뒤바꿀 수 있는 경제적, 사회적 제도를 강화함으로써 치유될 수 있다. 현재의 곤경은 일부에 있어서 인간들이 창출한 사회구조의 산물로서 그 변혁이 실현 가능하고 바람직한 것인 한 그것은 우리의 의무가 아닐 수 없는 것이다.

---

9) Onora O'Neill, *Faces of Hunger — An Essay on Poverty, Justice and Development*, Allen & Uniwin, 1986, ch. 2.

2. 주권에서 인권으로, 생존권 중심의 분배정의

국제적 분배정의와 관련된 논의는 국제관계에 대한 더 넓은 규범적 이론의 일부이며 이러한 이론의 주요 관심사는 국제관계의 도덕적 차원과 관련된 것이라 할 수 있다. 더 넓은 이론적 전망이 정의와 관련된 논의 그 자체를 위해서도 중대한 까닭은 국제적 정의의 요구조건들에 대한 문제는 정의의 범위를 제약하는 이념들로서 국가, 주권, 국적, 애국주의, 상대주의의 옹호자들이 제시한 반론들과 대결하지 않고서는 만족스러운 해답을 발견하기가 어렵기 때문이다. 물론 구체적 정의개념에 대한 이 같은 도전적 입장도 정의가 더욱 제한된 공동체에 적용될 수 있음을 부인하지는 않는다. 결국 국가의 경계가 갖는 윤리적 지위 문제는 지구촌 정의론자들이 당면하게 될 기본적인 문제가 아닐 수 없는 것이다.

국경의 윤리적 지위문제에 접근하기 위한 최선의 길은 주요한 배경적인 윤리적 전망들을 대조적으로 살피는 일이다. 최근의 전통에 따를 경우 우리는 이 같은 주제에 대한 두 가지 일반적 접근방식으로서 사해동포적 세계주의(cosmopolitanism)와 공동체주의적 특수주의(communitarianism)를 생각해 볼 수 있다. 전자는 공리주의(utilitarianism), 권리이론(right theories) 그리고 신칸트주의(neo-Kantianism) 등으로 대변되고 후자는 애국주의(patriotism), 국가주의(nationalism), 신헤겔주의(neo-Hegelianism) 등으로 대표된다.

세계주의는 몇 가지 기본적 요소를 가진 도덕적 관점이다. 이러한 관점은 공평하고 보편적이며 개인주의적이고 평등주의적이라 할 수 있다. 이러한 관점의 기본적 아이디어는, 제도체제의 영향을 받는 모든 사람은 동등하게 배려되어야 한다는 점이다. 다시 말하면 개인(individuals)들은 도덕적 배려의 기본 단위로서 개인들의 이해관심은 공평한 관점에서 고려되어야 한다는 것이다. 도덕적 관점으로서 세계

주의는 자유주의(liberalism)와도 친화성이 있는 것으로서 사실상 그
것은 근세 이후 자유주의적 정치이론의 기저에 깔려 있는 윤리적 입장
으로 이해해도 좋을 것이다.

　공동체주의는 현대 정치철학에 있어 자유주의에 대한 비판적 입장들
과 관련된다. 공동체주의는 자유주의자들의 무연고적 자아(unen-
cumbered self), 개인과 공동체 간의 관계에 대한 자유주의적 이해,
나아가 정의의 원칙의 공동체적 기원에 대한 자유주의의 몰이해 등에
대해 비판적이다. 공동체주의는 윤리적 가치의 기원이 공동체라는 입
장을 취하며 이 점에서 개인을 공동체와 무관하게 도덕적 가치의 기원
으로 간주하는 세계주의와 구별된다. 공동체주의자들은 비록 개인들
에 가치를 부여할 경우에도 특정 개인들, 이를테면 이방인이나 이국인
보다 같은 동포나 동료시민들에게 윤리적 우선권을 부여하고자 한다.

　공동체주의자들도 공동체 내부의 정의(intra-communal justice)
가 갖는 중요성을 의문시하지는 않는다. 그들 역시 일련의 분배적 정
의원칙에 의해 기본 제도가 규율되는 사회가 좋은 사회임을 부인하지
않는다. 그러나 국제적 정의문제를 고려할 경우 공동체주의자들은 국
내적 정의를 옹호하는 논변이 그대로 국제적 정의문제에 적용된다는
입장을 거부한다. 여기에서 정의가 일차적으로 적용되는 공동체는 일
반적으로 민족-국가(nation-state)로 생각된다. 물론 공동체주의자
들 중 일부는 다시 국가로부터 민족을 구분, 민족 그 자체를 우선적으
로 고려하는 자들도 있다.

　근세 이후 한때 민족국가 혹은 국민국가를 중심으로 한 개별국가의
형성(nation building)이 시대적 과제로서 요청되기도 했다. 그러나
근래에 이르러 교통, 정보, 통신 기술의 발달로 인해 조성된 새로운 국
제여건은 국제관계의 규범적 담론에 있어 개별국가의 주권(national
sovereignty)으로부터 국적이나 시민자격과 무관한 개인들의 인권
(individual rights)으로 무게중심이 이행하는 추세를 보이고 있다.

여기서 우리는 국적, 주권, 인권, 생존권 등을 중심으로 한 찬반논변을 검토하는 가운데 인권 특히 생존권(subsistence right)을 중심으로 한 지구촌 분배정의관을 옹호하는 정당근거를 모색해 보고자 한다.

일반적으로 제기될 수 있는 질문으로서 국가(states)는 목적적 가치 (intrinsic value)를 갖는가 혹은 수단적 가치(instrumental value) 만을 갖는가의 문제를 생각해 보자. 이미 지적한 바와 같이 세계주의 자와 공동체주의자는 정치적 삶을 서로 대조적인 관점에서 접근하고 있다. 혹자는 세계주의적 관점에서 볼 때 국가의 역할은 본질적으로 도구적이며 국가는 조건부 충성 이상을 요구할 수 없다고 한다. 이에 비해서 공동체주의자는 국가가 본질적 가치를 지니며 무조건적 충성 의 대상으로 간주하는 듯이 보인다. 하지만 이 같은 단순한 대조도 도 움이 되지 않는 바는 아니나, 우리는 두 입장 간의 더욱 세련된 논점으 로 나아갈 필요가 있다.[10]

신중한 공동체주의자가 국가 간의 윤리에 대한 논의에 참여할 경우 국가는 그 자체가 본질적 가치의 대상이기는 하나 오직 '잠재적으로' 그러하다고 주장할 수 있다. 여기에서 강조점은 국가의 잠재적 (potential) 가치에 주어진다는 점에 주목할 필요가 있다. 현대에 있어 서 개인의 권리를 무시하고서 국가가 애국의 적절한 대상이 될 수 없다 는 점을 신중한 공동체주의자가 무시할 이유는 없을 것이다. 그뿐만 아니라 신중한 세계주의자 또한 우리의 지구촌 현실을 감안할 때 국가 나 국적이 정치적 삶에 있어서 갖는 비중을 전적으로 경시할 수 없다고 생각된다.

그러면 신중한 공동체주의자는 국가의 가치를 어떻게 이해하고 있는 가? 공동체주의자의 기본 입장에 따르면 가치는 공동체로부터 연유하 며 개인은 정치공동체의 성원이 됨으로써 삶의 의미를 발견하게 된다

---

10) Charles Jones, 앞의 책, p.206.

는 것이다. 여기에서 가치가 비록 공동체에 기인하는 것이긴 하나 그 것은 또한 결국에는 개인을 위한 가치라 할 수 있다. 공동체의 정치적 성원됨이 의미 있는 것은 그것이 개인 성원들의 삶에 맥락과 구조를 제 공하는 한에서이기 때문이다. 따라서 공동체는 그것이 개인의 삶에 기 여하는 바와 상관없이 그 자체로서 가치 있는 것이라고는 할 수 없다. 여기에서도 정치공동체는 결국 그 자체로서 가치를 갖는다기보다는 도구적 가치를 갖는 것으로 이해될 수 있다. 현대사회에 있어서 개인 들이 의미 있는 삶을 성취하기 위해서 국가공동체는 필요조건이라는 강한 의미에서 도구적 가치를 갖는 것이긴 하나 그렇다고 해서 그것이 본질적 가치를 갖는 것으로 볼 수는 없는 것이다.

주권(sovereignty)이 국내문제에 대해 외부의 간섭을 차단하기 위 해 필요한 것이 사실이기는 하나 주권은 또한 주권국가 자체가 원인이 되는 내부의 억압을 위장할 수 있음 또한 의심할 여지가 없는 것이다. 나아가 만일 정의가 개인의 곤경에 대한 배려를 요구한다면 다른 나라 나 외국자본 등 외세에 의해 부과된 학대 또한 결코 정당화될 수 없다. 외세에 의해 부과된 학대는 국내적으로 자행된 억압을 묵인할 수도 있 어 이 또한 이중의 위험성을 내포할 수도 있는 것이다. 여하튼 이 같은 경고를 염두에 둘 경우 국가의 주권이 윤리적으로 옹호할 만한 국제질 서의 중대한 요인이라는 신중한 공동체주의자들의 주장은 일견 타당 하게 된다.[11]

또한 신중한 공동체주의자는 비록 잠재적이긴 하나 현대국가 (modern state)는 이미 모든 성원들에게 정의와 자유를 보장할 수 있 으며 따라서 정의의 요구를 충족시키기 위한 목적으로 지구촌 공동체 를 내세울 필요가 없다고 생각한다. 그렇다고 해서 이 같은 입장이 현 행 국제질서를 보수적으로 수용하는 것을 의미하지는 않는다. 왜냐하

---

11) 위의 책, p.213.

면 그것은 현행 체제가 진정으로 윤리적인 공동체의 요구조건에 미치지 못하는 정도를 확인시킬 수도 있기 때문이다. 결국 중요한 것은 국가의 주권이 절대적으로 보호되어야 한다거나 국가의 주권이 전적으로 포기되어야 한다는 것이 아니라, 국가의 주권이 갖는 중요성은 견지되어야 하되 세계의 모든 성원들에게 정의와 자유를 제공하는 데 요구되는 여건 창출에 필수적인 경우 최선의 대안으로서 조건부 주권주의(qualified sovereigntism)를 수용할 수 있을 것이다.[12]

국가의 주권이 부분적으로 그 모든 시민들에게 보호를 제공하는 데 바탕을 두고 있으며 주권유지는 그런 보호의 지속 여부에 조건적으로 의존한다고 볼 수 있다. 이런 생각으로부터 국가가 보호에 실패할 경우(protection failure) 국가의 주권에 대한 요구는 국내적으로나 국제적으로 약화될 수밖에 없다. 여기에서 보호는 시민들의 생명과 중대한 이해관계(vital interests)의 보호로서 국가가 관여할 수 있는 가장 중대한 보호라 할 수 있으며 바로 이 점에서의 실패는 가장 중대한 유형의 보호실패요 주권에 대한 요구를 제한할 가장 강력한 이유가 된다. 물론 보호의 실패가 곧바로 외부간섭의 정당화를 수반하지는 않으며 이는 그 성원들이 새로운 국가를 세울 역량 여부에 의존한다.

공리주의의 비판적 극복을 명분으로 해서 오늘날 학문적, 비학문적 담론에 있어 가장 지배적인 형태의 세계주의는 권리론(right theory)적 접근이다. 월드론(J. Waldron)의 지적처럼 "지상의 어떤 나라도 권리침해를 범하고 있다는 비난에 대해 예민하지 않거나 당황하지 않는 경우는 없다. 인권이 갖는 정치적 중요성에 대해 이 같은 새로운 합의는 그대로 정치이론 속에 반영되고 있다."[13] 권리중심적 이론은 인간이

---

12) Chris Brown, *International Relations Theory: New Normative Approaches*, 1992 참조.
13) Jeremy Waldron, ed., *Theories of Rights*, Oxford University Press, 1984 참조.

소지하는 일련의 권리들에 대한 인정과 일관된 사회적, 정치적 체제를 요구한다. 권리들이 갖는 중심적 특성은 그 같은 체제와 관련된 논변에 있어서 권리를 무시하거나 유린하려는 자들에게 증명의 부담(burden of proof)을 안기기에 충분한 설득력을 갖는 역할을 수행한다는 점이다.

　인권과 관련된 담론에 있어 더 중요한 것은 지구촌 정치에 있어서 참여하는 성원들이 제기하게 될 가장 중대한 권리주장(right claims)을 의미 있게 하는 데 유용하고도 현실성 있는 기본적 인권을 옹호하는 일이다. 이와 관련해 우리가 주목하고자 하는 것은 일차적으로 생존권(right to subsistence)이며 신체적 안전과 자유에 대한 권리 또한 여기에서 제시된 틀을 통해서 정당화될 수 있다는 점이다. 인권중심적 접근방식이 갖는 세계주의적 특성은 국가의 경계가 인권과 대등한 수준의 도덕적 중요성을 갖는 경계가 아니라는 점이라고 할 수 있다.[14]

　권리를 통해 정의의 기본적 요구를 이해하려는 시도가 최근 정치이론에 있어 친숙한 것이긴 하나 그것은 종종 민족국가(nation state)에 의해 인정될 수 있는 권리에 국한되고 있다. 지구촌 정의는 이런 식으로 제한되어서는 안 될 것이다. 개인이 그들의 권리를 주장할 경우 국가가 일차적 의무 담지자일지 모르나 그러한 결론은 그 정당근거에 대한 평가를 기다려야 한다. 우리가 도덕적 관점을 취할 경우 권리 소지자는 특정 민족국가의 시민들에만 국한될 수가 없으며 우리는 그야말로 인간의 자격으로서의 인권(human right)을 고려하는 데 이르러야 한다. 인권은 언제나 이해관심(interests)을 통해 그 정당화를 요구하며 이 같은 이해관심은 각 개인이 타인과 더불어 공유하는 바라고 생각된다.

　개인들이 공유하는 이해관심은 무엇인가? 이 같은 이해관심에 대한

---

14) Charles Jones, 앞의 책, p.57.

가상현실적 해석은 개인의 복리(well-being)와 긴밀히 관련된다. 인간다운 삶을 위해 필요한 자원들에 대한 접근권을 갖는 것은 누구에게나 공통된 기본적 이해관심이다. 음식, 거처, 적절한 건강유지 없이 인간의 삶은 가능할 수가 없다. 이 같은 분석은 이러한 자원에 대한 권리를 옹호하는 논변의 형식을 함축한다. 생존(subsistence)은 최소한으로 적절한 삶에의 수단(the means to a minimally adequate existence)을 의미하는 것으로 간주될 수 있다. 그 이하로는 어떤 개인도 내려가서는 안 될 어떤 최소한의 복리수준이 있어야 함에도 아직도 그 아래에서 신음하고 있는 지구촌 거주민이 상당하다는 것은 분명 우리의 정의감에 반하는 일이다. 인간의 생존권은 음식, 주거, 의복, 최소한의 의료, 청정한 공기와 물 등 이 같은 최소한의 요구조건 등에 대한 인간의 권리라 할 수 있다.[15]

3. 잠정협정과 지구촌 정의구현을 위한 전략

왜 인간은 정의에 목말라하고 정의론에 깊은 관심을 갖는가? 평생동안 정의라는 단일 주제의 철학적 해명에 고심했던 『정의론』의 저자 롤즈는 이 물음과 관련해서 "우리는 기존 제도들에 있어 어떤 부정의도 제거할 자연적 의무(natural duty to remove any injustices)를 지니고 있음"을 강조하고 있다.[16] 결국 그의 정의론은 선진 서구사회에 있어 가장 고통스런 부정의를 확인할 방도를 제시하고 있는 셈이다. 그에 따르면 정치철학의 진정한 과제는 우리의 건전한 상식 속에 신념적으로 깃들어 있는 정의관을 발견하고 체계화함으로써 시민들의 정의감을 더욱 강화하고 사회제도의 개혁지점을 확인, 그 정당성을 더욱

---

15) 위의 책, p.59.
16) John Rawls, *A Theory of Justice*, p.246.

고양하는 일이라는 것이다.

후기에 이르러 롤즈는 그 같은 현실 사회적 과제(practical social task)가 지극히 중대한 이유를 더욱 체계적으로 논의하고 있다. 롤즈에 따르면 정치철학의 과제는 중첩적 합의(overlapping consensus)의 중심에 놓일 수 있고 그래서 기본적인 확신의 문제(assurance problem)를 항구적으로 해결할 수 있는 정치도덕의 핵심을 도출하는 일이다.[17] 이 같은 정치도덕의 핵심은 정치적으로 해결이 가장 시급한 문제 즉 가능한 제도적 대안들 중 하나를 선택하는 문제를 해결하는 지침이 된다. 제도적으로 구현되는 이같이 공유된 정치도덕은 다양한 사회집단에 대해 그들의 상이한 가치관과 생활양식을 지속적으로 보장해 줄 여유가 있음을 확신시킴으로써 기본 제도에 대해 각 집단의 도덕적 의무감을 강화하게 되어 제도의 안정성을 결과하는 것으로서 정치도덕에의 합의는 정의사회의 선결요건이라 할 만하다.

이 같은 제도개혁의 배경적 지침을 참조해서 현실의 부정의를 관찰할 경우 지구촌의 많은 성원들이 인간으로서의 권리주장 이전의 단계에서 신음하고 있음을 알 수 있다. 수많은 사람들이 기아와 영양실조로 죽어가고 있으며 집도 없이 헐벗은 몸으로 정처없이 떠돌고 있다. 롤즈가 제시한 정의의 원칙에 의해 기존하는 세계질서를 평가할 경우 지구촌 제도개혁에 대해 다양한 노력들이 경주될 수 있다. 지구촌 정의관의 구체적 내용을 검토하기 이전에 일차적으로 우리가 그런 정의관에 중첩적 합의를 성취해야 할 이유를 규명하는 것이 더 중요하다. 정치도덕의 핵심을 공유한다는 의미에서 정의로운 세계 공동체는 효율적인 세계정부와 다르다. 세계정부의 부재가 현행 지구촌 질서에 있어 중심 문제는 아니며 세계정부의 부재로 인해 세계평화와 지구촌 정의가 없는 것도 아니라는 점에 유의할 필요가 있다.

---

17) John Rawls, *Political Liberalism* 참조.

세계정부(world government)가 있어야 하는가의 전통적인 문제설정은 오래고도 역사적 영향력이 크기는 하나 오도된 설정방식이라 생각된다. 이런 오도의 전통적 형태는 절대적 통치권의 도그마에 대한 믿음에 바탕을 두며 무법한 자연상태의 극복을 위해서는 최종심급의 권위를 전제한다는 믿음에 기원하고 있다. 이 같은 발상법은 과거 200여 년 동안의 역사적 사실로 인해 퇴색되어 갔으며 법치사회는 최고의 절대적 권위 없이도 가능함이 입증되었다. 권력의 분립과 견제 및 균형은 절대적 통치권 없이도 입헌적 민주주의와 법치국가가 성립하며 시민사회의 평화가 가능함을 보여주었다.[18]

우리가 일단 통치권에 대한 전통적 개념을 버리고 세계정부에 대한 흑백논리를 포기할 경우 궁극적 통치권이 없더라도 세계정부의 몇 가지 중심 기구만으로 충분한 중도적 대안의 길이 열리게 된다. 예를 들어서 국제법의 판정기구로서 국제사법재판소나 그 시행기구로서 UN 안전보장이사회 등 최소한의 기구로서 만족할 수가 있는 것이다. 물론 이 같은 기존제도들이 제대로 성공을 거두고 있다고 보기는 어려우며 그들의 실패는 기존의 판정 및 집행기구의 취약성으로부터 부분적으로 설명될 수가 있을 것이다. 그러나 세계에 편재하는 폭력과 가난 등의 부정의가 과연 불충분한 세계정부로부터 결과한다는 설명은 합당한가?

각 정부들이 서로 상대방이 국제적 의무를 수행하리라는 확신(assurance)도 없이 자신만이 법을 위해 일방적 희생을 해야 한다는 데 대해 도덕적 책임감을 느낄 수 있을 것인가? 설사 정부들 간에 지구촌 질서를 위해 어떤 합의가 이루어진다 할지라도 각국은 현행 세력균형에 의거한 정보에 바탕을 두고 타산판단을 하게 될 것이며 타방에 대한 확신이 없는 상태에서 위험을 감수할 도덕적 이유가 없는 것이다.

---

18) Thomas W. Pogge, *Realizing Rawls*, Cornell University Press, 1989, p.216.

이로 인해 결국 잠정적 세력균형이 지배하게 될 것이며 국제문제에 있어 더 이상의 도덕적 진보는 기대할 수가 없는 것이다.

세력균형에 바탕한 잠정협정(modus vivendi)에 참여하는 당사자들은 일차적으로 그들 자신의 이해관계에 의해 동기화될 뿐 타인의 이해관계에 대해서는 별다른 관심을 기울일 이유가 없다. 그러나 각 당사자는 공유된 제도체제(규칙, 관행, 절차 기구 등)를 지지함으로써 상호간의 이해관심을 조정할 충분한 이유가 있으며 그것이 그들에게 최상의 이득이 된다는 타산판단에 이르게 된다. 표면상 잠정협정은 당사자들 간의 합의사항으로서 그들의 경쟁행위를 일정방식으로 제약하게 될 것이며 이런 체제는 그 지속적 참여가 각 당사자들에게 최상의 이득이 결과하게끔 기획될 것이다. 이러한 체제의 조건은 모든 당사자가 참여할 정당근거인바 타산적 평형(prudential equilibrium) 조건을 만족시킨다고 할 수 있을 것이다.[19]

그러나 이 같은 잠정협정은 당사자 자신의 이해관심, 일반적인 힘의 배분, 참여의 취약성, 기회비용 등 다양한 변수로 이루어지는 까닭에 타산적 평형을 만족시키는 조건은 이 같은 변수들에 의존하게 된다. 일정한 순간 합의가 성립할지라도 세력의 판도가 달라짐에 따라 잠정협정은 부단히 조정과 재조정의 과정을 거치게 된다. 여하튼 잠정협정이 갖는 최대의 강점은 그것이 작동할 경우 서로 불신하며 가치관을 공유하지 못한 당사자들 간에도 전면전을 방지해 줄 수 있다는 점이다. 서로 타방의 지속적 준수를 보장하기 위해 참여와 준수가 각 당사자에게 유리한 선택지가 되게끔 협정조항을 조정하게 될 것이며 이로써 잠정적 공존이 가능하게 될 것이다.

그러나 이 같은 강점은 전쟁방지책으로 효율적일지 모르나 정의와 평화의 성취를 위해서는 부적합하다 할 것이다. 우선 참여자의 세력,

---

19) 위의 책, pp.210-220.

이해관계, 상황변화 등으로 인해 잠정협정이 지속하기 위해서는 협정 조건의 조정이 부단히 지속될 수밖에 없으며 경우에 따라서는 전쟁 등의 파국으로 치달을 수도 있다. 나아가 이 같은 잠정협정의 관계는 그 참여자에게 장기적으로 고가의 부담과 무한한 위험을 안기게 된다. 정의와 평화 등의 가치가 아니라 타산과 흥정의 평형이 조정되는 가운데 비인간적 세계상황은 그대로 방치되고 있다. 지구촌 5분의 1의 거주민이 빈곤과 기아, 정신적 무력, 영양실조로 고통받고 있으며 엄청난 방어비 지출과 더불어 폭력과 살상은 잠정협정의 대가로서 치르고 있는 참상이 아닐 수 없는 것이다.

그렇다면 가변적 힘의 배분에 의한 정보에 바탕을 둔 잠정협정의 대안적 질서체계는 무엇인가? 우리는 잠정협정이 주는 불안하고 가변적인 안정성이 아니라 진정으로 공유하고 있는 일정한 가치에 기반한, 그래서 항구적인 안정성을 보증할 수 있는 제도체계를 추구할 수 있는 것인가? 나아가 단순한 수단이나 도구적 가치의 공유가 아니라 더 깊은 궁극적 가치의 공유 혹은 궁극적 가치의 서열에 대한 공유가 가능한가? 설사 우리가 가치관 전반에 대한 포괄적 합의(comprehensive consensus)에 이르지는 못할지라도, 정의, 자유, 평화, 평등 등 핵심 가치에 대한 중첩적 합의에라도 이를수 있다면 우리는 그러한 고정점으로부터 시작할 수 있을 것이다. 나아가 이같이 공유된 정의관은 지구촌 제도체계의 점진적 개혁을 평가하는 지침이 될 수 있을 것이다.

현행 국제질서가 세력균형 내지 잠정협정에 불과하며 그로부터 현실적으로 폭력과 부정의의 존재가 불가피하다면 우리는 이 같은 참상을 유발하지 않는 제도체계를 지구촌 규모로 구상해야 할 정치적 과제와 책임을 인수해야 할 것이다. 우리는 한편에서는 규제의 전적인 부재에서 오는 무한 전쟁 상태와 가변적 안정성이나마 보장하는 잠정협정 모형을 대비하면서 나아가 이 같은 체제가 공유된 가치관에 기반을 둔 세계질서(value-based world order) 확립에 전력투구해야 할 것이다.

핵심적 아이디어는 변화무쌍한 힘의 배분에 의거한 자유협상이 아니라 공유된 가치관에 대한 합의가, 그것이 구현된 국제제도의 구상, 해외정책의 수행에 중심적 역할을 하게 하는 일이다.[20]

우리가 구상하는 절차는 우선 협애한 것이라 할지라도 가치관에 대한 어떤 합의에서 출발하게 된다. 이 같은 합의는 일반적인 거래나 흥정을 넘어서며 주요 당사자들 간의 세력균형, 이해관계, 기회구조에 영향을 받지 않는 제도적 고정점을 확립하게 한다. 이 같은 변혁(transformation)을 위한 최우선 요구조건은 사회들이 서로의 지속적인 공존과 사회계약에 중심적인 가치들을 타산적으로가 아니라 도덕적으로(morally) 수용하는 일이다.

나아가 가치에 기반한 제도체계에 대한 전망은 다음 세 가지 조건에 의존한다. 첫째, 잠정협정을 넘어 당사자들이 진지하고 신뢰할 만한 공약을 할 수 있을 정도로 그들 모두의 이득과 부담을 공정하게 배분함으로써 상호 조정하는 체계가 있어야 한다(ought to be)는 확신을 모든 당사자들이 가져야 한다. 둘째, 당사자들은 공유된 정의관 혹은 상호간에 의미 있는 제도개혁의 출발점으로서 공유가치를 확인하고 이를 확대할 수 있어야 한다. 셋째, 당사자들은 가치 있는 목표를 위해서 그들 자신의 가치관도 어느 정도 수정할 수 있는 용의를 가져야 한다. 여기에서 더욱 중요한 문제는 당사자들 간에 더 광범위한 가치관의 다양성을 관용할 수 있는 제도체제를 수용할 방도를 모색하는 일이다.

가치에 기반한 제도적 고정점은 국제 간의 윤리적 대화(ethical dialogue)를 통해 더욱 발전적으로 전개될 수도 있다. 핵무기 전문가들이 무기통제에 대한 협정을 의논하듯 정치철학자들이나 국제법률가들이 공유된 가치영역을 확인하고 명문화하며 확대하는 임무를 수행할 수 있을 것이다. 이 같은 담론으로 인해 각국은 서로 타국의 포괄적

---

20) 위의 책, p.221 이하 참조.

인 가치관들을 더 잘 이해하게 될 것이며 나아가 이는 관용(tolerance)의 가치에 대한 합의를 확대하고 심화시키게 될 것이다. 나아가서 이같은 담론은 진정으로 쌍방이 중시하는 지구촌 제도개혁에 대한 합의와 제도체제의 평가 및 점진적 개혁에 지침이 될 정의관에 이르게 할 것이다.[21]

끝으로 지구촌 질서체계와 관련해서 한 가지 첨언하고자 하는 것은 근래에 주목할 만한 통치개념의 변화이다. 지난 10여 년은 지구촌이 인류공영의 문제를 해결하기 위한 글로벌 거버넌스(global governance)의 탐색기였다고 평가된다. 현실 사회주의의 붕괴와 냉전체제의 종식으로 지금까지 군사적, 정치적 이슈들에 의해 배경으로 밀려났던 인권, 빈곤, 주거, 여성, 환경 등 비정치적 이슈들이 세계인들이 공감하는 글로벌 의제(global agenda)로 부상하면서 이에 대한 해결책으로서 글로벌 거버넌스가 화두로 떠오르게 된 것이다. 시공간의 축약으로 국경의 구분을 약화시키는 정보혁명의 영향으로 크게 활성화된 무수한 시민사회 NGO들이 지구촌 문제 전반에 관심을 갖고 행동으로 참여하면서 글로벌 거버넌스의 동참자로서 위상을 높여가고 있다.[22]

1999년 필리핀에서 개최된 거버넌스 국제학술대회에서는 "정부의 변화된 역할과 정부가 기존 역할을 포기해야 한다는 변화된 환경이 정부 혹은 통치(government)라는 단어가 더 이상 충분하지 않게 된 추세는 거버넌스(governance) 개념을 보편적으로 이용되게끔 만든 요인"이라고 보고했다. 특히 거버넌스라는 개념이 더 크게 부각된 배경은 정부의 위기, 혹은 통치력(governability)의 위기에 있다고 할 수 있다. 정부의 위기 혹은 통치력의 위기란 구체적으로 정부의 중앙집권적 권위의 상실, 정부정책의 효율성 저하, 그리고 이에 따른 공공부문

---

21) 위의 책, p.235.
22) 주성수, 『글로벌 가버넌스와 NGO』, 아르케, 2000 참조.

과 사부문 간의 파트너십 네트워크의 중시 등을 지적할 수 있을 것이
다.

정보화와 세계화가 전개되면서 사회는 더욱 복잡 다양화되어 하위체
제들이 활성화되는 데 비해 이에 대한 정부의 통치나 규제의 역할에는
뚜렷한 한계가 드러나고 있다. 정부정책의 결과를 예측하기란 지극히
어렵고 또한 정책의 추진에 따른 부작용을 줄이는 것도 쉽지가 않다.
이 같은 정부의 무능에 비해 시민사회단체들은 정부가 해서는 안 될 일
혹은 정부가 행하지 못하는 일들을 해결하기 위해 시민들의 관심을 모
으고 이들의 힘을 동원, 문제를 풀어가는 가시적 성과를 거둠으로써
시민들로부터 또는 정부로부터 신뢰를 쌓아가고 있는 것이다. UN 또
한 세계화라는 밖으로부터의 압력과 더불어 지방화라는 아래로부터의
압력으로 인해 거버넌스의 선택은 불가피하다고 지적한 바 있다.[23]

글로벌 거버넌스란 글로벌 차원에서의 거버넌스를 의미한다. 글로
벌 차원이란 한 국가의 국경을 초월한 지구촌 공동관심사 혹은 문제영
역에서 무엇보다도 지구촌 절대다수의 국가들과 사람들의 동의를 구
해야 할 필요성을 강조하고 있다. 또한 글로벌 거버넌스는 지구촌의
문제나 과제의 해결을 위한 주체가 정부 혹은 UN 등 정부의 국제적 연
합체와 같은 전통적인 행위자들에만 국한되는 것이 아니라 새로운 초
국가적 글로벌 행위자들을 포함시키는 새로운 패러다임을 제시한다고
볼 수 있다.

---

23) 위의 책, p.128.

제2장 문화다원주의와 보편윤리의 양립 가능성
─ J. 롤즈의 정치적 자유주의를 중심으로

1. 문화의 다원성과 인간의 오류 가능성

다원주의에 대해서는 그것이 불가피한(inevitable) 동시에 바람직하다(desirable)는 주장으로부터, 그것은 유지될 수 없고(unsustainable) 치유될 수 있으리라는(remediable) 믿음에 이르기까지 다양한 견해가 제시된다. 다원주의에 대한 논의는 우선 그 출발점이 우리가 차이(differences)의 세계에 살고 있다는 인식과 인정에서 시작된다. 이러한 차이들은 도덕적 전망, 문화적 정체성, 삶의 양식들, 종교적 믿음, 그리고 철학의 양태에 이르기까지 다양하게 표출된다.

이 같은 차이와 관련된 단순한 사실들은 두드러지긴 하나, 철학자들의 주목과 관심을 끄는 것은 그러한 사실들의 적절한 인정으로부터 이끌어내어질 결론들의 문제이다. 철학자들에 있어 논란의 중심 주제가 되는 것은 이 같은 차이의 사실, 즉 다원성(plurality)이 단지 그것이 지속할 수밖에 없는 불가피한 현상이라는 점이 아니라 그것이 합당하다는 견해, 즉 다원주의(pluralism)를 수용할 수 있는가에 있다.

이를 두고 사태를 지나치게 과장할 일은 아니지만 다소간 단순화시키자면 철학자들은 두 가지 경향들로 갈라서 있다. 한편에서는, 철학적 논변의 목표가 합의된 단일한 하나의 해답에 수렴하는 일이라는 일원론적, 절대주의적 신념이 제시된다. 진리는 오직 하나이며 아마도 선 또한 그러하리라는 입장이다. 차이는 그러한 진과 선에 이르지 못한 실패의 상징이며, 누군가에 의해 어디엔가 과오가 범해지고 있다는 징표라는 것이다. 이 점을 받아들이지 않는다는 것은 진리와 도덕의 본성에 대한 이해와 상반되는 일이라 단정한다.

다른 한편에서는 철학적 겸손에 대한 요구로 인해 전혀 반대되는 입장이 제시되는데, 하나의 해답만이 옳다는 주장에 따르는 위험으로 인해 지적 겸양의 가치를 강조하는 다원론 내지는 소위 상대주의적 입장이 제시된다. 똑같이 진지하고 양심적인 추론을 할지라도 서로 상이한 결론에 이를 수 있다는 사실을 근거로 해서 차이가 명백한 과실이라는 가정은 용납하기 어렵다는 것이다. 의견의 불일치에 당면해서 각자 자신의 주장을 조정하고 수정하기를 거부함으로써 갈등과 불관용이 생겨날 수 있음은 절대적 일원론(monism)이 치러야 할 값비싼 대가임을 노정시키기에 충분한 것이다.[1]

이상의 두 성향은 끈질긴 것이어서 다원주의에 대한 논의가 어떤 수준에서 전개되든, 그 양자는 격돌하게 마련이다. 일원론에 동조하지 않는 자들은 다원주의를 상대주의(relativism)로부터 구분하기 위해 진력한다. 그들에 따르면, 단일한 하나의 올바른 해답에 합의할 수 없다고 해서 모든 해답이 똑같이 진리임을 의미하지는 않는다는 것이다. 이에 반해서, 다원주의에 동조하지 않는 자들은 다원주의자를 상대주

---

1) David Archard ed., *Philosophy and Pluralism*, Cambridge University Press, 1996, Introduction 참조.

의로부터 구분하는 일이 불가능하다는 확신 아래, 그 양자가 분명히 구분될 수 있다는 증명의 부담을 상대에게 강요하고자 한다. 합의에 이를 가능성이 없다는 점을 수용할 경우, 종국에 가서도 어떤 해답이건 똑같이 합당하다는 결론에 이를 수밖에 없다는 것이다.

그런데 우리가 여기에서 일원론이 옳은지 다원론이 옳은지 판정하고자 하는 것은 아니며, 또한 그것이 가능하지도 않다. 하지만 현상적으로 다원성은 피할 수 없는 사실임을 부인할 수 없으며, 그런 점에서 다원적 현상을 넘어 단일한 설명의 원리를 찾고자 하는 철학적 욕구 또한 강력한 것이긴 하나, 일원론과 다원론 중 전자에게 증명의 부담이 클 수밖에 없다는 점 또한 부인할 수가 없다.

나아가 19세기 이래 다양한 문화들 간의 접촉이나 충돌이 빈번하고 문화인류학 등 이 같은 현상을 연구하는 제반 사회과학의 귀결 또한 다원주의로의 추세를 강화하는 추동력이 되고 있다. 결국 다원주의의 문제는 두 가지로 요약될 수 있을 것인데, 그 하나는 왜(why) 다원주의가 옳은가이고, 다른 하나는 어떻게(how) 다원주의에 대응할 것인가이다. 전자가 설명의 문제라면 후자는 규범의 문제라 할 수 있는데, 양자는 또한 긴밀한 관련을 가지고 있다.

일원론이 옳으냐 다원론이 옳으냐의 문제를 존재론적으로 접근할 경우, 그에 대한 형이상학적이고 사변적인 입장을 입증할 부담은 상당할 것으로 생각된다. 일원론-다원론 간의 존재론적 문제를 개방적으로 유보한 채 우리가 이 문제를 인식론적 관점에서 접근할 경우, 그 문제에 대한 새로운 전망을 얻을 수 있을 것으로 보인다. 인간이성의 한계와 유한성을 전제할 경우, 다원주의의 현실을 받아들이면서도 굳이 우리가 상대주의로 전락할 필요가 없는 것이다. 이성이 지게 될 부담으로 인해 절대진리에 대한 가능성은 열어둔 채 지적인 겸손과 더불어 대화하는 자세를 수용하는 일이 요청된다.

포퍼(K. Popper)도 주장하고 있듯, 인간의 오류 가능성(fallibilism)

을 심각히 고려할 경우 상대주의를 물리치는 일은 지극히 중요할 뿐만 아니라, 그것은 비교적 간단한 일로 간주된다. 인간의 오류 가능성이란 우리가 모두 오류를 범할 수 있음을 의미하며, 따라서 우리에게 진리로 보이거나 도덕적으로 옳은 것으로 보이는 것도 그렇지 않을 수 있음을 의미한다. 그러나 동시에 이것은 진리의 존재나 도덕적으로 옳은 행위가 존재한다는 것을 전제하는 일과 양립 가능할 수가 있다.[2] 오류 가능주의는 진리와 선을 파악하기가 지극히 어려운 까닭에 우리는 언제나 자신의 오류를 인정할 수 있는 지적 겸양의 태도를 갖추어야 함을 인정한다.

나아가서 오류 가능주의는 우리가 진리와 선에 더 가까이 갈 수 있음을 의미한다. 우리는 진리에 대한 비판적 추구를 결코 중단해서는 안되며 타인들에게 귀를 기울여야 하고, 특히 우리와 상이한 견해를 가진 자들로부터 배우고자 노력해야 한다. 만일 우리가 진리에 더 가까이 가기를 진지하게 바라고 최선의 행위를 발견하고자 한다면, 바로 이런 이유로 해서 우리는 상대주의를 거부하지 않을 수 없을 것이다. 결국 오류 가능주의는 진리에 대한 인식론적(epistemological) 상대주의를 의미할 뿐 진리에 대한 존재론적(ontological) 상대주의를 함축할 필요는 없다는 것이다.

그런데 포퍼에 따르면, 상대주의를 극복하기 위해 우리는 "나도 그를 수 있으며 당신이 옳을 수도 있다"는 말을 넘어서 "내가 그르고 당신이 옳을 수도 있다. 그리고 합리적으로 대화함으로써 우리는 자신의 오류를 수정해 갈 수 있고, 둘이 모두 진리와 옳음에 더 접근해 갈 수 있다"고 말해야 한다는 것이다. 이같이 오류 가능주의, 혹은 인식적 상대주의로부터 관용과 대화의 근거를 발견하면서 포퍼는 이를 세 가지

---

2) K. Popper, "Toleration and Intellectual Responsibility", ed., S. M. Mendus, *Toleration*, Clarendon Press, 1987, p.5.

원칙으로 정식화한다.[3] 제1원칙은 내가 그르고 당신이 옳을 수 있다는 것이다. 제2원칙은 합리적으로 대화해 가면 우리가 범하는 오류의 일부를 시정할 수 있다는 것이다. 제3원칙은 합리적 대화가 이루어질 경우, 우리는 진리에 더욱 가까이 가게 된다는 것이다.

전통적으로 이름난 많은 철학자들이 진리에 대해서는 물론이고 훌륭한 삶에 대해서 일원론적 견해를 취해 왔다. 오직 하나의 진정한 신, 진정한 종교, 진정한 교회, 진정한 교설, 최고의 인식 능력과 방법, 정의로운 정치체제만이 있다는 것이다. 그런데 그 중에서도 특히 도덕적 일원론은 여러 가지 반론에 직면하게 되어 있다.[4]

첫째로, 그러한 일원론은 인간적 삶의 방식에 대한 최종적 진리를 발견했음을 함축하나, 이는 그 어떤 사람에 있어서도 현실성이 적으면서, 동시에 받아들이기 어려운 오만한 주장이 아닐 수 없는 것이다. 비록 그러한 최고의 삶의 방식이 신에 의해 계시되었다 할지라도 일단 인간에 의해 매개된 것인 이상, 그것은 불가피하게 해석, 번역, 실행의 과오를 면할 수가 없는 것이다. 그리고 다른 종교도 유사한 주장을 해오는 까닭에, 독단적이거나 순환적이지 않고서 우리 자신의 주장을 구체화하기가 어려운 것이다.

둘째로, 하나의 삶의 방식이 최선이며 최고의 가치를 대변한다는 견해는 논리적으로도 견지되기 어렵다. 인간의 능력은 적어도 세 가지 이유로 인해서 상충하거나 갈등하게 마련인데, 능력 그 자체의 특성상, 그리고 인간조건의 한계 때문에, 그리고 사회적 삶의 제약들로 인해 그러하다.

첫째 이유는 인간의 능력이 서로 상이하고 상충하는 기술, 태도, 성향을 요구하는 까닭에 그들 중 일부의 실현은 다른 일부의 실현을 어렵

---

3) 위의 책, pp.26-29.
4) Bhikhu Parekh, "Moral Philosophy and its Anti-pluralist Bias", *Philosophy and Pluralism*, pp.127-130의 논문을 원용하였다.

게 하기 때문이다. 두 번째 이유는, 인간의 정력과 자원은 불가피하게 한정된 것인 까닭에, 그 누구도 자신의 모든 능력을 개발할 수 없기 때문이다. 세 번째 이유는, 모든 사회질서는 특정 구조를 갖기에 일부 능력에 대해 적대적이기 때문이며 인간의 능력이 상충할 경우 이를 실현하기 위한 재화나 가치 또한 상충하게 마련인 것이다.

인간의 능력, 가치, 덕성, 이상이 서로 상충하는 까닭에, 어떤 삶의 방식도 인간적 잠재 가능성의 전 영역을 남김 없이 실현할 수는 없다. 각각의 삶의 양식은 부분적이고 선택적이며, 선에 대해 값지지만 한정된 전망을 대변할 뿐이다. 따라서 문화다원주의는 자유와 비판적 자기이해를 위한 인간적 탐색의 필수조건이라 할 수 있다. 그래서 이같이 개별인간은 인류가 가진 가능성의 부분적 구현이며 이들이 모여 온전한 인간이 된다는 점에서 마르크스도 인간을 유적 존재(Gatungwesen)라 이름했다.

인간은 그들 자신과 문화를 조망할 절대적 아르키메데스적 점을 소유하지는 못했으나 다양한 삶의 방식과 사고형식 속에서 여러 가지 작은 아르키메데스적 점을 통해 자신과 문화를 조망할 능력을 갖는다. 그들은 각각의 관점에서 타인들을 조망하고 그들의 유사성과 차이성을 이끌어낸다. 이 같은 자기 인식과 이해를 이용해서 인간이 가진 능력과 성취의 모든 영역을 속속들이 발굴해 낸다. 우리는 단지 우리의 선택지의 영역을 증대시키기 위해서 다른 문화에 접근하는 것이 아니라, 그것이 우리 자신의 고유성과 강점, 한계들을 더 잘 이해하게 하며 공감능력을 확대하고 자기인식을 깊게 해주며 타인들의 장점과 매력을 흡수하고 우리 것에 통합함으로써 우리의 삶의 방식을 더욱 풍요하게 하는 데 도움이 되기 때문이다.

셋째로, 도덕적 일원론은 차이를 일탈(deviations)로, 즉 도덕적 병리(pathology)의 표현으로 간주한다. 대부분의 철학자들마저 특정한 하나의 인생관을 내세우며, 이런 편향을 보이는 것은 놀랄 만한 일이 아닐 수 없다. 플라톤이나 아리스토텔레스마저 모든 비-그리스인들을 야만인으로 매도했으며, 아우구스티누스와 아퀴나스는 비-기독교도들을 무신론자로 분류, 열등한 존재로 간주했다. 심지어 자유주의자들마저 비-자유주의적 삶의 방식을 비합리적, 부족적, 몽매주의적인 것으로 폄하하며 마르크스주의자는 모든 종교적, 계급적 삶의 양식은 비인간적이고 파기할 만한 것으로 치부한다. 도덕적 일원론자들은 유아독존적이며 자기가 선호하는 삶의 양식 이외에는 어떤 것도 용납하지 못하는 까닭에 차이를 불편해 하고 불관용의 정신을 키운다. 서로 다른 삶의 방식에 부딪힐 경우, 그들은 이를 기피하거나 최소한의 접촉을 하며 평화적인, 혹은 폭력적인 방식으로 그것을 제거해 버리고자 한다.

넷째로, 도덕적 일원론은 여타의 삶의 방식을 상당한 정도로 오해하게 될 지속적 위험에 처하게 된다. 다른 삶의 방식에 대해 우선 편향된 시각을 갖는 까닭에 그것을 이해해 보고자 하는 욕구를 거의 갖지 못한다. 편향된 참조틀과 그로 인한 편향된 시각은 상대에 대한 왜곡으로 귀결되고 열등한 삶으로 평가하게 된다. 열등한 것인 까닭에 공감이나 이해를 위한 노력조차 할 가치가 없다고 생각하게 되며, 결국 편향과 오해의 순환에 빠지게 된다. 유리한 증거에만 주목하고 불리한 증언에는 등을 돌리게 되니, 결국 악순환의 고리가 종식될 기회가 없게 되는 것이다.

2. 다원주의 담론의 실천론적 전회

다문화주의(multiculturalism)의 현실에서 지구촌적 세계화(globalization)의 과제로 씨름하고 있는 현대에 있어서, 세계시민적 통합과 개별국가적 다원성 간의 조정문제는 심각하면서도 다급한 담론으로 부각되며, 이 점에 있어 다원주의에 대한 실천적이고 규범적인 문제가 더 우선적으로 제기되지 않을 수 없다. 이러한 관점에서 매카시(Thomas McCarthy)는 하버마스의 담론이론을 더욱 실용화(pragmatize)하는 노력을 경주하는 가운데, 가치다원주의가 이성적 합의의 이념에 대해 제기되는 장애물들을 겨냥하는 정치적 담론이론을 주장한다.[5]

이 같은 실용적, 화용론적 전회(pragmatic turn)는 그 부정적 함축으로서, 존재의 구조에 대한 전근대의 형이상학적 관심과 객관적 세계에 대한 주체의 접근 가능성에 대한 근대의 인식론적 정향으로부터 전환하고, 긍정적 함축으로서 다원주의에 대한 철학적 탐구의 불가피한 맥락이자 매체인 언어사용의 조건과 전제들을 향한 전환인 것이다.[6] 다원주의에 대한 실용적, 실천적 전회와 접근을 기도하는 것은 롤즈의 후기 사상에서 더욱 두드러진다.

롤즈(John Rawls)는 그의 후기 저서 『정치적 자유주의』에서 정치철학의 성격과 임무에 대해 매우 색다른 입장을 표명하고 있다. 공정으로서의 정의관은 더 이상 보편적인 도덕이론(universal moral theory)이 아니며 유독 현대적 문제를 다룬다는 점에서 실천적인 정치이론(practical political theory)이라는 것이다. 다시 말하면, "합당한 종교적, 철학적, 그리고 도덕적 교설에 있어 심각하게 이견을 보이는, 자유롭고 평등한 시민들로 이루어진 안정되고 정의로운 사회를 오랜 기간 유지하는 방도를 찾는 현대적 문제를 과제로 하는 정치이론"이라는 것이다.[7]

정치철학의 목적은 이제 더 이상 보편적 진리인 정의론이 아니라, 특정 사회나 일련의 사회들에 있어 문제해결책을 발견하는 실천적인 사

---

5) William Rehg and James Bohman, eds., *Pluralism and the Pragmatic Turn*, Introduction, p.5.

6) 위의 책, p.116.

7) John Rawls, *Political Liberalism*, Columbia University Press, 1993, p.xxv.

회적 과제를 수행하는 일이다. 그리고 우리의 경우, 이러한 사회는 입헌민주체제라 할 수 있으며 우리의 주된 문제는 다원주의라는 사실을 전제할 경우, 사회적 통합의 기반을 확립하는 일이 된다고 한다. 이때 다원주의의 사실이라 함은 현대사회가 서로 상이한 신조와 이념에 대한 다양한 입장들(롤즈는 이를 상이한 포괄적 가치관, 혹은 교설이라 부름)에 동조하는 사람들을 포함하고 있음을 의미한다. 롤즈는 이 같은 다원주의를 현대사회로부터 다소 제거하거나 피할 수 없는 것으로 간주한다. 따라서 목표는 시민들이 합리적이고 지식에 기반한 자발적인 정치적 합의의 기초로서 공유할 수 있는 이론을 추구하는 것이다.[8]

새로운 접근방식은 정치철학자가 합헌적 정치가의 에이전트가 되게 함으로써 이론과 실천의 갭을 연계하는 데 도움이 된다. 이 같은 역할에 있어 우리는 진리를 향한 어떤 형이상학적 열망도 포기하고, 그 대신 일정한 실천적 목표에 기여할 수 있는 이론을 전개하게 된다. 물론 이러한 이론은 정의의 이론이어야 할 것이고, 그런 관점에서 그것은 원칙에 기반한 도덕이론이지 단지 다원주의의 조건 아래 사회통합의 문제에 대한 실용적 해결책일 수는 없다. 하지만 그것은 또한 심오한 도덕적 진리를 특정 삶의 양식에 구현하기 위한 조건을 표현하는바, 절대진리를 대변하는 것일 필요는 없는 것이다.

철학자로서 만일 우리가 정치적 자유주의의 프로젝트에 참여하게 될 경우, 우리는 그 과제를 정의에 대한 참된 이론을 발견하는 전통적인 것으로서가 아니라, 우리 사회에서 정치적 정당화를 위한 적절한 전제들을 확인하고 그 의미와 결과를 이끌어내는 일에 한정해야 할 것이다. 이같이 정의에 대한 합의의 기반을 탐색함에 있어, 우리는 정의론에 대해서 우리 자신이 내세우고 철학적으로 선호하는 전제들만이 진리라고 고집하는 일을 삼가야 한다. 왜냐하면 그 같은 전제들 역시 종

---

8) 위의 책, p.9.

교적이고 도덕적인 입장에 못지않게 경쟁적인 입장들의 다원주의를 구성하는 일부이기 때문이다. 근본적인 가치관에 대한 철학적 불일치의 사실에 봉착할 경우, 우리는 정의에 대해 아직 합의되지 않은 전제들을 강요하는 일을 삼가는 가운데 철학 그 자체에도 관용의 원칙(principle of toleration)을 적용할 용의를 가져야 할 것이다.[9]

이같이 겸양의 태도를 받아들이고자 하는 용의는 우리가 정치적 자유주의의 과제에 참여할 수 있는 조건이라 할 수 있다. 그래서 우리는 우리 사회의 제도들과 관련된 합당한 정의의 원칙을 이끌어낼 수가 있는 것이다. 합의를 통해 정의에 이르고자 하는 목적을 전제할 경우, 그리고 가치에 대한 경쟁적 교설들의 존재를 전제할 경우, 우리는 현실적으로 경쟁적인 입장들 간의 도덕적 합의점이 얻어질 기반이 되는 이론을 전개하는 것으로 만족해야 한다. 우리는 민주사회의 공공적 정치문화에 있어 이같이 합의된 견해를 모색하고 있으며, 그로부터 일정한 합의점을 발견하게 된다. 즉, 시민으로서 우리는 자유롭고 평등하다는 점, 강제적인 사회질서 원리는 그것을 인정해야 할 모든 이에게 정당화되어야 한다는 점, 우리의 제도들은 이 같은 핵심적인 정치적 가치관을 반영해야 한다는 점 등이다.

롤즈의 정치적 자유주의 프로젝트를 이해하기 위해 가장 관건이 되는 것은 포괄적인 도덕교설(comprehensive moral doctrine)과 정치적 정의관(political conception of justice) 간의 구분이다. 롤즈에 따르면, 포괄적 견해는 인간의 삶과 관련된 가치관, 인간적 성품에 대한 이상, 그리고 우정을 위시해서 가족적, 사회적 인간관계의 이상 등을 포함한다. 중요 종교들이 그 사례들 중 하나이며 칸트나 밀의 자유주의를 포함한 철학적 도덕이론 역시 그 한 경우이다. 포괄적 교설은 시

---

9) Attracta Ingram, "Rawlsians, Pluralists and Cosmopolitans", ed., David Archard, *Philosophy and Pluralism*, p.148.

민사회의 배경적 문화, 즉 정치적 문화이기보다는 사회적 문화에 속한다.[10]

롤즈는 이 같은 포괄적 견해와 정치적 정의관을 세 가지 측면에서 대조한다. 우선 정치적 정의관은 특정한 대상, 즉 사회의 기본 구조 — 주요한 사회적, 경제적, 정치적 제도들 — 를 위해 제시되는 도덕적 입장이지 삶의 전반과 관련된 가치관은 아니다. 둘째, 정치적 정의관은 하나 이상의 포괄적 가치관에 의거해서 정당화되기는 하나, 그것은 이런 교설을 대변하거나 그것으로부터 도출된 것은 아니다.[11] 그 대신 그것은 그러한 정치관에 의해 규제되는 사회에서 지속하게 될 다양한 합리적인 포괄적 교설들에 의해 지지될 수 있고, 그것과 양립 가능한 본질적 구성 부분이며, 자립적 견해(free-standing)이고 일종의 모듈(module)이라고도 할 수 있다.

그리고 특히 세 번째 특징으로서 정치적 정의관의 내용은 민주사회의 공공문화 속에 함축된 것으로 보이는 일정한 기본 이념들에 의거해 표현될 수가 있다.[12] 여기에서 롤즈는 그가 관련된 사회에 있어 가치관의 다원주의에도 불구하고 광범위한 지지를 받고 있는 정치문화와 제도의 측면이 존재한다는 것이다. 이 같은 공통된 이념과 가치관이 체계화되어 하나의 정의론을 구성하게 된다. 그것은 포괄적 교설상의 차이에도 불구하고 시민들 간에 중첩적 합의의 초점을 이루게 된다. 이것이 동일한 정의관을 옹호할 수 있는 까닭은 그 원칙들이, 시민들에 의해 이미 수용되고 있는 가치관에 의해 구성된 것일 뿐만 아니라, 그것은 또한 그들 자신의 포괄적 교설에 근거를 두고 있는 것이기 때문이다. 정치적 정의관은 여러 상이한 철학적, 종교적, 도덕적 교설과 관련될 수 있으며, 서로 다른 여러 논변의 통로를 통해 이를 수가 있다. 어

---

10) John Rawls, *Political Liberalism*, p.13.
11) 위의 책, p.14.
12) 위의 책, p.12.

떤 통로를 거치느냐는 문제되지 않으며, 각 시민들은 자기 나름의 일정 통로를 이용할 수가 있다. 그러나 절대적으로 우월한 통로나 모두가 취해야 할 단일한 통로는 없는 것이다.

이론적으로는 정치적 정의관의 여러 형태들이 제시될 수 있을 것이다. 그러나 롤즈는 자신의 공정으로서의 정의관이 정의의 두 원칙으로 제시된 사회적 통합에 있어, 가장 합당한(reasonable) 기반이라 생각한다. 자유주의에 대한 포괄적 입장(밀, 칸트)보다 정치적 입장(롤즈)이 선호되는 이유는 무엇인가? 다원주의의 사실이 고전적인 포괄적 자유주의보다 정치적 자유주의를 선호하게 하는 이유가 분명하지 않을지는 모른다. 관용의 원칙을 자유주의자가 주창함으로써 유럽에 있어 종교전쟁을 영원히 종식시킨 기반을 제공한 셈이다. 또 한 가지 분명한 것은 롤즈의 프로젝트는 포괄적인 자유주의 교설이 제시해 온 공유된 정치적 이념이라는 문화적 자본을 전제하고 있다.

그렇다면 포괄적 자유주의를 포기해야 할 이유는 무엇인가? 그에 대한 해답은 아마도 롤즈가 염두에 두고 있는바, 자유주의의 자기이해의 전환과 관련된 것으로 생각된다. 이는 바로 진리성으로부터 합당성으로의 전환(shift from truth to reasonableness)이며, 나아가 이는 또한 현대 다원주의 사회에서 자유주의적 제도 옹호를 확대함으로써 신념적 자유주의자를 넘어 비자유주의적(non-liberal) 가치관을 갖는 시민들에게도 설득력을 확보할 필요에 의해 요청되는 것이다. 이는 그야말로 정치적 자유주의가 요구되는 실천적 이유라 할 수 있다.

그러나 이는 또한 강제적 사회질서는 그 치하에서 사는 시민들에 의해 옹호될 수 있어야 한다는, 이른바 정치적 정당화에 대한 이념을 공유하는 일단의 교설들의 하나로서 자유주의 자신의 자기이해로부터 도출된 것이다. 자유주의 내부에서도 다양한 견해로 갈리지만 비자유주의적(illiberal)이거나 자유주의와 무관한(non-liberal) 자들까지도 혼재하는 현대 다원주의 여건으로 인해 자유주의는 옹호 가능한 강제적 질서에 대한 그 자신의 요구를 반론의 여지가 있는 자신의 포괄적 교설에 호소해서는 충족할 수가 없는 것이다.[13]

특정한 포괄적 자유주의가 옳고 진리이며, 따라서 비자유주의적 세력을 물리치고 시민들의 견해를 적극 계도함으로써 구성적 문화 주형을 통해 자유주의 이념을 확산하는 일도 가능할 것이다. 그러나 어떤 포괄적 자유주의도 이런 방식으로 지탱될 수는 없는 것이다. 왜냐하면 그와 같은 사회적 형성은 문화적 정체성을 내밀하게 혹은 공개적으로 간섭하는 일로서, 이는 강제가 없고 투명한 공동체에 대한 자유주의 그 자체의 이념에 위배되는 것이기 때문이다. 만일 시민들이 자유주의 제도에서 자유로워야 한다면, 이는 그들이 그들 자신의 신념과 가치관에서 우러나서 이런 제도에 동참해야지 국가에 의해 조종되거나 강제되어서가 아니다. 따라서 다원주의가 전개 발전되는 곳에서는 어떤 포괄적 자유주의도, 그러한 입장에 반해서 행위하는 일부 시민이나 많은 시민들을 강제함이 없이는 국가의 기반으로서 역할을 할 수 없는 것이다.

정치적 자유주의는 다원주의의 사실, 즉 롤즈의 이른바 합당한 다원주의의 사실이 전제될 경우 자유주의적 제도의 옹호 가능성을 개선하고자 한다. 그것은 자유주의적 가치관의 역할을 제약하는 부분들을 정치적 영역에 맞추어 배제하고자 하며, 그럼으로써 사람들이 그들의 비공공적 삶에 있어서 내용상 아무리 비자유주의적일지라도 그들의 다양한 포괄적 입장을 자유로이 추구하게 하고자 한다. 그것이 내세우는 전략은 다양한 종교적, 철학적 입장들 간의 갈등 밖으로 정치를 끌어내고자 하며 단지 중첩적 합의에 의거, 즉 공공적 정치문화에 바탕을 둔 공유된 이념의 기본 자산을 이용해서 그것을 지지하고자 한다.

그런 방식을 통해 그것은 옹호 가능성에 대한 자유주의적 요구를 모

---

13) 위의 책, p.134.

든 이에게 고도로 만족시키는 것이 목표이다. 옹호 가능성의 요구는, 롤즈에 의거해서 정치적 입장이 중첩적 합의의 초점이 된다는 생각으로 표현된다. 다시 말하면, 그것은 매우 상이한 도덕적 입장을 내세우는 사람들에 의해 수용될 수 있는 것이다. 왜냐하면 비록 서로 다른 이유에서이긴 하나 그들은 또한 정치적 입장을 구성하는 근본 이념을 받아들일 것이기 때문이다. 롤즈에 따르면, 중첩적 합의 속에서 합당한 교설들이라면 각기 그 자체의 관점에서 정치적 입장에 동조할 것이라 한다. 사회통합은 바로 정치적 입장에 대한 합의에 기반을 둘 것이다.[14] 이 모든 점에 기본이 되는 것은 우리의 정치에 있어 진정으로 중요한 것은 합의에 기반한 사회통합(consensus-based social unity)이라는 자유주의적 주장이다.

정치적 자유주의(Political Liberalism)
– 중첩적 합의(overlapping consensus)에 의한

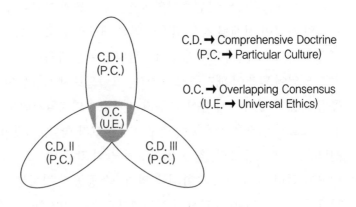

C.D. → Comprehensive Doctrine
(P.C. → Particular Culture)

O.C. → Overlapping Consensus
(U.E. → Universal Ethics)

C.D. I
(P.C.)

O.C.
(U.E.)

C.D. II
(P.C.)

C.D. III
(P.C.)

---

14) Attracta Ingram, 앞의 논문, p.151.

3. 보편윤리를 향한 중첩적 합의 절차

헌팅턴은 학술적 조망을 통하여 문명 간의 충돌(clash between civilizations)을 예견했지만, 현실적 갈등의 실천적 조정을 강구하는 UN은 문명 간의 대화(dialogue between civilizations)를 강조하고 UNESCO는 이의 연장선상에서 보편윤리(universal ethics)와 공동가치(common values)에 관한 포럼을 주선하였다. 보편윤리와 공동가치가 비록 접근방식에 있어 차이가 있기는 하나 양자는 모두 인류의 생존과 번영을 위한 새로운 도덕질서를 추구한다는 점에서 차이가 없다.

필자가 보기에 보편윤리나 공동가치에 대한 담론은 크게 세 가지 입장을 전제하는 듯이 보인다. 우선 그러한 담론은 지구촌 공동체를 건설하고자 하는 국제주의, 세계주의 내지 지구촌주의(globalism)를 지향하고 있다고 생각한다. 교통과 정보기술의 엄청난 발전을 통한 거대한 세계화의 물결은 이제 더 이상 우리가 과거의 인종주의, 민족주의, 국가주의(nationalism)와 같은 지역주의에 안주할 수 없는 상황으로 내몰고 있으며, 생태 및 환경 문제 또한 지구촌적 조망을 불가피하게 하고 있다.

보편윤리, 혹은 공동가치 담론은 문화다원주의를 전제하고 있으며, 나아가 이에 대한 이론적 접근보다는 실천적 전환을 요구한다고 판단된다. 각양의 인종, 종교, 문화 간의 차이와 다양성은 현실적으로 각종 갈등의 소지를 제공함으로써 국제사회는 불필요한 비용을 치르고 있다. 우리의 실천적 과제는 차이와 다원성이 불가피할 뿐만 아니라 상호 보완적인 바람직한 자원일 수 있다는 인식 아래 그 평화공존의 윤리와 가치를 모색해야 한다는 것이다.

끝으로 보편윤리와 공동가치의 담론은 윤리와 가치에 대한 최소주의(minimalism)를 겨냥한다는 점이다. 이는 외견상 '보편', 혹은 '공동'

이라는 말이 함축하는바, 야심적인 기획이기보다는 인류가 공존공영하기 위한 최소한의 윤리와 가치에 관한 필수적 공동헌장을 찾는 온건한 과제로서, 다양하고 상이한 문화들이 그 차이성과 다원성을 유지하면서도 공유할 수 있는 공동의 가치, 규범에 대한 중첩적 합의가 가능할 뿐만 아니라 절실히 요구됨을 의미한다. 따라서 그러한 윤리와 가치는 지구촌 정의와 만민의 개인권(individual rights)을 그 핵심으로 해서 구성될 것으로 예견되며, 이 같은 기본이 지켜지는 한에서 서로 간에 관용이 요청될 것으로 보인다.

롤즈의 만민법(law of peoples)은 국내적 형태의 정치적 자유주의의 국제적 적용, 혹은 세계화된(globalized) 형태이며, 이 점에서 우리는 우선 정치적 자유주의를 그 기본 이념의 일부, 특히 관용의 관점에서 논의할 필요가 있다. 『정치적 자유주의』에서 롤즈는, 자유주의적 민주사회가 당면하는 주요 도전 중 하나는 대부분의 현대사회에서 발견되는 도덕적, 종교적, 철학적으로 깊고도 조정 불가능한 갈등의 면전에서 합당한 안정성을 유지하는 문제라고 한다.[15] 물론 여기에서 이 같은 차이들을 권위주의적으로 억압하는 것은 합당한 대안이 아니다. 그러나 모든 영역의 사회에 대해 자유주의적 가치관을 국가가 강제하는 일 또한 합당하지 않은 까닭은, 모든 개인들이 자유주의의 가치관(이를테면 자율성 이념)을 그들의 삶 전반에 적용할 수 있는 것으로 수용하지 않기 때문이다.

일부 종교 공동체의 성원들은 우리가 종교에 바탕을 둔 인생관을 자율적으로 평가하고 개선한다는 생각은 가당치 않고 이해할 수 없는 것으로 여길 것이다. 따라서 그들이 이 같은 자율성의 이념을 수용해야 한다고 국가가 고집하는 것이 부당한 이유는, 그것이 그들로서는 합당하게 수용하기 어려운 가치이기 때문이다. 롤즈에 따르면, 우리 이성

---

15) John Rawls, *Political Liberalism* 참조.

의 능력과 판단의 능력을 일상적인 정치적 삶의 과정에서 올바르고 양심적으로 행사한다 할지라도 끼어들게 되는 여러 가지 위험과 한계, 즉 이성의 부담들(burden of reason)로 인해 우리는 철학적, 도덕적, 종교적인 포괄적 견해에 있어 합리적인 사람들 간에도 합당한 의견의 불일치(reasonable disagreements)를 예상하지 않을 수 없다는 것이다.[16] 이런 경우 국가가 이론의 여지가 있는, 즉 모든 이가 합당하게 수용할 것으로 요구할 수 없는 입장을 강제한다는 것은 지극히 부당한 처사가 아닐 수 없는 것이다.

다양한 포괄적 교설들과 이성이 갖는 부담들로 인해 합당한 안정성이 달성될 수 있는 길은 오직 자유주의 자체가 그 자신의, 합의되기 어려운 포괄적 교설(comprehensive liberalism)들로부터 분리되어 그 적용이 결과적으로 정치적 영역에 한정되는 일이다. 따라서, 예를 들어 자율성이라는 자유주의적 이념은 오직 시민으로서 개인에게만 적용될 수 있으며 그들의 공적인 권리와 의무에만 관련을 가질 뿐, 가정이나 교회, 혹은 여타의 문화적 단체와 같은 사적 조직에까지 적용되는 가치로 간주되지는 않을 것이다. 이 점에서 정치적 자유주의는 칸트나 밀이 주장한 포괄적 자유주의로부터 구분되며, 그것은 모든 이의 정치적 자율성을 주장하나 윤리적 자율성의 비중은 시민들이 그들의 포괄적 교설에 의해 결정되게끔 내맡기게 된다.[17]

바로 이같이 삶 전체와 관련되는 철학으로서의 자유주의(포괄적 자유주의)로부터 오직 정치적 삶과 관련되는 철학으로서의 자유주의로 이행하는 것이 정치적 자유주의의 프로젝트이다. 자유주의가 자유주의적 공적 문화를 배경으로 갖는 다원주의 사회에서 정치적인 것에 한

---

16) John Rawls, "The Domain of the Political and Overlapping Consensus", *The Idea of Democracy*, Cambridge University Press, 1993, pp.245-269 참조.
17) John Rawls, *Political Liberalism*, p.78.

정될 경우, 자유주의는 더 이상 이론의 여지가 있는 교설이 아니며 가장 포괄적인 견해들 간의 중첩적 합의(overlapping consensus)의 대상이 될 수가 있다. 이러한 중첩적 합의가 제대로 이루어질 경우, 자유주의는, 롤즈가 이른바 자유로운 입지(freestanding)를 성취하게 되고 이 점에서 그것을 지지하기 위해 어떤 특정한 포괄적인 철학적 기초에 의거하지 않고 중립적 근거에 기초하게 되며 사회에서 제시된 상이한 포괄적 교설들에 의해 똑같은 지지를 얻게 된다.[18]

물론 이상과 같이 현대의 다원주의적 민주사회에서 제시되는 모든 포괄적 교설들이 정치적 자유주의에 쉽사리 동조해 올 것으로 기대할 수 있는 것은 아니다. 어떤 포괄적 교설은 다른 포괄적 교설들에 대해 관용하지 않을 것이며, 또 다른 것은 자유주의적 시민으로서 그들 성원이 마땅히 누려야 할 공공적인 정치적인 권리(투표권, 결사권, 직업의 자유, 공공교육권 등)를 유린하고자 할 것이다. 이 같은 포괄적 교설들을 롤즈는 비합리적이고 부당한(unreasonable) 것으로 비판받아야 하고 자유주의 국가로부터 도전받게 된다고 한다. 정치적 자유주의가 기존하는 모든 포괄적 입장의 수용에 기반해야 한다면, 중첩적 합의는 자유주의 이념을 중심으로 한 진정한 합의라기보다 사회적 안정성을 위한 단순한 세력균형이나 잠정협정(modus vivendi)에 불과할 것이다. 롤즈에 따르면, 자유주의 원칙을 정치적 영역에 국한하는 것이 자유주의의 협상, 자유주의적 관용이 요구하는 바이며, 부당한 견해는 결코 관용의 영역에 속할 수 없는 것이다.[19]

이상과 같이 생각할 때 좀더 정확히 말하면, 중첩적 합의는 합당한 포괄적 견해 간의 합의, 즉 다른 견해에 관용을 베풀 수 있는 견해, 그리고 그들 성원들의 공공적인 정치적 시민권을 침해하지 않는 견해들

---

18) 위의 책, pp.144, 155.
19) 위의 책, p.253.

간의 합의이다. 그러나 중요한 것은 포괄적 견해가 내면적으로까지 자유주의적일 필요는 없으며, 합당성 조건을 충족시키기 위해서도 자유주의적일 필요는 없는 것이다.[20] 현재 자유주의 국가에 있어서 비자유주의적이면서도 합당한 포괄적 견해는 다수가 있다. 이를테면 교회나 가정과 관련된 견해를 들 수가 있다.[21] 더 중요한 것은 이들이 자유주의적 정치관과 올바른 근거 아래 양립 가능한지 여부에 달려 있다.

롤즈는 관용에 대한 정치적 자유주의의 이념을 국가들 간의 관계에까지 확장하고자 한다. 『만민법』의 서언은 이러한 확장 프로젝트를 요약적으로 말해 준다. "자유주의 사회에서 시민이 다른 개인의 포괄적인 종교적, 철학적, 도덕적 교설들을 존중해야 하듯(그것이 합당한 정치적 정의관에 부합되게 추구되는 한) 자유주의 사회들은 포괄적 교설들에 의해 조직된 다른 사회가, 그들의 정치적, 사회적 제도들이 그 사회로 하여금 합당한 만민법을 준수하게 하는 일정한 조건을 만족시키는 한 그 사회를 존중해야만 할 것이다."[22] 롤즈는 그의 전지구적 관용이 국내적 경우에서처럼 자유주의적 이념이 될 것을 원하고 있으며, 단지 지구적 다원성을 조정하기 위한 자유주의적 원칙의 흥정에 기반한 것이 아님을 분명히 하고 있다. 이는 진정한 중첩적 합의 추구가 아니라 협상적 세력균형의 추구에서 귀결되는 것이다. 합당한 만민법이 우선 추구되고, 그 다음 비자유주의적 체계가 자유로의 이 법에 동조하는지가 물어져야 한다.

롤즈에 따르면, 확장의 첫 번째 단계에서 자유주의 국가들의 대표자들은 지구촌적 정의의 원칙에 이르기 위해 지구촌적인 원초적 입장(original position)의 숙고과정에 참여하게 된다.[23] 국내적인 원초적

---

20) John Rawls, "The Domain of the Political and Overlapping Consensus", p.259.
21) John Rawls, *Political Liberalism*, 제2판 서문 xxxix 참조.
22) John Rawls, *The Law of Peoples*, Harvard University Press, 1999, pp.59–60.

입장에서와 같이 여기에서도 당사자들은 일정한 우연적 사실이나 도덕적으로 무관한 사실들에 대한 지식을 배제당하게 되는데, 그들은 영토나 인구의 규모, 그들이 대변하는 주민들의 기본적 이해관계가 갖는 상대적 강도를 모르며, 그들의 자연자원이나 경제적 발전의 수준을 모른다고 가정된다.

나중에 다시 언급하겠지만, 지구촌의 원초적 입장에 있어 가장 중대한 차이점은 이 경우에서는 개인이 아니라 국민이나 사회가 대변되는 바, 대변의 방도에 있어서이다. 원초적 입장의 당사자들이 개인들의 대표자였듯이, 이 경우의 당사자들은 국민들의 대변인들이다. 토머스 포그(Thomas Pogge)의 지적처럼, 지구촌의 원초적 입장에서 가상적으로 대변되는 것은 세계의 개인들이 아니라 각 사회들의 대리인들 (delegates)이다.[24] 이같이 자유롭고 평등한 가설적 상황에 있어 자유주의적 대리인들은 다음과 같은 원리에 합의할 것으로 롤즈는 생각한다.

그들이 합의하는 원칙들을 열거해 보면 만민들은 자유롭고 평등하며 그들의 자유는 다른 국민들에 의해 존중된다. 사람들은 평등하며, 그들 자신의 합의에 대한 당사자들이다. 사람들은 전쟁유발의 권리는 갖지 않지만 자기방어의 권리를 갖는다. 사람들은 불간섭의 의무를 지킨다. 사람들은 조약을 지키며 전쟁에 있어 정의를 준수한다. 사람들은 인권(human rights)을 존중하며, 또한 사람들은 불리한 경제적, 사회적 조건들로 인해 정의롭고 품위 있는 제도를 갖추지 못한 타인들에 대해 원조의 의무를 갖는다.

지구촌적 프로젝트의 두 번째 중대한 단계는 비자유주의적(illiberal) 국가들의 대표자들 역시 이 같은 원칙들에 자발적으로 동의하

---

23) John Rawls, *Political Liberalism*, pp.22-28.
24) Thomas Pogge, *Realizing Rawls*, Cornell University Press, 206n.

리라는 점이다. 물론 더 호전적인 국가나 그 주민들의 기본권마저 유린하는 전제적인 국가들(tyrannical states)의 대표자들은 이 같은 지구촌적 보편원칙을 수용하지 않을지 모른다. 그러나 롤즈에 따르면, 세력균형에 의거한 잠정협정을 이루기 위해 이 같은 무법적 체제(outlaw regimes)까지 수용해야 하는 것은 아니라는 것이다. 그는 이러한 체제라면 공적으로 비판되고 극단적 경우에 있어서는 억압되고 도전받아야 된다고 주장한다. 이 같은 불법적 체제와 같은 비-이상적 경우는 크게 이론의 여지가 있기 어려우나, 단지 질서정연한 계층적 사회나 품위를 갖춘 계층적 사회(decent hierarchical societies, 이하 DHSs라 약칭)와 같은 국가는 자유주의 국가가 관용을 베풀어야 한다고 말한다.[25]

DHSs는 다음과 같은 세 가지 조건을 충족시키는 사회라 할 수 있다.[26] 첫째로, 그 사회는 평화적이며 공동선적 정의관을 중심으로 조직되어 있으며 그들 자국민들에게는 합당한(legitimate) 것으로 생각되고, 또한 기본적 인권이 존중된다는 조건이다. 하지만 두 번째 조건은 DHSs가 자유주의 국가는 아님을 보여주고 있는데, 왜냐하면 자유주의 국가는 단지 공동선적 정의관만을 중심으로 조직될 수는 없기 때문이다. 나아가 DHSs의 세 번째 조건은 시민들의 기본권을 존중할 것으로 기대되기는 하나, 이러한 기본권은 언론자유권, 민주주의, 양심의 평등한 자유 등 핵심적인 자유주의적 권리를 내포하지는 않는다는 점이다.[27]

그러나 롤즈의 주장에 따르면, 이 같은 세 가지 조건과 더불어 DHSs

---

25) 질서정연한 계층적 국가(well-ordered hierarchical societies)는 초기 논문 "The Law of Peoples"에 사용되었으나 단행본 『만민법』에서는 품위 있는 계층적 국가 (decent hierarchical states)로 통칭됨.
26) John Rawls, "The Law of Peoples", 1993, pp.62, 68.
27) John Rawls, The Law of Peoples, pp.71-75.

가 평화를 추구한다는 조건은 그 대표자들 또한 자유주의의 대표자들이 합의한 지구촌적 원칙에 동조할 것을 보장하기에 충분하다는 것이다. 예를 들어서, 그들은 불간섭과 불가침의 원리를 존중하고 인간의 기본권을 존중할 것이며, 따라서 그들 사회의 특유한 정의관에 의해 규정된 각자의 권리 및 의무의 몫을 수용하리라고 확신한다는 것이다.

이같이 DHSs는 지구촌 원칙들을 준수하고 있는 까닭에, 그들은 상당한 지위를 갖춘 국가로서의 자격이 있으며, 따라서 자유주의 국가 편에서 이 같은 수준의 비자유주의적 사회를 무력으로 공격하거나 그들의 제도를 개혁하게끔 경제적 혹은 여타의 제재를 가할 정치적 정당근거가 없는 것이다.[28] 따라서 자유주의 사회가 이러한 국가를 국제정치적 포럼(UN, EU 등 다른 유사한 국제기구)에서 공개적으로 비판하는 것은 부당하다고 보며, 이에 대한 관용이 요구된다고 생각한다.[29] 나아가 롤즈는 합리적 의견의 불일치 가능성을 전제할 때 모든 질서정연한 사회가 국내적으로도 자유주의적이거나 모든 본질적인 자유주의적 개인권에 동조하리라고 기대하기는 어렵다는 것이다.

4. 정치적 자유주의와 아시아적 가치추구

문화적 다원성이라는 주제는 현대 자유주의 이론에 있어 중대한 주제들 중 하나이다. 다원성은 단지 관용해야 할 현대 자유민주주의의 사실에 불과한 것이 아니라, 자유주의적 관용이 결과한 보람된 산물이며 바람직한 조건이라 할 수 있다. 그 까닭은, 자유주의자들은 다원적 삶의 방식들이 훌륭한 인생관을 형성, 추구하게 하는 선택의 맥락(context)을 제공한다고 믿기 때문이다.[30] 나아가 자유주의자들에 있

---

28) John Rawls, "The Law of Peoples", p.81.
29) 위의 논문, p.89.

어 다원성은 특정 삶의 방식을 지지하는 자들에게 소중할 뿐만 아니라 성원이 아닌 자들에게도 선택의 대안과 가능성을 확대해 사회 전체를 풍요하게 한다고 생각한다.

그런데 롤즈는 비록 어떤 사회이건 희생과 나름의 비용을 치르게 마련이지만 정치적 자유주의는 상당 정도 비자유주의적인(illiberal) 견해도 유지하고 번성하는 것을 가능하게 한다고 생각한다.[31] 그에 따르면, 정의로운 자유주의적 사회는 다른 사회와 비교되지 않을 정도로 다양한 삶의 방식들에 대해 폭넓은 여지를 제공하는 허용적(per-missive) 사회라는 것이다. 정치적 자유주의는, 합당한 견해인 한에서, 비록 그것이 비자유주의적인 것일지라도 공격하거나 비판하지 않음으로써 비자유주의적 문화공동체까지도 국가의 간섭이나 차별로부터 자유로이 그들의 공동체 관행을 유지, 지속할 수 있다는 것이다.

물론 다양성에 대한 위협요인은 국가만이 아니며, 다양한 삶의 방식들은 국가로부터만이 아니라 그들 상호간에도 보호받아야 된다. 다원주의 사회에서 소수문화(minority culture)는 비록 그들이 비차별적 기본권을 누린다 할지라도 지배문화나 다수문화에 이행되거나 동화될 위협에 직면한다. 다수집단이 소수집단에 대해 누리는 사회적 이점을 전제할 경우, 소극적 국가 불간섭을 넘어 다양성을 보호하고 소수문화의 보호를 위해 국가개입이 요구될 수도 있다. 다시 말하면, 중요 기본권들이 동등하게 보호되고, 따라서 모든 집단이 공정한 사상 내지 문화시장에서 경쟁한다 할지라도 국가는 어떤 유형의 적극적 개입을 통해 다양성과 소수문화를 보호할 필요가 있다는 것이다.[32]

그런데 개인의 권리와 더불어 문화의 다원성을 보호하는 일 간의 긴

---

30) Will Kymlicka, *Liberalism, Community and Culture*, Oxford University Press, 1989, pp.165-166.
31) John Rawls, *Political Liberalism*, pp.197-198.

장관계를 다룸에 있어, 비자유주의적이고도 변화되기 어려운, 그러면서도 광범위하게 지지되고 있는 몇 가지 문화적 삶의 방식들이 현존하고 있다는 사실에 주목하게 된다. 이 같은 문화가 자유주의화될 경우, 상당한 수의 사람들에게 선택의 문화적 맥락을 파기하게 되는 경우를 고려해야 할 것이다.[33]

그 중 흔히 아시아적 가치관(Asian Values)으로 불리는, 문화적 근거에서 자유주의와 맞서는 동아시아 지도자들의 입장을 대표적 사례로서 고찰함으로써 보편윤리와 특수한 문화들 간의 양립 가능성을 검토해 보는 것도 유용할 것이라 생각된다.[34]

32) Kok-Chor Tan, *Toleration, Diversity and Global Justice*, The Pensylvania State University Press, 2000, p.70.
33) 위의 책, p.138 참조.
34) 이 책 pp.234-239 참조.

제3장 아시아적 가치의 지양
- 전근대와 근대의 변증법

1. 아시아적 가치의 드라마와 딜레마

아시아적 가치(Asian Values)라는 개념은 아시아 문화권이 간직하고 있는 독특한 가치체계를 말한다. 1960-70년대에 비약적인 경제성장을 이룩한 아시아 신흥공업국의 기적을 설명하기 위해 서구학자들은 아시아적 발전모델이라는 개념을 도입한다. 그러나 1990년대 말갑자기 불어닥친 아시아의 경제위기와 더불어 아시아적 발전모델의 유효성에 대한 회의가 일기 시작함에 따라 아시아적 가치가 담론의 초점으로 부상하게 되었다.

이승환은 "아시아적 가치라는 개념은 미국을 비롯한 서구가 자기 이외의 지역에 대한 정치·경제·문화적 지배를 합리화하기 위해 동원하는 형이상학적 수사이며 다른 한편으로는 개발독재국의 정치가들이 기득권을 고수하기 위해 동원하는 이데올로기적 장치"라고 규정하고 있다.[1] 물론 이 같은 규정이 다소 지나친 평가임을 감안한다 할지라도 이는 아시아적 가치의 실체적 진면목에 대한 우리의 의혹을 증폭시키기에 충분하다.

필자는 졸고 「도덕은 땅에 떨어졌는가 — 한국의 도덕현실에 대한 독해법」이란 논문에서 흔히 거론되고 있는 '한국병'이라는 명칭에 대해 시비를 걸고 그 진단과 처방을 다룬 적이 있다. 그 논문에서 필자는 "적어도 한국병이란 말이 성립하려면 그것이 한국이나 한국인에게만 특유한 병적 현상이어야 할 것이다. 그러나 한국병으로 거론되는 각종 증상들이 과연 우리에게만 고유한 것인가? 만일 그것이 인간이라면 누구나 보편적으로 공유하는 것이거나 우리와 같이 전통사회에서 현대사회로의 이행기에 있을 때 일반적으로 나타나는 현상일 경우 한국병이란 이름은 그 발상부터가 지극히 자조적인 뉘앙스를 갖는 것으로 생각된다"고 지적한 적이 있다.[2]

필자는 '아시아적 가치'라는 명칭에 대해서도 한국병과 동일한 시각이 성립될 수 있다고 생각한다. 적어도 아시아적 가치라는 말이 의미 있는 용어이기 위해서는 그 속에 내포되는 가치체계들이 아시아에만 특이하거나 고유한 가치들일 필요가 있다. 그렇지 않고 그 같은 가치관이 인간사회가 역사의 어느 시점, 특히 전근대에 일반적으로 공유하는 가치관이거나 아니면 어떤 사회이건 전근대에서 근대로의 전환기에 보이는 일반적 가치들이라면 그것을 굳이 아시아적 가치라 이름하는 것은 합당하지 않다는 생각이다. 이는 차라리 전근대적 가치 혹은 전환기적 가치관이라 부르는 것이 적합하리라고 본다.

이승환도 그의 「아시아적 가치의 담론학적 분석」에서 오늘날 아시아의 경제위기를 설명하기 위해 동원되는 정실주의, 연고주의, 가족주

---

1) 이승환, 「아시아적 가치의 담론학적 분석」, 1998. 7 사회와철학연구회 발표논문.
2) 황경식, 「도덕은 땅에 떨어졌는가」, 『시민공동체를 향하여 — 근대성, 그 한국사회적 함축』, 민음사, 1997.

의, 권위주의 등 아시아적 가치의 내용으로 제시되는 이러한 항목들은 사실 아시아에만 고유한 문화적 특성이 아니라 인류역사 어디에서나 발견되는 인간의 조건에 수반된 그림자라고 하였다. 이러한 부면가치(negative value)들은 정치경제의 변동과 무관하게 영속하는 문화적 특성이 아니라 사회변동의 후발성에 수반된 과도기적 현상일 따름이라는 것이다. 이러한 부면가치를 아시아만의 문화적 특성이라고 치부하는 일은 아시아 지역에 대한 경제적 지배를 정당화하기 위해서 만들어낸 화용론적 장치일 따름이라고 한다.[3]

아시아적 가치 속에 내포되는 가치, 태도, 관점, 덕목 등은 다소 무리가 따를지 모르나 대체로 전통사회 즉 전근대적 사회에 귀속될 수 있는 항목들로 판단된다. 그것들은 소위 서구의 근세적 가치들과 좋은 대비를 이루고 있다. 이는 긍정적인 관점에서건 부정적인 관점에서건 그러하다. 아시아적 가치는 개인주의나 자유주의이기보다는 집단주의나 공동체주의의 편이며, 보편주의나 세계주의이기보다는 특수주의, 연고주의, 지방주의의 편이며, 이익사회적(gesellschaftlich)이기보다는 공동사회적(gemeinschaftlich)인데, 특히 이 점은 인간관계가 추상적이기보다는 구체적이라는 점에서 그렇게 추정할 수 있을 것이다.

아시아적 가치를 중심축으로 좌측에는 개인을, 우측에는 세계를 두고 가치 스펙트럼을 구성해 보기로 하자. 아시아적 가치를 국가주의, 권위주의, 가족주의, 집단주의, 공동체주의 등으로 설정한다면 그 좌측에 개인주의, 자유주의, 민주주의 등과 하나의 대비관계를 이룰 것이다. 아시아적 가치를 국가주의, 특수주의, 연고주의로 설정한다면 그 우측에는 세계주의, 보편주의와 또 하나의 대비를 이루게 된다. 이렇게 해서 우리는 아시아적 가치와 관련된 쟁점을 개인주의와 공동체주의(이 논문 3절), 특수주의와 보편주의(4절) 간에 성립하는 두 가지

---

3) 이승환, 앞의 논문 참조.

대비로 정리할 수 있으며 사실상 이는 어느 쪽이거나 모두 아시아적 가치가 근대적 가치와 대비를 이루고 있음을 알게 된다.

이미 앞서 지적된 바와 같이, 1960년대 이후 아시아 여러 나라가 비록 정도의 차이가 있기는 하나 전반적으로 급속한 경제발전을 연출한 '아시아의 드라마'가 그 기적의 절정에 이르는 듯하더니 1990년대 후반 어느새 위기의 심연에 빠져들면서 '아시아의 딜레마'로 반전되고 있다. 그 결과 이른바 동아시아 모델과 관련하여 일각에서는 단호하게 그 사망이 선고되는가 하면 다른 일각에서는 조급하게 그 부활이 예고되기도 한다.

사회과학자들의 연구에 따르면 사실상 동아시아 모델의 존재 자체가 여전히 논란의 대상이다. 실제로 아시아에서 발전을 이룬 국가만 하더라도 국가의 위상이 극대화된 일본모델과 시장의 위상이 극대화된 홍콩모델의 양극 사이에 다양한 변형이 존재하고 있다. 동아시아 모델의 특징으로서 자주 지적되는 유교문화도 사실상 동북아에 국한된 것이며 흔히 거론되는 가족주의, 공동체주의와 같은 아시아적 가치도 이미 언급된 바와 같이 경제적, 사회적, 정치적 변동과 무관한 항구적 특수성이라기보다는 그러한 변동의 후발성에 기인한 과도적 특수성에 불과한 것이다.[4]

동일한 가치관도 역사적 맥락이나 배경적 조건에 따라 순기능을 할 수도 있고 역기능을 할 수도 있을 것으로 판단된다. 필자의 생각에는 전통적인 아시아적 가치관 특히 국가주의, 권위주의, 공동체주의, 가족주의 등은 근대화 내지 산업화에 있어서는 순기능적 받침돌이라 할 수 있으나 동일한 가치관이 현대화 내지 세계화에 있어서 역기능적 걸림돌이 되는 것은 지극히 당연한 이치가 아닐 수 없는 것이다. 따라서 동일한 아시아적 가치일지라도 역사적 맥락이나 배경적 여건에 따라

---

4) Theodore de Bary, *East Asian Civilizations*, Harvard University Press, 1988 참조.

드라마의 원인이 될 수도 있고 딜레마의 요인이 될 수도 있는 것이다.[5]

동아시아에서 'modernization'은 '근대화' 또는 '현대화'로 번역되고 있거니와 이러한 명칭 아래 전개된 지극히 장기적, 복합적, 다원적인 서구의 역사적 경험을 고려하여 두 단계로 나눔으로써 근대화, 현대화로 구분하는 것은 그 자체로서도 의미가 있을 뿐만 아니라 아시아적 모델의 드라마와 딜레마를 설명할 경우에도 지극히 편리한 개념구분이라 생각된다.

동아시아의 근대화 프로젝트는 냉전시대의 전략적 고려에 따른 미국의 집중적 군사원조 및 경제원조라는 국제적 조건, 탈식민화에 따라 확산되는 민족주의와 국가형성에 따라 강화되는 관료기구라는 정치적 조건, 전통적 농업사회의 종속적 식민경제를 근대적 산업사회의 자립적 국민경제로 재편하기 위한 경제개발의 초기단계라는 경제적 조건 등을 반영한다.

따라서 동아시아 각국은 일반적으로 권위주의적 강성국가의 우선적 자원배분을 통한 외연적, 양적 성장을 추구하며 그 과정에서 국제적으로 외국자본의 자유이동이 일정하게 자제된 전략지역, 경제적으로 강력한 국가와 허약한 시장, 정치적으로 강력한 국가와 허약한 사회 등 일정한 지역적 특수성을 드러낸다. 그러나 근대화의 눈부신 성과는 국제적, 정치적, 경제적 조건의 변화에 따라 다시 현대화의 새로운 역사적 과제를 제기하게 된다.

동아시아의 현대화 프로젝트는 냉전체제의 해체와 사회주의의 붕괴 이후 세계체제의 급속한 통합에 따른 외국자본의 자유이동이라는 국제적 조건, 경제발전에 따라 확산되는 국제주의와 사회변동에 따라 약화되는 관료기구라는 정치적 조건, 국민경제의 세계경제로의 통합이라는 경제적 조건 등에 대한 주체적 대응을 요구한다.

---

5) 「유교와 21세기 한국」(특집), 『전통과 현대』(계간), 1997 여름호 참조.

따라서 동아시아적 산업혁명을 주도한 권위주의적 강성국가는 국제적으로 외국자본의 무한경쟁에 노출되고 정치적으로 강화되는 사회세력의 도전에 직면하며 경제적으로 시장경쟁을 통한 내포적, 질적 성장으로의 전환이라는 과제에 당면한다. 그러나 개방적, 다원적, 참여적 정치기구를 요구하는 새로운 역사적 조건은 권위주의에 대한 심각한 도전이며 궁극적으로 민주주의로의 이행을 불가피하게 하는 것이다.[6]

이상에서 살핀 바와 같이 국제적, 정치적, 경제적 맥락에서 볼 때 아시아적 가치는 근대화 프로젝트에 있어 드라마의 요인이 될 수 있었음은 물론 그것이 수행한 역사적 소임이 끝났을 때 동일한 아시아적 가치도 현대화의 프로젝트에 있어서는 딜레마의 원인이 될 수 있다는 설명은 나름의 설득력을 갖는다고 생각된다. 아시아적 가치는 근대화의 받침돌이었지만 현대화의 걸림돌이 되고 있는 것이다.

2. 자유주의와 아시아적 가치의 갈등

일부 아시아적 가치관을 내세우는 자들은 언론, 결사의 자유, 남녀평등, 의견을 달리할 수 있는 평등권 등 자유주의 이념이 유교적 문화전통(confucian tradition)에 낯설고 적대적이라고 주장한다.[7] 나아가 이들 나라의 최근 경제적 성공은 유교적 가치관의 결과이며, 따라서 더더욱 그러한 가치관을 보존할 명분과 이유가 있다는 것이다. 이러한 입장의 한 옹호자에 따르면, 아시아적 가치관의 주장자들은 사회에 대한 개인의 책임, 가족의 역할, 법과 질서의 유지 등과 같은 문제를 중시한다. 그러나 자유주의자들은 개인주의적 가치관을 강조함으로써 그 같

---

6) 위의 논문 참조.

7) Samuel P. Huntington, *The Clash of Civilization and the Remaking of World Order*, Simon and Schuster, 1996, pp.107–109.

은 문제들을 배경으로 소외시킨 까닭에, 이 같은 입장이 아시아적 맥락에서는 적용하거나 수용하기가 어려운 정치도덕이라는 것이다.[8]

그러나 보편윤리로서 개인권의 보호를 기반으로 하는 자유주의의 이념과 아시아적 가치에 기반한 유교주의적 이념 간의 이 같은 대립과 갈등은 그 각 이념의 주장자들이 상대방의 입장을 공정하게 이해하고 평가하지 못한 점에 기인한다고 생각한다. 신중한 유교주의 주장자라면 개인의 권익보호에 냉담할 수는 없을 것이며, 동시에 신중한 자유주의 사상가 또한 결코 유교주의가 내세우는 아시아적 가치의 잠재적 함축을 경시할 수 없을 것으로 보인다. 보편윤리와 아시아적 가치 간의 양립 가능성을 모색하는 관점에서 양자 간의 상호 조정점을 검색해 보고자 한다.

우선 자유주의를 이상과 같이 문화적 근거에서 배제하는 것은 좀더 자세한 검토가 요구된다. 아시아적 가치관이 자유주의와의 양립 불가능함을 주장하는 것은 자유주의 도덕에 대한 심각한 오해에 바탕을 두고 있는 것으로 판단되기 때문이다. 아시아적 가치관을 옹호하는 자들의 자유주의 비판은 개인의 책임, 가족, 법과 질서가 자유주의에 있어서 역시 중대한 관심사라는 사실을 망각하고 있다. 예를 들어서, 개인권을 중시하는 자유주의적 입장은 타인들이 그러한 권리에 대응하는 일정한 책임을 갖는다는 것을 전제할 경우에만 의미가 있다.[9]

나아가서 주지하다시피 자유주의자들이 개인적 자유를 옹호하는 것은 개인의 선택이 의미있게 되고 가치를 갖게 되는 사회적 맥락을 인정한다는 점을 함축한다. 따라서 자유주의적 가치관과 개인적 권리만을 지나치게 강조하고 사회적 가치를 무시하는 입장이 심각한 문제에 봉

---

8) Kok-Chor Tan, *Toleration, DIversity and Global Justice*, The Pensylvania State University Press, 2000, p.139.
9) 위의 책, p.140.

착한다는 아시아적 가치의 주장자들은 기껏해야 유명무실한 자유주의를 염두에 두고 있는 셈이다. 이는 명목만 자유주의일 뿐 실질에 있어서는 제대로 자유주의적 요구를 실행하지 못하는 사회에 대한 비판이지 자유주의 이론이나 이념 자체에 대한 비판으로 보기 어렵다고 생각된다.

아시아적 가치를 내세우는 자들의 비판 아래 일반적으로 깔려 있는 기본적 과오는 자유주의적 개인주의와 상식적으로 이기심이나 이기주의로 이해되는 자기중심주의(egotism)와의 혼동에 있는 것으로 판단된다.[10] 이같이 오해될 경우, 자유주의는 사회에 있어 타인들의 이해관계에는 냉담하고 자신의 협애한 자기이익만 우선시하는 매력 없는 이념에 지나지 않는다. 이같이 이기주의적 인간성, 혹은 그러한 것을 조장하는 인간관에 기초한 정치도덕은 집단적 목표나 책임을 중시하는 사회에는 말할 것도 없고, 다른 어떤 사회에서도 바람직하다고 볼 수 없는 이념이라 할 것이다.

그러나 자유주의의 이념으로서 개인주의는 개인적 포부에 대한 전혀 다른 이해에 바탕을 두고 있다. 자유주의적 개인주의는 우선 개인이 도덕적 관심의 궁극적 단위(집단이나 사회 등 어떤 추상적 실재와는 달리)라고 생각하며, 나아가 또한 개인이 삶에 있어 지향하는 그들의 목적을 사회적 관점에서 평가하고 개선할 수 있는 등 고차적 관심을 가진 존재임을 주장한다.[11] 이런 식으로 개인을 바라보는 것은 이기심과 자기중심성, 원자적 개인주의, 타자에 대한 무책임, 목표 없는 방임적 삶 등과는 무관하다고 생각된다.

물론 이같이 자유주의적 개인주의를 자기중심주의로 오해하는 것은 부분적으로는 일부 자유주의자들이 자유주의 프로젝트를 이해하는 방

---

10) 위의 책, p.140.
11) 위의 책, p.140.

식에 의해 조장된 것일 수가 있다. 이들의 자유주의관은 상호 이익 체제로서 사회에 대한 홉스적 이해에 기인하며, 자신의 장기적 이득을 극대화하려는 이기적이고 합리적인 경쟁적 개인들 사이에 성립하는 세력균형적 잠정협정(modus vivendi)을 이끌어내는 것으로 본다.[12] 비록 오늘날 이런 식의 자유주의관을 내세우는 자는 거의 없긴 하지만, 자유주의 프로젝트는 자주 홉스적 견해와 그릇된 연관이 이루어짐으로써 자유주의에 대한 오도된 비판을 추동해 왔다.

자유주의는 개인을 도덕적 관심의 궁극적 단위로 간주함으로써 개인의 권익을 우선적으로 보호하고자 하며, 또한 근래에 이르러 개인의 자유에 대한 관심이 결국 개인 간의 평등도 중요시하게 한다는, 자유주의적 평등이념에도 주목하게 된 일종의 도덕이론이다. 이에 비해 비자유주의적 사회는 개인을 다른 방식으로 이해하는 까닭에, 때로는 공동체를 위해 개인의 권리를 기꺼이 희생할 것을 강요하기도 한다. 이같은 입장은 사회나 공동체가 그것을 구성하는 개인들과 상관없이 어떤 도덕적 가치를 가질 권리를 지닌다는 것을 암시하는 것일 수 있으며, 그럴 경우 집단의 존재론적 지위에 대해 이 같은 형이상학적, 사변적 주장을 입증할 상당한 부담을 지게 되는 것이다.

여기에서 아시아 사회들이 오랜 식민주의적 지배를 통해 개인주의적 도덕관을 강요당해 왔을 뿐 유교적 세계관에는 낯선 것이라는 입장을 검토해 보기로 하자. 근래에 이르러 많은 학자들이 주장하기를, 흔히 유교와 연관되어 온 본질적 반-개인주의는 그릇된 이해이며, 기껏해야 전통에 대한 일방적 오해에 불과함을 지적한다. 그들은 말하기를, 개인의 권리와 자유는 비록 소박한 형태이긴 하나 유교사상에 이미 잠재되어 있다는 것이다. 줄리아 칭(Julia Ching)에 따르면, "개인주의, 자유와 민주주의는 이미 고대 중국에 잉태되고 있었던 것이다. 인간의

---

12) 위의 책, p.141.

완성 가능성(perfectibility)에 대한 믿음은 유교철학의 초석으로서, 비록 그것이 권리로서의 자유개념은 아닐지라도 넓은 의미에서 인간의 자유에 대한 신뢰를 함축하는 것"으로 보고 있다.[13]

여기에서 우리의 논점은 유교에 대한 이 같은 자유주의적 해석이 결정적인 것이라기보다는 전통(특히 그 개인주의적 이념의 수용 가능성)과 상충하는 해석의 여지를 지니는 것으로서, 이는 어떤 하나의 해석을 무비판적으로 받아들이기 전에, 그래서 한 특정 해석이 다른 해석의 여지를 봉쇄하기 전에 신중하게 숙고할 필요를 암시하고 있다는 점이다. 사실상 특정한 하나의 해석을 선정, 다른 해석에 우선적으로 강요하는 이유를 묻는 일은 응분의 가치를 갖는 일이라 생각된다. 이를 통해 비판적 평가자들은 아시아적 가치에 대한 억압적 해석이 전통문화 자체의 대중적 표현이기보다는 지극히 정치적인 구성물(political construction)이 아닌가 의구심을 갖게 된다.[14]

만일 아시아적 가치가 인간의 권리나 시민적, 정치적 권리를 거부하는 데 이용되고 있다면, 이 같은 거부는 문화적 가치관의 반영이라기보다는 특정한 정치철학의 선별적 관행을 반영하고 있다 할 것이다. 사회에서 세력화되어 있는 일련의 가치체제를 진정 문화적 가치로 인정하기 어려운 까닭은 일반인들이 그러한 가치관을 수용하거나 거부하는 목소리조차 낼 수 있는 통로가 없기 때문이다. 만일 정치적으로 강요된 문화적 입장이 공동체에 내재하는 반론들을 억압하고 있다면, 그것이 공동체의 문화를 대변하고 있다는 주장은 어불성설이 되고 말 것이다.

그래서 마포딩(Annette Marfording)은 경고하기를, 일반적인 측

---

13) Julia Ching, "Human Rights: A Valid Chinese Concept", eds., W. T. de Bary and Tu Weiming, *Confucianism and Human Rights*, Columbia University Press, 1997, pp.73–74.
14) Kok-Chor Tan, 앞의 책, p.143.

면에서 문화적 상대주의(cultural relativism)를 주장하는 것은 문화적 가치를 규정하고, 그러한 가치를 국민들에게 강제함에 있어 정치적, 사회적 권력구조가 수행하는 지배적 역할을 고려하지 못하게 한다는 것이다. 그녀에 따르면, 문화적 상대주의는 정치적, 사회적 권력구조가 인위적으로 문화를 구성할 경우, 타당한 명제가 될 수 없다는 것이다. 문화적 가치가 국민들에 의해 자유롭게 규정되지 않고 권력구조에 의해 정해지는 것이라면, 문화적 상대주의는 문화 자체보다는 문화적 이데올로기(cultural ideology)를 신뢰하게 하며, 그럼으로써 국가의 억압에 길을 열어주게 된다는 것이다.[15] 따라서 문화에 민감한 자유주의자들은 모든 문화적 주장을 액면가 그대로 수용해서는 안 되며, 그러한 것이 진정 문화적 기초를 갖는 주장인지, 아니면 이데올로기적으로 정치적으로 구성된 것인지를 확인해야 한다는 것이다.

따라서 억압적인 사회일 경우, 문화적 입장으로 제안된 것이 진정 그러한 것인지, 아니면 지배계급에 의해 부과된 것인지는 의문의 여지가 있다. 다수의 국민들이 그들 자신의 문화적 정체성을 형성하고 보존하는 일에 다양한 방식으로 참여하지 못하는 상황에 있을 때 우리는 어떻게 응수해야 하는가? 분명한 것은 그들 문화가 본질적으로 비자유주의적 성격을 갖는다고 고집하는 자들은 이 같은 주장이 선별된 소수자에 의해 주창되고 강요되는 주장이 아니라 진정 문화적 기반을 갖는지를 보여줘야 할 입증책임(burden of proof)을 지게 된다는 점이다.

3. 권리: 개인권에 바탕한 시민공동체

흔히 우리는 서구의 개인주의를 비판적인 시각에서 평가한다. 그럴 경우 우리가 취하고 있는 비판적 시각은 비개인주의적, 좀더 정확히

---

15) 위의 책에서 재인용.

말하면 공동체주의적인 어떤 것으로 추정할 수 있을 것이다. 이러한 비판이 나름의 타당성을 갖는 것임은 이론의 여지가 없다. 그러나 더 심층적으로 접근해 갈 경우 비판되고 있는 개인주의뿐만 아니라 비판하고 있는 공동체주의 역시 역비판으로부터 면제되기 어렵다는 것도 사실이다.

사실상 어떤 입장이나 주의, 주장도 그것이 대두된 역사적 맥락 속에서 평가될 때 그 실질적 장점이 부각될 수 있다. 개인주의도 공동체주의도 어느 하나만으로 인간의 사회적 관계를 온전히 담아내기는 어려우며 어떤 역사적 맥락이나 논의의 문맥에 있어서만 제 기능을 십분 수행할 것으로 생각된다. 이같이 역사적 맥락이나 담론의 문맥을 고려할 경우 우리는 공동체주의뿐만이 아니라 개인주의에 대해서도 새로운 의미와 합의를 부여할 수 있을 것으로 생각된다.[16)]

동양은 물론이고 서구도 사회사상의 발전사에서 볼 때 개인주의보다는 집단주의, 전체주의, 공동체주의가 앞선다. 중세에 이르기까지 유지되었던 전통적인 공동체주의는 나름의 순기능 못지않게 엄청난 역기능도 노정했던 까닭에 근세는 그야말로 개인으로서의 인간의 자각과 더불어 개인의 이해관심 및 권리의 쟁취를 향한 역사라 해도 과언이 아니다. 집단, 전체, 공동체를 명분으로 한 소수자나 개인의 이해관계나 자유 및 권리의 유린에 대항해서 개인과 그의 자유 및 권리(individual rights)의 천명과 쟁취는 사회사상사에 있어서 일대 혁명이 아닐 수 없는 것이다.

이런 의미에서 개인의 자유 및 권리의 기반으로서 개인주의는 어떤 다른 주의나 주장도 대신할 수 없는 고유하고 소중한 인류의 자산이며 이에 이르기까지 그 이론적 실천적 추구와 쟁투를 위한 치열한 역사는 심각하게, 그것도 긍정적으로 재고되어야 할 것이다. 물론 개인주의는

---

16) 황경식, 「자유주의와 공동체주의」, 『개방사회의 사회윤리』, 철학과현실사, 1996 참조.

그것이 나름의 역사적 소명을 넘어서 지나치게 추구될 경우 역기능을 동반하게 됨은 불가피하며 이런 관점에서 근세 이후 헤겔, 마르크스 등의 공동체주의적 우려는 그 나름의 심대한 함의를 갖는다 할 것이다.

여하튼 인류역사에서 개인주의가 갖는 의의와 역할은 아무리 강조해도 지나치지 않을 것으로 보인다. 모든 인간은 적어도 그가 인간임으로 해서 존엄한 가치를 가지며 자율과 권리의 주체로서 인정받아야 한다. 더욱 강조되어야 할 점은 다른 동물에 비해 우리가 인간으로서 존엄한 존재일 뿐만 아니라 우리가 개인으로서 존엄한 존재임이 강조되어야 한다. 개인으로서가 아니라 인간으로서의 존엄성은 그것이 전체로서, 유적 존재로서 인간의 존엄성을 가리킴으로써 집단주의적, 전체주의적 함축을 가질 수 있는 까닭에 개인으로서 권리와 자유를 갖는 존엄한 존재임이 새삼 강조되어야 할 것이다.

개인으로서 개별인간의 자유와 권리가 인정되고 존중되는 한에서 우리는 다시 인간의 공생, 공존, 공동체에 눈을 돌리지 않을 수 없다. 오늘날 우리의 공유된 도덕적 직관은 모든 인간이 개인으로서 자유와 권리가 인정되어야 한다는 점과 이것이 전제되는 한에서 공동체 또한 소중한 가치를 지니며 공동체에의 헌신이 의미를 갖는다는 점일 것이다. 이런 뜻에서 자유주의와 공동체주의 간의 쟁점에 있어서 필자의 입장은 자유주의에 바탕한 공동체주의의 수용이라 할 수 있을 것이다.

중세 봉건사회가 혈연이나 지연으로 얽힌 자연 공동체였다면 근대 시민사회는 자율적 개인의 출현과 더불어 생겨난 인위적 이해집단이었다. 고중세사회의 전통적 공동체성, 연고성이 시민사회의 근대적 개인성, 타산성으로 전환되었다고 할 수 있다. 그러나 근세 시민사회를 통해 해소될 수 없는 인간의 공동체적 욕구는 다시 갖가지 문제를 노정하게 되었고 이는 시민사회의 맹아기 내지 초기단계에서 그 문제점과 난점을 간파한 헤겔이나 마르크스를 위시해서 근래에 이르러 시민사회의 연장선상에서 성숙한 자유주의가 다시금 그 이론적, 실제적 한계를 보이는 가운데 소위 공동체주의자들(communitarians)의 격렬한 비판에 당면하고 있음을 목격하고 있다.

그러나 자유주의와 공동체주의 간의 논쟁에 있어 필자의 일관된 입장은 비록 자유주의가 나름의 한계를 가지고 있는 것은 사실이나 공동체주의가 그 대안으로서의 자격을 갖는다고 생각하지는 않으며 단지 공동체주의적 비판을 통해 보완된, 그런 의미에서 어떤 형태의 공동체주의적 자유주의를 구상하는 것이 우리의 과제라는 점이다. 이런 뜻에서 필자는 자유주의적 시민사회가 다시 전통사회적 공동체성을 보완함으로써 양자의 변증법적 지양으로서 시민공동체(civil community)라는 개념을 제안, 논의한 적이 있다.[17]

자유주의에 대한 공동체주의의 도전은 일반적으로 자유주의가 공동체의 가치를 제대로 이해하고 있지 못하며 또한 자유주의에 의거해서는 그러한 공동체가 보호되기 어렵다는 비판으로 요약될 수 있을 것이다. 그런데 자유주의가 인간에 대한 특정한 형이상학과 무관한 것으로서 개인의 시민적, 정치적 권리를 옹호하는 입장으로 규정될 경우, 우리가 주목하는 것은 그러한 자유주의자가 공동체주의자의 도전에 대해 나름대로 구성된 공동체주의적 논변으로 응수할 가능성이 있다는 것이다.

다시 말하면 그러한 자유주의는 소위 공동체주의자들과 동일하지는 않지만 나름의 공동체관을 자신의 이론에 함축하고 있으며 공동체는 공동체주의적 방식보다 오히려 개인의 권리를 옹호하는 자신의 자유주의적 입론에 의해 더 잘 옹호될 뿐만 아니라 공동체의 가치가 더욱 증진될 수 있다는 것이다. 그러나 극단적인 공동체주의자들은 공동체의 보호를 위한 자유주의적 제안이 그 개인주의적 편향에 의해 왜곡되

---

17) 황경식, 『시민공동체를 향하여』, 민음사, 1997 참조.

리라는 반론을 제기할지 모른다. 그들이 제기할 듯한 의문은 공동체를 보호하기 위한 적절한 방식이 개인의 권리를 보장하는 방식이어야 할 이유가 도대체 무엇인가이다.

물론 자유주의가 말하는 개인의 권리를 인정하는 사회에서는 개인들이 사실상 헌신(commitment)과 공동의 유대(solidarity)를 갖기 어렵다는 공동체주의자의 불만이 근거없는 말은 아닐 것이다. 우리는 개인의 기본적인 시민적, 정치적 자유가 보호되고 정치문화와 경제체제가 목적의 자율적 선택자로서의 인간관을 함양, 반영하는 자유주의적 사회에서 공동의 유대와 헌신의 관행은 더 취약하며 일정한 형태의 소외와 무질서가 비자유주의적 사회보다 더 빈번하리라는 것을 부인하려는 것은 아니다. 또한 도덕적으로 바람직한 어떤 형태의 공동체가 자유주의 사회에서 더 쉽사리 해체, 소멸되리라는 것을 부인하려는 것은 아니다.

그러나 자유주의가 가장 중시하는 결사, 표현, 종교의 자유에 대한 권리는 역사적으로 볼 때 국민국가에 있어서 공동체를 파괴하거나 지배하려는 다양한 시도들에 대해 공동체를 지키는 강력한 보루로서의 역할을 해온 것이 사실이 아닌가? 그러한 권리들은 현존하는 공동체를 외부로부터의 간섭에서 보호함으로써, 또한 개인들이 마음에 맞는 타인들과 새로운 공동체를 창출할 자유를 줌으로써 공동체라는 본질적인 인간적 가치를 향유하는 데 기여해 왔다. 자유주의적 정치입론에 대한 이상과 같은 공동체주의적 옹호논변은 사실상 더욱 강화될 수 있을 것으로 생각된다.

적어도 금세기에 있어서 공동체에 대한 가장 강력한 위협은 아마도 극단적인 공동체주의로서의 전체주의(totalitarianism)라 할 수 있을 것이다. 그 이름이 지시하듯 전체주의 국가는 그 권위의 한계를 인정하지 않고 시민생활의 거의 모든 측면을 지배하고자 했다. 그것이 그 영역 안에서 다른 진정한 공동체들을 용납할 수 없는 까닭은 이러한 공동체들이 국가에 대한 예속과 충성을 제약하기 때문이다. 전체주의 체제는 모든 것을 포함하는 정치공동체를 달성한다는 명분 아래 특히 가정과 교회 등 전통적 공동체들을 와해시키기 위해 가장 무자비한 방도를 이용해 왔다.

이와 대조적으로 자유주의적 정치이론은 전체주의 국가를 결정적이고도 명시적으로 거부해 왔다. 따라서 전체주의 국가가 공동체들에 위협이 되는 한에서 우리는 자유주의와 관련된 개인의 정치적, 시민적 권리의 우위성을 공동체의 보호책으로 간주해야 할 것이다. 물론 자유주의적 정치이론 그 자체는 인간의 삶에 있어 공동체의 중요성에 대해 직접적인 언급을 하지 않을지라도 이는 자유주의에 대한 공동체주의적 옹호논거가 충분히 될 수 있을 것으로 생각된다.

4. 신뢰: 연고주의를 넘어선 신뢰사회

사회구성에 있어서 원심력에 못지않게 구심력이 요구되며 건강한 사회는 원심력과 구심력이 균형을 이루는 가운데 성립한다고 생각된다. 개인주의, 자유주의의 기반이 되는 권리, 인권이 원심성의 핵심을 이룬다면 국가주의, 공동체주의의 기반이 되는 유대나 신뢰는 구심성의 핵심이 된다고 본다. 이 때문에 동양에서는 고래로 인의예지 사덕(四德)에 신뢰(信)를 더하여 오상(五常)이라 불렀고 공자도 "백성들 사이에 신뢰가 없으면 나라가 서지 못한다(民無信, 不立)"고 했다. 맹자도 나라가 성립하려면 군사, 식량, 신뢰가 필요한데 이 중에서 특히 신뢰가 없을 경우 나라가 유지될 수 없다고 했다.

그런데 동서를 막론하고 신뢰는 국가성립에 있어 더없이 중요한 자산이요 덕목이긴 하나 신뢰가 성립하는 구조적 특성이 문화권에 따라 다르다는 점에 주목할 필요가 있다. 로워(Rohwer)에 따르면 "현대 아시아의 부상은 압도적으로 개인적 신뢰와 연고에 기반한 판단에 의존하였다. 그러한 체제는 결정의 신속성과 유연성을 비롯한 여러 가지 점에서 유리하다. 그러나 그것은 미지의 타인과의 거래를 거의 불가능하게 한다. 개인적 연고에 기반한 신뢰와 제도에 기반한 신뢰 사이에 존재하는 갈등 때문에 더 현대적이고 객관적인 제도적 구조로 이행하는 것은 매우 어려운 과제일 것"이라고 한다.

여기에서 우리는 혈연, 지연 등 친한 사람 간에 성립하는 연고적 신뢰와 낯선 사람 간에 일반적으로 성립하는 보편적 신뢰 간의 구분에 주목하게 된다. 연고적 신뢰는 무연고적 인간관계에 있어서는 오히려 강한 불신을 함축하며 따라서 일반적 불신풍조와 연고적 신뢰관계는 상승작용을 하게 된다. 또한 연고적 신뢰는 나름으로 효율성, 신속성을 가짐으로써 한계효용 체증의 특성이 있는 듯하나 전국가적 관점에서 장기적으로 보면 오히려 한계효용 체감의 결과를 가져온다는 점에 주의해야 할 것이다. 따라서 한국사회에 있어서와 같은 신뢰구조는 전국가적으로 엄청난 사회적 비용을 치르고 있다 할 것이다. 이에 비해서 합리성에 의해 매개된 보편적 신뢰는 비록 그것이 강도에 있어서 더 희석화된 것일지는 모르나 호혜적 기반 위에서 성립하는 더욱 합리적이고 보편적인 신뢰라 할 수 있다.

하버드 대학의 뚜웨이밍 교수는 근세 이후 서구의 문화가 지나치게 개인주의와 물질주의를 추구해 온 결과 가치관의 상실, 도덕의 진공상태, 자아의 파편화 그리고 가족과 공동체의 해체가 야기되었다고 본다. 따라서 그는 유교의 인문정신을 부활시켜 후기 산업사회의 문화적 위기를 극복하기 위한 도약대로 삼아야 한다고 주장한다. 사회학자 후쿠야마(F. Fukuyama)도 거의 유사한 심정에서 진단과 처방을 제시하고 있으나 그의 입장은 뚜웨이밍의 그것보다 훨씬 복잡하다.

우선 후쿠야마는 경제발전의 원동력은 근대적 합리성, 개인주의, 계약사상만에서는 나올 수 없으며 이를 넘어 전통으로부터 전래되는 도덕적 유산, 공동체감, 신뢰정신 등에 근원적 뿌리가 있다고 보며 이를 사회적 자본으로 간주하고자 한다. 근대성보다 전근대적 전통성에서 사회적 자본의 뿌리를 발견한다는 점에서 그의 발상도 뚜웨이밍의 그것과 대동소이한 듯하나 사실상 그가 말하는 사회적 자산으로서 신뢰는 전근대적 공동체성이나 유대감에 그 뿌리를 내리고 있는 것은 사실이지만 이미 그것은 단순히 전통적인 신뢰이기보다는 근대적 합리성과 보편성에 의해 매개된 신뢰라는 점에 주목해야 한다. 따라서 그가 말하는 신뢰는 연고적이고 지방적이며 가족적, 족벌적인 짙은(thick) 신뢰이기보다 보편적, 전체적, 합리적, 호혜적인 옅은(thin) 신뢰이기 때문이다. 따라서 중국이나 한국 등 연고적, 지방적 신뢰구조를 갖는 나라는 보편적, 전반적 신뢰구조를 갖는 독일, 일본 등에 비해 경제적으로 더 취약하다. 이와 관련해서 후쿠야마의 입장을 좀더 자세히 살펴보기로 하자.

후쿠야마는 『신뢰(Trust)』라는 자신의 저술이 경제적 삶을 검토함으로써 얻을 수 있는 가장 큰 교훈을 다루고 있다면서 그것은 "한 국가의 복지와 경쟁력은 하나의 지배적인 문화적 특성, 즉 한 사회가 고유하게 지니고 있는 신뢰의 수준에 의해 결정된다는 사실"이라 한다.[18] 그에 따르면 성공적인 공동체는 외적인 규칙과 규제에 의해서가 아니라 공동체 구성원에게 내면화된 윤리적 관습과 호혜적인 도덕적 의무감을 바탕으로 해서 형성된 문화공동체이며 바로 이 규칙이나 관습은 공동체의 구성원에게 신뢰의 터전을 마련해 준다는 것이다.

후쿠야마에 의하면 장기적으로 볼 때 경제공동체의 내적 연대성이 더 유익한 결과를 가져온다는 것이며, 공동체적 기질이 결여되어 있을 경우에는 경제적 기회가 주어지더라도 이를 활용할 역량이 없다는 것이다. 문제는 제임스 콜만(James Coleman)이 말하는 사회적 자본

---

18) Francis Fukuyama, *Trust, The Social Virtues & The Creation of Prosperity*, The Free Press, 1995 참조.

(social capital) — 사람들이 공동의 목적을 위해 단체와 조직 내에서 함께 일할 수 있는 능력 — 이 부족하다는 점이라 한다.[19]

경제학자들 간에 널리 사용되고 이해되는 인적 자본이라는 개념은 오늘날 자본이 토지, 공장, 공구, 기계 따위로 표현되기보다는 인간의 지식과 기술로 표현되는 경우가 더 많다는 전제 아래 출발한다. 한 걸음 더 나아가 콜만은 기술과 지식 이외에도 인적 자본의 독특한 측면은 사람들이 서로 결속할 수 있는 능력과 관계에 있다고 주장한다. 이것은 경제생활뿐만 아니라 그 밖의 사회적 삶의 모든 국면에 대해서도 결정적인 중요성을 지닌다는 것이다.

결속할 수 있는 능력은 역으로 공동체가 얼마나 규범과 가치를 공유하고 개인의 이익을 더 큰 집단의 이익에 종속시킬 수 있는가에 달려 있다. 이러한 공유된 가치관으로부터 신뢰가 탄생하며 이 같은 신뢰는 또한 중대한 경제적 가치를 지닌다는 것이다. 그러나 후쿠야마는 사회적 자본의 축적은 복잡하면서도 갖가지 신비스러운 문화적 과정이라고 전제한 뒤 역사적 종언에 즈음하여 출현한 자유민주주의는 그러므로 전적으로 근대적인 것만은 아니라고 한다.

이어서 후쿠야마는 민주주의와 자본주의의 제도가 제대로 작동하려면 그 기능을 원활하게 해주는 특정한 전근대적인 문화적 관습이 병행되어야 한다는 것이다. 법률, 계약, 경제적 합리성 따위는 후기 산업사회의 안정과 번영을 위한 필요조건이기는 하지만 충분조건은 아니다. 그 밖에도 합리적 계산을 넘어 관습에 바탕을 둔 호혜성, 도덕률, 공동체에 대한 의무, 신뢰 등이 가미되어야 한다는 것이다. 그리고 이러한 것들은 현대사회에 있어서 시대착오적인 것이라기보다 그 성공을 위한 필수조건이라고 주장한다.

---

19) James S. Coleman, "Social Capital in the Creation of Human Capital", *American Journal of Sociology* 94, 1988, S95–S126.

후쿠야마의 저술은 이상과 같은 입장에서 사회성의 두 가지 핵심체인 가족공동체와 비친족공동체를 각각 살피고 있다. 그는 중국과 프랑스, 이탈리아, 한국 등 네 나라를 가족주의적 사회로서 다루고 있다. 이들 나라는 가족의 테두리를 넘어선 대규모 조직을 건설하는 데 상당한 어려움을 겪게 되며 따라서 견실하고 경쟁력 있는 대기업을 진흥하기 위해서는 국가가 개입할 수밖에 없다는 것이다.[20]

그러나 이와는 달리 후쿠야마는 독일과 일본 등과 같은 나라를 고신뢰 사회의 모형으로서 검토한다. 이들은 가족주의 사회와는 달리 친족관계에 바탕을 두지 않고서도 대규모 기업의 건설이 훨씬 쉬웠다고 한다. 그 까닭은 이들 나라에서는 신뢰라는 사회적 자본이 넉넉하여 그러한 조직을 구성하는 데 정부의 도움이 불필요하기 때문이라 한다. 이 같은 사회는 현대의 전문 경영방식에 쉽게 적응했을 뿐만 아니라 작업현장에서도 더 효과적이고 만족스러운 인간관계를 도출할 수 있었다는 것이다.

우리는 이상과 같은 후쿠야마의 혜안과 탁견에 감탄하면서도 그의 메시지가 갖는 갖가지 갈래들을 조심스레 풀어내면서 해석할 필요를 느낀다. 우선 그는 현대사회의 몇 가지 성공사례들을 설명하기 위해 그 근대성보다는 전근대성으로 회귀하는 듯한 인상을 보인다. 근대적 합리성, 타산성, 계약, 법률보다는 전근대적 공동체성, 도덕성, 신뢰, 유대감 등이 더 중대한 사회적 자본의 기반이라는 것이다.

그러나 여기에서 우리가 조심스럽게 주목해야 할 대목은 그의 전근대성은 근대성과 동떨어진 어떤 것이 아니라 실상은 근대성에 의해 매개된 전근대성, 따라서 근대성과 전근대성의 지양태라는 사실이다. 근대성에 의해 매개되지 않는 전근대성은 사실 그 순기능에 못지않게 역기능도 가진 것이라 생각된다. 그가 내세우는 신뢰는 연고적이거나 지

---

20) F. Fukuyama, 앞의 책.

방적인 신뢰가 아니라 일반적이고 보편적으로 성립하는 신뢰인 것이다. 그가 내세우고자 하는 공동체적 유대는 개인권이 전제되는 한에서 개인들 상호간에 성립하는 호혜적 유대라 할 수 있을 것이다. 결국 후쿠야마는 아시아적 가치의 단순한 예찬자로 해석되어서는 안 될 것으로 보인다.

5. 전근대와 근대의 변증법적 지양

사회가 건전하게 발전하기 위해서는 여러 가지 조건들이 충족되어야 하겠지만 그 중에서도 사회성원들 간의 연대의식은 사회의 발전을 이룩하는 데에 필수적인 조건이다. 또한 이러한 연대관계에는 모든 개인이 자기의 행위뿐 아니라 다른 성원의 행위에 대해서도 책임을 지는 수동적이고 소극적인 연대를 넘어서 어떤 성원의 일정한 행위로 인해 생겨나는 이익을 함께 향유할 자격을 갖는다는 능동적이고 적극적인 연대도 포함된다.

그런데 가족이나 씨족과 같이 성원들이 같은 피로 맺어져 있는 자연적 기초에 입각한 연대관계에서는 일반적으로 그 성원에 대해서 절대적인 소속을 요구하고 그 균형상태를 분열, 파괴시키는 모든 힘에 대해 봉쇄적인 태도를 취하며 만약 어느 한 성원이 외부로부터 공격을 받을 경우에는 그 전체가 책임을 부담한다. 이와 같이 동질적 성원의 유사성을 기반으로 하여 가치이념이 개인의 그것을 초월하여 구속을 행사하는 경우의 결합관계를 기계적 연대(mechanic solidarity)라고 부른다. 그것은 기능적으로는 미분화된 상태이며 더욱이 그것은 집단이 개인의 전체를 흡수하여 개인의 다양성을 동질적 단위로 환원함으로써 성립하는 단계 즉 마치 무기물의 분자결합에도 비유할 수 있는 그러한 결합관계이다.

봉건사회 체제가 와해되고 근대사회로 이행함으로써 과거의 지배원리와 같은 것에 의거한 연대관계는 퇴조하지 않을 수 없다. 집단의 구속에서 해방됨으로써 이제 개인은 강제된 연대에서 자유로운 연대로 옮겨가게 되며 성원 간의 획일적인 동질성을 강요하는 기계적 연대로부터 성원 간의 이질성을 인정하면서도 또한 분업의 상호성의 자각 위에 이루어진 유기적 연대(organic solidarity)로 옮겨가게 된다. 그러나 과거에는 국가라는 더욱 우월한 집단에 의해 갖가지 갈등요소들이 통제되어 왔으나 사회의 다원화가 심화되어 가는 상황에서 자유로운 결합체의 확립은 지극히 어려운 과제가 아닐 수 없다. 자신의 이익을 추구하기 위해 이합집산하는 현대사회에서 더 이상 강제된 연대는 불가능하며 오직 더 큰 가치와 이득을 향한 자발적 참여를 유도하는 길이 있을 뿐이다.[21]

독일의 사회학자 퇴니스(F. Tönnis)는 그의 저서 『공동사회와 이익사회(Gemeinschaft und Gesellschaft)』에서 두 가지 사회조직의 이념 유형을 대비하고 있다. 공동사회의 전형인 시골의 농촌사회에서는 대인관계가 전통사회의 풍습에 따라 정해지고 규제된다. 사람들은 서로 단순하고 솔직하게 직접 상대하는 관계를 맺으며 이러한 관계는 자생적 의지(Wesenwille) 즉 자연스럽고 자발적으로 일어나는 감정들과 정서의 표현들에 의해 결정된다.

그와 대조적으로 이익사회는 합리적이고 선택적인 의지(Kürwille)의 산물이며 행정관료들과 대규모 산업조직이 있는 20세기의 세계 어디서나 볼 수 있는 사회들이 그 전형이다. 이익사회에서는 합리적인 이기주의와 타산적인 행동이 공동사회 구조에 편재하는 가족, 친척, 종교의 전통적 유대를 약화시키는 작용을 한다. 이익사회에서는 인간관계가 능률이나 그 밖의 경제적, 정치적 이익을 고려하여 합리적으로 구축되기 때문에 비인격적이고 간접적인 것이 되게 마련이다.

---

21) 황경식, 「현대사회의 시민윤리」, 『시민공동체를 향하여』, 민음사, 1997, pp.93~97.

그런데 우리가 더 흥미롭게 주목하고자 하는 것은 퇴니스가 이 두 가지 사회조직의 이념유형을 대비적으로 설명하고 있기는 하나 그 어느 유형도 바람직한 사회조직으로 제시되고 있지는 않으며 단지 그는 이 두 유형의 사회조직이 갖는 장단을 지양한 사회조직으로서 협성사회(Genossenschaft)를 이상적 사회조직으로서 시사하고 있을 뿐이다. 이는 독일의 법학자 O. 기르케가 최초로 제시한 것으로서 인위적으로 형성된 조합협동체로서 일종의 공동사회의 형태이기는 하나 부자관계를 원형으로 하는 지배형 사회가 아니라 형제관계를 원형으로 하는 협동형 사회라 할 수 있다. 그야말로 공동사회의 공동성과 이익사회의 합리성을 종합한 호혜적 협동공동체라 할 수 있을 것이다.

결론을 대신하는 이 장에서 우리는 지금까지 논의해 온 가치관이나 사회유형을 변증법적 발전의 틀을 원용해서 정리해 보고자 한다. 적어도 아시아적 가치의 전근대성과 서구적 가치가 지닌 근대성은 그 자체만으로는 바람직한 인간적 삶을 담보할 수가 없다. 전근대성이 근대성의 매개를 통해 변증법적으로 지양, 발전함으로써만이 비로소 바람직한 가치관이나 사회유형을 구명할 수 있을 것으로 보인다. 이는 개인권을 매개로 한 공동체, 보편성을 매개로 한 신뢰사회, 공동사회와 이익사회의 발전적 종합으로서 협성사회의 이념을 통해서 그 일단을 암시받을 수 있을 것으로 생각된다. 이런 뜻에서 우리는 감히 아시아적 가치가 근대성을 매개로 해서 발전적으로 지양될 것을 주창하고자 한다.

제4장 충효사상의 현대적 의의

I. 효(孝)의 의무와 그 정당근거

1. 왜 다시 효의 윤리인가?

1) 보완윤리로서의 효의 윤리

칸트 이래 서양윤리학의 두드러진 특성 중 한 가지는 이성(reason)이 도덕을 정초하는 주도적 역할을 감당하게 되었다는 사실이다. 이는 이성이 단지 도덕을 실행하는 데 있어 도구적인 기능만을 갖는 것이 아니라 이성이 목적 그 자체로 간주된다는 의미이다. 이성이 도덕의 목적을 결정할 능력이 있는 것으로 생각될 때 우리는 그것을 실천이성(practical reason)이라 부른다. 그런데 흥미로운 것으로서 칸트 자신은 목적가치를 결정하는 기능으로서 실천이성에 초점을 맞추기보다는 실천이성의 형식적 측면에만 주목하고 있다는 점이다. 따라서 인간의 감정이나 인간성의 실질적 내용을 소홀히 다루게 됨으로써 칸트는 도덕의 동기적(motivational) 기반으로부터는 거리를 취하게 되었다.

칸트 이후 서양윤리는 보편성(universality)을 도덕적 행위의 중심적 잣대로서 추구해 왔다. 이는 의무의 윤리이건 권리의 윤리이건 혹은 공리의 윤리이건, 어떤 윤리적 형태이건 간에 근세 이후 서양윤리가 보여 온 법규화(legalization)의 경향과 상관된다고 할 수 있다. 그러나 이러한 성향을 갖게 됨으로써 이성주의적 윤리학은 가장 근본적인 인간관계 즉 부모-자녀 간의 관계를 시야에서 놓치게 되었고 그것을 보은(reciprocation)의 관계로 보지 못하게 되었다. 현대 서양의 합리주의적 윤리학에서 부모-자녀 관계에 대한 이같이 편향된 평가로부터 도덕적으로 갖가지 불행한 귀결들이 나타나게 된다.

부모-자녀 관계에 주목하지 않음으로써 생겨난 가장 중대한 결과의 하나로서 현대 서양윤리는 그로부터 사랑, 보살핌, 존경이 생겨나는 바, 인간관계에 있어서 패러다임이 될 준거지점(paradigm point of reference)을 상실하게 된다는 점이다. 이 같은 핵심적이고 구체적인 인간관계에 대한 체험과 이해가 없을 경우 다른 어떤 인간관계도 실질적 의미를 획득할 수가 없다. 인간으로서 기본적인 인간적 정체성(human identity)의 상실은 서양사회를 풍미하고 있는 개인과 가정에 있어 갖가지 결손적 성격과 변태적 특성들 및 공동체적 비극의 노정에 의해 입증되고 있다.

현대 서구에 있어서 조야한 개인주의(individualism)는 부모-자녀 관계에 대한 안목의 상실에서 오는 결과이자 그 전제라 할 수 있다. 최근 서구사회는 문제의 심각성에 대한 인식이 증대되고 있기는 하나 문제의 진정한 원인과 핵심이 어디에 있는지 제대로 파악하지 못하고 있는 듯하다. 가정윤리에 대한 갖가지 논의들은 문제의 소재를 올바르게 찾지 못한 채 그 해결에 있어서도 요령부득이라 생각된다. 이는 바로 가족윤리를 부모-자녀 관계에 정초하지 못함으로써 그에 내재하는 사랑, 보살핌, 존경의 역동성을 간과하고 그것이 바로 효에 뿌리를 두고 있다는 사실을 망각하고 있기 때문이다. 이같이 빗나간 사태는 정신분석이나 의무, 권리 등에 대한 합리적 담론을 통해서만은 교정 불가능한 것이라 생각된다.

또한 서구의 가정이 지나치게 부부 중심 일변도로 기울고 있으나 점차 결혼이 인생의 전부도 아니고 보편적인 현상도 아닌 것으로 바뀌고 있는 사정에 주목할 필요가 있다. 결혼하지 않는 남녀 독신자가 점증하고 있는 데 비해 남녀를 불문하고 그 누구도 어떤 이의 자녀가 아닌 사람은 없는 것이다. 나아가 많은 사람들이 자녀 갖기를 기피하는 까닭에 자녀에 대한 부모의 관계를 고려할 필요가 적어지는 데 비해 부모에 대한 자녀의 관계를 고려할 필요성은 여전히 절실하다고 할 수 있다. 당사자의 선택에 의해서건 생물학적 이유에서건 부부가 자녀를 갖지 않게 된다면 자녀양육 등 자녀에 대한 부모의 관계에서 생기는 문제는 없어진다. 그에 비해 우리가 인간인 한 설사 유전공학적 절차에 의해 탄생하게 되었다 할지라도 부모에 대한 자녀의 문제는 없을 수가 없으며 따라서 효도의 문제는 인간의 보편적인 문제로 남는다는 점에 주목해야 할 것이다.

현대 서구윤리에서는 상호 호혜성이나 보은지정을 무시해 온 까닭으로 부모의 자녀에 대한 덕목과 의무만을 강조하고 그와 상관된 자녀의 부모에 대한 의무와 덕목을 강조하지 않은 나머지 노인복지 문제가 심각한 사회문제로 대두된 지 오래이다. 이는 정부나 사회에 엄청난 재정적 부담이 될 뿐만 아니라 부모에 대한 자녀의 책임과 의무를 사회로 이전, 전가시킴으로써 가정구조와 자녀의 도덕적 성품형성에 있어 상당한 취약성을 결과하게 되었다는 점은 부인할 수 없는 사실인 것이다.

2) 효의 의미와 구성요건

인간성이 우리가 갖는 다양한 기본 감정 속에 드러난다는 것은 인간의 삶에 있어서 두드러진 한 가지 사실이다. 이러한 감정들 중에는 인간의 삶을 유지하고 인간의 성장을 보증하며 인간의 행복에 기여하는 그러한 인간행위를 명하는 근본적인 감정이 있다. 그것이 바로 보살핌, 사랑, 헌신, 존경과 같은 기본 감정이며 이런 기본 감정은 도덕적 행위를 위한 강력한 동기가 될 뿐만 아니라 도덕적 행위에 실질적 내용을 부여하는 것이다. 이런 뜻에서 그 같은 감정은 도덕적이고 규범적인(normative) 감정으로 불릴 수 있는데 이는 도덕규범이 바로 그러한 감정에 바탕하고 있기 때문이다.

물론 부모에 대한 사랑과 존경은 부모의 사랑과 보살핌 속에서 성장한 어린이에 있어서 자연스럽고 기본적인 감정발달의 결과요 심적 태도라 할 수 있다. 또한 효의 최초 형태는 부모의 사랑과 보살핌을 더 쉽게 받고 그것을 강화하기 위해 부모의 의도와 소망에 따르고자 하는 것으로 볼 수도 있다. 그러나 부모에 대한 사랑과 존경으로서 효의 요소들은 심성의 각성(awakening)으로 간주될 수도 있다. 그러한 심성은 어린이의 본성 속에 들어 있으나 여건에 따라 계발, 강화됨으로써 효의 덕으로 성장하며 반성과 성찰의 과정을 통해 의무적인 것으로 발전하게 된다. 효의 계발과 발달과정은 마치 기독교 윤리학자 부버(M. Buber)가 말한, 나-당신(I-Thou)에 있어서 상호 보살핌과 사랑의 관계와 유사하다.

부버에 따르면 두 개인 간의 나와 당신의 관계는 일방이 타방에게 자신을 전적으로 주고 헌신하며 상대의 욕구, 소망, 두려움을 함께하고 그에 참여함으로써 서로의 존재가 융합하여 일체가 되는 데서 성립하고 굳어지게 되는 것이다. 이 같은 기본적인 인간관계가 최초로 경험되고 구체적으로 이해되는 것은 바로 부모와 자녀 간의 관계가 아닐 수 없으며 타인과의 상호 신뢰와 사랑의 관계도 부자관계를 반복, 확대한 것으로 볼 수 있다. 인간은 그러한 관계에 대한 끝없는 노스탤지어적 그리움을 가지며 그것으로 회귀하고자 하는 본능을 지니고 있다. 이는 기독교와 같은 서구종교에서 신과 인간 간의 관계를 생각하는 데 있어서도 원형적 패러다임이 되고 있다고 할 수 있다.

유교의 문헌적 자료를 분석하게 될 경우, 특히 『논어(論語)』에 나타난 공자의 언술을 참고할 경우 효의 구성요건은 크게 세 가지로 요약될 수 있다. 첫째 구성요건은 불위(不違, no disobedience) 즉 어김이 없고 이치에 어긋나지 않음이다. 두 번째 구성요건은 능양(能養, capability of support) 즉 봉양할 능력이 있다는 것이다. 세 번째 구성요건은 존경(尊敬, respectfulness) 즉 마음으로 공경한다는 것이다. 이 각각의 의미와 상호관계를 더 자세히 부연하고자 한다.

첫 번째 요건인 어김이 없어야 한다는 것에 대해 공자는 이를 부모에 대해 공손한 태도를 간직하는 것이라고 설명한다. 즉 "살아 계실 때는 예로서 모시고 돌아가시면 예로서 장례하며 예로서 제사하라(孟懿子問孝 子曰無違 … 子曰 生事之以禮 死葬之以禮 祭之以禮)"[1]는 것이다. 부모의 의도와 소망을 들어주고 거역하지 말라는 뜻이다. 그러나 어기지 말라는 요구를 지나치게 문자 그대로 해석할 필요는 없다. 적어도 공자에 있어 부모에게 공손한 것이 부모가 바라는 것이면 무엇이든 들어주고 맹목적으로 따르라는 것은 아니다. 그래서 공자는 부모가 도덕적 과오를 범할 경우 자녀는 부드럽게 만류하고 설득해야 하며 설사 부모가 듣지 않을지라도 불평 말고 공손히 대해야 한다는 것이다. 따라서 효의 첫 번째 요건의 핵심은 공손한 태도를 유지하며 부모가 도덕적 과오를 범하지 않게끔 최선을 다하는 일이라 할 수 있다(曾子 … 敢問子從父之令 可謂孝乎 子曰 是何言與 … 父有爭子 則身弗陷於不義 故

---

1) 『論語』, 爲政篇, 新譯四書, 玄岩社, 1966 참조.

當不義 則子不可以不爭於父 …).[2]

공손과 예의를 이같이 강조하는 것은 효의 세 번째 구성요건인 존경과도 상관되는데 공자는 이러한 요구를 두 번째 구성요건인 능양과 관련해서도 말한다. "오늘날 사람들은 효도를 물질적 봉양으로 간주한다. 그러나 개나 말의 경우에도 물질적 봉양을 한다. 만일 우리가 존경심이 없다면 부모를 봉양함에 있어 차이가 무엇인가?" 여기서 공자는 물질적 봉양의 중요성을 무시하지는 않으며 단지 물질적 봉양에 있어서 효에 필요한 차별적 태도와 행실을 지적한다. 우리가 물질적으로 봉양하면서도 부모를 존경하지 않으면 소나 개를 기르는 일과 다를 바가 없다는 것이다. 존경과 더불어 이루어질 때 비로소 봉양은 효도에 있어서 의미를 갖는다(子遊問孝 子曰今之孝者 是謂能養 至於犬馬 皆有能養 不敬 何以別乎).[3]

하지만 다른 한편 효에 있어서 물질적 봉양이 이루어지지 않을 경우 존경 또한 표현될 수가 없다. 따라서 물질적 봉양은 효를 실천하는 데 있어 필요조건이기는 하나 충분조건은 아니라고 할 수 있다. 마찬가지로 공손한 태도 역시 효에 있어서 필요조건이지만 충분조건은 아니라고 할 수 있다. 왜냐하면 부모는 자녀의 능력이 닿는 한에서 봉양을 기대할 수 있으며 능력이 있는 한에서 봉양이 없는 공손 또한 유명무실이요 허례허식일 뿐이기 때문이다.

따라서 효의 세 번째 요건인 존경은 강한 의미에서는 물질적 봉양까지 내포하며 이것 없이 존경이란 공허한 관념에 불과하게 된다. 그러나 물질생활이 충족되고 더 이상 봉양이 불필요한 현대사회에서도 부모는 자녀들로부터 정신적 위안과 따뜻한 가슴, 친밀한 의사소통과 보살핌 등 이런 정신적 봉양이 더없이 중요해진다. 이는 물질적 봉양과

---

2) 『孝經』, 諫爭篇.
3) 『論語』, 爲政篇.

는 독자적으로 정신적 존경이 의미를 갖게 되는 이유이다. 이것은 첫째 요건인 예로서 섬기고 장례하며 제사하는 것과 상통하며 결국 존경 없이 효도는 성립할 수가 없는 것이다.

3) 효, 인의(仁義)의 뿌리

이상에서 설명한 효는 단지 부자 간의 관계에 있어서만이 아니라 모든 행위의 뿌리(孝, 百行之本)요 인간됨의 바탕(孝, 爲人之本與)이라 할 수 있다. 나아가 유교에 있어서 모든 사회윤리는 가정윤리의 반복적 확장으로서 가정윤리인 효는 일반적인 사회윤리인 인의(仁義)의 뿌리요 인의는 효의 확장이라 할 수 있다. 이와 관련해서 주목할 만한 것 중의 하나는 공자의 인의개념이 분명히 구분되는 것은 아니나 두 가지 측면으로 설명된다는 점이다.

한편에서 인(仁, humanity)은 현실적으로 부모의 자녀사랑에 바탕을 두고 이해된다는 점이다. 예를 들어 통치자가 그의 백성을 보살피는 경우 통치자는 백성을 먹이고 부강하게 하며 번성하게 하고 교육시킬 의무가 있다는 것이다. 이 같은 공자의 논변은 맹자에 의해 더 강화되어 통치자는 백성에 대해 부모의 사랑 즉, 인으로 다스려야 한다는 인정(仁政)과 덕치(德治)를 내세우게 된다.

다른 한편 인은 부모에 대한 자녀의 사랑 즉 효와 형제 간의 사랑 즉 제로부터 나온다. 즉 효제(孝弟)는 인의 뿌리라는 것이다. 사람이 효제를 터득하면 권위를 어기는 이 거의 없고 권위를 어기지 않으면 분란을 일으키지 않는다고 한다. 물론 이는 일종의 유비논증으로서 효제가 권위에의 복종을 함축하나 또한 그것은 국가 사회가 가정과 같이 조직, 구성되었다는 전제를 요구한다. 여하튼 공자는 인이란 인간사랑이요 자기를 극복하여 예를 회복하는 것(克己復禮)이라 했고 극기복례는 효제에서도 요구되는 요소라 할 수 있어 이런 관점에서도 효제는 인의 뿌리요 바탕이라 할 수 있는 것이다.

효의 세 가지 구성요건은 그대로 인의개념에도 적용된다. 우선 인을 일반인에게 적용할 경우 그것은 사람들을 존경과 배려로서 대우하는 것을 의미한다. 부모의 소망과 관심, 필요 등을 존중하고 보살피는 정신으로 타인의 소망, 관심, 필요를 이해하고 보살피며 존경하는 것은 타인의 존재, 존엄성, 인격을 인정하는 것을 의미한다. 또한 효에 뿌리를 두고 있는 인은 처음부터 의(義, righteousness)를 내포하고 있는 셈이다. 의의 개념은 올바른 시간, 올바른 장소에서 올바른 일을 행하는 것을 의미한다. 그리고 그것은 우리가 타인을 진정 독립적 인격으로 간주하고 우리 자신과 마찬가지로 인정받을 가치가 있는 존재임을 수용하는 것으로서 이는 바로 효의 세 번째 요건인 존경과 상통하는 것이라 할 수 있다.

결국 인의는 부모에 대한 효도의 정신을 사회적으로 확대, 적용한 것으로서 효의 보편화라 할 수 있으며 뒤집어 말하면 효는 인의의 기본 의미를 부모라는 특수한 개별성에 구현한 예화라고 할 수 있다. 그러나 유교에 있어서 가정윤리의 확대로서 사회윤리를 내세우는 입론은 국가 사회가 가정의 확대판이라는 또 하나의 전제를 빌려서만이 의미를 갖는다. 하지만 오늘날 시민사회나 국민국가는 이러한 모형을 통해 설명되기 어렵다는 점에서 유교윤리의 현대화가 갖는 한 가지 어려운 과제가 있게 된다.

2. 효도의 의무에 대한 정당화 논변

효도의 의무에는 노부모 봉양, 병든 부모 간호, 부모와 함께 지내기, 부모와 동고동락하기 등이 포함되며 이는 일견 당연한 의무(prima facie obligation)로서 받아들여져 왔다. 하지만 최근 많은 사람들은 그에 대해 과중한 부담감을 갖게 되며, 과연 효도의 의무는 있는가, 심신의 봉양이 도덕적 요구사항인가, 그에 대한 철학적 정당화 근거는 무엇인가(justification argument) 등의 문제제기를 하게 된다. 대체로 효도의 의무를 지지하는 근거로는 크게 세 가지를 들 수 있는데 상호성 혹은 호혜성(reciprocity) 논변, 우정과 우의(friendship)에 의한 논변, 보은 혹은 감사(gratitude)에 의한 논변 등이 바로 그것이다.[4]

1) 호혜성(reciprocity) 논변

호혜성 혹은 상호성은 받은 이득에 대해 정도나 종류에 있어서 동일한 혹은 그에 상당한 것을 되돌려 줌, 즉 되갚음(repayment)을 의미한다. 인간관계에 있어 주고 받음 간의 비례관계는 통상적인 도덕적 기대요, 도덕적 요구사항이고 의무이며 부모와 자식 간의 관계에 있어서도 예외는 아니다.

전통적 도덕론자들은 대체로 이런 논변을 옹호해 온 셈이다. 자식들은 부모로부터 피와 살(유전적 기여)뿐만 아니라 양육, 사회적 보살핌(보호, 교육, 사회화)을 받는다. 물론 이는 부모와 자녀 관계에 있어 부모의 의무이기는 하나 그런 혜택을 받은 자녀는 되갚을 효의 의무를 가짐이 당연하며 이로 인해 특수한 의무(special obligation)로서 효도가 정당화된다는 것이다.

외견상 직관적 호소력을 갖기는 하나 효도에 대한 호혜성 논변에는 몇 가지 문제가 제기된다. 우선 이 논변은 자식에 대한 부모의 의무와 부모에 대한 자식의 의무(효도) 간의 비대칭성을 무시하고 있다는 비판이 제시된다. 부모의 의무는 자발적 선택과 행위(출산, 입양)에 의해 스스로 부과한 의무인 데 비해 효도의 의무는 자녀의 비자발적, 불가

---

1) Sung Dong Han, *Ethical Particularism and Filial Obligations*(A Dissertation) 참조.

피한 행위에 의해 타율적으로 부가된 의무인 것이며 부모의 의무로부터 자녀의 의무가 상호적으로 생겨난 것이 아니라는 것이다.

나아가서 부모의 의무에 의해 주어진 혜택의 내용, 즉 그 질이나 범위를 측정할 수 없을 뿐 아니라 자녀의 효도의 의무에 의해 되갚게 될 혜택 또한 질적으로나 양적으로 측정 불가능하다. 따라서 두 의무 간에 존재하는 비대칭성을 무시한 호혜성 논변은 설득력에 있어서 다소 약화된다는 지적이다.

호혜성 논변이 갖는 두 번째 문제는 부모와 자녀 간의 관계는 채권자와 채무자 간의 관계와 상이하다는 점이다. 호혜성 논변은 채권자-채무자(creditor-debtor) 관계에 더욱 적합하며 여기에서는 공평성(impartiality) 원칙이 요구되는 데 비해 부모와 자녀 간의 관계에서는 편향성, 편애성(partiality) 원리가 요구된다. 또한 채권채무 관계에서는 채무가 변제되면 관계가 소멸되나 부모와 자녀 관계는 영속적인, 공동의 정체성을 갖는 공유결합(covalent bond)의 관계이다.[5]

2) 우정(friendship)에 의한 논변

우정론자들은 부모와 자녀 간의 관계는 동등성에 근거한 채권채무의 상호성보다는 친구들 간에 능력에 따라 주고 필요에 따라 받는, 형편에 따라 상부상조하는 우정에 의해 더 잘 설명될 수 있다고 한다. 따라서 부자 간에는 상호 동등한 교환관계에 있어서처럼 주고 받는 것을 정확히 측정할 수도 그럴 필요도 없다는 것이다.

따라서 부모와 자식 간의 관계에서는 강한 자식이건 약한 자식이건 부모의 동일한 사랑이 주어질 수 있으며, 경우에 따라서는 더 많은 보살핌이 필요한 자식이 더 큰 사랑을 받을 수 있다. 또한 부모가 도움을

---

5) 위의 책, pp.116-121.

필요로 하는 경우에도 능력 있는 자식이 더 큰 도움을 줄 의무가 있으며 이 점에서 친구 간의 우정관계와 지극히 흡사하다는 것이다.

그러나 우정의 논변이 상호성 논변보다 더 그럴듯한 점이 있는 것은 사실이나 이 또한 몇 가지 반론을 이겨내기 어렵다. 우선 첫 번째 반론은 부모와 자녀 간의 관계는 친구들 간의 우정관계와 같을 수가 없다는 점이다. 친구들 간의 우정은 정확한 것은 아니나 다양한 측면에서 상당한 동등성을 전제로 한다. 이에 비해 부모와 자녀 간에는 우정에 있어서 중요 계기인 권위, 자율성, 독립성에서 평등하다고 할 수 없기 때문이다.

두 번째 반론은 부모와 자녀 간의 관계에서는, 친구들 간에 있어서 우정이 식어지면 서로에 대해 의무가 소멸되듯 효도의 의무가 쉽사리 소멸되지 않는다는 점이다. 부자 간에 우정의 유무와 상관없이 부모와 자녀 간의 유대가 갖는 유전적, 사회적 동일성은 항구적인 것이라 할 수 있으며 그런 점에서 효도는 우정을 능가한다는 것이다.[6]

3) 감사(gratitude)에 의거한 논변

감사나 보은이라는 개념은 타인으로부터 받은 이득에 대해 심신 양면의 반응을 의미한다. 그런데 일반적으로 감사나 보은이 도덕적 요구의 중대한 한 원천이긴 하나 그 결과가 신체적 행위만이 아니라 정신적 감정까지 포함한다는 점에서 특이성을 갖는다. 따라서 이 같은 보은과 감사가 요구되기 위해서는 몇 가지 선결조건을 충족시킬 필요가 있다.

우선 감사나 보은지정(報恩之情)을 유발하기 위해서는 베푸는 자가 자발적, 의도덕, 이타적으로 베풀어야 한다. 그리고 또한 베푸는 자는 특수한 희생이나 노력을 통해 그러한 혜택을 베풀어야 한다. 끝으로

---

6) 위의 책, pp.126-132.

혜택을 받은 자의 의지에 반하는 간섭적 혜택일 경우 그 혜택은 어떤 도덕원칙도 위배함이 없이 주어져야 한다. 이상의 조건이 충족되었을 경우 혜택을 받은 자는 진정한 의미에서 보은지정을 갖게 될 것이다.

감사에 의거한 논변이 앞서 제시된 두 논변에 비해 설득력이 더 큰 이유는 그것이 상호성 논변처럼 되갚음의 요소를 함축하면서도 채권 채무와 같은 등가교환 관계를 능가하기 때문이며 또한 그것은 우정의 계기를 내포하면서도 그것을 넘어서 지속적이고 정신적인 우의를 설명할 수 있기 때문이다. 그러나 감사에 의거한 논변에도 제기될 수 있는 반론이 있을 수 있다.

효도를 감사로 보는 논변에 대한 가장 큰 반론은 부모가 자녀에게 혜택을 베푸는 것이 부모의 책임이요 의무인 까닭에 감사의 정을 유발할 이유가 없다는 것이다. 감사의 정을 유발하는 것은 의무 이상의 (supererogatory) 희생적인 행위이기 때문이다. 따라서 우리는 부모의 당연한 보살핌에 대해 감사할 필요가 없으며 효도의 의무는 있을 수 없다는 것이다.

이에 대해서 감사론자들은 부모가 자녀를 보살피는 것을 단지 일반적인 유형의 의무가 아니라 특수한 역할과 관련된 의무일 뿐만 아니라 그러한 의무를 수행하는 부모의 동기나 태도에 있어 그들은 단순한 의무의 요구를 능가하는 까닭에 자녀편에 있어서 감사하고 보은하고자 하는 특수한 의무가 생겨나는 것은 합당하다는 것이다.

이 밖에도 감사 논변에 대한 다른 반론의 여지가 없는 것은 아니나 이 논변이 앞서 제시한 상호성 논변이나 우정 논변에 비해 더 설득력 있는 논변이라 생각된다. 이는 앞선 두 논변이 가진 강점을 보존하면서도 그 두 논변이 가진 한계를 나름으로 보완하고 있기 때문이다. 결국 효도의 의무는 상호성, 우정의 계기를 지니면서도 그것을 넘어서는 보은지정에 뿌리를 두고 있다 할 것이다.

4) 보은과 광의의 호혜성

그런데 이상과 같이 효의 의무가 감사와 보은 개념을 통해 정당화될 수 있다고 할 경우 호혜성 논자들의 한 가지 반론이 예상된다. 일반적으로 어떤 사람이 나에게 일정한 혜택을 베풀거나 이득을 줄 의무가 있을 경우 그로 인해 내가 동등한 혜택이나 이득을 되갚을 의무가 생기지 않음은 사실이다. 따라서 호혜성 논자들에 의하면, 부모가 자녀를 보살필 의무가 있다는 사실은 자녀가 부모에게 그 보살핌을 되갚을 효의 의무를 발생시킬 근거가 되지 않음은 당연하다는 것이다.

예를 들어 우체부의 경우에 있어서처럼 그가 나에게 편지를 배달하는 혜택을 베풀 의무가 있는 이상 그 혜택은 정당하게 나에게 속하는 것으로서 이로 인해 되갚을 의무가 생기지 않으며 오히려 그가 그러한 혜택을 베풀지 않을 경우 나에게는 불평할 권리가 있다고 할 수 있다. 그러나 호혜성 논자들은 이 같은 호혜성 개념은 법적인 거래 혹은 준-법적인 거래에 전형적인 모형으로서 이 경우 채권채무의 관계가 형성되고 채무변제의 의무가 있게 되며 변제가 이루어졌을 때는 그 같은 관계가 종료되는 것이다. 따라서 이같이 법적인 모형의 호혜성 개념으로는 부모-자녀 간의 효도관계를 설명할 수 없는 것은 당연하다는 것이다. 결국 좁은 의미의 호혜성에 있어서는 상대의 의무가 아니면서 일방이 요청한 혜택에 대해서만이 호혜성 의무가 생겨나며 동등한 되갚음에 의해 관계가 종결된다고 할 수 있다.

요약하면 첫째, 협의의 호혜성 행위는 의무로서 요구되는 혜택에 대해서는 합당하게 기대되지 않는다. 둘째, 요청된 것이 아니라 자발적으로 이루어진 희생에 대해서도 협의의 호혜성 행위는 합당하게 기대되지 않는다. 셋째, 협의의 호혜성 행위는 애초의 희생이나 혜택에 대해 양적으로 대체로 동등한 되갚음이 요구되며 이것이 일단 수행되면 호혜적 관계는 종결되는 특성을 갖는다.[7]

그러나 호혜성 논자들은, 선의(good will)의 행위에 대한 감사나 보은은 광의의 호혜성으로서 설명될 수 있으며 이는 위에 제시된 협의의 호혜성이 갖는 각 특성과 다르다고 주장한다. 첫째, 선의의 행위에 대한 감사와 보은은 받은 혜택이 의무로서 요구된 것일지라도 합당하게 기대될 수 있다는 것이다. 둘째, 선의의 행위에 대한 감사나 보은은 요청되지 않은 자발적인 희생에 대해서도 합당하게 기대될 수 있다. 그리고 끝으로 넓은 의미의 호혜성이 갖는 한계는 최초의 선의의 행위로 주어진 희생의 양에 의해 결정되지 않는다는 것이다.

결국 호혜성 논자들의 이상과 같은 주장에서와 같이 호혜성을 협의와 광의로 구분할 경우 감사와 보은은 광의의 호혜성으로 해석될 여지가 있으며 따라서 효의 의무가 호혜성으로 설명될 수도 있다는 귀결에 이르게 된다. 이런 관점에서 위의 세 가지 논변에 대한 우리의 논의를 다시 정리해 보면 호혜성 논변에 대한 비판적 논의는 협의의 호혜성으로 효의 의미가 제대로 설명될 수 없다는 것이다. 그리고 우정의 논변이 갖는 의의는 협의의 호혜성이 갖는 협애성을 지적함과 동시에 호혜성의 의미가 더욱 확장되어야 할 계기를 제시하고 있다는 점이다.[8]

또한 광의의 호혜성은 호혜성의 내포나 본질적 특성에 있어서의 확대뿐만 아니라 적용대상이나 외연에 있어서의 확대도 의미한다고 생각된다. 사실상 부모와 자녀 간의 호혜성은 동등한 두 당사자 간의 가역적 호혜성이라기보다는 조부모에서 부모로 부모에서 자녀로 윗세대로부터 받은 혜택을 다시 다음 세대로 베푸는, 그래서 이행적인 호혜성이라 할 수 있다. 하지만 이 같은 내리사랑의 호혜적 공동체 속에서 우리는 모두 앞 세대에서 사랑을 받고 다음 세대에게 사랑을 되갚는 인류의 호혜 네트워크에 참여하고 있는 것이다.

---

7) Yamamoto Yutaka, "Filial Obligations and Justice".
8) 위의 논문 참조.

우리의 전통윤리인 삼강오륜의 기반이 되는 것은 바로 부자유친(父子有親)이며 이것이 보여주듯 부자관계와 그 특성은 친(親)함에 근거를 두고 있다. 또한 친함은 부모의 자식사랑(父慈)과 자식의 부모사랑(子孝)이라는 두 가지 계기를 가지며 이는 어느 일방만으로는 성립할 수 없는 상호 의무로서 요청되는 쌍무도덕(雙務道德)이라 할 수 있다. 하지만 이 중에서 유독 효도의 의무가 강조된 까닭은 자식사랑이 쉽사리 나타나는 자연지정인 데 비해 부모사랑은 보은지정으로서 후자가 전자에 의존하는 인위적 감정에 근거하고 있기 때문이다.

II. 충(忠)의 의미와 그 현대적 변용

1. 동양전통과 충의 윤리

유교윤리에서 충(忠)의 덕목과 자주 짝을 이루는 덕목으로서 등장하는 것으로는 서(恕), 신(信), 효(孝) 등이 있다. 물론 이 같은 덕목들이 각각 등장하는 문맥이나 맥락이 서로 다른 만큼 이들과 짝 개념을 이루는 충의 의미가 온전히 동일한 것일 수는 없겠지만 그들이 모두 충이라 불리는 만큼 그 공통된 의미를 찾아보는 일도 중요한 것이며 동시에 서로 맥락을 달리하는 상이한 함축을 이해하는 일 또한 그에 못지않게 중요한 과제라 생각된다. 우리는 이같이 상이한 맥락과 문맥에 주목하는 가운데 충 개념에 대한 전체적 그림을 그리는 데 주력해 보고자 한다.

1) 관용의 전제로서의 충(忠 · 恕)

공자의 애제자 안회(顔回)가 요절함으로써 공자의 도통은 증자(曾子)가 전해 받게 되는데 증자는 스승의 도를 한마디로 충서지도로 요약한다. 공자는 제자 증삼을 불러 인간의 도리가 한 원리로 일관(吾道一以貫之)되어 있다고 말하고 밖으로 나간 후 납득 못한 다른 제자들이 증삼에게 공자의 뜻을 묻자 증삼이 이를 충서(忠恕)로 풀이하였다. 이렇게 이어진 유도는 증자로부터 공자의 손자인 자사(子思)를 거쳐, 다시 맹자(孟子)에게 전해짐으로써 유교의 전통이 세워졌던 것이다.[9)

주희(朱熹)는 위의 구절에 대해 주석하기를 "나를 다하는 마음(盡己之心)이 충(忠)이요, 나를 미루어 남에게 미침(推己及人)이 서(恕)"라고 하여 충서(忠恕)의 고전적 정의를 내리고 있다. 이와 같이 충서의 요지는 진기와 추기라 할 수 있는데 이 양자는 또한 서로 상관없는 별개의 것이 아니고 불가분의 일체라고 본다. 그래서 충(忠)의 발현이 서(恕)요 서의 바탕이 충이니, 이 둘은 달리 말해서 체와 용의 관계에 있다고도 할 수 있다.

주희에 따르면 "충(忠)과 서(恕)는 둘로 분리될 수 없다. 바야흐로 충일 때에는 서를 아직 볼 수 없으나 서에 이르러 그 가운데 행해진다"고 한다. 어떤 주석가의 다음과 같은 요약은 더욱 정곡을 찌르는 듯하다. "충(忠)은 마음을 두고서 말한 것이니 나를 다하는 마음의 진실되지 않음이 없는 것이 그것이요, 서(恕)는 사람을 대하고 사물을 다루는 경우를 두고서 한 말이니 이는 내 마음의 진실됨을 미루어 인간과 사물에 미침일 뿐"이라는 것이다.

이상과 같이 충서(忠恕)에 대한 기본적 이해에 바탕을 두고 생각할 때 공자에 있어서 도덕의 기본 원리인 인(仁)은 여러 가지 다양한 방식으로 설명되긴 하나 여기에서는 다시 증자에 의해 충서로 해석되고 있는 셈이다. 한편에서 충서는 도덕의 근간을 이루는바 양심의 내적 성실성 즉 충실(忠)과 그 외적 표현으로서 타인에 대한 동정심 혹은 관용(恕)으로 이해될 수도 있다. 그러나 충(忠)의 발현으로서 서(恕)는 단순

---

9) 『論語』, 里仁十五, 新譯四書, 玄岩社, 해제 참조.

한 동정이나 용서의 개념을 넘어 칸트가 말한 보편화 가능성(univer-salizability)의 원리와 같은 일면을 보이고 있다. 따라서 서(恕)는 용서와 같은 단순한 특정덕목을 넘어 도덕의 기본이 되는 일반원리로 이해함이 더 합당할 듯하다.

충서에 대한 보충적 설명에 따르면 그것은 두 단계, 즉 소극적인 단계와 적극적인 단계로 나누어 말할 수 있을 듯하다. "나에게 베풀어짐을 원하지 않는 것을 또한 남에게 베풀지 말라(己所不欲 勿施於人)"는 바로 소극적인 충서를 가리키는 것으로서 이는 흔히 부정명법(Don't)으로 표현되는 은백률(Silver Rule)로 통용된다. 서(恕)의 의미를 이같이 소극적 규정으로만 이해할 때 그것은 기독교 윤리의 핵심인 황금률(Golden Rule)과 대비를 이룬다.

그러나 유교의 충서사상 역시 이같이 소극적 단계를 넘어 "나에게 베풀어짐을 원하는 것을 남에게 베풀어라"는 것으로 표현되는, 즉 부정을 통해서가 아니라 긍정을 통해서 표현되는 적극적인 측면이 있다는 점에 주목할 필요가 있다. 『논어』에서 공자는 "인자는 자신이 서고자 하는 때에 남을 세우고 자신이 이르고자 하는 데에 남을 이르게 한다(仁者 己欲立而立人 己欲達而達人)"고 하여 최종목표가 최소윤리를 넘어 최대윤리인 황금률의 실현에 있음을 분명히 하고 있다.

2) 신뢰의 원천으로서의 충(忠 · 信)

『논어』에서 공자는 다음과 같이 말하고 있다. "군자가 신중하지 않으면 위엄이 없고 공부를 해도 공고해지지 않는다. 성실과 신뢰에 힘쓰라. 자기만 못한 자를 친구하지 말고 지나침이 있거든 서슴지 말고 고쳐라(子曰 君子不重則 不威 學則不固 主忠信 無友不如己者 過則勿憚改)." 또한 다른 구절에서도 역시 "성실과 신뢰에 주력하라(主忠信)", "자기만 못한 자를 사귀지 말며 과오는 서슴지 말고 고치라"고 권고한

다. 이같이 주충신 즉 성실과 신뢰의 덕이 곳곳에서 쌍개념으로서 강조되고 있음을 볼 수 있다.[10]

이상의 구절에 대해 주희는 "스스로 내부에서 움직여 자신의 마음을 다하는 것(發心自盡)이 충(忠)이고 사물의 이치와 도리에 따라 어긋남이 없는 것(循物無違)이 신(信)"이라 했다. 나아가서 충은 신의 뿌리요 신은 충의 표현이라 했다. 한편 충과 신이라는 나누어진 두 개념을 합하여 충신(忠信)이라 한 것은 "자신의 마음을 다해 사물의 이치와 도리에 어긋남이 없음"이라고도 정의했다. 주희의 정의에 주목해 보면 결국 충(忠)은 신(信)의 바탕으로서 인간의 마음속 깊은 곳에서 일어나는 주체적인 움직임이고 신은 충의 전개로서 보편성과의 융화라 할 수 있다. 따라서 충신은 한마디로 소아의 대아에의 진실된 확충이라 할 수 있다.

공자는 신뢰의 중요성을 특히 사회철학적 내지 사회윤리적 맥락에서 강조하고 있는 듯하다. 공자가 제자 자공(子貢)과 더불어 정사(政事)를 논했을 때 공자는 나라를 다스리는 데 있어 세 가지 필수요건으로서 "식량을 풍부하게 하고(足食), 국방을 튼튼히 하며(足兵), 백성들의 믿음(民信)"을 강조했다. 이어서 제자가 세 요건 중 부득이 먼저 버려야 할 것이 무엇인가를 물었을 때 우선 국방을, 다음은 식량을 버릴 수 있다고 답한다. 그리고는 백성들 사이에 믿음이 없으면 나라가 서지 못한다(民無信, 不立) 하여 신뢰가 가장 중요하고도 기본적인 필수요건이라고 하였다.[11]

그렇다면 충(忠)과 신(信), 즉 성실과 신뢰는 어떤 관계에 있다고 할 수 있는가? 자신의 최선을 다하는 성실(忠)만이 타인에게 믿음(信)을 줄 수 있으며 믿음을 주고 받는 가운데 상호 신뢰관계, 신뢰사회가 성

---

10) 『論語』, 學而二, 新譯四書, 玄岩社, 해제 참조.
11) 『論語』, 顔淵七, 新譯四書, 玄岩社, 해제 참조.

립하게 된다. 따라서 주희가 말했듯 성실은 신뢰의 뿌리요 기반이라 할 수 있다. 이런 의미에서 신뢰는 성실의 외적 표현인 동시에 이 같은 신뢰관계 속에서만 사람들이 자신의 최선 즉 성실을 이끌어낼 수 있고 또한 성실이 의미를 가질 수 있는 까닭에 신뢰는 성실의 귀결인 동시에 성실의 조건이라 할 수 있을 것이다.

이상에서 우리는 서(恕)와 대비되는 충(忠), 신(信)과 쌍개념인 충(忠)을 차례로 살펴보았다. 이 두 경우에서 충(忠)은 자기를 다하는 마음(盡己之心), 그런 뜻에서 자기성실 내지 충실을 가리킨다는 점에서 동일한 의미를 갖는 것으로 생각된다. 자기성실을 미루어 사람을 대하는 서(恕)나 자기성실에 비추어 사태를 다루는 신(信) 모두가 그 바탕으로서 성실성과 충실성의 주체를 전제한다는 점에서 양자 간에 본질적인 차이를 발견하기 어렵다.

이런 의미에서 충은 신의 근본이요 신은 충의 발현(忠是信之本, 信是忠之發)이라는 주희의 말은 합당한 지적이라 하겠다. 또한 "충(忠)은 실심(實心)이요 신(信)은 실사(實事)", 즉 충(忠)은 우리의 마음에서 허위와 거짓을 몰아내게 하고 충의 열매인 신(信)은 일을 성취하는 데 거짓과 허위가 없음이라는 언급 역시 같은 맥락에서 이해될 수 있다고 생각된다.

3) 효도의 연장으로서의 충(忠 · 孝)

『충경(忠經)』에서는 "충(忠)이란 중(中)이다. 지극히 공정하여 사사로움이 없다(忠者中也 至公無私)"고 했고 "충(忠)이란 그 마음이 한결같음을 말함이요 나라를 위하는 근본임에 어찌 충에 힘쓰지 않으리요(忠者 其一心之謂矣 爲國之本 何莫繇忠)"라 하고 나아가 대저 "충(忠)은 자신에게서 일어나고 가정에서 나타나며 나라에서 완성되니 그 실천하는 바는 오직 한 가지이다(夫忠 興於身 著於家 成於國 其行一焉)"

라고 한다. 따라서 그 자신에게 한결같음이 충(忠)의 시작이요, 그 가정에 한결같음이 충의 중간이요, 그 나라에 한결같음이 충의 마지막이 된다는 것이다.[12]

이상의 인용문에 주목해 보면 『충경』에 나타난 충(忠)은 지금까지 논의되어 온 충의 개념과 다소 상이하다는 것을 짐작할 수 있다. 지금까지는 충이 다른 덕목의 기반으로서 자신을 다하는 주체의 성실성을 가리키는 것이라면 『충경』에 있어서는 충의 대상으로서 국가가 등장하게 되고 그에 대해 자신을 다하는 충성으로서의 충이 나타나게 된다. 다시 말하면 일반적인 원리나 덕으로서의 충이 아니라 국가라는 특정 대상에 헌신하는 특수덕목으로서의 충을 말하고 있는 것이다. 물론 일반덕목으로서의 충과 특수덕목으로서의 충이 전혀 무관한 것일 수는 없고 일반덕목이 구체적 대상 즉 국가를 대상으로 해서 구현된 것을 충성이라 할 수 있을 것이다.

따라서 충서(忠恕)나 충신(忠信)에 있어서와 같은 일반덕목으로서의 충(忠)이 국가나 임금과 같은 특정대상에 대해 발현된 것이 충효(忠孝)의 충(忠)임을 미루어 이해할 수 있다. 『중용』에서는 "충서(忠恕)의 진리는 자기가 당하고 싶지 않은 일을 남에게 강요하지 말고 자기가 자식들에게 바라는 그 마음으로 어버이를 섬기며 자신의 신하에게 바라는 그 마음으로 임금을 섬기며 자기의 아우에게 바라는 그 마음으로 형을 섬기며 벗들에게 바라는 그 마음으로 먼저 벗들에게 베풀어라(施諸己而不願 勿施於人 所求乎子 以事父 所求乎臣 以事君 所求乎弟 以事兄 所求朋友 先施之)"고 한다. 결국 충(忠)은 효도나 충성 등 모든 윤리적 덕목의 전제가 되는 기본 덕목으로서 주체의 성실성인 동시에 국가라는 구체적 대상에 대한 특수덕목으로서 충성을 뜻하기도 하는 것이다.[13]

---

12) 『忠經』, 第一章.

부모에 대한 자녀의 의무인 효(孝)와 군주에 대한 신민의 의무인 충(忠)은 유교의 가르침에 있어 일반적으로 우선권이 부여되는 두 가지 인간관계인 동시에 그와 관련된 덕목 혹은 가치라 할 수 있다. 물론 이들 각각은 다시 부모는 자녀를 사랑하고 자녀는 부모에게 효도하며(父慈-子孝), 군주는 신하를 정의롭게 대우하고 신하는 군주에게 충성을 다하는(君義-臣忠) 쌍무적 도덕에 기반하기는 하나, 자(慈)보다는 효(孝)가, 의(義)보다는 충(忠)이 일방적으로 강조되어 온 것이 관행이었다.

또한 효(孝)는 개인의 도덕발달 과정에 있어 선행하는 단계라는 점에서 충(忠)보다 발생적 우선성(genetic priority)을 지니며, 효는 충(정치권력과 관련된 소수자에게 요구되는 것이 상례)보다 널리 분포되어 있다는 점에서 문화적(cultural) 우선성과 더불어 효의 명법은 대부분의 경우 규범적(normative) 우선성 또한 갖는 것으로 보인다.[14]

물론 효(孝)에 못지않게 충(忠) 역시 유교적 전통 속에 깊이 뿌리를 내리고 있다. 유교는 언제나 도덕적으로 탁월한 통치자에게 봉사함에 있어 정치적 책임을 소중한 덕목이나 가치로 여겼으며 군주에 대한 신하의 규범적 관계가 충성이나 의리라는 것은 유교이념의 지속적인 주제였다고 할 수 있다. 그러나 앞서 지적한 바와 같이 일반적으로 충은 효에 비해 부차적인 지위를 갖는 것으로 받아들여져 있다. 왜냐하면 전통적인 중국에 있어 개인은 국가보다 가정을 우선시해야 했기 때문이다. 그러나 유교적 전통에서도 후대에 와서 효와 충의 우선순위가 전도됨으로써 충이 절대화되는 경우도 있었는데 특히 일본 유교는 그 대표적인 사례라 할 수 있다.

---

13) 『中庸』 참조.
14) I. J. McMullen, "Filial Piety, Loyalty and Universalism in Japanese Thought of the Tokugawa Period".

중국의 전통사회에서는 다수의 군주 가운데서 선택이 가능했다는 것, 그리고 군주의 자격에 대한 규범적 기준이나 이상이 존재한다는 것은 유교를 실천하는 개인들에게 중대한 현실적 결과를 갖게 된다. 그 같은 규범이나 이상은 군주의 처사에 반대해서 진언을 하고 경우에 따라서는 헌신을 포기하고 다른 군주로의 이행을 정당화해 주게 된다. 원시유교는 군주가 신하의 섬김을 유지하기 위해서는 일정한 규범적 기대를 충족시켜야 한다고 가르쳤다. 그로 인해서 군주와 신하 간의 관계에서는 중대한 우연성(contingency)의 계기가 있게 되는 것이다.

군주에 대한 신하의 충성이 갖는 도덕적이고 우연적인 성격은 더 이상의 중대한 현실적 결과를 동반하게 된다. 이는 필연적으로 임금을 섬기는 신하 자신의 선택과 결단, 즉 선별적 요소를 함축하게 된다. 이 같은 선택의 자유가 갖는 논리적 함축은 또한 자신의 도덕판단에 근거해서 선택하게 되는 온전한 자율성(autonomy)을 소지하는 도덕적 주체에 대한 믿음이다. 따라서 유교에 있어서 충성은 중대한 자기성찰적 측면(self-reflective aspect)을 갖게 된다.

충성에 대한 공자 자신의 이해가 함축하듯 신하는 자신에게 진실해야 하고 그 진실성에 바탕해서 대인관계로 나아가야 한다. 이미 앞서 제시된 바와 같이 『논어』에 나타난 충(忠)에 대한 유명한 정의로서 공자의 가르침을 일관하고 있는 원리는 바로 인간으로서 우리의 타고난 본성의 원리에 충실하고(忠) 그것을 타인들에게 자애롭게 확장, 구현(恕)하는 바로 그것이며 그 이상도 이하도 아닌 것이다. 여기에 충(忠)이 갖는 자율성의 계기가 부자 간의 관계인 효(孝)에서와 다소 다르게 된다.

비록 충(忠)과 효(孝) 그리고 그와 관련된 인간관계가 유교의 도덕적 전통에 있어 자주 상관되기는 하나 이 점에 있어 그들은 근본적으로 차별화된다고 할 수 있다. 한편에서 부자지간의 관계는 뗄 수 없는 관계인 데 비해 다른 한편 군신관계는 우연적, 선택적이며 이와 관련된 자율성에 있어 대조를 이룬다. 군신관계에서는 군주의 처사에 대해 세 번에 걸친 진언에도 불구하고 듣지 않을 경우 신하는 그를 떠나야 한다고 했다. 그러나 이와는 달리 부모의 경우 그러한 간청에도 불구하고 부모가 듣지 않을 경우 눈물을 흘리면서 그를 따를 것을 권장하고 있다.

일반적으로 유교적 전통에 있어 부자관계는 하늘이 맺어준 관계 즉 천륜(天倫)이라 하고, 그에 비해 군신관계는 의리에 의해 맺어진 것으로 인위적이고 선택적인 관계 즉 인륜(人倫)이라 한다. 이렇게 볼 때 비록 유교윤리가 특수주의적(particularistic) 성향을 보이기는 하나 군신관계에서 보는 것처럼 도덕적 주체의 자율적 선택에 의한다는 점에서 보편주의적(universalistic) 색채를 띠고 있다. 그러나 사회구조상의 차이로 인해 군주의 선택이 불가능한 경우 충(忠)의 본래적 보편성은 탈색되어 다시 특수주의적 덕목으로 전환, 그 자체로서 절대화되는 경향을 갖게 되며 충(忠)은 더 이상 도덕적인 자율적 성찰의 영역을 벗어나게 된다.[15]

2. 충성의 윤리와 그 한계

1) 충성과 충실의 윤리

충성(忠誠, loyalty)은 단일하고 특정한 하나의 덕목이면서도 기본적이고 포괄적인 덕목이라 할 수 있다. 나아가 충성이 여러 덕의 핵심으로 간주될 경우에는 그렇게 되는 이유가 분명히 밝혀져야 할 필요가 있다.

동서를 막론하고 성자, 순교자, 기사, 영웅들이 남긴 충성에 대한 미

---

15) 위의 논문 참조.

담들이 전해지고 있다. 또한 충성은 전장의 덕목으로서 가장 중요한 의미를 갖기도 한다. 그러나 일반적 통념에 따르면 충성은 반드시 그같이 대단한 경우에만 문제되는 것은 아니다. 충성은 영웅적인 비범한 행위에만 적용되는 것이 아니라 가장 일상적인 행위의 규범이기도 하다. 일상생활에 있어서 개인이 자신의 직업에 대해서 지게 되는 의무도 충성인데, 특히 이런 경우에는 충성(忠誠)보다 충실(忠實)이 더 적합한 듯하다.

가정생활이나 교우관계, 학교, 직장 등 넓은 의미의 사회생활과 국가생활에 있어서도 충성은 윤리적 규범으로서 요청된다. 형식적으로 말한다면 윤리적 당위의 실현은 충성을 매개로 해서 이루어진다고 할 수 있다. 윤리적 행위의 주체는 인격이며 인격은 특히 이성적 인간을 가리킨다. 이 같은 인격이 특정대상에 대해 자발적이고 실천적으로 헌신 (commitment)하며 또한 그러한 태도가 영속적일 경우 우리는 이를 충성이라 이른다.

충성의 대상에는 개인적 인격뿐만 아니라 객관적, 사회적, 집단적인 존재도 있다. 이런 의미에서 충성의 대상은 초개인적, 초인격적인 것일 수도 있다. 그러나 동시에 그것은 인간의 행위와 관련해서 의미를 갖는다는 점에서 결코 비인격적인 것이라 하기는 어렵다. 이런 까닭에 충성스런 인간이 추구하는 것은 자신의 개인적 이익이 아니며 오히려 충성은 개인의 이해와 대립하는 어떤 것이라 할 수 있다. 충성이 사회적 존재로서 인간의 기본적 덕목으로 생각되는 이유도 바로 이 때문이라 할 수 있다.

그런데 충성의 덕목을 수행함에 있어서는 한 가지 난점이 존재한다. 예를 들어서 우리는 특정한 국가에 태어나 그 속에서 생활하며 그 국가에 충성을 맹세한다. 자기 나라에 대한 충성은 가끔 배타적이고 폐쇄적이며 제3자에 대해 증오를 유발하게 된다. 도적떼에 있어서 두목에 대한 충성은 공동선이나 공공복지에 위배된다. 계급에 있어서도 동일한 사태가 일어난다.

단적으로 말하면 우군에의 충성은 적군에 대한 침해와 해악을 조장하게 된다. 그러나 적군의 병사 역시 자신의 우군에 대해 충성하게 될 것이다. 일방의 선은 타방의 악이며 그 역도 성립하게 된다. 따라서 A의 충성은 A 자신에 대해서는 선이고 B의 충성은 B 자신에 대해서는 선이지만 A, B 각각의 충성의 대상이 상호 반목하는 관계일 경우 그 관계는 분명 악을 내포하게 된다. 특히 그럴 경우 양자가 상호 각축할 때 상호 공멸은 불가피해진다.

충성이 기본적인 선이긴 하나 이상과 같이 전장에 있어서의 충성은 기본적으로 악을 결과하게 된다. 단적으로 말해서 적대자는 서로 상해하고 심지어 살상까지 하게 되며 그럴 경우 승자는 패자로부터 충성의 기회를 박탈하게 되며 결국 전장의 충성은 자기배반적이고 자기모순적인 귀결에 이르게 된다. 하지만 이미 충성스런 사람은 자신에게 있어서 본질적으로 충성의 대상을 선택하는 자유가 귀속되어 있다. 충성의 대상을 결정하는 것도 자기 자신이라는 점에서 우리는 자율적인 존재인 것이다. 여기에서 우리는 자신의 충성의 대상을 올바르게 선택해야 하는 문제가 제기된다. 그런데 이러한 선택의 기준은 무엇인가?

충성은 개인의 윤리적 독립을 현실적으로 보증하는 동시에 충성의 대상은 언제나 개인의 인격을 넘어선 초월적인 어떤 것이다. 따라서 충성의 올바른 대상은 개인과 초개인적 대상과의 상관관계에 있어서 선택될 수밖에 없다. 이를 달리 말하면 개인은 자신의 충성을 위해 충성의 대상을, 만인에게 공통되는 것으로서 선택하게 된다고 할 수 있다. 나는 만인을 위해 만인을 대신해서 충성의 대상을 선택한다고 할 수 있다.

따라서 특정한 사회적 관계에 있는 개인의 충성은 언제나 만인에 대한 충성, 보편적 충성 혹은 충성을 위한 충성(loyal to loyalty)에 준거해서 올바른 윤리적 판단이 불가결하게 된다. 또한 자신의 충성의 대상이 타인의 충성을 위협하거나 충성 그 자체를 파괴하는 일이 없도록 노력해야 할 것이다. 이런 의미에서 개인의 자발적이고 자율적인 선택의 기준은 충성에의 충성 즉 보편적 충성이라 할 수 있다.

나아가 보편적 계기를 매개로 해서 충성에의 헌신이 이루어질 때 특정한 사회적 관계에 있는 개인의 자유와 그 윤리적 독립은 자각적으로 확립된다고 할 수 있다. 바로 이 점에서 사회의 관습적, 전승적 강제를 배제하는 윤리적 양심의 권위를 볼 수 있다. 이렇게 해서 개인은 언제나 다수인의 충성을 최대한 증진하는 한에서 자신의 충성의 대상을 선택할 것이 요청된다. 그래서 충성은 자유의 주체로서의 개인에게 사회적 존재임과 동시에 인류의 일원으로서 보편성을 부여하게 된다. 이런 의미에서 충성의 궁극적 목적은 인류의 보편적 선이라 할 수 있다. 충성은 개인과 세계의 조화를 도모하고 그러한 조화 가운데 인간의 진정한 평안을 보장하게 된다.

2) 충성과 보편윤리의 만남

우리는 모두 친구, 친지, 가족, 민족, 직장, 학교, 종교, 각종 공동체 등 인간적, 경제적, 문화적 관계의 그물망 속에서 살고 있다. 그 속에서 형성된 유대는 사소한 것으로부터 숭고한 것에 이르기까지 천차만별이다. 우리는 그 같은 그물망 속에 머물면서 우리의 삶을 이루는 환경을 개선하도록 힘쓰기도 하나 때로는 다른 관계나 공동체를 찾아 떠나기도 한다. 이같이 복잡다양한 연고적 그물망 속에서 형성되는 자아를 경험적 자아(historical self)라 할 수 있다면 그 자아가 관련맺는 대상 즉 인간이나 집단에 대해 충성의 문제가 제기될 수 있다.

이러한 관점에서 충성은 역사적 자아의 한 가지 표현이라 할 수 있을 것이다. 이같이 경험적, 역사적 자아의 한 표현으로서 충성을 강조하는 이들은 충성이 단지 우연한 연고의 소산이거나 혈연, 지연 등에 대한 집착의 습성 이상의 것이라 생각하며 도덕적 의무에 근거를 두고 있는 것으로 본다. 하지만 근세 서양의 벤담이나 칸트와 같이 도덕판단에 있어 공평성(impartiality)을 중요시하는 윤리학자들은 그 같은 편향적 연고나 집착에 앞서 우리 모두는 개인(individual)으로서 존재하며 기존하는 연고관계에 속박되지 않고 자유로이 행위할 수 있다고 가정한다. 이같이 초역사적이고 보편적인 자아관에 근거하여 보편주의적 공평성의 윤리학자들은 충성의 윤리를 비판하고 나온다.[16]

다른 점에서는 충성과 애국심 등에 우호적 입장을 취하는 공동체주의자 매킨타이어까지도 "애국심은 도덕적 위험(moral danger)의 항구적인 원천임이 판명된다. 내가 보기에 이 같은 주장을 논파하는 데 성공하기가 사실상 어렵다고 생각한다"고 말했다. 물론 매킨타이어가 염두에 두고 있는 것은 '내 나라가 옳거나 그르다'는 점을 맹목적으로 생각없이 고집하는 것이 파시즘으로 나아갈 미끄러운 언덕(slippery slope)이라는 점이다. 그것이 친구이건, 연인이건 혹은 국가이건 간에 어떤 충성의 대상에 대해 맹목적으로 집착하는 경우 충성은 우상숭배가 되고 만다. 어떤 구체적인 사람이나 존재가 시비의 궁극적 원천이 될 수 있다고 생각하는 바로 그 점에 도덕적 위험이 개재하게 되는데 이 같은 도덕적 위험은 애국심에 못지않게, 사랑이나 정치이념의 경우에도 마찬가지로 생겨날 수 있다.

충성은 때때로 단지 배신을 하지 않음을 함축하기도 하지만, 다른 경우 애국심이나 종교적 헌신, 이성애 등에서 나타나듯 더욱 심오하고 내밀한 낭만적 통합성을 의미하기도 한다. "그대, 나를 배신하지 말라(Thou shalt not betray me)"로 표현될 수 있는 최소한의 충성(minimal loyalty)만으로는 인간관계가 견지되기 어렵듯이 혼외정사

---

16) George. P. Fletcher, *Loyalty, An Essay on the Morality of Relationships*, Oxford University Press, 1993, Ch. 1 참조.

를 피하는 것만으로는 연인에 대한 충실성으로서 충분하지가 않다. 또한 우상숭배를 거부하는 것만으로 충실한 신앙생활이라고 하기는 어렵다.

대상들에 대한 더욱 충분하고 온전한 최대의 충성(maximum loyalty)은 그 이상의 무엇인가를 요구하는바 "그대는 나와 하나가 될지어다(Thou shalt be one with me)"로 표현되며, 이는 일정한 의식을 통해 충성하는 자와 그 대상 간에 이루어지는 합일을 전제한다. 그러나 도덕적 위험은 바로 이 같은 최고의 충성에 있어 더욱 심각하게 부각된다.[17]

우리는 동반할 악(evil)에 아랑곳하지 않고 친구, 가족, 공동체, 국가, 신 등에 전폭적인 충성과 헌신(total commitment)을 고집할 수는 없다. 충성은 종교와도 같이 무한한 죄를 유발할 수 있다. 혈연적 유대가 특정가문에 부의 편재를 가져오고 족벌주의가 적재적소에 인재등용을 방해한다. 물론 충성이 저지르는 최대최악의 죄는 전쟁이다. 양편의 공격적 지도자와 충성스러운 병사가 없다면 결코 비극적이고 처참한 전쟁은 일어나지 않을 것이다. 문제는 충성의 한계를 그어주어 그 한계를 넘지 않는 개명된 충성(enlightened loyalty)을 확보하는 일이다. 우리가 지나치는 지점을 판정해 줄 기준, 직관, 가치는 무엇인가?

충성에 대한 저서에서 로이스(Josiah Royce)는, 자유에 대한 상충하는 여러 요구들을 조정하기 위한 롤즈(John Rawls)의 전략을 상기시키는 듯한 방식으로 충성의 한계를 탐색한다. 롤즈가 그의 정의의 제1원칙에서 주장하는바 각 개인은 타인들의 유사한 자유들과 양립가능한 한에서 자유의 최대치에 대한 권한을 갖는다는 것이다. 자유에의 요구는 원리상 그것이 타인의 자유를 감소시킬 경우에 유보되어야

---

17) 위의 책, ch. 3. 4 참조.

한다고 말한다. 결국 로이스의 전략은 각 개인이 타인들의 충성에 대한 존중과 양립 가능한 한에서 충성의 최대한을 행사해야 하는 것이다.

로이스는 이러한 원리를 충성에의 충성(loyal to loyalty)이라는 명법으로 표현하고 있다. 그럼으로써 비로소 동료 인간들 간에 충성의 최대치가 실현될 수 있다는 것이다. 여기에서 충성의 원리를 강조하는 자들은 로이스의 충성관이 갖는 난점으로서 일정한 대상이나 대의명분에의 충성이 전적으로 자유로이 그리고 자율적으로 선택된다는 가정에서 생겨난다고 지적한다. 로이스는 개인들로 하여금 그들의 친구, 가족, 국가, 종교 공동체에의 충성서약으로 기울게 하는 각종 연고에 얽힌 역사적 자아에 대한 고려가 부족하다고 비판한다. 그러나 우리는 바로 이 지점에서 보편주의적 공평의 윤리가, 특수주의적 충성의 윤리가 갖는 한계 판별에 도움을 줄 수 있다는 사실을 목도하게 된다.

보편윤리나 공평의 윤리는 우리가 어떤 조건 아래서 과다한 충성이 도덕적 위험이 되는지를 이해하는 데 도움이 된다. 아마도 이 같은 위험은 사람, 가족, 국가 등에 대한 우리의 충성스러운 행위가 국외자의 인권이나 존엄성을 위협하거나(칸트의 보편윤리) 충성을 통해 얻을 이득에 비해 지나치게 고가의 비용을 치를 위기로 인해서(공리주의의 보편윤리) 확인될 수 있을 것이다. 이 같은 충성의 한계에 대한 근사적 지침은 우리가 공평성의 윤리적 전통에서 합당하게 기대할 수 있는 것이라 생각된다. 플레처(George P. Fletcher)의 지적대로 "우리 시대의 도전은 충성의 특수주의적 경향과 어떤 맥락에 있어서 공평한 정의의 요구, 그리고 나아가 모든 맥락에 있어서 합리적 담론의 수용을 통합하는 일"이라 할 것이다.

제5장 지구촌 불평등, 빈곤과 인권유린

Global Inequality, Poverty and Infringement of Human Rights

1. Global Poverty and Reality of North Korea

The end of poverty! How is it possible? Is there any way to end global poverty? In a world of plenty, about one billion people are so poor, their lives are in danger. How to change that for good? I think there is any method that we can banish extreme poverty in our generation, yet 8 million people die each year because they are too poor to survive. The tragedy is that with a little help, they could even survive. How can we make it happen?

As a matter of definition, there are three degrees of poverty; extreme(or absolute) poverty, moderate poverty and relative poverty. Extreme poverty, defined by the World Bank as getting by an income of less than $1 a day, means that households cannot meet basic needs. We can describe extreme poverty "as the poverty that kills". Unlike moderate or relative poverty, extreme poverty now exist only in developing countries.[1]

Moderate poverty, defined as living on $2 a day, refers to conditions in which basic needs are met, but just barely. Being in relative poverty, defined by a household income level below a given proportion of the national average, means lacking things that the middle class now takes for granted.

Since Sept. 11, 2001, the U.S. has launched a war on terrorism, but it has neglected the deeper causes of global instability. The nearly $500 billion that the U.S. will spend this year on the military will never buy lasting peace if the U.S. continues to spend only one-thirtieth of that, around $16 billion, to address the plight of the poorest of the poor, whose societies are destabilized by extreme poverty.

The $16 billion represents 0.15% of U.S. income, just 15? on every $100 of over national income. The share devoted to helping the poor has declined for decades and is a tiny fraction of what the U.S. has promised. The U.S. has promised repeatedly to give a larger share of its annual output to help poor countries. But year after year America has failed to follow through.[2]

The total number of people living in extreme poverty, the World Bank estimates, is 1.1 billion, down from 1.5 billion in 1981. While that is progress, much of the one-sixth of humanity in extreme poverty suffers the ravages of AIDS, drought, isolation and civil wars, and is thereby trapped in a vicious cycle of deprivation and death.

---

1) *Time*, March 14, 2005, "The End of Poverty", p.35 참조.
2) Ibid., p.34.

Moreover, while the economic boom in East Asia has helped reduce the proportion of the extreme poor in that region from 58% in 1981 to 15% 2001(North Korea is exception), and in South Asia from 52% to 31%, the situation is deeply extrenched in Africa, where almost half of the continent's population lives in extreme poverty-a proportion that has actually grown worse over the past two decades as the rest of the world has grown more prosperous.

Let me introduce the poverty and miserable situation of North Korea, lost and forgotton half of Korea. Unhappily, it has been reported worse than the average of the world. According to the presumed statistics of deceased people all over the north Korea, since the Deluge 1995 to 1998, about 3.5millions had died and this is estimated 15% of total population of North Korea. It is similar to the report of Le Figaro(France), quoted from the saying of the person concerned of MSF, who visited the borderland of China-North Korea, "15-20% of North Korea population had already starved".[3]

Also, Hall, a member of the National Assembly of America, who had visited North Korea several times said that 30% of children below 2 years of North Korea is severely malnourished, 67% of all children are physically undersized and underdeveloped and the number of the diseased from starvation is estimated, at least 1 million, at most 3 millions. Times has pointed out that, population of North Korea has been decreasing to the 21.23millions this year, through the peak of 21.55 million of 1995. This means that 1.27million is deceased, comparatively to

---

3) *Joongangilbo*, 1998. 4. 13. 참조.
4) *Hankookilbo*, 1998. 11. 16. 참조.

the population increasing rate of the beginning of 1990.[4]

2. Global Inequality and Liberal Conception of Global Justice

Almost half of the world's population of 6 billion people live on less than $2 a day, and 1.2 billion live in absolute poverty on less than $1 a day. In developed countries, fewer than 5 percent of children under five years old are malnourished, whereas in poor countries as many as 50 percent are. Infant mortality rates vary across the world. In Sub-Saharan Africa, it is fifteen times that of developed countries.

Life expectancy for people living in countries with "high human development" is an average 77.3 years; for those living in countries with "low human development, it is 52.6 years. Seventeen million people in developing countries die each year from curable infectious disease; 800 million do not get enough food; and 500 million are chronically malnourished. Roughly, twenty five percent of the world's population(1.3 billion individuals), mostly woman and children live in absolute poverty.

Anyway, it is a well known fact that many people in the world make do with less than adequate nourishment, clothing, housing, health care, education, and other basic human needs not because of absolute shortage of global resources but because of unequal distribution of these resources. Inequality in distribution of resources, in trun determines what Amartya Sen calls a person's entitlements to the basic needs(e.g. the money with which to purchase food).[5]

---

5) A. Sen, *Poverty and Femines, An Essay on Entitlements and Deprivation*, Oxford University Press, Ch.1 참조.

The well known fact that a fifth of the world's population consumes more than four-fifth of the globe's resources and own more than eighty percent of its wealth affects to this global disparity in entitlements. So while poverty and inequality are distinct concepts, it is indisputable that much of the global poverty caused and sustained by pervasive inequality in the distribution of the globe's resources.

That it is the lack of unequitable entitlement that gives rise to poverty and not an absolute global shortage shows that global poverty is a legitimate moral concern. Given that "ought implies can", there would be no basis otherwise for arguing that we have a duty toward those in dire need. But it has been amply shown by many, the neo-Malthusian metaphor of earth as a lifeboat rapidly arriving at the limits of its capacity is a dramatic misrepresentation of that global situation.

As Sen and Jean Dreze put it: "Hunger is intolerable in the modern world in a way it could not be in the past. This is not so much because it is more intense, but because widespread hunger is so unnecessary and unwarranted in the modern world. The enormous expansion of productive power that has taken place over the last few centuries has made it, perhaps for the first time, possible to guarantee adequate food for all, and it is in this context that the persistence of chronic hunger and the recurrence of virulent famines must be seen as being morally outrageous and politically unacceptable". [6]

Many liberals have thus offered various persuasive arguments why the debilitating poverty and its resultant human miseries described above are

---

6) Jean Dreze and Amartya Sen, *Hunger and Public Action*, Oxford: Oxford University Press, 1998, pp.3-4.

pressing universal concerns. Not least is the argument that the serious deprivation of fundamental human needs violates the basic rights of persons to security and subsistence. Other liberals, taking a duty-based approach, argue that if the protecting and promoting of moral agencies of persons are important moral concerns, we have positive duties to help those whose moral agencies are being undermined by their lack of basic needs such as food and shelter.

Yet others, beginning form utilitarian premises, point out that if we can ameliorate human suffering without sacrificing anything morally significant on our part and we can do this because of the drastic inequalities in global conditions, we have the duty to do so.[7] For these liberals, our positive duties toward those afflicted by poverty are universal in that they extend beyond our own national and state boundaries. The global implications of John Rawls's equal opportunity principle also strongly support the same argument about the global inequality and duty to aid.

3. Duties of Justice in Global Institutional Context

Moral philosophers have, therefore, long argued that the debilitating poverty and its resultant human miseries described above are pressing universal concerns, and that it is a moral obligation, and not just a matter of charity, that affluent countries should do much more than they are currently doing to assist poorer ones. The scope of our moral

---

7) Peter Singer, "Femine, Affluence and Morality", *World Hunger and Morality*, 2nd ed. New Jersey: Prentice Hall, 1996, pp.26-38.

concern, thy argue, should not suddenly stop at the borders of our country.

But the crucial question remains; what is the content of this obligation? Do we simply need an account of humanitarian assistance that can ensure that all individuals are able to meet their basic need? Or do we need to go beyond humanitarianism and critically assess the distributive aspects of the global order against certain principles of justice. That is, the interesting dispute is now between those who think that we only have humanitarian duties to foreigners and those who think that we have, in addition to humanitarian duties, duties of distributive justice.

The battleline, so to speak, in the philosophical discourse on ethics and international relations has shifted over the past.[8] The central dispute is now no longer about the scope of our moral concern. Few theorists today seriously urge that we have no humanitarian duties for foreigners. This important and positive shift in theorizing about international ethics is due in no small measure to the force and influence of writings of O'Neill Shue, and Singer among others. The new debate concerns the content of this moral concern and whether it is grounded on justice.

As John Rawls puts it, "the primary subject of social justice is the basic structure of society, or more exactly, the way in which the major social institutions distribute fundamental rights and duties and determine the division of advantages from social cooperation.[9] A theory of global justice

---

8) Kok-Chor Tan, *Justice Without Borders*, Cambridge: Cambridge University Press, 2004, p.20.
9) John Rawls, *A Theory of Justice*, Cambridge: Harvard University Press, 1971, p.7.

would thus not only be concerned with the particular actions and foreign policies of individual conuntries, but very importantly and more fundamentally, it could be concerned also with the background global institutional context within which countries interact. Duties of global justice would be, thus, more encompassing and fundamental level and so call for standards by which to evaluate and to correct if necessary, the distributive aspects of our global institutions.

In recent years, there has been a noticeable move towards an explicitly institutional focus in writings on global poverty and international relations. For instance, Andrew Kuper objects to what he calls the "individualist practical ethics" of Singer, and argues instead for a political philosophical approach to global justice that focuses on institutions as both the root cause and the site of reform in the fight against poverty. This shift in focus is due to the growing recognition that to effectively tackle global poverty and inequality, we need to address the global background context within which countries interact and not simply take this context as a given.[10]

Some global egalitarians have argued, for instance, that as long as the global economic structure remains fundamentally capitalistic, citizens of developing and underdeveloped countries will continue to be exploited and deprived of their basic human needs. Others, while less hostile in principle to global free market, nonetheless argue that we need to reexamine its basic operating assumptions—expecially those pertaining to state sovereignty and resource ownership, fair competition, and fair trade, and citizenship and legitimate entitlements.

---

10) Kok-Chor Tan, op.cit., pp.24-25 참조, 재인용.

Such differences in detail notwithstanding, the general agreement is that the current global economic structure, and the norms and principles that drive and regulate economic practices, precipitate and perpetuate gross inequality and poverty. It must be noted that the structural roots of global injustice go beyond the economic sphere narrowly understood. Indeed, they permeate much of the current global background context.[11]

4. Globalization and Global Distributive Justice

Globalization is often employed as a convenient term for a wide range of social phenomena, from multiculturalism and migration, to the universalization of ideals such as human rights. But for our purpose, we will take globalization to mean specifically economic globalization, which describes the process of increasing integration and interdependency of national economies, the increasing mobility of capital and labor across traditional boundaries, the creation of new global markets and products and creation of international organs and regulation to faciliate and to govern these interactions.

In short, economic globalization refer to the existence, or at least the approximation, of a single encompassing global economy in which all individuals of the world are participants. The concept and reach of globalization, and its implication for international relations are currently much debated topics. But it is disputable that the benefits and burdens of economic globalization are far from being equitably distributed and shared among the world's population.[12]

---

11) Ibid., p.25.

In spite of globalization, global income disparity has widened rather than narrowed. Between 1960 and 1997, the difference in income between the top 20 percent of the world's population in the richest countries and the bottom 20 percent has arisen from thirty to seventy-four times(UNDP 1998, p.36). Moreover, the need to stay globally competitive has forced some developing countries to cut back on public subsidies, liberalize their domestic markets, and undercut labor standards, resulting in increased inequality within these countries.

There is no need to describe in detail the commonly offered reasons why globalization has failed the world's needy. Economic globalization is currently driven along by the principles of laissez faire capitalism, or neoliberalism as it is commonly called. As some economists have observed, "neo-liberalism might be better conceived the, often unspoken, ideology that has actively promoted, and to a certain degree, created globalization".[13]

But the operating assumption of neoliberalism that fewer trade barriers and tariffs, more global competition, greater liberalization of local economies, great export specialization, and elimination of domestic subsidies, will eventually narrow the gulf between the north and the south—have so far proven to be wide of the mark.

As long as the global economic playing field remains uneven, free competition is never truly free, nor importantly fair. In the context of this structural inequality, neoliberal economic principles cannot meet the basic human and developmental needs of the world's poorest sector.

---

12) Ibid., pp.30-31 참조.
13) Ibid., p.31에서 재인용.

When the agricultural and industrial sectors in developing countries are not ready to compete in a global open market, forcing developing countries to open their borders to foreign competition renders local industries and farmers vulnerable to the more established industries and heavily subsidized farm products from developed countries.[14]

Rather than combating poverty, neoliberalism in the context of inequality result in job losses and productivity declines. As some scholar observes "In the face of growing inequalities, the economic growth that neoliberalism promises may fail to deliver the improvement in economic welfare with which it is typically associated, and may interfere with the achievement of important political and economic rights and opportunities".[15] Not surprisingly, we are thus witnessing a growing public opposition, over past few years, against economic globalization and its supporting global agencies.

But much of this popular opposition has been presented as an outright rejection of globalization, as much, to my mind, oversimplifies and misses the crux of the problem. What is at issue is not the process of globalization as such, but the terms of globalization, in particular, the neoliberal ideology underpinning and driving it. After all, greater economic interdependency per se, if properly regulated, could benefit individuals in developing countries. But more to the point, it is not even clear if economic globalization is a process that poor countries may opt out of without suffering even greater economic costs. It is not trade perse that is the problem for development, but the rigged rules of trade.

---

14) Ibid.
15) Ibid., p.32 참조.

What is needed, in other words, is not an outright renunciation of global economic interdependency, but better global principles and institutions to regulate this interdependency, and to distribute the burdens and benefits of globalization more equitable. The current failings of globalization are due more to the lack of proper governance of economic integration than the fact of integration itself.

We need to challenge the neoliberal ideology currently guiding the globalization process, an ideology which we have tended to take for granted, and consider possible alternatives. To claim that we have either to accept neoliberal globalization or the worse fate of economic isolation, a claim often made by defenders of neoliberal globalism, is to present a false dilemma. There is a third option of globalization on different, more egalitarian term.[16)]

5. National Affinity and National Liberalism

Generally, liberalism is committed to a cosmopolitan understanding of distributive justice. That is, liberals ought to take distributive principles to apply to all individuals of the world equally regardless of their nationality and other contingent facts about them. In short, liberals ought also to be cosmopolitan liberals.

But in recent years, the traditional view has come under challenge from within liberalism itself. A growing number of liberal theorists argue that implicit in liberalism is a theory of nationalism. The resurgence of nationalist movements in different parts of the world in recent years and

---

16) Ibid., p.33.

the renewed challenges of multiculturalism and migration within liberal democracies have prompted a burgeoning interest among liberal theorists in the idea of nationalism.[17]

One outcome of this confrontation with nationalism is the growing consensus among contemporary liberal theorists that liberalism and nationalism, far from being contradictory ideals as once commonly thought, are not only compatible but indeed mutually reinforcing ideals. As nationalism needs liberalism to tame it and to set moral constraints on it, so liberalism needs nationalism in order to achieve its ends.[18]

As liberal nationalists argue, it is within the context of a national culture that "the core liberal values" of individual autonomy, social justice and democracy are best realized. Liberal nationalism is a form of nationalism in that it affirms the general nationalist thesis that all states, including liberal ones, should promote and inculcate a sense of shared nationality among their respective citizens.

This sense of common belonging is thought by nationalists to be necessary for grounding a common citizenship among individuals in the modern state, a problem that is especially poinant in the context of the liberal democratic state where individuals seek diverse and sometimes incompatible ends. Yet liberal nationalism is a liberal form of nationalism because liberal principles are constraints on the kinds of nationalist goals that may be legitimately pursued and strategies that may be deployed to further these goals.

---

17) Will Kymlica, *Contemporary Political Philosophy*, 2nd ed., Oxford University Press, 2002 참조.
18) Kok-Chor Tan, op.cit., p.85 참조.

The national affinity argument claims that justice depends on shared meaning and common understandings about the goods to be distributed. Yet these shared meanings and common understandings are not available outside the context of a national community. As Walzer has famously put it, "The idea of distributive justice presupposes a bounded world within which distribution takes place".[19] It is only within such bounded world that individuals can agree on the kinds of goods that they need to share and distribute.

It seems to me that this argument can be dismissed. But the argument from national affinity can be read as an argument about moral motivation. So understood, it is a claim about the need for a common belonging, in particular a moral community(the bounded world) shared by individuals, before we can reasonably expect their compliance with the demands of justice. As Sandal writes, a distributive principle "must presuppose some prior moral tie among those whose assets it would deploy and those whose afforts it would enlist in a common endeavor".

Anyway, we can endorse the claim that national affinity provides an important precondition for social justice. But this is very different from saying that nationality is the only available basic for social justice. Rawls writes that it is "the task of the statesman to struggle againt the potential lack of affinity among different peoples... What encourages the statesman's work is that relations of affinity are not a fixed thing, but may continually grow stronger over time as peoples come to work together in cooperative institutions they have developed".[20]

Rawls, it should be pointed out, recognizes this need for affinity

---

19) Michael Walzer, *Spheres of Justice*, New York: Basic Books, 1983, p.31.

between peoples not to ground global distributive schemes, but to ground humanitarian duties between peoples. Yet his point "that the narrow circle of mutually caring peoples in the world today may expand over time and must never be viewed as fixed" is an important one and can be adapted, I would argue, to ground more than just humanitarian duties but duties of justice as well.

The issue here is whether there is sufficient affinity and sense of common moral identity among individuals to motivate compliance with global principles; and Rawls' argument shows us that it would be premature to rule out this possibility just because it is not fully realized now.

6. Sun-Shine Policy and International Assistence to North Korea

Immediately following the outbreak of North Korean floods in 1995, the government of South Korea allowed civil sectors aid to North Korea only through the Korean National Society of Red Cross. At the early stages, there has been conflicts between the government and civil sectors in the South concerning humanitarian aid to the North. Since 1997, the Red Cross organizations of both South and North Korea have been able to maintain direct contact, and direct assistance has been given through these organizations.

As the government permitted various direct channels of aid to the

---

20) John Rawls, *The Law of Peoples*, Cambridge: Harvard University Press, 1999, pp.112-113.

North in 1999 and supported NGOs through the South-North Cooperation Fund in 2000, the cooperation between the government and NGOs has made for more effective delivery of humanitarian aid to the North. The Civil Government Policy Consultation Committee on Humanitarian Aid to the North was established in 2001. South Korea's non-government sectors have assisted with food and supplies worth $122.18 million from 1995 to 2001.[21]

The North and South Korean Summit Conference held in June, 2000, became a decisive turning point for the past South-North relationship that had been consistent with mutual criticism and hostility. At the time of natural disaster or economic crisis, South Korea assisted North Korea on the humanitarian basis, but it has not resulted in improvement of mutual relationship. Although there was a communiqu? about mutual cooperation, it is true that the spirit has not been carried out smoothly. However, after the South-North Summit, the relationship, unlike the past, has turned for better.

With this opportunity, the hostility against North Korea has been much eliminated. The separated families in North and South Korea since the Korean War of 1950-53 have visited with each other. The North Korean products are exhibited in South Korean department stores. It is expected that the South-North relationship quit the past mutual criticism and the two sides become the partners of cooperation and more up to preparation for unification. In contrast, recently there are some

---

21) Keumsoon Lee, "Assisting North Korea by Intergovernmental Agencies and Non-Governmental Organizaations: Current State and Implications", *International Organization's Assistance to North Korea and Inter-Korean Cooperation*, The Korea Institute for National Unification, 2001, p.15.

negative opinions like criticism on the Sun Shine policy, which will result in the domestic conflicts of South Korea.

The recent North Korean economy has resulted in drastic reduction of grain and it faced the difficulty regarded as critical situation. Collapse of the industry has brought hardship in production of daily essentials. Whether the cause is on the system or on natural disaster, we cannot overlook the situation from the humanitarian viewpoint and furthermore, we should as the same nationality, workout positive assistance policy. Fortunately although Korean government, civilian groups and international organization have been engaging in various support policies. It is not sufficient in scale to improve the economic situation.[22]

The relentless trend of the severe economic condition in North Korea, since 1990-including the shortages of food, raw materials, and foreign exchange-is likely to continue in the short to medium-term, at very least. The economic integration of the two Koreas will inevitably induce an additional fiscal burden on South Korea. But South Korea's economy has also recently been challenged by its own financial crisis and as a consequence the weight of the burden has become even heavier. The fiscal burden, arising from the financial sector recapitalization to recover from the recent financial crisis, already amounts to a huge price tag and will continue until the government reimburses the public bond issues.

As we have observed, South Korea does not have enough financial

---

22) James Chinkyung Kim, "The Role of International Organizations for Enhancing Cooperation with North Korea in Education and Environment", Ibid., p.94.

resources to support the rehabilitation of the North Korean economy. On the other hand, the international community will recognize the economic benefits of an increasingly stable and secure Korean peninsula as the South-North dialogue process, and be ready to make due contributions. Only society regulated by principle of justice(namely the basic needs satisfied and human rights respected) is inherently stable and truly peaceful.

So I want to put forward two conceivable and feasible proposals which has suggested by some professional scholar.[23] One is the establishment of multilatural assistance mechanism(MAM)) through which financial, as well as technical, assistance to North Korea will be channeled and a multilatural policy dialogue with North Korea will be maintained. The participants could include major donor governments, major IFIs, the UNDP, NGOs, and international aid agencies. A multilatural coordination mechanism is better suited to preventing aid duplication and for assuming the transparency of the economic assistance provided. Such a mechanism is also needed for the swift provision of much needed economic assistance to North Korea.

The second proposal concerns North Korea's external debt problem. Without the initiation of debt relief talks on rescheduling or reductions, North Korea is, for all intents and purposes, out of the international financial market. It is time to think about the participation of the Paris Club official creditors in the debt relief negotiation process. Furthermore, the utilization of NGOs in the course of cleaning the insolvent debts

---

23) Hyoungsoo Zang, "Agenda for International Cooperation on Mobilizing Development Assistance for North Krea", Ibid., pp.30-31 참조.

through debt-for-equity swaps could be considered as a complement to straight- forward debt relief.

7. Conclusion: Toward A Just Global Community

Crucially then, a liberal global order would require more than political reforms; it requires foremost a global setting in which rich and poor countries can come together as equals and with mutual trust and respect. Yet mutual trust and respect requisite for a more open global society are understandably lacking in present global arrangement that conduces to the coercion and deception of vulnerable(i.e. the poor) countries. Justice and reason dictate a certain world order; but the question remains whether there is the will to take us there.

Rawls stressed famously that a viable theory of justice must take into account the "strains of commitment", that we are to avoid those agreements on principles of justice that we can adhere to only with great difficulty. He shares the common belief that our moral concern diminishes with distance, that the world is just too large to be coextensive with our sense of moral community.

Indeed some philosophers have asked whether our commitment are not already overstretched in pluralistic liberal democratic society. But let us assume that the solidarity requisite for a just society is evident within societies and struggle only with the more common notion that this sense of solidarity ends at our national borders.

Granting this psychological claim about human nature, I want to offer a tentative argument why I think a vision of a liberal global order is not hopelessly utopian, why a liberal global community need not necessarily overstrain our commitment. The basis of my belief generally has to do with the fact that physical distances are no longer effective in morally insulating "us" from "them" in the modern world. In an increasingly interdependent and interconnected global area, social, economic and environmental failures and exploitations are no longer the confined problems of isolated states but have severe repercussions beyond state borders.[24]

As Cunningham writes in his Book The Real World of Democracy Revisited(146-147), "The first world is no longer able to isolate itself from its ecological and economic effects on the third. Exploitation of third world workers create unemployment in the first world and the social and economic strains of forced migration. Destructive ecological practices are felt worldwide".[25] It seems then that the demands of justice and those of self-interest are begining to converge in a world rapidly "shrinking" largely due to technological advances.

Classic of oriental wisdom Mencius(孟子), begins like this, "When Mencius visits a nation, the king asked 'The great teacher, Mencius! Please tell me the wary to maximize the interests of our nation'. To this, replied Mencius "Why do you concern only with the interests. King should pursue only the virtue of humanity and Justice. If people concern only with self-interest, so many conflicts will flourishes and results in a catastophre of a nation." I think that in Mencius mind, he want to reject only short-sighted self interest, not interest itself, and in his thoughts

---

24) Kok-Chor Tan, Toleration, Diversity and Global Justice, The Pensylvania State University, 2000, p.211.
25) Frank Cunningham, The Real World of Democracy Revisited, Humanities Press, 1994, pp.146-147.

interest and justice are not contradictory terms. Really justice is in the harmony of interests of all(義, 利之知也).[26] So whenever we want to take interest we should remind of justice(見利思義), we had better say "Pursue only just interests".

Consider the case of global poverty. There are considerable self-interested reasons why the rich North should be motivated to ameliorate this problem. Poverty derives people to engage or acquires in ecologically destructive activities, for instance those leading to deforestation. Ending extreme poverty can relieve many of the pressures on the environment. When impoverished households are more productive on their farms, for example, they face less pressure to cut down neighboring forests in search of new farmland. Still, even as extreme poverty ends, we must not fuel prosperity with a lack of concern for industrial pollution and the unchecked burning of fossil fuels.

Poverty also creates political instability which obstructs cooperative worldwide action and being war prone, fuels the diversion of much needed resources into military expenditures, not to mention the destruction caused by wars themselves.[27] Poverty doubly encourages the infringement of human rights, not only itself infringes the human rights of the poor(their welfare rights) by forcing them into inhumane and indecent lives, but also makes possible the poor nations to enforce easily the policy of infringing of human rights.

---

26) 『孟子集註』 참조.
27) Ibid., pp.143-144 참조.

제3부 사회정의의 현실적 구현

제1장   전쟁과 평화 그리고 정의

인류역사 이래 집단적 폭력으로서 전쟁이 없었던 시절이 존재했을리 만무하지만 매스컴의 발달로 인해 오늘날처럼 참혹한 전황을 매일같이 안방에서 생생하게 목격하면서 살았던 적도 없었을 것으로 생각된다. 이로 인해 우리가 영위하는 삶의 질은 어느새 잠재적 전쟁의 공포로 채색되어 있고 드디어 전쟁은 점차 일상의 당연한 일부로 바뀌어 우리는 이미 전쟁에 면역, 무감각한 지경에 이르렀다.

그러나 진정 전쟁은 불가항력적이고 불가피한 것인가? 전쟁 당사자들은 모두가 정당한 명분으로 자신의 폭력행위를 정당화하고 있으나, 과연 현재 수행되고 있는 전쟁도 정의로운 전쟁(just war)이라 할 만한가? 진정 정의로운 전쟁은 논리적으로도 자기모순이 아니고 규범적으로도 정당화될 수 있으며 현실적으로도 실현 가능한 것인가? 그리고 전쟁은 평화와 어떤 관계이며 진정한 평화란 어떤 것이고 그것을 성취할 수 있는 조건은 무엇인가?

나아가 전쟁이 어느 정도 불가피하고 불가항력적인 것이라면 그것은 인간의 본성적 악에서 유래하는가, 아니면 국제 간의 구조적 요인에 기인하는가? 본성적 악에서 유래한다면 그것이 다른 형태로 지양되거나 승화될 수는 없는 것인가, 또한 그것이 구조적 원인을 갖는다면 그같은 구조는 재편되거나 개혁될 여지는 없는 것인가? 남성보다 여성이 더 평화주의적이라는게 사실이라면 여성이 지배하게 될 경우 과연 세계평화가 가능할 것인가?

1. 정의로운 전쟁론과 평화주의

전통적으로 정의로운 전쟁이론에서 두 가지 기본적인 논의가 있어 왔는데, 그 중 하나는 정의로운 명분(just cause, jus ad bellum)에 대한 해명이며 다른 하나는 정의로운 수단(just means, jus in bello)에 대한 설명이다. 정의로운 명분은 일반적으로 ① 실질적인 공격(substantial aggression)이 존재해야 하고, ② 비전투적 시정책(non-belligerent correctives)이 가망이 없거나 지나치게 고가여야 하며, ③ 전투적 시정책(belligerent correctives)이 유망하거나 지나치게 고가가 아닐 경우이다.[1] 물론 실질적인 공격이라는 개념이 다소 모호하긴 하나 일반적으로 사람들의 기본권을 침해하는 유형의 공격으로 이해된다. 그리고 비록 비전투적인 시정책이 가망이 없거나 고가의 희생을 요한다 할지라도 정의로운 명분이 성립하기 위해서는 전투적 시정책이 유망하거나 지나치게 고가여서는 안 된다는 것이다.

그런데 전통적으로 정의로운 전쟁이론이 가정하는 바에 따르면 정의로운 명분에 더하여 정의로운 수단은 다음 두 가지 요구조건을 부가하는 것으로 명시한다. 정의로운 수단이 되기 위해 첫째, 무고한 시민들

---

1) Hugh Lafollette, ed., *The Oxford Handbook of Practical Ethics*, Oxford University Press, 2003, p.734.

의 상해가 목적이나 수단으로서 직접 의도되어서는(intended) 안 되고, 둘째, 전투수단에서 결과할 해악이 특정 방어목적의 달성과 대비해 과도해서는 안 된다. 그리고 정의로운 수단이라는 조건은 각각의 방어활동에 적용되는 것인 반면, 정의로운 명분이라는 조건은 전체로서 갈등전만이 충족시켜야 할 조건이라 할 수 있다.[2]

그런데 여기에서 주목할 만한 중요한 한 가지 논점은 정의로운 명분과 정의로운 수단에 대한 이상의 요구사항이 전쟁에만 본질적 관련을 갖는 것이 아니라는 점이다. 그러한 조건들은 본질적으로 정당방위(just defense) 이론과 관련되며 이런 이론은 전쟁만이 아니라 광범위한 방어행위 전반에 적용된다고 할 수 있다. 물론 여기에서 우선적으로 결정되어야 할 것은 이런 요구사항들이 정당화되는지 여부이다. 정의로운 전쟁이론은 일반적으로 평화주의(pacifism)와 대립하는 입장인 까닭에 정의로운 전쟁과 그 요구사항에 대해 선결문제 요구가 면제되는 정당화를 확보하기 위해 우리는 가능한 한 평화주의자나 정의로운 전쟁론자에게 공통되는 전제로부터 시작함이 좋을 것이다. 물론 여기에서의 난점은 평화주의에도 다양한 형태가 존재하는 까닭에 우선 어떤 형태의 평화주의가 도덕적으로 가장 옹호할 만한지를 결정할 필요가 있다.

평화주의(pacifism)를 생각할 경우 대부분의 사람들은 비폭력이론(theory of nonviolence)과 동일시하는 경향이 있다. 우리는 이를 비폭력적 평화주의(nonviolent pacifism)라 부를 수 있을 것인데 그 주장은, 타인에 대한 폭력의 행사는 어떤 경우에도 금지된다는 것이다. 그런데 이런 형태의 평화주의는 그다지 일관성이 없는 것으로 간주되어 왔다. 왜냐하면 그것은 생명권을 인정하면서도 그 권리의 방위를

---

2) James P. Sterba, *Justice for Here and Now*, Cambridge University Press, 1998, p.151.

위해 모든 힘의 사용을 배제하고 있기 때문이다. 일정한 권리를 소지한다는 것은 적어도 제한적이긴 하나 그 권리의 방위를 위해 경우에 따라 힘을 이용하는 것이 정당함을 함축하는 것이다.

이 같은 반론이 설득력이 있다고 할 때 모든 폭력을 배제하는 것이 아니라 치명적인 폭력을 배제하는 유형의 평화주의는 수용할 수 있는지를 고려하게 된다. 이런 견해는 비치명적 평화주의(nonlethal pacifism)라 명명할 수 있을 것인데, 이의 주장에 따르면 타인들에 대한 치명적인 힘의 사용은 도덕적으로 금지된다는 것이다.[3] 그러나 침략자가 우리의 생명을 부당하게 위협하고 있는 심각한 경우 우리의 생명을 구할 수 있는 유일한 방도로서 그를 죽이는 것이 도덕적으로 정당화될 수 있다면 치명적 평화주의 또한 설득력을 상실하리라는 결론에 이르게 된다.

이상과 같은 비폭력적 평화주의나 비치명적 평화주의를 겨냥하는 비판에서 면제될 수 있는 또 다른 유형의 평화주의를 구상해 볼 수가 있다. 이는 모든 폭력을 금지하지도, 심지어 모든 치명적 폭력도 금지하지 않는 평화주의로서 우리는 이를 반전적 평화주의(antiwar paci-fism)라 부를 수 있을 것이다.[4] 이의 주장에 따르면 전쟁에서 치명적 폭력을 대규모로 사용하는 일에 가담하는 것은 도덕적으로 금지된다는 것이다. 반전적 평화주의를 옹호함에 있어 부인할 수 없는 사실은 전쟁이란 엄청난 인명살상과 재산 및 자연의 파괴를 결과하며 특히 살상인명 중 다수가 무고한 비전투원이라는 점이다. 사실상 현대전의 추세는 비전투원 살상자의 비율이 점증하고 있어 이 같은 전쟁에의 가담을 정당화하기가 더욱 어려워지게 된다. 또한 비전투적 갈등해결 전략을 심각하게 추구하기도 전에 선택된 전쟁행위는 결코 용납할 수가 없

---

3) 위의 책, pp.152-153 참조.
4) 위의 책, p.153.

다는 것이다.

정의로운 전쟁이론의 요구사항과 반전적 평화주의의 요구사항 간의 화해 가능성을 검토하기 위해서는 무고한 비전투원에 대해 의도적으로(intentionally) 가해진 상해와 무고한 비전투원에 대해 가해진, 의도된 것은 아니나 예견된(foreseen) 상해를 구분할 필요가 있다. 그리고 이 같은 구분 없이 무고한 비전투원에 상해를 가하는 것을 무조건 획일적으로 제한(uniform restriction)하는 것과, 무고한 비전투원을 의도적으로 상해하는 것에는 엄격하고 단지 예견된 상해를 가하는 일은 다소간 제한적으로 용납하는 차등적 제한(differential restriction)을 구분하는 일이 요긴하다.[5]

대체로 우리는 차등적 제한을 선호할 이유가 있으며, 의도된 위해에 대한 제한 역시 절대적인 것은 아님을 유념할 필요가 있다. 설사 의도된 위해일지라도 그것이 지극히 사소하거나, 손쉬운 복구가 가능하며 나아가 제한을 통해 생겨날 결과에 비해 상당한 보상이 가능한 경우 무고한 비전투원에 대한 의도적 위해나 상해 또한 정당화될 수도 있을 것으로 보인다. 이 같은 결론에 대해서는 반전적 평화주의 또한 배척하기 어려운 정당한 이유가 있을 것으로 보인다. 반전적 평화주의자는 전쟁에서 치명적인 힘을 대규모로 이용하는 일에는 반대하겠지만 그 때문에 정의로운 전쟁론자가 정의로운 수단이라는 요구사항으로서 무고한 시민에 대한 상해에 차등적 제한을 받아들이는 일에 크게 갈등을 느낄 이유는 없을 것이기 때문이다.

반전적 평화주의자에 따르면 정의로운 전쟁이론에 그릇될 수 있는 지점은 무고한 시민에 대한 상해를 제한하는 점에 있어서라기보다는 전투적 시정책이 정당한 명분을 구성하기에 과도한 비용이 들 경우와 정의로운 수단이 요구하는 적정한 비례성(proportionality)을 결여할

---

5) 위의 책, p.154.

경우를 적절히 결정하지 못한다는 점에 있다.[6] 반전적 평화주의자에 따르면 정의로운 전쟁이론은 이상에 지적한 두 가지 과제에 대해 불충분한 제한을 제시하고 있다. 그런데 이 같은 비판은 단지 이론적 차원에서의 담론을 넘어 경험과학적 검토를 요구하는 문제와 관련된 것인 까닭에 그러한 비판을 제대로 평가하기 위해서는 타인에 대한 살상, 자신 및 타인을 위한 정당방위 등 미묘한 경우들에 대한 섬세한 검토가 요구된다 할 것이다.

사실상 도덕적으로 옹호할 만한 정의로운 전쟁이론은 무고한 시민을 의도적으로 살상하는 일을 금지하는 데 강력한 정의로운 수단조건을 선호한 것이다. 이런 이론에 따르면 전투수단의 이용은 ① 무고한 시민의 살상을 극소화하고, ② 여타 무고한 시민의 살상을 방지하기 위해서만 일부 무고한 시민의 생명을 위협하며, ③ 부당한 침입자의 살상도 무고한 시민의 살상을 방지하는 유일한 방도일 경우에 한한다는 것이다. 이같이 이해할 경우 정의로운 전쟁이론은 전쟁에서 전투적 수단을 이용하는 일에 대해 엄격한 제한을 가하지 않을 수 없다. 사실상 현실 전쟁에 있어 전투수단의 실제적 이용은 정당화되기 어려운 경우가 대부분이다. 그간 미국과 소련이 감행한 수차의 침공들은 정의로운 명분이나 정의로운 수단 양자를 위배한 예화들로 이용될 만한 것으로 평가되고 있다.

이상과 같은 논의를 통해서 볼 때 정의로운 전쟁이론과 반전적 평화주의가 도덕적으로 가장 옹호할 만한 유형으로 제시될 경우 양자 간에는 상당한 화해 가능성이 있을 것으로 보인다.[7] 이런 화해지점에서 볼 때 정의로운 전쟁이론의 엄격한 요구사항을 충족시키는 극소수의 현실전쟁은 반전적 평화주의자일지라도 그 정당성에 반대하기 어려운

---

6) Hugh Lafollette, 앞의 책, pp.747–752 참조.
7) James P. Sterba, 앞의 책, p.163.

경우의 전쟁이라 할 수 있다. 이러한 화해를 통해서 도달된 입장에 대해 굳이 이름을 붙이자면 정의로운 전쟁 평화주의(just war pacifism)라 부를 수 있을 것이다. 이는 정의로운 전쟁의 엄격한 요구사항으로 인해 전쟁에 치명적 폭력을 대규모로 이용하는 일에 가담하는 일은 정당화되는 경우가 거의 드물다는 주장이라 할 수 있다. 현실전쟁에서 정의의 구현은 거의 불가능한 까닭에 정의로운 전쟁이론과 반전 평화주의는 외연적 동치(extensive equivalent)를 이룬다 할 것이다.

2. '정의에 바탕한 평화'의 철학

아인슈타인은 전투적인 평화주의를 옹호하는 글에서 벤자민 프랭클린의 "선한 전쟁이란 단 한번도 없었고, 악한 평화 역시 한번도 없었다"는 말에 적극 동조하고 있다.[8] 만일 프랭클린의 이 말이 옳다면 우리가 묻고 있는 '정의로운 전쟁은 가능한가?'라는 물음의 정답은 단연 '아니오'가 될 것이다. 그런데 이어서 아인슈타인은 "나는 단순한 평화주의자가 아니라 전투적인 평화주의자다. 나는 평화를 위해 투쟁할 것이다. 인간들 자신이 전쟁에 참여하기를 적극 거부하지 않는 한 전쟁은 결코 사라지지 않을 것이다"라고 말한다. 만일 아인슈타인이 논리적 모순을 범하지 않고 일관된 사고를 하고 있다면 여기서 전쟁, 전투적, 투쟁을 어떻게 이해하고 구분해야 할 것인가?

아인슈타인의 이야기를 더 들어보기로 하자. 그에 따르면 "한 세대 내에 전쟁을 하고자 하는 본능을 갑자기 제거해 버리는 것은 불가능할지도 모른다. 물론 이와 같은 본능을 완전히 제거해 버리는 것 역시 바람직하지는 않다. 인간은 계속해서 투쟁을 해나가야 하지만 오직 투쟁할 가치가 있을 때에만 투쟁해야 한다. … 우리의 무기는 탱크나 총칼

---

8) Warum Krieg, A. *Einstein and S. Freud*, Zürich, 1972 참조.

이 아니라 정신의 무기인 것"이라고 한다.[9] 결국 아인슈타인의 외견상 논리적 모순으로 보이는 말은, 전쟁의 무기는 물리적 폭력인 데 비해 평화를 위한 투쟁은 정신이 무기라는 점에서 해소된다. 그렇다면 평화주의자의 투쟁은 비폭력적, 정신적 투쟁으로 충분한 것인가? 앞에서 논의해 온 바에 따르면 평화의 쟁취를 위해서도 때로는 폭력에 바탕한 전쟁이 정당화되는 것은 아닌가?[10]

전쟁과 평화의 문제를 두고 철학이 할 수 있고, 또 해야 할 일은 무엇인가? 칸트는 그의 저서 『영구평화론』에서 평화를, 철학에 있어서 매우 중요하고 본질적인 문제 중 하나로 파악하면서 "전쟁을 위해 무장하고 있는 국가들은 공적인 평화의 가능성과 조건에 관해 철학자들이 제시하는 원칙들을 참고와 조언으로 받아들여야 한다"고 주장한다.[11] 나아가 칸트에 있어 평화문제는 현실적인 문제임과 동시에 현실을 넘어선 당위의 문제로서 법적, 제도적인 측면과 더불어 윤리적, 철학적 문제로 생각되었다. 그에 의하면 평화의 문제는 정치가나 관료들이 철학자의 조언과 충고를 받아들여 법적, 제도적으로 확립해야 할 것으로서 평화란 철학자, 정치가, 법관이 합작해서 이루어야 할 공동작품으로 생각한 것이다.

나아가 칸트는 평화를 현실적으로 이룰 수 있는 가능성의 조건과 원칙들을 정립하는 사명을 수행함에 있어 철학자는 막연한 이상이나 유토피아적 평화가 아니라 인간의 이성이 역사 속에서 실현 가능한 현실적 평화를 위한 도덕적 원리와 규범들을 제시해야 한다는 것이다. 또한 칸트는 전쟁의 상태를 이성에 어긋나는 것으로 비판할 뿐만 아니라 당장 전쟁이 없는 평화의 상태 역시 평화에 대한 진정한 보장이 될 수

---

9) 위의 책 참조.
10) I. Kant, *Zum ewigen Frieden*, 이삼열, 「평화의 개념과 평화운동의 과제」, 그리스도철학연구소 편, 『현대사회와 평화』, 서광사, 1991에서 재인용.
11) 이삼열, 앞의 논문, p.175.

없다고 비판한다. 따라서 그는 정치가들이 일반적으로 말하는 전쟁이 없는 상태와 구분되는 '영구적인 평화' 즉, 적대감이 제거된 완전하고 영원한 참 평화를 생각하고 지향하는 것이 철학자의 임무라고 보았다.

오늘날 평화문제는 이제 칸트의 시대와 같은 당위로서의 평화보다 더욱 절실하고 그야말로 인류의 생존과 지구의 존속이 걸려 있는 필수불가결의 자구책으로 다가온다. 이런 맥락에서 평화운동가이자 철학자인 바이츠제커는 "오늘날과 같은 과학기술 시대에서 평화는 곧 삶의 조건"이라고 강조한다. 평화 없이는 인류는 물론 생태계, 나아가 지구 그 자체도 존속할 수 없기 때문에 평화의 가능성과 조건을 탐구하는 것은 시대적 소명이요, 지상명령이라 할 만하다. 오늘날 평화의 조건과 가능성을 탐구하는 이른바 평화학(Irenology)에 있어 실천적 철학이나 실천윤리학 또한 결코 빼놓을 수 없는 나름의 과제를 수행하지 않을 수 없는 것이다.[12]

평화를 연구한다는 것은 평화를 실현하는 가능성과 조건을 연구한다는 뜻이다. 이때 평화를 실현한다는 것이 구체적으로 무엇을 의미하며 어떤 상태에서 어떤 상태로 이행하는 것인지를 밝히는 철학적 과제가 제기된다. 다시 말하면 평화실현의 가능성과 조건에 대한 탐구에 앞서 평화에 대한 개념규정이 선결과제로서 떠오르게 되는 것이다.

평화의 개념규정을 위해 평화연구가들은 일반적으로 평화의 긍정적 개념규정보다도 부정적인 개념규정 방식을 이용하게 되는데, 이는 우선 손쉽고 유용하기도 한 방식이라 생각된다. 즉, 평화가 어떤 상태라고 긍정적으로 규정하기보다 전쟁과 폭력이 없는 상태라고 부정적으로 규정하는 것이다. 이러한 규정도 도달하고자 하는 최소한의 실천적 목표를 제시한다는 점에서 나름의 유용성이 있기는 하나 더 적극적이고 긍정적인 요청에 대해서는 불충분한 규정이 아닐 수 없는 것이다.

---

12) 위의 논문, p.176.

1960년대 이전까지 초기의 평화연구가들은 당장의 폭력이나 갈등을 줄이거나 제거하는 것이 평화의 당면과제라 생각하여, 소극적 평화(negative peace)의 개념에 매달렸다. 그러나 1960년대 후반부터 등장한 비판적 평화연구가들은 갈등과 폭력을 일으키는 원인에 대한 탐구와 그 해소를 위한 적극적인 평화의 강구 없이는 전쟁의 근치책이 아니라 미봉책에 머무를 수밖에 없을 것이라 생각하여 더 적극적인 평화(positive peace)를 생각하게 되었고 이는 경제의 발전, 인권의 보장 나아가 사회정의의 실현 등 평화의 적극적인 요건들이 충족되는 상태임을 깨닫게 된 것이다.[13]

적극적인 평화개념을 추구하고자 하는 평화연구가들은 오늘날 전쟁과 폭력, 분쟁이 일어날 수밖에 없는 국제질서와 국내 사회질서를 조직화된 평화부재 상태라 규정한다. 따라서 그들은 조직화된 평화부재의 체제를 어떻게 평화의 체제로 이끌어갈 수 있는가를 연구해야 한다고 주장한다. 결국 비판적 평화연구가들이 주장하는 평화운동은 적극적 평화개념에 입각해서 기존의 국제정치 관계를 지배하고 있는 위협체제의 원칙과 조건들을 극복하고자 하는 운동이다. 이를 통해 평화부재의 세계가 전쟁, 갈등, 분쟁이 기술적으로 불가능한 사회체제를 구축함으로써 평화로운 세계로 이행할 수 있다고 한다. 또한 적극적 평화를 모색하는 이러한 평화연구는 개별과학의 연구가 아니라 학제간(interdisciplinary)의 연구이며 해방적 관심을 가진 미래지향적인 학문이라 할 수 있는 것이다.[14]

홉스(T. Hobbes)는 정치적 안정성(stability)의 문제를 명시적으로 다룬 대표적 학자로서 특히 안정성의 문제를 정치적 의무와 관련짓고 있다. 우리는 홉스의 통치권(sovereign)을 그것 없이는 불안정하게 될

---

13) 위의 논문, p.180 참조.
14) 위의 논문, pp.182-183.

협동체제에 부가되어야 할 기구로 생각할 수가 있다. 그는 통치권의 효율성에 대한 일반적 믿음은 그러한 불안정을 제거해 줄 것으로 기대했다. 그러나 정의론자 롤즈(J. Rawls)는 우리가 일정한 심리학적 법칙에 따라 정상적인 성장과 교육을 통해 정의감(sense of justice)을 갖게 되고 타인들도 그러한 정의감에 따라 행동한다는 사실이 공지될 경우(publicity), 홉스의 통치권과 동일한 효과를 갖게 됨은 물론 이 같은 공적인 정의감에 의해 규율되는 사회는 내재적으로 안정된(inherently stable) 사회이고, 시간이 흐름에 따라 안정화의 힘이 더욱 강화될 것이라고 말한다.[15]

최근 후쿠야마(F. Fukuyama)는 사회의 존립을 위해서 신뢰가 불가결한 사회적 자본(social capital)이라고 말했다. 롤즈도 질서정연한 사회에 있어 시민들이 일반적으로 효율적인 정의감을 가지고 있다는 사실에 대한 공적 인지가 지극히 중대한 사회적 자산(social asset)임을 천명한다.[16] 무임편승적 이기심과 타인의 정의감에 대한 상호 불신은 사회를 붕괴시키는 불안정에의 양대 원인이라고 말했다. 이 같은 난국은 무장해제를 향한 평화협정에 있어서도 장애가 됨으로써 상호불신과 불안의 여건 아래에서는 정의로운 사람마저 영속적인 적대감의 상태로 내몰릴 수가 있다는 것이다.[17] 불안정에의 경향성을 제거하기 위해서는 고립과 확신(isolation, assurance)의 문제가 해결되어야 하며 그것이 공적인 제도(public institutions)에 의해 장착될 경우 해소될 수 있다는 것이다.

결국 평화문제에 있어서도 내재적 안정성이 핵심적인 부분이 될 것으로 보인다. 내재적으로 안정된 평화만이 진정한 평화일 것이기 때문

15) John Rawls, *A Theory of Justice*, Harvard University Press, 1999, p.436.
16) 위의 책, p.295.
17) 위의 책, p.296.

이다. 정의가 정당한 불만이 해소된 상태라 할 수 있다면 정의로운 상태야말로 내재적 안정성을 지닌 평화라 할 수 있다. 이를 위해서는 정의감을 기르고 공유할 수 있는 교육과 평화를 애호하고 이를 확산하는 평화운동이 요구되며, 나아가 정의롭고 공정한 제도적 체제의 확립이 수반되어야 할 것이다. 우리의 결론은 이러하다. 결국 정의로운 전쟁은 이론상 있을 수 있기는 하나 현실적으로는 드물게 있을 뿐이며 우리가 기대하는 적극적 평화 즉, 안정되고 따라서 영구적인 평화는 정의에 바탕한 평화라는 것이다.

제2장 소유권은 절대권인가
- 사유재산권과 분배적 정의

1. 서론: 왜 사유재산권이 문제인가?

최근 우리 사회는 몇몇 재화를 중심으로 사적 소유권에 대한 우리 자신의 통념적 이해를 재고해야 할 심각한 도전에 직면해 있는 것으로 생각된다. 그 같은 재화들 중 가장 대표적인 두 가지를 든다면 토지와 정보라 생각되며 결국 토지소유권과 지적 재산권이 어디까지 정당하게 보호받을 수 있으며 그 정당근거가 무엇인가라는 물음에 대한 철학적 성찰이 요구되는 것으로 보인다. 이 같은 문제에 대한 우리의 일상적 담론은 사유재산권의 정당성이 당연히 전제되고 나아가 그 기반이 되는 자본주의 역시 의문의 여지없이 수용되는 가운데 진행되는 것으로 보인다.

땅부자 1%가 우리나라 사유지의 절반 이상을 차지하고 있다는 놀라운 사실을 필두로 최근 행정자치부가 토지소유의 편중성을 부각시킨 통계자료를 공개한 이후 정부와 여당, 일부 시민단체를 중심으로 또다시 토지공개념을 적극적으로 도입하고 법제화해야 한다는 목소리가 높아졌다. 1989년 도입된 토지공개념 3개법이 위헌판정을 받았거나 사실상 철회된 가운데 다시금 불거진 토지공개념 논의는 정부가 마련 중인 종합부동산대책의 향배와 맞물려 뜨거운 관심을 불러일으키고 있다. 한편 토지소유권 제한은 시장원리에 맞지 않고 사유재산권을 침해할 수 있다며 반대하는 목소리도 만만치 않아 적지 않은 논란을 불러일으키고 있다.

일반적으로 토지소유권은 수익권(임대 등)과 이용권(건축 등), 처분권(매매 등)으로 구성된다. 그런데 토지공개념은 국가가 개인의 토지소유권을 인정하면서도 공공복리를 위해선 그 일부를 제한할 수 있다는 개념이다. 자본주의 체제에서는 일반적으로 사유재산권은 불가침이라는 기조 위에서 경제가 운용되며, 따라서 사유재산권 제한은 자칫 사회주의로 오해받을 여지가 있다. 토지공개념은 바로 이 같은 오해를 피하기 위해 토지사유권 제한을 완곡하게 표현한 것으로 볼 수 있다.

토지공개념이 나온 이유는 무엇보다 땅이 사람의 생활과 생산에 꼭 필요한 요소이긴 하지만 절대량에 한계가 있고 대체재도 없기 때문이다. 따라서 공익을 위해 가장 효율적으로 사용되어야 하는데 산업이 발달하면서 땅을 소유 또는 사용하려는 욕구는 점점 커져 공급이 항상 부족할 수밖에 없다. 결국 다른 상품처럼 시장원리에 맡겨서는 이용 효율을 극대화할 수가 없다는 결론에 이른다. 그래서 땅을 공공재로 보고 땅주인 대신 국가가 땅의 용도를 결정하게 하자는 것이 토지공개념이라 할 수 있다.

자본주의 내에서 토지공개념이 추구하고자 하는 바는 소유와 이용(개발)의 분리이다. 사유재산제를 표방하는 헌법 때문에 형식적인 소유권을 허용함으로써 사유제의 기본틀을 유지하되 이용권을 국가가 나서서 실질적인 수요자에게 배분하자는 생각이다. 이 같은 발상은 역사적으로 토지사유권 보장에 대한 비판적인 사상에 뿌리를 두고 있는

데 아담 스미스, 리카도, 존 스튜어트 밀 등 유명학자들이 땅주인의 불로소득에 대해 비판적인 견해를 밝힌 바 있다.[1]

최근 또다시 토지공개념 도입을 주장하는 사람들은 토지소유가 편중되면 땅을 가진 사람은 불로소득을 얻어 더욱 부유하게 되는 등 양극화가 깊어지고 땅투기로 지가가 비싸지면 국토를 효율적으로 이용할 수 없게 된다고 주장한다. 그러나 과거처럼 토지소유 상한을 두어 소유 자체를 제한하는 것은 시장원리에 어긋난다고 보고 그 대신 보유세를 강화해 실수요자 중심으로 토지시장을 재편하자는 입장이다. 이들은 현재 정부가 추진하는 보유세 강화일정은 오히려 앞당겨야 한다고 말한다.

이에 대해 토지공개념 도입에 반대하는 사람들은 국가가 개입함으로써 부동산 값을 더 부풀렸으며 심지어 그 여파로 전세값까지 폭등하는 결과를 초래하게 되었고 무엇보다도 사유재산권을 침해함으로써 체제의 정체성까지 흔들게 된다는 논리이다. 과거에 도입했다가 위헌결정을 받은 토지공개념 관련법들을 부활시키는 것은 다시 위헌시비를 부르게 될 것이고 실제로 적용해도 의도한 효과를 거둘 수 없음은 불보듯 뻔하다는 주장도 펼친다. 보유세를 올리는 소극적인 공개념 정책에 대해서도 땅값 안정효과는 일시적인 것으로 그치게 되리라는 것이 그들의 생각이다.

토지소유권이 절대권일 수는 없으며 그것이 어떤 방식으로이건 제한될 수밖에 없다는 논변은 이념을 달리하는 철학적 이론들에서도 광범위하게 발견된다. 공리주의자 존 스튜어트 밀(J. S. Mill)은 물론이고 정의론자 롤즈(John Rawls)를 위시해서 심지어 자유지상주의자 노직(Robert Nozick)에 있어서까지 토지소유권의 절대성을 부정하는 정당화 논변을 추정할 수 있다. 그리고 이들은 대체로 사유재산권의 한

---

1) 『중앙일보』, 2005년 9월 28일자, C5 참조.

계를 정당화하는 기준이 나름의 정의관에 있다는 점에서 공통적이다. 그들은 자신의 정의관을 전제하고 그로부터 토지 등 사유재산권의 정당한 제약을 도출하고자 하는 것이다.[2]

여하튼 우리는 이 논문에서 사유재산권이나 자본주의 체제의 정당성이 자명한 것은 아니며 인류사상사에서 이들은 최근 몇 세기 동안 유행하는 사조일 뿐 인류역사의 대부분은 이와 전혀 다른 인생관, 가치관의 지배 아래 살아 왔음을 보이고자 한다. 이와 관련해서 자본주의로의 길을 연 중요한 사람들 중의 하나인 아담 스미스가, 비록 소유지향적 자본주의가 인간사회를 위한 생산과 번영에 절대적 기여를 한 것은 사실이나 그 같은 물질적 부에 대한 소유와 경쟁에 부대끼는 인생이 진정한 행복을 선사할 것으로 기대하는 일은 일종의 기만(deception)이라는 철학적 고백을 했다는 것은 주목할 만한 놀라운 진실이 아닐 수 없다.

물질적 부에 대한 소유욕이 인류의 번영과 풍요를 가져오는 데 생산적 기여를 했으나 그것이 바로 진정한 행복을 보장하리라고 생각하는 것은 일종의 허망한 기대이며, 경제학적으로는 생산적이긴 하나 철학적인 관점에선 기만적이라는 것이다. 이런 관점에서 볼 때 소유, 생산, 번영, 풍요, 효율, 자본주의 등은 의미있고 행복한 인생을 위한 수단적 가치와 관련된 것일 뿐 인생의 진정한 의미와 행복 등 목적적 가치와 관련해서는 일상으로부터 거리를 둔 더 깊은 철학적 성찰이 요구된다는 것이다. 이런 관점에서, 우리는 소유욕에 기반한 사유재산권은 결코 절대권이 아닌 상대적 권한임을, 사유권을 정당화해 온 종래의 주요 논변들인 노동논변, 자유논변, 필요논변들을 검토해 가고자 한다.

노동에 의해 사유재산권을 정당화하고자 하는 논변(로크나 노직에

---

2) 김윤상, 「토지소유제도와 사회정의의 철학(Utilitarian, Contractarian and Libertarian View on Property in Land)」 참조.

의해 제시된)에 있어서는 원초적 취득의 대전제인 "타인을 위해서도 양질의 충분한 잉여가 남아 있어야 한다", "타인의 처지를 어렵게 하지 않아야 한다"는 등 소위 로크적 전제(Lockean Proviso)를 충족시키는 난제가 그 설득력을 반감시키는 장애로서 지적된다. 그리고 비록 자유경쟁체제를 용인한다 할지라도 오늘날 노동이 단지 육체노동일 수만은 없으며 복잡한 전문기술에 매개되어 있는 노동인 한 모든 노동산물은 이미 거인의 어깨 위에서 이루어지는, 즉 공동체의 역사적, 집단적 성과의 도움으로 이루어지는 것인 한 배타적 소유권이 견지되기 어렵다는 문제도 있다. 설사 잠정적으로 배타적인 소유권을 용납한다 할지라도 공유지분의 이용에 대한 적정한 임대료 혹은 사회적 부채에 대한 상환의 의무가 인정되는 한 소유권은 상대적인 것이라는 귀결에 이르게 된다.

또한 설사 우리가 자유지상주의자(libertarian)인 노직과 같이 사적 소유권을 자유에 의거해서 정당화하는 논변을 전개하는 경우에도 사적 소유권은 절대권일 수 없다는 반론이 가능하다. 우리의 자유개념은 소유의 자유만이 아니라 이용의 자유를 포함한 다양한 자유들로 이루어진 꾸러미 개념(bundle concept)이며 따라서 개인적 자유의 극대화는 바로 다양한 자유들로 이루어진 자유체계의 극대화를 의미하게 된다. 나아가 자유주의의 원리가 '모든 이'의 자유향유를 함축하는 한 자유는 오직 나 개인의 자유가 아니라 나와 동등한 모든 타인들의 자유체계의 향유에 의해 제한되는 한에서 개인의 사적 소유권은 결코 절대권일 수 없게 된다.

기독교 사상에 연원을 두고 근래에 이르러 마르크스에 의해 강조된 모든 인간의 '필요'를 강조하는 논변은 원리상 사유재산권이 상대적이고 제한될 수밖에 없는 함축을 갖는다. 기독교의 원리상 우리는 자연자원에 대해 소유권을 가질 수 없고 오직 관리권만을 가질 뿐이며 설사 소유권을 말한다 해도 자연은 인류 모두의 필요충족을 위해 주어진 공유자산일 뿐이다. 따라서 우리가 필요 이상의 재화를 소유하는 것은 탐욕에서 비롯된 악이며 자신의 필요 이상으로 소유한 잉여는 필요한 자에게 양도할 의무가 있는 것이다. 이런 의미에서 "능력에 따라 일하고 필요에 따라 나누는" 마르크스의 이상사회에서는 특히 생산재에 대한 사적 소유가 용인되지 않는 체제라 할 수 있을 것이다.

이상과 같은 논의로부터 필자는 노동, 자유, 필요에 의거해서 제시되는 사유재산권에 대한 정당한 제한이 결국 분배적 정의(distributive justice)라는 도덕개념에 의해 통합될 수 있는 것으로 해석하고자 한다. 결국 사유재산권은 절대권일 수 없으며 그에 앞서 모든 인간의 필요와 자유 그리고 복지를 균등하게 배려하고자 하는 분배적 정의관에 의거해서 사유재산권의 종류와 정당범위가 결정되어야 한다는 견해로 나아가고자 한다. 분배적 정의가 사유재산권에 우선하며 사유재산권은 분배권의 기준에 의거 그 정당화가 이루어져야 할 상대적이고 부차적인 개념임을 논변하는 것에 이 논문의 목적을 두고자 한다.

2. 소유욕의 기만과 소유-목적 논변

근세 이후 자유시장경제를 주도해 온 대표적인 한 사람을 지목한다면 그는 아담 스미스(Adam Smith)라 생각되며 그런 정신을 불어넣은 저술은 『국부론』이라 할 수 있다. 그의 논지에 따르면 시장경제 속에서 고객의 욕구를 만족시키는 데 있어 경쟁자들보다 더 효율적일 경우 우리는 부를 소유하고 축적할 수 있다는 것이다. 이로 인해 자신의 이해관계를 증진하기 위해 우리는 기존에 가용했던 것보다 더 염가로 양질의 재화를 생산하고자 노력하게 된다. 우리가 성공할 경우 시장은 우리에게 부로써 보상하게 될 것이나 실패할 경우 시장으로부터 우리는 퇴출될 수밖에 없다는 것이다. 스미스에 따르면 이렇게 해서 자신의 사적 이해관계를 추구하는 무수한 개인들의 욕구가 모아져 마치 보이지 않는 손(invisible hand, 시장기구의 자율성)에 의거하듯 공적인 이해관계도 도모될 것이라 한다.

부에 대한 개인적 욕구들의 집합적 결과는 국가경제의 번영은 물론 시민사회의 부유한 자만이 아니라 최소수혜자에게까지도 이득을 주게 된다는 것이다. 이는 자유시장 경제체제 아래 부를 추구하는 결과로서 나타나게 될 불평들에 대한 대표적 정당근거를 제공하게 된다. 심지어 최소수혜자마저 정당한 불평을 제시할 근거가 없는 셈인데 왜냐하면 그들이 자유시장적 산업사회 이전의 상태에 머물러 있을 경우의 형편보다 훨씬 나은 형편에 있게 된 것이기 때문이다. 그들은 사실상 아프리카의 왕들보다 나은 생활을 향유하고 있다고 할 수 있다는 것이다.[3]

그러나 이 같은 견해에 정면으로 배치되는 견해를 제시한 사람은 『불평등론(*Discourse on Inequality*)』을 저술한 장 자크 루소(Jean-Jacques Rousseau)이다. 루소의 글은 비관적 관점에서 현대문명을 고인들의 삶과 비교하면서 스미스가 대변하는 부류의 입장에 전적으로 도전하고 있다. 루소는 문명이 흔적을 남기기 이전 인간에게 주어진 대자연의 풍요를 말하며 문명의 해악에 대해 신랄한 비판을 가한다. 그는 특히 사유재산제도를 비난하고 있는데 이는 우리가 필요(need) 이상으로 재화를 축적하게 하고 타인과 상대적 비교에 몰두하게 하며 부에 있어 그들을 능가하고자 하는 온갖 욕구를 갖게 한다는 것이다. 그에 따르면 이같이 우리의 욕구가 다양하게 증대되는 것은 불평등의 원인이 될 뿐만 아니라 증오, 갈등, 범죄, 전쟁, 사기 등 모든 현대생활의 제반 악들의 원인이 되고 있다는 것이다.

그러나 아담 스미스는 재산을 축적하고자 하는 욕구를 다른 시각에서 보고 있다. 루소의 비판에 있어서나 『도덕감정론』에서 그는 재산을

---

3) R. H. Campbell and S. Skinner, eds., *The Wealth of Nations*, Oxford: Clarendon Press, 1976, p.24.

축적하고자 하는 욕구나 욕망이 증대한다는 것을 옹호하고 있다. 그에 따르면 재산을 더 많이 축적하고자 하는 욕구로 인해 우리 조상들은 과학과 기술을 발전시키게 되고 이를 통해 지구가 개간, 개발됨으로써 그 거주민들의 삶이 윤택해지게 된 것이라 한다. 이상과 같이 루소와 스미스는 문명, 시장경제, 사유제산제, 자연개발 등에 대해 서로 상반된 견해로 맞서고 있는 것이다.

그런데 여기에서 우리는 근세 이후 인간의 역사가 루소의 길이 아니라 스미스의 길을 걸어온 것이 현명하고 후회 없는 선택이었는지 자문해 보지 않을 수 없다. 특히 놀라운 사실로서 아담 스미스가 재산을 축적하고자 하는 욕구를 옹호한 것은 그것이 행복에의 길이라는 이유에서가 아니라는 점이다. 스미스는 이와 정반대로 재산을 축적하는 욕구가 행복에의 길이라는 믿음이 일종의 기만(deception)이라고 생각했던 점에서 주목할 필요가 있다. 우리가 추구하는 더 큰 집과 더 많은 재산에 대해 스미스는 다음과 같이 말하고 있다.

"이 모든 것들을 통해 향유하는 것이 진정한 행복인지 심사숙고해 볼 때 그것은 언제나 가장 하잘것없고 별 볼일 없는 것으로 보일 뿐이다. 단지 우리가 그 점을 더 깊은 철학적 관점에서 생각하는 일이 지극히 드문 일일 뿐이다."[4]

우리가 물질적 부가 주는 쾌락을 생각한다면 그것을 얻기 위해 피땀을 흘리고 노심초사할 만큼 대단히 소중한 것일지 모른다. 그러나 그것이 인생의 의미나 진정한 행복이라고 생각하는 것은 일종의 착각에 기인한다. 결국 스미스가 생각하고 있는 바의 요지는 이러하다. 부나 재산이 우리에게 진정한 만족을 줄 것으로 생각할 경우 우리가 기만당

---

4) Adam Smith, *A Theory of the Moral Sentiments*, Oxford: Oxford University Press, 1976, vol. IV, ch.1, p.10, Peter Singer, *How Are We to Live?*, Prometheus Books, 1995, p.41에서 재인용.

하고 있음은 분명하지만 그러한 기만으로 인해 인간의 문명과 산업이 끊임없이 발전하게 된다는 점에서 일종의 생산적인 기만이라 할 수 있다. 이상과 같이 현대경제학의 아버지이고 자유시장경제의 위대한 주창자가 말하기를, 그러한 사회는 결국 허망한 욕구의 추구를 통해서 생겨나며 비록 우리가 그러한 욕구를 충족시킬지라도 진정한 행복을 가져다주지는 못한다는 것이다.

결국 우리가 친숙하게 알고 있는 아담 스미스는 소유권을 정당화하고 자유경쟁시장을 예찬하는 경제학자로서 스미스의 얼굴이라 할 수 있다. 그러나 그가 자주 표출하지 않았던 숨겨진 또 하나의 얼굴은 이같은 소유와 경쟁이 인간의 진정한 행복에 역행할 수 있다는 철학자로서 스미스의 얼굴이다. 그가 이 같은 철학적 견해와 통찰을 애써 표출하기를 삼갔던 이유를 이해하는 것은 어렵지 않다. 소유욕과 경쟁시장을 정당화하고 예찬했을 때 그가 더 우선적으로 주목하고 배려하고자 했던 것은 그당시 화급하게 해결해야 했던 대다수 시민들의 곤궁한 형편이었다. 우선 물질적 궁핍으로부터 어느 정도 해방되기에 이르기까지 그는 이 같은 생산적 기만을 용납하고 철학적 진실의 천기누설을 유보하고자 했던 것이다.

그러나 어디까지나 기만은 기만이고 진실은 진실일 수밖에 없다. 소유와 경쟁이 우리에게 물질적 풍요를 가져올 것은 그에게 의심할 수 없는 믿음이었으나 대부분 철학적 성찰이 부족한 일상인들이 소유와 경쟁을 통해 물질적 부와 더불어 진정한 행복이 보장될 것으로 기대하는 믿음은 기만일 수밖에 없다는 것이다. 경쟁적 가치로서 물질적 부에 대한 소유욕은 부단한 제로섬 경쟁게임을 불가피하게 하고 그 결과는 갖지 못한 자에게 실망과 좌절을 안겨줌은 물론이고 가진 자에게마저 공허와 허망함을 맛보게 할 뿐이라는 것이다. 철학적 성찰은 우리 인생의 의미와 진정한 행복 등 목적가치에 대한 반성으로서 이 같은 반성을 통해 수단에 대한 추구를 넘어 존재하는 목적가치에 각성하게 되는 것이다.

재산권에 대해서는 일반적으로 두 가지 기본적인 정당화 논변이 제시된다. 그 중 하나는 로크적 정당화로서 흔히 재산권에 대한 노동이론(labor theory)이라고도 불린다. 로크에 따르면 사람들은 노동을 투입함으로써 어떤 산물에 대해 재산권을 취득한다. 이 같은 이론은 자본주의적 체제 속에서 순기능을 할 것이며, 사유재산에 대한 신뢰할 만한 정당근거를 제시할 뿐만 아니라 사람들의 노동에 동인을 제공, 부를 획득하게 할 수 있다.

로크의 논변 이외에 재산권에 대한 또하나의 정당화 논변은 재산권에 대한 헤겔의 이론 혹은 인격이론(personality theory)이라 할 수 있다. 이 견해에 따르면 생산활동은 자기표현이나 자기실현의 행위이며 따라서 생산자의 인격의 확대라 할 수 있다. 생산물 그 자체는 단지 소유의 대상이라기보다 생산자 자신의 일부로서 그의 인격에 귀속되는 것으로 간주한다. 그래서 인간의 자유가 요구하는 것으로서 생산자는 그들이 산출한 것에 대해 일어날 일들을 통제, 좌우할 수 있다는 것이다. 이는 마치 그들이 그들 인격적 삶의 다른 면들을 결정할 수 있는 것과 유사하다.

이상의 두 정당화 논변이 전제하는 윤리적 범주로서 사유재산권과 관련된 근본적인 문제는 재산권 개념이 지나치게 개인주의적(individualistic)이라는 점에 있다.[5] 그것은 노동이나 인격을 투여한 생산자에 초점을 맞춰 그들이 어떤 권한을 갖는지에 집중한다. 그것은 생산물 산출의 사회적 배경을 무시하고 따라서 그들이 나머지 사회와 갖는 윤리적으로 의미있는 관계를 경시함으로써 균형감을 상실하고 있

---

5) Michael C. McFarland, SJ, "Intellectual Property, Information and the Common Good", ed., Richard A. Spinello, *Reading in Cyberethics*, Jones and Barlett Publishers, 2001, p.259.

다. 우리가 재산권이라는 관념으로 출발하면 문제는 자연히 소유권이나 처분권에 집중하게 된다. 그러나 우리가 사안에 대한 좀더 온전한 견해를 얻기 위해서는 그러한 시각이나 틀로부터 한발짝 물러날 필요가 있다. 우리가 제안하고자 하는 것은 지금까지 무시되어 왔지만 더욱 전통적인 입장, 즉 자연법(Natural Law) 이론을 이용할 필요가 있다는 점이다.

적어도 아리스토텔레스의 니코마코스 윤리에까지 소급하는 자연법 이론은 좋은 것(善)이 무엇인지를 묻는 것으로부터 출발한다. 아리스토텔레스에 있어 어떤 것의 선(The Good)은 그 본성 속에 내재되어 있으며 선은 그것이 갖는 목적을 달성하는 일이다. 이를테면 도토리 열매는 도토리 나무로 성장하는 것이 목적이라 할 수 있다. 그것은 도토리 나무로 성장함으로써 자신의 본질을 성취하고 그 덕(virtue)을 이루게 된다.[6] 인간은 본질상 합리적이고 사회적인 존재이다. 따라서 인간의 자기실현과 행복은 사회 속에서 합리적으로 사는 일을 통해서 이루어진다. 그 같은 삶을 지지하는 덕성에는 여러 가지가 있지만 우정과 사랑이 대표적이라 할 수 있다.

그래서 한 예를 들면 우리는 지적 재산이라 부르는 창작물, 특히 전자적으로 저장, 전송될 수 있는 산물들에 있어 그 본성이 무엇인가를 물어볼 수 있다. 미스터리 소설, 자서전, 사진작품, 회화, 작곡 혹은 디자인 등이 공통적으로 가지고 있는 것은 무엇인가? 이들 모든 것은 어떤 의미에서 정보(information)라 할 수 있다. 컴퓨터에 저장될 수 있는 것은 정보를 전송하는 컴퓨터 프로그램을 위시해서 모두가 정보라 할 수 있다. 소프트웨어는 다른 정보들과 마찬가지로 검색, 관리, 수정될 수 있다.

그렇다면 정보의 목적은 무엇인가? 분명 정보의 목적은 개인적 반

---

6) 위의 논문, p.259 참조.

성, 회화, 음악 등과 같이 일종의 자기표현(self-expression)이라 할
수 있다. 그것은 기계 디자인이나 컴퓨터 프로그램과 같이 어떤 유용
한 기능을 수행할 목적으로 만든 산물이라 할 수 있다. 그러나 좀더 근
본적인 수준에서 말하면 정보는 의사소통(communication)과 관련된
것이다.[7] 소통이 바로 정보의 목적인 것이다. 정보는 "어떤 사실이나
사건에 대한 지식의 소통이라 할 수 있다." 정보가 소통 그 자체가 아
니라면 그것은 소통되도록 의도된 어떤 것이다. 정보의 본성과 목적은
의사소통이며 이는 그 선이요 덕이라 할 수 있다. 적절한 정보윤리라
고 한다면 반드시 이 점을 고려해야 할 것이다.

　정보의 또 다른 본질적 특성은 그것이 역동적이고 누적적(dynamic
and cumulative)이라는 점에 있다.[8] 정보는 인간사고의 산물로서 물
체적인 것이 아닌 까닭에 정보는 끊임없이 변화하고 성장하며 상호 결
합하고 창조되는 산물이다. 지적인 저작은 단일한 한 사람의 정신에서
순수하게 독창적으로 생겨난 것이 아니다. 거기에는 언제나 상호작용
이 있고 영향을 서로 주고 받는다. 따라서 모든 창작물은 그 선행자를
가지며, 프로그래머는 언제나 선행 프로그래머로부터 배운다. 프리 소
프트웨어 제도에 대한 강력한 논변도 단지 그것에 대해 사람들이 비용
을 지불할 필요가 없다는 데 있다기보다 다른 프로그래머들이 그것을
자유로이 검색, 그로부터 배울 수 있음을 의미한다. 무료 소프트웨어
는 사람이 판독할 수 있는 소스코드가 언제나 접근될 수 있지 않는 한
진정으로 프리하다고 할 수 없다는 것이다.

　이상과 같은 지적 저작의 목적과 선은 소통되고 공유될 수 있다는 점
에 존재한다. 물론 윤리는 사람과 관련되지, 데이터베이스나 디자인에
있는 것은 아니다. 그러나 정보의 목적을 앎으로써 우리는 정보생산자

---

7) 위의 논문, pp.259-260 참조.
8) 위의 논문, p.260.

의 목적과 미덕에 대해 매우 중요한 것을 알게 된다. 중요한 것은 단지 정보의 생산이 아니라 정보의 소통이다. 정보를 담은 성과가 적절한 방식으로 공유되지 않는다면 그것은 그 목적을 성취하지 못한 셈이어서 그 덕성을 발휘하지 못할 것이다. 공유가 더 효율적으로 될 경우 정보는 자신의 목적에 부합하며 정보다운 정보가 된다고 할 수 있다.

물론 정보의 생산자는 지적 소유권에 대해 집착하겠지만 더 합당한 관점을 얻기 위해 우리는 한걸음 뒤로 물러나 정보의 의의와 목적에 대해 물어볼 필요가 있다. 그럴 경우 우리는 재산권만 생각할 경우 잃기 쉬운 매우 중요한 통찰을 얻게 된다. 즉, 정보는 소통되고 공유되어야 할 어떤 것이라는 점이다. 정보의 이용과 배분을 위한 윤리적 대책은 비록 생산자의 정당한 요구를 인정할지라도 정보의 사회적 성격을 고려해야만 한다. 이 같은 관점은 개별자의 이해관심에 더하여 나머지 사회의 이해관심까지 고려할 이론적 기초가 된다. 이 점에서 공리주의적 관점이 합당하다고 생각되나 공리주의는 개인의 권리를 소홀히 하는 경향이 있어 역시 균형을 잃을 가능성이 있다.

이상과 같이 소유-목적 논변에서 볼 때 정보의 일차적 목적은 인간들 간의 의사소통에 있으며 그런 관점에서 정보의 자유로운 유통과 소통에 장애가 되는 전지구적인 지적 재산권(IPRs) 체제의 등장과 그로 인한 극심한 정보격차(digital divide)는 재고의 여지가 다분히 있다고 사려된다. 우리는 정보생산자에게 적절한 보상을 보장하면서도 다수자에게 보편적인 정보접근권을 허용할 수 있는 공공재로서의 정보의 성격을 감안한 기반구조를 구축해야 할 것이다. 이 같은 구상에 있어서 서구사회와 차별화되는 아시아의 전통적인 공유적 지식관은 지극히 시사적인 의미를 갖는다고 생각된다.

3. 필요의 충족과 소유권 제한

고대 그리스로부터 초기 기독교를 거쳐 중세 말기에 이르기까지, 달리 말하면 서구문명사의 4분의 3 이상 동안, 돈을 버는 일은 오명의 대상이었고 특히 돈으로 돈을 버는 일은 심각한 비난을 받아 왔다. 그러나 돈을 이용해 돈을 버는 일은 자본주의의 핵심이고 이는 적어도 지난 2세기 동안 서구세계를 지배해 온 경제형태이며 오늘날 세계 어느 곳에도 이를 대체할 유력한 대안은 존재하지 않는 셈이다. 자본주의의 성장과 승승장구로 인해 돈과 소유에 대해 전통을 지배해 온 사조와는 매우 상이한 태도가 생겨나게 된 것이다.

자본주의적 정신의 기원에 대한 권위 있는 연구서인 막스 베버(Max Weber)의 『프로테스탄트 윤리와 자본주의 정신』에 따르면 자본주의 정신에는 무언가 특유한 것이 있다는 것이다. 탐욕적인 것(greedy)으로 말하면 과거에 그에 못지않는 사례들도 많았으나 정작 자본주의에 특징적인 것은 부의 취득 그 자체가 윤리적으로 인가된(ethically sanctioned) 삶의 방식이라는 것이다.[9] 근세 이전에 돈과 소유는 우리가 그것을 통해 할 수 있는 바를 위해서만 가치 있는 것이었다. 돈과 재산은 음식, 옷, 집을 위시해서 각종 호사스러운 삶을 영위할 수 있게 할 뿐 아니라 사랑과 정치권력까지 돈으로 얻을 수 있다. 그러나 자본주의 사회에서는 돈이 그것으로 살 수 있는 것 때문이 아니라 그 자체로서 가치 있는 것이며 나아가 돈이 그것으로 구매할 수 있는 것과 더불어 가치 있는 것이 아니라 재화가 그 교환가에 비례해서 가치 있는 것이 되었다.

베버의 냉소에 따르면 자본주의적 인간에 있어서 평생 일하는 유일

---

9) Max Weber, *The Protestant Ethic and the Spirit of Capitalism*, trans., T. Parsons, London: Unwin, 1930, p.56.

한 목적은 "돈과 재화의 엄청난 물질적 하중에 못 이겨 무덤으로 침몰하는 일"이며 우리는 살기 위해 재화를 취득하기보다 재화를 취득하기 위해 산다는 것이다. 미국의 재벌 이반 보에스키(Ivan Boesky)의 티셔츠에는 "죽을 때에 가장 많이 갖는 자가 승자이다"라고 적혀 있다. 이는 바로 베버가 마음속에 두고 있는 자본주의적 태도를 그대로 요약하고 있다. 베버는 말하기를 자본주의 이전 시대에는 이 같은 태도가 전적으로 역전되어 있어서 부의 취득 그 자체를 목적으로 삼는 일은 무가치하고 경멸할 만한 것으로서 변태적 본능(perverse instinct)의 산물로 간주되었다고 한다.[10]

서구 전통사상의 기원은 고대 그리스와 유대 기독교 전통에서 찾아진다. 우선 그리스로 눈을 돌리면 거기에는 훌륭한 삶(good life)에 대한 열띤 철학적 논변이 있을 뿐 돈과 재화의 취득을 통해 인생의 성공을 논하는 철학자는 찾아보기 어렵다. 플라톤에 따르면 최하층만 제외하고서 통치자나 수호자들은 자신의 가정마저 소유하지 않으며 공동생활을 해야 한다. 부패시키는 돈의 영향으로부터 해방됨으로써 그들은 더 현명하고 정의롭게 통치하게 된다는 것이다. 아리스토텔레스는 플라톤처럼 지나친 유토피안은 아니었고 인간의 자기애를 인정할 정도로 현실주의적이었지만 과도한 자기애만 추구하는 데 대해서는 경고하고 있다.

아리스토텔레스는 정당한 자기애(self-love)와 이기심(egoism)의 구분에 일관되게 부를 취득하는 자연스러운 기술과 금전에 대한 과도한 욕망을 구분했다.[11] 돈을 버는 것은 가계에 필요한 것을 제공한다는 목적을 위한 수단인 까닭에 그것은 언제나 목적 그 자체에 의해 제약된

---

10) 위의 책, pp.71-72.
11) Aristotle, *Politics*, Book II, trans., B. Jowett, Oxford: Clarendon Press, 1905, p.61.

다는 것이다. 그런데 아리스토텔레스에 의하면 일부의 사람들은 수단을 목적으로 오인하여 부의 축적 그 자체에 골몰하게 되는데 이를 보여주기 위해 아리스토텔레스는 마이다스왕(King Midas)의 우화를 말한다. 그는 자신이 만지는 모든 것이 황금으로 변하기를 바라던 나머지 자신이 먹는 음식마저 입에서 금으로 변함으로써 마침내 굶어 죽게 된다. 아리스토텔레스는 수사학적으로 말하기를 어떤 것을 엄청나게 소유한다 할지라도 굶어서 죽게 된다면 그것이 과연 부유함이 될 수 있으며 그래서 무엇하자는 것이냐고 반문한다.

아리스토텔레스에 있어 우리의 필요(need)를 위해 재화를 취득하는 것은 자연스러운 일이며 농축산물로 돈을 버는 것은 언제나 자연스럽다고 보았다. 그러나 돈 그 자체를 위해 돈을 버는 것은 부자연스럽고 그릇된 일로 간주했다. 우리가 농축산물을 생산할 경우에는 자연으로부터 이득을 얻는 것이며 인간에게 가용한 재화의 양을 늘림으로써 돈을 버는 것이나 재화를 팔고 사는 사업을 통해 돈을 버는 것은 산물의 가치를 추가함이 없이 타인으로부터 매매차익을 챙기는 것이라 한다. 그리고 아리스토텔레스는 가장 사악한 거래는 돈을 빌려주고 돈을 버는 일이며 그것은 가장 부자연한 것이라 했다.[12] 이는 아리스토텔레스의 금전불임론(doctrine of the sterility of money)으로 알려졌다. 돈은 원래 불임이라 돈을 길러서 돈을 번다는 것은 부자연스러운 일이라는 것이다.

서구사상의 또 한 가지 주요 원천은 유대 기독교 전통이다. 돈놀이나 고리대금업으로 돈을 버는 일은, 처음에는 동족 간의 윤리(tribal ethic)로 시작되었으나 나중에는 보편윤리(universal ethic)로 확립된다. 현세적 부에 대한 예수의 태도는 영생을 원하는 어떤 부자에게 한 그의 말에 잘 나타나 있다. "가서 가진 모든 것을 가난한 이에게 나누

---

12) 위의 책, p.46.

어 주라. 그러면 하늘에 보화를 쌓게 될 것이다." 이를 지켜보고 놀란 제자들에게 그는 이어서 말했다. "부를 믿는 자들이 하느님의 왕국에 들기가 얼마나 어려운지 아느냐. 부자가 천국에 드는 일은 낙타가 바늘귀로 들어가는 일보다 어렵느니라."[13]

이 같은 가르침을 이어받은 초기 기독교 공동체는 원시 공산사회를 방불케 했으며 교부들 역시 가난한 이들에게 구호품을 주는 것은 자선(mercy)의 문제가 아니라 정의(justice)의 문제라 생각했다. 왜냐하면 자연은 모든 이에게 주어진 공유재였고 누구도 자기가 필요한 이상으로 소유할 권리가 없다고 생각했기 때문이다. 그래서 몸을 더럽히는 천박한 직업이 있듯 영혼을 더럽히는 천박한 일이 있는데 환전상도 바로 그 중 하나로 간주되었다.[14]

이로부터 기독교는 근본적으로 돈을 버는 일과 친화성이 없었으며 사고 팔고 하는 과정에서 죄짓는 일은 피하기 어렵다고 말한 레오 교황(Pope Leo)의 진술은 교회법의 일부가 되어 널리 인용되기도 했다. 장사가 하느님을 기쁘게 하는 일은 드물거나 거의 없으며 또 장사가 구원받을 가능성은 희박하다고 생각되었다. 왜냐하면 그들이 얻게 되는 이득은 거의 사기, 거짓말, 이기심의 소산일 수밖에 없기 때문이다. 이에 비해 단순하게 살고 이마에 땀을 흘리며 하느님의 백성에게 먹을 것을 주는 농사꾼은 구원의 기회가 더 많다고 생각했다.

이상에서 나온 두 전통은 13세기 중세 스콜라 철학자들이 아리스토텔레스를 받아들임으로써 서로 융합되어 대단원에 이르게 된다. 아퀴나스(Aquinas)는 자연스럽고 합리적이며 정당한 재산취득에 대한 견해에 있어 아리스토텔레스의 입장을 그대로 수용했다. 특히 그는 가난한 이에게 구호금을 줄 의무를 논의하는 과정에서 굶주려 죽어가는 이

---

13) Mark, 10:17-25 참조.
14) Peter Singer, 앞의 책, p.60에서 재인용.

에게 먹을 것을 주지 않는 것은 그를 살해하는 것이나 마찬가지로 본다.

이같이 다소 극단적인 견해는 그가 다음과 같은 질문을 제기했을 때 더욱 고조된다. "필요를 참지 못해 훔치는 것은 합법적인가 어떤가? (Whether it is lawful to steal through stress of need?)" 이에 대한 대답에 있어 그는 재산에 대한 자연법적 견해(natural law view of property)로부터 가히 혁명적인 함축을 이끌어낸다. 그에 따르면 "어떤 사람이 자신의 필요에 못 이겨 타인의 재산을 공개적으로나 비밀리에 취함으로써 이를 채우는 것은 합법적이며 이는 절도나 도둑이라고 말할 수 없다. 이웃의 절실한 필요를 구제하기 위해 타인의 재산을 비밀리에 취하는 것도 마찬가지다"라고 했다.[15]

결국 재산권이란 절대권이 아니며 일정한 한계와 제한을 갖는다는 것이다. 사유제산제도는 나름의 목적을 지니며 일부의 사람이 그러한 제도의 목적을 능가할 정도로 많이 소유하게 되면 그들이 과도하게 소지한 것은 충분히 갖지 못한 자들을 위한 잉여물인 것이다. 타인들이 긴박한 필요와 궁핍한 상황에 처하게 되었을때 잉여의 부를 소유할 정당한 권한은 존재하지 않는다는 것이다. 아사의 위험에 처해 있는 사람이나 그들을 도와야 할 형편에 처한 사람은 잉여의 부를 가진 자의 것을 취할 권한이 있다.

이 같은 기독교적 이념을 실천함에 있어 오늘날 더 이상 지리적, 인종적 장벽은 통하지 않는다. 따라서 지구 어느 곳에서든 기근으로 고통받는 자들을 돕기 위해 부자로부터 재산의 일부를 받아내는 것은 도둑도 절도도 아닌 것이다. 왜냐하면 우리는 자연법에 의거해서 이미 충분한 정도 이상으로 소유한 자보다 필요와 궁핍에 처한 자에게 마땅히 귀속되어야 할 것을 취하기 때문이다.

---

15) Thomas Aquinas, *Summa Theologica* II-II, Question 67, art 7, pp.1479–1480.

소유권의 목적인 동시에 그 정당한 한계를 지정해 줄 필요의 문제를 합당하게 이해하기 위해 마르크스의 정의관에 나오는 필요관을 주제적으로 논의해 보는 것은 도움이 될 것이다. 사회철학, 특히 사회정의의 개념과 관련해서 인간의 필요(need)에 대한 특히 중요한 두 가지 방식의 분류가 있다. 그 중 하나는 기본적(basic) 필요와 부차적(non-basic) 필요로 나누는 것이고, 다른 하나는 진정한(genuine) 필요와 거짓된(false) 필요로 나누는 것이다. 사회는 그 성원들의 기본적 필요를 그들의 생산성에의 기여, 도덕적 응분 등에 상관없이 충족시킬 의무를 갖는다는 생각은 오늘날 복지국가 이념의 기본적인 전제들 중의 하나이다.

물론 이러한 신념에 대해서도 일부 자유지상주의자들로부터 반론의 여지가 없는 것은 아니나, 이는 현대사회를 지배하는 정의관의 기조를 이루고 있다고 할 수 있다. 또한 기본적인 것으로 간주되는 필요의 목록 역시 시간과 장소의 여건에 따라 상대적이고 한결같을 수는 없으나 일반적으로 기본적 필요는 생존과 직접적으로 관련되는 삶의 기본 요건과 결부되어 있으며 이런 기본적 필요의 충족을 돕는 것이 인간의 일반적 의무라는 견해는 사회정의에 대한 지배적 신념 속에 깊이 뿌리내리고 있다.[16]

이런 견해는 공동체가 기본적인 필요 이상의 것을 충족시키는 것은 의무가 아니라는 주장을 함축하며 부차적 필요의 충족 문제는 사회정의의 범위를 넘어간다는 것을 암시하고 있다. 이에 대한 이유로서는 일정 지점을 넘어가면 필요에 따른 분배가 공적(desert)에 따른 분배와 충돌할 수 있다는 점과, 필요가 일정 수준을 넘게 되면 지극히 애매모호하다는 점이다. 특히 두 번째 이유와 관련해서 주목할 것은 기본

---

16) W. Sadurski, "To each according to his (genuine?) needs", *Political Theory*, 1983, pp.419-431.

적인 필요도 아주 정확한 개념은 아니지만 어떤 범위까지가 가장 기본적인 것인가에 대해 어느 정도의 합의가 있을 수 있는 데 비해 부차적인 필요의 적용방식을 규정하는 일은 거의 불가능하다는 점이다.

그런데 마르크스가 "능력에 따라 일하고 필요에 따라 나눈다"는 공식에서 염두에 두는 바는 단순히 기본적인 요구에만 국한된 것이 아니며 따라서 이 두 번째 이유는 필요에 따른 분배라는 마르크스의 정의공식에 대한 비판의 논거로서 흔히 제시된다. 즉 필요는 가장 기본적인 필요의 영역을 넘어서면 애매할 뿐만 아니라 무한정하다는 것이다. 이런 의미에서 각자에게 그의 모든 필요에 따라 재화를 분배한다는 것은 지극히 유토피아적이고 실현 불가능하다는 것이 비판의 요지이다.

그러나 물론 마르크스의 정의론에 있어 유토피아니즘이 없는 것은 아니나 이런 소박한 반론에 대해서는 나름대로 응답이 제시될 수 있을 것이다. 마르크스가 공산주의 사회에 있어서 필요에 따른 정의로운 분배공식을 만들어낼 때 염두에 두었던 것은 개인들이 느끼는 모든 현실적 필요가 아니라 합리성이나 합당성(rationality, reasonableness)의 기준을 통과한 일부의 필요만이다. 각자에게 그의 필요에 따라 분배한다는 공식은 마르크스의 해석에 따르면 가능한 모든 필요를 함축하는 것이 아니며 또한 그것은 복지이념의 일반적 기조인 기본적 필요에만 국한되는 것도 아닌 것이다.

마르크스와 엥겔스는 공산주의 사회는 모든 합리적인 필요의 충족을 가능하게 하는 사회라 했으며 이에 비추어볼 때 그들의 주장이 유토피아주의라는 소박한 비판은 지지되기 어렵다. 필요의 충족이란 사회의 경제적 역량의 함수일 뿐만 아니라 필요의 합리성이라는 기준의 함수이기도 하기 때문이다. 합리성의 기준을 통과하는 양이 적을수록 그것을 충족하는 데 요구되는 경제적 역량은 적어도 되는 것이다.[17] 결국

---

17) 위의 논문 참조.

마르크스에 있어서 합리적 필요의 수준은 고정된 것이 아니라 인간성의 발전 결과에 따라 변화하는 동시에 물질적 풍요의 수준에 따라 변하기도 한다. 따라서 합당한 필요의 수준은 인간성의 변화에 상관적이며 사회의 일반적인 물질적 부에 상관적이라는 점에서 두 가지 의미로 상대적인 개념인 것이다.

물질적 부와 관련된 상대성은 일부의 사람으로 하여금 마르크스 철학에 있어 필요의 무한정한 성격을 암시하는 결론으로 나아가게 했고 그래서 그 만족의 원리가 갖는 유토피아적 성격을 비판하게 한 것이다. 이런 한 가지 의미의 상관성만 보면 마르크스의 정의관이 유토피아적이라는 생각이 옳을 수도 있다. 그러나 마르크스에 있어서는 인간성과 관련된 또 하나의 상대성이 존재하는 까닭에 욕구의 무제한한 충족을 보장한다는 의미에서의 유토피아주의는 피할 수가 있다.

그러나 이는 다시 진정한 필요와 거짓된 필요라는 논의와 관련된 또 다른 어려움을 결과하게 된다. 필요의 이 두 번째 유형의 상대성은 그것이 인간성의 변화의 함수로서 특히 인간존재의 지속적인 완성과 개선의 함수이며 인간성에 있어서의 이러한 개선은 인간이 그들의 이타적이고 사회적인 감정에 의거한 그들의 필요에 따라 자기제한을 부과함으로써 생겨난다. 이것은 또 다른 의미에서 비현실적 유토피아주의가 아닐 수 없다고 생각된다.

물론 이것은 진정한 인간성에 대한 명료한 해명을 요구하는 것으로서 마르크스에 따르면 인간은 본질적으로 선량하고 창조적이며 평화애호적인 사회적 존재이다. 그의 공격성, 이기주의, 소유욕은 착취 사회의 역사적 조건에서 결과된 것으로서 일단 이러한 조건이 제거되면 사람들은 그러한 감정에서 해방될 것이며 그런 감정은 그의 진정한 인간성의 소외된 표현으로 간주하게 된다. 그래서 이러한 해방은 사회적 존재로서의 진정한 인간의 회복이다.

그런데 인간성의 이러한 변화는 마르크스에 있어서 미래사회에 도래할 인간성에 대한 예견일 뿐만 아니라 공산주의의 정의로운 분배원리의 실현이나 시행을 위한 선행적인 필요조건이기도 하다. 각자에게 그의 필요에 따라 분배할 수 있기 위해서는 사람들이 자발적으로 자신의 필요에 한계를 부과해서 그들의 필요를, 타인에게 불이익을 줌이 없이 만족시킬 수 있도록 합리적인 필요만을 요구해야 한다. 엥겔스가 분명히 진술한 바와 같이 미래사회는 새로운 인간(New Man)을 산출할 뿐만 아니라 그런 사회로 나아가기 위해서도 새로운 인간이 요구되는 것이다.

그러나 인간의 가소성은 마르크스나 엥겔스가 믿었던 만큼 크지 않으며 인간이 원래 폭력적, 이기적, 공격적이 아니라 선량하고 평화적이며 이타적이라고 믿을 이유도 없다고 본다. 또한 이러한 가정을 정의론이 필요조건으로 한다는 것은 중대한 결과를 가져오며, 즉 정의로운 분배의 전 체계가 인간성의 변화에 달려 있게 되며 그것을 정의실현의 관건으로 간주하게 되는 것이다. 이런 발상 자체는 지극히 유토피아적일 뿐만 아니라 현실적으로 그것은 또 다른 위험을 내포하게 된다.

사회정의는 인간의 현실적 모습 혹은 예견할 수 있는 가까운 미래상을 고려해야 하며 인간의 이상적 모습에 의거해서는 안 된다. 그렇지 않을 경우 본질적으로 개변되지 않는 인간성의 조건 아래 사회정의를 실천하고자 할 때 그것은 불가피하게 사회정의의 이름으로 인간을 조종하고(manipulate) 인간에게 이데올로기적 주입(indoctrinate)을 하지 않을 수 없게 되는 귀결에 이른다.

4. 자유의 향유와 소유권 제한

아담 스미스를 비롯해서 로크를 거쳐서 헤겔에 이르는 사유재산권을 옹호한 자들은 전통적으로 소유권과 개인의 자유를 관련지어 왔다. 최근에는 자유지상주의자(libertarian) 노직이 사유재산권과 개인의 자유 간의 관계에 대한 새로운 논변을 제시했고, 이는 복지국가적 간섭주의와 그러한 복지정책을 지지하는 분배적 정의관에 대항해서 재산권에 대한 자신의 옹호론을 전개하려는 의도에서 이루어졌다.[18] 노직의 주장은 정형적(patterned) 분배정의 원리를 시행할 경우, 이는 불가피하게 개인의 자유를 제약하고 개인의 삶을 부당하게 간섭하는 결과를 가져온다는 것이다. 자유방임적 입장에 대한 옹호론은 오랜 전통을 갖는 것이기는 하나, 노직의 논변은 새로운 설득력을 갖는 것으로서 많은 사람들에게 깊은 인상을 주었다.

그런데 C. C. 라이언이 지적하듯이 이 논변에서의 문제는 그것이 사유재산권과 그러한 권리가 보장하는 자유를 미리 전제하고 있다는 점이다.[19] 또한 노직이 내세우고 있는, 자유로운 교환은 자연히 생산수단의 사유화를 결과하게 된다는 주장 역시 광범위한(extensive) 사유재산권을 전제하고 있을 경우에만 타당하게 된다. 그런데 자본주의자와 사회주의자 간의 정의관 논쟁은 대체로 사유재산권의 존재 여부에 달려 있기 때문에 이런 권리를 당연한 것으로 전제하는 노직의 논변은 이를 받아들이지 않는 자들에게 별다른 설득력을 갖지 못한다는 데 문제가 있다.

노직이 사유재산권의 가치를 자명한 것으로 간주하는 이유는 그것이 개인의 자유와 밀접한 관련이 있기 때문이라고 생각된다. 그러나 라이언의 비판에 따르면, 만일 우리가 사유재산제도 그 자체가 다수자의 자유에 대한 지속적인 침해를 내포하는 것임을 입증할 경우 노직의 논변은 자멸적인 것으로 판명되며, 나아가 이는 노직이 옹호하고자 하는

---

18) R. Nozick, *Anarchy, State, and Utopia*, Basic Book, 1972 참조.
19) Cheyney C. Ryan, "Yours, Mine and Ours: Property Rights and Individual Liberty", ed., Jeffrey Paul, *Reading Nozick*, Rowman Littlefield, 1981, p.324.

자기소유권(self-ownership)이라는 자유주의의 기본 전제와도 상충하는 치명적인 결과를 가져오는 것이 아닐 수 없다.[20]

주지하다시피 정형적 정의론에 반대해서 노직은 개인적 자유와 정형적 원리는 언제나 서로 대립한다고 주장한다. 자유는 관행화된 기존의 정형을 뒤엎게 마련이고, 반대로 최소국가(minimal state) 이상의 공권력에 의해 이러한 정형을 유지하고자 하는 시도는 언제나 개인의 자유를 제약하게 마련이다. 어떤 정형적 분배이론도 사람들의 삶에 대한 지속적 간섭 없이 실현될 수는 없기 때문이다.[21] 따라서 노직에 의하면, 소유권적 이론을 옹호하는 주요 논거는 개인적 자유와의 양립 가능성이라는 것이다.

전통적으로 최소국가 이상의 국가로서 복지국가에 대한 비판자들은 자원의 더욱 공정한 분배를 유지하거나 결과하기 위한 정부의 간섭은 사유재산권의 침해를 함축한다고 생각했다. 그런데 사유재산권에 대해 절대적 가치가 부여되었던 시대에는 이것이 분배정책에 반대하기 위한 아주 정당한 논거로 간주되어 왔다. 그러나 사유재산권이 신성불가침인 시대는 이미 지났으며, 따라서 사유재산권을 미리 전제하고서 그에 모든 것을 걸고 있는 논변은 그 자체로서는 대단한 설득력을 갖기 어렵다.[22] 그러한 논변에 의거해서 다른 어떤 정의관보다 소유권 이론이 우월하다는 것이 입증되리라고 생각하는 노직의 기대는 무리가 아닐 수 없다. 왜냐하면 다른 모든 정의관은 소유권에 대한 기본 신념을 공유하지 않기 때문이다. 사회주의적 정의관에 대한 비판자들이 사유재산권을 전제할 경우 그들은 사회주의적 이념의 핵심을 놓치고 있다는 비난을 면할 수 없는 것이다.

---

20) 위의 논문, pp.324-325.
21) R. Nozick, 앞의 책, p.163.
22) C. C. Ryan, 앞의 논문, p.328.

이런 이유로 해서 노직이 보여주고자 하는 것은 개인의 자유가 정형을 교란하게 된다는 점이며, 따라서 우리가 소유권적 정의론을 채택하게 되는 이유는 사적 소유권이 아니라 개인의 자유라는 점을 입증하는 데 주력하고 있다. 그가 내세우는 주장은 사유재산권에 대한 입장과는 상관없이 개인의 자유에 대해 우리의 공통된 신념이 자기가 내세우는 정의원리에 동조할 것을 요청한다는 것이다. 이러한 주장이 타당할 경우, 그것은 정형적 정의원리가 받아들여질 수 없음을 보여주기 위해 요구되는 설득력을 갖는다. 왜냐하면 자유의 가치에 대한 합의를 가정하는 것은 확실히 합당한 것이기 때문이며, 시민의 자유를 지속적으로 침해하는 어떤 사회체제도 바람직하지 않기 때문이다. 그래서 노직은 개인의 자유에 대한 이러한 기본 신념 위에 정형적 정의원리에 대한 반론을 세우고자 하는 것이다.[23]

그런데 다른 한편 자유는 소유물에 대한 어떤 정형적 분배방식도 교란시킨다는 논변과 자원의 자유로운 이용은 자연히 생산수단의 사유재산화를 결과한다는 논변은 광범위한 사유재산권을 미리 가정하는 데 근거하고 있다. 노직의 논변을 지지하는 근거는 바로 그가 이러한 소유권에 대해 제시할 수 있는 정당화에 달려 있다. 따라서 이러한 정당화가 타당한 것일 경우 다른 사회이념에 대한 노직의 공격도 성공할 것이나, 그렇지 못할 경우 그의 논변이 성공하지 못할 것이다. 이러한 점을 밝히는 것이 바로 우리가 이 절에서 논의하고자 하는 핵심이라 할 수 있다. 노직이 자신의 권리개념에 대해 제시하는 논거는 무엇인가?

언뜻 보기에 그는 아무런 논거도 제시하지 않는 것으로 보인다. 그는 자신의 책 서두에서 "이 책은 개인의 권리에 대한 도덕적 근거에 대해 정확한 이론을 제시하고 있지 않다"고 말한다.[24] 나아가서 그는 사유

---

23) R. Nozick, 앞의 책, p.60.
24) 위의 책, p.xiv.

재산권에 대한 전통적인 정당화 몇 가지를 명시적으로 혹은 암암리에 거부하고 있다. 그는 재산권의 효율성에 의거한 공리주의적 정당화를 비판하고 있으며, 또한 인간이 자신의 노동을 무소유(unowned)의 대상과 결합할 때 권리가 생겨난다는 로크의 견해도 비판한다. 나아가서 노직은 홉스처럼 이러한 권리가 사회계약의 산물일 수 있음도 배제한다. 왜냐하면 그는 사회계약적 접근방식이 아니라 '보이지 않는 손'에 의거한 방법론을 옹호하고 있기 때문이다.

여기에서 일련의 권리에 대한 근거를 논의함에 있어 노직과 롤즈의 이론 간에 존재하는 중대한 구조적인 차이에 주목해 볼 필요가 있다.[25] 노직은 일련의 권리들을 가정하고 인간의 자유와 이러한 권리들 간의 관계가 자명하다는 것을 전제하고서 이러한 권리들에 의해 설정되는 계약조건 내에서 생겨날 정치체제를 검토하고자 하며, 그렇게 해서 보이지 않는 손의 접근법에 귀착하고 있다. 하지만 롤즈의 이론에 있어서는 일련의 권리를 가정하는 데서 시작하지 않으며, 그러한 권리들은 그 자체가 계약상황의 논의에 회부되어야 한다.

롤즈는 그의 이론이 경제체제와의 관련에서 중립적이라고 생각하나, 공정으로서의 정의에 근거할 때 광범위한 사유재산권에 대한 반대논거가 구성될 수 있다. 이런 관점에서 롤즈의 접근방식은 처음부터 기본권을 전제하고서 출발하는 노직의 접근방식에서는 단적으로 제시되지 않는 정의의 관점으로부터 사유재산권을 평가할 수 있는 잣대를 제공하는 셈이다. 따라서 어떤 권리를 존중할 것인지에 대한 지극히 중대한 논점에 있어서 롤즈의 이론은 훨씬 더 강력하다는 것이 드러나게 된다.

노직이 사유재산권에 대한 정당화를 생략하고 있다는 사실을 우리는 어떻게 해석할 것인가? 노직은 이러한 문제에 있어서 우리의 도덕적

---

25) C. C. Ryan, 앞의 논문, p.336 참조.

직관에 단적으로 호소할 수 있을 것으로 생각한다. 물론 도덕이론의 정당화에 있어 이러한 직관에 의거하는 것이 중대한 역할을 하고 있기는 하나, 개인의 재산권 문제에 있어 이러한 직관적 호소는 설득력을 갖기 어렵다. 이는 자본주의자와 사회주의자의 정의관 간의 중대한 논쟁점과 관련해서 노직이 갖는 직관의 편향성을 노정할 뿐이다.

사유재산권에 대한 노직의 기본 입장은 그러한 권리가 개인의 자유, 자율성의 가치에 의해 요구된다는 그의 신념에 기초하고 있다. 이러한 권리를 제한하는 정의관에 대한 반대논변에 있어 노직은 시종일관 개인의 자유에 호소한다. 또한 사유재산과 개인의 자유를 관련지음에 있어 그는 자유방임주의를 옹호하는 전통에 가담하고 있다. 만일 그러한 관련이 분명하다면, 그것은 사유재산권을 받아들일 강력한 논거를 구성하게 된다.[26] 왜냐하면 자유에 대해 우리가 공유하고 있는 기본 신념이 그러한 권리에도 이행될 수 있기 때문이다.

그런데 여기서 우리가 논변하고자 하는 것은 사유재산과 자유 간의 그러한 관련이 분명하지 않다는 점이다. 왜냐하면 사유재산제도 그 자체가 오히려 개인적 자유에 중대한 제약을 초래할 뿐만 아니라 그것을 지속시킨다는 주장도 제기될 수 있기 때문이다. 소유권이 자유를 제약하는 방식은 사유재산과 개인의 자유를 관련지으려는 자들에게 심각한 난점을 제시하게 되며, 노직은 이러한 난점을 적절히 처리하고 있지 못하고 있다.[27] 여하튼 더 중요한 것은 정형적 정의론에 반대하는 노직의 논변이 자유를 위해 소유권을 옹호하고자 했다면, 소유권에 반대하는 논변 역시 자유를 위해 소유이론의 난점을 제시하고 있다는 점이다.

잠시 소유권의 역사적 전개과정을 살피는 것이 우리의 논의에 도움

---

26) 위의 논문, p.336.
27) 위의 논문, pp.336-337.

이 될 것이다. 라이언이 요약하고 있는 소유권의 역사에 따르면, 자본주의 이전의 재산형태에 있어서는 대부분의 공동체가 거대한 공유지를 가졌고, 모든 성원은 그로부터 목축과 농사와 주거를 해결했다. 모든 거주자는 토지에 대한 이용권을 가졌으며, 이용의 자유는 모든 시민의 기본적 자유로 간주되었다. 그러나 엔클로저 운동에 뒤이어 이 토지는 공유로부터 사유로 넘어갔으며, 토지소유권의 이전이 이루어지게 된다.

근세 이후 소유권의 확대는 대부분의 주민이 지금까지 누리던 권리의 폐기를 의미하는 것이다. 다시 말하면 그것은 토지이용권의 엄청난 감소와 토지를 사용할 자유의 심대한 제한을 뜻하는 것이다. 이는 결국 많은 사람이 가진 권리와 자유로부터 비교적 소수가 가진 사적 권리로의 이행을 함축하는 까닭에 우리는 사적 소유권의 확대가 다수 성원의 자유를 감소시키는 결과를 가져왔다고 말할 수 있을 것이다.[28]

이상과 같은 주지의 역사적 사실로부터 우리는 개인적 소유권에 대한 반대논변을, 그것이 가져온 자유의 전반적 감소를 지적함으로써 쉽사리 구성할 수 있을 것이다. 그런데 여기에서 논의되고 있는 자유는 노직이 자유 일반에 대해 이야기할 때 염두에 두고 있는 것과 동일한 것이 아니라는 점에 주목할 필요가 있다. 정형에 대한 노직의 반대논변은 특히 재산을 처분할 수 있는 자유(즉, 소극적 자유로서의 재산권)와 관련되어 있는 데 비해 사적 소유권에 의해 제한되는 자유는 재산을 이용할 수 있는 자유(즉, 적극적 자유)로서의 복지권이다. 우리의 관심이 총체적 자유에 있다면 소유와 관련된 모든 자유가 고려되는 것이 마땅하며, 따라서 이런 방식으로 사유재산권의 확대에 대한 반대논변이 제시될 수 있는 것이다.

요약해서 말하면 비록 우리가 소유권을, 소유물에 대해 갖는 하나의

---

28) 위의 논문, p.337.

권리(a right)라고 말할지라도 사실상 그것은 소유물을 이용할 권리를 포함해서 그것을 처분, 양도할 권리 등 권리들의 꾸러미라고 할 수 있다.[29] 그리고 이 각 권리들은 그 소유주가 그의 소유물과 관련해서 갖는 특정한 자유들을 보장하며, 때로는 그러한 특정한 자유를 구분하는 일이 필요하다. 이미 논의한 바와 같이 노직이 자유에 의거해서 정형에 반대하는 논변을 제시할 때, 그의 논거는 사실상 자유 일반이 아니고 소유자가 그의 재산을 처분할 수 있는 특정한 자유이다. 이에 비해 사유재산에 반대하는 논변 역시 자유에 의거하고 있으나, 이것이 의거하는 특정자유는 일련의 소유물을 이용할 수 있는 비배타적인 자유이며 재산을 교환할 자유는 여기에서 중요하지 않다.

일단 우리가 소유물에 대해 갖는 권리들의 다양성을 이해하고 그런 권리가 보장하는 여러 종류의 자유를 인식할 때, 우리는 자유가 그 자체로서 특정한 자유를 보장하지만 사유재산을 타인이 이용할 자유를 그들로부터 박탈하는 결과를 가져오게 된다. 추상적인 의미의 자유만으로는 사유재산권이 채택되어야 할지 어떨지를 결정할 수가 없다. 우리가 이러한 권리를 채택한다면, 그것은 우리가 어떤 특정한 자유를 더 귀중하게 생각하기 때문이며, 다른 권리가 보장하는 자유보다 이러한 권리에 의해 보장되는 자유에 더 큰 가치를 부여하기 때문이다. 나아가서 그러한 가치평가 역시 정당근거를 물을 수 있는 것이다.

5. 분배적 정의와 소유권의 정당화

재산권의 정당화에 대한 논의가 언제나 사회정의에 대한 논의와 관련되어 왔다는 것은 놀라운 일이 아니다. 재산권에 대해 어떤 입장을 갖든 간에 재산권이 존재한다는 것은 사람들이 가치 있는 사물을 소

---

29) 위의 논문, Conclusion 참조.

지, 이용, 처분하는 것과 관련하여 자신에게 돌아올 몫에 대해 안정된 기대를 갖는다는 것을 전제한다. 그런데 이러한 기대는 적어도 어떤 면에 있어서 각자에게 정당하게 돌아올 몫에 대한(묵시적이건 명시적이건 간에) 사회적 합의의 산물인 것이다.

일단 이러한 기대치의 정당성이 의문시되고 타인의 재산권을 침해하지 않고서 그 기대를 존중하려는 의무가 설득력이 없게 되거나, 혹은 불가침의 영역을 확대하는 것이 제안될 경우 분배적 정의에 대한 논쟁은 새롭게 시작되지 않을 수 없는 것이다. 이러한 의미에서 분배적 관점에서 본 재산권 문제는 지금까지의 논의를 평가하고 이 문제에 대한 새로운 전망을 얻는 데 긴요하다 할 것이다.

그러나 이상과 같은 사실에도 불구하고 재산권과 사회정의의 관계가 갖는 정확한 성격을 해명하기란 그리 쉽지가 않다. 그 한 가지 이유로서 양자 간의 관계는 우리가 그리는 정의로운 사회에 대한 상이한 입장에 따라 달라지기 때문이다. 자본이나 생산재의 사유에 대한 허용 여부를 중심으로 한 논쟁은 분배정의에 대한 평등주의와 차등주의 간의 상충과 관련해서 문제되고 있다. 그리고 분배의 방식과 더불어 중요한 것은 사회가 정의롭기 위해서 사회성원들 간에 배분되어야 할 대상이 무엇인가라는 문제이다. 상충하는 정의관 간의 차이는 그들이 내세우는 분배의 규칙 못지않게 그 규칙이 취급할 분배의 대상에 있다는 점도 염두에 두어야 할 것이다.

이상의 관점에서 볼 때 롤즈와 노직은 그들의 정의론으로부터 합당한 재산권 체계를 이끌어내고자 한다는 점에서 일치한다. 그러나 재산권의 실질적 내용에 있어서 그들은 서로 입장을 달리하며, 이는 그들의 상이한 정의관에 의해 온전히 설명될 수 있다. 물론 사회정의를 그 분배적 측면에서 이해할 경우 분배보다는 소유권을 강조하는 노직의 입장에서는 다소 부적합성이 없는 바는 아니다. 하지만 그의 이론도 기본적으로 분배적 정의론이며, 단지 일차적으로 분배될 대상이 로크적 재산권으로서 그 성격상 추후의 재분배적 시도를 배제하고 있을 뿐이다. 따라서 노직에 있어서 재산과 정의 간의 관계는 처음부터 명료하게 드러난다.

이에 비해 다양한 기본선(primary goods)의 분배원리에 따라 규제되는 롤즈의 정의로운 기본 구조론에 있어서는 사회적 협동에 있어 재산과 정의의 관계가 곧바로 드러나지 않는다. 롤즈의 분배적 정의론에 따르면, 한편에서는 법적인 재산권과 다른 편에서는 더 넓은 제도적 맥락에서 개인들이 그러한 권리를 행사했을 때 생겨날 사회적 결과 간의 구분이 중요하고, 나아가 법적인 재산권의 내용과 범위는 그것이 가져올 사회적 결과들의 정의 여부에서 판정되어야 한다는 것이다. 롤즈의 정의론에서 재산권에 대한 주제적 논의가 없을 뿐 아니라 그에 대한 해석상의 불확정성을 보이는 이유도 바로 정의에 비해 재산권이 갖는 부차적 성격에 기인하는 것으로 생각된다.

정의의 절차적 측면과 분배적 측면에 대한 롤즈와 노직 간의 형식적 차이는 없는 것으로 보인다. 우리가 알고 있듯이 노직의 이론은 자기 소유에 대한 자연권의 배분에 있어서 암암리에 평등을 전제하고 있으며, 그로부터 정의로운 취득과 정의로운 양도를 규율하는 그의 절차적 혹은 역사과정적(historical) 원칙이 도출된다. 만일 이러한 원칙들이 사회 속에서 제대로 준수되고 있다면, 사람들은 언제나 그들의 정당한 소유권을 보존하게 되며, 따라서 어떤 순간에 있어 소유물의 분배방식이 어떠하든 간에 사회정의는 실현되고 있는 셈이다.

마찬가지로 정의로운 분배에 대한 롤즈의 원칙도 재산의 정의로운 취득과 양도를 위한 법규를 포함하는 정의로운 기본 구조를 규율하는 것이다. 그래서 만일 상속세, 증여세 등과 같이 재산의 재분배를 허용하는 법규를 포함해서 공공법규의 총체가 효율적인 방식으로 제대로 운용될 경우 모든 사람은 그러한 체제 아래서 정당하게 소유할 수 있는 재산을 갖게 되는 것이다. 그럴 경우 소유재산이 사람들 간에 어떤 방식으로 배분되든 전적으로 정의로운 사회라 할 수 있을 것이다.

물론 롤즈는 노직에 비해 정의의 분배적 측면을 더 강조하고 있으며, 이에 비해 노직은 실제로 '분배'라는 말을, 재산의 부당한 침해를 유발할 가능성이 있는 달갑지 않은 말로 생각한다. 또한 노직은 정의의 절차적 측면을 철저히 강조하나, 그에 비해 롤즈는 단지 그것을 분석적인 방법론의 맥락에서만 다루고 있는 듯하다. 그러나 이러한 차이점들은 분배대상의 선택에 있어서 중요한 차이가 있다는 사실에 의해 설명된다. 이미 언급한 바와 같이 노직의 일차적 관심은 인간의 재산권에 있다. 일단 사회가 동등한 자기소유를 인정함으로써 그러한 재산권이 보장될 경우 더 이상 분배나 재분배의 여지가 남지 않는다. 바로 이러한 이유에서 노직은 다른 정의관의 분배적 요구에 대항해서 자신의 소유권 이론을 옹호하고 있는 것이다.[30]

이와 대조적으로 롤즈는 기본 선에 의해 중대한 영향을 받게 될 삶에 대한 인간적 기대(human expectations of life)에 관심을 갖는다. 따라서 소유권에 대한 논의가 있기 이전에 사회체제는 그 사회의 최소수혜자의 기대치가 극대화될 수 있도록 그러한 기본 선을 분배해야 하는 것이다. 따라서 분명한 것은 롤즈의 정의론에 있어서 바람직한 재산권 형태는 사회의 기본 구조가 분배의 원칙에 의해 구성되는 방식으로부터 도출되는 것이다.

또한 강조되어야 할 것은 삶에 대한 인간적 기대와 관련해서 자유라는 기본 선이 다른 기본 선에 비해 절대적 중요성을 갖는다는 점이다. 그러한 취지에서 롤즈는 여타의 기본 선에 대한 자유의 우선성에 관한 복잡한 논변을 전개하고 있으며, 그에 기초해서 정의의 두 원칙에 대한 축차적 서열을 부여하게 되는 것이다. 이러한 의미에서 롤즈 역시 앞서 논의한, 자기소유권에 기초한 자유주의적 전통의 계승자임을 확

---

30) R. Nozick, 앞의 책, pp.149-150 참조.

인할 수 있다고 생각된다.

롤즈에 있어서 사회의 기본 구조는 다음과 같은 특성을 갖는 것으로 요약될 수 있다. 기본적 자유는 의회민주주의적 체제에 의해 보장되어야 하며, 또한 이러한 민주주의는 명시적으로 그 경제제도가 시장체제에 의해 조직될 것을 요구한다. 이런 방식을 통해서 평등한 시민적, 정치적 권리는 직업 선택의 자유 및 소비자 선택의 경제적 자유와 결합된다. 이 같은 배경적 체계 속에서 여타의 기본적 선들의 배분이 이루어진다. 그리고 롤즈 정의론의 요체는 평등한 자유가 전제되어야 할 뿐만 아니라 차등의 원칙에 의해 명시되는바, 그러한 자유의 사용가치(use-value: 마르크스적 용어법을 빌리면) 또한 공정하게 배분되어야 한다는 것이다.[31]

그리고 합당한 공공교육 체제와 진정으로 경쟁적인 시장이 존재하고, 그래서 실질적으로 상당한 정도의 평등한 자유와 기회균등이 보장될 경우 각자에 있어서 자유가 갖는 가치는 그들의 경제적 지위에 따라 어느 정도 차등이 있을 수도 있다. 이러한 의미에서 차등원칙의 핵심은 자유의 가치를 공정하게 배분함에 있어 완전한 경제적 평등이 요구되지는 않는다는 점이다. 오히려 반대로 이상과 같은 기본 구조 아래서는 경제적인 차등이 완전평등에 비해 모든 이의 처지를 더 개선해 주리라는 것을 내세우고 있다. 이와 같은 차등적 체제가 최소수혜자의 복지에 기여하는 것이 분명한 것인 한, 그러한 체제는 정의롭고 바람직하다고 생각될 수 있다.

이상에서 논의한 롤즈의 정의론이 정의로운 기본 구조에 있어서의 재산권과 관련해서 무엇을 함축하는 것인가? 특이하게도 롤즈는 이 점에 관해서 그리 분명한 입장을 밝히지 않은 채 그러한 문제와 관련된 논의에 도움이 되는 몇 가지 일반적인 점만을 시사하고 있다. 우선 그

---

31) J. Rawls, *A Theory of Justice*, Harvard University Press, 1971 참조.

는 자유시장체제와 생산수단의 사적 소유 간에 어떤 본질적 관련도 없다고 주장한다. 따라서 시장체제는 사회주의적 제도, 특히 국가나 사회집단이 모든 생산자원을 소유하는 사회적 소유형태와 온전히 양립가능하다고 본다.[32] 사실상 롤즈는 정의로운 기본 구조가 노동자에 의해 관리되는 형태의 시장경제에 의해서도 구성될 수 있음을 암시하고 있다.

그러나 한편 롤즈는 이상과 같이 자신의 정의원칙이 체제에 대해 중립적인 것임을 시사하면서도 다른 한편 분배정의의 배경적 제도를 자본과 자연자원의 사적 소유를 허용하는, 적절히 조직된 민주국가의 관점에서 예시하고 있기도 하다. 물론 이러한 맥락에서도 개인의 완전한 소유권은 지나친 재산축적에 한계를 두게끔 제약받게 된다.[33] 롤즈는 증여에 대한 제한조건과 더불어 자본소득과 재산상속에 대한 특별과세를 제안한다. 이러한 절차들에 일관된 기본 목표는 재산의 광범위한 분포를 조장하여 평등한 자유의 공정한 가치가 유지되기 위한 필수조건을 확보하려는 것이다. 달리 말하면 이러한 목표는 특히 정치적 자유의 공정한 가치를 보장하기 위한 것으로서 이들 자유가 유린될 경우 누적적인 부정의가 산출된다는 점에 근거하고 있다.[34]

이상과 같이 살펴볼 때, 우리는 롤즈의 입장이 다양한 해석의 여지를 허용하는 불확정성을 내포하고 있다는 느낌을 갖게 된다. 다시 말하면 재산권의 정당화 문제와 관련하여 롤즈의 정의론은 상충하는 여러 입장을 지지할 수 있는 이론이라는 생각이 든다. 롤즈를 자유주의적으로 해석하는 자는 롤즈의 관점에 서서 사회주의적 소유양식에 반대할 것이며, 사유재산권에 대한 최소한의 제약만을 옹호하려 들 것이다.

---

32) 위의 책, sec. 42 참조.
33) 위의 책, sec. 43 참조.
34) 위의 책, p. 226.

개인의 소유권이 노직의 주장에서와 같이 절대불가침의 것은 아닐지라도 사적 소유권은 정의의 제1원칙이 보장하는 기본적 자유의 목록에 분명히 포함되어 있다고 본다. 따라서 설사 시장체제가 생산수단의 사유 없이도 효율적으로 작동할 수 있을지는 모르나, 그것이 생산수단의 사유를 폐기할 근거는 될 수 없다는 것이다. 오히려 이러한 기본 자유는 다른 자유들과 양립 가능한 한 최대로 보장받아야 하며, 제1원칙의 우선성으로 인해 다른 어떤 명분으로도 재산권이 침해될 수 없다는 것이다.

그러나 좌파적 입장에서 해석하는 롤즈적 사회민주주의자들은 롤즈의 정의론을 더 면밀히 검토해 볼 경우, 그가 사유재산에 대한 기본적 자유를 생산수단이 배제되는 방식으로 규정하고 있다고 주장할 것이다. 롤즈는 (개인적) 재산을 소지할 권리에 대해서만 언급했을 뿐인 까닭에 생산수단의 사유제를 포기하는 것은 정의의 제1원칙과 일관성을 갖는 것이 분명하다는 것이다. 그리고 실제로 사회주의적 소유체제가 제대로 구성될 경우 기본 구조의 정의를 더 증대시킬 수 있다고 본다.

롤즈는 상이한 기본적 자유들이 서로 조정되어 전반적 자유의 가장 광범위한 체계를 결과해야 한다는 점을 명시하고 있다.[35] 그런데 총체적 자유는 민주주의적 참여의 정치적 자유가 노동의 영역에까지 확대됨으로써 엄청나게 증대될 수 있음이 명백하다는 것이다. 생산재의 관리와 의사결정에 노동자들이 참여함으로써 생겨날 자유의 총량은 사유재산권과 관련된 선택의 자유를 침해함으로써 잃게 될 자유의 총량을 훨씬 능가할 것이라는 게 사회민주주의자들의 주장이다.

여하튼 이상의 논의를 통해서 볼 때 기본 가치의 배분(결국은 삶의 기대치에 대한 배분)과 기본 구조의 재산형태 간의 관련에 대해 롤즈의 정의론은 구조상의 불확정성(structural indeterminacy)을 함축

---

35) 위의 책, p.226.

하는 듯이 보인다. 그러나 재산권의 정당화에 있어서의 이러한 불확정성은 분배정의의 관점에서 재산권을 보고자 하고, 따라서 재산권이 정의라는 목적에 의거해 조정되어야 할 수단적, 부차적 제도로 보고자 하는 롤즈의 특유한 입장에서 유래한 것이라 생각된다. 이런 의미에서 재산권과 관련된 정의론의 불확정성은 이론상의 결함으로서의 애매모호성이라기보다는 재산제도의 수단적 가변성으로 해석되어야 할 것으로 보인다.

따라서 재산권과 관련된 법적 제도는 정의의 원칙에 의거해서 자동적으로 도출되는 것이라기보다는 그러한 원칙이 구체적인 현실에 적용되는 과정에 있어 여러 가지 역사문화적, 사회경제적 매개 변수에 의해 달라질 수 있을 것으로 생각된다. 이런 관점에서 볼 때, 롤즈의 재산권론은 다양한 해석 가능성을 허용한다기보다는 다양한 적용 가능성을 갖는 정합적인 하나의 통일된 입장으로 해석되어야 하는 것이다.

이 점과 관련하여 우리는 롤즈의 차등원칙이 단지 현존하는 재화와 용역만으로 시작하는 것이 아니라는 점에 주목할 필요가 있다. 즉 그는 그러한 총량이 노직이 말한 '하늘에서 내려준 만나(manna from heaven)'처럼 이미 현실적으로 주어진 고정된 것으로 전제하지 않는다는 것이다. 따라서 정의의 원칙은 생산과 배분의 모든 과정에 있어서의 정의를 행하고자 한다. 즉 그것은 생산성에 대한 개인의 기여를 적절히 고려할 뿐만 아니라 파레토효율—평등점의 제약을 적절히 고려하고자 한다. 바로 이러한 이중적 강조점을 모두 고려하는 데 그 특징이 있으며, 이는 그의 재산권 개념을 이해하는 데 지극히 중대한 의의를 갖는다.

앞에서도 밝힌 바와 같이 롤즈는 시장체제, 소비자 선호, 직업의 자유선택을 옹호하면서도 그에 상응하는 생산수단의 사유에 대한 특정한 입장을 내세우지 않고 있다.[36] 이는 달리 표현하면, 롤즈는 원리상 정의를 보장하는 경제체제를 옹호하고자 한다고 할 수 있다. 이러한 체제는 역사상 그 기본 요소로서 사유재산체제를 함축하고 있으나, 롤즈는 그러한 제도에 대한 확신이 없다. 그럴 경우 그의 이론은 사적 소유 없는 자본주의(capitalism without ownership)를 옹호하는 셈이며, 결국 소유의 문제는 의도적으로 미제로 남기고 있는 셈이다.

그래서 이미 논의한 대로 롤즈는 생산수단의 사유뿐만이 아니라 생산수단의 사회적 소유도 허용하고자 한다. 결국 그에 있어서 생산수단의 소유문제는 어떤 체제가 차등의 원칙을 만족시키는가를 관찰함으로써 경험과학적으로 정해질 문제로 본다. 사적 소유나 공적 소유 혹은 두 가지 혼합형 중 어떤 것이든 특정한 산업구조나 경제체제 내에서 차등의 원칙을 만족시킬 수 있는 까닭에 사유나 공유, 개인소유나 집단소유에 대해 롤즈는 원리상 불가지론적인, 따라서 개방적인 입장을 취하게 되는 것이다.[37]

그에게 더욱 중요한 것은 어떤 소유형태가 정당화될 것인가를 결정해 줄 원리를 제시하는 일이며, 기존하는 소유형태가 이러한 기준을 충족시키는지 여부를 검토하고자 한다. 그에 의하면 생산수단의 소유제도는 기본적인 경제제도이기보다는 사회의 기본 구조 속의 배경적 제도 중의 하나이다.[38] 사유 혹은 공유의 문제는 그것이 개인의 재능과 능력을 계발, 이용하여 재화나 용역의 생산성이 증대되는 결과를 조장할 경우에만 정당화된다. 따라서 소유제도는 증대된 생산성에 기여하는 바에 따라서 규정되며, 이는 결국 정의로운 소유양태가 차등의 원칙에 의해 결정되는 것임을 의미한다.

롤즈에 따르면, 소유제도는 정의롭게 질서지워진 사회의 기본 구조에 있어서 마지막으로 올려지는 벽돌에 비유할 수 있다. 이는 소유의

---

36) 위의 책, pp.270-271, 300.
37) 위의 책, pp.273-274, 258-282, 271-274, 280-282 참조.
38) 위의 책, pp.266, 284 참조.

문제가 그 중요성에 있어서 사소한 것임을 의미하기보다는 그 제도가 언제나 규범적 평가의 관점에서 볼 때 개변의 가능성을 내포하기 때문이다. 소유제도는 다른 배경적 제도들과 더불어 차등원칙에 의해 측정되는바 그 현실적 기여, 즉 사회적 재화의 생산력을 제고하여 최소수혜자의 삶의 기대가 극대화되는 결과에 따라 평가되는 것이라 할 수 있다.

결국 롤즈에 있어서 생산재의 특정한 소유형태에 대한 기본 구조상의 권리는 없는 셈이다.[39] 사적 소유권이나 경영에 대한 개인의 기본권이 없는 것과 마찬가지로 공적 소유권이나 노동자가 경영에 참여할 기본권도 미리 정해져 있는 것이 아니다. 이런 점에 대한 롤즈의 입장은 개인의 재산소유에 대한 그의 주장과 대조를 이룬다. 개인재산에 대한 소유권은 정의의 제1원칙에 포함된 기본권으로서 이미 보장된 기본적 자유이다.[40] 롤즈는 생산재의 소유문제를 관리나 경영의 문제와도 구분하지 않음으로써 이들 모두가 증대된 생산성의 측정 가능한 기여도에 의해 평가된다는 점에서 본질적으로 차이가 없으며, 따라서 소유도 경영과 같은 기준과 관점에서 의사결정이 이루어지고 평가되어야 한다는 것이다.[41]

---

39) J. Rawls, "The Basic Liberties and Their Priority", *Taner Lectures on Human Values* 3, pp.12, 53-54 참조.

40) J. Rawls, "Reply to Alexander and Musgrave", *Quarterly Journal of Economics* 88, 1974, p.640.

41) J. Rawls, *A Theory of Justice*, p.280.

제3장 기업윤리와 경영권 상속

- J. 롤즈의 사회정의론에 의한 논의

1.윤리(倫理)와 실리(實利), 그리고 윤리경영

오늘날 내실있는 철학자 혹은 윤리학자나, 신중한 경제학자 혹은 경영학자라면 윤리와 경제가 이원적으로 분리되고 있는 현실을 애석하게 생각하고 그 양자가 일정한 접점을 찾아 상호 보완하는 일이 절실하다는 점에 공감할 것이다. 윤리와 경제의 만남의 바람직하고 그러한 방도를 모색할 필요가 있다 함은 그 양자의 분리가 바람직하지 못한 현실적 결과를 초래한다는 사실판단을 함축한다.

윤리와 경제 즉 올바른 것(義)과 이로운 것(利)을 분리해서 생각하는 이원적 입장은 윤리를 위해서나 경제를 위해서 결코 바람직하지 못함을 우리는 일상에서 실감하고 있다. 윤리의 관점에서 말하면 올바른 것이 이로운 것에서 분리될 경우 윤리는 현실구속력을 잃게 되고 행위자는 '윤리 따로 실속 따로'라는 이중인격성을 노정하게 된다. 또한 이같은 이원화는 경제의 관점에서도 역기능을 보임으로써 '사업은 사업이고 윤리는 윤리'라는 냉혹한 비인도적 경영철학과 자유경쟁시장의 정글화를 조장, '개처럼 벌어 정승처럼 쓴다'는 식으로 경제행위의 비인간화를 초래할 여지를 남기게 된다.[1]

윤리도 살고 경제도 살리기 위해 윤리와 경제의 접점을 발견, 그 만남을 더 확장, 구체화하기 위해서는 우선 윤리와 경제 즉 올바른 것과 이로운 것을 따로 떼어서 보는 이원적인 전통적 윤리관을 반성, 성찰할 필요가 있다. 대체로 좋은 것(the good, 善, 가치, 목적)과 무관하게 옳은 것(the right, 義, 의무, 정의)을 규정하고자 하는 극단적 의무주의자(deontologist)가 보이는 이 같은 윤리적 순수주의는 다분히 윤리의 문턱을 지나치게 높이 설정하는 최대윤리(maximum morality)의 경향을 보이며 그런 의미에서 귀족주의적 성향의 윤리관과 관련되어 있는데 동서를 막론하고 대부분의 전통윤리의 유형들은 이러한 진영에 속한다고 할 수 있다.

이에 비해서 옳은 것을 좋은 것과의 관계 속에서 규정하고 대체로 극대화(maximization)의 개념을 통해 양자를 매개하고자 하는 목적론적(teleologist) 윤리학자들은 근세 이후 형이상학적 배경이론의 부담이 적은 윤리학적 결과론(consequentialism)으로 변형, 전개되어 갔으며 공리주의(utilitarianism, 公利主義 혹은 功利主義)가 그 대표적 유형에 속한다. 공리주의의 연장선상에서 윤리는 점차 결과 중심적, 유사법적(sub-legal) 윤리관으로 전환되어 갔으며 자유주의적 이념과 결합되어, 최소윤리(minimum morality)가 되는 가운데 보통사람 중심의 시민윤리를 출현시키게 되었다.[2]

불법행위로 인해 기업파산의 지경에까지 이른 미국의 엔론(Enron)

---

1) 황경식, 「올바른 것(義)은 이로운 것(利)인가? — 윤리와 경제의 접점」, 『철학과 현실』 2001 겨울, 특집 '경제와 윤리' 참조.
2) W. Frankena, *Ethics*, 황경식 역, 『윤리학』, 종로서적 참조.

회사사태는 기업의 자발적인 준법정신, 기업윤리를 강조하는 계기가 되었다. 이로 인해 윤리경영(moral management)이 글로벌 스탠다드로 부상 중이며 국제기구들은 윤리 라운드(Ethics Round) 등을 통해 윤리경영의 세계표준화 시도에 열을 올리고 있다. 국내에서도 외환위기 이후 국민들의 기대심리가 제고되고 분식회계 등 불법행위, 정리해고, 소득격차 확대 등 기업에 대한 반감이 심화되기에 이르렀다. 나아가 인터넷이 확산됨에 따라 소비자들이 불만사례를 공유하게 되었고 집단행동을 도모하는 사이버 파워가 강화되면서 안티 사이트를 형성하기에 이르러 위기관리(risk management) 차원에서도 윤리경영을 기업활동의 핵심요소로 인정하지 않을 수 없는 지경에 이르렀다.

미국 조지아 대학의 캐롤(A. Carroll) 교수는 현대사회에서 기업의 사회적 책임을 경제적 책임, 법적 책임, 윤리적 책임, 자선적 책임으로 구분하고 있다. 이윤창출을 통해 기업의 영속성을 유지하는 경제적 책임과 제반법규를 준수하는 법적 책임은 기업이 당연히 수행해야 하는 기본적 의무에 속한다. 이해 비해 윤리적 책임은 법적으로 강요되지 않아도 사회통념으로 형성된 윤리적 기준을 기업이 자발적으로 따르는 것이라 할 수 있다. 윤리는 행위의 옳고 그름과 선악을 구분하는 원칙이면서 행동의 기준이 되는 가치체계라 할 수 있다. 끝으로 자선적 책임은 경영활동과는 직접 관련이 없는 일종의 문화활동으로서 기부, 자원봉사 등 도덕적 의무 이상의(supererogatory, beyond the call of duty) 행위라 할 수 있다. 예를 들어서 제지업체가 조림사업을 하는 것은 기업윤리라 할 수 있으나 전자업체가 할 경우에는 일종의 자선활동이라 할 수 있다.

사회적 책임에 대한 태도를 기준으로 기업활동의 형태를 분류하자면 비윤리경영(immoral management), 탈윤리경영(amoral management), 윤리경영(moral management) 등으로 나눌 수 있을 것이다. 비윤리경영이란 기업성장과 이윤을 위해서라면 어떤 탈법적 행위도 용인하는 경영형태이며 탈윤리경영은 법의 테두리 내에서라면 어떤 일을 해도 무방하다는 식의 경영형태이다. 이에 비해 윤리경영은 입법의 취지나 사회통념을 감안한 기업윤리를 준수하는 기업형태라 할 수 있다. 현실적으로 가장 흔한 것은 탈윤리적 경영자로서 이들은 일반적으로 위법은 하지 않으나 기업경영과 윤리는 전혀 다른 영역에 속한다고 믿고 있다, 일부 기업가들은 윤리가 기업세계에서는 적합하지 않은 이상적인 개념이라 생각하며, 때로는 의도적으로 탈윤리적이 되려는 경향을 보인다. 캐롤 교수의 지적과 같이 결국 기업윤리학의 중대 과제는 이러한 탈윤리적 경영자상을 어떻게 변화시킬 것인가에 있다고 할 수 있다.

한때 '사업은 사업이고 윤리는 윤리다'라는 말이 있었다. 시시콜콜 윤리나 도덕을 따지기 시작하면 사업을 하기가 어렵고 따라서 이익극대화를 지향하는 사업이 반윤리나 반도덕적인 것이 아닌 한 기업은 그 나름대로 운영되고 용납되어야 한다는 논리다. 그러나 사업과 윤리를 이같이 원칙적으로 나누어 생각함으로써 사업상의 각종비리와 부조리가 호도되고 정당화될 구실이 제공된 것도 사실이다. 그런데 요즘 윤리경영이라는 말이 유행처럼 번져 가면서 윤리와 사업이 다시 만나야 할 당위성이 강조됨은 물론 더 적극적인 윤리적 경영이 오히려 실질적으로도 이득이 된다는 입장으로까지 나아가고 있는 실정이다. 그러나 윤리경영에 있어서 원칙적으로 중요한 것은 여기에서 말하는 윤리개념이, 윤리적으로 경영하면 실리적으로 도움이 된다는 뜻에서 단지 수단적, 도구적 가치로서가 아니라 경영이 추구하고 지향해야 할 목적가치요 본질가치로서 이해되어야 한다는 점이다. 이로운 것이 올바른 것이 아니라 올바른 것이 때로는 이로운 것일 수 있기 때문이다.

2. 한국의 기업현실과 상속세 시비

전경련(전국경제인연합회) 등 경제단체에서 우리의 현행 상속세 제도로 인해 기업 승계가 불가능해지고 있다면서 시정을 요구하고 나서 추이가 주목된다. 많은 나라가 상속세를 아예 폐지하거나 축소하고 있는 데 비해 우리나라만 유독 고율의 상속세를 부과하고 있어 경영권 승계가 불가능하다는 주장이다. 이에 대해 참여연대 등 시민단체들은 상속세는 부의 승계를 막아 정의로운 사회를 만드는 데 필수적인 세금이라고 주장한다. 특히 정부는 최근 전경련이 제안한 상속세제 개편과 관련해 가업(家業)을 상속할 경우 세 부담을 덜어주는 방안을 검토해 볼 수 있다고 밝혔다. 그러나 상속세율 인하나 상속세 폐지는 불가능하다는 입장을 분명히 하고 있어 상속세 시비가 기업윤리의 현안문제로 떠오르고 있다.

상속세 완화를 주장하는 측에서는 현재의 상속세 제도 아래에선 30년 정도만 지나면 우리나라의 큰 기업들은 대부분 창업주의 손을 떠나게 될 것이라고 한다. 50%가 넘는 막대한 상속세를 내기 위해 상속인들은 주식을 처분할 수밖에 없고 그로 인해 경영권 장악이 불가능해진다는 것이다. 창업자의 손을 떠난 주인 없는 기업이 제대로 운영될 것 같지만 과거 기아자동차의 경우에서 보듯이 그것은 환상에 불과하다는 것이다. 그런 기업은 소액주주의 손에 머물기보다는 외국계 투기자본으로 넘어가는 경우가 많을 것임은 충분히 상상할 수 있을 것이라고 한다. 세금 낼 돈으로 투자를 했으면 초일류가 될 만한 우수한 기업이 론스타 같은 외국펀드의 수중에 떨어질 것이라는 논리이다.[3] 상속세는 대기업뿐만 아니라 웬만한 중소기업, 나아가서는 평범한 중산층까지 비극으로 내몰 수 있다는 것이다.

---

3) 이상돈, 「글로벌 트렌드 역행하는 상속세 重課」, 『문화일보』, 2006년 5월 16일자 참조.

혹자는 상속세란 경제활동의 기본 단위가 가정이라는 평범한 진리를 무시한 반윤리적인 세금이라는 논변을 펴기도 한다. 상속세 때문에 열심히 일해서 저축하고 투자하는 동기를 상실하게 된다는 것이다. 또한 상속세는 온갖 세금을 다 내고 모은 재산에 대해 그 돈을 모은 사람이 사망했다는 이유로 또다시 부과하는 이중과세이며 열심히 일한 사람을 벌하는 부도덕한 세금이라 한다. 상속세로 인해 흥청망청 소비하고 끝장내자는 나쁜 풍조가 생길 수 있으며 자식을 낳아 양육하고 그에게 재산을 승계할 동기를 감축시키기도 한다는 것이다. 이 같은 반대론자들에 따르면 사람은 두뇌, 소질, 성격 등 모든 면에서 원래 불공평하게 태어나는 것이며 부모의 재산차이만 불공평한 게 아닌데 다른 것은 방임하면서 자식에게 가업을 물려주는 데만 고율의 세금을 부과하는 것은 형평에 맞지 않는다는 것이다.[4]

상속세 반대론자들은 이어서 호주, 이탈리아, 스웨덴, 이스라엘 등 많은 나라가 상속세를 폐지한 데 이어 미국도 '상속세 영구폐지법'을 통과시키려고 하는데, 유독 한국만 기업재산이 사회로 환원되어야 한다는 등 글로벌 트렌드에 역행하는 이야기를 하고 있다는 것이다. 미국의 해리티지 재단은 미국이 연방 상속세를 폐지하면 투자가 촉진되어 연간 17만-24만 개의 일자리가 늘어나고 이로 인해 세수도 늘어날 것으로 추정하고 있다. 그러나 상속세율 인하나 상속세 폐지가 불가능하다는 정부의 입장을 대변하는 재정경제부는 상속세를 폐지했거나 세율을 내린 외국과 한국을 단순 비교하는 것은 무리라고 주장한다. 캐나다와 호주의 경우 상속세가 없는 대신 자녀에게 재산을 물려줄 때 양도세를 부과하기 때문에 이를 상속세 개념으로 봐야 한다는 것이다. 또한 선진국은 소득세 포괄주의를 시행해 생전에 상속인에게 자본소득 등 각종 소득에 대해 세금을 물리는 반면 한국은 그렇지 못하기 때

---

4) 위의 글 참조.

문에 대신 상속세를 물려야 한다는 논리이다.[5]

하지만 재경부가 예로 든 캐나다의 경우 상속인이 일정액의 주식을 사서 자녀에게 상속할 당시 시가와의 양도차익에 대해서만 양도세를 물린다는 점에서 반론이 제기될 수 있다. 또한 미국은 자녀가 주식을 상속받더라도 자녀가 실제로 이를 팔아 이익을 실현할 때까지 양도세 부과를 연기해 준다는 점에서 상속재산 전체에 대해 세금을 물리는 상속세와는 다르다는 반론도 가능하다. 물론 우리의 현행 상속세법에도 가업상속일 때는 최장 15년에 걸쳐 분납할 수 있도록 해서 상속인의 부담을 덜어주는 조항이 있기는 하다. 하지만 가업상속의 요건을 피상속인과 특수관계인 최대주주로서 50% 이상의 지분을 보유하고 있는 경우로 한정하고 있어 재계에서는 이 제도가 지극히 비현실적이라고 지적한다. 전경련 관계자는 오너가 50% 이상 지분을 갖고 있는 기업이 몇 개나 될 것 같으냐며 중소기업도 가업상속의 혜택을 받기 힘들 것이라고 밝혔다. 정부가 가업상속의 요건 완화를 검토해 볼 수 있다고 한 것은 바로 이 같은 비판을 의식한 것으로 보인다.

하지만 참여연대 〈조세개혁센터〉는 현재 상속세 납부 비율이 1%에도 이르지 못하는 현실과 외환위기 이후 급격히 늘어난 상위계층으로의 부의 편중현실을 고려할 때 전경련의 주장은 조세형평을 훼손하는 부정적인 결과를 낳을 것이라고 판단한다. 국세통계연보에 따르면 2004년 상속요인이 발생한 사람 중 단지 0.7%인 1,800여 명만 상속세를 납부했으며, 전체상속 재산가액 15조 원 중 불과 6%인 9천 5백억 원만 상속세로 징수된 실정이라 한다. 결국 한 나라의 연간 상속세 징수현황이 이 같은 상황에서 특히 상당수의 재벌그룹이 그간 상속세를 제대로 낸 경우가 거의 없고 부당한 부의 대물림으로 방치되고 있는 상황에서 상속세 부담을 덜어달라는 주장은 전혀 설득력이 없고 국민적

---

5) 박현진 외, 「상속세 인하─폐지는 불가능하다」, 『동아일보』, 2006년 5월 17일자.

공감대도 얻을 수 없다는 주장이다.[6]

또한 재계 주장의 핵심은 경영권 상속에 대한 세율이 너무 높아 기업의욕이 감소하고 따라서 변칙증여에 대한 유인이 있다는 것인데 참여연대는 이 점 또한 별로 설득력이 없다고 반박한다. 아무리 자식을 사랑하는 부모라 할지라도 자신의 인생과 자식의 인생을 동일시하여 경제적 의사결정을 하는 사람은 없을 것이며 따라서 증여세를 걱정하여 투자를 소홀히 한다는 것은 지극히 드문 일이라 한다. 나아가 설사 재계의 주장처럼 진정으로 유망한 사업기회가 있음에도 불구하고 상속세를 걱정하여 투자를 소홀히 하는 최고경영자가 있다면 그는 자신에게 경영권한을 위탁한 주주에 대한 충실의무를 위반한 배임죄를 저지른 셈이라는 것이다. 단적으로 고율의 상속세로 인해 기업의 투자의욕이 감퇴되고 기업규모의 확대를 위한 노력이 부진하게 된다는 것은 상속세 인하의 논거가 아니라 오히려 고율의 소득세 인하에 대한 고전적 논거라 하여 반박한다.

특히 경영권 상속을 용이하게 하고 경영권 안정을 위해 상속세제 개편을 해야 한다는 주장은 재산권과 경영권을 구별하지 못하는 전경련의 후진적 시각을 그대로 드러내는 것이라 한다. 참여연대에 따르면 자본주의 사회에서 재산권은 법이 정한 세금을 내면 당연히 후세에게 상속할 수 있는 권리인 반면 경영권은 주주와 이해당사자 등으로부터 위임받은 권한이므로 또 다른 위임절차 없이 결코 자녀에게 상속할 수 있는 권한일 수가 없다는 것이다. 즉 재벌의 경영권 승계는 상속의 문제가 아니라 주주의 위임 또는 다양한 이해관계자와 관련된 지배구조의 문제인 것이다. 설사 전경련의 주장처럼 상속세제가 개편되어 아무런 제약 없이 지분양도가 이루어질 수 있다 할지라도 경영능력마저 대

---

6) 인터넷 참여연대 조세개혁센터 「재산권과 경영권도 구별하지 못하는 전경련의 전근대적 의식」, 2006. 5. 16, p.1.

물림할 수는 없다는 것이다. 만약 돈 많은 부모에게서 태어났다는 행운이 어떤 검증절차 없이 특정 기업집단의 경영권한을 행사할 수 있다는 것을 의미한다면 그 사회는 이미 시장경제의 원리를 포기한 것과 다름없다고 강변한다.[7]

여하튼 이상과 같이 복잡하게 전개되고 있는 현행 상속세 시비는 철학적, 윤리적으로 몇 가지 논점이 얽힌 문제로 생각된다. 우선 상속세율 인하와 폐지를 반대하는 사회단체나 정부의 논변에는 기본적으로 상속세가 부의 승계를 막아 정의로운 사회를 만드는 데 필수적인 세금이라고 주장하고 있어 일단 이들을 정의론자로 명명할 수 있겠다. 다른 한편 전경련 등 경제단체에서 제시하는바 현행 상속세제를 재고, 세율완화를 주장하는 자들은 이를 통해 기업승계를 가능하게 하고 경제의 효율성을 제고하고자 하는 이른바 효율론자라 할 수 있다. 그런데 일견 이 두 주장은 모두가 나름으로 우리의 도덕적 직관에 대해 호소력이 있어 어느 하나도 무시하기 어려운 핵심논점을 지니고 있다고 생각된다.

우리는 정의와 평등만을 추구하다 기업들의 기반이 파탄에 이르기를 원치 않으며 또한 생산과 효율만을 지향하다 인권과 존엄 등 인간적 가치를 포기하고 싶지도 않다. 물론 여기에서 우리의 현행 상속체계와 세율이 과연 정의의 관점에서 합당하며 현재의 상속관행이 생산과 효율의 극대화에 기여하고 있는지라는 사실의 문제는 검토의 여지가 있다는 점을 인정해야 할 것이다. 이 같은 사실 확인의 문제와 병행하여 상속체계를 바라보는 우리의 시각에는 분명 정의와 효율 간의 갈등이라는 규범적 문제 또한 개재되어 있으며 결국 합당한 상속세제의 문제는 이 같은 두 가지 규범가치 간의 조정의 문제가 핵심이라고 생각된다. 정의 혹은 평등과 효율, 혹은 자유 간의 조정은 여러 정치철학자들

---

7) 위의 글, p.2 참조.

의 관심사이긴 했으나 필자는 그 중에서 특히 정의론자 존 롤즈의 입장에 비추어 우리의 문제에 대한 시사점을 얻고자 한다.

3. 롤즈의 정의론에서 본 경영권 상속

널리 알려진 바와 같이 세기의 정의론자 존 롤즈(John Rawls)는 사회정의 여부를 가리는 잣대로서 정의의 원칙은, 첫째 모든 성원에게 최대의 평등한 자유를 보장하고(principle of equal liberty), 둘째 사회경제적 재화의 분배와 관련하여 획일적인 평등이 아니라 조건부 차등의 원칙(difference principle)으로 제시하고 있다. 다시 말하면 일정한 조건을 충족시킬 경우 차등적인 분배가 오히려 정의로운 분배가 될 수 있다는 것이다. 좀더 구체적으로 말할 경우 롤즈의 정의원칙에 따르면 불평등 즉 평균 이상의 소득과 재산이 주어지는 특정 직책과 직위가 일정체제 속에서 정당화되는 조건은 그러한 지위상의 차등으로 인해 ① 더 큰 기여를 권장, 유인하며 ② 그 결과로서 재화와 용역에 있어 생산성이 증대되고, 나아가 ③ 이같이 증대된 성과가 최소수혜자를 위시한 사회성원들의 처지를 지속적으로 개선, 극대화해 준다는 데 있다.[8]

흔히 그러하듯 차등의 원칙에 있어 세 번째 조건만을 강조할 경우 이 원칙이 오해될 우려가 있으며 또한 재화와 용역상의 생산성 증대가 없을 경우 최소수혜자를 위시한 사회성원들의 처지를 개선, 극대화할 방도가 없게 된다. 더욱 중요한 것은 차등의 원칙이 기존하는 일정 양의 재화와 용역만으로 시작하지 않는다는 점이다. 롤즈는 그러한 총량이 노직(R. Nozick)이 말한 '하늘에서 내려준 만나(manna from heaven)'

---

8) 차등의 원칙에 대한 이 같은 해석이 롤즈의 의도에 크게 어긋난 것으로 보이지는 않는다. Rex Martin, *Rawls and Rights*, Unversity Press of Kansas, 1985, p.170 참조.

처럼 이미 현실적으로 주어진 고정된 것으로 전제하지 않는 것임을 분명히 하고 있다. 따라서 정의의 원칙은 분배뿐만 아니라 생산의 모든 과정에 있어서도 정의가 이루어지게끔 구성된 것이다. 즉 그것은 생산성에 대한 개인의 기여를 적절히 고려할 뿐만 아니라 파레토 효율-평등점(pareto-efficient-egualitarian point)의 제약도 고려하도록 한다. 바로 이 같은 이중적 강조점은 그의 차등원칙의 특성을 규정한다.

그런데 롤즈는 자유시장체제, 소비자 선호, 직업의 자유선택을 옹호하면서도 그에 상응하는 생산수단의 사유에 대해서는 특정 입장을 취하지 않고 미결의 입장을 보이고 있음에 주목할 필요가 있다.[9] 이를 달리 표현하면 롤즈는 자신이 제시하는 정의로운 경제체제의 기본 모형을 자유시장체제에 두고 있는데 이러한 체제는 역사상 그 기본 요소로서 사유재산체제를 내포하고 있으나, 롤즈는 이 같은 사유재산체제에 대해서는 확신이 없는 것이다. 그렇다면 그의 이론은 사적 소유 없는 자본주의(capitalism without ownership)를 옹호하는 셈이며 결국 소유의 문제는 의도적으로 미제로 남기게 되는 셈이다. 결국 그에 있어 특히 생산수단의 소유문제는 어떤 체제가 차등의 원칙을 만족시키는가를 관찰함으로써 경험과학적으로 정해질 문제이며 그 여부에 의거해 사적 소유, 공적 소유 혹은 두 가지 혼합형 중 어떤 것으로 정해지며 소유문제에 대해서 원리상으로는 불가지론적인, 따라서 개방적인 입장을 취하고 있는 것이다.[10]

그에게 더 중요한 것은 이들 중 어떤 소유형태가 정당화될 것인가를

---

9) John Rawls, *A Theory of Justice*, Cambridge: Harvard University Press, 1971, pp.270-271, 310.
10) 롤즈는 생산수단의 소유형태에 대한 문제는 여건의존적 문제로 간주한다. 위의 책, pp.273-274 참조.

결정해 줄 최종적 원리를 제시하는 일이며 그에 의거해서 기존하는 현실사회의 소유형태가 이러한 기준을 충족시키는지 여부를 검토하고자 한다. 그에 따르면 생산수단의 소유제도는 기본적인 경제제도이기보다는 사회의 기본 구조 속의 배경적 제도 중 하나라 할 수 있다. 사유혹은 공유의 문제는 그것이 개인의 재능과 능력을 계발, 이용하여 재화나 용역의 생산성이 증대되는 경과를 조장할 경우에만 정당화된다. 따라서 소유제도는 증대된 생산성에 기여하는 바에 따라서 규정되며 이는 결국 정의로운 소유상태가 차등의 원칙에 의해 결정되는 것임을 의미한다. 이는 소유의 문제가 그 중요성에 있어서 사소한 것임을 의미하기보다는 그 제도가 언제나 규범적 평가(정의)의 관점에서 변화와 개혁의 가능성을 내포함을 뜻한다. 소유제도는 다른 배경적 제도들과 더불어 차등원칙에 의해 측정되는데, 그 현실적 기여, 즉 사회적 재화의 생산력을 제고하여 최소수혜자의 삶의 기대치가 극대화되는 결과에 따라 평가되는 것이라 할 수 있다.

롤즈의 정의론에 있어 생산재의 소유는 경제적 직무의 하나로서 이는 그 자체로서 차등원칙의 적용을 받게 된다. 따라서 특히 이 같은 직무가 일단 공정한 가치균등의 조건 아래 취득된 것으로 전제할 경우 그것이 어떤 방식으로 규율되어야 할지가 차등원칙에 의거, 결정되는 것이다. 롤즈에 따르면 개별산업에 있어 소유권 제도, 나아가 소유될 수 있는 바의 규모와 총량은, 경영관리와 투자결정, 기술혁신 등을 통해서 기여를 조장하게 될 바에 의해 정해지게 된다. 여기에서 우리가 말하는 소유는 좁은 기술적 의미의 소유라기보다는 재화와 용역에 있어서 사회적 생산을 증대하게 될 사업가적 기술을 통한 기여를 가리킨다.

롤즈는 경영에 대해서 주제적으로 다루고 있지는 않다. 그러나 그는 소유와 경영을 예리하게 구분하지 않고 있으며 그 각각이 갖는 정당한 경제적 기능에 있어 그들은 본질적으로 유사하다고 본다. 이 점에서 롤즈는 경제사상에 있어 더 오랜 전통인 아담 스미스의 입장으로 돌아가는 듯 보이는데 즉 경영과 소유 모두가 증대된 생산성에의 계량 가능한 기여를 특별히 강조하는 관점과 부합한다는 점이다. 경영권이 정부 당국자에게 맡겨져 있건 사적 소유자들에게 주어지건 노동자들에 의해 관리되건 간에 더 중요한 것은 이 같은 경영이 적절한 경영기술의 계발과 이용을 조장하고 그럼으로써 재화와 용역의 생산성이 증대되느냐의 문제로 귀착한다. 결국 소유든 경영이든 모든 형태의 경제활동의 평가는 경제의 운용이 적절한 시장기능과 배경적 제도의 도움으로 정의의 두 원칙에 주어진 정의의 요구조건을 충족시키는지에 의해 평가된다는 점이다.

결국 롤즈에 있어서 생산재와 특정한 소유형태에 대한 기본 구조상의 권리는 없는 셈이다. 사적 소유나 경영에 대한 개인의 기본권은 물론이고 공적 소유권이나 노동자가 경영에 참여하는 기본권도 선행적으로 정해져 있는 것이 아니다. 이런 점에 대한 롤즈의 입장은 개인의 재산소유(personal ownership)에 대한 그의 주장과 대조를 이룬다. 개인재산에 대한 소유권은 정의의 제1원칙에 포함된 기본권으로서 이미 보장된 기본적 자유권이다.[11] 그러나 롤즈는 생산재의 소유문제를 관리나 경영의 문제와 구분하지 않음으로써 이들 모두가 증대된 생산성의 측정 가능한 기여도에 의해 평가된다는 점에서 본질적 차이가 없으며 따라서 소유나 경영 모두가 정의라는 동일한 기준과 관점에서 의사결정이 이루어지고 평가되어야 한다는 것이다.

따라서 롤즈의 정의론에 따르면 상속과 증여에 대한 과세가 이루어져 상속권과 증여권에 제한을 가해야 함은 마땅하다. 이 같은 과세와 제한의 목적은 부의 배분을 지속적으로 시정, 조정함으로써 정치적 자

---

11) John Rawls, "Kantian Conception of Equality", p.203; Virginia Heldced, *Property, Profits, and Economic Justice*, Wadsworth, 1980.

유의 공정한 가치와 공정한 가치균등을 위협하게 될 권력의 집중을 막기 위한 것이다. 평등한 자유의 공정한 가치가 유지되기 위해서는 그 같은 세계를 통해 재산의 광범위한 분산이 조장될 필요가 있다.[12] 물론 재산의 불평등한 상속은 그 자체로서 지능의 불평등한 상속이나 마찬가지로 부정의한 것은 아니며 단지 전자는 사회적 통제가 더 손쉽다는 점에서 후자와 다르다는 것은 사실이다. 그런데 본질적으로 중요한 것은 어떤 것에 바탕을 둔 불평등이건 간에 불평등은 모두가 차등의 원칙을 만족시켜야 한다는 것이다. 다시 말하면 상속이 용인될 수 있는 정당화 조건은 그로 인해 생겨날 불평등이 공정한 기회균등과 양립하는 동시에 가장 불리한 운명을 타고난 자에게 최대의 이익을 줄 수 있어야 한다는 점이다. 그런데 부의 불평등이 일정한 수준을 능가하게 될 경우 이 같은 제도들은 위기에 처하게 될 것이며 따라서 정치적 자유는 그 가치를 상실하게 되고 대의정부 또한 껍데기만 남게 될 것이다.[13]

우리의 현안문제인 상속세 폐지 혹은 인하 찬반논변을 두고 이상에서 논의한 롤즈의 정의론적 시각에서 볼 때 다음 두 가지 정도의 시사점을 끌어낼 수 있을 것으로 보인다.

첫째, 선진 개방경제를 목표로 하는 우리나라가 상속세제의 글로벌 추세를 따라야 한다는 말에는 일리가 있으나 상속세제의 글로벌 추세를 따르기 위해서는 경영권 승계의 글로벌 추세를 먼저 따라야 한다는 점이다. 기업의 흥망성쇠를 좌우하는 의사결정권과 최종적 책임을 지는 것이 경영권이기 때문에 가족 간의 승계이든 전문경영인의 영입이든 간에 글로벌 기업은 반드시 시장에서의 성과를 통한 검증과정을 거치는 것이 기본이라 할 수 있다. 롤즈의 언어를 빌리자면 경영권 승계는 그로 인해 최소수혜자 계층을 우선으로 한 사회성원 모두의 이득에

---

12) John Rawls, *A Theory of Justice*, p.245.
13) 위의 책, p.246.

기여하는 한에서 정당화되는 것이다. 그러나 우리 재벌기업의 관행은 경영권 승계에 있어 시장에서의 검증과정을 제대로 거치는 경우가 드물며 이미 IMF 외환위기를 겪으면서 경영의 실패로 인해 대기업이 도산할 경우 국민경제에 치명적인 폐해가 있음은 누차 실감한 바와 같은 것이다.[14]

둘째, 이미 지적한 것처럼, 몇몇 선진국가들도 상속에 대한 세금을 전면 폐지한 것이 아니라 양도소득세의 한 형태인 자본이득세로 합산하여 종합소득세를 과세하고 있는 데 비해 주식양도에 따른 자본이득 세제가 미비한 우리의 경우 현재로서는 상속세 폐지에 대한 대안이 부재한 상태임을 주목해야 할 것이다. 나아가 국제적인 기준에서 볼 때 우리의 상속과세에 적지 않은 문제가 있는 것은 사실이지만 실상 우리나라가 안고 있는 재산형성 과정의 불투명성과 탈세방지 장치의 미비 등 세제상의 취약점도 충분히 고려해야 하기 때문에 상속세 폐지는 시기상조라 할 수 있다.[15] 롤즈가 말한 공정한 규칙 아래 공정한 게임이 이루어지는 절차적 정의의 관점에서 볼 때 우리의 재산형성 과정에 있어 불투명성은 원천적 부정의의 집적으로 이른바 원초적 취득과 양도상의 과오가 누적된 부정의의 집적으로서 이른바 시정(retification) 원칙의 대상이라 할 만하다.

끝으로 한 가지 더 덧붙일 사항으로서 경영학적인 관점에서 볼 때 이미 앞에서도 지적된 바 있지만 경영권이란 개념은 상속권과는 다른 시각에서 접근되어야 한다는 생각이다. 우선 '경영의 권리'를 의미하는 경영권이라는 개념은 상속권과 같이 독자적인 정당화 기반을 가질 수 없는 것으로 보인다. 굳이 경영권을 규정하자면 그것은 주주나 이해당사자들로부터 위임 혹은 수탁받은 권리로서 기업의 효율적 관리나 성

---

14) 권영준, 「상속세 폐지론의 허와 실」, 『조선일보』, 2006년 5월 26일자.
15) 위의 글 참조.

과에 기여한 능력을 기반으로 해서 주어지게 되는 권리라 할 수 있다. 따라서 경영에 있어서는 권리보다 의무와 책임이 강조되는 이유도 바로 그 점에 있다고 할 것이다. 최고경영자는 경영의 의무와 책임을 성실히 수행한 대가로 소정의 연봉을 받게 되고 경영권에 대한 재신임을 얻게 된다고 할 수 있다. 경영권의 승계가 상속권에 자동적으로 수반한다는 것은 비경영적이고 반자본주의적인 발상이라고 할 것이다.

제4장 공직윤리의 철학적 기초

1. 행정의 목적가치와 사회정의

1) 정의와 이익, 사익과 공익

동양 정치철학의 고전인 『맹자(孟子)』의 서두에 정치 · 행정이 지향해야 할 목적가치에 대한 논의가 등장한다. 맹자가 양나라 혜왕을 찾았을 때 왕이 묻기를 "선생께서 오셨으니 장차 이 나라에 이로움(利)이 있으리이까?"라고 했다. 이에 맹자가 대답하기를 "왕께서는 왜 하필 이익(利)만을 말씀하십니까? 오직 인(仁)과 의(義)가 있을 뿐입니다"라고 했다. 물론 대의(大義)를 강조하며 소리(小利)나 사리(私利)를 경계하는 맹자의 의중을 이해할 수 있으며 이런 맥락에서 의(義)와 리(利)를 이분법적으로 대립시키는 이유도 납득하지 못할 일은 아닐 것이다.[1]

하지만 사실상 다른 맥락에서 말하면 유교사상에 있어서 의와 리가 극단적으로 대립하는 것은 아니며 이같이 대립상을 강조하다 보면 정치의 최고 목적가치인 의(義)가 공허한 개념이 되고 말 우려가 있다. 현실에 즉해서 말하자면 리(利)는 더 중립적인 개념으로서 단지 소리(小利)와 사리(私利)만 경계의 대상이 될 뿐이다. 리가 더 균등하게 배분되고 분배적 정의가 구현되어 성원들이 서로 화합하는 상태 이외에 따로 의라는 것을 규정하기는 어려울 것으로 보인다. 따라서 어떤 주석가는 의란 조화를 이룬 리, 즉 "利之和也"라고도 했다. 『주역』에 나오는 "利, 義之和也" 역시 기본 정신에 있어 이와 다르지 않다고 할 수 있을 것이다.

리와 상관없이 의를 규정하려 할 경우, 우리는 어떤 형이상학적 토대나 선험적 인식기반에 의거하지 않을 수 없다. 의(義)에 더 경험적이고 현실적인 설득력을 부여하고자 할 경우, 의는 리와의 관련 속에서 규정되게 마련이다. 이런 점에서 의는 균등한 리의 배분과 관련되며 사익(私益)이 아니라 공익(公益)과 상관될 수 있다. 서양의 정치철학에 있어 핵심 개념인 권리(rights) 역시 이해(interests)와 동일하다고 할 수는 없으나, 어떤 정당한 이해관계를 떠날 경우 그 규정은 지극히 공허한 선험적 개념이 되고 만다 할 것이다.

흔히 알고 있는 "이익을 보거든 정의를 생각하라(見利思義)"는 격언도 같은 맥락에서 이해될 수 있을 것이다. 이 또한 이익과 정의가 따로 있어 이익을 보거든 그에 등을 돌리고 이에 대립적인 정의를 보라는 말로 이해되어서는 안 될 것이다. 이익을 보거든 그것이 정의에 부합하는 이익인지 아닌지를 분간해서, 정의로운 이익이면 취하고 아니면 버리라는 말로 이해해야 할 것이다. 따라서 중요한 것은 정의로운 이익, 즉 정익(正益)이며 이런 점에서 분배적 정의 또한 사익(私益) 중 정의로운 이익과 부정의한 이익을 분간, 정익만을 지시하는 것으로 해석할

---

1) 『孟子』, 新譯四書, 玄岩社, 1966.

수 있다. 하지만 모든 이익이 개인들에게 배분될 수 있는 종류의 이익만 있는 것은 아니라는 점에도 주목할 필요가 있다.[2]

또한 분배적 정의의 핵심을 구성하는 것은 개인의 권리(individual rights)라 할 수 있다. 그런데 이 같은 권리(right)개념이 한문으로 옮겨질 때 권한(權)과 이익(利)의 합성어인 '權利'라는 말로 옮겨진 것은 지극히 합당하고도 흥미로운 일이라 할 수 있다. 사실상 어떤 점에서 권리의 기반은 기본적인 이해관계(basic interest)라 할 수 있으며, 이를 떠나서 권리개념은 어떤 실질적 내용을 담지하지 못한 공허한 개념에 불과하게 될 것이다. 권리와 이익이 동일시될 수 없을지는 모르나, 정의로운 이익, 즉 정익(正益)을 떠날 경우 권리는 그 실질적 기반을 상실하게 된다고 본다. 이런 점에서 권리는 정당한 이해관계, 즉 정익에 수반하는(supervenient) 개념이라 할 만하다.

분배적 정의와 더불어 정치 및 행정 윤리와 관련해서 목적가치로서 자주 거론되는 것은 공익(公益, public interest)이라는 개념이다. 미국의 저명한 정치·행정학자인 헤링(P. Herring)에 따르면 "공익은 법을 집행함에 있어 행정가들을 안내해 주는 하나의 표준이다. 공익개념의 행정부에 대한 관계는 마치 법의 적정절차 조항(due process clause)의 사법부에 대한 관계와 같다"고 했다. 또한 레드포드(Emmette S. Redford)는 정치인이나 정치학자들이 좋은 정부의 한 표준으로 공익에 대해 언급하는 것은 관행이 되고 있다고 한다. 그러나 공익이라는 개념이 빈번히 사용되는 것과는 대조적으로 그 정의는 분명치 않다고 지적한다.[3]

일반적으로 이익을 공익(public interest)과 사익(private interest)으로 나눌 수 있다면, 정의의 관점에서 볼 때 사익에는 다시 정의로운

---

2) 朴正澤, 『公益의 정치행정론』, 도서출판 대영문화사, 1990 참조.
3) 위의 책, p.24에서 재인용.

사익과 부정의한 사익이 있을 수 있고, 따라서 정의로운 이익은 공익과 더불어 정의로운 사익으로 구성된다 할 것이다. 그런데 공익과 사익 간의 구분은 여러 가지 미묘한 문제점을 유발하지만, 요지를 말하면 공익 혹은 공공선(public good)은 불가분성(indivisibility)과 공공성(publicness)이라는 두 가지 특징적인 측면을 갖는 점이라고 할 수 있을 것이다.[4] 다시 말하면, 이른바 공중이라는 개인들의 집합이 있는데 그들은 다소간 공공선을 원하기는 하지만 만일 그들이 그것을 향유하게 된다면 각자는 동일한 양을 향유해야 할 것이다. 또한 결과된 양은 사적인 선에서처럼 분할될 수 없으며 개인의 선호에 따라 다소간 다른 양을 구매할 수가 없고 불가분성의 정도나 관련된 공중의 규모에 따라 여러 가지 종류의 공공선이 있다고 할 수 있다.

공익이나 공공선의 극단적인 경우는 전체 사회에 걸친 완전한 불가분성이라 할 수 있다. 대표적인 예로서 부당한 외침에 대한 국가의 방위를 들 수 있다. 모든 시민들은 동일한 양으로 이 같은 공공선의 혜택을 받아야 하며 그들의 소망에 따라 차등적 보호가 주어질 수 없다. 이들 경우에 있어서 불가분성과 공공성의 결과는 공공선의 공급이 자유시장을 통해서가 아니고 정치과정을 통해서 이루어져야 한다는 점이다. 산출된 공공성의 양과 그 자금조달은 입법에 의해 확립될 필요가 있으며 모든 시민들이 동일한 양을 향유한다는 의미에서 분배를 위한 비용은 전혀 불필요하다고 할 수 있다.

정의론자인 롤즈(John Rawls)에 따르면 공공선의 이상과 같은 두 가지 성격으로부터 공공선이 갖는 여러 가지 특징이 도출된다고 하는데, 그가 거론하는 대표적인 두 가지 특징은 무임편승(free rider)의 문제와 외부성(externality)의 측면이다.[5] 첫째, 무임편승자의 문제는

---

4) John Rawls, 『사회정의론(*A Theory of Justice*)』, 황경식 역, 서광사, 1988, p.183.
5) 위의 책, pp.283-284 참조.

공중의 규모가 상당하여 수많은 개인을 포함하는 경우 각자 자신의 본분을 회피하고자 하는 유혹이 있게 됨으로써 생겨난다. 그 이유는 결국 수인의 딜레마(prisoner's dilemma)에 의해 설명되는 바로서, 한 사람의 소행이 전체 결과에 별다른 영향을 미치지 않기 때문이며 개인은 타인들의 집단적인 행위를 이미 주어진 것으로 전제하기 때문이다. 만일 공공선이 산출된다면 자기가 기여하지 않더라도 자신의 향유가 보장될 것이다. 또한 공공선이 산출되지 않을 경우는 그가 자신의 본분을 다한다 해도 사정은 변하지 않을 것이다. 이를테면 개별시민은 자신의 세금납부 여부에 상관없이 외침(外侵)으로부터 동등한 보호를 받게 되는 경우와 같다.

공공선의 또 다른 한 가지 측면은 외부성이라는 것이다. 어떤 선이 공공적이고 불가분적인 것일 경우, 이들의 산출은 그 산출을 결정하고 배정하는 자가 고려하지 않는 자들에게도 손해나 이득을 가져오게 된다는 점이다. 이로 인해 극단적인 경우 공공선의 경비를 오직 일부의 시민들이 부담한다 할지라도 전체사회가 그 영향을 받게 된다. 이를테면 전염병 예방접종을 한 사람은 다른 사람도 자신과 마찬가지로 돕는 결과를 가져온다. 산업이 자연환경을 오염, 침식할 경우와 같이 사회에 불이익이 되는 경우도 있다. 일반적으로 이러한 대가는 시장에 의해 고려되지 않는 것이 보통이다.[6]

공익이나 공공선이 갖는 이상의 특성들로 인해 법과 정부 혹은 국가가 지게 되는 한 가지 중요한 임무는 필요한 시정과 조치를 제도적으로 보장하는 일이다. 공공선을 배정하고 그 자금을 조달하는 일은 국가가 맡아야 하고 납세를 요구하는 규제원칙이 시행되어야 한다는 결론이 나오며, 이는 바로 행정의 몫이라 할 수 있다. 비록 모든 시민들이 자신의 몫을 다하려는 의지를 갖는다 할지라도 타인의 의지에 대해 확신이

---

6) 위의 책, pp.284-285 참조.

없으며, 이 때문에 시민들은 개인으로서가 아니라 전체적으로 함께 행위하기로 합의하고 그 합의가 구속력을 갖게끔 제도적으로 보장할 필요가 있다. 주요 공공선이 갖는 특유한 성격으로 인해 집단적 합의가 필요하며 그 합의가 준수되리라는 확신이 제도적으로 보장되는 것은 바로 토머스 홉스(T. Hobbes)에 의해 예견된 고립(isolation)과 확신(assurance) 문제에 대한 해법이라 할 수 있을 것이다.[7]

2) 분배적 정의와 절차적 정의

혹자의 지적대로 "정의는 지상에 있는 인간의 최대의 관심사"라 할 만하다. 하지만 정의의 문제가 해결되기 어려운 이유 중의 하나는 인간의 행위와 사회조직 속에는 지극히 복합적이고 다양한 변수들이 작용하고 있으며 이 복합체를 분석, 처리할 수 있는 이론적 능력 내지 실천적 의지가 우리에게 부족하기 때문이다. 나아가 부정의의 극복을 어렵게 하는 또 한 가지 이유는 정의의 이론이 갖는 추상성 내지 다의성에 기인한다. 정의의 기준이 갖는 이러한 애매성은 결국 "각자에게는 그의 정의가 있다"는 난맥상을 초래하게 되며, 이러한 혼돈은 어떤 부정의도 정당화될 소지와 구실을 마련하게 된다.

현대에 이르러 철학자 카우프만(W. Kaufmann)은 분배적 정의의 기준을 제시할 가능성을 공박하면서, 전통적으로 제시되어 온 정의의 다양한 기준들을 비판적으로 검토한 후 그러한 분배적 정의의 공식들이 대체로 순환론적이거나 공허한 것이며 아니면 지나치게 일반적이고 추상적이며 나아가 그들 간에 상충이 불가피하다는 결론을 내린다. 그에 따르면 결국 분배적 정의는 해결 불가능한 문제로서 철학적 탐구의 방향을 다른 문제로 돌리는 것이 더 생산적일 것이라고 지적한다.[8]

---

7) 위의 책, p.285.

사회철학자 레셔(N. Rescher)도 유사한 맥락에서 분배적 정의의 다양한 입장들을 비판적으로 검토한 후 전통적 정의관이 공유하는 결함은 정의가 요구하는 다른 모든 요구사항을 배제한 채, 동질적이고 단일한 한 가지 기준으로 정의의 문제를 환원시키고자 한 일원론적인 점에 있다고 말한다. 그런데 전통적 정의론에 대한 회의주의적 결론을 도출하면서도 레셔는 카우프만과는 달리, 정의의 문제를 포기하지 않고서 이러한 회의를 극복할 수 있는 나름의 방도를 제시하고자 한다. 레셔는 다양한 모든 기준들을 포괄하고 각 기준들이 갖는 저마다의 정당성을 인정함으로써 정의의 여건들을 고려, 현실의 여러 요구를 조정, 통합하는 것이 분배적 정의의 본질이라고 하며, 정의론이 다양한 요구들 간의 상충을 해소, 상호 조정하는 계산법을 제시하는 데 있다는, 이질적이고 다원론적인 정의관을 추구하고자 한다.[9]

하지만 카우프만의 회의주의는 레셔의 처방에 의해 치유되기 어려운 듯이 보인다. 다원적인 요구들 간의 상충을 상호 조정하려는 시도는 그 요구들 간의 비중을 대비, 환산함에 있어 결국 모종의 직관에의 의존이 불가피한 이상, 레셔는 카우프만의 회의론을 일종의 직관주의적 방식으로 무마시키고 있다는 인상을 준다. 다양한 요구들 간의 양적 통산을 가능하게 하는 계산법이 제시되지 못한 채 지극히 주관적이고 자의적인 직관의 조정에 호소할 수밖에 없을 경우 카우프만의 회의주의가 다시 고개를 내밀 여지가 마련될 수밖에 없는 것이다.[10]

이상과 같은 회의주의의 극복을 위한 또 하나의 활로를 타진하기 위

---

8) Walter Kaufmann, "Doubts about Justice", ed., Milton K. Munitz, *Ethics and Social Justice*, State University of New York Press, 1968, pp.52-74.
9) Nicholas Rescher, *Distributive Justice*, The Bobbs-Merrill Company, Inc., 1966, p.82.
10) 황경식, 「분배적 정의의 기준 — 정의로운 결과와 공정한 절차」, 『개방사회의 사회윤리』, 철학과현실사, 1996 참조.

해 근래의 정의론에서 우리가 주목하고자 하는 다른 한 가지 시도는 정의로운 결과(just result)와 정의로운 과정 혹은 공정한 절차(just procedure) 간의 구분에 근거를 둔 것이다. 절차도 결과도 동시에 정의로울 수 있다면 더없이 바람직할 것이나, 정의가 문제되는 우리의 구체적 상황은 이 중 어느 하나를 위해 다른 것의 희생이 불가피한 경우들이 대부분이기 때문이다. 정의에 대한 최근의 새로운 연구는 이러한 절차주의적 접근방식에 암암리에 동의하고 있는 것으로 보이는데, 특히 자유지상주의자(libertarian)로 알려진 노직(R. Nozick)과 자유주의적 평등(liberal equality)을 내세우는 롤즈는 정의가 절차적 관점에서 바라볼 때 가장 잘 이해되는 것으로 생각한다.[11]

물론 정의에 대한 절차주의적 접근은 단지 결과주의적 정의관에 대한 회의주의만으로 설명되지는 않는다. 절차주의적 정의관은 방법론적으로 결과주의적 정의관에 대한 대안적 입장인 동시에, 그것은 또한 좀더 적극적으로 자율적 존재로서 인간의 존엄성(human dignity)에 대한 존중과도 상관된다. 절차주의적 정의관의 고전적 유형으로 볼 수 있는 근세의 사회계약론자들이 대체로 자연권적 전통의 후예들로서 결과주의적 정의관의 고전적 유형으로 생각할 수 있는 공리주의와 대립하고 있다는 점도 이 같은 관점에서 해석될 수 있을 것으로 보인다.

일반적으로 민주주의는 결과보다 과정을 더 중요시하는 정치체제라 할 수 있다. 민주주의는 '무엇을(what) 할 것인가?'의 문제보다 '어떻게(how) 할 것인가?'의 문제에 더 큰 관심을 두는 사회이념이다. 민주사회에서 훌륭한 결과는 부당한 과정을 정당화하지 못하지만 옳은 과정은 결과의 정당성을 드높이기 때문이다. 소수의 현자에 의한 철인왕(philosopher King) 정치가 우중(遇衆)을 선한 결과로 계도하는 독재를 정당화하는 반면, 다수의 보통사람들이 토론과 비판을 통해 중지

---

11) 위의 논문 참조.

(衆智)를 모으고 합의를 도출하며, 나아가 피드백 시스템을 통해 시정과 점진적 개선을 도모하는 민주주의에 있어서는 최선을 강제하기보다는 공정한 과정을 거쳐 차선에 근접해 가고자 한다. 따라서 민주정치에서는 위민(爲民)보다는 의민(依民)이 더 우선성을 갖는다고 할 수 있다.

이 같은 절차주의적 정의관은 정치·행정 이론에서도 관찰되고 있다. 종래의 정치·행정학자들은 정의에 관해 논의할 경우 주로 결과주의적 관점에서 분배적 정의(distributive justice)에 논의의 초점을 맞추어 왔다. 하지만 근래에 이르러 일부 행정학자들은 절차적 정의의 중요성을 강력히 내세우고 있다. 치트우드(S. R. Chitwood)는 공공서비스의 공정성 평가가 분배적 정의에 대한 판단뿐만 아니라 절차적 정의에 대한 판단을 통해서도 이루어져야 한다고 주장한다. 마쇼(J. L. Mashaw) 또한 사회보장정책의 집행과정에 있어 행정의 질이 정의의 실현에 달려 있으며, 나아가 이는 다시 절차적 정의의 보장에서 비롯된다고 강조하였다.[12]

물론 전통적으로 행정학도들이 행정활동의 대상이 되는 특정분야의 실체적 지식을 탐구하기보다는 오히려 행정과정의 절차적 지식(procedural knowledge)의 탐구에 열중해 왔으며, 행정학자들이 민주적 절차라는 이름으로 논의해 온 주제들은 절차적 정의와 관련된 내용을 담고 있음을 부인할 수 없다. 하지만 간과해서는 안 될 것은 지금까지 행정학도들이 관심을 가져온 것은 절차의 도덕성이나 정의를 보장하기 위한 것이었다기보다는 주로 절차의 합리성, 효율성, 혹은 능률을 제고하기 위한 것이었다는 점이며, 따라서 우리가 강조하고자 하는 것은 절차적 정의 그 자체에 대한 더욱 진지한 연구가 요청된다는 점이라 할 수 있다.[13]

---

12) 安成浩, 「行政과 節次的 正義」, 『한국행정학보』 25권 1호, 1991 봄, p.140에서 재인용.

절차적 정의가 정부의 정당성을 확보해 주는 하나의 유력한 근거로 작용한다는 사실을 본격적으로 논의한 최초의 학자는 아마도 합리적인 법적 권위(rational legal authority)를 지적한 막스 베버(M. Weber)라 할 것이다. 그 후 여러 정치학자들이 절차의 중요성을 거론해 왔으며 국민들이 정부를 평가할 경우, 자기의 사적 이익만 고려하는 것이 아니라 정부의 의사결정절차에 있어서의 공정성을 신중히 고려한다는 점에 주목해 왔다.

나아가 절차적 정의가 국민들의 정치적 평가나 행동에 중요한 영향을 미친다는 이 같은 주장은 갖가지 경험적 연구들을 통해서도 입증되어 왔다. 타일러(T. R. Tyler)나 폴저(R. Folger) 등은 절차적 공정성이 시민들의 경찰평가에 중요한 영향을 미친다는 사실을 밝혔고, 또한 타일러는 케인(A. Caine)과 더불어 절차적 정의가 분배적 정의보다 정치지도자의 평가에 더 중요한 영향을 미친다는 사실을 입증하였다. 그리고 타일러, 라신스키(K. Rasinski), 맥그로우(K. McGraw) 등은 결과의 수준, 분배적 정의, 절차적 정의 등, 특히 절차적 정의가 사법당국과 정치지도자에 대한 평가에 두드러진 영향력을 갖는다는 점을 입증하였다.[14]

이상과 같은 근거들로부터 우리는 절차를 구성하는 절차요소들에 대해 모종의 역할기대를 가지게 되며 절차적 정의에 대한 인식은 바로 이들 절차요소들에 대한 우리의 역할기대가 현실적으로 충족되었는지 여부를 평가하는 것이라 할 수 있다. 절차의 구성요소들에 대해서는 학자들마다 다소 상이한 견해가 제시되고 있기는 하나, 그 공통분모들을 요약하면 대체로 두 가지 부류로 나눌 수 있을 것이다. 그 한 부류는 의사결정과정과 관련된 구조적 절차요소들이고 다른 한 부류는 의사

---

13) 위의 논문, pp.140-141 참조.
14) 위의 논문, p.146 참조.

결정과정의 의사소통과 관련된 대인적 절차요소들이라 할 수 있다.[15]

우선 구조적 절차요소로서 결정과정에의 참여와 관련된 발언권, 대표성 등을 들 수 있다. 나아가 '같은 것은 같게'라는 형식적 정의로서 일관성의 존중, 그릇된 결정의 시정절차를 통한 교정 가능성, 의사결정과정과 결과의 공개를 통한 공지성, 투명성의 제고, 의사결정과정에 개입될 편견의 억제를 위한 안전장치로서 적법절차와 견제 및 균형, 끝으로 자신의 억울한 사정을 호소할 수 있는 변명의 기회허용 등을 통해 절차적 정의나 과정의 공정성 등을 제고할 수 있다. 또한 의사결정과정의 의사소통과 관련된 대인적 절차요소로는, 공적 약속으로서 법의 집행에 있어 요구되는 최소한의 도덕으로서의 정직성, 다원적 민주사회에 있어 이해관계의 차이와 이견을 조정, 화해할 수 있는 관용의 정신, 나아가 어떤 결정이나 처분의 이유나 근거를 소상히 설명할 수 있음은 절차적 정의에 있어 중요한 구성요소라는 등의 논의가 이루어지고 있다.

이상에서 우리는 절차적 정의의 중요성과 또한 절차요소로서 구조적, 대인적 요소를 일별했다. 그러나 절차적 정의가 중요하기는 하나 또한 나름의 한계를 지니고 있으며, 이 또한 결과적 정의에 의해 보완될 필요가 있음에 주목할 필요가 있다. 절차적 정의의 실천만으로는 정의의 구현이 온전히 보장될 수 없으며, 경우에 따라 절차적 정의에 대한 강조가 자칫 허위의식으로 전락할 우려가 있고 기회균등이 그대로 실질적 평등을 담보하리라고 낙관할 수 없다. 따라서 정의론자 롤즈도 그의 정의의 두 원칙에서 평등한 자유의 원칙과 공정한 기회균등의 원칙에 의해 보장되는 절차적 정의(자유경쟁시장의 결과)가 최소수혜자의 이익을 극대화하는 차등의 원칙에 의해 보완됨으로써만 사회정의가 제대로 구현될 수 있음을 강조한다.[16]

---

15) 위의 논문, pp.150-152 참조.

그런데 사실상 롤즈는 결과적 정의와 대비되는 통상적 의미에서 절차적 정의를 넘어 좀더 근본적인 의미에서의 절차적 정의를 구상하고 있다. 위에서 제시한 롤즈의 정의원칙에 나타난 절차적 정의와 결과적 정의는 결국 더 근본적인 의미에서 이른바 순수절차적 정의관(pure procedural justice)에 토대를 둔 정의원칙의 두 측면이기 때문이다. 외견상 절차적 정의원칙으로 제시된 자유지상주의자 노직의 소유권적 정의원칙[17]은 사실상 소유권의 보호라는 특정결과를 지향하는, 그런 의미에서 순수하지 못한 절차적 정의관임을 비판하면서 롤즈는 정의의 원칙이 공정한 경기절차이어야 할 뿐만 아니라 원칙 그 자체 또한 공정한 절차에 의거한 합의의 산물이어야 한다는 점에서 더 근본적 의미에서 '공정으로서의 정의관(justice as fairness)'을 내세우고 있는 셈이다.

2. 정치의 도덕성과 공직자의 책임

1) 공직의 대표성과 조직성

정치와 도덕은 별개인가? 성인군자는 정치가가 될 수 없는가? 정치는 비윤리적일 수도 있고 부도덕해도 좋다는 말인가? 정치는 나름대로의 논리가 있어서 인륜이라는 보편의 논리에 부합하지 않아도 된다는 말인가? 이러한 질문들에 대해 우리는 한편 수긍하지 않을 수 없는 경우가 있기는 하다. 그러나 다른 한편 우리는 권력의 정당성을 묻고 권력의 권위를 묻기도 한다. 권력의 권위를 따지고 권력의 정당성을 추구할 때 우리는 권력의 도덕성을 묻는 셈이다. 권력이 도덕적 정당성

---

16) John Rawls, *A Theory of Justice* 참조.
17) Robert Nozick, *Anarchy, State and Utopia* 참조.

을 상실할 때 그것은 권위를 잃게 되며 사회적 혼란을 수습할 명분과 힘을 잃게 될 뿐 아니라 그 스스로 그러한 혼란의 원인 제공자가 된다.

우리 사회의 고질적인 부정부패를 일소하기 위해서는 우선 도덕적 정통성을 갖춘 정권의 확립이 강력히 요구된다는 것도 바로 이 때문이다. 정권의 정통성이 약할수록 정치선전 비용이나 상징조작을 위한 비용 그리고 반대세력 탄압이나 무마, 매수 등과 같은 집권 유지비가 커질 수밖에 없다. 집권층이 정치자금 마련을 위해 이권을 매매하면서 말단 공무원들의 작은 부패를 엄벌하겠다는 것 자체가 어불성설이며 권위가 서지 않는 일이다. 이런 논리에 의해 크고 작은 부정이 사회 전반적으로 확산되어 지금의 이 지경에 이르게 되었다고 할 수 있다.

또한 각종 부정과 부패를 막기 위해서는 해당관료의 책임소재가 확인될 수 있어야 하고 관료들의 과도한 자유재량권을 줄여야 한다. 관료부패의 핵심은 책임귀속이 애매하거나 지나치게 많은 재량권을 부여한 데 있기 때문이다. 공공통제를 할 수 있기 위해서는 행정처리가 절차와 기준에 따라 객관화, 세분화되어야 하며 공개행정을 통해 절차와 기준에 맞으면 자동적으로 인가나 허가가 나옴으로써 부정과 부패의 소지를 없애야 한다. 공직자의 책임소재가 불분명하거나 과도한 자유재량권은 관료부패의 온상이 될 뿐이다.

공직자가 당면하는 윤리적 갈등은 공직이 갖는 두 가지 일반적 특성에서 생겨난다. 우선 공직자는 시민의 이익을 대변한다는 점에서 대표성(representational)을 띠며 다른 공직자와 더불어 일을 한다는 점에서 공직은 조직성(organizational)을 갖는다. 첫 번째 특성으로 인해 공직자는 행위의 원리들 간의 갈등을 직면하게 되고 두 번째 성격으로 인해 책임의 원리들 간의 갈등에 당면하게 된다.[18]

---

18) Dennis F. Tompson, 『공직의 윤리(Political Ethics and Public Office)』, 황경식 · 정원규 역, 철학과현실사, 1999, pp.17-18 참조.

공직자는 타인들을 위해 행위하는 자인 까닭에 그들은 일반시민이 갖지 않는 권리와 의무를 갖게 되거나 일반적인 권리와 의무도 시민들과 같은 정도로 갖지 않을 수 있다. 시민의 대리자로서 공직자는 스스로의 뜻에 따라 행위하는 시민들에게 적용되는 것과는 다른 원리 혹은 달리 해석된 원리에 의해 판단된다. 그러나 한편 공직자 역시 사람인 까닭에 그들 또한 시민들이 공유하는 권리와 의무를 지니며 모든 도덕적 관계를 규제하는 동일한 원리에 의해 판단되기도 한다.

공무에서 공직자는 다음과 같은 원리에 따라 행위하게 된다. 즉, 그들은 우리가 공유하는 일반적 가치들을 증진시킬 것으로 기대되기도 하나 그들의 특정공무에 내재하는 특정가치를 증진시킬 것으로 기대되기도 한다. 따라서 그들이 대변하는 시민을 위해 공직자는 때때로 거짓말, 약속파기, 시민조종을 허용하거나 요구하는 자신의 의무를 가질 수 있다. 일반적으로 우리가 공유하는 도덕원리들을 이런 식으로 부당하게 간주하는 일은 '더러운 손(dirty hands)'의 문제로 알려져 있다. 문제는 널리 알려진 것이긴 하나 특히 우리가 관심을 갖는 것은 민주정치에서 더러운 손의 문제가 갖는 함축에 관한 것이다. 민주주의는 공직자의 더러운 손에 대해 전통적 방식과는 또 다른 새로운 문제를 제기하기 때문이다.

결국 문제는 공직자에게 부과되는 두 종류의 원리 간의 갈등에서 생겨난다. 법을 어기는 공직자는 때로는 윤리적 근거에 의해 면책이 요구되기도 한다. 그러나 다른 윤리적 원리는 그들에게 그런 면책을 거부하라고 명한다. 또한 공직자는 시민으로서 사생활권을 가지지만 공익을 위해 때로는 그 권리의 희생을 요구받기도 한다. 또한 공직자는 일부시민의 복지증진을 위해 공권력을 행사하게 되지만, 이는 동시에 다른 시민의 자유를 침해하는 것이기도 하다. 때때로 공직자는 정당한 사회정책 수립을 위한 사회적 실험을 위해 시민을 수단으로 활용하기도 한다.

공직자가 갖는 또 하나의 특성으로서 공직의 조직성은 또 다른 윤리적 문제를 제기하게 된다. 여기서의 문제는 어떤 원리를 적용할 것인가가 아니라 어떤 대표자(공직자)에게 적용할 것인가이다. 다른 종류의 도덕에서와 마찬가지로 정치윤리도 판정의 대상이 되는 인간이 판정의 대상이 되는 행위에 대해 책임을 진다. 그러나 공직은 그 구조상 책임의 귀속을 어렵게 한다. 공직자는 조직 내에서 다른 여러 공직자와 더불어 공무를 처리하기에 우리는 정부정책이나 의사결정에 대한 도덕적 책임을 특정 공직자에게 귀속시키기가 어렵기 때문이다. 이는 '여러 손들(many hands)'의 문제라고 부를 수 있다.

정부의 각종 관행과 정책은 오랜 시간 동안 제반효과의 누적을 통해 의도하지 않았던 결과가 산출되는 까닭에 책임의 소재를 드러내기가 쉽지 않다. 정부의 과오에 대해 책임 있는 공직자를 가려내고자 해도 충분히 책임질 만한 당사자를 찾아내기가 어렵다. 특정한 공직자에게 문책을 할 경우, 실제로 그 책임은 결국 그가 소속된 조직의 공직자 전체 성원과 관련될 때가 많다. 이로 인해서 결국 여러 손들에 의한 면책, 그래서 책임의 공백현상이 정당화되기도 한다. 그래서 정치윤리에서 한 가지 중대한 과제는 개인의 책임과 조직구조 간의 관련을 분명히 함으로써 책임귀속의 근거를 마련하고 책임의 소재가 흐려지지 않게 하는 일이다.

2) '더러운 손'과 정치의 도덕성

공직자가 탐욕, 권력욕, 당권, 족벌 등으로 인해 부도덕한 행위를 저지를 수도 있으나 이러한 명백한 부도덕은 논의할 가치조차 없다. 우리의 관심거리가 되는 부도덕은 더 고상한 명분 아래 이루어지는 행위, 즉 개인적 목적을 위해서가 아니라 공공선(common good), 혹은 공익을 위해 수행되는 행위와 관련된다. 더러운 손의 문제는 이와 같이 공공목적을 위해 도덕원칙을 위반하게 되는 정치지도자에 관련된다.

이러한 문제는 과거 국왕이나 제후들의 세계에서 비롯된 것으로서 국가를 이유로 당대의 관행이나 도덕을 어기는 행위와 관련된다. 이는 오늘날 혁명가들의 딜레마에서 가장 극적으로 재현되고 있다. 최근에 일부 정치학자들은 민주국가의 지도자들 역시 이상의 경우들에 못지 않게 더러운 손의 문제를 갖는다고 주장한다. 이들 역시 국가안보를 명분으로 거짓을 말하고 살상과 파괴를 명함으로써 관행이나 도덕을 어기게 된다는 것이다.

그러한 학자들이 현대 민주국가의 공직자들이 손을 더럽힐 수 있다는 점을 간파한 것은 옳다. 그러나 민주국가가 갖는 성격으로 인해 민주국가의 공직자들의 도덕성 문제는 더욱 복잡해진다. 왜냐하면 민주국가의 공직자들은 시민들의 동의에 의해 행위해야 하는 까닭에 그들은 그 이상의 딜레마에 봉착할 수밖에 없다. 그들의 행위가 시민의 동의를 얻을 경우 더 이상 유죄일 수는 없으나, 사안의 성격상 동의를 얻지 못하게 될 경우에는 민주적 절차를 어기게 됨으로써 부도덕의 정도는 더욱 증가되기에 이른다.[19]

마키아벨리(N. Machiavelli)의 사상에 나타난 고전적 형태에서 더러운 손의 문제는 두 가지 도덕 간의 갈등을 노정하고 있다. 하나는 일상생활의 윤리이고 다른 하나는 정치생활의 윤리이다. 이러한 갈등이 해소될 수 있는지의 여부에 대해 마키아벨리는 그 후에 뜨거운 논의를 불러일으킬 만큼 애매모호한 입장을 취하고 있다. 때때로 그는 정치도덕은 일상도덕과 다르다고 했을 뿐 아니라 정치영역에서는 전적으로 정치도덕으로 대체하고자 했다. 국가의 선, 즉 군왕의 덕은 악덕과 유사한 것을 요구한다고 했다. 그러나 정치도덕은 국가의 목적을 실현하기 위해 필요한 수단의 (외견상) 부도덕성을 충분히 정당화할 수 있다

---

19) 위의 책, p.32.

는 것이다. 소위 "행위가 고발한 것을 결과가 변호한다"는 것이다.[20] 정치가가 특정 경우 두 도덕 간의 갈등에 당면하긴 하나, 정치도덕의 원리를 적용할 경우 그런 갈등이 온전히 해소될 수 있다고 본다. 이런 관점에서 대부분의 학자들은 마키아벨리의 견해를 공유하며 두 도덕 간에 원리상으로 궁극적 갈등이 없다고 본다. 사생활과 공생활의 각 영역에 일관된 하나의 도덕을 배정함으로써 영역 간의 갈등이 조정된다고 본다.

그러나 마키아벨리는 이상과는 다른, 더 난처한 견해를 제시하기도 했다. 그것은 정치도덕에서 기본적인 비일관성을 보이는 것으로서 정치영역에서도 항구적으로 도덕원칙들 간의 상충이 지속된다는 것이다. 이러한 상충은 영역배정이나 상위원리에 의해서도 조정 불가능한 두 가지 도덕원리 간의 갈등을 말한다. 국가의 선을 위해 거짓을 말하고 살인을 행하지만 당사자도 이런 행위가 부당하다는 사실 또한 알고, 그것이 용서받을 수 있을지라도 정당화될 수 없는 행위임을 알고 있다. 잔인함은 아무리 필수적이라 할지라도 그 자체는 악이다. 이 때문에 마키아벨리가 암암리에 남긴 패러독스는 더러운 손을 가장 신중하게 다룬 현대의 학자들에 의해 명시화되기에 이른다.[21]

현대의 정치철학자 왈쩌(M. Walzer)는 "정부의 개별행위들이 공리주의적으로 볼 때 진정 올바른 일이라 할지라도 행위자 자신에게 죄책감을 남긴다"고 말한다. 이같이 왈쩌는 정치에서 결과주의적 행위의 필요성을 받아들이나 더 나은 결과를 위해 필요한 것이면 모두 정당화된다는 결과주의적 가정을 거부한다. 하지만 정치가는 더 나은 결과를 성취하기 위해서도 결코 도덕규칙을 범해서는 안 된다고 주장하는 의

---

20) Niccolo Machiavelli, *The Prince and The Discourses*, trans., Christian Detmold, New York: Random House, 1950 참조.
21) 위의 책 참조.

무론자에게도 반대하면서 왈쩌는 사람들은 "선을 희생해서라도, 심지어 우리 모두의 생존을 희생해서라도 그들의 손을 깨끗하게 간직하고자 하는" 자들에 의해 통치되기를 바라서도 안 된다고 한다. 위기에 봉착할 경우 규칙도 위배될 수 있으며 그런 상황에서는 결과주의적 행위 처방이 오히려 옳을 수 있다는 것이다.[22]

그러나 이러한 처방이 도덕판단의 전부라고 주장하는 결과론자에 대해 왈쩌는 정치가는 규칙을 어긴 데 대해 죄책감을 가져야 한다고 주장한다. 우리의 도덕생활의 주요 특성 중 하나는 도덕규칙을 어길 경우 비록 우리가 행한 것이 대체로 그 상황에서 최선이라 할지라도 부당한 것을 행했다는 것을 아는 것이다. 따라서 잘못을 행했다는 가책이 정치가의 도덕판단 속에 보존되어야 한다고 왈쩌는 주장한다. 도덕원칙을 어긴 정치가가 그런 가책을 느끼지 못할 경우 우리는 그를 더 엄하게 심판하며 그는 처벌받아 마땅하다고 결론 짓는다. 때로는 당사자가 가책을 느낄지라도 처벌을 고수할 수가 있는데, 그 이유는 죄책이 사회적으로 표출되어서 확인될 필요가 있기 때문이다. 결국 더러운 손의 패러독스는 풀릴 수 없는 것으로서, 정치가에 대한 도덕판단은 결과론과 의무론의 긴장에 있으며, 행위에 대한 평가는 결과론적이며, 동기에 대한 평가는 의무론적일 수밖에 없는 불안정한 조정이 있을 뿐이라 한다.[23]

요약하건대 우선 정치가들은 공인으로서 보통시민 이상으로 자신의 사욕을 억제하고 공익을 도모할 능력을 갖추어야 한다. 따라서 정치가들의 패륜과 부도덕은 논의할 가치조차 없다. 이런 뜻에서 윤리와 정치를 구분하는 이른바 '윤리 따로 정치 따로'의 이원적 사고는 용납할

---

22) Michael Walzer, "Political Action: The Problem of Dirty Hands", *Philosophy and Public Affairs* 2, Winter 1973, p.161.
23) 위의 논문, pp.177-178.

수 없다. 나아가서 설사 공직자들이 공익을 도모하기 위해 때때로 일견 비도덕적인 행위가 불가피할 경우에 당면할지라도 그러한 비행이 불가피한 것임을 입증해야 할 뿐 아니라 그러한 비행이 초래할 악이 공익이라는 더 큰 선에 의해 결과적으로 정당화될 수 있어야 한다는 부담을 안는다. 끝으로 공직자는 이같이 결과주의적으로 정당화될 수 있다 할지라도 비행 그 자체는 악인 까닭에 그에 대해 가책을 느끼지 않으면 안 된다. 이러한 양심의 가책은 무분별한 비행을 감행하는 데 대한 내면적 제어장치이기도 하다. 이런 의미에서 개인적으로 부도덕한 행위를 가책 없이 행할 수 있는 동기구조를 가진 자는 공직에 임할 자격이 없다고 할 수 있다.

3) '여러 손들'과 공직자의 책임

다음으로 공직자의 책임문제와 관련하여 그가 당면하는 도덕적 딜레마에 대한 논의의 일반적인 형태는 고뇌하는 한 공직자가 도덕적 선택을 하고 이를 시행함에 있어 독자적인 행위를 하는 모습에 대한 것이다. 그러나 이는 의미 있는 정치적 차원을 결여한 공직자상이며 따라서 정치윤리의 중요 문제를 애매하게 만드는 것으로 생각된다. 정치윤리의 문제는 특정 공직자에게 책임귀속을 묻기 어려운 여러 손들의 문제이다. 왜냐하면 상이한 여러 공직자가 정부의 의사결정과정과 정책에 다양한 방식으로 기여하는 까닭에 원리상으로조차 누가 정치적 결과에 대해 도덕적으로 책임이 있는지 확인하기 어렵기 때문이다. 비록 특정 정책의 부당성을 확인할 수 있다 할지라도 우리는 그 책임귀속의 문제를 처리하는 데 더 큰 어려움을 갖게 된다.[24]

더러운 손이 민주주의에 대해 문제를 제기하는 까닭은 시민이 정부

---

24) Dennis F. Thompson, 앞의 책, p.85.

가 추구하는 특정 종류의 정책내용을 모를 수 있기 때문이며 정책의 성격상 경우에 따라 책임문제를 배제하기 때문이다. 이에 비해서 여러 손들 역시 민주주의적 문제를 제기하는 까닭은 정책결정의 성격 자체가 책임지는 일을 방해하기 때문이다. 시민들이 정책을 책임질 공직자를 찾고자 해도 그 정책을 단일한 손으로 입안한다는 것이 거의 불가능하며 각 공직자는 집단적 결과에 대한 그 자신의 기여가 전적인 책임귀속이 가능할 정도로 중요한 경우를 찾기가 어렵다.

이런 이유로 해서 정책과 관련된 책임귀속의 문제에서는 책임에 대한 통상적 방식인 위계적 모형이나 집단적 모형이 여러 손들의 문제에 대해 만족스러운 대안이 되기 어렵다. 이 모형들보다 공직자 각각에게 개인적 책임을 더 돌릴 수 있는 모형의 구상이 필요하다. 여기서 채택되는 개인적 책임모형은 도덕이론에서 더욱 일반적인 책임논의와 마찬가지로 개인이 결과에 대해 원인을 제공한 자이고 무지나 강제에 의해 행위하지 않는 한 개인은 결과에 대해 책임이 있다는 것이다. 이러한 기준에 의하면 우리는 공직자가 정도에 있어 다소간의 책임을 져야 한다고 말할 수 있다. 개인적 책임의 각 기준에 대응해서 정치적 결과에 대한 공직자의 책임 유무, 경중을 가려야 한다는 것이다.

위계적(hierarchical) 책임모형은 정치적 결과에 대한 책임을 권위의 연쇄에서 최고직위에 있는 자에게 돌린다. 그러나 베버가 말한 이러한 모형은 대체로 공직의 책임귀속의 문제를 지극히 단순화시킨 것이 아닐 수 없다. 왜냐하면 그와 같이 생각할 경우 대부분의 경우에 공직자들은 면책의 영역에 있게 될 것이기 때문이다. 공직자가 상관의 명에 따르고 조직의 절차에 따르는 한 그들은 그들 행위의 부당한 결과에 대해서도 책임이 없게 된다. 이러한 모형은 공공정책을 만드는 현대적 여건과 상황에 상응하지 못하는 것으로 우리는 정책결정과정에 다양한 방식으로 참여한 공직자의 다양한 책임들을 구분해 낼 수 있어야 한다.[25]

집단적(collective) 책임모형에 근거한 논변은 여러 손들의 문제를 정형화함으로써 시작된다. 그러나 그것은 대부분의 정치적 결과가 여러 상이한 사람들의 행위결과로서 이들의 개인적 기여는 확인되기 어렵거나 타인들의 기여와 뚜렷이 구분되기 어렵다고 봄으로써 어떤 개인도 결과에 대해 도덕적으로 책임이 없다는 주장이 가능하게 된다. 모든 사람이 책임이 있다는 이야기는 결국 어느 누구도 책임이 없다는 이야기와 유사하기 때문이다. 여하튼 이 모형 역시 결과에 대한 개인의 구체적이고 특수한 관련에 근거해서 책임을 귀속시키기 어렵게 만든다고 할 수 있다.[26]

이상의 두 모형은 자칫 책임의 관념을 왜곡하게 되며, 따라서 공직자의 책임에 대한 판정근거가 되기 어렵다. 이는 개인 간의 도덕적 구분을 애매하게 하며 제도상의 결함과 그것을 비판하고 개선해 가는 개인의 책임 간의 관계를 인정하지 않게 된다. 위계적 모형은 특정 지위에 책임을 배정시키기는 하나 여러 손들의 문제를 무시하며 집단적 모형은 여러 손들의 문제를 신중히 고려하나 민주주의적 책임의식을 약화시키고 책임의 공백현상을 결과하게 한다. 우리는 계급적 지위가 책임귀속에 상관 있음을 부인할 필요가 없다. 그러나 민주적 정부를 위해 우리는 개인적 책임에 대한 전통적 접근방식을 채택함으로써 정치적 과정의 복잡성을 수용하면서도 상이한 공직자들에게 응분의 책임귀속을 시도하고자 한다.

개인으로서의 공직자에게 책임을 귀속시키는 일은 도덕적 책임에 대한 두 가지 기준을 전제한다. 즉, 공직자는 다음과 같은 조건 아래 행위결과에 대해 도덕적 책임을 진다. 첫째, 공직자의 작위, 부작위가 어떤 결과의 원인을 제공하게 되고, 둘째, 작위, 부작위가 무지나 강제에 의

25) 위의 책, pp.87-92 참조.
26) 위의 책, pp.92-96 참조.

한 것이 아니어야 한다. 첫 번째 조건이 인과적(causal) 책임이라면 두 번째 조건은 의지적(volitional) 책임이라고 할 수 있다. 우리가 공공정책에 대해 개인적으로 책임 있는 공직자를 확인할 경우, 우리는 민주시민으로서 정부에 대한 평가를 더욱 분명히 하게 되고 공직자의 책임성을 강화하게 된다. 또한 개인적 책임을 추궁하기 위해 공직자들이 행하는 일에 대해 더 많은 것을 알아야 하고 그들이 행하는 바에 대해 더 세분된 판단을 할 수 있어야 한다. 이는 민주주의적 책임의식의 강한 기초가 된다 할 것이다.[27]

　도덕적 책임을 이런 식으로 확대하는 근거는 공직자 자신의 역할인수, 역할수행 등과 관련된 의지상의 기준에서 나온다. 그릇된 정부기관에서 일하는 공직자는 다른 사람들보다 그 그릇됨에 대해 더 많은 것을 알고 있을 것으로 추정된다. 그래서 무지라는 면책의 조건은 일반적으로 내세우기가 어렵게 된다. 그들은 그 누구보다도 정부기관의 부당함을 개선할 수 있는 최상의 지위에 있다. 공직자 자신의 정의감에 의거한 개선의 의지는 개인의 책임에 대한 더욱 적극적인 인수에 의해서만이 실현될 수 있다. 물론 공직자의 이러한 책임의식은 행정처리가 절차와 기준에 따라 객관화, 세분화되어야 할 뿐만 아니라 공직조직 내의 민주화와 더불어 요구될 수 있음은 자명한 사실이다.

---

27) 위의 책, p.96 참조.

제5장 사회개혁과 시민운동
– 참여민주주의 · 시민운동 · 신자유주의

1. 머리말

필자는 시민운동에의 참여와 체험이 일천한 관계로 이 같은 주제를 제대로 감당할 자격이 없음을 솔직히 고백한다. 철학 중에서도 실천철학으로서의 윤리학에 관심을 갖고 특히 사회윤리학 분야에 초점을 맞추어 사회정의를 주제로 논문을 쓰고 연구를 해오던 중 '경제정의실천시민연합'이 출범할 무렵 동년배 친우들과 어울려 얼마 동안 그것도 지극히 소극적으로 가담했던 것이 시민운동과 맺은 인연의 전부이다. 그 이후 서울대학 교수 백여 명이, 특히 경실련과 관련을 가진 교수들이 중심이 되어 1990년대 중반 결성한 '서울대 사회정의 연구실천 모임'에는 다소 적극적으로 참여하긴 했으나 이는 사회운동보다는 연구에 전념한 조직이라 할 수 있다.

이같이 빈약한 사회운동적 배경을 갖는 필자인지라 자연히 글의 내용이 체험적 진지성이나 자기고백적 요소가 빈약할 수밖에 없다. 사회운동의 필요와 절실함에 대해 깊은 관심과 공감을 갖고 있었기에 직접적이고 적극적인 참여를 하진 못했지만 원거리에서나마 후원과 성원을 한 것은 사실이며 비판적 거리를 두고 이론적 관찰을 해온 것이 이 글을 쓰게 된 최소한의 변명이 되리라 생각한다. 따라서 대부분의 논의는 직접적인 체험에 바탕한 연구자들의 글들을 인용함으로써 이루어졌으며 사회윤리적 관점에서 필자의 인상이나 소견을 첨가한 정도에 불과하다.[1]

앞으로 우리는 이 글에서 한국 시민운동의 간략한 역사를 더듬는 가운데 1990년을 전후로 그 이전은 대체로 체제변혁적인 민중운동이 주도한 데 비해 그 이후는 다소 개량적인 시민운동으로 바뀌어 가는 흐름을 살필 것이다. 경실련을 중심으로 출범한 이 같은 비민중적 시민운동은 다시 1990년대 중반을 넘어서면서 참여연대를 필두로 친민중적 시민운동으로 궤도수정을 하게 되나 아직 한국의 시민운동은 미완의 민주화로 인해 친민중성과 비민중성, 변혁지향과 개량지향 사이에서 고심하고 있음을 보게 될 것이다.

나아가 우리는 시민운동이 시민사회를 배경으로 해서 생겨나고 시민사회적 공간에서 번성하는 시민의 자구운동임을 보게 된다. 이는 전통적 가족공동체가 삶의 안전망으로서 역할을 상실하고 이에 대체된 국민국가나 정부 등 공적 기구 안전망의 부실 및 그 사각지대에서, 나아가 자유경쟁시장의 실패나 그로부터 소외된 사람들과 문제 등의 틈새에서 새로운 안전망으로, 그것도 시민들 자신에 의한 자구책으로 모색되고 있음을 알 수 있다.

또한 시민운동은 학교의 정규교육과 더불어 민주시민의 평생교육장

---

1) 필자는 이 방면의 전문가이자 참여연대 집행위 부위원장인 조희연 교수의 저서와 논문에 힘입은 바 크다. 조희연, 『한국의 민주주의와 사회운동』, 당대, 1998, 그리고 특히 「참여연대 5년의 성찰과 전망」, 참여연대 창립 5주년 기념 심포지움, 1994. 9. 4 참조.

으로도 기능하는 것으로서 시민참여에 의해 시민운동이 이루어질 뿐만 아니라 시민운동에의 참여가 최상의 민주시민 교육임도 밝히고자 한다. 그리고 교육개혁을 통해 현행 학교교육의 반시민적 교육풍토를 일신, 민주적 참여와 토론에 의한 합의도출을 지향하는 '탐구공동체', 권리존중과 책임분담, 각자가 응분을 향유하는 '정의공동체' 모형으로 교실이 재구조화되어야 한다는 점도 시민운동의 인프라를 구축하는 데 긴요한 전제임을 지적하고자 한다.

또한 우리는 이 글에서 근세 이후 자유민주주의가 대규모 산업사회에 적용되면서 대의민주주의로 변용, 이로부터 파생되는 부작용을 해소하지 못한 채 진정한 자유와 민주로부터 역행하고 있을 때 이를 개선, 극복하기 위해 더 참여적인 민주주의, 더 강한 민주주의로 이행해야 한다는 주장과 맥락을 같이하여 참여적 시민운동이 나타나게 됨을 보이고자 한다. 또한 시민운동은 이같이 개별국가의 국내정치적 관점에서 뿐만 아니라 국제정치적 관점에서도 신자유주의의 장단점을 가리고 그 단점과 더불어 세계화의 그늘을 배경으로 해서 지역공동체적 시민운동이 생겨나고 또한 이의 세계시민적, 지구촌적 연대가 불가피하게 되며 신자유주의를 명분으로 하는 세계화를 견제, 반세계화적 방향으로 나아가고 있음도 살피고자 한다.

끝으로 이상의 논의를 통해 우리는 한국 시민운동이 해결해야 할 몇 가지 과제와 더불어 전망도 살피고자 한다. 우선 한국 시민운동은 한국사회의 불완전한 민주화와 더불어 통일한국의 이념상을 앞에 두고 변혁운동과 개량운동 간의 조정과 지양을 모색하는 가운데 사회개혁의 새로운 궤도를 정립해 가야 한다는 점, 또한 한국의 시민운동은 신자유주의와 비판적으로 대결하는 가운데 세계화와 지방화의 상호 조정으로서 세방화의 길을 통해 자신의 방향을 추구해 가야 하고 그러는 가운데 인간의 얼굴을 한 사회운동으로서 정립되어야 한다는 점, 끝으로 한국의 사회운동은 '시민 없는 시민운동'이라는 허상을 청산하기 위해 다각적 전략을 강구해야 하고 정치적 운동을 넘어서 사회적, 문화적 운동으로 진로모색이 이루어져야 한다는 점 등을 거론하고자 한다.

2. 변혁적 민중운동에서 개혁적 시민운동으로

개화 이후 한국 사회운동의 중심 주제는 민족주의, 계급주의, 민주주의라는 세 가지 문제의 복합구조를 갖는다고 할 수 있다. 이 가운데 어떤 주제가 강조되는가에 따라 운동의 성격이 규정, 변화되어 왔다. 4·19 이후 1960년대를 거치면서 민주주의라는 가치가 전면에 나서고 민족주의가 이에 동반했다면, 1970년대에 들어서는 민중주의가 민족주의와 민주주의라는 지향성을 밑에서 떠받치게 되었다. 이후 민중은 계급문제로 급진화되고 계급문제, 민족문제 가운데 어느 것이 우선적인 것인지를 두고 많은 논쟁이 벌어졌으며 그런 와중에 민주주의라는 문제는 적극적인 논의의 대상에서 밀려나게 되었다.

그러나 1990년대에 들어서면서 현실 사회주의의 패망과 더불어 세계 도처에서 사회주의 이념에 기반한 사회운동이 영향력을 상실하면서 민주주의에 대한 논의가 다시 활성화되었다. 이는 유럽, 중동, 남미를 포함한 전세계적 조류와도 상응하는 것으로서 민족문제와 계급문제의 저변을 관류하는 원리로서의 민주주의를 새롭게 조명하게 된 것이다. 새로운 사회운동은 고전적인 주제인 계급과 민족을 넘어서 환경문제, 성차별, 지역문제, 전쟁방지와 평화문제 등을 제기하였는데 이 모든 문제해결의 출발점은 모든 사람의 참여에 기반한 참여민주주의의 실현에 있다고 주장한다.[2]

이러한 추세에 부응함과 더불어 우리의 경우 통일이라는 민족문제나

---

2) 정수복 편역, 『새로운 사회운동과 참여민주주의』(현대의 지성 70), 문학과지성사, 1993, 엮은이의 말.

평등한 분배와 사회정의의 실현이라는 문제도 민주적 참여와 토론을 바탕으로 해결책이 모색되어야 한다는 주장이 발언권을 얻게 된 것이다. 이제 비제도적 폭력에 의한 권력의 장악을 겨냥했던 사회운동의 노선이 후퇴한 이 자리에 선거로 상징되는 대의민주주의를 넘어서 자신의 운명에 관련된 모든 결정에 스스로 관심을 가지고 관여하는 참여민주주의의 새로운 가치를 인식하게 된 것이다. 국내외에 있어서 참여하려는 욕구와 참여할 수 있는 능력의 제고가 오늘날같이 절실히 요구되는 시대도 없다 할 것이다.[3]

좀더 구체적으로 말하면 1980년대 후반부터 한국사회는 군부국가에 의한 권위주의 체제로부터 민주주의로의 이행 혹은 민주화의 과정을 걷게 된다고 할 수 있다. 민주화의 과정은 시민사회의 활성화에 기초하여 제도정치와 국가의 개방적 재편성이 이루어지는 것을 의미한다. 과거 군부정치 시대에 있어 제도정치나 시민사회 영역은 극도로 위축되어 있었고 저항적인 정당이나 사회운동 조직은 군부정권에 대한 종속과 복종을 전제로 그 존재를 인정받게 되며 따라서 합법적인 영역에서의 자유로운 활동이 불가능하게 된다.

이 같은 시기의 사회운동으로는, 일정한 저항성을 갖는 야당세력이 제도정치 영역으로부터 배제되어 장외투쟁의 대열에 합류하게 됨으로써 제도정치와 운동정치의 결합, 전투적인 민중운동의 발전과 확대를 결과하게 되고 그 투쟁과정 속에서 급진적인 저항운동 세력이 출현하게 되며 이의 헤게모니 아래 다양한 저항운동의 통합화가 나타나게 된다. 바로 이 같은 상황을 반전시키고 극복하는 과정을 민주화 혹은 민주주의로의 이행이라 할 수 있으며 나아가 이는 시민사회에 의한 제도정치 및 국가의 재구조화, 개방화의 과정이라 할 수 있다.[4]

---

3) 위의 책 참조.
4) 조희연, 「참여연대 5년의 성찰과 전망」 참조.

1980년대 말, 이른바 시민운동의 태동은 노동과 시민사회의 활성화에 의해 민주화가 강제되고 그를 통하여 자율적인 제도정치적 공간과 사회운동 공간이 확장됨으로써 가능해진다. 다시 말하면 이때에 시민운동의 부상은 바로 민주화가 가져오는 제도정치 및 사회운동 공간의 확장을 배경적 조건으로 하고 있다. 1980년대 후반 "민중운동의 시대는 가고 시민운동의 시대가 도래하였다"는 언론의 선언과 더불어 탄생한 시민운동의 정체성은 다음 몇 가지로 요약될 수 있다.[5] ① 민중운동에 대립하는 중산층 운동으로, ② 좌익적, 급진이념에 기초한 운동에서 온건한 합리적 이념에 기초한 운동으로, ③ 체제 타파적인 변혁운동에서 체제 내적인 개혁운동으로, ④ 민중 중심의 운동에서 시민 중심의 운동으로, ⑤ 제도 외적 수단에 의존하는 운동에서 제도적 수단에 의존하는 운동으로의 이행이다.

지금까지 살핀 바와 같이 1980년대 이후 한국사회의 사회운동 흐름이 변혁운동에서 시민운동으로 바뀌게 되는 까닭은 권위주의적 정권이 제한적이나마 점차 민주화되어 가는 추세에 있었기 때문이다. 심각하게 왜곡된 권위주의 정권 아래서 사회운동은 체제의 변혁을 목표로 하게 되지만 합법적인 정치활동의 공간이 보장되는 민주화의 과정은 사회운동의 성격을 시민운동으로 변화시킨다. 정치지향적 학생운동과 노동운동의 영향력이 차츰 감소하고 제도개선과 정책제안을 중심으로 활동하는 경실련, 참여연대 등 시민운동의 중요성이 점차 확대되고 있는 것이다.

3. 경실련 및 참여연대의 출범과 성과

위에서 서술한 1980년대 후반의 역사적 배경 속에서 부동산 투기 근

---

5) 위의 논문 참조.

절 및 경제정의 실현 등을 목적으로 하는 경실련(경제정의실천시민연합)이 1989년 출범하게 되고 이를 필두로 많은 시민운동의 활발한 부상이 있게 된다. 이 시기에 새롭게 출범한 시민운동단체들과 이전에 활동하고 있던 시민운동단체들은 1994년 한국시민단체협의회(시민협)를 결성하게 되며 집단적 실체로서 모습을 드러내게 된다. 이 시기의 시민운동은 전반적으로 비민중운동적 정체성을 강하게 띠게 되고 기존의 반독재민주화 운동이나 민중운동이 적절히 대응하지 못했던 이슈들을 중심으로 사회운동의 틈새시장을 공략, 급성장을 이루게 된다.

한국의 시민운동은, 계급적 대중운동으로 환원되지 않는 다양한 이슈들을 중심으로 출현한 서구의 신사회운동(New Social Movement)과 유사하며, 반독재투쟁을 주도하였던 민중운동과는 이슈, 참여자, 가치와 목표, 활동양식, 지향 등에 있어 다른 특징을 나타내고 있다. 1980년대 반독재투쟁 속에서 부각되었던 독재정권 타도나 계급적 문제보다는 환경문제나 소비생활과 관련된 문제 등 다계급적, 전계급적 문제 등을 중심으로 분화, 발전하게 된다. 그러나 이 시기의 시민운동은 반독재 민중운동의 전투성이나 혁명적 지향을 공유하지는 않으나 정부 및 제도정당, 기득권 체제 및 세력을 비판하는 넓은 의미의 정치적 성격을 띠게 된다.[6]

1980년대 후반 및 1990년대 초반 민중운동의 시대는 가고 시민운동의 시대가 온 것처럼 보였던 이상과 같은 사회상황은 1990년대를 지나면서 사회적 분위기가 다소 반전되면서 시민운동에도 일정한 변화가 나타나게 되고 그 결과 시민운동의 분화가 촉진된다. 구체적으로 말하면 보수적 시민운동과 더불어 진보적 지향의 시민운동들도 나타나고 보수적 시민운동 내부에서도 진보적 목소리가 강화되기도 한다. 1980

---

6) 위의 논문.

년대 후반 시민운동이 비민중적 성향을 강하게 띠고 있었다면 이러한 성격이 상대적으로 완화되면서 친노동운동, 친민중적인 시민운동도 출현하여 시민운동이 다원화되고 따라서 보수적 시민운동의 헤게모니도 약화된다.[7]

참여연대의 출범은 바로 이처럼 1990년대 중반 새로운 정세를 배경으로 하고 있는데 그 초기 문제의식은 첫째, 타도되지 않는 권력에 대해 방관할 것이 아니라 권력의 민주화를 위해 투쟁해야 한다는 인식과 둘째, 과거 민중운동이 포괄하지 못한 새로운 이슈들, 이른바 시민운동적 이슈들에 대한 적극적인 대응의 필요성이다. 참여연대는 그 초기에 인권운동가 및 인권변호사, 비판법학자 그룹과, 정책대안을 구상하는 조직으로서 비판사회과학자 그룹, 참여민주주의를 위한 사회인연합으로 대표되는 학생운동 출신 청년운동 그룹 등으로 구성된다.

종합적 시민운동으로서 참여연대는 1990년대 중반을 장식하는 대표적인 시민운동 성공사례로 평가되며 이는 운동주체들의 성공적인 실천역량과 더불어 구조적인 성공요인의 복합작품의 결과라 할 수 있다.[8] 우선, 정부와 제도정치의 대의성이 왜곡됨으로써 대의기능을 대행하는 종합적 시민운동의 역할을 부각시켰다는 점이다. 둘째, 개발독재하에 고착된 국가 – 시장 – 시민사회의 불균형이 해소되고 시민사회의 새로운 영역으로 국가 및 시장의 합리적 개혁이 이루어져야 한다는 사회적 필요성이다. 셋째, 국가와 시장에 대한 감시와 비판을 위해 공적 영역의 활성화에의 사회적 요구를 들 수 있다. 여하튼 종합적 권력감시 운동으로서 출범한 참여연대는 법률적 시민운동, 대안정책적 시민운동, 진보적 시민운동 등으로 전개되면서 압축성장을 거듭, 현재에 이르게 되었다.

---

7) 위의 논문 참조.
8) 위의 논문.

최근 우리는 '참여민주주의의 거대한 기념탑이 세워지는 순간들'을 체험했으며 언제나 정치적 방관자, 역사의 소외자로 살아 왔던 우리 국민들이 정치의 주체, 역사의 주인공으로 등장하는 계기를 경험했다. 16대 총선 결과를 목도하면서 자축하는 총선연대의 평가에 다소 과장된 점이 없지는 않으나 전국 400여 단체가 모여 낙선운동을 시작한 이래 총선연대가 보여준 일련의 드라마는 그야말로 새로운 정치, 새로운 사회를 향한 가능성의 확인인 동시에 그 첫걸음을 내디딘 사건임을 아무도 부인할 수 없을 것이다.[9]

시민들의 이번 운동은 정치권의 부패와 유권자의 냉소라는 악순환을 일정하게 차단하는 구실과 함께 시민들로 하여금 "우리도 할 수 있다"는 자신감을 갖게 한 것은 사실이다. 그러나 "낙선운동은 성공했으나 여전히 많은 과제를 드러낸 미완의 성공이었다"는 총선 시민연대 정책 자문 교수단이 내린 결론 또한 나름의 진실을 담고 있다. 지난 석달 동안 구정치권에 대한 총선 시민연대의 도전은 선거결과가 웅변하듯 시민의 승리로 마감했지만 그러나 갈 길이 아직 멀다는 현실을 겸허하게 수용해야 할 것이다.

먼저 낙선운동은 반쪽짜리 '네거티브(negative)' 운동이라는 태생적인 한계를 안고 있었다. 문제가 심각한 정치인의 국회진출은 어느 정도 막아냈으나 대안정치를 실현할 정치인을 국회에 보내지는 못한 것이다. 이는 대안적 정치세력에 대한 전망부재의 상황에서 출발했다는 본질적 한계에서 비롯한 것일 수 있다. 여기에 호남, 충청 지역에서는 지역감정의 벽을 일정 수준 허무는 성과를 거두기는 했지만 영남권에서 나타난 더 높아진 지역의 벽을 목격했던 것도 또 다른 한계로 지목된다. 이런 한계는 대중조직과의 더굳건한 연대, 제도개혁에 대한 더 분명한 목표점 설정, 그리고 20, 30대의 정치적 무관심과 냉소주의

---

9) 박원순, 「낙천낙선운동 90일 희망의 대장정」(한국시론), 『한국일보』, 2000년 4월 14일자 참조.

극복, 대안세력에 대한 합의점 도출 등을 통해 극복할 수 있을 것이다.

결국 시민의식과 시민운동이 분명 한 단계 성숙한 것은 사실이나 종국적인 정치개혁의 성공은 총선에서 제기된 인적 청산과 정치구조의 민주화, 탈지역주의 정치 등 실질적 과제를 어떻게 실현하느냐에 달려 있다는 것이다. 또한 승리한 낙선운동이 일회성 이벤트로 끝나느냐 정치개혁의 승리를 이끄는 출발점이 되느냐는 오로지 시민들의 몫이라 할 수 있다. "진정한 정치개혁과 유권자 운동은 지금부터 시작이다"라는 총선연대 상집위원장의 말은 이 시점에서 더욱 절실히 다가온다. "일반 유권자들은 투표소에서 나오는 순간 노예의 신분으로 되돌아간다"는 어떤 정치학자의 말은 선거과정에서 큰 절을 하며 온갖 약속을 남발했던 후보들이, 당선되는 바로 그 순간부터 권력의 자리에 앉아 유권자의 요구와 기대는 아랑곳하지 않음을 가장 적절하게 표현하고 있다.[10]

그래서 미국의 유명한 시민운동가 랄프 네이더는 "일상의 민주주의는 일상의 시민정신으로부터 나온다"고 했다. 이 말은 앞으로의 시민운동이 나아갈 목표를 암시하고 있다. 우리들은 이제 당선된 국회의원과 정치권에 대해 일상적으로 감시하고 견제하는 일을 일순간도 소홀히 해서는 안 될 것이다. 유권자 혁명은 어느날 하루아침에 이루어지는 것이 아니라 매일매일 일상적으로 일어나야 하는 것이다. 우리의 일상 속에 시민정신, 시민운동이 새록새록 침투하고 살아나는 날, 그날이 바로 우리의 일상적 민주주의가 세워지는 날이라 할 수 있을 것이다.

---

10) 위의 글 참조.

4. 시민사회안전망과 민주시민 교육장

전통사회에서는 가정이 불완전하나마 우리 삶의 안전, 생존, 복지 등을 부담하는 조직으로서 역할을 다해 왔다. 더욱이 우리의 전통에서처럼 가정이 정치경제적 함의를 갖는 대가족제일 경우에는 그것이 사실이었다. 이 경우 가족성원들에게는 가정에 대한 충실과 가장에 대한 효성이 강조되었고, 대신 가장은 식솔의 안전과 복지에 대한 전적인 책임을 감당하게 된다. 그러나 근세 이후 대가족이 점차 핵가족으로 분화되고 심지어 핵가족마저 해체의 위기에 처함으로써 주요 제도로서 가정의 정체성마저 의문시되고 있는 이즈음, 가정은 더 이상 우리 삶의 대부분을 안전하게 지켜주기가 어렵게 되었다.

근세 이후 시민사회의 통합체로서 국민국가가 형성되자 국가는 개인의 생존뿐만 아니라 안전, 복지까지 부담하는, 그야말로 복지국가적 성향을 점차 확대해 감으로써 사회의 공적 안전망(security network)으로서의 기능을 수행하게 된다. 사회가 복잡해지고 다원화되어 감에 따라 국가가 사회문제 전반을 부담, 관리하는 일이 불가능할 뿐만 아니라 국가의 손길이 미치지 못하거나 그로부터 소외된 갖가지 문제들이 드러나게 되고 바로 이 같은 문제들은 시민사회의 영역으로 이양되며 그와 관련해서 각종 이해관심을 반영하는 사회단체나 시민운동이 시민사회적 공간에 뿌리를 내리게 된다.

따라서 시민운동은 국가의 실패를 보완하는 또하나의 사회안전망으로서 의미를 갖게 된다. 또한 사회적인 각종 사안들 중 자유경쟁시장에 내맡길 수 있는 것에도 한계가 있다. 나아가서 시장 자체의 실패는 접어두고라도 자유경쟁시장의 결과가 윤리적 관점에서 보아 바람직한 상태를 담보하는지도 의문의 여지가 있다. 다시 말하면 비록 시장의 실패가 없이 문자 그대로 자유롭고 경쟁적인 시장이 완벽하게 작동한다 할지라도 시장의 결과가 반드시 우리의 도덕감이나 정의감을 충족시킨다고 볼 수 없다. 따라서 시민사회적 연대로서 시민운동은 국가, 시장 등과의 균형 속에서 우리의 정의감에 바탕한 사회안전망으로서 자신의 역할을 수행하게 되는 것이다.

현실적 관점에서 볼 때 한국 시민운동의 최대과제는 '시민 없는 시민운동'이라는 유명무실의 극복이 아닐 수 없다. 시민참여가 빈약할 뿐만 아니라 참여한 시민 또한 운동에 적극성이 없는 것이 현실이다. 다소 과장해서 말한다면 시민단체에 대한 관심과 인식이 부족할 뿐만 아니라 100명이 시민단체에 입회하면 그 중 10여 명이 회비를 납부하고 다시 그 중 한 명만이 운동에 동참한다. 아직 우리는 개개인의 주머니에서 나온 소액이 모여 엄청난 집단적 힘이 되고 그로 인해 중대한 사회적 변화가 성취되며 그 이득이 다시 우리 개인에게 되돌아온다는 절실한 인식이 없다. 따라서 가난한 시민단체들은 열악한 적자재정을 보충하기 위해 과외활동에 여념이 없을 정도이다.

자연인이 시민이 되는 것은 시민참여에 의해서라고 말할 수 있다. 그런 의미에서 시민운동은 민주시민의 산 교육장이라는 말은 사실이다. "인간은 사회적 동물"이라는 아리스토텔레스의 말은 우리가 시민으로서 태어나는 것이 아니라 시민으로 길러진다는 것을 의미한다. 그런데 우리의 고민은 시민운동에 참여함으로써 시민이 되는 동시에 시민운동에 참여하려면 어느 정도 시민의식이 있어야 한다는 순환성에 있다. 시민운동에 참여하고 체험함으로써 시민운동의 중요성과 보람을 절감하는 것은 사실이나 그러한 참여로 유인하고 시민운동적 관심과 동기를 부여하는 일 또한 쉽지 않다는 데 문제가 있다. 이를 위해서 시민운동 자체도 다양한 프로그램의 개발이 요청되지만 현행 학교교육을 개혁, 이를 시민참여적 관점에서 재구조화하는 프로그램 역시 절실함을 지적하고 싶다.

가까운 이웃 일본은 사회 구석구석에서 시민참여의 활력이 느껴지는 자원봉사의 천국이라 한다. 일본에는 10만 개 가까운 비영리, 비정부

조직(NPO 또는 NGO)이 활동하고 있고 일본정부는 이들에게 교통요금이나 숙박시설 등의 이용료를 할인해 주는 '볼런티어 메리트' 제도를 실시하고 있으며, 일본의 기업 또한 지역사회에 기부하는 수단으로 자원봉사활동을 지원하고 있다는 것이다. 그런데 가장 주목할 만한 일은 일본의 지방정부들이 교육개혁 계획으로서 학생들의 지역사회 봉사활동을 권장하고 있으며 자원봉사활동을 최우선 순위에 두고 교육프로그램을 구상하고 있다는 것이다. 어려서부터 참여를 통한 사회봉사, 시민운동의 체험이야말로 진정한 민주시민 교육의 첩경이라는 철학이 교육개혁의 배경에 깔려 있다 할 것이다.

시민운동은 사회가 단지 원자적 개인들의 연합체(association)가 아니라 개인들 간의 호혜적 관계 속에서 공동선을 추구하는 공동체(community)임을 전제하고 공동체적 유대와 통합을 도모하고자 하는 노력이라 할 수 있다. 만일 시민운동이 전제하는 사회관이 합리적 개인들 간의 연합체에 불과하다면 각종 시민운동단체들은 결국 자신의 이득을 추구하는 다양한 이익집단에 불과할 뿐이다. 따라서 시민운동이 비록 전통적 의미에서 시민사회적 공간에 뿌리를 두고 있기는 하나 시민운동이 지향하는 사회는 시민공동체(civil community)라 함이 옳을 것이다. 시민공동체는 단지 자신의 이익극대화를 위한 연합체로서의 시민사회를 지양하는 동시에 호혜성과 공동선을 지향하는 공동체라 할 수 있다.[11]

따라서 시민공동체의 성원으로서의 민주시민을 육성하는 교육은 시민들이 단지 자신의 권리의식과 더불어 책임의식, 나아가 호혜성에 바탕한 공동체적 체험을 갖게끔 기획되어야 할 것이다. 현행교육에 있어서와 같이 입시지옥의 늪에서 각자 자신의 이익을 극대화하기 위해 경

---

11) 황경식, 「자유주의와 공동체주의」, 『개방사회와 그 적들』, 철학과현실사; 황경식, 『시민공동체를 향하여』, 민음사 참조.

쟁이 투쟁으로 치닫는 황야나 정글로부터 시민공동체의 성원이 길러 질 것을 기대하는 것은 연목구어에 다를 바 없다. 우리의 학교교육은 합리적 비판과 토론에 의거, 중지와 합의를 도출하는 '탐구공동체 (community of inquiry)', 호혜적 관계 속에서 각자가 응분을 향유하 는 '정의공동체(just community)' 모형을 구현하게끔 재구조화하는 일이 민주시민교육의 일차적 과제라 할 수 있다.[12]

5. 대의적 자유민주주의와 참여적 시민운동

이미 앞에서 논의된 바와 같이 1990년 이후 전개된 새로운 사회운동 은 고전적인 주제인 계급과 민족을 넘어서 환경문제, 성차별, 지역문 제, 전쟁과 평화문제 등을 제기하였으며 이 모든 문제해결의 출발점은 모든 사람의 참여에 기반한 참여민주주의(participatory democracy) 의 실현에 있다고 할 수 있다. 우리의 경우 통일이라는 민족문제나 분 배정의의 실현이라는 문제까지도 민주주의적 참여와 토론을 바탕으로 해결해 나가야 한다는 생각이 발언권을 얻게 된 것이다. 이제 비제도 적인 폭력에 의한 권력쟁취를 목표로 하는 사회운동 노선이 후퇴한 그 자리에 선거로 상징되는 대의제 민주주의를 넘어서 자신의 운명에 관 련된 모든 결정에 스스로 관심을 가지고 관여하는 참여민주주의의 새 로운 가치를 인식하게 된 것이다. 국내외에 있어서 참여하려는 욕구와 참여할 수 있는 능력의 제고가 오늘날같이 절실히 요구되는 시대도 없 을 것이다.[13]

새로이 부상하는 시민사회의 영역에 존재하는 시민단체들은 시민들 의 참여를 조직화하고 그러한 조직적 활동을 기반으로 정부에 여러 가

---

12) 황경식, 「민주시민의식의 제고를 위한 교육모형」, 『개방사회와 그 적들』 참조.
13) 정수복, 앞의 책, viii 참조.

지 정책을 건의하고 정부의 활동을 감시, 통제하기도 하는데 특히 1991년부터 실시된 지방자치제는 이러한 경향을 더욱 촉진시키게 된다. 중앙정부 권력의 일부가 지방정부로 이양되고 주민들의 직접선거에 의해 지방의회가 설립되는 지방자치제가 실시되면서 지방정치의 공간이 창출되며, 이러한 지방정치의 공간에서 지역의 문제를 쟁점으로 벌어지는 이 같은 지방적 집단행동을 지역시민운동이라고 할 수 있다.[14]

그런데 진정한 시민운동은 지역시민운동으로부터 시작되어야 한다고 볼 수 있다. 왜냐하면 시민운동 중 전국수준의 운동은 전문가들의 운동이 되기 쉬운 데 비해 지역수준의 운동이야말로 국민들의 직접참여에서 시작되는 것이기 때문이다. 지방자치제는 지방정치의 활성화를 위한 법적, 제도적 조건이다. 그런 조직 위에서 지방정치가 실질적으로 이루어지기 위해서는 지역주민들의 적극적인 참여를 바탕으로 이루어진 시민운동의 활성화가 필요하다. 지방자치는 시민들의 민주주의 교육의 훈련장이고 지방의 정치지도자들이 형성되고 등장하는 과정이며 지방정치는 지방수준의 공적 문제를 민주적인 방식으로 풀어가는 과정이라 할 수 있다.[15]

바버(B. R. Barber)는 그의 책 『강한 민주주의 — 새로운 세기의 참여정치』에서 우리는 우리 시대의 다양한 위기들의 면전에서 너무 강한 민주주의가 아니라 너무 약한 민주주의로 고통당하고 있다고 말한다.[16] 그가 말하는 현대의 위기란 현대국가의 위기, 자유주의적 제도의 위기, 리더십의 위기, 정당정치의 위기, 민주주의의 위기 등이다. 이 같은 자유민주주의의 위기를 요약해서 말하면 세계가 더 이상 다스려

---

14) 위의 책, p.281.

15) 위의 책, p.282.

16) Benjamin R. Barber, *Strong Democracy Paticipatory Politics for a New Age*, University of California Press, 1984, Preface, xi, xii.

질 수 없다(ungovernable)는 사실을 말한다. 어떤 리더도 어떤 정당도 어떤 체제도 대규모 산업사회를 괴롭히는 문제들을 관리, 규제해 나가기 어렵다는 것이다. 현대인은 기계, 컴퓨터, 관료제, 기업, 정치체제 등 더 이상 통제할 수 없는 인위적 세계를 창출했는데 이같이 세계가 통제 불능이라면 인간 또한 스스로를 어찌 통제하겠는가?

지도자가 통제할 능력이 없다면 국민들은 더더욱 통제받기를 거부하게 될 것이다. 정치로부터의 소외현상이 현대정치적 위기의 징표라 할 수 있다. 투표율 저하, 정치가에 대한 불신, 정치에 대한 무관심이 일반화되어 가고 있으며 우리도 최근 선거에서 투표율이 50%대로 진입하고 있음을 목격하고 있다. 투표가 시민권의 일차적 표현이라면 투표의 거부는 민주주의의 파국을 예고하는 것이다. 자유민주주의가 민주주의를 지키면서 자유를 보장하기 위해 만든 주요 방편들, 대의제, 사생활권, 개인주의, 권리들, 그 중에서도 특히 대의제는 민주주의를 지키지도 못하고 자유를 보장하지도 못한다는 것을 실감하고 있다. 대의제는 재산권 등 사적 권리의 유지에 도움이 될지는 모르나 참여와 시민권을 파탄에 이르게 하고 있다.

결국 바버의 주장은 강한 민주주의 즉 시민참여적 민주주의가 현대 민주정치가 취할 수 있는 유효한 형태이며 그것이 참여적 형태를 취하지 못할 경우 민주주의는 그것이 구현하고자 하는 자유주의적 가치관과 더불어 정치무대에서 사라지게 될 운명에 처해 있다는 것이다. 그에 따르면 순수민주주의가 대규모 국민국가를 다스려야 하는 현실에 적용될 경우 일부의 사람에게 권한을 위임하는 대의민주제를 취하게 되나 이런 방식은 나름의 효율성이라는 미명 아래 참여와 시민권을 희생하는 엄청난 비용을 치르게 된다는 것이다.[17]

참여민주주의는 자유민주주의가 정치에의 참여보다는 개인적 자유

---

17) 위의 책, xiv 참조.

의 보호에 상대적으로 더 큰 비중을 둔다는 점에 도전하고 있다. 참여민주주의자들의 주장에 따르면 정치적 참여가 오늘날 민주시민들에 의해 경시되고 있는 까닭은 현대 민주주의가 특히 고대 그리스의 민주주의에 비해 참여의 기회를 제한하기 때문이라는 것이다. 만일 민주주의 사회가 시민들로 하여금 그들의 정치적 견해를 표방할 더 많은 기회를 주게 된다면 시민들은 그러한 기회를 많이 활용함은 물론 현재 그들의 대의원들에게 위임한 집단적 의사결정의 기회 또한 더 빈번히 이용하게 될 것이라고 한다.

참여민주주의자들은 현행 대의민주제를 지양하고 더 광범하고 풍부한 정치참여를 동경하기는 하나 과거에 대한 노스텔지어에 빠져 있는 것은 아니며, 여타의 민주주의자들과 더불어 노예제를 정당화하고 여성과 다수의 노동자들이 시민권이나 공적 삶으로부터 배제된 과거의 직접민주제를 비판한다. 참여민주주의는 오늘날의 각종 정치관행들 즉 선거주민의 부적절한 정치이해와 정보빈곤, 점차 낮아지는 투표율, 공무원 관료들의 부패와 무책임 등의 문제들이 대규모 대의민주주의가 갖는 비참여적 특성에서 나오는 것으로 간주, 그에 대한 대안을 제시하고자 한다.

일반시민들의 정치적 관심이나 이해가 제한되어 있는 그 정도만큼 관료들의 권한남용을 막고자 하는 제도적 기제에 대한 자유민주주의적 노력은 가망성이 없거나 제한될 수밖에 없다. 참여민주주의가 고수하는 희망은 시민이 직접 정치적 의사결정에 참여하게 하는 것이야말로 정치에 대한 그들의 이해와 관심을 증대하는 방법이라는 것이다. 참여민주주의자들은 시민들에게 선택권이 주어질 경우 그들은 더 사적인 향락을 추구하는 대신 정치적 참여를 누릴 것으로 믿는다. 루소(J. J. Rousseau)가 기대한 수준은 아닐지 모르나 현대 참여민주주의자들은 쌍방향 사이버 매체들을 이용해서 각종 정치적 의제에 대한 정보제공과 의사결정이 가능할 것으로 낙관한다.[18]

이상과 같은 기대가 지나치다는 회의주의자들의 반론에 대해 루소의 응수를 연상시키며 참여민주주의자들은 두 가지 논변을 전개, 응답하고 있다.[19] 그 중 하나는, 정치적 참여는 인간으로서 가치 있는 삶(good life)의 핵심적 구성요소로서 올바른 사회적 조건 아래서는 이 같은 사실이 인정되리라는 것이다. 다른 하나는 광범위한 참여는 공무원이나 권력남용을 방지하는 데 필수적인 장치라는 것이다. 이 같은 입장에 따르면 참여는 좋은 사회(good society)로 나아가기 위한 필수적 수단인 동시에 좋은 삶의 본질적 부분이라는 것이다.

6. 신자유주의 비판과 반세계화 시민운동

브라질의 리우데자네이루(1992년)에서 미국의 시애틀을 거쳐 한국의 서울(2000년)에 이르기까지 자본과 정치권력이 절제를 잃은 듯싶은 곳에는 어김없이 모습을 드러내는 것이 바로 NGO 즉 시민들에 의한 비정부기구이다. 한국에서는 대체로 시민단체로 불리는 NGO는 정부와는 독립적으로 영리를 추구함이 없이 공공선을 지향함으로써 공동체의 통합을 꾀하는 조직이라 할 수 있다. 이들의 활동이 활성화되는 것은 국가(정부)와 시장에 이어 시민사회라는 제3의 영역이 확대되고 있다는 증거이다. 정부가 권력과 공공의 영역이고 시장이 기업과 영리의 영역이라면 시민사회는 유권자와 소비자의 영역 즉 생활세계의 영역이라 할 수 있다. NGO가 만들어내는 것은 주로 사회적 서비스이고 이는 흔히 제3부분 또는 사회적 경제라고도 불린다.[20]

---

18) Amy Gutmann, "Democracy", *A Companion to Contemporany Political Philosophy*, Blackwell, 1993, p.419.
19) 위의 책, p.420.
20) 고종석의 모색 21, 「NGO, 권력 자본 방종 감시하는 스토커」(전환기의 이념과 사상), 『한국일보』, 2000년 4월 19일자 참조.

1990년대 이후 NGO가 특히 활발해진 이유로는 우선 현실 사회주의의 몰락으로 냉전과 체제논쟁이 끝나면서 인류 모두에게 관련되는 지구적 쟁점(글로벌 이슈)들이 새롭게 조명되기 시작한 것을 들 수 있다. 환경, 인권, 여성, 실업, 교육, 건강, 주택, 기아, 아동학대, 에너지, 핵억제 같은 것이 그것이다. 제레미 리프킨은 『노동의 종말』에서 21세기 사회를 포스트 시장사회라 규정, 노동자 계급이 실질적으로 사라질 미래세계의 유일한 구원을 이 같은 제3영역의 활성화에서 찾고자 한다.

  실상 세계화(Globalization)라는 것은 현상적으로 노동권리나 소비자 주권 등을 포함한 광의의 인권이나 환경에 비우호적이다. 탈냉전 이후의 세계화는 위기의 끝이 아니라 새로운 위기의 시작이며 이 같은 새로운 복합적 위기를 이루는 지구적 쟁점들을 다루기에는, 국익에 민감한 정부들보다는 도덕적 열정으로 무장한 NGO가 더 적절하다고 할 수 있다. 이에 투신하는 세계적 조직으로서는 그린피스, 국경 없는 의사회, 국경 없는 기자회, 국제사면위원회, 어린이 구호조직 같은 NGO 등이 있다.

  세계화는 이 같은 난제들을 일반화시키는 반면 민주주의와 기술혁명을 동반하고 있어 역설적이게도 NGO가 성장하기에 최적의 환경을 제공하고 있다. NGO들은 이 같은 문제들에 합리적으로 접근할 민주주의적 교양을 갖춘 동시에 인터넷 전자우편 등의 기술적 수단으로 무장함으로써 효율적 공략이 가능하게 된다.[21] 또한 노동운동을 중심한 구사회운동이 체제와 이념 중심의 정치적 운동이라면 NGO에 의한 신사회운동은 환경, 여성, 인권 등 구체적 이슈들을 해결하는 사회적, 문화적 성격이 강한 공익운동이라 할 수 있다.

  NGO의 활성화는 세계화의 다른 측면이 지방화라는 것과도 관련된다. 흔히 세방화(Glocalization)라고 불리는 세계화와 지방화의 동시

  ---

  21) 위의 글 참조.

적 진행은 개별국가 정부들을 위시해서 지방의 문제를 지구화하고 지구적 쟁점을 지역민의 관심권 안으로 끌어들이는 과정을 포함한다. 실상 진정한 세계화는 지역자치를 중요한 내용으로 삼는다. NGO의 활성화는 주민참여, 주민자치를 확대하고 의정감시운동과 시정평가운동을 촉발시켜 풀뿌리 민주주의의 신장에 기여하는 만큼 NGO는 분명 참여민주주의의 신장에 기여하고 있다 할 것이다.[22]

근래에 이르러 신자유주의를 앞세운 세계화에 제동이 걸리고 있는 듯하다. 시장개방과 금융자본주의의 승리만이 인류의 번영을 가져오리라는 주장이 퇴조하고 있으며 미국의 세계화 전략 중추기관이라 할 수 있는 국제기구들의 어조도 약화되고 있는 듯하다. 이 같은 현상은 미국 시애틀에서 세계시민운동연대가 세계무역기구(WTO) 회의를 무산시킨 사태 이전에는 상상하기 어려웠다. 그러나 반세계화 시민운동 단체들은 시애틀 승리는 한 단계를 넘은 것에 불과하다며 그 이후 파상적인 대형 행동계획을 발표하고 있다. 이번 반세계화 시민운동에서 특히 주목해야 할 것은 미국의 거물급 시민운동가뿐만 아니라 제3세계의 양심을 대표하는 행동가들도 동참함으로써 신자유주의 쇠퇴를 현저히 진작시키겠다는 목표를 내걸었다는 점이다.

그런데 반세계화 시민운동이 이 같은 거대한 역사적 사명을 완수하기 위해서는 더 구체적인 대안작성의 능력을 가져야 한다.[23] 그것은 '제3의 길'과 같이 애매하고 막연한 대안이 아니라 더 진지하고 구체적인 것일 뿐만 아니라 모든 인간이 더불어 살 수 있는 신세계 질서를 지향하는 것이어야 한다. 왜냐하면 시민운동이 신자유주의를 규탄하는 이유가 바로 인간을 시장독재에 굴복시키고 희생시키기 때문이다.

미국과 영국이 구상한 신자유주의 이데올로기의 핵심은 경제를 사회

---

22) 위의 글.
23) 정성배, 「쇠퇴하는 신자유주의」(해외시각), 『한겨레신문』, 2000년 4월 20일자 참조.

에서 분리, 독립시킴으로써 경제가 국가와 사회로부터 아무런 규제도 받지 않고 오로지 자기논리에 따라 자본주의의 확장에만 전념하면 된다는 것이다. 그러나 진정 경제는 사회에서 분리되어 존재할 수 있는 것이 아니라 사회의 목적에 봉사하는 데 그 존재이유가 있는 것이다. 신자유주의자들의 주장과는 달리 건전한 시장논리나 경제합리주의는 신화에 불과하며 그 같은 유일사상은 반드시 기아, 민족주의, 근본주의, 전쟁 등을 낳고 궁극에는 인류를 파멸에 이르게 할 위험을 내포하는 것이다.

이러한 시각에서 볼 때 세계시민운동의 대안모색에서 가장 중요한 원칙은 사회에 의한 경제의 통제라 할 수 있을 것이다. 이는 사회목적과 경제목적이 상호 보완, 공생 관계에 있으며 이 양자의 결합을 통해 평화적 사회발전과 사회정의에 바탕한 경제발전을 도모할 수 있다는 것이다.[24] 전대미문의 금융위기를 맞고 있는 우리 사회도 신자유주의적 세계화에 대해 비판적 거리를 취하면서 반세계화 시민운동에 성원을 보내야 할 것이다. 왜냐하면 금융위기의 재발을 방지할 수 있는 길은 금융시장의 개방에 있는 것이 아니라 무정부적 국제금융기관의 통제를 핵심으로 하는 신세계 금융질서 확립에 있기 때문이다.

이 점에서 프랑스의 저명한 진보적 사회학자이자 사회운동가인 피에르 부르디외가 신자유주의에 맞설 사회운동연합회의 소집을 제안하는 호소문을 발표한 것은 주목할 만한 일이다. 「유럽 사회운동연합회의 소집을 위해」라는 이름으로 발표된 이 호소문의 직접적 대상은 물론 유럽 사회운동 세력이기는 하나 부르디외는 "가능하다면 현실적 조건에 맞게" 다른 지역에서도 같은 형식의 네트워크형 연대조직이 결성되기를 바란다고 밝히고 있다.

부르디외의 진단에 따르면 인류는 위기에 처해 있고 그 근본 이유는

---

24) 위의 글 참조.

신자유주의에 있다는 것이다. 그에 따르면 과거 사회운동단체들은 그 차이와 갈등에도 불구하고 신자유주의 정책으로 소외된 사람들을 옹호하고 그로 인해 방치된 문제들에 대해 관심을 갖는다는 공통점을 가지고 있다는 것이다.[25] 그런데 각국 정부들은 국익에 눈이 멀어 이 같은 문제들을 고의적으로 무시하거나 외면하는 바람에, 진정한 비판적 대항세력들은 다양한 행동양식을 통해 시애틀에서와 같이 시민들의 깊은 열망을 대변하며 이러한 문제들을 일상적으로 제기하는 것이 중요하다는 것이다. 나아가 이 같은 대항세력은 국제적인 거대세력인 다국적 기관이나 기업과 대결해야 하기 때문에 반드시 국제적 연대의 성격을 지녀야 한다고 부르디외는 선언하고 있다.

7. 한국사회 시민운동의 과제 및 전망

현행 한국의 시민운동과 관련하여 갖가지 비판이 제기되고 또한 제기될 수 있겠지만 필자는 크게 세 가지 관점에서 반성의 계기를 제시함으로써 앞으로의 시민운동의 방향을 가늠하고자 한다.

우선 최근 시민운동들이 개량적인 이슈들을 중심으로 활동함으로써 체제변혁적 함의를 갖는 투쟁을 소홀히 하고 있지는 않은가 하는 점이다. 이는 달리 말하면 경실련, 참여연대 등 시민운동단체들이 노동조합운동이나 일반적인 노동운동 등 민중운동과의 연대를 지나치게 외면 내지 경시하고 있지 않느냐는 비판과도 관련된다. 앞서 서술된 바와 같이 참여연대는 시민운동의 변화된 내적 정세를 배경으로 그 이전의 시민운동이 보였던 반민중운동적, 비민중운동적 지향을 비판하면서 출발했기 때문에 비교적 친민중적, 친노동적 성격을 지향하는 것으

---

25) 피에르 부르디외, 「신자유주의 맞서 단결하라 저항하라」(유럽 사회운동연합회의 소집 호소문), 『한겨레신문』, 2000년 4월 4일자 참조.

로 평가되나 개별 사안들에 대처함에 있어 위와 같은 비판이 제기될 만한 지점이 있는 것 또한 사실이다.

그러나 참여연대와 같은 비판적 시민운동과 노동운동 등 민중운동이 결코 대립적이라 할 수도 없으며 대립적이어서도 안 된다고 생각한다. 진보적 시민운동은 노동운동에 의해 포괄되지 않는 다양한 이슈들과 대면함으로써 노동운동과 보완관계에 있을 수도 있으며 사안에 따라서는 상호 연대 내지 제휴할 수도 있다.[26] 아직도 한국의 민주주의가 불완전하고 노동현장에 민주화의 여지가 있는 한 노동운동은 계급적 지평을 넘어 공공선을 실현하는 중요한 동력의 하나로 해석될 여지가 있으며 또한 가까운 미래에 도래할 통일한국의 체제구상을 위해서도 한국의 시민운동은 변혁적 지평을 결코 놓쳐서는 안 될 것이기에 경우에 따라 노동운동과 진보적 시민운동 간의 연대 및 동맹을 현실화하기 위한 적극적 노력이 요구된다 할 것이다.

둘째로 지적하고자 하는 것은 한국의 시민운동들의 담론에 있어 신자유주의적 흐름에 대한 비판적 논의가 더욱 본격화되어야 한다는 점이다. 여기에서 비판적 논의라 함은 반드시 부정만을 내포하는 것은 아니며 시시비비를 가린다는 의미에서 비판적 견제를 위한 것임을 염두에 둘 필요가 있다. 조희연 교수에 따르면 현단계 민중운동과 시민운동의 최대공약수는 신자유주의에 대한 비판적 연대라고 한다. 신자유주의는 자본운동에 대한 공익적 규제장치들이 20세기를 통해 강화되어 왔으나 최근에 이르러 자본운동의 범세계화로 인해 그것들이 무력화 됨으로써 나타나는 사태로 규정된다. 따라서 현금 초국적 금융자본운동으로 표상되는 자본운동에 대한 새로운 규제장치를 어떻게 만들 것인가의 문제는 개별 국가적 수준에서 또한 국제적 수준에서 전개되는 사회운동의 공동의 과제라 할 수 있다.[27]

---

26) 「한국사회 양대 사회운동 집중대담」, 『한겨레신문』, 2000년 4월 5일자 참조.

끝으로 현행 한국의 시민운동이 '시민 없는 시민운동'이라는 유명무실함을 극복, 명실상부한 시민운동을 위한 전략의 개발이 요청된다. 현재 참여연대 등의 시민운동이 소수의 전문가 혹은 상근간사들의 운동으로 관행화되어서는 안 된다는 원칙적 입장에서 다양한 방법으로 시민참여의 확대를 위해 내적 노력이 경주되고 있는 것은 사실이다. 시민들이 운동을 방관하는 무임승차자, 기식자의 처지에서 벗어나 참여적 시민의식을 갖게끔 하기 위한 각종 프로그램의 개발이 필수적일 뿐만 아니라 학교교육 자체도 참여적 시민의식 제고를 위한 재구조화가 화급하며 이를 위한 교육개혁이 요구된다. 나아가 시민운동의 재정적 기반확충을 위해 회원의 회비와 더불어 간접지원 형식의 정부지원 확대, 나아가 다양한 공익재단의 폭넓은 후원을 위한 기부문화의 양성화가 시급히 이루어져야 할 것이다.

27) 조희연, 「참여연대 5년의 성찰과 전망」 참조.

제4부 　현대 한국사회의 윤리교육

제 1 장 현대사회와 한국의 도덕교육

　　　　 -그 정당화 과제와 동기화 과제

제 2 장 도덕성: 사회적 자본인가

　　　　 -윤리와 경제의 만남을 위한 전제

제 3 장 전문직과 직업윤리

제 4 장 바람직한 한국인상의 구성요건

제 5 장 윤리교육: 무엇을, 어떻게, 누가

제1장 현대사회와 한국의 도덕교육
- 그 정당화 과제와 동기화 과제

1. 들어가는 말

윤리체계나 도덕교육을 구상함에 있어 우리는 그것이 시대를 넘어선 초시대적인(timeless) 타당성을 가진 것이기를 바라는 동시에 시대의 상황으로부터 동떨어지지 않는, 시의에 적절한(timely) 것이기를 바라기도 한다. 이런 점에서 초시대적인 도덕성(Moralität)을 구상한 칸트도, 공동체적 연고에 기반한 인륜성(Sittlichkit)을 중시한 헤겔도 나름으로 일리 있는 측면을 말하고 있는 듯하다. 따라서 현대사회에서, 그것도 한국의 윤리체계와 도덕교육을 구상함에 있어 우리는 현대사회에서 도덕이 처한 상황과 한국사회에 얽힌 도덕적 현황을 고려하지 않는 한 유효하고 의미있는 윤리체계나 도덕교육을 모색, 구상하기가 어렵다고 생각하게 된다.

우선 현대 한국사회를 염두에 둔 윤리체계나 도덕교육을 구상하고자 할 경우 비도덕화, 탈도덕화되어 가는 대추세(megatrend)를 거슬러 과거 전통에 집착하는 모달리스트들처럼 최대도덕(maximum morality)의 야심은 삼가는 것이 좋을 것으로 보인다. 나아가 현대 한국이 비록 피상적으로는 서구를 흉내내고 있는 듯하나, 내심에는 우리의 전통을 완전히 떨치기 어려운 만큼 동서의 윤리가 대립하기보다는 상호 보완하는 어떤 윤리체계의 구상도 요청될 것으로 보인다. 나아가 윤리체계에 있어서는 정당화(justification)의 문제가 일차적이라 생각되나 특히 도덕교육에 있어서는 그에 못지않게 동기화(motivation)의 긴요성에도 주목해서 현실성 있는 윤리교육의 모형이 모색되어야 할 것이다.

윤리체계나 도덕교육의 구상에 있어서 필수적으로 고려되어야 할 이상의 전제들을 배경으로 우리는 도덕교육의 중층적 구조, 즉 그 3단계 구조를 고찰해 나가고자 한다. 우선 자율적이고 비판적인 사고가 성숙하기 이전 가정생활을 중심으로 한 예절교육이 도덕교육의 인프라로서 논의될 것이다. 다음에는 학교교육에 있어 주종을 이루게 될 도덕 사고교육을, 특히 딜레마적 모형에 입각해서 논의하게 될 것인데, 이 경우에도 연역적, 기계적 모형보다는 창조적, 유기적 모형을 선호하게 될 것이다. 끝으로 오늘날 우리의 도덕교육에 있어 잊혀진 측면, 그러나 동서의 전통에서는 지극히 중요했던 덕성교육의 실천적 함축을 특히 강조하고자 한다.

이들 세 단계의 도덕교육 가운데서 특히 예절교육은 도덕적 실천의 인프라로서, 그리고 덕성교육은 나약한 의지를 강화함으로써 도덕적 실천의지를 구축하는 과제로서 도덕적 동기화와 실행화, 행동화에 있어서 중대한 함축을 갖는다. 이에 비해 도덕적 사고교육은 도덕적 행위, 규칙, 원칙을 숙고하게 하고 올바른 선택을 도움으로써 도덕적 정당화의 핵심을 이루는 과제이다. 하지만 도덕적 사고가 도덕적 동기화에 관해 무관할 수 없듯 예절교육이나 덕성교육 역시 도덕적 정당화와 상관없을 수는 없는 것이다. 물론 정당화와 동기화가 서로 표리의 관계에 있는 것이긴 하나 도덕교육의 각 단계들이 이들 중 어느 하나를 일차적인 목표로 하고 있음도 부인하기 어려운 일이다. 이 점은 우리 말의 도(道)와 덕(德)이 각각 정당화와 동기화에 직결되면서도 함께 어울려 하나의 도덕(道德)을 이루고 있는 이치와도 상통하는 듯하다.

2. 도덕교육 구상의 전제들

1) 다원주의 사회와 최소도덕

사람들은 세계가 점차 도덕적 퇴락(moral decline)의 시기로 접어들고 있다고 생각하며 따라서 탐욕, 욕정, 허위, 허영이 비정상적인 것이기보다 오히려 정상적일 뿐 아니라 하나의 규범이 되어 가고 있는 듯하다. 갖가지 스캔들이 우리의 사회생활 각 영역에 걸쳐 부지기수로 일어나고 있다. 정치, 기업, 의료의 영역은 물론이고 심지어 학계, 교육계, 종교계마저도 예외가 아니다. 이 같은 상황인식은 단지 과거 다른 시기에 비해 현재 더 많은 악(惡)이 존재한다는 생각을 넘어 우리는 이미 더 이상 악이 대단한 관심사가 되지 않는 문명으로 치닫고 있다는 점에서 심각하다. 현대사회는 단지 비도덕적(immoral)으로 되어 가는 것이 아니라 탈도덕적(amoral) 내지 도덕불감증적 상태로 되어 가고 있는 듯하다.[1]

많은 이들이 우리의 직업생활이 더 이상 도덕적 차원을 갖지 않는 것으로 생각하는 듯하다. 어디엔가 도덕이라는 게 존재한다면 그것은 가정에서나 있을 수 있는 것일 뿐 우리의 공적인 삶(public lives) 속에서는 자리할 곳이 없는 것으로 보인다. 정글의 법칙(law of the jungle)

---

1) Don MacNiven, *Moral Expertise, Studies in Practical & Professional Ethics*, London and New York: Routeledge, 1990, Introduction xi-xii.

이 우리의 업무 곳곳에 스며들어 의무가 아니라 생존이 사회생활의 근본적인 실천적 신조가 되었다. 도덕에 등을 돌리게 된 한 가지 이유는 우리의 지성계가 '도덕적 회의주의(moral scepticism)에 싸여 있어 도덕적 진리나 지식이 실재한다는 것을 믿지 못하고 있기 때문이다. 도덕적 회의주의는 곧바로 현실의 도덕적 문제들을 제대로 인식하지 못하게 하고 도덕을, 복잡하고 변화무쌍한 현대사회에 있어 우리가 감당하기 어려운 과외의 사치로 간주하게 한다.

그러나 도덕적 진리가 존재하며 도덕적 지식도 가능하다는 믿음은 근거 없는 환상에 불과한 것인가? 우리가 현재 가지고 있는 지적인 자원을 이용해서 현대사회가 당면하는 도덕적 도전을 슬기롭게 처리해 나갈 방도는 없는 것인가? 물론 우리가 가진 도덕적 지식은 불완전하고 따라서 겸손이 지혜로운 자의 가장 중요한 미덕임은 인정해야 할 것이다. 현대사회를 견인해 갈 윤리체계를 모색, 구상함에 있어서 우리는 지나치게 야심적인 과제에 집착해서는 안 될 것이다. 적어도 우리가 과거에 꿈꾸어 왔던 연역적이고 기계적인 모형의 도덕적 추론 즉, 만일 우리가 도덕원칙들과 부차적 도덕규칙들의 빈틈 없는 계층적 체계 및 갖가지 논리적 규칙들을 전제할 경우 이들을 기계적으로 적용하면 모든 개별적 도덕문제에 대한 정확한 해결책에 이를 수 있으리라는 허망한 가정을 버리는 게 좋을 것이다.[2]

더욱이 우리가 살고 있는 사회와 같이 서로가 인생관, 세계관, 종교관 등 넓은 의미의 가치관에 있어서 합의하기 어려운 다원주의 사회(pluralistic society)에서는 전통사회와 같은 최대도덕에의 합의가 불가능할 뿐만 아니라 바람직한 일인지조차 의심스럽다. 롤즈가 말한 바와 같이 근세 이후 피할 수 없는 한 가지 사회적 사실은 바로 다원주의라는 현실적 여건이다. 그에 따르면 국가에 의한 강제가 없을 경우 다

---

2) 위의 책, p.8, 이 논문 2절 2)에서 상론.

원주의는 불가피한 사실이며 모든 사회적 구상은 이를 전제하고서 출발해야 하고 자유주의는 그에 대한 유효한 하나의 응답이라 할 것이다. 결국 이 점을 염두에 둘 경우 윤리나 도덕을 구상하는 우리의 전략은 최소주의적(minimalistic)인 어떤 것이 될 수밖에 없는 것이다.

이상과 같은 맥락에서 다원주의 사회의 도덕적 합의도출을 위해 롤즈의 중첩적 합의(overlapping consensus) 개념은 지극히 시사적인 의미를 갖는다고 하겠다.[3] 인간관, 세계관, 종교관 등 포괄적인 가치관에 있어서 일치를 이루기는 어려우나 다양한 가치관들에 있어 핵심을 이루는 공통가치(common values)에의 중첩적 합의도출은 더 현실성 있는 과제가 될 수 있기 때문이다. 이를테면 우리가 서로 가치관은 다를지언정 누구나 자유와 권리를 중심한 인권을 중요 가치로 간주할 수밖에 없으며 인권의 실질적 기반으로서 합당한 사회경제적 가치의 균등배분을 소홀히 할 수 없을 것이다. 이 같은 핵심가치는 어떤 인생관, 세계관, 종교관에서도 수용할 만한 것이나, 단지 이를 정당화하는 방식 즉, 철학적 정당화만은 각 입장들마다 다를 수 있을 뿐이다.

도덕의 현실적 적용 가능성을 고려하는 최소화 전략에 있어서 또 한 가지 지적할 점은 도덕(morality)과 타산(prudence) 간의 관계설정이다. 물론 도덕판단이 타산판단으로 환원적 설명이 가능하다고 생각할 수는 없으나 도덕이 타산으로부터 멀어지는 그만큼 도덕의 현실적 실행 가능성이나 현실적 동기화 능력은 반비례한다고 할 수 있을 것이다. 근세 이후 보통사람들의 도덕이라 할 수 있는 시민윤리(civil morality)는 자신의 이해관계를 극대화하고자 하는 합리적 이기주의자들(rational egoists) 간의 협상과 타협에 의거한 신사협정이라 할 것이다. 따라서 이는 최소윤리인 동시에 모두가 함께 지킬 경우 모두에게 이로운 타산적인 윤리라 할 만하다. 이로운 것이라고 다 올바른

---

3) John Rawls, *Political Liberalism*, Columbia University Press, 1993 참조.

것은 아니지만 시민윤리에 있어 올바른 것은 모두에게 이로운 것이라 할 만한 것이다(義, 利之和也).

2) 동서 윤리의 만남과 덕의 개념[4]

일반적으로 말해서 오늘날 한국의 윤리적 현황은 동양의 전통적 윤리와 근세 이후의 서구윤리가 뒤섞여 아직도 하나의 정형을 갖추지 못한 채 혼돈의 와중에서 들끓고 있는 형상이다. 이러한 문제상황이 주제적으로 논의되기 시작한 것은 국민윤리 과목이 설정된 것과 때를 같이하고 있기는 하나 아직도 우리의 윤리교재와 강의내용은 근세 이후 서구의 윤리를 소개하는 부분과 동양 및 한국의 전통윤리를 소개하는 부분이 서로 아무런 내적 관련 없이 제시되고 있을 뿐이다. 두 윤리체계가 각기 독자성을 갖는 양자택일의 관계인지 혹은 서로 상보적인 관계인지, 또 상보적 관계라면 어떤 식으로 양자가 접목될 수 있을 것인지 대한 논구가 우리의 관심사 중의 하나가 아닐 수 없다.

마르크스의 생각을 빌리지 않더라도 윤리체계란 그것이 태어난 사회경제적 모태와 일종의 함수관계를 갖기 마련이라는 것은 쉽게 인정할수 있다. 그렇다면 동양의 전통윤리와 근세 이후 서구의 윤리가 전혀 상이한 사회형태의 이질적인 소산인 만큼 두 윤리의 접목은 원리상 불가능한 것인지도 모른다. 그러나 근세 이후 서구윤리가 그 중대한 시대적 기능을 수행한 것은 사실이나 오늘날 그것이 갖는 갖가지 역기능적 부산물들에 대한 비판의 소리가 높아지고 있는 것 또한 부인할 수없는 사실이다. 그렇다고 해서 이미 서구적 산업사회로 급속히 진전하고 있는 우리 사회에서 전통적 봉건윤리의 재활을 내세운다는 것은 불

---

4) 황경식, 「덕 윤리에 대한 찬반논변」, 『개방사회의 사회윤리』, 철학과현실사, 1996, pp.625-666 참조.

가능할 뿐만 아니라 바람직한지조차 의심스럽다. 결국 우리의 과제는 전통윤리의 장단점과 근세 이후 서구윤리의 장단점을 비판적으로 수용하고 이 양자를 발전적으로 지향한 어떤 제 3의 윤리적 가능성을 모색하고, 그러한 윤리체계에 상응하는 사회구성체 이론을 구상, 기획하는 일이 아닌가 생각한다.

중세 봉건사회의 질곡으로부터 벗어나 근세 시민사회를 수립하기는 했으나, 다시 이의 연장선상에서 현대 산업사회의 갖가지 모순을 체험하고 있는 것이 현금의 서구사회이다. 이에 따라 서구인들은 중세 봉건윤리로부터 해방되어 근세 시민윤리를 확립했으나 다시 산업사회의 병폐를 목격하면서 시민윤리의 허실을 반성하기에 이른 것이 오늘의 현실이다. 그런데 봉건사회로부터 완전한 해방을 쟁취하지도 못한 채, 서구로부터 도입된 시민사회의 원리에 기초한 시민윤리가 정착되기도 전에 산업사회의 폐해까지도 감수해야 하는 한국사회는 서구사회가 계기적으로 경험했던 역사의 단계들과 고민이 동시적으로 몰아치는 와중에서 이중고를 한꺼번에 해결할 수밖에 없는 실정에 있다. 물론 이를 불행한 운명으로 간주할 필요는 없으며 서구인의 전철을 그대로 답습하지 않고서 그들의 어리석음을 타산지석으로 삼아 역사적 시행착오를 피할 수 있는 다행한 기회가 될 수도 있을 것이다.

새로운 윤리체계의 구상과 모색을 위해 요구되는 기초작업에는 여러 가지가 있을 수 있다. 이러한 작업에 있어 우리는 최근 영미 윤리학에서 뜨겁게 논의되고 있는 덕의 윤리에 대한 찬반론을 실마리로 해서 전통윤리를 대변하는 덕의 윤리와 근세 이후에 지배적인 의무의 윤리를 대조, 분석하는 일을 기본 전략으로 삼을 수도 있을 것이다. 동서를 막론하고 근세 이전에는 윤리의 중심 개념이 대체로 덕(德, virtue)이었다. 서양의 아리스토텔레스 윤리학이 그러했고 동양의 공맹의 윤리도 마찬가지였다. 그러던 것이 근세의 시민사회에서는 시민의 행위규범을 지정하는 공공적인 윤리로 대체되었고 이는 의무(義務, duty)라는 개념을 중심으로 하고 있었다. 이러한 윤리관의 전환은 사회구조의 변화에서 오는 역사의 필연이기도 했으나 인간다운 윤리적 삶의 관점에서 볼 때는 이러한 전환으로 말미암은 이득에 못지않게 손실도 컸던 것이다. 특히 이 점은 최근 서구윤리에서 재활되고 있는 덕의 윤리의 주장자들에 의해 강력히 지적되고 있다.

물론 우리의 입장은 일부 덕의 윤리의 주장자들처럼 덕윤리의 완전한 자립성(autonomy)을 내세워 의무의 윤리를 버리고 다시 덕의 윤리로 복귀하자는 것은 아니다. 역사에는 어떤 비약이나 소급도 있을 수 없으며 우리가 살아온 과거는 청산되거나 소멸되지 않고 어떤 양식으로든 현재 속에 새로운 모습으로 지양, 편입될 수밖에 없다. 우리는 시민사회적 경험과 유산을 완전히 소거하기보다는 시민사회를 근간으로 하고 그것이 결하고 있는 점을 보충, 보완하는 길을 모색해 가야 할 것이다. 이러한 길을 탐색해 가는 과정에 있어 우리는 의무의 윤리를 비판하는 덕의 윤리학자들에게 주목할 필요가 있다. 결국 우리의 결론은 덕의 윤리와 의무의 윤리의 어떤 상보적 형태를 겨냥하게 될 것이나 상보적 관계의 구조는 지극히 복잡한 것으로서 상론이 요구되는 것이다.

우리는 새로운 윤리체계의 구상과 모색을 위해 노력해야 할 뿐만 아니라 그러한 윤리체계를 차세대에 전승, 교육하는 방도 또한 모색, 추구해야 할 것이다. 또한 도덕이나 윤리는 우리의 사회문화적 현실과 무관하게 추상적으로 존재하는 것이 아니라 우리의 일상적 도덕경험 즉, 도덕과 관련된 우리의 담론(narrative), 관행(practice), 전통(tradition)에 뿌리를 내리고 있는 까닭에 현실적으로 유효한 도덕교육은 이 같은 맥락에 기반을 둔 유형의 교육이어야 할 것이다.[5] 이런 점에서 우리가 생각하는 윤리와 도덕 교육은 칸트의 도덕((Moralität)

---

5) A. MacIntyre, *After Virtue: A Study in Moral Theory*, London: Duckworth, 1981 참조.

과 헤겔의 윤리(Sittlichkeit)를 지양한 개념이어야 한다고 본다.

3) 도덕교육의 두 가지 과제

윤리학 내지 윤리교육의 과제는 크게 정당화(justification)의 문제와 동기화(motivation)의 문제, 둘로 나눌 수 있다. 정당화란 도덕적 행위, 규칙, 원칙이 옳은 것임을 알고 이를 입증하는 인지적, 이론적 과제라면, 동기화는 그러한 행위를 수행하고 규칙, 원칙을 준수하게 하는 행위적, 실천적 과제라 할 수 있다. 윤리학은 정당화의 문제를 집중적으로 다루기는 하나 동기화의 문제를 외면할 수 없고, 윤리교육이나 도덕교육에서는 동기화의 과제가 더 중요하긴 하나 정당화를 기반으로 한 동기화를 중요시할 수밖에 없는 것이다.

또한 이 두 가지 과제는 내면적으로 긴밀히 상호 연결되어 있을 뿐만 아니라 서로 요청하는 관계에 있게 된다. 행위, 규칙, 원칙이 정당한 것임이 입증될 경우 그것은 합리적 설득력이 있는 만큼 동기화의 힘이 더 강화된다 할 것이다. 물론 동기화의 힘이 강하다고 해서 그것이 곧바로 정당성을 보증한다고 볼 수 없으며 그런 점에서 정당화는 더 기본적이고 우선적인 것이라고 할 수 없다. 그러나 설사 정당한 행위, 규칙, 원칙이라 할지라도 그것이 도대체 동기화의 힘을 갖지 못한다면, 특히 윤리교육적 관점에서 볼 때 자칫 공리공담에 불과할 가능성이 있게 된다. 유사한 정도의 정당화가 이루어질 수 있는 행위대안들이 존재할 경우 동기화, 실천화, 현실화(practicability, workability)의 힘이 강한 것이 더 수용, 채택될 만하다 할 것이다.

우리는 앞으로 도덕교육의 중층적 구조를 살펴보고자 한다. 도덕교육은 가정의 예절교육, 학교의 도덕사고교육, 일생 동안 요구되는 덕성교육의 3단 구조로 이루어진다고 본다. 이들 방법은 각기 그 나름으로 모두 정당화와 동기화의 과정이 요구되는 것이긴 하나, 예절교육과 덕성교육은 동기화와 더 긴밀히 관련되어 있다면, 도덕 사고교육은 정당화와 더 밀접한 관계를 갖는다고 할 수 있다. 그리고 동서를 막론하고 전통윤리를 대변하고 있는 덕윤리가 동기화를 중심으로 논의되고 있다면 서구 근세 이후의 의무윤리나 원칙의 윤리(칸트주의이건 공리주의이건 간에)는 정당화가 논의의 핵심을 이루고 있다고 하겠다.

아리스토텔레스의 덕윤리나 중세 수도원의 도덕적 훈련, 공맹의 덕윤리, 불가의 마음공부 등이, 물론 정당화의 문제에 바탕을 두고 있기는 하나 의지의 나약을 극복하기 위한 수양(修養)과 수행(修行) 등 동기화에 주력을 하고 있으며, 근세 이후 동서를 막론하고 이 같은 도덕교육의 전통은 쇠퇴 일로를 걷게 된다. 이에 비해 서구 근세 이후 지배적인 의무의 윤리에 있어서는 낯선 사람들이 이합집산하는 다원주의의 사회통합을 겨냥하는 준(準) 법적인 의무체계를 지향할 수밖에 없으며 여기에서 중요한 것은 공지성(publicity)과 객관성(objectivity)을 담보해 줄 최소윤리화의 길을 걷지 않을 수 없다. 따라서 동기화보다는 정당화의 문제가 윤리학의 전경으로 부상하게 되고 최소윤리는 준(準) 법적인 강제성을 갖게 됨으로써 동기화의 문제는 상대적으로 약화되기에 이른 것이다.

이 점과 관련해서 우리의 전통에 있어 도덕이 도(道)와 덕(德)의 합성어라는 점은 깊은 시사를 함축하고 있는 것으로 보인다. 우선 도(道)란 '길'을 의미하며 바른 길과 그른 길이 있듯 정도(正道)와 사도(邪道)가 있을 수 있다. 길이 잘 나 있는 것도 있지만 길은 또한 찾거나 발견되기도 하고 길을 새로 만들거나 내기도 하는 것이다. 길을 닦는 사람을 도인이라 하고 그의 행위를 수도(修道)라 하기도 한다. 여하튼 도는 바른 길을 의미하며 그것이 바른 길인지 여부는 정당화의 문제와 관련된 것으로 보인다. 물론 수도가 인지적인 영역의 문제만은 아니나 기본적으로 그것은 길을 찾고 밝힌다는 의미에서 인지적이고 이론적인 과제로 보인다.

이에 비해서 덕(德)은 얻을 득(得)과도 통하며 천부적으로 타고난 것(稟得)일 수도 있으나 후천적으로 수련에 의해 습득(習得)한 것일 수도 있다. 천부적으로 타고난 것일 경우 각 사물의 본질, 본성과 가까운 것을 의미할 수도 있으나 후천적으로 수련된 기술을 의미할 수도 있다. 흔히 "도를 닦고 덕을 쌓는다"는 말이 있듯 덕이란 오랜 세월을 거쳐 쌓이는 것으로서 습관화되고 그래서 지속적인 성향이나 경향을 의미하기도 한다. 여하튼 도가 더 이론적, 인지적 함축을 갖는 데 비해 덕은 더 실천적, 행위적 의미를 갖는다고 보아도 크게 무리는 아니라 생각한다. 따라서 도덕(道德)은 정당화와 동기화가 결합된 가운데 성립하는 것임이 도덕이란 말 속에 그대로 함축되어 있다고 생각된다.

3. 도덕교육의 중층적 구조

1) 가정생활과 예절교육

도덕교육은 예절교육(etiquette education)을 모체로 하고 사고교육(moral thinking education)과 덕목교육(virtue education)을 양날개로 하는 중층적 구조를 갖는 프로젝트라 할 수 있다. 이 중에서 아주 어린 시절 행해지는 예절교육은 본격적인 도덕교육의 무의식적, 잠재의식적 토대라 할 수 있다. "세 살 버릇 여든 간다"는 말이 있듯이 어린 시절 주입된 타율적 예절교육의 기반은 그 이후에 이루어지는 모든 자율적 도덕교육의 바탕이요 전제라 할 수 있다.[6]

흔히 "요즘 애들은 버릇이 없다"거나 일부 비행 청소년들을 보고 "도덕이 땅에 떨어졌다"고 개탄하고 학교 도덕교육의 무능함을 성토하는

---

6) 황경식, 「가슴이 따뜻한 아이로 키우자」, 『철학, 구름에서 내려와서』, 동아일보사, 2001, pp.345-354 참조.

경우들이 있다. 그러나 실상 버릇없는 아이나 일부 비행 청소년은 사실상 학교교육의 부산물이기보다는 이미 그 이전에 이루어진 가정교육의 실패 내지 예절교육의 부재로 인해 파생된 것임을 주목해야 할 것이다.

아이들의 버릇없음은 거창한 도덕교육이나 윤리교육이 문제되기 이전에 가정에서 예절교육이 제대로 이루어지지 못한 데 원인이 있으며, 일부 청소년들의 비행 역시 이미 학교교육 이전에 문제 가정에서 받은 상처로 인한 것이 대부분임을 인식할 필요가 있다. 이런 점에서 어린 시절 주입된 예절교육은 더욱 고차적인 도덕·윤리 교육의 초석이라 할 수 있을 것이다.

물론 도덕적 행위자(moral agent)의 이념은 자율적이고 합리적인 존재라 할 수 있다. 그러나 우리는 자율적이고 합리적인 존재로서 성인이 되기 이전에 이미 각종 행위 패턴에 길들여지고 이에 습관화된다고 할 수 있다. 따라서 인간의 도덕적 성장에 있어서 자율(autonomy)의 시기에 앞선 오랜 타율(heteronomy)의 시기가 있게 되며 타율의 과정이 자율의 토대가 된다 할 것이다. 바로 이 같은 시기에 부모나 부모의 대리자의 올바른 오리엔테이션에 의한 행위체계의 훈육과 수련이 도덕적 성숙의 토대를 이룬다 할 것이다.

부모는 어린이의 도덕교육이나 인성교육에 있어서 가장 먼저 만나는 그리고 가장 오래 함께하는 교사라 할 수 있다. 따라서 부모만이 어린이의 도덕교육을 가장 효과적으로, 가장 성공적으로 수행할 수 있는 동시에, 또한 부모의 잘못된 인식과 태도로 인해 가장 나쁜, 최악의 도덕교육이 행해질 수도 있다는 점에서, 부모는 도덕교육에 있어 가장 책임 있는 사람임이 각성되어야 할 것이다. 그야말로 "부모는 최선의 교사이다(parents are the best teachers)"라는 말은 결코 과장이라 할 수가 없다.

가정생활에서의 도덕교육은 예절교육이 중심을 이룰 것으로 생각된다. 이 점에서 우리는 동양의 전통적인 예절교육 방식을 비판적으로 수용하는 것도 유익할 것으로 보인다. 예절을 지나치게 강제하는 것은 무리이겠지만 다소간의 강제는 타율적 도덕교육에 있어 불가피한 부분이라는 생각도 든다. 단지 이 같은 예절에 담긴 깊은 뜻이나 정신에 대한 이해를 동반하는 예절교육은 지나치지 않는 한 도덕교육의 필요조건이라 생각된다.

전통적으로 동양의 유교윤리에서 도덕의 다섯 가지 기본(五常)을 사랑, 정의, 예절, 지혜, 신뢰(仁義禮智信)로 설명하고 있다. 여기에서 도덕의 실질적 기반은 바로 예절이라 할 수 있고 사랑과 정의는 예절의 기본 정신이며 지혜는 예절을 상황, 즉 시간과 장소(時所)에 적절하게 적용하기 위해 필요하고, 신뢰는 도덕적인 사회적 관계에 있어서 바탕이 되는 정신이라 할 수 있을 것이다.

한 가지 지적할 만한 것은 예절이 일반적으로 오해되고 있듯 기계적으로 적용되는 행위체계이기보다는 언제나 사랑과 정의라는 기본 정신에 비추어, 또한 상황에 적합하게끔 성찰과 지혜가 요구되는 유기적이고 개방적인 행위체계라는 점이다. 근세 이후 서구의 지배적인 윤리인 원칙이나 규칙(principles, rules) 중심적 윤리와는 달리 인간관계(personal relations) 중심의 동양윤리는 도덕적 행위자와 그가 당면한 상황의존적인 윤리라 할 수 있다. 통상적인 상황에서는 의례가 그대로 적용되지만 예외적인 상황에서는 도덕적 행위 또는 관행의 내용이나 기능을 성찰하고 재구성하게 되며 이 점에서 성인(聖人)이나 군자(君子)와 같은 범형적 인간이 요청되기도 한다.[7]

한때 우리는 가풍도 중요시했고 가훈에 의거한 가정교육에도 주력해

---

7) A. S. Cua, "Reasonable Action and Confucian Argumentation", *Moral Vision and Tradition Essays in Chinese Ethics*, Washington, D.C. : The Catholic University of America Press, 1998, p.18.

왔다. 그러나 요즘 와서 이 같은 전통은 까마득하게 잊혀지고 자유주의적 교육을 받은 젊은 부모들이 가정에서 자녀들을 방치, 방임하고 있다. 아이들 맘대로 자유방임하는 까닭에 기본 예절조차 배우지 못함으로써 그야말로 버릇없는 애들이 적지 않다. 남들이 불편하여 참견하려 하면 젊은 엄마들이 "우리 아이 기죽이지 마세요"라고 하며 오히려 항변한다. 자유교육이 오도되어 심각한 지경에 이른 듯하다.

물론 기(氣)를 살리는 것도 중요한 일이다. 그러나 그 기가 올바른 길로 인도되는 것이 더 중요하고 그러기 위해서는 리(理) 또한 중요하다는 것을 어찌 모르는가? 그릇된 기가 방치될 경우 그것은 남에게 불편을 끼칠 뿐 아니라 드디어는 부모에게도 해악이 되고 자기 자신에게도 득될 것이 없다는 사실을 알아야 한다. 남과 더불어 살아가야 하며 정글의 야수가 되기를 원하지 않는 우리에게 중요한 것은 기 그 자체를 살리는 일보다는 이화(理化)된 기, 합리적으로 세련된 기를 살리는 것이 더욱 중요한 일이라 할 것이다.

한국의 교육현황을 연구하러 온 어느 외국인 교육학자의 보고에 따르면 한국의 자녀교육은 유아기에 자유방임하는 까닭에 성장해 갈수록 다루기가 어려워진다는 것이다. 이에 비해 서구에서는 유아기부터 규칙에 의거, 엄격한 통제 아래 두는 까닭에 성장해 갈수록 다루기가 쉬워지며 유치원 갈 무렵만 되어도 상당한 정도로 사회화가 이루어진다는 것이다. 그러나 한국의 아이들은 방임되고 있으며, 유치원이나 학교 갈 무렵 갑작스레 사회화하자니 무리가 따르고 거리에서 엄마 손을 잡고 떼쓰는 아이가 많은 것도 그 한 가지 증거라는 것이다. 이런 관점에서 '미운 일곱 살'이라는 말도 그런대로 이해가 되는 듯하다.

이와 더불어 어른들이 자녀들 앞에서 무심코 노출하는 판단에 있어서의 이중잣대(double standard)도 지양되고 청산되어야 한다. 나를 평가하는 기준과 남을 평가하는 기준이 다르고 우리 집단과 타인 집단을 재는 잣대가 달라서는 안 된다. 자신의 눈에 있는 들보는 보지 못하고 남의 눈에 있는 가시만 보인다면, 자신이 하면 로맨스가 되고 남이 하면 스캔들이 된다고 한다면, 그곳에서는 올바른 도덕적 판단과 도덕적 행위가 기대될 수 없다. 이중잣대는 개인이기주의, 가족이기주의, 집단이기주의 등 온갖 이기주의의 핵심을 이루고 있다.

끝으로 우리는 자녀들이 지나치게 가족과 가정에 의존하게끔 길들여서는 안 된다. 우리는 전통적으로 지나치게 가족가치(family values)에 집착하는 성향이 있다. 자신의 피붙이에게는 지나치게 애착을 보이는 반면 '한 다리 건너 두 다리'라 하여 남의 자식에는 무감각, 무신경한 경향이 있으며, 이와 더불어 자기 부모에 대한 효도의 의무만이 과도하게 강조되어 오고 있다. 한국이 세계에서 입양의 전통이 정착되지 못한 소수의 나라들 중의 하나임은 우리의 큰 수치가 아닐 수 없다. 우리는 흔히 소년 소녀 가장을 높이 평가하고 있으나, 사실상 이는 입양의 전통이 부재하는 우리의 부끄러운 이면상으로 자랑이기보다는 수치의 일면이 아닐 수 없는 것이다.[8]

가능하면 지나치게 피붙이나 가정에 의존하고 집착하는 대신에 자녀들에게 널리 인간을 사랑할 수 있는 보편적 사랑을 심어주는 일이 시급하다. 그러기 위해서는 아이들이 가족으로부터 격리되어 자기 또래들과 부대끼면서 함께 살아가는 것을 배우고 서로간에 관용과 사랑을 배울 수 있는 수양·수련 프로그램을 다각적으로 개발할 필요가 있다. 어린 시절부터 가정을 떠나 타인을 발견하고 그들과 어울리면서 서로 용납하고 관계를 맺는 능력과 기술을 개발해 주는 일은 보편적 사랑의 체험인 동시에 세계화와 지구촌 시민사회를 건설할 수 있는 초석이 될 것이다.

우리가 자녀에게 예절을 가르침에 있어 가장 중요한 물음은 세 가지로 요약된다. 그것은 왜(why) 예절을 가르쳐야 하나, 즉 예절을 가르

---

8) 황경식, 「가슴이 따뜻한 아이로 키우자」, p.350.

치는 이유, 무엇을(what) 가르쳐야 하나, 즉 가르칠 예절의 내용, 그리고 어떻게(how) 가르쳐야 하나, 즉 예절을 가르치는 방법의 문제이다. 어린이가 예절이나 덕목을 배워서 무슨 소용이 있는지를 모른다면 도덕교육은 맹목이 될 것이며, 또한 어린이가 예절과 덕목에 대한 올바른 개념, 즉 컨셉을 갖지 못한다면 혼란된 도덕교육이 될 것이며, 나아가 어린이가 제대로 된 방법에 의해 가르침을 받지 못할 때 비효율적인 도덕교육이 되고 말 것이다.

2) 학교의 도덕적 사고교육

예절교육에 비해 도덕적 사고교육은 피교육자에게 의식적, 반성적 능력이 생겨나고 자율적 판단력이 개발되는 시기에 이루어지게 된다. 일정한 틀에 맞추는 예절만으로는 우리가 당면하게 될 갖가지 다양한 상황을 도덕적으로 대면하는 데 충분하지 못하며, 더욱이 현대사회적 삶에 있어서는 예상하기 어려운 새로운 문제상황들이 생겨난다. 따라서 이같이 다양하고 새로운 문제상황을 성공적으로 해결하기 위해서는 더 유연하고 신축성 있는 도덕적 사고교육이 중요하게 된다.[9]

나아가 인생관, 세계관, 가치관에 있어서 우리들 사이에 합의를 이룬다는 것은 지극히 어려운 일이다. 우리는 서로 다른 유전적, 환경적 여건에서 태어나 다양한 변수들을 경험하면서 살아가는 까닭에 설사 우리가 일정 시기에 서로 일치된 가치관을 갖는다 할지라도 강제에 의거하지 않는 한, 그러한 일치된 합의는 쉽사리 깨어지게 마련이다. 그래서 우리는 가치관이 분화되고 다양화된 다원주의(pluralism) 속에 살고 있으며, 이러한 사회 속에서 서로의 차이를 관용하면서 살아가는 지혜를 터득해야 한다. 따라서 다원주의 사회의 도덕교육은 도덕적 사

---

9) 위의 논문, pp.345-346 참조.

고교육에 비중이 주어지게 됨이 당연하고, 이 같은 교육은 "고기를 주는 것보다 고기 잡는 법을 가르치는 것"을 소중히 여기는 이치와 같다.

대체로 도덕적 사고교육은 다원주의 사회에서 간단하게 해결되기 어려운, 복합적이고 딜레마적 상황에서 다양한 선택지를 놓고 반성하고 숙고하는 일을 거쳐 도덕적 의사결정을 하는 모형으로 이루어지게 된다. 도덕적 딜레마(moral dilemma)란 선택의 기로에서 두 가지 이상의 선택지 중 그 어느 것도 절대적 만족을 주지는 못하지만 그 중 어느 하나를 선택할 수밖에 없는, 그야말로 진퇴유곡, 진퇴양난의 상황으로 모형화된다.

자주 들게 되는 대표적 사례로서는 1941년 리버풀에서 필라델피아로 항해 도중 난파하게 된, 윌리엄 브라운호의 선장이 당면하게 된 상황이다. 승객들은 모두 구명보트에 승선했으나 사람 수가 초과되어 또다시 침몰의 위기를 맞게 되며 책임을 지고 있는 선장은 다양한 선택지를 놓고 고민하게 된다. 모든 생명의 가치에 지나치게 큰 비중을 둘 경우 그 어떤 사람도 내칠 수 없게 되며 "살아도 같이 살고 죽어도 같이 죽자"는 결론에 이르게 되어 속수무책으로 운명을 기다릴 경우, 이는 전멸의 가능성이 큰 선택지가 아닐 수 없다.

만일 선장이 결과주의적 입장에 설 경우 전멸상태는 모면할 수가 있게 되는데, 이는 결과론적으로 더 나은 선택지가 아닐 수 없다. 그러나 이를 위해서는 선택적 구제를 위해 일부를 자발적으로 하선시키거나 강제적으로 하선시키지 않으면 안 된다. 자발적으로 하선하지 않을 경우 강제적 하선의 도덕성을 유지하기 위해 선장이 택할 수 있는 길은 공정성을 보장하기 위한 임의적 추첨제, 타이타닉의 경우처럼 유약자(여성, 어린이)의 우선적 보호, 부양가족이 딸린 자에게 우선권 부여, 사회적 기여도에 의한 선별 구제 등이 있을 것이다. 여하튼 우리는 이 같은 크고 작은 딜레마적 상황에 봉착하여 반성적 숙고와 대화 및 토론을 하는 가운데 문제상황을 헤쳐나갈 도덕적 판단력과 지혜를 갖추게 된다.

한때 윤리학자들의 도덕적 추론은, 만일 우리가 도덕원칙들과 부차적 도덕규칙들의 빈틈 없는 계층적 체계 및 갖가지 논리적 규칙들을 전제할 경우 이들을 기계적으로 적용하면 모든 개발적 도덕문제들에 대한 정확한 해결책이 있을 수 있으리라는 기계적인, 연역적(mechanical, deductive) 방식의 도덕관을 가정한 적이 있었다. 그러나 실제 우리의 체험적인 도덕경험의 복잡성에 비추어볼 때 이 같은 기계적인 해결방식은 사실과 거리가 멀다는 것을 실감하게 된다는 것이다. 왜냐하면 그런 식의 이해는 발전하는 사회나 성장하는 개인의 특이한 고유성을 포착할 수 없기 때문이라 한다. 이에 비해 도덕추론을 유기적인, 창조적 과정으로 보는 모형에서는 경험의 복잡성을 극복하기 어려운 문제로 간주하고 따라서 도덕추론을, 논리적 틀에 의거, 규칙을 경험에 기계적으로 적용하는 대신 경험을, 고도로 통합된 유형으로 재구성해 줄 새로운 방식을 모색하는 것으로 본다.[10]

우리의 실제적 도덕상황은 기계적 모형의 도덕추론이 적용되기에는 너무나 복잡미묘하다. 따라서 어떤 상황에서 합당한 것도 다른 상황에선 부적합한 것이 될 수 있다. 복잡성에 친화적인 유기적 모형에서 볼 때 우리의 도덕적 상황은 자주 의무들이 상충하는 도덕적 딜레마를 나타내게 되는데, 이는 우리의 생각과 행위를 통제하는 도덕체계가 어떤 비일관성과 부정합성을 현출하는 것으로 간주된다. 그리고 그런 딜레마가 해결되거나 해소될 때까지 우리는 지적으로나 도덕적으로 어떤 평형을 상실한 상태(disequilibrium)에 있게 된다. 우리가 이러한 난국을 기계적인 추론방식으로 제거하고자 할 경우 우리는 실패하게 마련이다. 도덕적 딜레마는 기계적인 추론방식에 종언을 알리는 조종이라고도 할 수 있을 것이다.

---

10) Don MacNiven, 앞의 논문, p.8 참조.

도덕적 딜레마를 해결하기 위해서는 우리가 개인적인 수준이나 사회적인 수준에 있어 성장할 필요가 있다. 도덕적 딜레마는 개인과 제도의 도덕적 발전에 있어서 중대한 기회를 의미하며, 개인이나 사회에 있어서 불화(discord)의 시기를 나타낸다. 우리는 삶의 의미를 회복하고 모든 것이 제자리를 찾을 수 있도록 그러한 불화상태를 극복할 필요가 있다. 딜레마를 통해 우리는 개인적으로나 사회적으로 더 풍부하고 더 고차적으로 통합된 상태에 이를 수 있는 자극을 받게 된다. 도덕적 딜레마가 성공적으로 해결될 경우 개인과 제도는 도덕적으로 발전하고 성숙하게 된다. 도덕적 문제는 살아 있는 도덕체계의 죽음을 나타내는 것이 아니고 도덕적 성장의 기회를 의미하는 것이다. 성장하기 위해서 우리는 상충하는 가치관들을 더 통합적인 개인적, 사회적 구조로 표현하는 방식을 배워야 하는 것이다.[11]

의료윤리의 사례를 한 가지 생각해 보자. 의사는 암 환자에게 사실 그대로 말해야 하는가? 환자의 행복을 배려할 경우 거짓말이 더 좋은 대책일지 모른다. 그러나 환자의 인격에 대한 존중은 사실대로 참말을 하는 것을 명할 수 있다. 환자는 알 권리가 있기 때문이다. 만일 우리가 공리주의적 이론을 적용할 경우 우리는 존중(respect)보다는 배려(care)의 가치를 선호하는 셈이다. 그러나 만일 칸트의 이론을 적용할 경우 우리는 배려보다는 존중에 우선 순위를 두게 된다. 따라서 그 두 입장은 모두 중요한 가치들을 제대로 표현해 주지 못한다는 의미에서 그른 것일 수 있다. 필요한 것은 모든 가치를 동시에 표현해 줄 새로운 방식을 모색하는 일이다. 그러기 위해서는 우리는 이론을 특정 경우에 기계적으로 적용할 수가 없으며 더욱 창조적인 도덕적 사고를 전개해 가야 할 것이다.

---

11) 위의 논문, p.9.

3) 실천의지와 덕성교육

도덕적 사고교육 못지않게 중요한 것이 도덕적 덕성교육이다. 우리의 인생살이에서 당면하게 되는 대부분의 경우들에 있어 사실상 옳고 그른 것이 무엇인지는 삼척동자에게까지 자명한 경우가 대부분이다. 이같이 시비선악이 분명한데도 불구하고 우리가 도덕적으로 살지 못하는 많은 경우, 문제가 되는 것은 갖가지 유혹이나 위험을 돌파해서 옳은 것을 관철하지 못하게 하는 의지의 나약함이다.

인간의지의 나약함(weakness of human will)에 대해서는 이미 동서고금으로부터 논의되어 왔으며, 그래서 전통적으로는 이 같은 의지를 평소에 단련하기 위한 수양법이나 도(道)를 닦는 방법들이 연구, 시행되어 왔다. 동서양을 막론하고 수양과 수도의 오랜 전통이 있어 온 것은 주지의 사실이다. 서양의 수도원이 그 같은 전통 위에 있으며, 동양에 있어서 수양이나 수행은 바로 그런 전통을 대변하고 있다. 그러나 오늘날 그 같은 수양이나 수도의 개념은 우리의 도덕교육에서 배경으로 밀려나고, 지나치게 사고교육 일변도로 편향되고 있음에 주목해야 할 것이다. 이는 도덕적 실천에 있어 사고교육 이상으로 덕성교육이 중대함을 망각하고 있다는 증거이며, 따라서 도덕적 실천 그 자체를 소홀히 하고 있다는 증거이기도 하다.

신이나 천사의 의지는 선의지(good will) 그 자체인 까닭에 의욕만 하면 그것이 모두가 선(善)에 적중하게 된다. 그러므로 신의 사전에는 의무라는 말이 없다고 할 수 있다. 그러나 인간은 언제나 이성과 욕망, 선과 악의 갈등 속에 있는 까닭에 원하는 것이 언제나 선에 적중할 수가 없으며, 욕망과 악의 유혹에 넘어가 선으로부터 이탈하게 마련이다. 따라서 인간에 있어서는 의지의 나약으로 인해 선으로부터 이탈하는 것을 방지하기 위해 선으로의 강제로서 의무(obligation은 '강제하다'라는 obligate에서 파생)의 개념이 도덕의 핵심을 이루게 된다.

윤리교육 내지 인성교육의 요체는 결국 유혹에 지기 쉬운 인간의 나약한 의지를 연마하고 단련하는 문제인 동시에 오랜 반복적 실천을 통해 생활화, 습관화(habitualize)하는 것이 가장 중대한 과제가 된다. 유덕한 행위의 습관화를 통해서 상황의 각종 유혹에도 견딜 수 있는 지속적 성향으로서의 덕을 습득하는 일이 요청된다. 덕은 삶의 지혜요 인생의 기술로서, 이는 가르칠 수 있는 것이기보다 습득되고 몸으로 체득되는 것이라 할 수 있다.

덕(德, virtue)은 행복의 기술(skill of happiness)이라 할 수 있다. 유덕한 삶이라야 인간으로서 진정한 행복을 누릴 수 있다는 것이다. 도덕원칙이나 도덕규칙을 단지 수동적으로 마지못해 준수한다면, 도덕적 의무를 단지 그것이 의무이기 때문에 의무감에 못 이겨 이행하게 된다면 도덕적 삶이 그다지 행복한 삶이라 할 수 없을 것이다. 도덕규칙이나 도덕적 의무를 능동적이고 자발적으로 기꺼이 이행할 수 있다면 도덕적 삶이 곧바로 인간적으로 행복한 삶과 일치할 수가 있을 것이다. 바로 이 점에 지행합일(知行合一), 복덕일치(福德一致)의 문제가 걸려 있게 된다.

행복의 기술도 하나의 기술인 만큼 하루아침에 습득될 수는 없으며 오랜 훈련과 습관화에 의해 숙련될 필요가 있다. 올바른 길인 줄 알면서도 나약한 의지로 인해 유혹을 받을 수 있는 까닭에 의지를 연마하고 단련함으로써 지속적이고 안정된 성향(stable disposition)을 확립해야 할 것이다. 그리고 올바른 행위를 수행함으로써 그 자체로부터 즐거움을 느낄 수 있게끔 감정(feeling)과 정서(emotion)를 조율할 필요가 있다. 나아가 덕성은 지성적 측면도 지니고 있어 올바른 것을 추론, 파악하는 능력과 관련되며 따라서 유덕한 인격은 탁월한 실천적 추론과 지성을 개발한 존재라 할 수 있다.[12]

---

12) Julia Annas, *The Morality of Happiness*, New York: Oxford University Press, 1993, pp.48-55 참조.

이같이 지·정·의의 능력을 개발하고 그들을 통합하기 위해서는 오랜 수련과 성숙의 과정을 요구한다. 우리 선조들은 이러한 과정을 일러 '도를 닦는다'고 표현했으며 그 결과로서 공덕이나 역량이 축적되는 것은 '덕을 쌓는다'는 말로 나타낸 것으로 보인다. 도를 닦는 수양의 방법은 임의적으로 결정될 수 없으며 능력과 끈기에 따라 다양할 수가 있다. 도학과 같은 학문적 통로를 통해서도 도를 닦을 수 있을 것이며 무예와 같은 신체적 단련을 통해서도 도를 닦을 수 있을 것이다. 어떻든 도는 결국 심신의 수련을 지향하는 것으로 보인다. 유도, 검도, 태권도 등도 그것이 기(技)아니고 도인 한에서 심신의 수련을 동시에 함축한다 할 것이다. 참선, 기도, 독서, 극기훈련 등도 도를 닦는 좋은 프로그램이 될 수 있다고 본다.

지금까지 우리는 중층적 구조를 이루고 있는 도덕교육의 각 단계들을 살펴왔다. 가정생활을 중심한 예절교육은 도덕적 삶의 타율적, 무의식적 인프라 구조로서 자율적, 의식적 도덕생활의 전제이자 기반이다. 우리가 도덕이 땅에 떨어졌다고 개탄하는 까닭은 도덕교육 일반에 대한 문책이기보다는 주로 예절교육의 부실을 문제삼는 것이라 생각된다. 학교를 중심한 도덕사고교육은 도덕에 대한 자율적, 반성적 성찰을 훈련하고 촉구하는 것으로서 예절이행의 진정한 의미를 찾고 반성을 통해 이를 개선, 강화하는 역할을 수행하게 된다. 나아가 의지나 약을 극복하고 실천의지를 강화하는 덕성교육은 일생 동안 이루어지게 될 의지, 정서함양 및 교육으로서, 현금의 도덕교육에 있어서 소홀하거나 잊혀진 부분이나 도덕교육의 본질적 일부로서 근래에 이르러 덕윤리학자들에 의해 그 중요성이 다시 환기되고 있다.

연속적인 도덕교육의 일부인 한에서 이상의 각 단계들은 모두가 정당화와 동기화 과정을 통합해서 수행하고 있기는 하나 예절교육과 덕성교육은 동기화에, 사고교육은 정당화에 주력하고 있음도 사실이다. 나아가 이들 각 단계는 개인적으로 수행되는 과정일 뿐만 아니라 공동체 전반에 있어서도 실행되는 과정이기도 하다. 일반적으로 예절교육에서 교육, 전승되는 예절의 체계는 개인이나 공동체에 있어 오랜 도덕적 사고와 덕성훈련의 과정을 거치면서 선별되고 정련된 규칙과 덕목의 체계들이라 할 것이다. 따라서 비록 예절교육이 무의식적, 타율적으로 부과되는 과정이긴 하나 이는 이미 오랜 성찰과 수련을 매개로해서 사회적으로 선택된 결과인 것이다. 복잡하고 다원화된 사회의 도덕문제들에 유연하고 신축적으로 대처하기 위해서는 특히 도덕사고교육이 강조되는 것이 불가피하다고 하겠지만 도덕생활의 본령을 회복하고 당당하면서도 능동적이며 행복한 도덕생활을 영위하기 위해서는 현행 도덕교육에서 잊혀진 덕성교육에 특별한 관심을 기울일 필요가 있을 뿐 아니라 이를 위한 특별교육 프로그램(극기훈련 등)의 개발이 시급하다고 생각된다.

제2장 도덕성: 사회적 자본인가

- 윤리와 경제의 만남을 위한 전제

1. 올바른 것(義)은 이로운 것(利)인가?

동양의 고전인 사서삼경(四書三經) 중 『맹자(孟子)』라는 책은 이런 이야기로 시작된다. 맹자가 양나라 혜왕을 찾아 뵈었다. 그러자 왕이 말하기를 "선생님께서 천리 길도 멀다 않으시고 찾아와 주셨으니 저희 나라에 큰 이익(利)이 될 방도를 가르쳐주십시오" 하고 청하였다. 이에 대해 맹자는 다음과 같이 대답했고 그 대답이 우리 선조들에게 감동적으로 전해져 오늘에까지 이르고 있는 것이다.

"왕께서는 왜 하필 이익(利)만을 말씀하십니까? 임금은 오로지 사랑과 정의(義)의 덕만을 추구하면 됩니다. 왕께서 만약 '어떻게 해야 내 집안에 이익이 될까'라고 말씀하시면 지방 대부들도 '어떻게 해야 내 집안에 이익이 될까'라고 말할 것입니다. 그렇게 되면 일반 선비들과 백성들까지 모두 '어떻게 해야 나 자신에게 이익이 될까'라고 말하지 않겠습니까? 이렇게 위아래가 서로 다투어 사사로운 이익만을 추구하다 보면 나라 전체가 위태로워질 것입니다."[1]

위의 대화에서 양나라 혜왕의 청에 대해 "왜 정의(義)를 묻지 않고 하필 이익(利)을 묻느냐"는 맹자의 반문과 충고는 지극히 당연한 것이 아닐 수 없다. 필경 그 당시에도 개인이나 개별국가가 자신이나 자국의 이익에만 열을 올리다 보니 사람들 사이에 갈등과 나라들 사이에 분쟁이 그칠 날이 없었을 것이며 제가, 치국, 평천하를 바라는 도덕주의자 맹자가 그런 세태를 꾸짖으며 리(利)라는 경제적 가치보다 의(義)라는 도덕적 가치에 중점을 둔 것은 지당하다 할 것이다.

그러나 여기에서 우리가 주목하고자 하는 것은 맹자처럼 의와 리를 이원적, 대립적으로 갈라놓고 리보다 의를 우선시해야 한다는 도덕주의자의 명법(命法)에 어느 정도 수긍하면서도 자칫하면 그러한 명법이 아무런 현실구속성도 갖지 못하는 구두선이나 공염불에 지나지 않을까 하는 두려운 점이 있다는 것이다. 대부분의 사람들이 의보다는 리에 경도되어 있는 현실 앞에서 리보다는 의를 추구하라는 명법이 과연 어떤 설득력을 가질 것인가?

물론 여기에서 맹자가 염두에 두는 리(利)는 결코 공익(公益)이 아니고 사익(私益)일 것이며 그는 이 같은 근시안적이고 원색적인 이기주의를 경고한 것이라 할 수 있다. 리가 사익을 의미하는 것으로 전제할 경우 원리상 의와 리는 구분되어야 하고 의와 리 간에 서로 만날 수 있는 접점을 찾는다는 것은 무모한 망발이 될 것이다. 그러나 리는 단지 사리(私利)나 사익이 아니라 공리(公利)나 공익을 의미할 수도 있는 것으로 우리가 리를 더 중립적인 의미에서 받아들일 경우 의와 리 간의 관계는 새로운 논의의 여지가 열리게 된다.

『맹자』의 양혜왕 편에 대한 어떤 주석에 따르면 의와 리를 서로 이원적, 대립적으로 보지 않고 옳은 것 즉, 의를 이익의 조화(義, 利之和也)

---

[1] 『孟子』, 新譯四書, 玄岩社, 1966.

로 풀기도 한다. 다시 말하면 정의나 올바름은 단지 이익에 등을 돌리는 것이 아니라 이익이 모두에게 고르게 나누어지는 것, 즉 모두에게 균등하고 조화로운 이익이 바로 정의라는 견해이다. 이런 관점에서 『주역』에 나오는 "利, 義之和也"도 같은 맥락에서 이해된다 할 것이다. 이는 각자의 몫이 조화를 이루는 가운데 이로움이 있다는 뜻이니 "義, 利之和也"와 다를 바 없는 것이다.[2]

오늘날 내실 있는 철학자 혹은 윤리학자나, 신중한 경제학자 혹은 경영학자라면 윤리와 경제가 이원적으로 분리되고 있는 현실을 애석하게 생각하고 그 양자가 일정한 접점을 찾아 상호 보완하는 일이 절실하다는 점에 공감할 것이다. 윤리와 경제의 만남의 바람직하고 그러한 방도를 모색할 필요가 있다 함은 그 양자의 분리가 바람직하지 못한 현실적 결과를 초래한다는 사실판단을 함축한다.

윤리와 경제 즉 올바른 것(義)과 이로운 것(利)을 분리해서 생각하는 이원적 입장은 윤리를 위해서나 경제를 위해서 결코 바람직하지 못함을 우리는 일상에서 실감하고 있다. 윤리의 관점에서 말하면 올바른 것이 이로운 것에서 분리될 경우 윤리는 현실구속력을 잃게 되고 행위자는 '윤리 따로 실속 따로'라는 이중인격성을 노정하게 된다. 또한 이 같은 이원화는 경제의 관점에서도 역기능을 보임으로써 '사업은 사업이고 윤리는 윤리'라는 냉혹한 비인도적 경영철학과 자유경쟁시장의 정글화를 조장, "개처럼 벌어 정승처럼 쓴다"는 경제행위의 비인간화를 초래할 여지를 남기게 된다.[3]

윤리도 살리고 경제도 살리기 위해 윤리와 경제의 접점을 발견, 그 만남을 더욱 확장, 구체화하기 위해서는 우선 윤리와 경제 즉 올바른

---

2) 『孟子』, 『周易』 참조.
3) 황경식, 「올바른 것(義)은 이로운 것(利)인가? — 윤리와 경제의 접점」, 『철학과 현실』, 2001 겨울, 특집 '경제와 윤리' 참조.

것과 이로운 것을 따로 떼어서 보는 이원적인 전통적 윤리관을 반성, 성찰할 필요가 있다. 대체로 좋은 것(the good, 善, 가치, 목적)과 무관하게 옳은 것(the right, 義, 의무, 정의)을 규정하고자 하는 극단적 의무주의자(deontologist)가 보이는 이 같은 윤리적 순수주의는 다분히 윤리의 문턱을 지나치게 높이 설정하는 최대윤리(maximum morality)의 경향을 보이며 그런 의미에서 귀족주의적 성향의 윤리관과 관련되어 있는데 동서를 막론하고 대부분의 전통윤리의 유형들은 이러한 진영에 속한다고 할 수 있다.

이에 비해서 옳은 것을 좋은 것과의 관계 속에서 규정하고 대체로 극대화(maximization)의 개념을 통해 양자를 매개하고자 하는 목적론적(teleologist) 윤리학자들은 근세 이후 형이상학적 배경이론의 부담이 적은 윤리학적 결과론(consequentialism)으로 변형, 전개되어 갔으며 공리주의(utilitarianism, 公利主義 혹은 功利主義)가 그 대표적 유형에 속한다. 공리주의의 연장선상에서 윤리는 점차 결과 중심적, 유사법적(sub-legal) 윤리관으로 전환되어 갔으며 자유주의적 이념과 결합되어, 최소윤리(minimum morality)가 되는 가운데 보통사람 중심의 시민윤리를 출현시키게 되었다.[4]

2. 다원사회의 중첩적 합의와 최소윤리

국가권력의 억압적 사용을 통해 지탱되던 철학관, 도덕관, 가치관 등에 있어서의 획일성은 전통사회의 해체와 더불어 쇠퇴하고 자율적 개인들에 의한 가치관의 분화 내지 다원화를 통해 근대적 다원주의 사회가 등장하게 된다. 롤즈가 지적한 바와 같이 현대 민주사회에서 볼 수 있는 종교적, 철학적, 도덕적 교설의 다원성은 쉽사리 극복될 수 있는

---

4) W. Frankena, 『윤리학(*Ethics*)』, 황경식 역, 종로서적 참조.

단순한 역사적 조건이 아니며 그러한 교설에 바탕한 가치관의 다원성은 민주주의의 공적 문화가 갖는 항구적인 특성이라는 것이다. 기본권과 자유가 보장되는 자유민주주의 사회에 있어 이 같은 다원주의의 사실(pluralism as a fact)은 우리의 모든 정치적, 도덕적 구상의 출발점이요 전제라 할 만하다.[5]

그러나 자유로운 체제의 항구적 특성으로서 이 같은 다원성만으로는 어떤 공동체도 성립할 수가 없다. 공동체의 구성을 위해서는 원심적 다원성만이 아니라 구심적 통합성을 요구하게 된다. 그러나 근세 이후 다원주의 사회에서 요구되는 통합성은 결코 전통사회의 획일성과 같을 수 없으며 다원적 차이성이 보장되는 한에서 가능한 최소한의 통합성이라 할 수 있다. 물론 그러한 통합성이 단지 이해관계의 조정이나 현실적 세력균형에 의거한 잠정협정(modus vivendi)이 아니라 다양한 입장들 간의 중첩적 합의(overlapping consensus)를 통한 민주체제의 가치와 이상을 나타내는 통합성, 다시 말하면 최소한의 도덕관 내지 정의관이라 할 수 있을 것이다.[6]

다시 말하면 다원주의적 민주사회에 있어서 우리가 기대하는 합의는 철학관, 인생관, 가치관 등 포괄적 교설에 대한 넓은 의미의 합의가 아니라 다양한 가치관, 인생관을 영위하면서 서로 간의 갈등을 해소, 조정하기 위한 최소한의 윤리에 대한 좁은 의미의 합의라 할 수 있다. 하지만 이 같은 합의는 그것이 결렬될 경우 우리는 더 이상 공동체를 구성할 수 없는바, 다원성 간에 성립하는 공존의 윤리요 관용의 한계라 할 수 있다. 이것이 바로 근세 계약론자들이 구상한 사회윤리적 프로젝트의 핵심과 상통한다 할 것이며 또한 그것은 합리적 이기주의자들 간의 상호 협정으로서 시민윤리로 귀결된다 할 것이다.

---

5) John Rawls, *Political Liberalism*, Columbia University Press, 1993.
6) 위의 책 참조.

중세 봉건사회가 혈연이나 지연으로 얽힌 자연공동체(Gemein-shaft)였다면 근세 시민사회는 자율적 개인의 출현과 더불어 생겨난 인위적 이해집단(Gesellschaft)이었다. 시민사회 윤리는 바로 이러한 이익사회를 구성하는 시민계급의 윤리이다. 시민사회가 영리를 위한 생산활동이 이루어지는 사회라 할 경우 가장 먼저 문제되는 것은 인간의 이기심(self-interest)이다. 특히 중세사회에서는 악덕으로 간주되던 이기심이 시민사회에서는 덕성으로 생각되기에 이르렀다는 사실에 주목할 필요가 있다.[7]

흔히 우리는 한국사회의 병증 중 하나로서 이기주의를 가장 먼저 떠올리게 된다. 그러나 이상에서 살핀 바와 같이 전통사회가 무너질 경우 개인의 출현과 더불어 가장 먼저 문제가 되는 것은 이기심이다. 개인의 존재는 그 원초적인 형태가 바로 이기심의 주체로서 나타나기 때문이다. 이 같은 이기심이 사회적으로 용인될 수 있는 형태로 합리화되고 길들여질 경우 그것이 바로 권리의 실질적 내용이 되고 시민적 덕성의 근간을 이룬다.

각자가 이기심에 의해 자신의 이익을 추구할 경우 이를 위해 각자는 또한 상호 결합이 불가피하게 된다. 이기심은 원래 비사교적인 것이지만 그러한 비사교성은 타인과 결합할 경우 칸트의 이른바 '비사교적인 사교성'으로 나타나게 된다. 이기심을 실현하기 위해 타인과 결합하는 것은 이기심의 자기한정을 의미하며 이기심을 보장하기 위해 이기심의 억제가 불가피하다는 점에서 시민으로서의 덕성이 강조된다. 이러한 시민적 덕성은 타인들 간에 계약이 이루어질 경우 그 계약을 준수하는 페어 플레이 정신을 뜻하기도 한다.

이기심이 악덕이 아니라 덕성으로 간주되는 과정이 근대화의 근간을 이루고 있다. 따라서 만일 우리가 진정한 근대화, 현대화를 위한다면

---

7) 황경식, 『시민공동체를 향하여 ─ 근대성, 그 한국사회적 함축』, 민음사, 1997.

결코 우리는 이기심 그 자체를 매도해서는 안 된다. 역사상 우리는 아직 한 번도 진정한 개인으로서 살아본 적이 없으며 이는 결국 우리가 아직 한 번도 이기심의 주체로서 행세한 적이 없음을 뜻한다. 진솔한 이기심의 표출이 없는 곳에 진정한 권리와 의무의 주체도 없으며 건전한 시민윤리나 시민의식의 성숙도 기대할 수 없다. 권리나 의무의 체계로서 법 체계나 시민윤리는 결국 이기적 개인 간의 신사협정이요, 조정원리이며 공존의 윤리이다.

결국 우리는 이기심을 억압하거나 전통적 도덕심으로 대체하려고 해서는 안 된다. 그것은 바람직하지도 않고 가능하지도 않다. 우리는 각자의 이익을 주장하고 그것들이 상충하며 갈등하는 가운데 조정의 원리를 찾아내야 하고 조정의 원리가 더 합리적인 것이 되게 해야 하며 그래서 새로운 윤리의 바탕이 되게 해야 한다. 이기심은 포기되거나 억압돼서는 안 되고 정면에서 돌파되고 극복되어야 한다. 새로운 조정원리에 따라 이기심을 길들이고 합리적으로 세련화시키는 길만이 근대화, 현대화 원리에 부합하는 일이다.[8]

다원적인 시민사회에서 개인이나 집단의 다양한 이해갈등을 조정하는 것이 법 체계이고 정치의 일차적 과제이며 또한 시민운동의 목표이다. 정당한 법 체계가 긴요할 뿐만 아니라 법 체계의 엄정하고 일관된 시행이 요청된다. 다양한 이해관계를 조정, 수렴하여 국가적 통합을 도모하는 일에 정치의 일차적 기능이 있으며 당리와 정파를 우선하는 정치는 역기능만 더할 뿐이다. 시민단체 역시 다양한 이해집단의 형성과 더불어 그 조정자로서 역할을 다함으로써 시민사회의 활성화에 기여해야 할 것이다.

결국 근세 이후 합리적 개인의 출현과 더불어 전개된 시민사회의 도덕적 기반으로서 시민윤리는 합리적 이기주의자들에게 설득력을 가지

---

8) 위의 책 참조.

며 그들의 준수를 동기화할 수 있는 합리적 사려 즉 타산(prudence)에 바탕을 두고 있다. 이는 도덕군자가 되기를 기대하는 최대의 도덕이 아니라 다원성을 수용하면서도 공동체의 구성을 위해 요구되는 최소도덕에 대한 중첩적 합의의 귀결이라 할 수 있을 것이다.

3. 합리적 이기주의자들 간의 신사협정

앞서 우리는 도덕 혹은 윤리와 이득 혹은 이익을 이원적으로 구분하는바, 도덕에 대한 가장 전통적인, 의무주의적 윤리관을 비판적으로 살핀 후 도덕과 이익의 접점을 발견, 양자 간의 수렴을 모색하는 연장선상에서 현대적으로 합당한 윤리관을 구상해 오고 있다. 이해관계와 유관한 윤리관을 구상할 경우 한편에서는 최대다수 최대이익을 도모하는 공리주의적 윤리관으로 귀착할 수도 있으나 모든 이에게 이익의 균등배분을 지향하는 정의론적 윤리관으로 나아갈 수도 있을 것이다. 여하튼 이같이 우리가 도덕과 이익을 상호 관련짓는 윤리관을, 그 논리적 극단으로 밀고 갈 경우 우리는 도덕이 가능한 한 개인의 사적 이익(self-interest)의 극대화라는 이기주의적, 혹은 합리적인 이기주의적 윤리관에 이르게 될 것이다.

최근에 이르러 도덕철학자들을 부단히 고민하게 하는 것은 도덕이나 윤리에 대한 전통적 권위에 대한 확신이 사라져가고 그에 대한 회의로 대체되고 있는 현실이다. 사람들은 점차 윤리규범 그 자체를 당연한 것으로 받아들이거나 마땅히 준수할 것으로 간주하기보다는 그것이 과연 받아들일 만한 것인지 따지게 되고 받아들여야 할 합당한 이유를 알고자 하며 이러한 상황 속에서 '왜 우리가 도덕적이어야 하는가?', 심지어 '왜 내가 도덕적으로 살아야 하는가?' 등의 물음은 윤리학의 중요한 쟁점이 되어 왔다. 이 같은 의문이 풀리지 않는 한 구체적인 사회적 문제들에 대한 윤리적 해결방안은 무용한 것이 아닐 수 없다.[9]

그런데 윤리나 도덕이 합리적인 사적 이익으로 환원적인 설명이 가능하다는 합리적 이기주의는 다수의 철학자들이 그 정당화를 시도하긴 했으나, 필자가 보건대 그 어느 것도 크게 성공하지 못한 것으로 판단된다.[10] 저마다 자신의 이득을 내세울 경우 다양한 사적 이익들은 갈등하게 마련이고 결국 사적 이익들의 상호 조정은 불가피하게 되며 이런 조정의 결과는 애초에 주장된 사적 이익에서 일정 부분의 제한이나 희생을 불가피하게 한다. 그럴 경우 윤리와 도덕은 사적 이익의 극대화가 아니라 최대의 사적 이익분으로부터 조정된 양보지분을 뺀 사적 이익으로 귀결된다 할 것이다.

우선 합리적인 사람들이 직접적으로 자신의 이익을 극대화하고자 하고 이러한 직접적인 자기이익의 극대화가 도덕체계를 형성하는 바탕이 된다면 그들의 합리성은 결국 비합리적인 귀결, 즉 자기이익을 극대화하지 못하는 결과를 야기할 수 있다. 다시 말하면 그러한 사람들로 구성된 도덕체계는 개개인에게 이익이 되도록 되어 있지만 실제로는 그렇지 못한 결과에 이르게 되는 것이다. 윤리학자 파피트(Derek Parfit)는 그러한 도덕체계는 개개인의 관점에서 볼 때 자가당착적, 자기모순적, 자기파멸적(self-defeating)인 결과에 이르게 된다고 지적한다. 파피트가 말하는 도덕체계의 이 같은 자멸적 특징은 타산적 합리성 그 자체에 근거한 도덕체계가 실제로 합리성에 반하는 귀결을 갖는다는 것을 의미한다.[11]

파피트는 타산적인 고려에 근거한 상식적 도덕이론이 어떻게 자멸적인지를 수인의 딜레마(prisoner's dilemma)에 의해 서술된 구조로서

---

9) 노영란, 『도덕성의 합리적 이해』, 철학과현실사, 2002, 머리말 참조.

10) Robert Shaver, *Rational Egoism — A Selective and Critical History*, Cambridge University Press, 1999

11) Derek Parfit, "Is Common Sense Morality Self-Defeating?", *The Journal of Philosophy*, vol.76, no.10, October 1979, pp.533-540; 노영란, 앞의 책 참조.

설명하고 있다. 우선 상식적인 도덕이론은 타산적인 고려들에 근거하기 때문에 우리는 그것들이 자신의 목표들을 가장 잘 성취하게끔 해줄 경우 그것들을 준수하는 것이 합리적이라고 할 수 있다. 그러나 파피트는 각자가 행해야만 하는 것이 다른 사람이 행하는 것에 의존하는, 수인의 딜레마와 같은 상황에서 우리 모두가 합리적이어서 상식적 도덕체계를 준수할 경우 우리는 자신의 목표가 덜 성취되는 비합리적 결과에 이르게 된다고 주장한다. 결국 우리는 도덕적인 것이 개개인의 직접적인 자기이익의 극대화에 근거할 때 그것은 자멸적이고 결국 개개인에게 도덕적이어야 할 이유를 제공하지 못한다는 점을 알 수 있는 것이다.

파피트는 만일 우리가 이러한 자멸적 도덕관을 수정하고자 할 경우, 우리는 자신의 목표를 다소 희생할 것을 요구하는 도덕관으로 수정해야 한다는 것이다. 그의 요지는 도덕체계가 개개인의 타산적인 고려에 근거할 때 그것은 상호 이익에 호소함으로써 직접적인 자기이익의 극대화를 제한할 것을 요구하며, 따라서 집단적인, 상호 의존적인 의사결정 전략을 요구한다. 그리고 이러한 상호 의존 전략은 모두가 수정된 이론을 준수하고 그 누구도 이를 악용하는 이반전략(defection strategy)을 취할 수 없을 때만 성공할 수 있는데, 그러나 집단적 상호 의존적인 전략이 이반전략에 의해 침해받지 않으리라는 확신(assurance)을 담보할 방도가 무엇인지는 그대로 숙제로 남는다. 홉스(T. Hobbes)가 골몰했던 정치 · 사회 철학적 문제는 바로 그러한 맥락과 관련된 것이다.[12]

일부 경제학자들은 상호 협동을 가능하게 하는 신뢰체제나 규범체제가 반복적인 수인의 딜레마 게임(iterated prisoner's dilemma games)의 산물로서 자발적으로 생겨난다는 단순한 낙관적 설명으로 위안을 삼

---

12) 노영란, 앞의 책 참조.

고자 한다. 그들에 따르면 이반전략이 양쪽 당사자에게 내쉬 균형(Nash equilibrium)을 형성하는 까닭에 단번의 수인의 딜레마 게임만으로 협동적 결과를 기대할 수는 없으나 게임이 반복될 경우, 같은 방법으로 응수하는(tit for tat) 단순한 전략도 결국 양 당사자에게 협동적인 결과로 유도하게 된다는 것이다. 이는 결국 개인들이 시간을 두고 상호관계를 맺다 보면 상호간에 정직과 신뢰의 관계가 생겨난다는 뜻이다. 아담 스미스가 관찰했듯이 상업사회의 시장적 상호작용도 정직, 근면, 사려와 같은 시민사회적 덕목계발을 가져오게 된다는 것이다.

그러나 현실적으로 이 같은 낙관적 기대를 무너뜨리는 비관적 전망 또한 얼마든지 관찰되고 있다. 이기주의적 불신 아래의 반복적인 거래는 경우에 따라 신뢰를 다져가는 호순환을 보이기도 하나 불신의 골이 더욱 깊어가는 악순환 또한 너무도 쉽사리 관찰되는 현실이다. 여기에서 우리는 악순환이나 호순환을 결정하는 또 다른 경험적 변수들이 존재할 수도 있다는 가설에 주목하게 된다. 이반전략을 봉쇄하고자 한 홉스의 절대권위적 통치권(Leviathan) 역시 항구적 확신의 기반을 제공하리라는 보장이 있을지 의문이다. 이러한 맥락에서 불교, 힌두교, 기독교 혹은 이슬람교 등과 같은 세계의 주요 종교나 유교와 같은 거대한 문화체계를 예화로 설명할 필요가 있을 것이다. 이 같은 전통문화의 원천에서 유래하는 규범체제는 타산적 협상을 통해 주어지는 것이 아니고 이성보다는 습관이나 관습을 내포하는 사회화 과정을 통해 세대에서 세대로 전수되는 또 다른 통로의 자산이 아닐까 하는 생각에 이르게 된다.[13]

---

13) F. Fukuyama, "Social Capital and Civil Society", IMF Conference on Second Generation Reforms, October 1999.

4. 사회적 자본의 개념과 형성의 전략

콜맨(J. S. Coleman)은 그의 논문 「인간적 자본의 산출에 있어서의 사회적 자본」에서 말하기를 '사회적 자본(social capital)'이라는 개념을 사용한다는 것은 합리적 행위(rational action)를 출발점으로 삼되 종종 그에 수반하는 극단적인 개인주의적 전제를 거부하는, 일반적인 이론적 전략의 일부라고 한다. 이어서 그는 사회적 자본을 이같이 행위의 한 자원으로 보는 입장은, 사회구조(social structure)를 합리적 행위모형 속에 도입하는 한 가지 가능한 방식이라고 설명한다. 끝으로 그는 주요한 사회적 자본의 종류로서, 의무와 기대, 정보의 채널, 사회적 규범 등을 열거하고 이들에 대해 상론한다.[14]

일반적으로 사회적 행위(social action)를 서술하고 설명하는 두 가지 지적 전통이 있는 것은 주지의 사실이다. 대부분 사회학자들에게 특징적인 설명방식은, 행위자를 사회화된 존재로, 행위를 사회규범이나 관행체제에 의해 지배되는 것으로 간주함으로써 행위를 사회적 맥락에서 서술하고 그에 의해 규제, 형성되는 방식을 설명하는 능력에 있어 강점을 지닌다. 다른 한 가지 전통으로서 경제학자들에 따르면 행위자는 독자적 목적을 지니며 그에 따라 자신의 이익을 추구하는 합리적 선택자로 간주되고 행위의 원리를 효용극대화로 봄으로써 결국 공리주의적 입장으로 귀결된다. 그런데 콜맨은 이 두 가지 극단이 상호 조정될 필요가 있다고 보며 행위자는 합리적 선택자이면서, 동시에 사회적 맥락의 지배를 받는바 사회적 행위의 설명에 있어 사회적 자본(social capital)의 개념이 요청된다는 것이다.

나아가 콜맨은 사회적 자본이 그 기능에 따라 정의된다고 하며, 이는

---

14) James S. Coleman, "Social Capital in the Creation of Human Capital", *American Journal of Sociology*, vol.94, 1988.

단일한 실체가 아니라 다양하고 상이한 실재들로서 그들은 모두 사회 구조의 특정 측면들로 구성되며 또한 그들은 행위자의 특정 행위를 용이하게 한다는 두 가지 요소를 공유하고 있다고 한다. 나아가 다른 모든 형태의 자본처럼 사회적 자본 역시 그것이 없을 경우 불가능하게 될 일정한 목적의 성취를 가능하게 하는 것으로서 생산적인(productive) 것이라는 특성을 갖는다고 한다. 물질적 자본이나 인간적 자본과 같이 사회적 자본 역시 온전히 대체 가능한 것이 아니기에 특정 형태의 사회적 자본은 특정 행위를 용이하게 하는 데 가치를 지니며 다른 행위에 대해서는 무용하거나 심지어 해로울 수도 있다는 것이다.[15]

후쿠야마(F. Fukuyama)는 그의 최근 논문 「사회적 자본과 시민사회」에서 사회적 자본은 현대적 경제체제가 효율적으로 기능함에 있어 지극히 중요하고 또한 안정된 자유민주주의의 필수요건이라고 지적한다. 그것은 계몽주의 이후 형식적 제도, 법의 지배, 합리성 등에 기반해서 조직되어 온 현대사회의 문화적 배경요소를 이루고 있다. 사회적 자본을 형성하는 것은 차세대 경제개혁을 위한 우리의 과제이기는 하나 그것은 경제정책이나 제도와는 달리 공공정책에 의해 쉽사리 창출되거나 형성되기 어렵다는 특징을 갖는다고 지적한다.[16]

후쿠야마에 따르면, 사회적 자본은 둘 이상의 개인들 간에 협동을 조장하는바, 구체화된 비형식적 규범으로서 그 경제적 기능은 계약, 관료제, 계층규율과 같은 형식적 협동 메커니즘과 관련된 거래비용(transaction cost)을 감소시키는 것으로 본다. 신뢰가 없는 타인들 간에도 협동이 가능하나 형식적 합의를 통제, 조정, 원활하게 수행케 하는 추가적 거래비용이 요구되며 어떤 계약도 당사자 간에 생겨날 모든 우연적 변수를 명시할 수 없는 까닭에 예견되지 못한 하자(loop-

---

15) 위의 논문 참조.
16) F. Fukuyama, 앞의 논문 참조.

holes)를 악용하지 못하게 하기 위해서는 어느 정도의 신뢰나 선의지의 요청이 불가피하다는 것이다.[17]

또한 현대 민주주의에 있어 사회적 자본의 정치적 기능은 토크빌(Alexis de Tocqueville)에 의해 가장 잘 설명되고 있다. 그에 따르면 현대 민주주의는 전통사회에서 사람들을 묶어주던 다양한 전통적 유대들을 해체시키는 경향을 갖는다고 한다. 현대 민주주의의 약점은 과도한 개인주의를 조장하며 사생활과 가족에만 몰입함으로써 공적 영역에의 자발적 참여를 약화시킨다는 점이라고 한다. 사실상 풍요한 사회적 자본축적은 공고한 시민사회를 산출하는 기반이며 또한 시민사회는 현대 자유민주주의의 필수요건이라 할 수 있다. 따라서 시민사회의 부재는 국가가 자발적 조직력이 없는 개인들에게 간섭, 조직을 강제하는바, 과도한 개인주의의 결과는 자유가 아니라 전제를 초래하는 계기가 된다는 것이다.[18]

끝으로 후쿠야마는 사회적 자본을 증대할 수 있는 방안 혹은 전략을 열거하고 있는데, 이는 우리 사회의 문제를 해결하는 데 있어서도 시사적이므로 요약해 보고자 한다.[19]

첫째, 국가는 많은 형태의 사회적 자본을 창출하기 위한 명확한 방도를 갖고 있지 못하며 대체로 사회적 자본은 종교, 전통, 공유한 역사적 체험 등 정부의 통제권 바깥에 존재하는 다른 요인들의 산물이다. 공공정책 입안자는 이 점을 분명히 인식해야 할 뿐만 아니라 사회적 자본이 좁은 신뢰의 반경을 갖는 집단과 관련될 경우 부정적 외부성을 가짐으로써 더 큰 전체사회에 위험요인이 될 수도 있다는 점을 이해해야 한다.

---

17) 위의 논문 참조.
18) Alexis de Tocqueville, *Democracy in America*; F. Fukuyama, 앞의 논문 참조.
19) F. Fukuyama, 앞의 논문 V장, How Can We Increase the Stock of Social Capital? 참조.

둘째, 정부가 사회적 자본을 산출할 수 있는 최대의 직접적 능력을 가질 수 있는 분야는 교육이다. 교육제도는 인적 자원을 전수할 뿐만 아니라 사회적 규칙과 규율의 형태로 사회적 자본을 물려줄 수 있으며, 이 점은 초중등 학교에 있어서 뿐만이 아니라 고급 전문인력의 양성에 있어서도 타당하다. 의사가 의술을 배울 뿐만 아니라 히포크라테스 정신을 익히듯 고급관료를 위한 양질의 교육은 '귀족의 의무'를 가르쳐 부정행위의 유혹을 막는 방패노릇을 하게 된다.

셋째, 국가는 필수적인 공공선(common good)을 효율적으로 제공, 특히 재산권과 공공안전을 보장함으로써 사회적 자본의 창출을 조장할 수가 있다. 국민들이 생명의 안전을 걱정해야 할 경우, 그들은 투표에 참여하고 봉사활동을 하고 상호 결사하고 서로 배려하며 공공영역에 참여할 수가 있을 것이다. 공공활동과 재산권에 있어 안정되고 안전한 분위기가 주어질 경우, 합리적 개인들 간의 반복적 상호작용의 결과로 신뢰가 자발적으로 생겨날 가능성이 커지게 된다.

넷째로 국가가 사생활 영역이나 시민사회에 남겨두는 것이 좋을 활동에 개입하기 시작할 경우, 사회적 자본에 심각한 부정적 영향력을 갖게 될 수도 있다. 협동하는 능력은 시민 개개인의 습관과 연습에 기반을 두고 성장하는 것인데, 국가가 모든 것을 조직하는 업무에 개입할 경우 국민들은 그에 의존하게 되고 상호간에 협동하는 자발적 능력을 상실하게 되는 까닭에 정책입안자들은 특히 이 점을 명심할 필요가 있다는 것이다.

5. 도덕의 정당근거와 실천적 동기화

사회철학이나 도덕철학의 이론구성에 있어 일반적으로 우리가 기대하는 바는 그 이론이 바람직한 것(desirability)이어야 할 뿐만 아니라 또한 그것이 지향하는 이념이 실현 가능한 것(workability)이어야 한다는 점이다. 대체로 철학자들은 이론의 당위성에 주목한 나머지 현실성이 떨어져 추상적이거나 심지어 공허하다는 비난을 받는 데 비해 사회과학자들은 그 현실성에 집착한 나머지 지나치게 실용주의적 성향을 보이거나 체제유지적, 심지어 어용적이라는 비판을 면치 못한다. 우리는 이 양자의 긴장된 연관 속에서 적합한 도덕이론을 정초하고자 노력해야 할 것이다.[20]

나아가서 또한 우리가 합당한 도덕이론의 모색에 있어 주목해야 할 점은 도덕의 이론적 정당화(justification)와 더불어 그 실천적 동기화(motivation)이다. 현대의 도덕이론적 탐구에 있어 이 양자는 상호 연관을 가지면서도 또한 구분되어야 할 두 가지 접근법이라 할 수 있다. 도덕이론이 제시하는 특정 명법(imperative)이 어떤 이유에서 옳은 것인지를 설명하는 일, 그리고 또한 왜 우리가 그런 일을 해야 하는지를 설득하는일, 이 양자는 모두 중요한 과제이다. 하지만 정당화에 성공한 이론이라 해서 그것이 반드시 동기화를 보장하는 것은 아니며, 동기화에 있어 더 유리하다 해서 그것이 동시에 정당화에 있어 충분하다고 할 수 없다. 일반적으로 올바른 것이 이로운 것으로 설명될 경우 그러한 도덕이론은 동기화에 더 유력하겠지만, 그렇다고 해서 그것이 도덕명령의 정당화에 있어 만족스럽다고 하기는 어렵다.

도덕은 수단적, 도구적 가치(extrinsic value)를 갖고 있는 것이 사실이기는 하나, 그것은 내재적, 본질적 가치(intrinsic value)를 갖는 것 또한 사실이다. 도덕이 우리의 삶에 있어서 더 유용하고 이로운 것이 사실이나, 경우에 따라서 이롭거나 유용하지 않더라도 그것이 도덕적으로 옳기 때문에 우리가 지켜야 하는 가치도 있다는 생각이다. 더욱이 설사 대부분의 사람들에게 이롭고 유용한 대안이 있다 할지라도, 소수의 권한은 존중되어야 하고 개인권은 보장되어야 할 것이다. 우리

---

20) 황경식, 『사회정의의 철학적 기초』, 문학과지성사, 1985, 서론 참조.

는 인간으로서 그 어떤 정치적 협상이나 경제적 흥정에 의해서도 유린 될 수 없는 인간으로서의 불가침성, 존엄성을 지니며, 그러한 지고의 가치, 즉 존엄성을 지키는 일과 직간접적으로 관련된 행위는 유용성과 무관하게 지켜져야 할 도덕적 가치라 생각된다. 이 점에서 도덕을 지나치게 경제적 가치로 환산하는 일은 삼가야 할 것이다.

이러한 관점에서 비록 앞서 논의한 바와 같이 윤리와 경제의 이원적 분리를 지양하고 양자의 만남이 나름의 명분을 갖는다 할지라도 윤리에 대한 지나친 경제주의적 편견 또한 재고될 이유가 있음에 주의해야할 것이다. 신뢰와 협동 등 윤리적 덕목이 사회적 자본으로 명명되는 바, 그 수단적, 도구적 가치를 갖기에 앞서 그 본래적, 내재적 가치가 있음도 망각되어서는 안 될 것이다.

윤리적 덕목이나 덕성은 사회적으로 유용한 자산이요 자본이기에 앞서, 인간다운 삶을 구성하는 핵심적 요인이라 할 수 있다. 신뢰나 협동과 같은 덕목을 사회적 자본으로 명명함은 인간교육을 인력개발로, 교육부를 인적자원부로 명명하듯, 지나친 경제주의적 발상이라 하지 않을 수 없다. 윤리적 덕성이나 인간교육은 인간을 삶의 주체로 보는 데 비해 사회적 자본이나 인력개발은 인간을 객체로 보는 관점에서도 구분되며 이 점에 대한 자각을 통해서만이 우리는 지나친 경제주의적 지평으로부터 해방될 수 있을 것으로 사료된다.

제3장 전문직과 직업윤리

1. 머리말

우리는 이 장에서 직업윤리, 그 중에서도 특히 전문직(profession)의 직업윤리에 관해서 고찰하고자 한다. 오늘날 전문직에 속하는 직업의 범위가 점차 확대되고 있기는 하나 전통적으로 전문직에 속해 온 것에는 의사, 약사, 간호사, 변호사, 변리사, 공인회계사, 세무사, 각종 기술사, 건축사, 승무원, 성직자, 교사, 학자, 화가, 작가, 저널리스트 등이 있다.

그런데 이 같은 직업에 공통되는 특성들에는 다음과 같은 것들이 있다.

첫째, 이들은 상품의 생산이나 판매보다는 서비스의 제공이나 지식 및 정보 등 아이디어의 생산을 주로 하는 직업이라는 점이다.

둘째, 이에 종사하는 사람들은 장기간에 걸친 고가의 교육훈련을 거쳐 비로소 습득하게 되는 특수한 기능, 지식, 숙련을 구비하고 이러한 능력이 어떤 형태로든 공식적으로 증명되거나 승인된다는 점이다.

셋째, 이들의 주요한 사회적 기능은 특수 능력에 의해 공공복지에 공헌하고 곤궁에 처한 사람을 도우며 필요한 정보나 지식을 공급하고 사람들에게 위안이나 안녕을 제공하는 것으로서, 일반직업에 있어서와 같이 단지 자신을 위한 영리나 생계유지만을 목적으로 하지 않는다는 점이다.

넷째, 이같이 특수한 능력과 공공 서비스라는 기능 때문에 이런 직업에 종사하는 사람들에게는 국가나 사회로부터 어떤 영업상의 특권이 부여되며 다른 일반직에 비해 높은 사회적 존경을 받게 된다는 점이다.

다섯째, 이러한 특권이나 사회적 존경을 유지하고 또한 그들의 특수한 능력의 향상을 위하여 각 직업별로 일종의 조합을 조직하게 되고 또한 이러한 동업조합은 회원의 직업활동을 규제하고 서비스의 향상을 도모하기 위하여 직업상의 행동기준을 설정한다는 점 등이다.[1]

일반적으로 전문직에 종사하기 위해서는 각 동업조합에 가입하는 것이 전제조건으로 되어 있다. 또한 이들에 대해 일정한 행동규범의 준수가 요구되는 이유는 한편 공공의 안전과 복지를 도모하기 위해서이고 다른 한편 동업자 상호간에 권익을 옹호하기 위해서이다. 이러한 행동규범에 대한 위반이 법규에 의거해서 국가의 처벌을 받을 뿐만 아니라 경고나 제명 등 동업조합 자체에 의한 제재를 받는 것도 그 때문이다.

이상과 같은 필요성에서 제정된 행동규범이 지극히 타율적이고 구속적인 성격을 갖는 것은 당연하다고 할 수 있다. 가령 환자의 의료상 비밀을 유지해야 하고 의뢰인의 건강과 안녕을 위해 최선의 치료를 해야

---

1) Carr-Saunders and P. A. Wilson, *The Professions*, Oxford: Clarendon Press, 1933; 이승우, 『직업윤리』, 서울산업대학, 1988, pp.131-133 참조.

하는 의사의 윤리나, 의뢰인과 고도의 신뢰관계를 유지해야 하고 동업자의 의뢰인과 거래를 해서는 안 되는 변호사의 윤리나, 항상 진리를 말하고 정치적 중립을 유지해야 하는 학자나 교사의 윤리는 이러한 성격을 잘 보여주고 있다.

본래 이 같은 전문직 종사자에 대한 사회적 기대 중에는 그들의 내면적인 도덕적 자질이나 가치관에 대한 기대도 전문직 기술에 대한 기대와 더불어 포함되어 있다. 가령 인술을 베풀 것으로 기대되는 의사의 자질, 변호사에게 기대되는 청렴성과 결백, 교사에게 기대되는 위엄과 애정 등이 그것이다. 그러나 전문직의 윤리로서 일차적으로 문제되는 것은 무엇보다도 앞서 말한 구속적인 규범이라 하지 않을 수가 없다. 그러한 구속적인 규범에 의한 동업자의 행동제한은 말하자면 전문직 종사자에게 주어지는 특권이나 사회적 존경에 대한 대가인 것이다.

2. 윤리의 이해와 도덕적 숙련

사람들은 세계가 점차 도덕적 퇴락(moral decline)의 시기로 접어들고 있다고 생각하며, 따라서 탐욕, 욕정, 허위, 허영이 비정상적인 것이기보다 오히려 정상적일 뿐 아니라 하나의 규범이 되어 가고 있는 듯하다. 갖가지 스캔들이 우리의 사회생활 각 영역에 걸쳐 부지기수로 일어나고 있다. 정치, 기업, 의료의 영역은 물론이고 심지어 학계, 교육계, 종교계마저도 예외가 아니다. 이 같은 상황인식은 단지 현금이 과거 다른 시기에 비해 더 많은 악이 존재한다는 생각을 넘어 우리는 이미 더 이상 악이 대단한 관심사가 되지 않는 문명으로 치닫고 있다는 점에서 심각하다. 현대사회는 단지 비도덕적(immoral)으로 되어 가는 것이 아니라 탈도덕적(ammoral) 내지 도덕불감증적 상태로 되어 가고 있는 듯하다.[2]

많은 이들이 우리의 전문직 생활이 더 이상 도덕적 차원을 갖지 않는 것으로 생각하는 듯하다. 어디엔가 도덕이라는 게 존재한다면 그것은 가정에서나 있을 수 있는 것일 뿐 우리의 공적 삶(public lives) 속에서는 자리할 곳이 없는 듯하다. 정글의 법칙(law of the jungle)이 우리의 업무 곳곳에 스며들어 의무가 아니라 생존이 사회생활의 근본적인 실천적 신조가 되었다. 도덕에 등을 돌리게 된 한 가지 이유는 우리의 지성계가 도덕적 회의주의(moral scepticism)에 싸여 있어 도덕적 진리나 지식이 실재한다는 것을 믿지 못하고 있다는 점이다. 도덕적 회의주의는 곧바로 현실의 도덕적 문제들을 제대로 인식하지 못하게 하고 그것을, 복잡하고 변화무쌍한 현대사회에 있어 우리가 감당하기 어려운 과외의 사치로 간주하게 한다.

그러나 도덕적 진리가 존재하며 도덕적 지식도 가능하다는 믿음은 근거 없는 환상에 불과한 것인가. 우리가 현재 가지고 있는 지적인 자원을 이용해서 현대사회가 당면하는 도덕적 도전을 슬기롭게 처리해 나갈 방도는 없는 것인가. 물론 우리가 가진 도덕적 지식은 불완전하고 따라서 겸손이 지혜로운 자의 가장 중요한 미덕임은 인정해야 할 것이다.

맥니벤(Don MacNiven)이라는 윤리학자는 「도덕 전문가라는 관념(The Idea of a Moral Expert)」이라는 논문에서 의료, 법조, 기업, 공학 등 다른 전문직에 있어서와 마찬가지로 도덕에 있어서도 전문가가 있을 수 있는지를 묻고 이에 대해 긍정적 해답을 모색하고 있다.[3] 일견하기에 도덕 전문가라는 생각은 역설적으로 들리는데 왜냐하면 우리는 개인들이 옳고 그름을 스스로 결정해야 한다고 믿기 때문이라는 것이다. 도덕적 의사결정은 따라서 도덕 전문가의 일이기보다는

---

2) Don MacNiven, ed., *Moral Expertise, Studies in Practical & Professional Ethics*, London and New York: Routeledge, 1990, Introduction xi–xii.
3) Don MacNiven, "The Idea of a Moral Expert", 위의 책, pp.1–10.

자율적인 도덕적 행위주체의 문제라는 것이다. 그러나 맥니벤의 주장에 따르면 도덕 전문가라는 관념이 받아들일 만하기 위한 조건으로서 우리가 도덕적 추론을, 지금까지 생각되어 온 것처럼 기계적인 연역적(mechanical deductive) 방식이 아니라 유기적인 창조적 과정(organic creative process)으로 이해할 경우임을 내세우고 있다.[4]

기계적 모형의 도덕적 추론은, 만일 우리가 도덕원칙들과 부차적 도덕규칙들의 빈틈 없는 계층적 체계 및 갖가지 논리적 규칙들을 전제할 경우 이들을 기계적으로 적용하면 모든 개별적 도덕문제에 대한 정확한 해결책에 이를 수 있으리라고 가정하는 것이다. 그러나 실제 우리의 체험적인 도덕경험의 복잡성에 비추어볼 때 이 같은 기계적인 해결방식은 사실과 거리가 멀다는 것을 실감하게 된다는 것이다. 왜냐하면 그런 식의 이해는 발전하는 사회나 성장하는 개인의 특이한 고유성을 포착할 수 없기 때문이라고 한다. 이에 비해 도덕추론을 유기적인 창조적 과정으로 보는 모형에 있어서는 경험의 복잡성을 극복하기 어려운 문제로 간주하고 따라서 도덕추론을, 논리적 틀에 의거, 규칙을 경험에 기계적으로 적용하는 대신 경험을 고도로 통합된 유형으로 재구성하기 위한 새로운 방식을 모색하는 것으로 본다는 것이다.

우리의 실제적 도덕상황은 기계적 모형의 도덕추론이 적용되기에는 너무나 복잡미묘하다. 따라서 어떤 상황에서 합당한 것도 다른 상황에선 부적합한 것이 될 수 있다. 복잡성에 친화적인 유기적 모형에서 볼 때 우리의 도덕적 상황은 자주 의무들이 서로 상충하는 도덕적 딜레마(moral dilemma)가 생겨나게 되는데, 이는 우리의 생각과 행위를 통제하는 도덕체계가 어떤 비일관성과 부정합성을 현출하는 것으로 간주된다. 그리고 그런 딜레마가 해결되거나 해소될 때까지 우리는 지적으로나 도덕적으로 어떤 평형을 상실한 상태(disequilibrium)에 있게

---

4) 위의 책, p.8.

된다. 우리가 이러한 난국을 기계적인 추론방식으로 제거하고자 할 경우 우리는 실패하게 마련이다. 도덕적 딜레마는 기계적인 추론방식에 종언을 알리는 조종이라고도 할 수 있다.[5]

도덕적 딜레마를 해결하기 위해서는 우리가 개인적인 수준이나 사회적인 수준에 있어 성장할 필요가 있다. 도덕적 딜레마는 개인과 제도의 도덕적 발전에 있어서 중대한 기회를 나타내며, 개인이나 사회에 있어서 불화(discord)의 시기를 의미한다. 우리는 삶의 의미를 회복하고 모든 것이 제자리를 찾을 수 있도록 그러한 불화상태를 극복할 필요가 있다. 딜레마를 통해 우리는 개인적으로나 사회적으로 더 풍부하고 더 고차적으로 통합된 상태에 이를 수 있는 자극을 받게 된다. 도덕적 딜레마가 성공적으로 해결될 경우 개인과 제도는 도덕적으로 발전하고 성숙하게 된다. 도덕적 문제는 살아 있는 도덕체계의 죽음을 나타내는 것이 아니고 도덕적 성장의 기회를 의미하는 것이다. 성장하기 위해서 우리는 상충하는 가치관들을 좀더 복합적인 개인적, 사회적 구조로 표현하는 방식을 배워야 하는 것이다.

의료윤리의 사례를 한 가지 생각해 보자. 의사는 암 환자에게 사실 그대로 말해야 하는가? 환자의 행복을 배려할 경우 거짓말이 더 좋은 대책일지 모른다. 그러나 환자의 인격에 대한 존중은 사실대로 참말을 하는 것을 명할 수 있다. 환자는 알 권리가 있기 때문이다. 만일 우리가 공리주의적 이론을 적용할 경우 우리는 존중(respect)보다는 배려(care)의 가치를 선호하는 셈이다. 그러나 만일 우리가 칸트의 이론을 적용할 경우 우리는 배려보다는 존중에 우선순위를 두게 된다. 따라서 그 두 입장은 모두 중요한 가치들을 제대로 표현해 주지 못한다는 의미에서 그른 것일 수 있다. 필요한 것은 모든 가치를 동시에 표현해 줄 새로운 방식을 모색하는 일이다. 그러기 위해서 우리는 이론을 특정 경

---

5) 위의 책, p.9.

우에 기계적으로 적용할 수가 없으며 더욱 창조적인 도덕적 사고를 전개해 가야 할 것이다.

우리는 가치들을 더욱 통합된 방식으로 재구조화할 수 있는 방법을 모색하기 위해 상황을 전혀 다른 관점에서 바라볼 필요가 있다. 아마 이는 의사가 사실대로 참말을 해야 하는가 여부가 아니라 사실대로 말하는 일을 언제 어떤 방식으로 하는가의 문제로 전환되어야 할 것이다. 환자의 진정한 행복을 배려하면서도 그와 진솔하게 사태를 직시할 수 있는 방법은 없는가? 그냥 매정하고 단도직입적인 방식으로 "당신은 이미 죽은 사람이야"라고 말할 필요가 있는가? 물론 사실대로 말하는 방식이 딜레마에 대한 해결이 될 수 있다는 생각은 윤리학자가 아니라 의사로부터 나온 것일 수도 있으나, 이는 결국 윤리학자와 다른 전문직들 간의 대화가 일방적이기보다는 쌍방향의 상호적인 것임을 보여주는 것이다.

따라서 유기적인 모형에서 나타나는 도덕 전문가라는 관념은 타인의 도덕적 자율성을 위협하는 도덕적 간섭자(moral busybody)라기보다는 전문직이나 개인적인 문제들에 대한 창조적 해결책을 모색하기 위해 다른 전문직 종사자들과 학제간(interdiciplinary) 형태로 협동적 작업을 하는 도덕 교육자(moral educator)의 역할을 하게 된다는 것이다.[6] 모랄리스트 혹은 도덕 교육자는 자신이 조언하고자 하는 사람의 도덕적 자율성을 존중하는 휴머니스트가 되는 것이다. 도덕 교육자와 도덕 전문가를 동일시하는 것이 놀라운 것이 아닌 까닭은 이 양자가 모두 도덕적 교화(indoctrination)와 같은 기계적인 도덕관이 아니라 창의적인 방식의 가르침을 선호한다는 점에서 일치하고 있기 때문이다.

앞서 예시한 바와 같이 전문직의 직업윤리는 한편에서는 도덕 전문

---

6) 위의 책, pp.9-10 참조.

가와 다른 편에서는 특수 전문직 종사자 사이의 학제간 공동과제라 할 수 있다. 그러나 특수 전문직의 도덕적 의사결정은 결국 자율적 개인으로서 전문직 종사자 자신이 수행해야 하는 것이라면, 전문직 종사자는 도덕 전문가를 하나의 이상으로 삼고 지향하는바 부단한 도덕적 숙련(moral practice)을 위해 노력해야 할 것이다. 사안에 따라 때때로 도덕 전문가의 조언을 구하기도 하겠지만 대부분의 경우 전문직 종사자는 자신의 전문기술과 더불어 도덕적 통찰력과 감수성을 연마하는 가운데 도덕적 의사결정을 자율적으로 수행해야 할 것이다. 이를 위해 전문직 종사자는 다양한 사례들을 사전에 분석, 평가하는 예방윤리적 숙련의 과정을 지속적으로 수행해 가면서 도덕 전문가로 성장해 갈 것이다.

3. 전문직 윤리의 일반적 특징

특수 전문직 윤리를 논의하기에 앞서 전문직 윤리 일반에 대한 이해가 요구된다. 우리는 일반직종보다 특히 전문직에 있어 도덕이나 윤리가 가장 강조되는 까닭에 대해 주목할 필요가 있다. 주지하다시피 모든 전문직 활동이 고도로 발전된 기술과 복잡한 지식을 요구하며 따라서 전문직 종사자들은 어려운 임무를 관리할 수 있게끔 오랜 연수기간을 갖게 된다. 그런데 이러한 지식과 기술은 사회성원들에게 지극히 중대한 업무와 관련된 것인데, 그것이 중대한 까닭은 그것이 인간의 기본적인 욕구와 필요를 다루기 때문이다. 예를 들어 의사는 몸이 아픈 환자를 대상으로 하며, 엔지니어는 대중들을 위한 안전한 교량을 건설하게 된다.

이상의 사실들은 전문직에 있어 고도의 도덕이 요구되는 중대한 세 가지 이유를 암시하고 있다.[7] 첫째, 전문직 종사자들의 기술이 갖는 복잡성으로 인해 우리 일반인들은 그들의 선의지(good will)에 절대적으로 의존해야 하기 때문이다. 우리가 전문직을 찾는 것은 그들이, 우리가 스스로 제공할 수 없는, 우리의 복지에 중대한 서비스를 제공한다는 이유에서이다. 만일 이 같은 전문직에의 의존이 사회적으로나 인간적으로 품위 있고 효율적이며 생산적인 것이 되려면, 그들이 고객의 위험부담을 담보로 해서 활동해서는 안 될 것이다. 오히려 전문가란 그들 자신에게 위임된 임무와 더불어 도덕적 의무를 수용하는 자로 간주되어야 할 것이다.

둘째로, 전문직에는 도덕적으로 올바른 태도 이상의 도덕적 판단력이 요구된다. 기술이 갖는 복잡성과 관련해서 전문직은 일상에서 경험하기 어려운 복잡한 의사결정의 상황에 봉착할 것인데, 이러한 결정은 기술능력이나 일상적 도덕 이상을 요구한다. 한 가지 사례로서 신생아실을 생각해 보자. 미숙한 어린이의 생명을 구할 수 있기는 하나, 매우 고가의 비용을 요구하며 그것도 심신의 장애가 결과할 수도 있다. 이런 경우 치료 여부와 처치방도에 대한 의사결정은 지극히 심각한 도덕적 함축을 지닌다. 기술상의 복잡성은 자주 도덕적 복잡성을 동반하며 바로 이 때문에 전문직은 상당한 수준의 도덕적 능력을 요청하게 된다.

셋째, 전문직의 도덕성은 그것이 지니는 사회적 함축으로 인해 더욱 중요시된다. 전문직 기술이 사회 전반에 대해 갖는 중대성 때문에, 그리고 그것을 배우고 유지하는 데 요구되는 헌신으로 인해 전문직은 경제적 보상과 권위를 동반하는 지위를 얻게 된다. 따라서 그들은 사회적 기획이나 정책에 있어 상당한 이득과 더불어 엄청난 해악을 결과할 잠재력을 지닌다. 바로 이 때문에 전문직 종사자들은 공공선이나 공익을 생각할 수 있는 사회의식과 고도의 양식을 지닐 것이 요구된다.

이상과 같은 논의들을 전제할 경우 전문직 종사자들이 어떤 종류의

---

7) H. A. Bassford, "The Basis of Medical Ethics", *Moral Expertise*, pp.128-143 참조.

윤리적 지식을 가져야 할지를 탐구해 보는 것은 지극히 중대한 일이 아닐 수 없다. 우선 우리는 일반적인(general) 도덕적 고려사항과 특정 역할과 관련된(role-specific) 도덕적 고려사항 간의 구분으로부터 시작할 수 있을 것이다.[8] 일반적인 도덕문제는 보편적인 도덕적 고려사항을 응용함으로써 대체로 적절히 해결될 수가 있다. 예를 들어 신장이식을 요구하는 환자들은 여럿인데 이식할 신장의 수가 적을 경우 의사는 누구에게 신장을 이식하는 것이 합당할 것인지를 결정해야 할 딜레마에 빠지게 된다. 하지만 이 점에 있어서는 의료에 특유한 어떤 고려사항이 요구되는 것은 아니다. 그것은 분배정의(distributive justice)라는 일반적인 윤리문제의 한 사례로서 부족한 자원을 배분하는 데 적합한 기준이 무엇인가를 정하는 문제가 된다.

전문직의 맥락에서 생기는 많은 윤리적 딜레마들은 이런 종류의 일반적인 문제들로서 그것은 전문직에서 생기는 문제일 뿐 전문직에 특유한 문제로 보기는 어렵다. 따라서 전문직 종사자들이 그들의 활동에서 생기는 대부분의 도덕문제를 성공적으로 해결하기 위해서 그들은 일반적인 도덕적 지식을 철저히 갖출 필요가 있다. 이러한 지식은 대부분의 선량한 시민들이 가져야 할 지식과 종류가 다른 것도 아니고 그 의사결정의 방식 또한 전문직의 경우라 해서 특별히 상이한 것이 아니다.

그러나 주목할 필요가 있는 것은 일반적인 도덕적 지식을 얻는 것이 특정 전문직에 있어서 사실상 쉽지 않은 문제라는 점이다. 연수기간에 걸쳐 그들의 생활은 모두 기술적 훈련에 충당되어 있고 독특한 환경 속에서 영위된다. 그들은 보통 선량한 시민과 같은 생활체험도 갖지 못할 가능성이 있으며 대부분의 사람들이 갖는 일반적 상식이나 기본적 양식마저 결여할 수 있다. 바로 이 때문에 전문직 종사자들은 그들의

---

8) 위의 논문, p.129.

교육 프로그램에 도덕적 차원을 보장받을 이유가 강조되어야 할 것이다.

일반적인 도덕적 지식만으로 충분하지 않음은 물론이다. 왜냐하면 각 전문직 활동은 그에 특유한 도덕적 규범을 갖게 마련이기 때문이다. 바로 이로 인해 역할에 특유한(role-specific) 규범이라 불리는 것이 요구된다. 그것은 전문직이 행하는 사회적 역할과 전문직 그 자체의 본성으로부터 생겨난다. 역할에 특유한 규범은, 특정 전문직의 본성이나 역할이 갖는 개념적 관련으로 인해 도덕적 규정에 있어 중심적인 위치를 차지한다. 모든 전문직은 역할지향적이며 어떤 사회적 역할을 수행하건 일정한 목적을 증진하기 위해 존재한다. 그리고 전문직은 사실상 그들의 목적에 의해 규정되는 것이라 할 수 있다.[9]

전문직의 기본적 목적을 이해하기 위해서는 특정 전문직종의 활동과 행위체계, 즉 관행(practice)을 우선적으로 연구해야 한다. 그런 다음 기본적인 규범에 의해 표현된 목표를 수행하는 데 필요한 역할과 관련된 보조규범이 있는지, 있다면 어떤 것인지를 살펴야 한다. 나아가서 전문직의 가치가 인간적 가치의 일반체계에 어떻게 부합하는지를 이해하는 것 또한 중요하다. 또한 역할에 특유한 규범과 일반적 도덕규범 간에 어떤 관계와 상호작용이 있는지, 이를테면 인간의 자율성이라는 일반규범과 환자의 건강이라는 의료규범이 상충할 경우 이들을 조정하는 방식이 일정하게 정해진 것인지 아니면 논의를 거쳐 변화, 발전하는 것인지도 해명되어야 할 것이다.

4. 전문직의 이념, 성공과 봉사

전문직 윤리를 더 잘 이해하기 위해 우리는 전문직 활동에 사회계약

---

9) 위의 논문, p.130.

(social contract)이라는 개념을 적용해 볼 수 있을 것이다.[10] 전문가와 그 고객들은 그들의 관계를 규율해 줄 암암리의 사회계약을 맺고 있다고 생각할 수 있다. 전문직 종사자는 그들의 고객에게 유익하고 일반인이 수용할 수 있는 서비스 이념을 지킬 것을 공약한 셈이다. 그들의 지적 능력의 수준은 높으며 경우에 따라서 통상적으로 요구되고 기대되는 이상으로 과외의 행동을 해야 할 때도 있다. 그 대가로 그들은 고객들로부터 상당한 정도로 자신의 성공을 추구하는 일을 용인받기도 한다. 전문직 수당이 과도할 수도 있으며, 서비스의 유용성이 상대적으로 빈약할 수도 있고 그들의 지위가 지나치게 고고할 수도 있다.

사회계약의 개념을 이같이 적용하는 데 대한 반론도 제시될 수 있다. 고객들은 강제에 바탕을 둔 계약을 원인무효라 주장할 수도 있기 때문이다. 고객들은 전문직이 제공하는 서비스를 필요로 하며 이런 서비스는 그들에게 필수불가결하기까지 하다. 또한 그들이 이런 서비스를 받아들이지 않을 경우 그들은 대체할 만한 서비스를 찾기가 쉽지 않다. 다시 말해서 전문직이 갖는 가치는 객관적이며 그들은 적절한 서비스의 배타적 제공자인 까닭에 고객들은 전문직에 의해 규정된 계약을 그대로 받아들이는 이외에 다른 선택지가 없는 것이다. 바로 이 점이 계약개념을 무효화할 수 있는 강제적 요인인 것이다.[11]

계약이 유효한 것이기 위해서는 전문직 윤리는 다른 서비스 제공자에 의해 제공될 대체 서비스에 대해 개방적 태도가 채택될 수 있음을 보장해야 할 것이다. 그런데 공식적인 전문직 윤리가 이런 규정을 내포할 가능성은 거의 없다고 할 수 있다. 이는 고난도 지식에 기반을 둔 전문직 능력이라는 개념에 기초해 볼 때 쉽사리 이해할 수가 있다. 전

---

10) Timo Airaksinen, "Professional Ethics" *Encyclopedia of Applied Ethics*, vol. 3, Academic Press, 1998, p.677.

11) 위의 논문 참조.

문직종의 객관적 인지체계에 의거할 경우 다른 대안적 지식체계는 있을 수 없기 때문이다. 따라서 전문직의 수익은 다른 직종들에 비해 높을 수밖에 없으며 사회적 성공의 기회는 지극히 매력적일 수밖에 없는 것이다.

이렇게 해서 고객들은 전문직의 성공지향적인 요구를 용인하지 않을 수 없다. 달리 말하면 이는 전문직 윤리가 비록 중요한 가치이긴 하나 서비스(service)의 이념에만 바탕을 둘 수 없음을 보여준다. 서비스는 언제나 돈, 자유, 특권과 교환되게 마련이다. 특히 이는 법조 및 의료와 관련된 전문직에 있어 두드러지며 교육이나 사회사업 등에는 그만 못하게 나타난다. 후자와 같은 전문직은 그들의 서비스를 성공과 이득으로 전환시키고자 하는 노력에 있어서 그다지 성공하지 못하고 있다. 이 점에 대한 납득할 만한 설명은 현재까지 하나의 과제로 남아 있다.

성공(success)에의 요구와 갈등하는 서비스의 이념은 전문직의 이타주의를 내포한다. 이런 사실로 인해 현대 전문직 활동을 감도는 특이한 도덕적 분위기가 생겨났다. 전문직 종사가자 제시하는 대표적 논변은 그들의 서비스가 그들의 성공을 누릴 만한 정도로 값진 것이라는 것이다. 하지만 고객들의 관점에서 볼 때 이는 액면 그대로 받아들이기가 쉽지 않다. 전문직의 이념은 서비스 지향적이고 따라서 이타적인 것인 까닭에 지나친 혜택을 요구할 권리를 내포하지 않는다는 것이다. 물론 이러한 경우 회사나 단체에 고용되어 있는 전문직 종사자는 예외적인 경우로서 달리 다룰 필요가 있을 것이다.[12]

이상과 같은 전문직 종사자의 논변을 공리주의적(utilitarian)이라 한다면 적절한 서비스를 제공하는 것이 전문직의 의무라는 논변은 의무주의적(deontological)이라 할 수 있다. 이 같은 견해들은 또한 공식적인 전문직 윤리강령에도 나타나 있다. 그런데 문제는 이를 인정할

---

12) 위의 논문, p.677.

경우 성공에의 권리는 설명하기가 쉽지 않은 미스터리로 남게 된다는 점이다. 공리주의자는 성공에의 권리를, 공공선의 극대화에 바탕을 두고 있으며 이는 다시 고객들에게 제공된 서비스에 의해 평가된다는 것이다. 사회적 선의 극대화는 상당한 혜택과 훌륭한 서비스로부터 결과한다고 할 수 있다. 그러나 만일 전문직 종사자가 서비스를 제공할 의무가 있다면 성공에의 요구권(claim)에 대한 근거가 무엇인지 이해하기가 쉽지 않다. 의무의 수행만으로 보상에의 권리가 생겨나지는 않기 때문이다.[13]

전문직 윤리는 구체적인 법적 고려사항에 더해서 전문직 활동을 규제하는 규범체계이다. 대부분의 경우들에 있어 법적 규제사항들은 윤리규범에 의해 보완됨으로써 전문직 활동이 더 잘 이해되고 규제될 수 있다. 이 같은 목적을 위해 대부분의 전문직종은 자기 나름의 윤리규범(codes of ethics)을 제정한다. 전문직 윤리에 대한 연구는 특히 대중들을 위해 중요한 연구분야이다. 전문직의 고객들은 전문직 활동과 서비스를 전문가들 손에만 내맡길 수가 없다. 또한 법적인 규제는, 법이란 오직 해악이 생겨난 이후에만 개입할 뿐이기 때문에 한계를 갖는다. 이에 비해 윤리적 관행은 해악이 발생하기 이전에 예방한다(prevent)는 의미를 갖는다는 점에서도 중대한 것이다.

직업윤리 혹은 전문직 윤리에 대한 가장 최근의 접근법은 직업인으로서의 만족과 행복을 찾을 수 있는, 훌륭한 직업활동에 초점을 맞추는 덕윤리(virtue ethics)를 통해서 제시된다.[14] 이 같은 경향은 분명 종래의 의무나 책무라는 기본 개념으로부터 권리개념을 거쳐 덕과 품성의 윤리로의 이행을 보여준다. 덕윤리적 접근은 직업인들 자신에게도 매력적인 것으로 보인다. 그것은 훌륭한 직업인이 되는 것과 행복

---

13) 위의 논문, p.678.
14) 위의 논문, p.674.

한 인간이 되는 것을 연관지어 생각하게 하기 때문이다. 행복이란 자신의 목표를 성취했을 때 느끼는 만족감이라 할 수 있다.

직업인에게 직업윤리가 갖는 가장 중요한 메시지는 그들이 단지 자신의 성공을 목표로 할 뿐만 아니라 유능한 서비스를 목표로 한다는 점이다. 덕윤리에 따르면 이 두 가지 목표는 상충하는 것이 아니며 전문직이란 목표지향적인 것으로서 직업상의 성공과 행복은 서비스의 이상으로 규정되는바 목표에 이를 수 있는 능력에 의해 측정된다. 반면 성공이 오직 금전으로만 환산될 경우 훌륭한 전문직 수행은 오히려 성공에 위험요소가 될 수 있는 것이다.

이와 관련해서 끝으로 전문직에 있어 이상과 현실 간의 거리에 대해 언급할 필요가 있다고 생각된다. 예를 들어서 법조인은 정의(justice)라는 가치를 목표로 하지만 현실생활에서 그들은 단지 현행법의 범위 내에서 움직일 수 있을 뿐이다. 사회가 히틀러나 스탈린의 체제에 있어서와 같이 부정의하다면 그 법 체계 또한 부정의할 수밖에 없다. 이런 상황에서 법조인은 현행법에 따라서 일을 수행할 수밖에 없으며 그러면서도 정의롭게 행한 것처럼 위장할 수 있다. 대부분의 현실에서 법조인은 법의 정의 여부보다는 현행법 그 자체에 주의를 기울이게 마련이다. 물론 정상적인 민주체제 속에서는 이것이 당연할지 모르나 사회적 조건이 부정의할 경우 그런 의도는 위험한 것일 수도 있다. 극단적으로 말하면 나치 치하의 법은 진정한 의미에서 법이라고 할 수조차 없다. 따라서 나치 치하 독일의 법조 전문직 종사자는 법조인이라고 할 수 없을지도 모른다.[15]

의료는 가장 중대한 전문직의 하나이다. 특히 이 점은 의료의 서비스 이념과 그 현실적 기능이 일견 합치한다는 사실을 통해서도 알 수 있을 듯하다. 물론 가치와 사실, 이념과 현실은 실제로 일치하기가 어려우

---

15) 위의 논문, p.675.

며 특히 의료의 경우 이 점을 평가하기 또한 쉽지가 않다. 사실 의사가 행하는 모든 것은 고객의 건강을 보살피는 것으로 생각되고 있는 듯하다. 그러나 의료의 숨겨진 잠재적 기능 중 하나는 어떤 의미에서 사회 환경을 의료화(medicalize)하는 것처럼 보인다.[16] 건강의 정의는 지극히 광범위하고 애매한 것으로서 오늘날 인간의 신체적, 심리적 조건들은 점차 어떤 치료처방이든 발견되어야 할 질병의 영역에 포함되어야 할 부분이 증대해 가고 있는 실정이다. 인간의 생명은 그 모든 단계들마다 의료적 개입과 간섭에 개방되어 있는 듯하다. 또한 의료과학의 진보는 이러한 견해를 지지하는 것으로 보이며 그에 대한 비판적 안목이 결여되고 있다.

직업인으로서의 교육자야말로 그 이념과 현실 간의 괴리로 인해 크게 고통당하고 있는 분야이다. 교사의 도덕적 민감성이나 자기인식이 뚜렷할 경우 그는 그러한 간격을 의식하지 않을 수 없을 것이다. 직업윤리는 바로 그런 인식을 요구하며 그러한 기초 위에서 정립될 수 있는 것이다. 그 같은 괴리는 전체로서의 사회적 필요와 개인으로서 학생의 권리 간에도 있다. 교육의 임무는 문화를 재생산함으로써 새로운 세대가 역사의 전개과정에서 자신의 과거를 발견, 고착된 과거로부터 열린 미래로 이끄는 일이다. 이는 동시에 젊은이들의 사회화를 의미하기도 한다. 그들이 자신의 문화적 특징을 학습, 그 문화를 지속시킬 뿐만 아니라 그에 의거해서 사회화되기도 한다. 학생의 관점에서 볼 때 그들은 교육을 통해 성장하고 성숙할 것을 기대할 권리를 가진다. 개인의 성장과 사회에의 적응, 이 양자 사이에서 이상적 교사들은 갈등하고 있다. 사회화만으로는 부족하며 그럴 경우 인간의 성장은 비현실적 이념이 되고 말 것이기 때문이다.

---

16) 위의 논문 참조.

5. 특수 전문직의 역할과 윤리

1) 의료 전문직의 직업윤리

의료라는 역할에 특유한(role-specific) 기본 규범은 의료라는 개념 그 자체에서 이끌어낼 수 있을 것이다.[17] 의료의 일차적인 목적은 '건강의 회복과 유지(restoration and preservation of health: 옥스퍼드 영어사전)'라 할 수 있다. 물론 이 같은 말로 의료의 다양하고 깊은 내용을 담기는 어려우며, 의료의 역할에 특유한 규범을 밝히기 위해서는 더욱 자상한 분석이 요구될 것이다. 그러나 건강의 유지와 회복이라는 목표는 의료개념의 핵심이며 이 때문에 그것이 히포크라테스 이래 현대에 이르기까지 의료 전문직 윤리에 있어 일차적인 고려사항의 자리를 지켜온 것이다.

물론 건강의 증진이라는 목표만 가지고 진정한 의료인의 자격을 규정하기는 어렵다. 건강을 유지하고 회복하는 데 있어 수단과 능력에 대한 기술적인 지식이라는 최소한의 요건만 갖춘다고 해서 건강을 제공하는 의료인이라 말하기는 어려울 것이다. 그런 조건을 갖추고도 사이비 돌팔이 의료인일 수 있다. 이 같은 최소요건을 넘어 문제되는 것은 단순한 의사 여부라기보다는 좋은 의사 여부라 할 것이다. 상당한 지식과 기술을 갖고서 이를 환자의 건강증진에 활용할 경우 좋은 의사라 할 수 있겠지만, 그러고서도 환자의 건강증진에 시종일관 힘을 쓰지 않을 경우 나쁜 의사일 수도 있다. 여기에서 주목해야 할 점은 의료의 성격을 규정하는 데 과연 평가적 언어가 적합할 것인지의 문제이다.

의료의 경우에 있어 건강의 증진은 도덕적 선이라 할 수 있다. 우선

---

17) H. A. Bassford, 앞의 논문, p.132.

건강이란 그 자체로서 목적가치이며, 대부분의 사람들에게 그것은 기본적인 인간적 가치목록에 포함된다. 둘째, 건강은 좋은 인간적 삶을 성취하기 위한 수단으로서의 가치이기도 하다. 대부분의 인간들에 있어 건강을 지니지 않고서는 인생의 목적을 달성하기가 어렵다. 셋째, 개인의 건강은 일반적인 사회적 목적에 있어서도 중대한 요소이다. 건강한 개인들은 그렇지 못한 개인들보다 사회를 세우는 데 더 크게 기여할 수 있다.[18] 따라서 훌륭한 의사란 단지 유능한 기능인 이상이라고 할 수 있을 것이다. 훌륭한 의사는 의료를 위한 기본적인 도덕적 규범에 따라 행동하는 존재이다. 환자의 건강이라는 규범은 역사적으로 의료인의 핵심적인 도덕적 책무라 할 수 있을 것이다.

물론 환자의 건강이라는 규범이 갖는 의미에 대해 개념적인 도전이 있기도 하다. 사회를 과잉-의료화(over-medicalization)하는 데 대한 상당한 비판들이 제기되고 있기 때문이다. 이 같은 비판가들에 따르면 질병과 건강은 본질상 애매한 개념들로서 정확한 규정을 하기가 어렵다는 것이다. 이와 관련해서 그들은 주장하기를, 건강과 질병이라는 용어의 적용을 위한 기준은 시대나 문화권마다 달라서, 과학적 지식을 대변한다기보다 사회적 가치관의 변화를 반영한다는 것이다. 이 같은 주장에 함축된 것은, 결국 질병이란 일련의 객관적 사실에 적용된 기술적 용어가 아니라는 것이다. 의사가 환자의 질병 여부를 판정하는 것은 객관적 판단을 내린다기보다 사회적 가치관을 내포하는 힘을 행사하고 있다는 것이다. 이 같은 논변이 타당할 경우 환자의 건강이라는 역할규범은 퇴색하게 되고 의료 전문직도 난관에 봉착하지 않을 수 없게 된다.[19]

---

18) 위의 논문, pp.132-133.

19) 과잉의료화에 대한 비판으로서는 I. Illich, *Limits of Medicine*, London: Penguin 1977; I. Kennedy, *The Unmasking of Medicine*, London: George Allen & Unwin, 1981 참조.

하지만 이상의 논변이 타당한지에 대해서는 의문의 여지가 있다. 우선 의료에 있어 주요 개념이 애매하다는 주장부터 생각해 보기로 하면 어떤 의미에서 이는 사실이라 할 수 있다. 그러나 그것은 대부분의 경험적 용어들이 애매한 것과 같은 의미에서 사실이다. 대부분의 경험적 용어들은, 그것이 분명히 적용되는 전형적 사례들도 있으나 또한 그것이 명백히 적용되기 어려운 반례적 경우들도 갖는다. 나아가 대부분의 용어들은 그것이 사용될 수 있을지 어떨지를 결정하기가 쉽지 않은 어중간한 경우들도 갖는다. 그러나 이같이 일반적 용어들이 불확실한 중간지대를 갖는다는 사실로 인해 그것이 완전히 객관적인 의미를 가질 수 없다는 점을 함축하지는 않는다.

이를 의료의 중심 개념인 건강과 질병의 경우에 적용해 보자. 의사는 환자가 질병을 앓고 있다는 것을 대부분 가려내기는 하나 판정이 어려운 경우들이 있음도 알고 있다. 경우에 따라 증후가 분명하지 않거나 상충하는 해석의 여지가 있을 수 있기 때문이다. 이런 경우 질병 여부를 판정하는 것이 불가능하다기보다는 다소 어려운 경우라 할 수 있으며, 이때 의사는 다른 고려사항들을 검토해 봄으로써 결정할 수도 있다. 애매한 중간지대의 존재는 의사라는 전문직의 도덕생활을 더 어렵게 하는 것이긴 하나, 이것이 질병과 건강 개념의 적용이 불가능한 개념임을 함축하지는 않는다. 질병도 건강 상태도 아닌 제 3의 불건강지대도 있을 수 있으며, 판정이 어려울 경우 환자는 적어도 건강하지 않을 상당한 가능성이 있다 할 것이다. 달리 말하면 환자의 건강규범은 환자에게 의심의 이점(benefit of doubt)을 제시하며, 애매한 중간지대는 의료윤리의 관점에서 볼 때 질병의 예후를 제시하는 경우로 해석할 수도 있는 것이다.[20]

대부분의 일상적 의료에 있어 환자의 건강규범과 보조적인 역할관련

---

20) H. A. Bassford, 앞의 논문, p.134.

규범은 도덕적으로 적절한 활동이 어떤 것인지에 대한 해답을 제공한다. 환자의 건강은 의료활동의 최종목표이며, 대부분의 다른 관심사에 우선하는 것이다. 따라서 일반적으로 문제되는 것은 어떻게 하는 것이 올바른지를 밝히는 것보다는, 올바른 것을 행할 의지를 갖는 것과 그것을 뒷받침할 제도적 체제를 마련하는 일이다. 그런데 여기에서 두 가지 종류의 난점이 생겨날 수 있다. 첫 번째 문제는 환자의 건강규범이 구체적인 상황에 어떻게 적용될 것인지가 분명하지 않은 경우이다. 이는 환자의 건강을 보살피는 전문직으로서 의료인의 실천적 지혜와 관련되는 문제라 할 수 있다.

두 번째 종류의 문제는 환자를 돌보는 규범이 특정한 경우에 분명히 적용되기는 하나 이에 대립하는 다른 중대한 윤리적 원리가 그 경우에 동시에 적용되기 때문에 의료상의 규범이 행위를 규제할 도덕적 구속력에 있어 의문이 제기됨으로써 생겨난다. 이는 역할과 관련된 의료규범이 일반적인 도덕규범과 갈등하는 딜레마적 상황에서 어떤 선택을 해야 하는가의 문제이다. 다시 말하면 역할관련 고려사항이 일반적인 윤리적 고려사항에 통합되는 방식과 관련되는 문제라 할 수 있다. 환자의 건강을 위한 의사의 선의의 간섭주의(paternalism)와 환자 개인의 자율성(autonomy) 간의 갈등문제는 이의 전형적인 사례로 볼 수 있다.[21]

근래에 이르러 의사들에 대한 중대한 비판들 가운데 하나는 그들이 종종 고객인 환자들에게 충분한 정보를 제공하지 않는다는 것이다. 의사들은 환자에게 무엇이 잘못되어 있는지 상태를 충분히 설명하지 않으며, 환자들에게 치료의 위험부담에 대해 적절한 정보를 주지 않거나, 가능한 대안적 치료들의 장단점을 충분히 설명하지 않는다고 주장된다. 이런 경우 환자들은 정보에 바탕한 선택(informed choices)을

---

21) 위의 논문, pp.141-142 참조.

할 수가 없으며 따라서 자기결정이라는 그들의 권리를 제대로 행사할 수가 없는 것이다.

많은 경우들에 있어 실상 이런 상황은 환자의 건강에 대한 의사의 배려 및 관심과 상관된다. 일반적으로 치료상의 위험부담을 말할 경우, 환자는 지극히 과민하고 소심해져 불안과 두려움에 싸인 나머지 치료를 거부하거나 제대로 치료를 받는 데 방해가 되어, 결국 환자의 건강에 도움을 주지 못하게 된다는 것이 의사들의 변명이다. 이 점에서 의사들은 환자의 자기결정권을 생각하기는 하나, 그보다는 자신의 역할과 관련된 환자의 건강이라는 상충하는 고려사항을 더 우선적인 고려사항으로 판단함으로써, 충분한 정보와 설명을 하기가 쉽지 않다는 것이다.

지금까지는 이상과 같은 선의의 간섭주의적 태도가 의사들 간에 지배적인 태도였다고 할 수 있다. 과거 대부분의 의사들은 특히 암 등의 말기 환자들에게 고통스러운 심리적 효과를 예견한 나머지, 그들에게 충분한 설명과 정보를 주는 일을 삼가야 한다고 생각해 왔다. 그러나 근래에 이르러 고려사항들 간의 우선순위가 점차 바뀌고 있는 것이 현실이다. 최근 조사에 따르면 대부분의 의사들이 암 환자들에서 그 사실에 대해 정보를 제공하는 것을 선호하며, 환자가 알 권리가 있다는 점을 인식하고 있다는 것이다. 여기에서 우리가 고려해야 할 문제는, 이 같은 우선순위들 중 어떤 쪽이 과연 올바른 것인가에 관해서이다.[22]

문제해결의 열쇠는 전문직의 도덕적 기초를 다시 살펴보는 데서 찾을 수 있을 것이다. 전문직은 인간다운 봉사를 제공하기 위해 존재하며 인간적 삶의 질을 증진하는 데 도움이 되고자 한다. 바로 이 같은 맥락에서 역할관련 규범이 생겨나며, 따라서 그 규범이 적용될 때는 언제나 이 같은 맥락을 염두에 두어야 할 것이다. 통상적으로 환자의 건

---

22) 위의 논문, p.139.

강이라는 규범이 적용될 경우 그것은 이 같은 목표를 진작시킨다고 할 수 있다. 그러나 어떤 경우에는 그 적용이 환자의 자존심과 존엄성을 침해하게 되는데 바로 이 같은 가치들은 만족스럽고 합당한 인간적 삶을 영위할 수 있기 위해 지극히 중대한 것들이라 생각된다. 이럴 경우 환자의 건강이라는 규범이 양보하는 것이 합당하다고 생각된다. 인간을 목적적 존재로 존중하고 침해되어서는 안 될 존엄성을 갖는 존재로 간주하는 것은 인간을 권리(right)의 소지자로 보는 것과도 밀접하게 관련되어 있다. 이는 인간이 대우받는 방식을 결정함에 있어 스스로 중대한 발언권을 갖는다는 것을 의미한다.

여기에서 중요한 것은 단지 권리이론을 내세우는 것이 아니라, 인간으로 하여금 자기결정을 허용하는 일의 기본적 중요성을 보여주는 일이다. 이 같은 중요성은 사람들이 위험한 활동을 감행하는 결정을 내릴 경우에도 그대로 적용된다. 물론 의사결정의 문제가 항상 단순한 일은 아니다. 사람들이 무능력하거나 엄청난 스트레스로 고통받고 있을 때, 적어도 일시적으로는 누군가가 그 대신 그의 최선의 이해관심을 결정해 주는 것이 최선으로 생각되기도 한다. 이 같은 일은 다른 상황의 경우보다 병으로 고통당하는 사람의 경우에 있어 더욱 합당한 일로 간주된다. 아픈 사람은 특히 심신이 취약한 상태에 있기 때문이다. 그들의 신체는 제대로 기능을 하지 못하며, 삶과 죽음의 문제에 대해 극단적인 불안감에 싸여 있고, 인지기능도 미약한 상태에 있다. 이런 경우 의사는 자기결정권이 통상적 지지근거를 갖지 못하며, 따라서 환자의 건강이라는 규범이 우선적인 원칙으로서 힘을 갖는다고 생각하게 된다.

물론 이상과 같은 극단적인 경우도 있기는 하겠지만 대부분의 경우 환자는 가능한 한 존엄한 존재로 대우받는 것이 도덕적으로 중요한 의미를 갖게 된다. 환자의 취약성은 환자의 자기결정을 유보할 근거를 제공하기보다는 의사가 그것을 보호할 부담이 통상적인 경우보다 더 크다는 주장도 가능하다. 문제는 환자가 자신을 위해 의미 있는 의사결정을 할 수 없다는 게 아니라, 그가 평상시보다 더 보호와 배려를 받을 환경적 조건이 필요하며 조심스레 정보를 제공할 필요를 의미할 수가 있다. 이는 그들이 평상시에 자기결정을 할 경우와 같은 인지적, 정서적 상태와 유사한 처지에 있기 위해 절대적으로 요청되는 일이다.[23]

자존심과 존엄성은 사람들이 자신의 삶을 영위하는 방식을 제어할 수 있는 능력이 있음을 뜻한다. 사람들은 아플 경우 그들의 삶에 대한 통제감을 상실하게 되고 이로써 그들의 존엄성의 대부분을 상실하게 된다. 만일 환자에게 그들의 상태에 대한 정보를 조심스럽게 상대를 존중하면서 제공할 경우 어느 정도의 통제감은 다시 살아나고 근본적인 불안감 또한 다시 약화된다. 이 같은 결론은 갖가지 경험적 연구를 통해서도 입증됨은 물론 강화되고 있는 실정이다. 그간의 연구성과에 따르면 자신의 건강에 대한 나쁜 소식이 전해지더라도 그러한 정보에 대해 감사하며 정보가 없는 경우보다 덜 고통스러워한다는 것이다. 의사는 일반적으로 정보가 상처를 주게 될 효과에 대해 염려하는 나머지 정보를 주는 데 주저하게 된다. 그러나 도덕이론과 경험적 연구 양자가 보여주는 바에 따르면 상처를 주는 최대의 잠재적 요인이 어디에 있는가에 대해 지금까지 우리는 오류를 범해 왔다는 것이다.[24]

환자의 건강과 환자의 자율성 간의 갈등은 생각만큼 빈번히 발생하지 않는다. 역할연관 규범의 요구충족은 통상적으로 일반적 규범의 충족을 함축한다. 이는 특히 일반적인 인간적 가치체계에 있어서 의료의 목표가 갖는 지위를 전제할 때 이미 예기되는 바이다. 그러나 일부 경우들에 있어 요구되는 치료는 건강의 가치보다 환자의 욕구체계에 있어 더 기본적인 위치를 차지하는 가치와 갈등할 경우도 있다. 이런 경

---

23) 위의 논문, p.141.
24) 위의 논문, p.142.

우 의료 전문직의 역할관련 규범은 부차적 지위를 갖게 된다고 할 수 있다. 이런 경우 의사의 도덕적 지위가 더 복잡하게 생각되겠지만 실망하는 것은 절대 금물이다. 신중한 의사는 역할관련 규범에 대한 이러한 제약을 의료라는 기술의 목표가 인간적으로 그리고 도덕적으로 의미 있는 목표가 되기 위해 치러야 할 대가임을 인지하게 될 것이다.

2) 법조 전문직의 직업윤리

법조윤리(legal ethics)는 일반적으로 법조활동이나 관행에 내재하는 도덕적 가치관이나 규범, 그리고 법조인의 행위를 규율하게 될 규칙이나 원칙에 대한 철학적 연구를 가리킨다. 좀더 좁게 말하면 법조윤리란 국가에 의해 혹은 법조 전문직 협회에 의해 공표, 관리, 시행되는 법조인의 행동강령(codes of action)을 의미하기도 한다. 어떤 식으로 이해되든 간에 법조윤리는 전문직 윤리, 역할윤리 내지 윤리 일반에 대한 이해를 전제한다. 그런데 도덕철학에 대한 전통적 접근방식이 지나치게 논리적, 추상적, 합리적이었던 데 비해 전문직 윤리 일반, 특히 법조윤리는 이론적인 도덕철학보다 응용적인 윤리를 지지하고 강화하는 경향이 있다. 이것은 전통윤리가 지극히 연역적인 유형(deductive model)인 데 비해 법조윤리는 역할과 관계 중심의 윤리임을 함축한다.

근래에 와서 재활되고 있는 덕윤리의 주장자들 중 하나인 매킨타이어(A. MacIyntyre)는 추상적인 행위자를 중요시하는 전통윤리에 대해 비판적이다.[25] 그에 따르면 어떤 합리적인 도덕적 평가도 행위자를, 특정 역할을 가진 존재로 볼 것을 요구하며 그런 의미에서 추상적인 도

---

25) Alasdair MacIntyre, *After Virtue: A Study in Moral Theory*, University of Notre Dame Press, 1981 참조.

덕적 행위자란 존재하지 않는다는 것이다. 도덕적 행위자는 환자, 의사, 간호사 등과 같은 역할을 통해서 구현된다는 것이며, 이런 관점에서 그는 전통적인 도덕철학이 전도된 방식으로 문제에 접근해 왔다고 비난한다.

사실상 일정 상황에서 우리 자신을 어떤 사회적 역할, 관계, 관행 속에 두고 상상함이 없이 우리 행동을 규율해 줄 원칙을 분간하기란 지극히 어려운 일이다. 결국 역할과 상황 혹은 맥락이 윤리문제 대부분에 응답함에 있어 중대한 것이다. 바로 이 점에서 유념해야 할 것은 윤리설을 하향식(top-down)이 아니라 상향식(bottom-up)으로 재구성함으로써 전도된 전통윤리의 접근방식을 바로잡는 일이다. 우리들 중 그 누구도 윤리적 문제를 순수한 도덕적 행위자의 추상적이고 보편적인 입장에서 경험하는 사람은 없다. 우리는 모두가 일정한 관계, 역할 등 구체적 맥락 속에서 도덕문제를 경험하고 있는 것이다.

도덕철학을 지극히 합리적이고 연역적인 과제로 생각했던 전통윤리의 방법론에 반대하는 자들은 윤리적 사고를 서열적인 원칙에 따른 다소 직관적인 과업으로 간주하고자 한다. 전통적인 도덕철학은 진정한 도덕적 갈등의 가능성을 배제하거나 극소화해 왔다. 그러나 사실상 이 같은 갈등은 행위자의 욕구와 합리적, 보편적인 도덕규범 간에 생겨나며 도덕적 의무나 도덕적 명령들 간에도 있을 수 있고 나아가 양립하기 어려운 역할들 간에도 생겨난다. 일정 상황에서 두 가지를 동시에 만족시킬 수 없을 경우 갈등이 생겨나며 갈등이 극단화될 때 도덕적 딜레마에 빠지게 된다. 딜레마란 선택의 기로에서 둘 이상의 선택지가 모두 나름의 난점을 가질 경우 이러지도 저러지도 못하는 어중간한 문제 상황인 것이다.

법조 전문직의 역할과 관련된 윤리를 살펴보기로 하자. 법조인은 비교적 유리한 지위에 있으면서도 또한 난처한 위치에 있기도 하다.[26] 그들은 법을 만들고 법을 적용하는 일에 긴밀하게 개입하고 있어 사회적 상황을 법적 범주로 전환시키고 광범위한 여건에 있어 법적 해결책을 제시할 수 있다는 이유로 유리한 지위에 있다고 할 수 있다. 이는 일종의 권력(power)이라 할 만하다. 법조인은 의뢰인인 고객의 희망을 실현시키고 고민을 경감할 수 있는 신비로운 지렛대로서의 역할을 할 수 있다. 또한 법조인의 힘이 상당한 것인 이유는 모든 구체적인 사회상황이, 일반적이고 추상적인 규범을 특수사실에 적용하는 데는 언제나 선택의 여지가 있으며 따라서 모든 상황에 있어 가용한 법적 전략과 재량이 상당한 정도로 있다고 할 수 있기 때문이다.

법조인은 시민들과 공직자들 간의 문지기로서의 기능을 가지며, 국가 간의 중계자요 개인들과 기업들 간의 여과장치 노릇을 한다. 한편에서는 개인들의 가치관과 포부가 있고 다른 편에서는 집단의 가치관과 규범이 존재한다. 이상적으로 말하면 법조인은 가능한 한 고객의 이해관심과 공동체 및 국가의 요구 간에 조정을 추구한다. 여기에서 법을 제정하고 적용하는 법조인의 법관념과 윤리적 감각은 그들의 역할에 대한 인식체계를 형성한다. 또한 고객의 포부가 갖는 가치에 대한 인식은 법조활동에 있어 다양한 전략과 양태를 결정한다. 그래서 법조 전문가는 고객의 이해관심을 증진하기 위해 모든 법적 자원을 이용할 수 있는 상당한 힘을 향유하게 되는 것이다.

이상과 같은 힘과 특권으로 해서 또한 법조인에게는 상당한 책임과 위험이 따르게 된다. 법조활동의 유형에 따라 사회적으로 상당한 이득과 더불어 해악을 결과할 수도 있기 때문이다. 법조인은 법에 반하는 고객에게 어느 정도 협조해야 하는가? 법조인은 고객들에게 어느 정도 도덕적 견지를 부과해야 하는가? 많은 법조 윤리서들이 법조인의 역할에 따른 도덕적 적극성과 소극성 간의 논쟁에 열을 올린다. 소극적 법

---

26) Richard H. S. Tur, "Legal Ethics, Overview", *Encyclopedia of Applied Ethics*, vol.3, Academic Press, 1998, pp.59-70 참조.

조인의 경우에도 도덕적 갈등을 피하기는 어렵다. 법조인은 두 상전을 모시는 셈이기 때문이다. 즉, 한편에서는 그 고객과 다른 편에서는 사회라는 두 고객을 모시는 것으로 생각된다. 국가의 통제가 약할 경우 한 가지 위험은, 법조인들이 고객의 이해관계를 위해 사회의 이해관계를 경시할 가능성이 있게 되고 경제적 이득을 위해 정의를 거스를 가능성이 생긴다. 이로 인해서 국가의 통제가 약할 경우 법조활동의 전문직 기준을 높이고 법조인의 도덕성을 제고하는 일이 필요하게 되며 전문직 조직 내부의 자율규제가 중요한 것이 된다.[27]

반면 전체주의적 사회에서는 정반대되는 이유에서 전문직을 확립할 필요가 생긴다. 이 경우에는 국가의 통제가 무제한하고 견제하기 어려운 까닭에, 법조인은 국가나 사회의 이해관계를 증진하기 위해 고객의 이해관계를 경시하는 유혹을 강하게 받게 된다. 특히 법조인은 고객으로부터 직접 보상받기보다는 어떤 의미에서 국가의 고용인이며 발전과 성공이 특정 고객보다 국가를 만족시키는 여부에 달려 있다고 할 수 있다. 따라서 암흑시대에는 법조인의 소신대로 일을 집행하기 위해 간섭을 배제하는 견제장치로서 전문직의 확립이 요구된다. 이런 사회에서 법조인이 뜻한대로 행동하는 자유는 국가에 과도하게 의존하는 것으로부터의 자유이며 민주사회에 있어서 법조인의 뜻대로 행위할 자유는 고객에게 과도하게 의존하는 것으로부터의 자유라 할 수 있다.

그래서 법조인의 곤경은 고객의 소망이라는 아랫바퀴와 국가의 규제라는 윗바퀴(정의롭든 아니든)의 틈새에서 생겨난다. 두 바퀴가 갈등하는 압박을 전제할 경우 법조인 역할의 이상형이 도덕적 중립성과 책임의 무관성을 강조하는 것은 놀랄 일이 아니다. 이런 입장에 따르면 법조인은 국가의 법에 대해서도 고객들의 목적에 대해서도 도덕적으로 중립을 지켜야 하기는 하나 결국은 고객들 편으로 기울어질 가능성

___

27) 위의 논문, pp.63-64.

을 갖게 된다. 그러나 그렇다고 해서 법조인들이 도덕적 차원에 대해 무관심, 무책임해도 좋다는 결론이 나오는 것은 아니며 법조인들이 그들에게 요구되는 소명으로 인해 깊은 고뇌에 빠질 수도 있는 것이다.

법조인들이 가장 빈번히 당면하게 되는 대표적인 윤리적 문제는 전문직에게 요구되는 신뢰성(confidentiality)과 관련해서 의뢰해 온 고객을 고발할 것인지 여부이다.[28] 여기에서 고객의 고발이나 폭로는 바로 전문직의 책임과 관련된 행동강령을 어기는 셈이다. 그럴 경우 법조인은 심각한 도덕적 딜레마를 겪게 되는데 그것은 타인이 입을 수 있는 해악을 방지해야 할 일반적인 도덕적 의무와 고객과의 신뢰를 유지해야 할 전문직 의무 간의 갈등으로 고민하게 되는 상황이다. 이런 경우 법조인의 전문직 행동강령만으로는 난국을 극복하기 어렵다. 일부 도덕적 문제는 지극히 미묘하고 복잡해서 형식적 규칙을 채택하는 것만으로 단순한 해결을 보기가 어려운 것이다.

전문직 종사자로서 법조인은 고객의 사건에 관한 정보의 노출을 금하는 침묵의 규범(code of silence), 즉 신뢰의 의무를 지켜야 할 책임이 있다. 비록 이 같은 의무는 예외와 조건이 있기는 하나 일반적 양식에 따르면 법조인은 비록 정보의 노출이 공익을 위해 이로울지라도 고객의 사건에 대해 비밀을 유지해야 한다. 그러나 신뢰의 의무는 비양심적인 고객이나 비윤리적인 법조인 모두에 의해 남용되거나 악용될 여지도 분명히 존재한다. 때로는 신뢰가 책임을 손상시킬 수 있기 때문이다. 비밀을 지키는 가운데 도모되는 고객의 이해관계가 윤리적 기준에 저촉되며 재판을 그르쳐 사법적 정의를 위축시킬 수 있는 것이다.[29]

법조인의 활동 중 많은 부분이 비밀리에 이루어지는 까닭에 법조인

---

28) 위의 논문, p.63.
29) 위의 논문, p.64.

이 개인적으로나 집단적으로 고도의 윤리적 기준을 유지하는 것은 사회의 공익에 지극히 중대한 것이다. 비밀유지나 신뢰의 의무는 법조인뿐만 아니라 다른 전문직들도 공유하고 있는 의무이다. 그러나 때때로 법원은 정보공개를 명령할 수가 있다. 이를테면 언론인 역시 뉴스의 소스에 대해 비밀을 유지할 의무가 있지만 법원이 정보공개를 요구할 수가 있다. 그럴때 언론인은 법원의 명령에 복종할 경우 전문직의 의무를 위반하게 되고 전문직의 윤리기준을 지킬 경우 법원의 처벌을 면할 수 없는 것이다.

법조인의 경우 그들은 지속적으로 고객 서비스에 대한 고려가 사회적 효용에 관한 고려를 능가하게 되고 사적 이해의 추구가 사회적 의무에 우선하는 위험에 처하게 된다. 법조인은 영향력 있고 돈 있는 고객으로부터 사회에 심각한 해악을 끼치는 행위를 하도록 압력을 받게 된다. 법조인은 발각될 가능성이 거의 없을 경우 경제적 고려가 윤리적 기준을 압도하는 상황에서 심각한 유혹에 직면하게 된다. 따라서 법조인의 역할은 상당한 도덕적 통찰(moral insight), 높은 수준의 인격적 통합성(personal integrity)과 그리고 도덕적 용기(moral courage)를 요청하는 것이다.

3) 기업 전문직의 직업윤리

기업이 도덕적이어야 할 이유 중 하나는 그것이 기업에게 이롭기 때문이다. 물론 경제적으로 이롭다고 해서 도덕적으로 올바른 것은 아니지만, 도덕적으로 올바른 것이 이로운 것일 경우는 적지 않다. 따라서 도덕적으로 행동하는 것이 기업의 이해관계에 도움이 되는 한, 기업은 도덕적이어야만 한다. 이런 상황에서 기업의 도덕적 행위는 합리적인 타산적 행위라 할 수 있다.[30] 최근 유행하고 있는 윤리경영(ethical management)도 윤리경영을 할 경우 기업이윤이 증대된다는 경험적 증거가 제시될 경우 가장 큰 설득력을 얻게 된다. 이때 도덕적 행위는 이윤을 증대하기 위한 도구적, 전략적 의미를 갖게 된다.

기업윤리에 관한 저술 중에는 무절제한 쾌락주의자에 대한 에피쿠로스의 경고문이 많이 나온다. 쾌락에 지나치게 탐닉하는 자는 결국 엄청난 고통을 감수해야 한다는 쾌락주의자의 역설이 그 교훈이다. 마찬가지로 기업윤리 전문가들은 경영자들에게 지나친 이윤추구를 삼가는 미덕을 강조하고 있다. 저임금과 부적절한 노동조건은 생산성을 하락시키며 원가절감을 위한 조잡한 상품들은 결국 고객들로부터 외면당하는 결과에 이른다. 말하자면 근시안적인 순간적 이윤추구는 기업의 장기적인 이해관계에 악영향을 미치게 된다는 것이다.

그런데 이같이 장기적인 이윤에 주목하는 개화된 이기심(enlightened self-interest)에 호소하는 것만으로는 기업의 행위가, 우리가 요구하는 도덕적 수준에 이르게 하는 충분한 보장책이 될 수 없다. 이 점을 살펴보기 위해서는 개별 기업체의 이해득실이 걸려 있는 경우와 해당산업 전반의 이해관계가 걸려 있는 경우를 구별할 필요가 있으며, 이른바 '수인의 딜레마(prisoner's dilemma)'에 주목함으로써 이해에 도움이 될 수 있다.[31] 이를테면 장기적 안목에서 볼 때 특정회사가 공해방지 시설을 하는 것이 이익이 되겠지만, 모든 기업이 이 같은 시설에 투자하도록 강제하는 제도적 틀이 없을 경우 투자를 하지 않는 것이 특정 개별기업에는 이익이 될 수도 있는 것이다. 일반적으로 장기적으로는 그 기업에 이익이 될지라도 다른 기업들 역시 유사한 조치를 하리라는 보장이 없을 경우 개별기업에 이익이 되지 않는 활동은 얼마든지 있다고 할 수 있다.

개별기업이 투자를 하려 해도 다른 기업들이 함께 투자하지 않으면

---

30) Norman Bowie, 『기업윤리(*Business Ethics*)』, 황경식 · 정원섭 역, 철학과현실사, 1997 참조.

31) 위의 책, p.30.

개별기업에 상당한 손실이 예상된다. 그러나 이 같은 추정을 통해 기업 일반이 투자를 유보하게 되면 모두에게 최악의 결과가 예견된다. 이러나 저러나 바람직하지 못한 결과가 예상되어 이러지도 저러지도 못하는 딜레마에 이르게 된다. 그러나 수인의 딜레마에서 벗어날 수 있는 길이 없는 것이 아니다. 기업들의 연합체에서 자율규제 형식을 채택하여 시행할 수도 있으며 이 문제에 관해 정부에 일임하는 문제에 기업들의 동의를 구할 수도 있기 때문이다. 여기서 중요한 것은 수인의 딜레마로부터 벗어나기 위해 기업의 책임이 집단적인 행동(collective action)을 요구한다는 것이다.[32] 집단적인 행동을 통해 무임편승자(free rider)를 견제하는 길만이 불합리한 딜레마로부터 해방을 보증하게 된다.

"왜 도덕적이어야 하는가?"라는 질문에 대한 해답을 찾는 데 또 한 가지 주요 논변은 기업이 기초하고 있는 계약적인(contractarian) 근거에 주목하는 일이다. 다알(R. A. Dahl)이 말하듯 오늘날 기업은 오로지 이윤추구만을 유일한 목적으로 간주하는 것은 불합리하다. 우리 시민들은 기업활동이 일정한 목적을 수행하리라는 생각에서 기업에 특별한 권리, 권한, 특전 및 이윤을 부여했으며, 기업체는 우리에게 지속적으로 이익을 주는 한에서 존재가치를 갖기 때문이다. 모든 기업은 공공의 목적이나 사회적 목적에 기여하는 한에서만 그 존재와 제반 결정이 정당화될 수 있는 사회단체로 간주되어야 하는 것이다. 실제로 다알의 언급은 기업과 사회의 관계가 계약이라는 점을 시사할 뿐만 아니라 계약의 특성을 올바르게 말해 주고 있다. 기업은 기업을 일으킨 자에게 이익을 주어야 할 뿐만 아니라 이를 허락한 이들 즉, 전체사회에도 이익을 주어야만 한다.[33]

기업윤리 혹은 경영윤리에 대해서도 많은 오해들이 있어 왔다. 전쟁

---

32) 위의 책 참조.

이 정의롭게, 다시 말해 윤리적으로 정당하게 수행될 수 있다는 생각을 쉽게 받아들일 수 없듯이 기업윤리라는 말에 대해서도 마치 기업을 하는 것은 어떻게 하든 본질적으로 부정의한 듯이 거부하는 사람들이 많은 것이다. 아리스토텔레스도 기업에 대해 좋지 않게 말했고, 기독교 역시 돈 버는 일에 대해 애매한 입장을 취해 왔다. 특히 고리대금업은 모든 종교적 전통에서 비윤리적인 것으로 간주되어 왔다. 그리고 착취문제와 연관해서 마르크스주의자들도 기업에 대해 관대한 입장을 취할 리 만무하다.

비록 영리를 추구하는 기업에 대해 냉소적인 입장을 취하는 자도 있겠지만 또한 오늘날 기업의 사회적 기여에 대해 갖가지 견지에서 전개되는 정당화 논변 또한 주목할 필요가 있다. 여하튼 기업 역시 도덕적 평가와 무관한 도덕 해방구(moral freezone)가 될 수는 없으며 거기에도 엄연히 도덕적으로 정당한 행위와 부당한 행위, 시비선악이 가려져야 할 요소가 존재하는 한 기업윤리 또한 의미 있는 담론의 하나임에 틀림없는 것이다.

1970-80년대 기업윤리에 대한 저술들은 주요 윤리적 이론(공리주의 혹은 칸트주의 이론들)을 검토하는 것으로 시작하는 경향이 있었으나, 근래에 이르러서는 기업의 윤리적 책임에 대해 그러한 추상적인 일반론보다 구체적인 현실론으로 내려와 이해당사자 이론(stake-holder theories)이나 사회계약 이론(contractarian theories) 등이 제시되고 있다. 이 같은 이론들은 하향식(top-down) 접근법보다는 상향식(bottom-up) 접근법으로 설명될 수 있다.[34]

공리주의와 칸트주의는 기업을 포함한 인간활동의 전 영역에 적용될

---

33) Robert. A. Dahl, "A Prelude to Corporate Reform", *Corporate Social Policy*, pp.18-19.
34) Jennifer Jackson, "Business Ethics, Overview", *Encyclopedia of Applied Ethics*, vol.1, Academic Press, 1998, pp.397-411 참조.

매우 광범위한 원리로 시작한다. 이에 비해 이해당사자 이론이나 사회계약 이론은 기업에 있어 사람들의 윤리적 책임을 해명하는 일을, 광범위한 원리로부터가 아니고 기업거래에 함축된 구체적 의무들로부터 시작한다. 기업에 몸 담고 있는 이들은 이 같은 상향적 접근법을 선호한다. 그들은 공리주의나 칸트주의가 의미하는 근본 원리로부터가 아니고 더 구체적이고 친밀한 중간단계의 판단과 관련된 논의에 가담한다. 물론 중간단계의 원리들도 그 근본이 철학적 이론에 뿌리를 두고 있겠지만 근본으로의 소급은 철학자들에게 맡겨두고자 한다.

최근 가장 선호되는 기업윤리 이론 가운데 하나는 이해당사자 이론이다. 다른 기업윤리 이론들과 마찬가지로 이 이론을 제시하는 사람들은 경영윤리(management ethics)적 관점을 수용하는 경향이 있다. 그래서 결국 기업윤리 이론으로 제시된 것은 엄밀히 말해 경영윤리 이론이라고도 할 수 있을 것이다. 윤리적으로 책임 있는 경영은 기업에 이해관심을 갖는 모든 당사자의 이해에 대한 배려를 내포한다고 말한다. 따라서 경영자는, 그들을 위해 사업을 관리, 경영하게 되는 주식 소지자 즉, 주주들의 이해관계만을 고려하는 것으로 충분하지 않다는 것이다. 이해당사자(stakeholder)를 규정하는 문제가 그리 간단하지는 않으나 대체로 기업의 이해당사자는 기업의 목표를 달성함으로써 영향을 주거나 받게 되는 집단이나 개인이라 할 수 있다.

그러나 이해당사자를 이렇게 규정하는 것은 지극히 광의의 정의라고 할 수 있다. 그 속에는 회사의 경영자, 고객, 공급자를 포함하게 되는데 기업의 경영자를 확대해석할 경우 누구든지 모든 기업의 이해당사자라고 할 수 있는 것이다. 기업의 이해당사자가 누구인가의 문제뿐만 아니라 다양한 이해당사자의 이익을 어떻게 배려하고 조정할 것인지의 문제도 제기된다. 한 가지 해결책은 모든 이해당사자의 이해관계를 총합해서 그들 선호의 만족을 극대화하는 일이다. 만일 모든 사람이 이해당사자이고 모든 이의 이해관계를 극대화해야 할 경우 이는 공리주의적 기업관이 된다 할 것이다.

이해당사자 이론은 기업이 소유주, 즉 주식을 소지한 자의 이해관심을 증진하는 의무를 갖는다는 입장의 수정안으로 제시되었다.[35] 공급자, 고객, 고용인 등 당사자들도 기업의 목표달성에 영향을 미친다고 할 때 경영의 일차적인 윤리적 의무가 소유자의 이해관심을 도모하는 것이 옳다 할지라도 경영자는 그 밖의 다른 이해당사자의 기대도 존중할 필요가 있는 것이다. 그러나 이해당사자 개념을 지나치게 넓게 잡을 경우 기업은 이해당사자 중 하나로 지방 마피아까지 포함하는 사태에까지 이르게 된다. 왜냐하면 그들 집단도 기업경영에 직간접적으로 영향을, 특히 위협적 영향을 미칠 것이기 때문이다. 그러나 이같이 규정된 이해당사자는 배려받을 권한, 즉 기업의 배려에 대한 요구권(claim)을 갖는다고 할 수는 없다. 여하튼 이해당사자 이론은 외부환경을 무시하는 경영자의 근시안적 태도의 교정책으로 이해될 수 있을 것이다.

그런데 문제는 이해당사자들의 견지에서 그들의 상충하는 다양한 이해관심을 어떻게 조정하고 비중을 잴 것인가이다. 한 가지 방안은 기업의 목적을 강조하는 일인데 그에 비추어 어떤 이해당사자가 기업의 장기적인 성공에 큰 비중을 갖는가를 확인하는 것이 가능하다는 것이다. 물론 이런 관점에서 일부 이해당사자의 관심이 경시될 수도 있을 것이다. 그러나 예상될 수 있는 한 가지 문제로서 이해당사자 입장은 그것이, 경영자가 모든 이해당사자의 상충하는 이해관계의 비중을 잴 수 있는 방도에 대한 설명을 통해 보증되지 않고는 기업경영에서 생겨나는 윤리적 문제나 선택을 해결하는 데 도움을 줄 수 없다는 점이다.[36] 기업윤리에 있어 이 같은 문제에 대한 통찰을 얻을 수 있는 한 가

---

35) 위의 논문, p.406.
36) 위의 논문, p.407.

지 방법은 정치철학에서 가상적 계약(hypothetical contract)의 개념으로부터 빌려올 수가 있다. 이 점에서 기업에 대한 계약이론을 살펴볼 필요가 생긴다.

가상적 계약의 개념은 정치철학에서 사회의 성원들이 갖는 권리와 의무를 해명하려는 시도에서 이용된다. 모든 사회는 규칙이 필요하며 규칙이 도덕적 힘을 갖기 위해서는 공정하고 합당할 필요가 있다. 그러나 공정하고 합당할 규칙을 어떻게 제정할 것이며 우리 사회의 규칙체계가 공정하고 합당한지 어떻게 알 수 있을 것인가? 가상적 계약이론은 당사자가 자신의 사회적 지위를 모르는 무지의 베일(veil of ignorance) 아래 규칙을 채택하게 될 경우 그런 규칙이 정의로울 수 있다는 생각을 제안한다. 이같이 무지의 베일 아래 있다는 가정 아래 채택된 규칙은 공정한 것이고 우리 사회의 규칙이 그에 부합되지 않을 경우 부정의한 규칙이라고 할 수 있다는 것이다. 이 같은 가상은 물론 기업윤리에 있어서 나름의 지침을 제시하는 데 도움이 되는 것은 사실이나 그것만으로 충분한 방도가 될 수 있는지는 여전히 과제로 남게 된다.[37]

끝으로 우리는 지구촌 시대에 글로벌 스탠다드에 의거한 경영철학도 구상해 볼 필요가 있을 것이다. 세계경제는 지구촌 시대로 접어들고 있다. 이와 더불어 기업의 활동은 과거와는 비교할 수 없는 정도의 도덕성과 투명성(transparency)을 요구하게 될 것이다. 이는 기업이 활동의 적합성을 보장할 내부구조를 재편, 확립할 것을 요구한다. 기업이 시장의 신뢰와 인정을 받고 나아가 지구촌 시장(global market)의 건실한 성장에 기여할 수 있기 위해서는 적합한 기업활동을 통해서 그리고 그런 활동의 구현을 위한 구조를 확립함으로써 가능하다 할 것이다.

---

37) 위의 논문, pp.408-409 참조.

코피 아난(Kofi Annan) 유엔 사무총장은 1999년 스위스 다보스에서 열린 세계경제포럼에서 지구촌 기업의 리더들에게 말하는 가운데 인권, 노동, 환경 등을 포함한 광범위한 영역의 문제들과 관련된 윤리체계를 구축할 것을 요청했다. 이 같은 진술은 국제사회를 두루하여 윤리체계의 협력 및 공유와 철저한 법준수 그리고 사회적 책임의 확립에 대한 점증하는 요구의 또 다른 표현이라 할 수 있는 것이다.

시장 및 국제사회의 발전과 더불어 회사 등에서 노동하는 개인들도 그들이 긍지를 가질 만한 떳떳한 일자리를 추구하게 되었다. 대부분의 사람들은 부당한 활동에 연루되면서 노동하는 것을 원치 않는다. 그들은 모든 불법적 거래와 기업관행, 그들의 양심에 위배되는 부당하고 부도덕한 일들을 그들의 일터에서 목격하고 싶어하지 않는다. 원리상 일터는 자기실현(self-realization)의 장소가 되어야 하며 개인이 자신의 양심에 반하는 행위를 함으로써 정서적 갈등으로 고통당하는 장소가 되어서는 안 될 것이다.[38]

이상과 같은 근거를 바탕으로 한 국제적, 지구촌적 척도(global standard)는 윤리적 관점에서 기획된 구조적 경영체계를 대변하며 기업을 구성하는 개인들의 작업환경을 개선하는 목표가 된다. 국제사회의 요구를 준수하는 기업만이 시장의 신뢰와 인정을 보장받을 수 있는 것이다. 척도의 목적은 기업이 의심할 만한 거래나 불공정한 관행을 사전에 확인하고 선제조처를 할 수 있기 위한 것이다. 물론 이는 기업의 내부 직원들의 전적인 협력 아래 자율적으로 행해져야 할 것이고 강요되거나 강제되어서는 성공을 거두기 어려운 것이다.

---

38) *Ethics Compliance Management System Standard*, Business Ethics and Compliance Research Center, Reitaku University, December 2001 참조.

4) 공학 전문직의 직업윤리

성수대교 및 삼풍백화점 붕괴, 대구 지하철 참사 등을 위시해서 크고 작은 안전사고들이 우리의 삶을 위협하고 있다. 그야말로 우리 사회가 위험사회(dangerous society)임을 일상에서 생생하게 느끼며 살고 있다. 이러한 사건들을 통해서 엔지니어들(engineers)의 전문지식이 시민들의 생명과 복지에 대해 갖는 중대성과 그로 인해서 생겨날 엔지니어들의 책임 등을 심각하게 생각하게 된다. 엔지니어의 전문지식이 중요한 까닭은 수많은 인명과 상당한 재산의 손실이 달려 있기 때문이며 바로 그 때문에 엔지니어는 인적, 물적 자원을 보존하고 지키는 방식으로 자신의 지식을 이용해야 할 책임이 있음을 인지해야 할 것이다.

우리는 모두 여러 가지 역할(roles)을 담당하고 있다. 우리는 학생이거나 교수일 뿐만 아니라 자녀이거나 부모이며 각종 유형의 조직성원이고 국가의 시민들이기도 하다. 이러한 역할들은 대부분 특수한 의무와 특전을 지니고 있으며 이들을 통칭하여 역할도덕(role morality)이라 할 수 있다. 엔지니어의 역할은 일차적으로 전문직의 의무를 수행함으로써 시민대중의 안전, 건강, 복리를 지키는 일이라 할 수 있다. 그리고 또한 엔지니어는 이 같은 자신의 고유한 역할을 수행함에 있어 갖가지 윤리적 선택에 봉착하게 된다. 따라서 책임있는 엔지니어의 전문직을 수행하기 위해서는 윤리적 감수성과 더불어 반성을 요구하는 상황들을 숙지할 필요가 있으며 나아가 윤리적 사고를 위해 요구되는 개념과 원리들에 대해서도 명료한 이해를 지니고 있어야 한다.[39]

최근에 이르기까지 엔지니어의 교육에 있어 교과과정에 윤리교육을

---

39) Charles E. Harris, Jr., *Engineering Ethics: Concepts and Cases*, Wadsworth Publishing Company, 1995, pp.5-7.

포함시키는 일의 중요성에 대해 별반 주의를 하지 않았다. 그러나 많은 전문직 엔지니어들이 증언하는 바에 따르면 무언가 사태가 터지거나 일이 잘못된 다음에야 윤리적 교훈을 배우게 된다는 것이다. 그래서 사건이 발생하기 이전에 공학의 각종 윤리적 문제들을 학교에서 사전에 생각해 둘(thinking ahead) 필요가 있음을 인식하게 된 것이다. 따라서 마치 병이 발생하기 이전에 건강을 지키는 예방의학이 요구되듯 예방윤리(preventive ethics)로서 공학윤리(engineering ethics)를 생각하게 된 것이다.[40] 심각한 질병이 발생한 연후에 치료책을 강구하는 대신 건강할 때 건강을 지키는 좋은 습관들을 가르치는 예방의학과도 같이, 예방윤리는 나중에 더 심각한 문제로 낭패를 당하는 대신 가능한 행위의 결과들을 미리 숙고하여 사태를 미연에 방지하게 하자는 것이다.

그간에 이루어진 연구성과에 따르면 엔지니어의 윤리교육은 대체로 다섯 가지 목표로 요약된다는 점에 합의하고 있다. 이것들은 예방윤리의 훈련요목들이라고 할 수 있을 것이다.[41]

우선 도덕적 상상력이나 감수성을 자극하는 일이다(stimulating the moral imagination). 따라서 첫 번째 교육목표는 학생들의 도덕적 상상력을 함양하는 일이라 할 수 있다. 다른 모든 전문직 윤리 프로그램과 같이 구체적 경우나 문제상황들(cases)에 대한 상당한 강조가 요구된다. 다른 사람들과 마찬가지로 엔지니어에 있어서도 전문직 종사자로서 행위의 결과를 예견하고 당면한 윤리적 문제의 해결을 모색함에 있어 상상력이 긴요하다. 놀라고 당황하게 될 가능성을 줄이기 위해 엔지니어들은 가능한 대안들과 그 현실적 결과들을 상상할 수 있어야 한다.

둘째로 윤리적 문제를 인정하고 인식하는 일(recognizing ethical

---

40) 위의 책, pp.7-9.
41) 위의 책, pp.9-12 참조.

issues)이 요구된다. 우리가 처하게 될 모든 문제상황들은 일정한 선택이 요구되는 상황이며 모든 선택은 또한 어떤 평가를 전제로 해서 이루어진다. 이렇게 볼 때 사실상 모든 상황은 평가에 바탕한 일정한 선택이 요구되는바 윤리적 문제상황이라 할 수 있다. 그러나 상황이 갖는 윤리적 차원이 항상 명료한 것은 아닌 까닭에 윤리적 문제를 간파하고 확인하며 인정하는 감수성의 조련이 필요하다. 문제의식이 없을 경우 해결에의 모색은 불가능하기 때문이다.

셋째, 분석적 기술의 개발(developing analytical skills)이 필요하다. 어떤 의미에서 공학도들은 상당한 분석능력을 갖고 있음이 사실이다. 그러나 그들은 또한 이 같은 기술적인 분석능력을 도덕문제를 분석하는 데도 조심스럽게 적용해 볼 수 있다. 물로 때로는 그들의 분석기술이 도덕적 분석에 방해가 될 수 있을 것이다. 도덕적 분석을 위해서는 공리, 정의, 권리, 의무 인간존중 등의 개념에 대해 명료한 사고를 요구할 것인데, 이들 개념은 반드시 양적인(정량) 분석만으로 다루기는 어려울 것이기 때문이다.

네 번째는 책임감을 일깨우는 일(eliciting a sense of responsibility)이 중요하다. 예방윤리는 자신을 도덕적 행위주체로 느끼는 사람들에 의해 가장 효과적으로 실행될 수 있다. 비록 우리가 우리의 직업윤리관에 있어서 행동강령을 중심으로 생각한다 할지라도 그것이 무비판적으로 신뢰할 수는 없다는 점이 지적되어야 할 것이다. 행동강령은 어떤 영역에서는 수정할 필요가 있을 것이며, 그것을 구체적인 도덕문제에 적용하는 방식이 언제나 분명한 것도 아니다. 예방윤리의 실현은 도덕을 주입하는 일이기보다는 독립적인 사고를 훈련하는 일이라고 할 수 있다.

마지막으로 의견의 불일치와 애매성을 용납하는 일(tolerating disagreement and ambiguity)을 배워야 한다. 문제들을 논의하다 보면 자주 실망할 일이 생긴다. 더욱이 윤리문제들은 개념 자체가 애매하고 모호한 점이 있어 논의들이 자주 의견의 불일치에 이르게 된다. 그럴 경우 합의를 얻기 어려운 점이 문제에 대한 기술적 해결에 익숙한 사람들을 당혹스럽게 할 것이다. 윤리문제에 대한 유권적인 해결은 있을 수 없으며 준비된 해결책이 있는 것도 아니다. 윤리강령의 원칙이나 규칙들은 일반적인 용어로 기술되어 있고 원칙들 간의 상충도 있을 수 있는 까닭에 구체적인 상황에 적용할 경우에는 사려 깊은 판단이 요구되며 인내와 관용 그리고 책임감이 필요하다.

이상의 다양한 능력들을 개발하기 위해 가장 효과적인 방법은 사례들을 분석하는 일이다. 사례분석(case analysis)을 통해서만이 우리는 예방윤리에 참여하기 위해 필요한 능력을 연마할 수 있다. 사례들은 우리들이 주요한 문제를 해결함에 있어 가능한 대안들을 예견하고 그 각 대안들의 결과를 평가하게 함으로써 도덕적 상상력을 자극하게 된다. 그리고 사례들을 통해 우리는 윤리적 문제가 존재한다는 것을 인정하는 능력을 배우게 되고 그것을 해결하는 데 필요한 분석적 기술을 숙련하게 된다. 또한 사례연구는 윤리강령이 직업생활에서 생겨나는 모든 문제들에 대해 정해진 해답을 줄 수 없음을 배우는 효과적 방식이며 각자 책임 있는 도덕적 행위주체가 될 수 있는 최선의 방법이다. 끝으로 사례연구를 통해 도덕적 분석에 있어 해결 불가능한 불확정성(indeterminacy)이 있으며 어떤 상황에서는 합리적이고 책임 있는 전문가들도 올바른 것이 무엇인지에 대해 의견이 불일치할 수 있음도 깨닫게 되는 것이다.

6. 맺음말

근래에 이르러 전문직의 카테고리에 들어가는 직업의 종류도 다양화하고 상당한 변화를 보이고 있다. 특히 전문직의 범위가 현저하게 확대되고 있는 분야로는 소위 정보 및 지식산업의 분야를 들 수 있다. 이 같은 분야에 속하는 직업은 전통적으로 대표적인 전문직 이외에 다종 다양한데 열거해 보면 다음과 같다.

방송, 영화, 광고, 출판사업 관계의 전문직인 아나운서, 영화감독, 카피라이터, 디자이너, 속기사, 각종 컨설턴트, 정보처리 서비스의 전문직, 오퍼레이션 리서처 그리고 컴퓨터 관련 전문직인 프로그래머, 시스템 아날리스트, 데이터 프로세싱 매니저, 나아가 새로운 기능직을 대표하는 전기 · 전자 기술자, 수리, 원자력, 우주항공 분야 등의 기술자 등등을 꼽을 수 있다.

이상의 직업은 ① 거기서 필요로 하는 능력이 단순한 반복적 작업에 종사하는 일반 블루칼라나 기계적인 사무노동에 종사하는 보통의 화이트칼라에 요구되는 것과 달리 오랜 기간에 걸친 엄정한 교육훈련을 거쳐서 습득되는 특별한 능력이라는 점에서, ② 그 중요한 기능이 상품의 생산이나 유통보다 정보나 서비스의 생산, 처리, 제공이라는 점에서, 또한 ③ 그 주요한 업무가 적어도 이상적으로는 공공복지의 공헌에 있다는 점에서, 더욱이 ④ 그 일의 내용이 항상 발전적, 도전적이고 그에 종사하는 사람들에게 부단한 노력과 연구를 요구하는 점에서 전통적인 의미의 전문직과 다를 바가 없는 것이다. 다만 전통적인 전문직에서 볼 수 있는 동업조합의 형성이나 동업자 규제를 도모하기 위한 행동규범은 이같이 새로운 전문직군에는 아직 발달되지 않고 있는 것으로 보인다. 이는 이 같은 직업군에 종사하는 사람들의 숫자가 아직 적다는 이유와도 관련되어 있다.[42]

대체로 새로운 기술이나 전문직과 관련된 행태나 관행을 규제하는 법규가 만들어지는 것은 지극히 사후적(事後的)이라 할 수 있다. 관련 법규나 법령이 만들어져 새로운 기술과 전문직을 규제할 수 있기까지에는 상당한 시간이 요구되며 그동안 새로운 기술이나 전문직과 관련

---

42) 이승우, 『직업윤리』, p.135 참조.

된 갖가지 부작용과 해악이 상당한 지경에 이르고 나서이다. 바로 이 점에서 법 이전에 전문직과 관련된 윤리의 필요성이 절실하며 따라서 전문직 교육에 있어 전문직 윤리가 교과과정의 필수요목에 포함될 필요가 있는 것이다.

아직 우리 사회에 있어서는 여러 의미에서 전문직의 확립이 미진하다. 따라서 명목상으로 전문직 종사자라 할지라도 전문지식이나 기술이 지극히 불완전하며 또한 사안에 따라 다변화, 다양화되어 있지 못하다. 나아가 전문지식이나 기술에 못지않게 직종과 관련된 전문직 윤리의 불비함은 이루 말할 수 없다. 또한 전문직 기능과 윤리가 미비한 가운데도 전문직을 빙자한 상업주의가 기승을 부리고 있는 것이 현실이다. 기능적인 면에 있어서나 윤리적인 면에 있어서 더 업그레이드된 전문직의 확립을 위해서는, 전문직 종사자 자신의 집단적 자율규제와 더불어 의뢰하는 고객 편에 있어서나 관련 정부당국에 있어서 기술적으로나 도덕적으로 우수한 양질의 종사자를 평가, 선별하는 시스템이 개발되어야 할 것이다.

제4장　바람직한 한국인상의 구성요건

1. 다원주의 사회와 이상적 인간상

우리는 해방 이후 오늘에 이르기까지 교육의 목표로서 이상적인 한국인상을 모색해 왔으나 만족할 만한 해답을 발견하지 못했고 그러면서 아직도 바람직한 한국인상의 구상에 연연하고 있는 실정이다. 여기에서 우리는 이상적인 한국인상을 찾는 우리의 오랜 프로젝트가 21세기의 시점에서도 유효한 것인지 아니면 그것이 특정한 시대적 배경과 그에 부합하는 특정한 사회상, 인간상, 가치관에 수반하는 발상으로서 어쩌면 시대착오적인 과제가 아닌지, 또는 우리 시대와 사회적 맥락에 맞는 새로운 모형의 프로젝트로 궤도수정이 요청되는 것이 아닌지 물어야 할 것이다.

근세에 이르기까지 사람들은 일반적으로 관행과 전통 그리고 담론의 공간을 공유하는 소규모 공동사회에서 생사고락을 같이해 왔다. 이 같은 공동사회는 면접적이고 직접적인 인간관계를 바탕으로 서로의 삶에 깊이 관여하는 투명한 사회라 할 수 있다. 삶에 있어서 특별히 공적 영역과 사적 영역의 구분도 없었으며 인간들 간의 교섭은 총체적이고 전인적인 관계였다고 할 수 있다. 공적 자아와 사적 자아가 분화될 필요도 없었고 굳이 사생활권(privacy)의 보호문제도 제기될 필요가 없었다. 사람들 간의 교섭이 총체적이고 전인적이었던 만큼 바람직한 인간상에 있어서도 전인적, 전인격적 모형이 추구되었다.

그러나 전통사회가 해체되고 개인들이 자신의 이해관계에 따라 이합집산하는 근세 이후의 사회상은 낯선 사람들 간의 계약에 근거한 이익사회라 할 수 있으며 이기적 개인들 간의 신사협정으로서 최소한의 윤리에 기초한 시민사회이다. 이러한 사회구조에 있어서 개인들 간의 교류는 전인으로서가 아니라 공적인 공간에 있어서 공적 자아들 간의 교류라 할 수 있다. 낯선 사람들 간의 사적인 자아까지 포함된 전인의 노출은 서로 부담이 되고 상처받을 가능성이 큰 까닭에 공공윤리로서 시민윤리가 용납하는 한에서 공적 자아들 간의 교류로서 만족하게 된다. 그럼으로써 비공적 자아나 사적 자아는 사생활권을 명분으로 해서 철저히 보호를 받는 길도 열리게 된다.

동서를 막론하고 관행과 전통, 담론의 공간을 공유하는 전통적 공동사회에서는 덕의 윤리(virtue ethics)가 번성하였으며 각종의 덕목을 구비한 유덕한 인간이 이상적 인간으로 칭송된다. 이 경우에는 최대도덕(maximum morality)을 지향하는 도덕적 이상주의(moral idealism)가 지배하게 된다. 그러나 사회적 분화와 가치다원화로 인해 전통적인 일원적 사회가 해체됨으로써 가치관, 인생관, 세계관을 서로 달리하는 다원주의적 사회가 전개되기에 이른다. 롤즈(John Rawls)의 지적대로 근세 이후 다원주의(pluralism)는 부인할 수 없는 하나의 사실이며 최소윤리(minimum morality)로서 시민윤리는 다원주의 사회에 대한 윤리적 대응이요 통합의 원리라고 할 수 있다.

다원적 시민사회에서는 덕의 윤리보다는 권리와 의무를 중심으로 하는 규칙의 윤리가 윤리의 적합한 모형이 된다. 최대윤리가 전제하는 전인적인 이상적 인간형보다는 최소한의 윤리로서 시민윤리를 준수하는 시민상이 관심의 대상이 된다. 시민은 시민들 간의 협정으로서 최소한의 규칙체계를 준수하는 자들이며, 굳이 덕목이 요구된다면 그것은 규칙준수의 덕목(rule-following virtue)이라고 할 수 있다. 따라서 오늘날 우리가 주목해야 할 것은 바람직한 인간상이라는 포괄적인 프로젝트이기보다는 멋진 시민상일 것이며 그 구체적 내용은 시민으로서 지켜야 할 규칙체계들이라 할 수 있다.

다양성 속의 통일성, 통합 속의 분화를 허용하는 다원주의 사회의 최소윤리는 바로 우리가 시민윤리라 부르고 있다. 시민윤리는 우리가 삶의 다양한 측면에 있어서 일치하기를 요구하지 않으며 따라서 단일한 하나의 이상적인 인간상을 추구하게끔 강요하지도 않는다. 그것은 각자 자신이 바라는 삶의 양식을 추구하고 자신이 원하는 인간상을 지향하면서, 그것들을 지향하고 추구하는 과정에서 생겨날 마찰과 갈등을 해소하기 위한 최소한의 규범이요 규칙체계인 것이다.

따라서 시민윤리는 도덕적 이상주의이기보다는 도덕적 현실주의에 바탕을 두고 있으며 최대도덕이 아니라 최소도덕에 기초를 두고 있다. 시민들은 이상적 인간상을 공유하지도 않으며 공유할 수도 없고 공유하도록 강요되지도 않는다. 단지 시민들은 인간의 삶에 있어서 공적인 측면을 규율하는 규범체계를 공유하고 준수해야 하며 그 밖에 비공적인 혹은 사적인 삶에 있어서는 무한한 차이성과 다양성이 허용된다. 굳이 그들이 공유하고 추구할 만한 상이 존재한다면 그것은 인생의 이상으로서의 이상적 인간상이 아니라 모범적 시민상 정도라 할 수 있다.

시민상이란 다양한 인간상들이 공유해야 할 공공적 인간상이라 할 수 있다. 공동체의 기초 질서를 준수해야 할 의무를 갖는다는 의미에서 시민상에 있어서 서로 중첩적인 합의가 있을 뿐 그 밖의 측면에서는 다양하고 다채로운 모습을 띠는 것이 오히려 상호 보완적 순기능을 갖는다. 이를 달리 표현하면 우리는 공적인 삶 혹은 자아(public self)에 있어서만 서로 일치하고 겹칠 뿐 그 나머지 비공적이고 사적인 삶 혹은 자아(non-public, private self)에 있어서는 무한한 다양성이 허용, 용납된다. 공적인 자아에 있어 중첩적 합의가 있는 한 우리는 하나의 공동체를 이루는 성원으로서 유대를 지닌다고 할 수 있다.

2. 보편적 가치와 한국적 가치

이상적 인간상이라고 하면 우리는 흔히 초등학교 때 배운 '큰바위 얼굴' 이야기를 떠올리곤 한다. 어느 마을에 큰바위 얼굴에 관한 신화가 전해 오고 있다. 마을사람들은 언젠가 그 큰바위 얼굴에 부합하는 실제인물이 나타날 것을 기대한다. 몇몇 저명인사가 후보로 떠올랐지만 모두가 마을사람들의 기대에 어긋난다. 드디어 주인공 소년이 성장해 가면서 큰바위 얼굴을 닮아감으로써 드디어 마을사람들이 기다리던 실제의 큰바위 얼굴이 된다는 이야기이다.

그런데 매우 감동적인 이 이야기는 바람직한 인간상 혹은 이상적인 한국인상을 구상하는 우리의 과제에 어떤 도움을 줄 수 있는가? 어떤 면에서 우리는 지금 우리의 교육지표가 될 만한 큰바위 얼굴, 그것도 한국적인 어떤 모습을 찾고 있다는 점에서 지극히 시사적인 면이 있음이 사실이다. 그런데 '큰바위 얼굴'은 그 자체로서 실재하는 것은 아니지만 지극히 암시적이고 형성적 힘을 갖는 규제적 이념(regulative idea)임에 틀림없다. 하지만 큰바위 얼굴이라는 개념은 지극히 형식적인 개념으로서 어떤 구체적 내용도 제시하지 않는다. 그것은 많은 것을 말해 주면서도 동시에 말해 주는 것이 아무것도 없는 텅 빈, 공허한 개념이라 할 수 있다. 어떤 내용이든 담을 수 있으나 그 어떤 내용도 담고 있지 않은 이러한 추상적 이미지는 우리가 지금 찾고 있는 인간상으로 보기는 어려울 것이다.

　그렇다면 우리가 찾고 있는 인간상은 고유명사로 떠올릴 수 있는 구체적인 어떤 인물일 수 있는가? 그동안 자주 우리의 큰바위 얼굴로 떠올려 왔던 인물로는 정치지도자 김구, 조만식, 안창호 등이 있었고 군사지도자로서는 이순신, 을지문덕, 김유신 등이 있었다. 이들은 갖가지 일화나 유언을 통해 우리들 대부분의 기억 속에 남아 있다. 그러나 그 어떤 위인도 결코 우리가 찾는 큰바위 얼굴로는 부적당한 인물이다. 실재했던 인물은 강점에 못지않게 약점 또한 지니고 있으며 관점에 따라 칭찬 못지않게 비난이 제기될 수 있는 인물일 것이다. 그렇다면 우리가 찾는 한국인상은 큰바위 얼굴과 같이 지나치게 추상적이지도 않고 김구나 이순신과 같이 지나치게 구체적이지도 않은 어떤 형상이란 말인가?

　한때 우리는 국적 있는 교육을 내세운 적이 있고 국민교육헌장을 만들어 교육의 지표로 삼은 적도 있다. 그러나 경제위기와 관련해서 '아시아적 가치'가 비판의 도마 위에 오르고 있는 이즈음 교육의 목표로서 한국적 가치가 새로운 시각에서 재고되어야 할 것으로 생각된다. 교육의 목표 속에 보편적 가치 이외에 동양적 내지는 한국적 가치가 포함되어야 하는지, 한국적 가치가 본질적 요소로서 포함되는 것이 마땅하다면 그것은 어떤 것이어야 하는지 제시되어야 할 것이다. 필자가 생각하기에 설사 한국적 가치가 고려된다 할지라도 그것은 충효와 같은 구체적 덕목으로서라기보다는 공동체주의와 같은 좀더 일반적인 수준에 서일 것이라 생각된다.

　우리가 뒤늦은 근대화, 산업화를 앞당기는 데 있어 국가주의, 권위주의, 연고주의, 정실주의 등과 같은 아시아적 가치 내지 한국적 가치가 어느 정도 순기능을 했다는 사실은 부인하기 어렵다. 그러나 한때 한국적 '드라마'의 요인이었던 가치관이 다시 한국적 '딜레마'의 원인이 되고 있음을 목격하고 있는 것 또한 사실이다. 이제 단순한 근대화, 산업화가 아니라 한층 더 나아가 현대화, 세계화의 과제를 눈앞에 두고 서 앞서 제시된 한국적 가치관이 다시 순기능을 하리라는 기대를 하기가 어렵다. 근대화의 받침돌이었던 것이 현대화의 걸림돌이 될 수도 있을 것이기 때문이다.

더욱이 한국적 가치관의 부정적 측면을 청산해야 할 교육의 목표로서는 좀더 보편적인 가치가 설정되어야 할 것으로 보인다. 세계적, 보편적 가치의 학습과 실행을 통해서만이 지역적, 연고적 가치의 극복과 불식이 가능할 것이기 때문이다. 그러나 설사 우리가 한국적 가치를 교육목표로 내세운다 할지라도 한국문화의 특수성이 교육현장에서 무시되어야 할 이유는 없다. 목욕물을 버리면서 아이까지 버리는 어리석음을 범해서는 안 될 것이다. 어쨌든 우리는 교육의 목표로서 바람직한 시민상을 제시하고자 하며 따라서 그러한 시민상은 세계시민상 (cosmopolitan)으로도 발전할 수 있을 것이다.

3. 교육이념으로서 '홍익인간' 시비

우리는 지금까지 초중등 교육을 위시한 국가 수준의 교육과정에 교육적 인간상을 제시하여 학교교육의 지침으로 삼아 왔다. 우리의 교육적 인간상은 해방 이후 신교육에서 표방해 온 교육이념을 바탕으로 하고 있다. 교육이념이란 교육적 행위 전체를 지도하는 근본 원리로서 현실적으로 진행되는 모든 수준의 활동이나 원리에 대한 교육적 판단의 기준으로 활용하는 가치체계로 이해된다.

해방 이후 우리 교육에서 가장 포괄적인 수준의 이념으로 제시된 것은 바로 홍익인간(弘益人間)의 이념이다. 이는 해방 직후 결성된 조선교육심의회에서 제안된 것으로 교육법 1조에 이를 명기함으로써 이제까지 우리 교육의 공식적인 교육이념으로 표방되어 왔다. 우리의 교육이념을 채택함에 있어서 감안한 것은 우리의 건국이념인 민주주의와 민족주의이며 이 두 가지 이념과의 연관성으로 인해 홍익인간이 교육이념으로 채택된 것이다.

우리의 홍익인간의 정신은 서구인들에게 'Maximum Service to Humanity'로 번역, 소개됨으로써 상당한 호응을 얻었다고 한다. 백락준에 따르면 홍익인간의 이념은 "널리 인간을 유익하게 한다는 것"으로서 교육에서 문제되는 것은 우리가 어떻게 해야 다른 사람에게 이익을 줄 수 있는가 하는 것이다. 남에게 이익을 주려면 적어도 남에게 해를 끼치지 않는 사람이 되어야 할 뿐만 아니라 나아가 남에게 이익을 주는 사람이 되는 것으로서 결국 우리가 각각 완전한 인간이 되게 하는 것과 통한다고 했다. 결국 이 같은 해석은 홍익인간 이념이 전인(全人) 교육에 대한 이념과 타인과 더불어 사는 공동체 의식교육과 상통함을 알 수 있다.

이 같은 홍익인간의 교육이념은 1949년에 공표된 교육법 제1조에서 "교육은 홍익인간의 이념 아래 모든 국민으로 하여금 인격을 완성하고 자주적 생활능력과 공민으로서의 자질을 구유하게 하며 민주국가 발전에 기여하게 함을 목적으로 한다"고 명시함으로써 현재에 이르기까지 우리 교육의 가장 포괄적인 교육이념으로 자리잡고 있다. 홍익인간의 이념에 포함되어 있는 내용을 요약하면 결국 인격이 완성되고 자주적 생활능력과 공민으로서의 자질을 구유하는 인간이라는 개인적 차원의 이념, 민주국가의 발전에 봉사하는 인간이라는 국가 차원의 이념, 인류공영의 이상실현에 기여하는 인간이라는 이념이라 할 수 있다.

그런데 교육이념으로서 홍익인간에 대한 시비 또한 분분하다. 흔히 교육이념으로서 홍익인간의 적절성과 유의미성에 대해서 의문이 제기되곤 하나 필자는 다음 몇 가지 논거에서 홍익인간이 교육이념으로서 적절성과 유의미성이 있음을 옹호하고자 한다.

홍익인간의 이념에 대한 주된 비판 중 하나는 그것이 지나치게 추상적이어서 제도적 체제나 구체적 활동의 교육적 평가기준으로서 모호하다는 것이다. 그러나 이는 교육이념과 교육적 인간상을 구분함으로써 대답될 수 있다. 우선 교육이념은 교육 전반을 지도하는 추상적 원리이며 그것을 제도적, 현실적 문맥에서 구체화하는 적용규칙이나 세부덕목이 그로부터 연역될 수 있으며 이들을 포괄적으로 구현하고 있는 인간상을 구상할 수 있을 것이다. 또 한 가지 비판은 홍익인간이라는 말이 하나의 신화에서 나온 고사적 표현으로서 현재적 상황에 적절하지 않다는 지적인데 필자가 보기에는 이러한 지적도 합당하지 않다고 생각된다.

　우선 널리 사람을 이롭게 한다는 이념은 근세 이후 서구의 공리주의적(utilitarian) 사고와 맥을 같이한다는 점에서 지극히 근대적인 이념이라 할 수 있다. 개인적 부귀공명이 아니라 널리 모든 사람의 유익함을 추구하는 홍익인간의 근본 정신은 보편적 이해관계를 추구하고 다수의 행복을 지향하는 공리주의 그 자체와 상통하는 것이다. 또한 이익 내지 이해관계와 같은 언어로 보편적 가치를 표현하고 있다는 점에서도 이는 근세적 이념과 상통한다는 점에서 그 말의 원천이 고사성어이기 때문에 현대적 상황에 맞지 않다는 것은 논리적으로 '발생적 오류'를 범하고 있다고 할 만하다.

　또한 널리 사람을 이롭게 한다는 것은 지나치게 국지적인 안목이나 지방적인 관점이 아니고 세계적이고 보편적인 관점에서 인간의 이익을 도모한다는 점에서 근세적 관점을 넘어 세계화, 지구화를 지향하는 현대적 관점과 부합된다. 한국인이나 한국인의 이익만이 아니라 인간이라면 누구든 모든 사람의 이익을 도모한다는 점 즉, 홍익인간의 이념은 한국적 가치나 아시아적 가치를 넘어 세계적 가치 내지 보편적 가치를 지향하고 있다는 점에서 높이 평가되어야 할 것이다. 따라서 다른 대안이 없는 한 홍익인간의 이념을 견지하는 것도 나쁘지 않다는 것이 필자의 생각이다.

또한 한때 교육의 목표가 전인(全人) 혹은 전인격이던 적이 있었다. 물론 이는 아직도 교육의 이상이 될 수 있을지는 모르나 교육의 현실적 목표가 되기에는 지나치게 이상적이거나 막연한 감이 없지 않다. 근래 중국에서는 복잡한 현대사회에서 전인보다는 차라리 능인(能人)을 교육의 목표도 내세우고 있다고 한다. 복잡한 현대사회에서는 특수한 기능을 갖춘 전문인이 절실히 요구되고 있다는 뜻으로 생각된다. 인구에 회자되는 박찬호, 박세리는 능인의 대표적 인물이라 할 수 있을 것이다.

4. 정의로운 시민상과 시민공동체

교육의 목표로서 바람직한 한국인상을 구상하는 우리의 과제는 결국 시민으로서 갖추어야 할 몇 가지 덕목이나 준수해야 할 몇 가지 규칙, 이행해야 할 몇 가지 의무를 추출하는 과제로 귀착하게 된다. 물론 덕목이나 규칙 혹은 의무는 서로 상관적(co-relative)인 것으로서 일정한 의무를 명법으로 공식화(formulate)하면 규칙이 되고 규칙을 따르고자 하는 지속적 성향을 덕이라 한다면, 이 세 가지는 동일한 내용의 상이한 측면이라고 할 수 있을 것이다. 시민으로서의 덕을 갖춘 자는 시민의 의무를 이행하고 시민윤리의 규칙을 준수하려는 의지를 가진 자라 할 수 있다.

다시 규정된 우리의 프로젝트가 바람직한 시민상의 구상이라 할 경우 시민상을 이루는 요인들을 대체로 몇 가지 규칙들로 요약해 낼 수 있을 것으로 보인다. 그리고 이러한 규칙과 관련해서 시민이 갖추어야 할 가장 기본적인 덕목은 바로 규칙준수의 덕이 아닐까 생각한다. 시민윤리를 구성하는 규칙들은 바로 시민들 자신이 스스로에게 부과한 것인 만큼 시민들은 특별한 사유가 없는 한 그 규칙을 준수할 의무가 있으며 이를 어기는 것은 자기모순적 행위라 할 것이다.

시민의 기본 덕목으로서 우선 준법정신을 들 수 있다. 법의 핵심은 정의라 할 수 있다. 그래서 시민들은 타인의 자유와 권리를 침해하지 않으며 정당한 이유 없이 타인을 상해하지 않는다. 또한 시민들은 자신의 정당한 몫이 아니면 취하지 않으며 자신의 책임과 본분을 다한다. 또한 시민들은 불의와 부당함을 용납하지 않으며 그것을 고발하고 감시한다. 그리고 자신에게 큰 희생을 요구하지 않는 한 불의를 개선할 만한 용기를 갖는다. 그리고 시민들은 공정한 경기가 이루어지게끔 페어플레이의 정신을 갖는다. 이 모든 덕목을 하나로 묶는다면 그것을 정의(justice)라 할 수 있으며 따라서 우리가 추구하는 것은 '정의로운 시민상'이라 명명할 수 있을 것이다.

일단 우리가 추구할 목표가 '정의로운 시민상'이라 한다면 정의로운 시민이 갖추어야 할 직접적인 덕목이나 규칙 혹은 의무들도 중요하겠지만 시민상이 간접적으로 전제하거나 시민들이 갖추어야 할 부대적인 덕목, 규칙, 의무들에도 주목할 필요가 있다. 우선 시민은 독립적 개체 혹은 개인으로서 성숙한 인간임을 전제한다. 성숙한 인격으로서의 독립성, 독자성, 자율성을 갖지 못할 경우 그는 시민으로서의 자격이 있다고 하기 어렵다. 또한 독립적이고 자율적인 개인이 전제될 경우에만 책임윤리가 확립될 수 있다. 독립적이고 자율적인 의사결정이 이루어질 경우에만 진정한 의미의 책임의식이 뒤따르게 될 것이기 때문이다.

또한 정의로운 시민이 되기 위해서는 상당한 용기 또한 필요하다. 부정의한 추세나 시류를 거슬러 정의로운 행위를 감행하기 위해서도 용기가 필요하지만 부정의와 불의를 감시하고 고발하고 그에 대적하기 위해서도 용기가 필요하다. 이런 뜻에서 미국에서는 매년 '용기 있는 시민상'을 제정해서 시상하고 있다고 한다. 용기만 갖는다고 정의로운 시민이 되는 것은 아니나 정의로운 시민이 되기 위해 용기는 필수적이라 할 것이다.

또한 정의롭고 공정한 사회가 될 때 우리 사회는 신뢰사회가 될 것으로 생각한다. 최근 후쿠야마(F. Fukuyama)는 『신뢰(Trust)』라는 그의 저서 속에서 신뢰가 경제발전에 있어서도 무형의 사회적 자본(social capital)임을 강조하였다. 사회발전에 있어서는 근대적 계약이나 합리성뿐만 아니라 전근대적 공동체성, 도덕성에 바탕한 신뢰가 중요한 자산이라는 것이다. 물론 그가 말하는 신뢰는 친한 사람끼리의 지방적, 연고적 신뢰가 아니라 낯선 사람 사이에 성립하는 전면적, 보편적 신뢰이다.

정의로운 시민상이라고 해서 우리가 구상하는 사회가 소유적 개인주의(possessive individualism)에 기초한 근대 서구의 시민사회 모형에 바탕을 둔 것으로 추정할 이유는 없다. 우리가 염두에 두고 있는 시민사회상은 시민공동체(civil community)라 할 수 있는 것으로서 개인권에 바탕을 두면서도 공동의 선을 중시하는 공동체적 모형임을 강조하고자 한다. 이는 권리, 인권 등 근세적 요소와 유대, 신뢰 등 전통적 요소를 통합한 어떤 사회유형을 지향하는 개념이다. 단지 그러한 사회에 있어서도 기본 덕목은 정의라고 생각하기에 정의로운 시민상이라고 한 것뿐이다.

제5장 윤리교육: 무엇을, 어떻게, 누가

1. 과연 도덕이 땅에 떨어졌는가?

근래에 젊은 국회의원들의 광주묘역 참배 전야의 술자리나 총선연대를 지휘했던 한 시민운동 지도자의 성추문 사건을 계기로 항상 그렇듯 "도덕이 땅에 떨어졌다"느니 "도덕적 해이가 극에 달했다"느니 하여 주요 언론을 위시해서 전체 사회가 소란을 떤 적이 있다. 물론 이 같은 행태는 어떤 도덕적 잣대로 재더라도 그릇된 것임은 명명백백한 것이 사실이고, 따라서 국민의 이름으로 규탄되어야 할 사태가 아닐 수 없다. 그러나 우리가 여기에서 한 가지 분명히 해야 할 사실은 그 같은 행태들로 인해 마치 동방예의지국의 드높던 우리의 도덕성이 갑자기 추락한 듯 해석하려는 우리의 태도에 문제가 있다는 점이다.

사실상 이 같은 행태들은 우리의 오랜 생활문화 속에서 무의식중에 몸에 배인, 그래서 이미 체질화되고 관행이 되어 버린 것이 아닌지, 오히려 과거에는 그런 것들이 행해져도 그대로 묵인되고 묻혀 온 것들이 이제는 용서 없이 백일하에 노정되어 공론에 회부되고 있으니 어찌 보면 우리의 도덕성이 향상되고 있는 증거는 아닌지, 혹은 그로 인해서 우리의 오랜 도덕적 이중성이 더 투명화되고 그래서 타파될 수 있는 계기가 주어진 것이나 아닌지, 나아가 우리의 도덕적 현황을 이렇게 보는 필자의 입장이 지나치게 낙관적인 것이나 아닌지 등등의 생각들이 이 글을 쓰게 된 동기 중 하나이다.

이 같은 사태가 전개될 때마다 윤리교육, 도덕교육 혹은 인성교육이 심심찮게 거론되는 상황에서 오늘날 과연 우리가 그 같은 교육에 있어 무엇을 가르치는 것이 합당한지 그리고 그것을 어떤 방식으로 가르치는 것이 효과적인지, 나아가 도덕교육의 기초는 누가 다질 수 있는지 등을 새로운 시각에서 따져보는 것이 새삼 중요하리라 생각된다. 필자의 논지를 요약하면, 우리가 기본적으로 가르쳐야 할 것은 합리적 이기주의자도 지킬 최소도덕으로서 시민윤리이며, 그 방법에 있어서는 도덕 사고교육에 못지않게 덕목 수양교육을 강조하고자 하며 특히 사고교육과 덕목교육의 기반으로서 예절교육과 관련하여 부모가 최선의 도덕교사라는 점을 내세우고자 하는 바이다.

또한 전반적으로 필자가 관찰하게 되는 한 가지 사실은 현상적으로 우리의 도덕성이 추락하고 있는 듯이 보이는 것이 사실이기는 하나 이는 전통적 도덕론자들의 관점에서 볼 때 우려스러운 것일 수 있을 뿐 사실상 물밑에서는 근대적 의미에서 새로운 도덕이 형성되어 가고 있으며 우리의 젊은이들은 거기에 길들여지기 위해 안간힘을 쓰고 있다는 생각이다. 우리는 이 같은 전향적, 낙관적 시각에서 우리의 도덕관과 도덕교육을 재조정, 정돈해 볼 필요가 있을 것이다.

2. 합리적 이기주의자도 지킬 최소도덕
– 다원주의 · 시민윤리 · 사회통합

가치관과 관련해서 근세 이후 가장 두드러진 현상 중 한 가지는 가치의 분화 내지 다원화의 과정이며 그에 따라 윤리관은 다원주의 사회를 통합할 수 있는 최소도덕(minimum morality)을 지향하는 사회윤리적 정향을 보이게 된다는 점이다. 서양 근세의 사회철학자이며 사회윤리자인 홉스, 로크, 루소, 칸트 등은 바로 이 같은 경향을 대변하는 학자라 해도 과언이 아니다. 가치의 분화 내지 다원화는 일차적으로 종교적 관점에서 시작되었다고 할 수 있다.

로크에 따르면 비록 신적(神的) 진리는 하나이고 절대적인 것이지만 인간의 이성은 유한하고 상대적인 까닭에 신적 진리에 대한 인간의 이해나 해석 또한 유한하고 상대적일 수밖에 없다는 것이다. 따라서 성경에 대한 우리의 이해나 해석은 원리상 오류 가능한 것일 수밖에 없으며 오류를 범할 수 있는 존재로서 인간은 서로의 이해나 해석에 대해 관용을 베풀어 마땅하다는 것이다. 상대의 이해나 해석이 오류일 수 있듯 나의 이해나 해석 또한 오류일 가능성이 있는 까닭에 우리는 지적 겸손과 더불어 상대의 입장에 대해서도 관용을 베풀고 관대하게 용납할 수 있어야 한다는 것이다. 이렇게 해서 로크는 다양한 입장의 종파들을 기독교 속에서 상호 통합하고 공존할 수 있는 여지를 마련하고자 했다.

근대화의 진행은 비단 종교적 영역만이 아니라 여타의 가치영역 전반에 걸친 분화와 다원화를 가져왔으며 그로 인해 명실공히 다원화 사회 내지 다원주의 사회(pluralistic society)가 불가피한 귀결로 대두되었다. 그런데 사회가 이 같은 원심력에 의해 다원화가 심화될 경우 더 이상 사회의 해체를 막기 위해서는 사회통합(social integration)을 위한 최소한의 유대를 도모해야 하고 이를 위해서는 최소규범에의 합의와 준수가 필수적인 과제로 등장한다. 최소한의 헌장에 대한 합의가 결렬될 경우 사회는 공분모를 갖지 못함으로써 더 이상 공동체라 불릴 수 없는 지경에 이르게 되어 결국 해체되고 말 것이다.

근대를 대변하는 사회철학자와 사회윤리학자들은 바로 이 같은 전망 아래 최소윤리 내지 핵심윤리(core morality)를 구상했던 자들이다. 그들은 모든 인간이 추구해야 할 보편적인 가치나 이상을 제시하기보다 각자 자신이 선택한 다양한 이상과 가치관을 추구하는 자들이 그 추구의 과정에서 서로의 갈등과 상충을 해결해 줄 최소한의 윤리를 모색했고 그러한 윤리를 제도적으로 구현한 장치로서 국가와 정부를 구상한 것이다. 그리고 이 같은 최소윤리의 정당화를 위해 그들은 계약론적 접근방식을 선택했는데 여기서 계약이란 이성의 공적 사용(public use of reason)에 의거해서 최소한의 공공헌장을 도출하고자 하는 방법이라 할 수 있을 것이다.

우리 사회도 근대화가 진행됨에 따라 가치의 분화 내지 다원화 과정이 가속화되고 있다. 따라서 우리의 경우에도 다원화 사회의 사회통합과 평화공존을 위해서는 최소윤리로서 공동의 헌장이 합의되고 그것이 준수될 필요가 있다. 그 같은 최소규범마저 지켜지지 않을 경우 공동체는 해체의 길을 걸을 수밖에 없는 셈이다. 아직도 우리 사회에는 최소윤리에 대한 공유된 인식이 부족할 뿐만 아니라 그러한 인식이 있다 할지라도 유명무실하여 제대로 준수되는 일이 드문 실정이며 그로 인해 갖가지 사회적 갈등현상이 노정되고 있다.

어떤 사회적 유대에 의해 우리가 서로 결속되지 못한 채 고립되어 있고 고립된 개인들이 이기적 불신 속에서 의사결정을 함으로써 최소한의 윤리에 대한 약속마저 지켜진다는 확신이 없는 한 우리는 홉스가 말한 이른바 자연상태와 같은 곤경에 빠질 수밖에 없다. 자연상태가 지속되는 한 설사 개인적으로 어떤 이득을 도모할 수 있을지 모르나 전체적으로는 손실을 감수할 수밖에 없는 소위 바보들의 행진, 즉 이기적 불신의 딜레마(prisoner's dilemma)에 빠질 수밖에 없는 것이다.

최소한의 윤리는 공동체가 성립하기 위해 최소한 요구되는 필수적 규범이다. 그것을 우리 사회에서는 기초 질서라고 부르기도 한다. 물론 이상적인 공동체가 되기 위해서 그것이 충분조건이라 할 수는 없을 것이며 그 이상 더 많은 것들이 요구될 것이다. 그러나 그 같은 최소윤리를 무시하고서는 이상적인 공동체로 한발짝도 나아갈 수가 없는 것이다. 그런데 우리는 그러한 기초질서 내지 최소윤리를 지키는 데 있어서까지 인색한 사람들이다. 공공질서조차 제대로 지키지 못하고 교통도덕 하나 제대로 준수하지 못해 세계에서 교통사고 사망률 1위라는 오명까지 얻고 있다.

다원주의 사회성원들, 합리적 이기주의자들이 지킬 수 있는, 또한 반드시 지켜야 할 최소윤리, 그것을 일러서 우리는 시민윤리라 부르기도 한다. 시민들은 각기 자신이 선택한 인생관, 가치관을 추구하면서 서로의 추구과정이 최소윤리에 위배되지 않는 한 관용하고 상호 존중해야 할 것이다. 따라서 다원주의적 갈등의 조정원리로서 시민윤리는 다원적인 것들이 갈등하지 않고 함께할 수 있는 공존의 윤리요 그것이 없이는 다원적인 것들 각각으로 해체될 수밖에 없다는 뜻에서 통합의 원리이기도 하다. 결국 그것은 공존과 통합의 논리요 윤리라 할 수 있을 것이다.

다원적인 것의 공존, 통합의 논리이자 윤리로서의 최소윤리, 시민윤리는 따라서 많은 실질적인 내용을 함축할 수 없으며 실질적인 내용이나 가치를 지향하고 추구하는 활동을 규제할 절차상의 규칙(procedural rules)이며 측면적 제약(side constraints)으로서의 성격을 갖는다. 그러나 최소윤리나 시민윤리가 비록 빈약한 실질적 내용을 함축하는 것이기는 하나 그것은 모든 실질적 내용이나 가치추구 활동들이 기본적으로 준수해야 할 기초요 기반이 되는 윤리적 제약이라 할 수 있다. 사회나 공동체가 성립되기 위해서는 그 기반이 되는 이 같은 기초 윤리의 성립이 불가피하며 기초 질서에 기반하지 않고서는 공동체의 존립은 불가능하게 된다.

절차적 규칙이나 측면적 제약으로서 최소윤리나 시민윤리는 이를테면 인권 존중하기, 약속 지키기, 차례 지키기, 교통도덕 지키기 등과 같이 삼척동자도 그것이 옳은 것임을 알 만한, 그래서 지당하고 합당하고 자명한 이치에 불과하다. 그러나 이같이 지당하고 합당하며 자명함에도 불구하고 그것이 쉽사리 지켜지지 않으며 따라서 기초질서가 도처에서 무너지고 사회의 기강이 잡히지 않고 있는 것이 현실이다. 이 같은 규칙을 지키는 것이 정당하고 자명한 것임에도 불구하고 그것이 제대로 지켜지지 않는 이유는 무엇이며 그로 인해 우리는 어떤 불이익을 당하고 있으며 그를 지키게 하기 위해서 어떻게 해야 하는가?

질서정연한 시민사회를 세우기 위해서는 우선 시민들이 시민사회의 기본 헌장으로서 시민윤리를 숙지하고 있어야 하며 또한 다른 시민들도 그에 따르리라는 사실 역시 알고 있어야 하고 또한 스스로 그것을 준수하고자 하는 성향과 태도를 지니고 있어야 할 것이다. 물론 그 대부분의 시민윤리는 우리가 도덕적 인격으로 성숙하기 이전 대체로 가정에서부터 타율적인 방식에서 길들여지게 된다.

그러나 우리가 도덕적 인격으로 성숙해 가면서 우리는 학교교육을 통해 다시금 그 같은 시민윤리를 단지 습관적으로가 아니라 그 정당근거를 이해하면서 재확인하고 다시 그것을 준수하고자 하는 성향이나 태도로 다지고 굳건히 하게 된다. 이 같은 도덕교육은 크게 사고교육이나 덕목교육을 통해 이루어지겠지만 우선적으로 중요한 것은 사고교육을 통해 그 같은 시민윤리를 지키는 것이 모두에게 이로우며 지키지 않을 경우 한두 사람에게 이득이 될지 모르나 다수가 지키지 못할 경우 모두에게 사회 전체적으로 대단한 불이익이 닥친다는 것을 이해시킬 필요가 있다.

다시 말하면 최소윤리로서 시민윤리의 교육을 위해서는 합리적 이기주의자라면 지키지 않을 수 없는 설득의 논리를 계발, 이해시키는 것이 가장 효율적인 도덕교육이 아닌가 생각된다. 물론 어린 시절부터 부모로부터 타율적으로 예절교육이 제대로 되어 거의 습관적으로 시민윤리에 길들여 있으면 가장 다행스러운 일일 것이다. 그러나 선택의 기로에서 시민윤리 준수에 회의를 갖는 사람이나 혹은 지나치게 근시안적인 이기주의적 계산을 하는 사람들에게 대부분의 사람들이 시민윤리를 지키게 될 경우 우리 모두에게 이롭다는 사실을 분명히 확신시킬 필요가 있는 것이다. 물론 남들이 지킬 때 혼자서 지키지 않고서 이득만 취하려는 무임편승자(free rider)는 처벌의 불이익을 받거나 사회로부터 소외 내지 왕따당하는 불편을 겪게 된다는 것도 실감나게 할 필요가 있다.

결국 시민윤리란 각자 자신의 인생관, 가치관을 다양하게 추구하는 자들이 나와는 다른 인생관, 가치관을 추구하는 타인들을 용납하는 가운데 나의 추구활동을 최대한 보장받고자 하는 합리적 개인들 간에 맺게 되는 신사협정임을 이해할 필요가 있다. 물론 우리는 다수가 준수할 경우 기피하는 소수 무임편승자들이 이득을 보게 될 가능성을 최대한 배제하면서 모두 함께 지킬 수 있는 법적, 사회적 장치를 통해 감시, 견제함으로써 대부분이 준수하는 까닭에 나의 준수가 결코 헛되지 않으리라는 확신을 갖게 할 필요가 있다.

물론 이러한 문제에 고심한 홉스가 최종적으로 제시한 리바이어던(전제군주제)이라는 해결책이 지나친 대가를 치르는 것임을 이해한다 할지라도 법적, 제도적, 사회적 장치나 공권력이 고립과 확신의 문제를 해결함으로써 비로소 인간다운 삶을 영위할 수 있으며 이런 점에서 최소윤리 준수의 제도적 장치는 더욱 본격적인 인간적 삶이 영위되기 위한 선결요건이라고도 할 수 있을 것이다.

3. 도(道)를 닦고 덕(德)을 쌓자
- 도덕 사고교육과 덕목 수양교육의 상보성

소크라테스는 "알면 곧 행한다" 하여 지행합일(知行合一)을 말하였다. 악행을 하는 자는 자신이 행하는 것이 악인지 여부를 모르는 까닭에 즉 도덕적 무지의 상태에서 행하는 것이지, 자신이 행한 것이 얼마나 나쁜 일인지, 그 결과가 어떤 것인지를 여실하게 알 경우 그러한 행동을 감히 행할 수 없다는 것이다. 따라서 소크라테스는 합리적 도덕관(rational morality)의 선구를 이루게 된다. 우리가 좀더 합리적으로 된다면 또한 우리가 더 지혜롭게 우리의 삶을 영위할 수 있다면 우리는 선행(善行)을 할 수밖에 없다는 것이다.

그런데 소크라테스의 이 같은 지행합일의 테제는 나름의 심오함을 함축하는 이론이긴 하나 우리의 상식에 부합하기는 어렵다고 생각된다. 일상적으로 우리는 선한 것이 무엇인지를 알면서도 행하지 못하는 경우를 비일비재하게 체험하기 때문이다. 삼척동자라도 옳은 게 무엇인지를 알 만한 경우인데도 수준 높은 식자가 비행을 저지르는 장면을 수없이 목격하게 되는 것이 현실인 것이다. 물론 소크라테스는 그가 제대로 모르기 때문에 비행을 저지른 것이지 진정으로 알게 되면 선행을 하지 않을 수 없다고 강변할지 모른다. 그러나 이런 변호에 있어 전제되는, 안다는 것 즉 지(知)는 우리가 상식에서 말하는 앎의 수준을 훨씬 능가하는 앎임에 틀림없는 것이다.

그래서 우리는 경험에 근거를 둔 보통사람들의 견지에 서 있는 아리스토텔레스를 따라, 인간들은 설사 옳은 것이 무엇인지를 안다 할지라도 의지의 나약(weakness of will)으로 인해 유혹에 쉽게 넘어감으로써 그른 행위를 할 수 있다는 입장으로 기울어지게 된다. 사실상 대부분의 경우 도덕적으로 옳은 것은 삼척동자도 알 만한 자명한 것이지만 우리들은 유혹을 이기지 못하고 쉽사리 비행에 타협하게 된다. 이 같은 경우 도덕에 있어 가장 중대한 과제는 옳다고 생각하는 것을 현실에 타협함이 없이 강인한 의지로 밀고 갈 수 있는 용기인 것이다. 바로 이 점에서 유덕한 인격자와 부덕한 범부가 갈라지는 것이다.

그런데 인격자의 유덕(有德)함은 어디서 오는 것인가? 물론 그러한 덕을 천부적으로 구비한 사람이 있을지도 모른다. 하지만 대부분의 경우 그러한 인격과 덕은 후천적으로 쌓은 수행의 결과라고 생각한다. 물론 수양과 수행의 방식은 각양각색일 수 있어 어떤 사람은 기도의 은총일 수도 있고 어떤 사람은 학문에 정진한 탓일 수도 있으며 어떤 사람은 유도나 검도 등 체력단련을 통해 얻어진 것일 수도 있고 고행 등을 통해 습득한 것일 수도 있다.

우리 선조들은 도(道)를 닦는 전통을 소중히 여겼고 우리는 지금도 가끔 도를 닦는다는 말을 하곤 한다. 도라는 말은 순수한 우리말로 하자면 길이다. 따라서 도를 닦는다는 말은 길을 닦는다는 말이 된다. 길에는 이미 닦여진 길도 있으나 바야흐로 우리가 닦는 길도 있다. 이미 닦여진 길도 우리가 다시 그 길을 감으로써 더욱 공고히 된다면 우리가 그 길을 가는 일 역시 어떤 의미에서 길을 닦는 활동에 참여하는 셈이 된다. 사람이 길을 넓히는 것이지 길이 사람을 넓히는 것이 아니라는 말도 전해진다.

"길이 아니면 가지를 말라"라는 말이 있다. 사람이 가야 할 길과 가서는 안 될 길이 있다는 말이다. 사람이 가야 할 길을 아는 것은 도리를 깨쳤기 때문이고 도리를 깨치기 위해서는 도를 닦아야 한다. 『중용』에서는 "하늘이 명한 것이 본성이요 본성을 따르는 것이 도리며 도리를 닦는 것이 가르침"이라 했다. 우리가 공부하는 것은 바로 우리에게 주어진 바른 길을 발견하고 그에 따르기 위한 것이라 할 수 있다.

덕(德)을 쌓는다는 말 또한 아직 우리의 언어생활에 남아 있는 용어법이다. 물론 때로는 덕을 닦는다는 표현도 있다. 여하튼 우리는 올바른 것이 무엇이며 올바른 길이 어떤 길인지를 안다 할지라도 쉽사리 그리로 가지지가 않는다. 인간의 의지는 신의 의지처럼 순수한 선의지가 아니라 여러 가지 요인에 의해 간섭을 받는 까닭이다. 따라서 도덕에 있어 중요한 것은 의지를 연마하고 단련함으로써 유혹에 굴하지 않고 올바른 길을 가게 하는 지속적 성향을 기르는 일이다. 그것이 덕을 쌓는 일이라 할 수 있다. 그래서 덕을 쌓은 결과는 지속적 성향으로서 덕, 즉 습관화된 품성을 갖추는 것이라 할 수 있다.

"도를 닦고 덕을 쌓자"라고 했다. 도를 닦는다는 것은 사람이 가야 할 길을 닦는다는 말이고 덕을 쌓는다는 것은 유혹을 물리치고 그 길을 갈 수 있는 역량을 축적한다는 말이다. 그래서 도를 닦고 덕을 쌓는다는 것은 도덕을 갈고 닦고 쌓는다는 것을 의미하게 된다. 이를 굳이 서양의 도덕교육론과 관련지으면 사람이 가야 할 길을 닦는다는 것은 옳고 그름을 바르게 판단하는 도덕적 사고교육을 의미하며 그 길을 갈 수 있는 역량과 힘을 쌓는다는 것은 지속적 성향과 습관을 기르는 덕목교육을 의미한다. 결국 도를 닦고 덕을 쌓는다 함은 도덕적 사고교육과 수양을 통한 덕목교육을 겸비함으로써 온전한 도덕생활을 보장하는 데 목적이 있다.

도와 덕은 그에 포함되어 있는 내용으로 보면 이름만 다를 뿐 같은 의미를 지닌다고 할 수 있다. 그러나 공자는 "도에 뜻을 두고 덕에 의거한다(志於道 據於德)"고 하여 도와 덕을 갈라서 말하였으므로 구별할 필요가 있다. 공자에 따르면 도는 사람이 걸어가는 길로서 걸어가는 사람의 주관 밖에 있는 것이요 덕은 사람이 수득한 성능으로서 수득자의 주관 안에 있는 것이라 할 수 있다. 따라서 도는 외재적, 객관적이요 덕은 내재적, 주관적인 것이다. 굳이 양자를 관련지어 말한다면 덕은 내면화, 주관화한 도요, 도는 외적으로 객관화한 덕이라 말할 수 있다.

불교의 돈오점수론(頓悟漸修論)도 상식적 시각으로 말하면 결국 도덕적 인격으로 살아가기 위한 공부방법으로서 도를 닦고 덕을 쌓는 것과 대동소이하다고 본다. 돈오점수이건 돈오돈수이건 혹은 선돈오후

점수이건 선점수후돈오이건 간에 결국 깨달음(悟)과 닦음(修)의 문제이다. 깨달음은 눈이 열리어 세상을 바로 보고 사태를 제대로 판단하는 다소 이지적인 능력의 개발이요, 닦음은 깨달은 지점을 근거로 해서 그동안 쌓인 업장이나 습기를 닦아냄을 의미한다. 비록 한순간 진리를 깨친다 할지라도 그것이 온전히 내 것이 되기 위해서는 갈고 닦는 정진이 필요하다. 그래서 깨친 후에도 보림 3년(保任 三年)이라 했던 것이다.

도덕이나 윤리에 있어서 가장 중요한 것은 올바른 도덕적 행위나 윤리적 실천을 보장하는 일이다. 그래서 예로부터 윤리학은 철학에 있어서도 실천철학으로 불린다. 이는 바로 윤리에 있어서 더욱 중요한 것이 행위나 실천임을 말해 준다. 그런데 도덕적 행위나 윤리적 실천을 보장하기 위해서는 도덕적으로 올바른 것이 무엇인지를 아는 것과 그것을 행동으로 옮길 수 있는 의지 등이 선결요건으로 요구된다. 도덕적으로 올바른 것이 무엇인지를 분간하는 도덕적 식견이나 설사 무엇이 옳은지를 안다 할지라도 이를 실천에 옮길 만한 곧은 의지가 없다면 도덕적 행위나 윤리적 실천은 보장될 수 없는 것이다.

도덕적으로 올바른 것이 무엇이며 또한 그 정당근거가 어떤 것인지를 파악하는 일에 주력한 윤리학이 있다. 과거 인간의 삶이 더 단순하고 사회변화가 적은 시절에는 도덕적으로 올바른 것을 비교적 쉽게 알수 있었으나 생활이 복잡화, 다원화되고 사회변동이 극심한 현재에 와서는 올바른 선택이 무엇인지를 알기 어려운 복합적 문제들이 출현함으로써 도덕적 인식의 문제가 심각한 과제로 대두되기에 이르며 따라서 도덕인식의 문제는 더 큰 비중의 문제로 드러나게 된다.

그런데 도덕적으로 올바른 것이 무엇인지를 아는 일이 중대한 윤리적 과제임이 사실이기는 하나 일군의 윤리학자들은 설사 도덕적으로 올바른 것이 무엇인지를 안다 할지라도 인간의 나약한 의지로 인해 갖가지 유혹에 지게 됨으로써 도덕적 행위나 윤리적 실천을 보장하기 어려운 사정을 염려한다. 이들에 따르면 도덕에 있어서 더 중대한 과제는 인간의 나약한 의지를 연마하고 단련시킴으로써 각종 유혹에도 불구하고 도덕적으로 올바른 일을 굳건하게 실천에 옮기고자 하는 지속적인 성향으로서 덕을 함양하는 일이라는 것이다. 동서를 막론하고 덕윤리학자들은 윤리에 대해 이 같은 접근방식에 더 큰 비중을 두는 자들이라 할 수 있으며 최근에 다시 칸트 이후의 이성주의적 윤리학의 허실을 비판하는 가운데 덕윤리학의 재활을 시도하는 학자들 역시 같은 맥락에서 문제를 바라보고 있다.

서양윤리학에 있어서 인간의지의 나약함의 문제를 가장 주체적으로 다룬 학자는 아리스토텔레스이다. 주지하다시피 그는 "한 마리의 제비가 난다고 해서 봄이 온 것은 아니다"라는 비유를 통해 인간이 우연히 한 번 선행을 했다고 해서 그가 선한 인간이라고 할 수 없다고 했다. 인간의지는 유혹에 약한 까닭에 반복적인 실천을 통해 나약한 의지를 단련하고 연마함으로써 올바른 행위를 향한 지속적 성향을 습관화하는 일이 더 중요하며 그 같은 습관화를 통해 얻어진 품성이 바로 덕이라했다. 나아가 그는 행복한 삶을 위해서도 유덕한 인격의 중요성을 말함으로써 그야말로 복덕합일(福德合一)을 말하기도 했다.

동양의 전통 윤리학자들도 비슷한 맥락에서 덕의 함양을 내세웠으며 이를 위한 수양과 수행을 말했다. 이들에 있어서는 수양과 수행의 공부가 도덕의 전부라는 인상이 들 정도로 수양론과 수행론에 관한 논의가 분분하다. 그러나 이들이 도덕인식론을 무시하고 일방적으로 의지 수양론을 전개한 것으로 비판받을 이유는 없는 것으로 보인다. 오히려 그들은 지행합일을 위해 인지적 측면과 의지적 측면을 동시에 수양하고 수행할 것을 주장한 것으로 보인다. 도를 닦고 덕을 쌓는다는 주장은 결국 도를 닦음으로써 지적으로 각성할 뿐만 아니라 덕을 쌓음으로서 의지의 단련과 더불어 도덕적 실천역량을 길러 가는 것이기 때문이다.

4. 최선의 도덕교사는 부모이다
- 예절교육 · 사고교육 · 덕목교육

도덕교육은 예절교육(etiquette education)을 모체로 하고 사고교육(moral thinking education)과 덕목교육(virtue education)을 양날개로 하는 중층적 구조를 갖는 프로젝트라 할 수 있다. 이 중에서 아주 어린 시절 행해지는 예절교육은 본격적인 도덕교육의 무의식적, 잠재의식적 토대라 할 수 있다. "세 살 버릇 여든 간다"는 말이 있듯이 어린 시절 주입된 타율적 예절교육의 기반은 그 이후에 이루어지는 모든 자율적 도덕교육의 바탕이요 전제라 할 수 있다.

흔히 "요즘 애들은 버릇이 없다"거나 일부 비행 청소년들을 보고 도덕이 땅에 떨어졌다고 개탄하고 학교 도덕교육의 무능함을 성토하는 경우들이 있다. 그러나 버릇없는 아이나 일부 비행 청소년은 사실상 학교교육의 부산물이기보다는 이미 그 이전에 이루어진 가정교육의 실패 내지 예절교육의 부재로 인해 파생된 것임에 주목해야 한다.

아이들의 버릇없음은 거창한 도덕교육이나 윤리교육이 문제되기 이전에 가정에서 예절교육이 제대로 이루어지지 못한 데 원인이 있으며 일부 청소년들의 비행 역시 이미 학교교육 이전에 문제가정에서 받은 상처로 인한 것이 대부분임을 인식할 필요가 있다. 이런 점에서 어린 시절 주입된 예절교육은 더 고차적인 도덕 · 윤리 교육의 초석이라 할 수 있을 것이다.

이에 비해 도덕적 사고교육은 피교육자에게 의식적, 반성적 능력이 생겨나고 자율적 판단력이 개발되는 시기에 이루어지게 된다. 일정한 틀에 맞추는 예절만으로는 우리가 당면하게 될 갖가지 다양한 상황을 도덕적으로 대면하는 데 충분하지 못하며 더욱이 현대사회적 삶에 있어서는 예상하기 어려운 새로운 문제상황들이 생겨난다.

따라서 이같이 다양하고 새로운 문제상황을 성공적으로 해결하기 위해서는 더 유연하고 신축성 있는 도덕적 사고교육이 중요하게 된다. 그러나 도덕적 사고는 도덕적 행위를 위한 필요조건이기는 하나 충분조건이 될 수는 없다. 생각이 행위나 실천과 연결되기 위해서는 인간의 나약한 의지를 단련, 연마해 줄 덕목교육 또한 필수적이다. 이는 지행합일(知行合一)이 통합된 삶과 통합된 인격을 위한 선결요건이라 할 수 있기 때문이다. 결국 올바른 인성교육을 위해서는 오늘날 사고교육과 동시에 덕목교육이 요구된다고 할 수 있다.

인생관, 세계관, 가치관에 있어서 우리들 사이에 만장일치를 이룬다는 것은 지극히 어려운 일이다. 우리는 서로 다른 유전적, 환경적 여건에서 태어나 다양한 변수들을 경험하면서 살아가는 까닭에 설사 우리가 일정 시기에 서로 일치된 가치관을 갖는다 할지라도 강제에 의거하지 않는 한 그러한 일치된 합의는 쉽사리 깨어지게 마련이다. 그래서 우리는 가치관이 분화되고 다기화된 다원주의 사회 속에 살고 있으며 이러한 사회 속에서 서로의 차이를 관용하면서 살아가는 지혜를 터득해야 한다. 따라서 다원주의 사회의 도덕교육은 도덕적 사고교육에 비중이 주어지게 됨이 당연하고 이 같은 사고교육은 "고기를 먹여주는 것보다 고기 잡는 법을 가르치는 것"을 소중히 여기는 이치와 같다.

대체로 도덕적 사고교육은 다원주의 사회에서 간단하게 해결되기 어려운 복합적인 딜레마적 상황에서 다양한 선택지를 놓고 반성하고 숙고하는 일을 거쳐 도덕적 의사결정을 하는 모형으로 이루어지게 된다. 도덕적 딜레마(moral dilemma)란 선택의 기로에서 두 가지 이상의 선택지 중 그 어느 것도 절대적 만족을 주지 않지만 그 중 어느 하나를 선택할 수밖에 없는 그야말로 진퇴유곡, 진퇴양난의 상황으로 모형화된다.

도덕적 사고교육에 못지않게 중요한 것이 도덕적 덕목교육이다. 우리의 인생살이에서 당면하게 되는 대부분의 경우들에 있어 사실상 옳고 그른 것이 무엇인지는 삼척동자에게까지 자명한 경우가 대부분이다. 이같이 시비선악이 분명한데도 불구하고 우리가 도덕적으로 살지 못하는 많은 경우 문제가 되는 것은 갖가지 유혹이나 위험을 돌파해서 옳은 것을 관철하지 못하게 하는 의지의 나약함이다.

인간의지의 나약함(weakness of human will)에 대해서는 이미 앞서 지적했듯이 동서고금으로부터 논의되어 왔으며 그래서 전통적으로는 이 같은 의지를 평소에 단련하기 위한 수양법이나 도(道)를 닦는 방법들이 연구, 시행되어 왔다. 동서양을 막론하고 수양과 수도의 오랜 전통이 있어 온 것은 주지의 사실이다. 서양의 수도원이 그 같은 전통 위에 있으며 동양에서의 수양이나 참선은 바로 그런 전통을 대변하고 있다.

그러나 오늘날 그 같은 수양이나 수도의 개념은 우리의 도덕교육에서 배경으로 밀려나고 지나치게 사고교육 일변도로 편향되고 있음에 주목해야 할 것이다. 이는 도덕적 실천에 있어 사고교육 이상으로 덕목교육이 중대함을 망각하고 있다는 증거이며 따라서 도덕적 실천 그 자체를 소홀히 하고 있다는 증거이기도 하다.

"부모는 최선의 교사이다(parents are the best teachers)"라는 말이 있다. 부모는 어린이의 도덕교육이나 인성교육에 있어서 가장 먼저 만나는, 그리고 가장 오래 함께하는 교사이다. 따라서 부모만이 어린이의 도덕교육을 가장 효과적, 성공적으로 수행할 수 있는 동시에 또한 부모의 잘못된 인식과 태도로 인해 가장 나쁜, 최악의 도덕교육이 행해질 수도 있다는 점에서 부모는 도덕교육에 있어 가장 책임 있는 사람임이 각성되어야 할 것이다. 이런 관점에서 일반적으로 우리 부모들에게 있어서 청산되어야 할 몇 가지 도덕적 관행을 지적하는 것은 나름의 의미를 갖는다고 생각된다.

우선 어른들의 이중인격성 혹은 위선적 이중성(duplicity)의 극복이 요구된다. 부모들이 어린이들 앞에서 무심코 노출하게 되는 말과 행동의 불일치, 겉다르고 속다른 태도, 생각과 행동의 괴리는 도덕교육에 있어 최악의 결과를 가져오게 된다. 아무리 입으로는 진리를 말해도 부모 스스로 그것을 행동과 생활에서 증거하지 못한다면 어른 스스로 자기모순적인 메시지를 전하게 되는 셈이며 이 같은 실생활을 통한 잠재적 교육과정은 오히려 비진리를 조장하게 된다.

이와 더불어 어른들이 흔히 노출하는바 판단에 있어서의 이중 잣대(double standards)도 지양되고 청산되어야 한다. 나를 평가하는 기준과 남을 평가하는 기준이 다르고 우리 집단과 타인 집단을 재는 잣대가 달라서는 안 된다. 자신의 눈에 있는 들보는 보지 못하고 남의 눈에 있는 가시만 보인다면, 자신이 하면 로맨스가 되고 남이 하면 스캔들이 된다고 한다면, 그곳에서는 올바른 도덕적 판단과 도덕적 행위가 기대될 수 없다. 이중 잣대는 개인이기주의, 가족이기주의, 집단이기주의 등 온갖 이기주의의 핵심을 이루고 있다.

끝으로 우리는 자녀들이 지나치게 가족과 가정에 의존하게끔 길들여서는 안 된다. 우리는 전통적으로 지나치게 가족가치(family values)에 집착하는 성향이 있다. 자신의 피붙이에게만 지나치게 애착을 보이는 반면 한 다리 건너 두 다리라 하여 남의 자식에는 무감각, 무신경한 경향이 있으며, 이와 더불어 자기 부모에 대한 효도의 의무만이 과도하게 강조되어 오고 있다. 세계에서 입양의 전통이 정착되지 못한 유일한 나라임은 우리의 큰 수치가 아닐 수 없다. 우리는 흔히 소년 소녀 가장을 높이 평가하고 있기는 하나 사실상 이는 입양의 전통이 부재하는 우리의 이면상으로서 자랑이기보다는 수치의 일면이 아닐 수 없는 것이다.

가능하면 우리는 자녀들이 지나치게 피붙이나 가정에 의존하고 집착하는 대신에 널리 인간을 사랑할 수 있는 보편적 사랑을 심는 일이 시급하다. 그러기 위해서는 가족으로부터 격리되어 자기 또래들과 부대끼면서 함께 살아가는 것을 배우고 서로 간에 관용과 사랑을 배울 수 있는 수양, 수련 프로그램을 다각적으로 개발할 필요가 있다. 좀더 어린 시절부터 가정을 떠나 타인을 발견하고 그들과 어울리면서 서로 용납하고 관계를 맺는 능력과 기술을 개발해 주는 일은 보편적 사랑의 체험인 동시에 세계화와 지구촌 시민사회를 건설할 수 있는 초석이 될 것이다.

지금까지의 논의를 요약하여 필자의 윤리교육관을 정리해 보면 다음과 같이 말할 수 있을 것이다. 우선 윤리교육의 문턱을 보통사람의 수준으로 낮추어 합리적 이기주의자도 지킬 만한 최소윤리, 즉 시민윤리를 가르치되 그들의 합리적 이기심에 맞는 동기 여부와 설득의 논리를 개발해야 한다. 그리고 시민윤리의 보편적 준수를 통해서만이 그것이 사회 전체에게 이득이 되는 것임을 주지시켜 무임편승자나 기식자가 배제되게끔 법적, 제도적, 시민운동적 장치를 설정해야 할 것이다.

나아가 시민윤리의 준수는 단지 합리적 이기주의자의 타산적 고려에 의해서만은 보장될 수 없으며 이지적 각성과 더불어 반복실천에 의한 의지의 단련과 극기훈련, 수양 및 수행에 의한 도덕적 용기와 역량으로서 덕의 함양이 요구된다. 끝으로 도덕성의 근원은 학교교육 이전에 부모님의 가정교육에 의해 뿌리 내려야 할 것이며 그 이후에 이루어지는 도덕적 사고교육과 수행적 덕목교육은 보완적 도덕교육임을 최선의 도덕교사로서 부모들은 명심해야 한다는 점이다.

5. 합리적 대화 및 토론 문화의 제고

제대로 된 도덕 및 윤리 교육이 지금처럼 절실한 경우도 드물 것이다. 또한 그러한 교육을 감당할 능력 있는 교사의 배출과 유효한 교육 프로그램 개발 또한 긴요하다. 하지만 도덕 및 윤리 교육만으로 도덕성 제고가 저절로 귀결되는 것은 아니다. 과거에 우리가 도덕교육을 행하지 않아서 오늘날 우리의 도덕적 현실이 이러하다고만 할 수는 없다. 도덕성의 제고를 위해서는 제대로 된 도덕교육과 더불어 도덕적 주체들이 모든 문제를 합리적으로 풀어가고자 하는 대화 및 토론 문화에 길들여질 필요가 있다. 그 점에 있어서 합리적인 대화 및 토론 문화는 도덕 및 윤리 교육의 중대한 인프라가 아닐 수 없는 것이다.

흔히들 우리는 우리 자신의 비윤리성을 성토할 경우 우리의 이기주의를 거론하곤 한다. 그러나 우리가 어느 정도 이기주의적인 것은 피할 수 없는 현실이라 생각하며 필자가 보기에 더 중요한 것은 우리가 근시안적이고 무도한 이기주의자가 아니길 바라고 합리적인 개명된 이기주의자(enlightened egoist)로 길들여져 가는 일이다. 우리가 비록 이기주의적이긴 하나 합리적인 방식으로 이해관계를 풀어가기 위해서는 우리 사회에 대화와 토론 문화가 번성하여야 할 것이다.

이미 앞서 밝힌 바와 같이 근세 이후 최소윤리 내지 시민윤리는 바로 합리적 이기주의자들 간의 공적 약속이다. 따라서 우리는 우리 스스로에게 도덕적으로 지나친 요구를 하기보다는 이기적인 우리가 더 합리적인 방식으로 살기를 기대하는 온건한 소망을 가질 수 있다. 그러기 위해서는 유사한 이해관계를 갖는 자들끼리 합리적인 대화와 토론이 필수적 전제가 된다. 대화와 토론은 이해관계의 합리적 조정의 통로가 될 뿐만 아니라 서로 상대방에 대해서 관용을 베풀 수 있는 여지도 마련한다. 우리가 모두 오류 가능성을 배제하기 어려운 유한하고 상대적인 이성의 소유자임을 진솔하게 인정하는 경우, 우리는 서로 용납하고 수용하는 관용이 가능하게 된다. 이같이 관용과 자비가 있고 합리적인 의사소통이 가능할 때 다원주의적 민주사회는 성숙하게 될 것이다.

제5부 실천윤리와 미래의 전망

제1장 정보통신윤리와 기술개발의 상관성

- 지적 재산권 개념을 중심으로

1. 서론: 정보윤리는 기술개발의 걸림돌인가?

흔히 기술개발을 추구하는 자들은 기술과 관련된 각종 관행을 규제하는 윤리규범을 걸림돌로 생각하기가 쉽다. 실상 윤리규범의 규제가 과도할 경우 그것은 기술의 개발이나 이용과 관련된 모든 행위에 장애가 되기 십상이다. 그러나 기술관행을 규제하는 윤리나 규범이 부재할 경우 이 또한 기술관행의 원활한 수행을 가로막는 족쇄일 수가 있다. 이 같은 무규범, 무규제가 봉착하게 될 자기모순 내지 자가당착을 무정부의 패러독스(paradox of anarchism)라 할 수 있다.

따라서 규제윤리는 기술관행을 위한 필요악(necessary evil)이라 할 수 있다. 규제윤리가 지나쳐 기술관행이 위축되거나 질식할 경우 그것은 악이 될 것이나, 적절한 규제윤리는 기술관행의 원활한 전개를 위해 필요할 뿐만 아니라 필수적인 것이 된다. 결국 무규범, 무정부 상태도 아니고 과도한 규제도 아닌, 기술의 개발이나 활용을 위해 적절한 규범과 합리적 규제를 찾는 것이 가장 핵심적인 사항이 될 것이다.

이상과 같이 정보윤리와 기술개발의 상관성을 더욱 잘 이해하기 위해 우리는 우선 일반론으로서 기술의식 내지 기술철학과 기술개발의 상호관계를 알아보고자 한다. 이를 위해 우리는 먼저 기술이 모든 것을 결정한다는 기술결정론(technological determinism)적 사고가 단견임을 논의하고 또한 사회적 관심이나 태도가 기술개발을 결정한다는 사회결정론(social determinism)의 편향도 지적하고자 한다. 결국 기술의 측면과 사회문화적 요인은 상호작용하는 상보적 관계에 있을 수 있음을 보이고자 한다.

나아가 우리는 이상의 일반론을 좀더 구체적으로 지적 재산권(intellectual property) 개념을 통해 예시하고자 한다. 다시 말하면 지적 재산권에 대한 이해와 정보통신기술의 개발 간에 밀접한 상호관계가 있음을 입증하고자 한다. 우선 우리는 지적 재산권에 대한 근세 이후 서구의 정당화 논변을 살피고 그러한 정당화의 배경이 되는 경쟁 · 사유제 모형의 정치경제학이 배태된 사회경제적, 산업적 배경을 추적하고자 한다. 나아가 지식정보는 그 성격상 이 같은 모형보다는 협력 · 공유제 모형에 더 적합함을 보이고자 한다.

끝으로 지식정보에 대한 아시아적 공유관이 정보사회의 미래에 있어 더 유리한 견해임을 지적하면서 정보통신 개발에 있어 지식정보 공유관에 바탕한 문화적 배경 속에서 개발자의 창의와 노력이 적절히 보상되는 체제를 구상해 보고자 한다. 나아가 지식정보라는 개념 이상으로 중요한 것은 대화소통의 개념임을 밝히면서 지식, 정보가 도구적 개념인 데 비해 소통, 대화는 목적적 개념임도 환기해 보고자 한다.

2. 기술철학과 기술개발의 상관성

1) 현대 기술문명의 지형과 기술철학

컴퓨터 기술은 우리의 일상생활 깊숙이 스며들어 있다. 매일의 경험을 일별하기만 해도 디지털 기구나 정보기술들로 가득 차 있음을 쉽게 알 수 있다. 세속적 일상의 구석구석은 물론이고 성스러운 종교의 이해에까지 컴퓨터가 침투해 있어 『USA 투데이』의 헤드라인이 보여주듯[1] "사이버신앙(Cyber faith): 십대들은 앞으로 수년 이내에 현재 교회 가는 경험을 인터넷이 대체할 것으로 기대하고 있다"고 할 만하다. 물론 이상과 같은 이야기는 컴퓨터나 그에 기초한 기술이 우리의 일상생활과 생각 속에 스며들어 그것을 형성하고 변화시키는 방식의 일면에 불과하다 할 것이다.

이상과 같은 혁명적 패러다임 변화와 더불어 다양한 여러 방면으로부터 엄청난 과장과 신화 만들기가 이루어지고 있는 것 또한 사실이다. 상업계 및 산업계 종사자들은 그들의 컴퓨터 제품이 우리의 생존에 없어서는 안 될 것임을 보여주기 위해 각종 광고와 홍보물을 융단폭격하고 있다. 또한 정치가들도 기술애호(Technophiles)의 여파를 타고 대중적 인기몰이에 혈안이 되어 있다. 이 같은 애호가들에 따르면 컴퓨터는 인간의 삶, 자유, 사회적 문제 해결을 위한 페니실린과도 같다. 컴퓨터 기술의 마력에 대한 생각은 현대문화의 에토스 속에 투입되고 또한 그에 의해 지지된다. 우리 문화의 구호는 "더 빠르게, 더 좋게, 더 강하게"로 요약할 만하다. 그러나 사실상 이 같은 주장들은 지나치게 낙관적이고 과장된 것이 사실이다.

---

[1] D. Micah Hester and Paul J. Ford, *Computers and Ethics in the Cyberage*, Prentice Hall, 2001, Preface vii에서 재인용.

논의의 다른 편에선 곳곳에서 우려 섞인 비판들이 흘러나오고 있는데 특히 새로운 기술에 대한 19세기적 불안을 상징하는 프랑켄슈타인의 환영이라도 보는 듯 '터미네이터', '워게임', '브라질', '네트' 그리고 '매트릭스' 같은 영화들은 컴퓨터가 우리 삶의 중요 부분들에 널리 확산되는 위험을 경고하는 듯하다. 네오러다이트(neo-Luddites), 즉 기술혐오주의자들은 문명 역류운동을 통해 기술에 의한 매개가 적은 더 순박하고 단순한 시대로의 회귀를 요구하고 있다.[2] 중요한 것은 기술진화(evolution)나 기술진보보다는 기술퇴보 내지 탈문화(devolution)가 요청되고 있다는 것이다.

우리가 어떤 입장에 동조하든 간에 모든 견해가 동의하는 바는 컴퓨터 기술이 강력한 힘을 내포하고 있다는 점이다. 컴퓨터 기술은 행사될 수밖에 없는 새로운 능력을 창출한다. 그런데 이 같은 힘과 더불어 그런 기술의 사용에 관한 반성적 요구 또한 절실한 것이다. 우리가 컴퓨터에 관한 영상과 정보에 침습당할수록 우리는 컴퓨터 기술이 가져올 가능한 특장과 해악에 더 민감할 필요가 있는 것이다. 만일 우리가 그 기술을 최상의 방식으로 활용하고자 한다면 우리는 기술에 대한 현재의 애호를 미래에 올 우리의 일상적 삶을 개선하는 방향으로 인도해 가야 할 것이다. 그렇게 하기 위한 한 가지 방도는 논의의 양 진영이 표현하고 있는 가정, 정치적 외도, 기본 욕구 등을 인정하는 일이다. 일단 우리가 이 같은 거품을 이해하게 되면 우리는 이런 기술과 관련된 영향과 기본 가치에 관해 중요한 질문을 제기할 수 있게 될 것이다.

명백한 것은 우리가 기술의 시대(age of technology)에 살고 있다는 점이다. 그런 만큼 우리 문화의 많은 부분은 단지 인간의 노동이나 수공업에 의존하는 것이 아니라 기계와 마이크로 칩에 의존한다. 비록 우리가 컴퓨터 없이 살 수 있을지는 모르나 기계 없이 살고자 하는 사

---

2) 위의 책, Preface 참조.

람도 기술의 존재에 의해 간접적인 영향을 받게끔 되어 있다. 왜냐하면 경제만이 아니라 자연환경까지 다양한 형태의 기술에 의해 직간접적인 영향을 받게 마련이기 때문이다. 이 같은 이유로 우리는 좁은 의미에서 컴퓨터 기술을 말하기에 앞서 기술 일반과 관련된 철학과 윤리에 관한 더욱 광범한 논의를 다루지 않을 수 없는 것이다.

근본적인 몇 가지 물음이 제시될 필요가 있다. 우선 기술은 어떻게 정의되며 어떤 지위가 부여되어야 하는가? 기술은 단지 인간의 사용을 기다리는 일련의 대상들 즉, 가치중립적인(value-neutral) 것이어서 기술윤리에 관한 물음은 기껏해야 그릇된 것일 뿐인가, 아니면 기술은 그 자체 속에 이득과 위험을 내포하고 있는바 가치담지적인(value-laden) 것인가? 물론 기술이 가치담지적인 것일 경우 그것이 표현하고 강화하는 가치에 대한 물음은 지극히 중요해진다. 달리 말하면 가치담지적인 기술이 우리의 문화적 가치를 어느 정도 강화하고 수정하게 되는지, 그것은 어떤 이득을 제공하고 왜 우리는 그것을 이득으로 간주하는지, 그리고 이 같은 기술의 구현에서 생기는 위험이란 무엇인지 등의 물음이 제기될 수 있다.[3]

일반적으로 기술에 대해서는 세 가지 입장이 제시될 수 있는데 기술의 해방적 기능을 강조하는 입장(technology as liberator), 기술을 위협의 대상으로 보는 입장(technology as threat), 기술을 권력의 도구로 생각하는 입장(technology as instrument of power)이 그것이다.[4] 해방의 기능을 강조하는 입장이, 기술이 인간의 삶에 가져온 이득을 중시하는 낙관주의적 입장이라면, 위협의 대상으로 보는 입장은 기술이 소중한 인간관계를 훼손하는 유해한 것으로 보는 비관주의적 입

---

3) 위의 책, p.1.
4) Ian Barbour, "Views of Technology", *Ethics in an Age of Technology*, Harper Collins Publishers, 1992.

장이다. 기술을 권력의 도구로 보는 입장은 기술이 권력을 가진 자의 손에 주어질 경우 잠재적으로 억압의 도구가 되지만 권력이 없는 자의 손에 주어질 때는 해방의 잠재력이 될 수도 있다는 것이다.

현대기술에 대한 평가는 이상과 같이 다양하다. 일부 학자들은 기술이 고차적 삶의 기준, 개선된 건강, 더 나은 의사소통을 가능하게 하는 유익한 원천으로 간주한다. 그들은 기술에 의해 생기는 문제는 모두 그 자체가 다시 기술에 의해 해결될 수 있다고 믿는다. 그러나 다른 이들은 기술에 대해 비판적 입장을 취하면서 기술은 자연으로부터의 소외, 환경파괴, 인간 삶의 기계화, 인간적 자유의 상실을 결과한다고 주장한다. 세 번째 입장은 기술이란 애매한 것으로서 그 효과는 기술이 디자인되고 이용되는 사회적 맥락(social context)에 따라 달라진다고 본다. 왜냐하면 기술은 경제적, 정치적 권력의 산물인 동시에 그 원천이기도 하기 때문이다. 그리고 또한 이 세 가지 입장은 과학-기술-사회 간의 인과관계에 대해서 세 가지 유형의 견해들 중 하나에 의존하고 있는데 이는 다음절에서 논의하고자 한다.

2) 기술정치학과 기술의 사회적 구성

기술은 본질적으로 선하거나 악한 것이 아니라 애매하고 양가적인 성격을 가지고 있으며 권력의 도구로서 그 결과는 사회적 맥락에 달려 있다고 보는 제3의 입장이 있다. 기술이 그 사용자의 목적에 따라 선하게도 악하게도 사용될 수 있다면 어떤 의미에서 그것은 중립적인 것으로 생각될 수도 있다. 예를 들어서 기술은 활인검으로도 살인검으로도 이용될 수 있는 칼과도 같은 것이다. 그러나 역사적 분석에 따르면 대부분의 기술은 이미 특정 이해관계나 제도적 목표에 의해 주형되어 있다는 주장이다. 기술은 사회적 구성물(social construction)로서 특정한 목적이 이미 그 디자인 속에 내장되어 있는 까닭에 중립적인 경우는 드물다는 것이다.[5] 물론 다양한 목적은 다양한 디자인을 결과하게 되나 또한 대부분의 디자인은 기술이 전개되는 방식에 어느 정도 선택의 여지를 용납하는 것도 사실이라는 것이다.

기술을 사회적, 정치적 권력의 도구로 보는 자들도 현행 기술이 보여주는 여러 특성들에 대해 지극히 비판적이다. 그러나 그들은 기술이 정치적, 경제적 정책이나 정치경제 체제 자체의 변화를 통해 더 인간적인 목적을 위해 이용될 수 있다는 희망을 제시한다. 그러나 오늘날 기술에 대한 대부분의 의사결정을 하는 사람들은 사회를 합리적으로 운영하고자 하는 기술 엘리트나 테크노크라트들도 아니고 이데올로기의 종언을 지향하며 활동하는 공평무사한 전문가들도 아니다. 모든 결정들은 기업체나 정부관료와 같이 체제의 이해관계에 헌신하는 매니저들에 의해 이루어진다. 연구의 목표도 기업이윤이나 관료의 전략 등제도적 목적에 의해 정해진다. 전문가들은 우선 조직의 이해관계에 봉사하고 부차적으로만 시민의 복지나 환경보호에 관심을 가질 뿐이다.

정치학자 퍼키스(Victor Ferkis)는 기술의 방향 재설정 즉, 재정향(redirection)에 기대를 건다.[6] 그의 생각에 따르면 기술낙관론자나 기술비관론자 모두 상이한 기술들이 갖는 다원성(diversity)을 간과했으며, 정책의 재정립을 통한 정치구조의 잠재적 역할을 간파하지 못했다는 것이다. 과거에는 기술이 이윤의 도구였으며 단기적이고 사적인 이해관계에 의해 동기화되었던 것이 사실이다. 개인의 자유가 경제적으로 힘 있는 자에게 면죄부를 주었으며 개인권이 공공선보다 우위를 점유했다. 대부분의 마르크스주의자들은 기술이 사회문제의 해결을 위해 필수적인 것으로 간주한다. 그러나 자본주의 아래서 그것은 착취와 비인간화의 도구가 되어 있다는 것이다. 현대 자본주의하에서는 기

---

5) 위의 논문, p.21.
6) 위의 논문, p.22.

업이 정부를 지배하고 정치과정은 지배계급의 이해에 봉사하고 있다고 생각한다. 그러나 자본주의는 엄청난 가능성을 지니고 있으며 따라서 정치경제 체제가 바꾸어지면 그 기능과 생산력은 해방의 힘이 될 수도 있다는 것이다.

여기에서 우리는 과학, 기술 그리고 사회가 어떤 관계를 갖는지에 대한 세 가지 견해를 검토할 필요가 있다. 우선 이들 간에 단선적 발전(linear development)을 상정하는 입장에 있어서는 과학이 기술을 결과하고 나아가 기술이 사회에 대해 본질적으로 일방적 영향(one-way impact)을 미치는 것으로 가정되고 있다. 또한 기술의 전개는 일차적으로 시장과 함수관계에 있다고 본다. 이러한 견해는 주로 기술낙관론자들 간에 공유되고 있는 것으로 생각된다. 그들은 기술이 단연 이로운 것으로서 정부의 규제나 공공정책이 따로 필요없다고 본다. 그리고 소비자들은 시장을 통해 그들의 선호를 표현함으로써 기술발전에 영향을 미칠 수 있다는 것이다.[7]

다음으로 기술결정론(technological determinism)이 제시되는데 이에도 여러 유형의 결정론이 구분될 수 있다. 엄격한 결정론은 오직 한 가지 결과만으로 결정된다고 주장한다. 다소 온건한 주장은 기술체계에는 매우 강한 경향성(tendencies)이 내재해 있으나 상당한 저항이 개재될 경우에만 부분적으로 견제될 수 있다는 것이다. 여기에서도 역시 기술은 자립적 체계로 간주되며 그 내재적 논리(inherent logic)에 의거해서 발전되고 사회제도를 통제하게 된다는 것이다. 좀더 온건한 주장은 기술의 전개가 자본주의 체제에서는 하나의 길로 나아가나 다른 경제체제에서는 다른 결과가 나타날 수 있다는 것이다. 어떻든 기술결정론에 있어 기술은 다른 변수들이 의도하는 독립변수이든지 역사적 변화에 있어서 지배적인 힘을 갖는다고 생각된다.

---

7) 위의 논문, p.26.

기술결정론자들은 기술의 결과가 사회적, 환경적 관점에서 전반적으로 유해하다고 주장하는 한에서 대체로 기술비관론자의 입장에 선다. 나아가 어떤 형태의 결정론이건 간에 인간의 자유와 기술적 선택에 강한 제약을 함축한다. 그러나 일부 결정론자들은 기술의 결과에 대해 상당한 낙관을 표명하기도 한다. 또한 기술비관론자들이 반드시 기술결정론을 받아들일 필요도 없는 것이다.[8] 그들은 기술선택의 여지가 존재함을 인정하나 인간본성이나 제도적 이해관계에 대해 비관적이기 때문에 그러한 선택이 오용될 것으로 예상한다. 그들은 또한 전 지구적 형평성의 결여와 희소한 자원의 세계에 대한 우리의 대응능력에 대해서도 비관적이다. 그러나 결정론과 비관론이 기술비판가들 가운데 공유되기도 한다.

우리가 동조하고자 하는 입장은 과학-기술-사회 간에 맥락적 상호작용(contextual interaction)이 가능하다는 입장이다.[9] 사회적, 정치적 세력들이 특정 기술의 이용뿐만이 아니라 디자인에도 영향을 미친다. 또한 기술이 중립적일 수 없는 이유는 사회적 목표와 제도적 이해가 선택될 기술의 디자인에 관여하기 때문이다. 그러나 선택의 여지가 있는 까닭에 기술에 대한 공공정책적 기획이 이 입장에 있어서는 더 중대한 역할을 수행하게 된다. 이 같은 기술맥락주의(contextualism)는 기술을 사회적, 정치적 권력의 도구로 간주하는 입장과 상관되어 있다. 맥락주의자들은 과학과 기술 간의 상호작용적 다원성에 주목한다. 그리고 기술의 사회적 구성(social construction of technology)은 다양한 가치관들이 특정 기술의 디자인 속에 내장된다는 사실을 함축한다. 역사가 스토덴마이어(John Staudenmaier)에 따르면 맥락주의는 기술의 디자인이 그 인간적 맥락으로부터 추상화되어서는 의미

---

8) 위의 논문, p.27.
9) 위의 논문, pp.27-28.

있게 해석될 수 없다는 명제에 기반을 둔다는 것이다.[10]

단선적 입장과 결정론적 입장은 기술이 노동형태와 조직구성도 결정한다고 본다. 그러나 맥락주의자들은 기술 디자인 그 자체가 사회적 관계에 의해 영향을 받는다고 한다. 어떤 맥락주의자들은 기술 속에는 성차별적인 문화까지도 흔적을 남기고 각인되어 있다고 지적한다. 맥락주의는 기술과 사회 간에 그리고 기술과 넓은 의미의 문화나 가치관 간에 양방향 상호작용을 강조하고자 한다. 따라서 기술이 문화적 표현의 한 형태로 간주될 경우 그 특징적 성격이 간과될 수 있으나 또한 기술에 대한 문화적 힘이 간파되지 못할 경우 기술에 대한 단견이 지배하게 된다. 결국 맥락주의자들은 기술개발이 재산권 개념, 사회정의, 환경보호 등 더 넓은 사회적, 문화적, 윤리적 배경 속에서 이해되고 재정의되어야 할 것으로 생각하는 것이다.

3) 정보기술의 특이성과 정보통신윤리

컴퓨터 윤리가 대두된 한 가지 요인은 컴퓨터 전문가가 작업현장에서 제기되는 윤리적 문제들을 효과적으로 처리하지 못하리라는 염려에서 비롯되었다. 시간이 흐르면서 이러한 염려는 컴퓨터 전문가들이 윤리적 문제가 어떤 경우에 나타나는지조차 제대로 인지하고 있지 못하고 있다는 연구결과에 의해 더욱 강화되었다. 더욱 놀라운 것은 상당수의 전문가들이 컴퓨터 오남용이 명백한 경우에조차 윤리적 문제가 없다는 그들의 소신에 집착하고 있다는 사실이다. 이는 결국 상당수의 컴퓨터 전문가들이 제대로 된 윤리적 감수성(sensitivity)을 결여하고 있다는 증거가 된다. 윤리적 문제가 제대로 인지되지 못할 경우

---

10) John W. Staudenmaier, *Technology Storytellers*, Cambridge: MIT Press, 1985, p.165.

그것을 책임 있게 다루기를 기대하기 어려운 것은 당연한 일이다. 이러한 사태는 컴퓨터 교육과 프로그램 훈련에 있어 윤리의식 부실로 인해 더욱 심화되고 있는 실정이다.

매너(Walter Maner)의 주장에 따르면 우리는 컴퓨터 기술이 제기하는 특이한(unique) 윤리적 문제를 세심하게 관찰할 필요가 있다는 것이다.[11] 이어서 그는 단지 더 나은 전문직 수행을 위해 컴퓨터 윤리가 필요하다고 말하는 것만으로는 충분하지가 않다는 점이 중요하다고 본다. 그에 의하면 컴퓨터 윤리는 가장 약한 이유로부터 가장 강한 이유에 이르기까지 적어도 몇 가지 이유에서 요구되는데 전문직 수행, 오남용의 회피, 컴퓨터 기술의 급속한 발전이 정책공백(policy vacuums)을 가져온다는 점, 컴퓨터는 윤리적 문제를 지속적으로 변형시킨다는 점, 컴퓨터는 특별연구를 요하는 새로운 윤리문제를 제기한다는 점 등이다. 이같이 컴퓨터 기술에 특이한 문제들은 독자적인 새로운 연구분야로 다루어야 할 정도로 충분히 광범위하고 일관성을 갖는다는 것이다.

이상에서 제시된 몇 가지 이유는 컴퓨터 기술이 다른 기술과 갖는 불연속성의 정도에 있어 약한 입장으로부터 강한 입장에 이르기까지 컴퓨터 윤리의 독자성에 대한 단계별 정당근거로 풀이될 수도 있을 것이다. 그리고 컴퓨터 기술이 개입함으로써 본질적으로 차별화된 윤리가 요구됨을 보이기 위해서는 생겨나는 문제들이 컴퓨터 이전의 기술들과 도덕적 유비(moral analogy)가 만족스럽게 성립하지 않음을 보일 필요가 있다.[12] 만일 만족할 만한 유비가 이루어진다면 과거의 문제를

---

11) Walter Maner, "Unique Problems in Information Technology", *Science and Engineering Ethics* 2, no.2, Opragen Publications, 1996, pp.137–154; 위의 책, p.39 참조.
12) Walter Maner, 앞의 논문, p.45.

다루던 도덕적 직관을 이행시켜 새로운 문제를 손쉽게 다룰 수 있으며 따라서 새로운 윤리의 구상이 불필요할 것이기 때문이다. 결국 컴퓨터 기술의 특이한 성격으로 인해 생겨날 특이한 문제들로 인해 특이한 윤리가 요구됨을 보이는 일이 중요하다.

컴퓨터가 가진 특이한 성격 중 하나는 그것이 정해진 크기의 워드 속에 정보를 저장하는(uniquely stored) 방식에 있으며 그 한도를 넘어 유출(overflow)이 일어날 경우 워드 속에 저장된 내용이 극심하게 손상된다는 점이다. 또한 컴퓨터의 또 다른 특이한 성격은 그것이 광범위한 목적에 쓰일 수 있는 기계로서 투입과 산출 그리고 이를 연결해 줄 논리적 연산을 통해 조작될 수 있는 일이면 무엇이든 수행할 수 있다는 의미에서 논리적으로 융통자재(uniquely malleable)하다는 점이다. 그리고 컴퓨터 기술의 다른 특이한 성질은 그것이 인간을 능가하는 복잡성(uniquely complex)을 지니고 있다는 점이다. 그래서 기계를 프로그래밍하는 것은 인간이지만 그로부터의 결과는 지극히 임의적인 복잡성을 지님으로써 결국 우리가 기계의 주인임을 의심할 정도에 이르게 된다는 점이다.[13]

나아가 컴퓨터는 순식간에 복잡한 연산기능을 수행함으로써(uniquely fast) 우리가 기대했던 미래와 기회가 짧은 시간에 바뀔 수밖에 없다는 점이다. 또한 이같이 컴퓨터가 순간적으로 수많은 연산을 수행할 수 있다는 점과 관련해서 개별연산의 비용은 거의 제로에 가깝게 감소된다. 따라서 컴퓨터의 이러한 저렴성(uniquely cheap)으로 인해 윤리적으로 흥미로우면서도 중대한 결과가 생겨날 수 있다. 또한 컴퓨터는 역사상 유래가 없는 정도로 정확한 복제를 할 수 있는 기술을 제공한다(uniquely cloned). 만일 우리가 컴퓨터 파일을 제대로 복사만 할 수 있다면 원본과 구분하기 어려운 복제본을 얻을 수 있다.

---

13) 위의 논문, pp.45-48 참조.

나아가 아날로그 기술들과는 달리 원인과 결과 간에 불연속적 관계 (uniquely discrete)가 디지털 컴퓨터의 특이한 점이며 이로 인해 결과론적 윤리이론에 각별한 난점이 제기될 수도 있다. 끝으로 컴퓨터는 독특하게 기호화하는(uniquely coded) 방식으로 인해 다른 기술들과 차별화된다. 다른 매체는 문화를 기호화할지라도 그 기호 속에 정보가 그대로 내장되어 있으나 컴퓨터는 정보처리과정의 특이성으로 인해 모든 문화적 내용이 일거에 매장되거나 소멸되어 버릴 수가 있다는 점이다.[14]

지식정보사회를 이해하기 위해서 새로운 인식틀, 즉 패러다임의 변화가 요구된다는 것은 위에서 기술해 온바, 단지 컴퓨터 기계나 기술 즉 하드웨어가 그 이전의 것들에 비해 갖는 특이성만으로는 부족하다. 여기에서 우리는 컴퓨터 기계나 기술을 넘어 이 같은 매체를 통해 소통되는 지식, 정보라는 콘텐츠, 즉 소프트웨어가 갖는 특이성에도 주목하지 않을 수 없다. 이런 관점에서 우리는 새로운 패러다임 속에서 정보기술 개발과 정보통신윤리 간의 관계를 특히 재산권 개념을 중심으로 집중조명할 필요가 있게 된다.

지식과 정보와 같은 무형재화의 경우에는 희소성의 원리가 적용되는 실물공간의 재화와 달리 추가비용 없이 무한복제가 가능한 풍부성 (abundance)의 원리가 작동한다.[15] 자신의 물리적 속성으로 인해 무형재인 지식과 정보는 추가적인 한 사람의 소비가 타인의 소비 가능성에 영향을 주지 않는 비경합성(non-rivaly), 그리고 대가를 지불하지 않는 사람도 배제하지 않는 비배제성(non-excludability)을 갖는다. 지식과 정보는 바로 이 같은 특성으로 인해 오늘날 중대한 사회적 의미

---

14) 위의 논문, pp.48-53 참조.
15) 최배근, 「정보사회, 왜 공유와 협력인가?」, 『인터넷 한국의 10가지 쟁점』, 역사넷, 2002, p.39.

를 갖는 공공재(public goods)라 할 수 있으며 이에 비해 소비에 경합성과 배제성을 갖는 것은 사적재라 할 수 있다.

지식과 정보가 갖는 비경합성과 비배제성은 사용자의 수에 따라 가치가 증가하는 네트워크 효과, 네트워크 외부성을 결과하며 인터넷의 이용이 과거 어느 미디어나 네트워크보다 빠르게 확산하는 것도 그것이 갖는 긍정적 외부효과라 할 수 있다. 또한 지식정보사회의 도래에 따라 세계는 희소하고 재생 불가능한 자원에 기초한 세계에서 풍부한 수확체증의 세계로 이동하고 있다. 또한 지식과 정보의 생산과 재생산은 열역학 제2법칙에 따르지 않으며, 아무리 사용해도 소모되지 않고 (비소모성), 타인에게 양도해도 소유주에게 계속 남아 있게 되며(비이전성), 누설되기 쉽고 공유하기 쉬워 재산권 개념이 적용되기 어려운 (전유 불가능성) 재화이기도 하다.[16)]

3. 정보통신윤리와 지적 재산권 개념

1) 지적 재산권의 정당화와 의사소통

지적 재산권에 대해서는 일반적으로 두 가지 기본적인 정당화 논변이 제시된다. 그 중 하나는 로크적 정당화로서 흔히 재산권에 대한 노동이론(labor theory)이라고도 불린다. 로크에 따르면 사람들은 노동을 투입함으로써 어떤 산물에 대해 재산권을 취득한다. 예를 들어서 누군가 숲에 들어가 나무를 베어 땔감으로 만들었다면 그 나무는 그의 재산이 된다. 비록 그가 나무나 나무가 자란 땅의 소유자가 아니고 나무를 심거나 키우기 위해 한 일은 없었지만 나무를 유용한 땔감으로 만드는 일을 함으로써 생겨난 산물은 그의 것이 된다는 것이다. 그는 그

---

16) 위의 논문, p.40.

것을 팔든 불을 때든 자신이 원하는 대로 이용할 수 있고, 더 중요한 것은 그가 그것을 이용하지 못하게 타인들을 배제할 수 있다는 것이다. 이 같은 이론은 상업적 분위기 속에서 순기능을 할 것이며, 사유재산에 대한 신뢰할 만한 정당근거를 제시할 뿐만 아니라 사람들의 노동에 동인을 제공, 부를 획득하게 할 수있다.

물론 로크는 이런 식의 추론을 지적 재산권(intellectual property)에 적용한 적은 없지만 그것을 더 확대 적용해 보는 것도 흥미로운 일이다.[17] 저술이나 작곡 혹은 컴퓨터 프로그램을 창출하기 위해서는 엄청난 생각, 시간, 노력을 필요로 한다. 그런 것들을 창출하기 위해 노동을 제공한 사람은 그 이용으로 인한 이득에 대해 가장 강력한 권한을 가지게 될 것이다. 오늘날 노동이론은 지적 재산권에 대한 요구를 정당화하기 위해 암암리에, 혹은 분명하게 자주 이용되고 있다. 예를 들어서 소프트웨어 개발자들은 비용지불도 없이 그들의 생산물을 이용하려는 저작권 침해자들을 용납하지 않으며 소프트웨어 상품을 개발하는 데 투여한 엄청난 시간과 노력을 거론하며 개발자에게 보상 없이 생산물로부터 이득을 보고자 하는 타인의 부정의를 비난한다.

로크의 논변 이외에 재산권에 대한 또하나의 정당화 논변은 지적 재산권에 대한 헤겔의 이론 혹은 인격이론(personality theory)이라 할 수 있다. 이 견해에 따르면 논문, 저술, 작곡 등 다양한 창작활동은 자기표현이나 자기실현의 행위이며 따라서 창작자의 인격의 확대라 할 수 있다. 창작물 그 자체는 단지 소유의 대상이라기보다 창작자 자신의 일부로서 그의 인격에 귀속되는 것으로 간주한다. 그래서 인간의 자유가 요구하는 것으로서 창작자는 그들이 창조한 것에 대해 일어날

---

17) Michael C. McFarland, SJ, "Intellectual Property, Information, and the Common Good", ed., Richard A. Spinello, *Readings in Cyberethics*, Jones and Bartlett Publishers, 2001, p.257.

일들을 통제, 좌우할 수 있다는 것이다. 이는 마치 그들이 그들 인격적 삶의 다른 면들을 결정할 수 있는 것과 유사하다. 만일 어떤 자들이 각별한 친구를 위해 매우 개인적이고 사적인 어떤 시를 썼다면 그것은 작가의 동의 없이 출판하거나 심지어 매매될 수 없는 것이다. 그럴 경우 그것은 불공정한 상거래라기보다는 작가의 인격에 대한 침해와 같은 것이 될 것이다.[18]

인격이란 지적 재산권에 대한 현재의 어떤 요구권(claim)에 잘 반영되고 있다. 일부 무료 소프트웨어(free software) 주장자들은 저작권의 목적은 그것을 팔아서 노동에 대한 보상을 받기 위한 것이 아니라는 것이다. 창작물의 이용과 분배 조건에 대해 통제권을 요구하는 까닭은 타인이나 기업이 상품과 이윤을 목적으로 매매하는 것을 방지하기 위함이다. 그러한 상행위는, 창작물을 작자의 자유를 훼손하는 방식으로 다루고 이용함으로써 결국 그의 인격을 모독하는 행위가 되며, 비록 기업이 창작물에 대해 저작권료를 지불한다 할지라도 인격과 자유의 침해를 만회할 수 없다는 것이다.

노동이론과 인격이론은 지적 소유권에는 적어도 일리 있는 나름의 정당화 논변을 제공하고 있다. 이를테면 표절행위는 어느 이론에 의거해서도 그릇된 행위라 할 것이다. 그러나 중요한 문제는 그러한 이론들이 어느 정도까지 지적인 재산권 문제에 확대, 적용될 수 있는가이다. 만일 어떤 사람이 주소나 통계자료를 모으기 위해 일정한 노동을 투자했다면 그는 그 데이터에 관해 배타적 권리를 가지게 됨으로써 다른 이들은 그의 허락 없이 그것을 이용할 수 없는 것인가? 또한 창작물의 소유권은 그 산물에 대해 절대적 지배권을 가져 소유자의 이해와 직접 상충하지 않는 유용한 이용마저 배제하게 되는가? 소유자 이외의 사람도 지적 재산에 대해 나름의 이해관심을 가질 수 있기에 누구든 접

---

18) 위의 논문, p.258.

근 가능한 사실들을, 그것을 데이터베이스에 기록했다는 이유로 소수 개인이 배타적 소유권을 갖는다고 보기는 어렵다. 디자인, 아이디어나 지식을 공유하면 오히려 효율성이 증대하며 건전한 경쟁을 증진함으로써 새로운 아이디어와 창작의욕을 결과하게 될 것이다. 일반적으로 지적 산물이 더 널리 효율적으로 전파되면 더 많은 사람들에게 혜택을 주게 된다. 결국 지적 산물 개발자의 정당한 요구와 공중의 이해관심 간에 균형을 찾는 일이 중요한 과제가 된다.

윤리적 범주로서 지적 재산권과 관련된 근본적인 문제는 지적 재산권 개념이 지나치게 개인주의적이라는(individualistic) 점에 있다.[19] 그것은 지적인 성과의 창안자, 개발자에 초점을 맞춰 그들이 어떤 권한을 갖는지에 집중한다. 그것은 창안자나 성과의 사회적 역할을 무시하고 따라서 그들이 나머지 사회와 갖는 윤리적으로 의미 있는 관계를 경시함으로써 균형감을 상실하고 있다. 우리가 재산권이라는 관념으로 출발하면 문제는 자연히 소유권이나 처분권에 집중하게 된다. 그러나 우리가 사안에 대한 더 온전한 견해를 얻기 위해서는 그러한 시각이나 틀로부터 한발짝 물러날 필요가 있다. 우리가 제안하고자 하는 것은 지금까지 무시되어 왔지만 더욱 전통적인 입장, 즉 자연법(Natural Law) 이론을 이용할 필요가 있다는 점이다.

적어도 아리스토텔레스의 니코마코스 윤리에까지 소급하는 자연법 이론은 좋은 것(善)이 무엇인지를 묻는 것으로부터 출발한다. 아리스토텔레스에 있어 어떤 것의 선(The Good)은 그 본성 속에 내재되어 있으며 선은 그것이 갖는 목적을 달성하는 일이다. 이를테면 도토리 열매는 도토리 나무로 성장하는 것이 목적이라 할 수 있다. 그것은 도토리 나무로 성장함으로써 자신의 본질을 성취하고 그 덕(virtue)을 이루게 된다.[20] 인간은 본질상 합리적이고 사회적인 존재이다. 따라서

---

19) 위의 논문, p.259.

인간의 자기실현과 행복은 사회 속에서 합리적으로 사는 일을 통해서 이루어진다. 그 같은 삶을 지지하는 덕성에는 여러 가지가 있지만 우정과 사랑이 대표적이라 할 수 있다.

그래서 우리는 지적 재산이라 부르는 창작물, 특히 전자적으로 저장, 전송될 수 있는 산물들에 있어 그 본성이 무엇인가를 물어볼 수 있다. 미스터리 소설, 자서전, 사진작품, 회화, 작곡 혹은 디자인 등이 공통적으로 가지고 있는 것은 무엇인가? 이들 모든 것은 어떤 의미에서 정보(information)라 할 수 있다. 컴퓨터에 저장될 수 있는 것은 정보를 전송하는 컴퓨터 프로그램을 위시해서 모두가 정보라 할 수 있다. 소프트웨어는 다른 정보들과 마찬가지로 검색, 관리, 수정될 수 있다.

그렇다면 정보의 목적은 무엇인가? 분명 정보의 목적은 개인적 반성, 회화, 음악 등과 같이 일종의 자기표현(self-expression)이라 할 수 있다. 그것은 기계 디자인이나 컴퓨터 프로그램과 같이 어떤 유용한 기능을 수행할 목적으로 만든 산물이라 할 수 있다. 그러나 더욱 근본적인 수준에서 말하면 정보는 의사소통(communication)과 관련된 것이다.[21] 소통이 바로 정보의 목적인 것이다. 정보는 "어떤 사실이나 사건에 대한 지식의 소통이라 할 수 있다." 정보가 소통 그 자체가 아니라면 그것은 소통되도록 의도된 어떤 것이다. 정보의 본성과 목적은 소통이며 이는 그 선이요 덕이라 할 수 있다. 적절한 정보윤리라 한다면 반드시 이 점을 고려해야 할 것이다.

정보의 또 다른 본질적 특성은 그것이 역동적이고 누적적(dynamic and cumulative)이라는 점에 있다.[22] 정보는 인간사고의 산물로서 물체적인 것이 아닌 까닭에 정보는 끊임없이 변화하고 성장하며 상호 결합하고 창조되는 산물이다. 지적인 저작은 단일한 한 사람의 정신에서

---

20) 위의 논문 참조.
21) 위의 논문, pp.259-260 참조.
22) 위의 논문, p.260.

순수하게 독창적으로 생겨난 것이 아니다. 거기에는 언제나 상호작용이 있고 영향을 서로 주고 받는다. 따라서 모든 창작물은 그 선행자를 가지며, 프로그래머는 언제나 선행 프로그래머로부터 배운다. 무료 소프트웨어 제도에 대한 강력한 논변도 단지 그것에 대해 사람들이 비용을 지불할 필요가 없다는 데 있다기보다 다른 프로그래머들이 그것을 자유로이 검색, 그로부터 배울 수 있음을 의미한다. 무료 소프트웨어가 사람이 판독할 수 있는 소스코드가 언제나 접근될 수 있지 않는 한 진정으로 프리하다고 할 수 없다는 것이다.

이상과 같은 지적 저작의 목적과 선은 소통되고 공유될 수 있다는 점에 존재한다. 물론 윤리는 사람과 관련되지, 데이터베이스나 디자인에 있는 것은 아니다. 그러나 정보의 목적을 앎으로서 우리는 정보생산자의 목적과 미덕에 대해 매우 중요한 것을 알게 된다. 중요한 것은 단지 정보의 생산이 아니라 정보의 소통이다. 정보를 담은 성과가 적절한 방식으로 공유되지 않는다면 그것은 그 목적을 성취하지 못한 셈이어서 그 덕성을 발휘하지 못할 것이다. 공유가 효율적으로 될 경우 정보는 더 자신의 목적에 부합하며 정보다운 정보가 된다고 할 수 있다.

물론 정보의 생산자는 지적 소유권에 대해 집착하겠지만 더 합당한 관점을 얻기 위해 우리는 한걸음 뒤로 물러나 정보의 의의와 목적에 대해 물어볼 필요가 있다. 그럴 경우 우리는 재산권만 생각할 경우 잃기 쉬운 매우 중요한 통찰을 얻게 된다. 즉, 정보는 소통되고 공유되어야 할 어떤 것이라는 점이다. 정보의 이용과 배분을 위한 윤리적 대책은 비록 생산자의 정당한 요구를 인정할지라도 정보의 사회적 성격을 고려해야만 한다. 이 같은 관점은 개별자의 이해관심에 더하여 나머지 사회의 이해관심까지 고려할 이론적 기초가 된다. 이 점에서 공리주의적 관점이 합당하다고 생각되나 공리주의는 개인의 권리를 소홀히 하는 경향이 있어 역시 균형을 잃을 가능성이 있다.

2) 정보사회, 공유와 협동의 패러다임

자본주의 시장경제가 경쟁의 원리와 (배타적) 사유재산권 체계에 기초하고 있다는 것은 누구나 알고 있다. 시장경제는 효율성을 달성할 수 있는 가장 효과적인 제도이며 이를 위해 경쟁의 원리와 사유재산권 체계가 정당한 수단으로 알려져 있기 때문이다. 그러나 사실상 경쟁의 원리와 사유재산권 체계는 보편적인 정당성을 갖기보다는 특정한 조건에서만 그 정당성을 부여받는다는 사실은 그리 잘 알려져 있지 않다. 경쟁의 원리와 사유재산권 체계는 자원의 희소성과 근대 이후 서구적 합리성의 문화기반 위에서 성립하는 것이다.[23]

시장경제 중심의 주류 경제학에서는 경제문제의 핵심을, 인간의 욕망은 무한한 데 비해 이를 충족시킬 자원은 한정되어 있는 것으로 설정한다(희소성의 원리). 따라서 물질적 욕망을 최대한 충족시키기 위해서는 자원의 이용과 관련해서 선택의 문제에 직면하게 되고 여기에서 희소한 자원으로 한 사회가 최대의 효과를 얻어야 하는 효율성의 문제가 생겨난다. 시장경제에 바탕한 주류 경제학은 이러한 선택문제를 개인적 차원의 문제로 접근하고 경쟁(competition)을 가장 합리적인 방법으로 간주한다. 여기에서 합리적 선택이란 각 개인이 자신의 개별적 이익을 극대화하는 선택을 의미하며 이는 또한 자유경쟁에서 승리한 자가 그 결과를 독점하는 사유재산권 체계가 정당함을 말해 준다.

그런데 희소성의 원리가 주류 경제학과 산업사회의 중심 원리로 성립할 수 있었던 것은 유형의 자원(tangibles), 즉 노동, 자본, 토지 등 생산의 3대 요소가 사회적 생산에 대한 기여도가 가장 높았기 때문이다. 그러나 정보화가 진행되는 현대사회에서 이 3대 요소는 점차 부차적인 생산요소로 전환되고 지식, 정보를 위시해 디자인, 기술, 창의력

---

23) 최배근, 앞의 논문, p.37.

등 무형의 재화들(intangibles)이 고부가가치를 만들어내는 주 생산요소들로 부상하고 있다. 그런데 사회적 생산에서의 중심적 기여가 유형의 요소에서 무형의 요소로 이동한다는 사실은 단지 생산요소 구성의 변화에 그치지 않고 사회의 구성 및 운영원리, 나아가 재산권 체계의 변화 등을 수반할 수밖에 없는 것이다.[24]

물질적 재화는 여러 사람들에 의해 분할되어 소비되지만 지식과 정보와 같은 문화재는 집합되어 있는 그대로 사용된다. 이를 지식 및 정보재화의 불가분성이라 하며 이 같은 불가분성은 기존의 재산권 체계에 심각한 의문을 제시한다. 다시 말해 네트워크 시대에 있어 가치의 창출은 집합적이다. 21세기 정보화사회는 지식노동자가 가진 전문지식과 기술 노하우(know-how)를 결집시켜 공유할 수 있는 능력, 주변에 산재해 있는 다양한 정보의 소재를 파악할 수 있는 능력(know-where), 공동목표를 달성하기 위해 타인의 전문성을 활용할 수 있는 능력(know-who)이 기업경영의 핵심 역량으로 인식되고 있다. 특정 프로젝트를 추진하기 전세계에 분산되어 있는 수많은 전문가들을 글로벌 외주화(global outsourcing)를 통해 엮어냄(networking)으로서 최단시간 내에 최대의 효과를 창출할 수 있어 그야말로 오늘날은 공유가 키워드가 된 것이다.[25]

정보사회의 등장은 재산권 체계에 심각한 의문을 제기한다. 자본주의 시장경제의 핵심인 배타적, 절대적 사유재산권은 희소성의 원리로부터 정당화된다. 그러나 이 같은 희소성 원리 대신 풍부성의 원리가 적용되는 지식과 정보 등 무형재는 자신의 속성인 외부성과 사회성 때문에 배타적, 절대적인 사유재산권 체계의 적용이 기술적으로 어려워진다. 다시 말해 사유재산권 체계는 시장이 성공적으로 작동하기 위한

24) 위의 논문, p.38.
25) 위의 논문, p.42.

필요충분조건이 아니다. 사유재산권의 정당성은 자원이 희소하고 동시에 경쟁의 문화를 가진 사회에서만 성립한다.

주류 경제학을 포함한 주류 사회과학의 재산권 이론에 따르면 재산권이 명확히 규정되지 않을 경우 효율성이 담보되지 않는다. 소유권이 없는 공유자원의 공동사용이 초래하는 외부효과를 주류 경제학에서는 소위 공유지의 비극(tragedy of common land)이라 부르고 있다. 누구도 독점적 재산권을 주장할 수 없는 공유자원을 공동으로 사용할 경우 부정적 외부효과로 인해 그 자원은 쉽사리 소멸하거나 오염될 수 있기 때문이다.

그러나 여기에서 간과되고 있는 것은 공유자원에 대한 공동소유와 사용권을 갖고 있는 각자가 자신의 이익을 극대화시키는 차원에서 행동한다는 것이 전제되어 있다. 다시 말하면 공유자원이 근대 이후 서구의 합리성과 경쟁의 원리가 결합되면 그 결과는 비극을 맞게 된다는 사실이다. 그러나 만일 각자가 협력을 할 경우에는 설사 자원이 다소 희소할지라도 비극이 아니라 효율적인 결과를 낳게 될 것이며 자원이 풍요할 경우에는 최대로 효율적인 결과도 가능한 것이다.[26]

이런 점에서 재산권이 정확히 배정될 때만 경제적 효율성이 보증된다는 주류 사회과학의 재산권 이론은 근세 이후 서구적 경험을 보편화시킨 하나의 이데올로기에 불과하다는 해석이 가능해진다. 이처럼 정보사회의 도래는 재산권 체계에 대한 새로운 상상력을 요구한다. 이는 지식과 정보의 속성 때문에 정보사회의 바탕이 경쟁이 아니라 공유와 협력으로 변했기 때문에 발생한 것이다. 경쟁은 상호 배타적 제로섬 게임이지만 협동은 상호 보완하는 가운데 윈윈하는 상생의 게임인 것이다.

앞서도 지적했지만 지식 및 정보 재화는 추가비용 없이 무한복제가

---

26) 위의 논문, pp.43-44 참조.

가능하기 때문에 공유할수록 경제적 효율성이 증대하는 반면 지적 재산권에 의해 독점적 소유를 보장하면 특정 개인의 이익은 증대하겠으나 사회 전체적인 잉여는 줄어들 수밖에 없다. 다시 말해 지식정보사회에서 독점적 소유는 특정 개인을 부유하게 만들 수는 있으나 사회의 진보나 발전은 정체될 수밖에 없는 심각한 문제에 직면한다. 예를 들어 소프트웨어 같은 지식산업의 경우 자유시장에 맡길 경우 기술적 성격 때문에 자연독점이 될 가능성이 높으며, 이때 공급자는 자신의 이익을 극대화할 수 있으나 과소공급과 가격상승에 따라 많은 사람들이 소비에서 배제되고 그 결과 소비자들 사이에 상당한 정보격차(digital divide)가 생겨나게 된다.

또한 앞서 지적한 바와 같이 지식과 정보라는 재화는 비경합적, 비배재적인 것인 까닭에 생산의 외부성 내지 확산효과를 갖게 마련이며, 따라서 이러한 재화는 사회적으로 바람직한 수준보다 과소생산되는 경향을 가질 수 있다. 또한 기술을 개발한 사람은 신기술의 개발이 결과할 사회적 가치에 비견할 정도의 보상을 받지 못하기 때문에 연구개발에 충분한 자원을 투자할 유인이 제공되지 못할 우려가 있다.

나아가 수확체증의 효과는 불완전 경쟁을 유발하여 자연독점이 생겨날 가능성도 있다. 따라서 경쟁의 원리가 적용되지 않기 때문에 시장기구에 의한 자원배분이 효율적이지 못할 가능성도 있다. 그럼에도 불구하고 자원배분을 시장에만 일임한다는 것은 경제적 효율성 저하와 더불어 이해관심을 갖는 공중에게 큰 피해를 입힐 수도 있는 것이다.

3) 아시아적 소유관과 정보사회의 미래

새로운 디지털 매체나 정보상품들과 관련해서 현시대에 만연된 문제이면서 동시에 해결이 쉽지 않은 또 하나의 윤리적 문제가 바로 지적 재산권의 문제이다. 이것이 심각한 문제가 되는 까닭은 지적 재산과 그것을 보호하는 법들에 대한 존중이 분명히 허물어져 가고 있기 때문이다. 불행히도 소프트웨어 프로그램을 빌리거나 복제 혹은 복사하는 것이 사회마다 정도의 차이가 있기는 하나 이미 사람들의 주목의 대상이 되지 않는 기정사실이 되어 버렸다. 이같이 저작권 침해가 만연한다는 사실 때문에 개인이나 기업이 엄청난 손실을 보고 있으며 새로운 기술개발이 방해받을 수도 있다.

문제는 법적 조항이 엄격히 규정되고 있는 경우들에 있어서조차 많은 컴퓨터 사용자들이 이 사실에 대해 개의치 않는 태도를 취하기 때문에 더 심각해진다. 데이터베이스나 스프레드시트 같은 소프트웨어 프로그램을 복사하는 것은 분명 법에 저촉되지만 많은 사용자들은 별 망설임 없이 그렇게 한다. 사람들은 인가되지 않은 소프트웨어를 사용하는 것이 일종의 절도(theft)임을 인정하기는 하나 검거될 위험이 거의 없기 때문에 다양한 방식으로 그런 범행을 저지르고 있다.

또한 사람들은 소프트웨어 회사들이 엄청난 이윤을 얻고 있는 까닭에 다소간 소프트웨어 사용요금을 포기하더라도 대단한 손실은 아니라는 논변을 펼침으로써 그 같은 행태를 합리화하기도 한다. 컴퓨터 분석가이자 논평가인 마코프(John Markoff)에 따르면 이러한 합리화와 변명들은 전자적 정보가 사실상 공공영역에 속하며 사적인 재산으로 보호되어서는 안 된다고 하는 널리 만연된 태도(though illegal, copied software is now common)를 반영한다고 말한다.[27]

이상과 같은 쟁점들은 한국을 포함한 아시아 지역에 있어서는 훨씬 더 복잡하게 전개되는데, 이 같은 지역에는 지적 재산권을 보호하는 전통이 특히 미약하기 때문이다. 이러한 나라들이 지적 재산을 공공재산이나 사회의 재산으로 취급하는 경향이 있는 색다른 철학을 갖고 있

---

27) Richard A. Spinello, 『정보기술의 윤리(Ethical Aspects of Information of Technology)』, 황경식 · 이창후 역, 철학과현실사, 2001, p.236.

다는 사실로 인해 문제는 더욱 복잡, 심각해지는 것이다. 마찬가지로 후진국이나 개발도상국가들도 지적 재산권에 대해 다소 다른 이유에서이긴 하나 역시 회의적인 태도를 취한다. 스타이들마이어(Paul Steidlmeier)가 관찰하듯 이러한 국가들은 "우선순위를 달리하여 먼저 사회적인 방식으로 다음에는 개인적인 방식으로 재산권을 규정하는데 그 논변에 따르면 생계(개발)권이, 재산권의 바탕이 되는 권한보다 우선한다"는 것이다.[28]

이상에서 나타난 바와 같이 지적 재산의 보호와 관련된 쟁점은 단순하지가 않다. 일례로서 지적 아이디어들(ideas)은 전통적으로 공적 영역에 속하는 것으로 간주되어 왔다. 수학적 개념들과 과학적 개념들은 일반적으로 사회의 모든 성원들이 공유하는 공적 재산으로 간주되고 있다. 하지만 소프트웨어 프로그램들에 통합된 아이디어들과 연산방식(algorithms)은 어떻게 취급되어야 하는가? 모든 사람이 공유해야 할 공적 재산으로 취급되어야 하는가 아니면 저작권이나 특허보호를 받을 만한 사적 재산으로 취급되어야 할 것인가?

물론 소프트웨어 디스켓을 복사하는 것이 잘못된 일이라는 데에는 의심의 여지가 없지만 다른 문제들은 윤리적 시비를 가리기 애매한 점들을 포함하고 있다. 예를 들어 다양한 명령라인이나 원시코드를 가진 소프트웨어는 저술이나 잡지의 기사와 유사하다. 만일 그렇다면 이 같은 것들은 출판물들과 같은 방식으로 저작권법의 보호를 받아야 하는가? 아니면 소프트웨어는 특허권 보호를 받아야 하는 기계나 공정(process)에 더 가까운 것인가? 물론 근본적인 문제는 물질적인 유형의(tangible) 상품이 아니라는 점에 있으며 그 때문에 전통적인 특허권이나 저작권법의 관점에서 소프트웨어를 취급할 방식을 결정하기가 어려운 것이다.

---

28) 위의 책 참조.

지적 재산에 대한 국제적 전망을 얻고자 함에 있어 미국을 위시한 서구 이외에 다른 나라들의 관행들과 법적 전통을 고려하는 것은 유익한 것이다. 다양한 문화들이 지적 재산권들에 대해 상당히 다른 윤리적 입장을 취하고 있기 때문이다. 예를 들어서 한국이나 일본 등 동양권에서는 새로운 아이디어와 기술들이 "모든 사람들이 자유롭게 공유할 수 있는 공공재산"으로 간주된다. 이들 문화권에서는 어떤 종류의 지적 재산도 사회적 선을 위해 공적 영역에서 공유되어야 한다는 가정을 하고 있다. 많은 개발도상국가들은 주요한 기술적 핵심들을 위한 유인들을 제공하기보다는 사회 전반에 기술들을 확산시키는 데 더 많은 관심을 두고 있다. 결과적으로 이들 나라들은 지적 재산을 보호하는 점에서 소극적인 정책을 지지하게 마련인 것이다.

개발도상국가들과 한국, 일본 등과 같은 나라들의 근본적인 가정은 지적 재산이 한 개인이나 조직에 배타적으로 속해야 한다기보다 공유된 재산으로 간주되어야 한다는것이다. 스타이들마이어에 따르면 "개발도상국가들은 지적 재산에 대한 개인적 요구들이 사회복지(social well-being)라는 더 기본적인 요구에 종속되어야 한다고 주장한다."[29] 그는 이러한 나라들이 개인의 노동결과물은 그 개인에게 권한 부여를 한다는 로크식의 논변에 큰 비중을 두지 않는다는 것이다. 오히려 이 나라들은 "비록 사람들이 그들의 노동결과물에 대해 권리를 갖긴 하지만, 그들은 바로 그 결과의 획득을 실질적으로 가능하게 한 사회에 보답할 의무도 역시 갖는다"는 입장을 갖는다.

이런 일련의 사고방식은 사적 재산과 그에 대한 특허권 및 저작권 체계와는 별개의 것으로서 지적 재산에 대한 강력한 법적 보호를 완화해야 한다는 설득력 있는 논변들을 제시한다. 이러한 논변은 기술혁신자들조차도 그들 혁신의 기초가 되는 지식과 아이디어들에 대해 사회의

---

29) 위의 책, p.265.

혜택을 받는다는 사실을 상기시킨다. 이상과 같이 합법적인 지적 재산 보호의 본성과 범위에 대해 서로 상이한 윤리적 논변들이 있으며 상충하는 이런 도덕적 논변들 간의 갈등을 명확히 해결할 방법은 아마도 없을지 모른다. 단지 지금으로서는 오히려 노동에 대한 보상의 원칙과 공동선을 위한 지식공유의 필요성 간의 균형을 추구하는 견해에 도달할 필요가 있다는 결론에 이르게 된다.

최근 저작권과 특허법에 대한 선진국들의 법 체계에도 상당한 이견들이 제시되고 있어(Copyright V. Copyleft) 법 체계의 해석이 진화함에 따라 양극단 간에 균형을 추구하는 중간지대로 나아갈 가능성이 크다할 것이다.[30] 새로운 아이디어와 기술들의 확산을 질식시키지 않으면서도 개별 발명가의 권리를 보호할 제 3의 길을 모색할 수 있는 것으로 전망된다. 이를테면 작품의 바탕이 되는 아이디어를 보호하는 것이 아니라 표현의 형태만을 보호하는 것이다. 여하튼 정보화시대가 성숙함에 따라 생겨나는 가장 큰 도전 중의 하나는 발명가의 권리와 공공의 이해 간에 이 같은 미묘한 균형을 유지하는 것이 될 것이다.

---

30) Siva Vaidhyanathan, *Copyrights and Copywrongs*, New York University Press, 2001 참조.

제2장 정보기술의 사회윤리적 함축과 전망

1. 사이버 공간의 도덕적 전망

『뉴스위크』 지는 '전자인생의 새벽(The Dawn of e-Life)'이라는 특집에서 인터넷 기술의 발달이 우리의 삶 전반에 미치게 될 영향을 탐색하고 있다. 우리는 전자우편(e-mail)을 통해서 직업적으로나 사적으로 점차 더 많은 의사소통을 하게 될 것이다. 우리는 인터넷에서 쇼핑(e-commerce)을 하며 정치인들은 전자 캠페인에 열을 올리고 있다. 우리는 인터넷상에서 토론하고 논쟁하며 성을 추구하기도 한다. 우리는 또한 대부분의 탐구를 전세계에 걸친 웹상에서 수행하고 있다. 또한 우리는 가상세계에서 게임을 즐기며 교육도 점차 사이버 공간에서 행해질 것이다. 조만간 의사들도 온라인상에서 의료시술을 할 것으로 예고되고 있다. 『뉴스위크』 지는 결론짓기를 "총체적 결과는 우리가 상이한 종류의 인생을 살게 되리라"는 것이다.[1] 이 같은 새로운 삶과 더불어 새로운 도덕적, 사회적 문제들이 생겨나게 되리라는 것은 의심의 여지가 없다.

어떤 새로운 기술도 평가를 요구하는바, 인간활동의 새로운 형태를 창출하게 될 것은 사실이나, 산업혁명의 증기기관이 발명된 이래 인간 공동체와 도덕적 전망을 극적으로 그리고 근본적으로 변혁할 만한 잠재력을 지닌 기술은 컴퓨터가 전자적 의사소통 기능과 결합되어 인터넷이 개발되었을 때 드디어 역사의 무대에 등장했다고 할 수 있다. 인터넷에 의해 가시화된 전자세계는 사이버 공간(cyberspace)으로 알려져 있다.[2] 사이버 공간에서 사람들은 의사소통하고 채팅하며 상거래를 하고 게임을 즐기며 그들 생활의 대부분을 보내고 있다. 사이버 공간은 그것이 본질적으로 개인 간 의사소통과 관련되며 정보를 이용해서 각종 구조물을 구성하는 까닭에 특별히 도덕적이고도 고유한 성격을 지닌 딜레마를 산출하고 있다. 사이버 윤리(cyber-ethics)란 사이버 공간에서 야기되는 윤리적, 도덕적 문제의 전영역에 대한 탐색이라 할 수 있다.

근래에 이르러 인터넷과 사이버 공간은 개인이나 사회에 중요하면서도 심대한 영향력을 행사하기에 이르렀다. 따라서 우리는 컴퓨터 및 다양한 형태의 전자 의사소통과 관련된 윤리적, 도덕적 문제가 무엇인지 명료하게 이해하고 그러한 문제를 다루는 데 있어 도움이 될 만한 개념적 통찰력을 얻음으로써 사이버 공간에 있어서의 도덕적 전망을 얻을 필요가 절실해진다. 사이버 공간 속에서 제기되는 문제들 중 전통철학적 맥락에서 가장 흥미로운 것의 하나는 자아정체성(self-identity)과 익명성(anonymity)의 문제가 아닐까 생각된다. 사이버 공간을 구성하는 컴퓨터와 전자 의사소통 체계는 개인의 익명성을 유

1) R. M. Baird, R. Ramsower, S. E. Rosenbaum, eds., *Cyberethics, Social and Moral Issues in the Computer Age*, Prometheus Books, 2000, Introduction, p.9 에서 재인용.
2) 위의 책, p.10.

지하거나 파괴하는 데 이용될 수 있다. 사이버 공간이 개인의 자아정체성을 폭로하거나, 혹은 보호하게끔 구성되어야 하는지를 결정하는 것은 기술적인 문제라기보다는 사이버 공간에 있어서 관련된 여러 가지 딜레마의 근저에 놓여 있는 사회적, 도덕적 문제라 할 수 있다.

익명성과 연관된 도덕적 문제는 사생활(privacy)의 문제와 자연스러운 연결고리를 제공한다. 사생활과 관련된 윤리적 문제는 사이버 공간의 윤리적 문제를 논의할 경우 가장 자주 고려되는 사항 중의 하나이다. 사생활의 문제는 여러 가지이고 또한 다양한 방식으로 제기된다. 개인에 대한 수많은 정보가 쉽사리 축적되고, 접근되며 신속히 전송될 수 있는 까닭에 많은 사람들이 사이버 공간에 있어서 사생활은 점차 보호받기가 더욱 어려워진다고 생각한다. 또한 혹자는 사이버 공간에 있어 사생활을 보호하는 것이 바람직한 일인지를 묻는 메타적 물음을 제기하기도 한다.

새로운 형태의 정보기술과 관련해서는 지적 재산(intellectual property)의 소유에 관해 극적인 문제들이 제기되기도 한다. 디지털 정보단위인 비트(bits)는 사이버 공간에서 소프트웨어, 음악, 비디오, 도서, 그림 등을 나타내기 위해 사용된다. 디지털 정보는 사이버 공간을 구성하는 요소 즉 내용(contents)을 이루며 이 같은 내용에 대해 지적 재산권을 소유한 자는 수년 내에 엄청난 재산을 형성하기도 한다. 동시에 사이버 공간은 지적 재산의 불법적 소유나 배분을 가능하게 하기도 한다. 이 점과 관련하여 정보의 소유체제에 대한 철학적 반성이 제기되고 있다.

끝으로 정보기술은 공동체(community)의 본성, 특히 정치공동체의 성격에 대한 성찰의 과제를 제기한다. 이는 공동체에 대한 우리의 이해와 민주주의 그 자체에 대해 컴퓨터 및 정보기술이 미친 영향을 탐구함으로써 접근할 수 있다. 컴퓨터나 인터넷으로 인해 증대된 의사소통이 공동체를 위해 새롭고 창조적인 가능성을 열어줄 것인지, 그리고 특히 민주주의적 공동체를 명실상부하게 실현시킬 것인지, 아니면 새로운 정보기술을 통해 공동체를 구현하리라는 전망이 단지 신화에 불과할 것인지의 문제가 제기된다. 이 점에 관해서 낙관론과 비관론이 격돌하고 있다. 이상의 문제들 중 우리는 우선 정보기술이 새로운 공동체나 민주주의 구현에 대해 갖는 사회윤리적 함축과 전망을 살피고자 한다.

2. 정보기술은 사회변혁적인가?

주지하다시피 19세기 기술혐오주의자 러드(Ned Ludd)의 추종자들에 의해 신기술에 대한 격렬한 소요가 있었으나 이들의 강력한 저항은 결국 무위로 돌아갔으며 역사에 대한 그들의 유일한 기여는 기술발전에 허망하게 저항하는 자들에 대해 러다이트라는 이름을 남긴 것이 전부라고 할 만하다. 최근 정보기술의 성장과 발전을 전후해서도 신-기술혐오주의자(Neo-Luddist)들은 이같이 새로운 기술이 가져올 무서운 결과를 예측하면서 이제 책읽기는 과거지사가 될 것이며 개인 간 면접적 의사소통은 사라지고 차세대들은 컴퓨터에만 몰두하는 중독자가 되어 사회적 고립과 더불어 무정부상태로 돌입하게 된다는 것이다.[3]

이에 비해 기술주의 이데올로기는 기술애호주의(Technophiles)에서 가장 극단으로 나타나게 되는데 이들의 믿음에 따르면 기술의 발전은 모든 사회악을 치유하는 풍요의 이상향을 결과하리라는 것이다.[4] 기술주의 이데올로기에 따르면 기술에 의한 문제해결은 그 자체로서 지향할 만한 목적이며 따라서 기술적으로 가장 발전된 것이 가장 최선

---

3) Gordon Graham, *The Internet, A Philosophical Inquiry*, London and New York: Routeledge, 1999, p.6.
4) Neil Postman, *Technopoly: The Surrender of Culture to Technology*, New York: Vintage Books, 1993, p.5 참조.

의 것(the best)임을 전제하고 있다. 이는 또한 기술이 가치중립적(value-neutral)이라는, 논의의 여지가 있는 가정도 함축하고 있다.

기술혐오주의와 기술애호주의의 시비를 가리기 이전에 우리에게 더 관심 있는 주제는 정보기술과 같은 신기술이 단지 과거 기술의 연장에 불과한 것인지 아니면 과거를 뛰어넘는 근본적으로 상이한 기술인지의 문제이다. 다시 말하면 정보기술이 사람들의 상호작용과 의사소통에 있어 단지 다소 새로운 기술에 불과한 것인지 아니면 우리의 삶의 방식에 있어 엄청난 차이를 결과할 혁신적인(transformative) 기술인지가 우리의 관심사인 것이다. 정보기술 특히 그 가장 첨단적 형태인 인터넷(Internet)의 사회변혁적 측면을 제대로 평가하기 위해서는 인터넷의 특성을 우선 이해할 필요가 있다.[5]

우선 인터넷이 활용되고 있는 가장 특수한 측면은 이메일로 알려져 있는 전자우편 체계인데 이는 우편, 팩스, 전화 등의 특성을 비교적 손쉽고 저렴하게 결합하고 있는 셈이다. 그것이 갖는 편의성과 더불어 직접성(immediacy)은 수많은 유저들에게 매력을 주어 급속히 확산되고 있다. 웹페이지(web page)로서 인터넷은 이메일로부터 한 단계 더 나아간 수준이다. 이는 거대한 도서관, 대형 미술관, 범세계적인 게시판의 특성을 결합하고 있어 쌍방향 의사소통과 상호작용을 통해 정보를 교환하는 엄청난 수효의 이해집단들에게 우선적 매체로서 부상하고 있는 실정이다. 인터넷을 통해 일상적 취미 동아리는 물론 금융계좌, 상품구매, 학술정보 교환 등을 위시해서 각종의 기능이 시공의 제약을 넘어 무한히 확산 가능함으로써 우리의 삶이 새로운 변화의 장 속으로 진입하게 된다.[6]

사이버 공간에서의 이 같은 삶이 새로운 종류의 삶이라면 인터넷은

---

5) G. Graham, 앞의 책, Ch. 2, The Radically New and the Merely Novel 참조.
6) 위의 책 참조.

근본적으로 새로운 기술임을 의심할 수 없다. 그러나 인터넷이 근본적으로 새로운 삶을 가능하게 한다는 주장을 하기 위해서는 그리고 그 주장이 타당한 근거를 갖기 위해서는 자동차나 전화 등 다른 획기적인 기술들과의 대비를 통해 비교, 논의될 필요가 있다. 또한 혁신(transformation)과 확장(extention) 간의 구분 즉 근본적으로 새로운 것과 단지 새로운 것 간의 구분, 다시 말하면 그 차이가 종류의 차이인지 정도의 차이인지 그것을 구분지을 만한 차이의 특성에 대한 규정이 필요하다.

흔히 우리는 농업혁명과 산업혁명을 말하곤 하는데 18, 19세기 유럽에 있어 무엇이 이들 현상을 혁명이 되게끔 하는가, 다시 말하면 혁명(revolution)이라는 말과 같이 극적인 서술을 보증하는 기술적 진보는 무엇인가를 이해할 필요가 있다. 이와 관련하여 우리는 두 가지 특성을 거론할 수 있을 것으로 보인다. 첫째 이같이 근본적 변화는 지속적인 인간적 욕구를 충족시키는 데 있어 지금까지는 상상조차 할 수 없었던 방법을 제공했다는 점이고, 둘째 그 여파로서 사회적, 문화적 삶의 구조에 있어 대규모적 변화를 결과했다는 점 등이라 생각된다.

산업혁명과 농업혁명이 식량공급이나 다른 재화, 용역의 제공에 있어 가져온 전대미문의 결과는 인간의 필요충족을 더 쉽고 풍족하며 확실하게 만들었음은 불문가지의 사실이다. 마르크스(K. Marx)의 분석에 따르면 새로운 기술이 갖는 생산력과 자본축적의 결합은 생산력의 무한한 증대를 가져옴으로써 남은 빈곤은 결국 재화생산(production)의 문제가 아니라 재화분배(distribution)의 문제라는 것이다. 결국 마르크스의 주장에 따르면 자본주의적 생산은 인간의 필요를 무한히 충족시킬 수 있는 능력을 지니나 생산수단의 사유가 부의 분배를 왜곡, 대부분의 사람들은 생산된 재화를 실제로 향유하지 못하게 된다는 것이다. 마르크스의 주장의 진위를 장황하게 논의할 필요없이 우리의 목적상 농업혁명 및 산업혁명이 인간의 필요를 충족시키는 그 무한한 능

력의 증대를 가져왔다는 사실은 의심하기가 어렵다.[7]

혁명적이라고 서술될 만한 두 번째 특징으로서 사회적, 문화적 삶에 있어서 결과된 광범위한 구조적 변화는 어떤가? 마르크스는 관념과 개념의 영역 또한 이 같은 종류에 속한다고 본다. 그의 이데올로기 이론에 따르면 사회의 정치적, 도덕적 상부구조는 그 물질적, 경제적 하부구조의 산물로 간주되고 있다. 우리가 그의 역사적 유물론의 강한 유형을 거부한다 할지라도, 여러 시간과 공간에 있어 사회형태와 정치질서가 새로운 생산기술에 의해 엄청난 변화를 겪게 되는 것은 사실이다.

가장 통상적인 관찰만 열거하더라도 농업의 기계화는 농촌의 대량실업을 결과하게 되며 도시의 형성과 도시빈민의 존재를 설명해 준다. 유아 사망률의 감소는 평균수명의 증대와 인구의 팽창, 나아가서는 핵가족화로 귀결된다. 이 같은 삶의 유형은 나아가 기존의 정치질서를 무용하게 하고 자유민주주의의 사상에 합리적인 설득력을 부여하게 된다. 다시 말하면 근세 이후 자유주의 사상의 확산은 세목에 걸친 그 주장의 타당성에 의해 설명된다기보다 그 같은 사회구조의 변화가 가져온 결과로 간주될 수 있으며 이런 점에서 산업혁명과 농업혁명은 두 번째 의미에서 실로 혁명적 특성을 지닌다 할 것이다.[8]

이상과 같이 근본적으로 새로운 기술의 특성을 규정할 경우 정보기술은 어떻게 평가될 수 있는가? 단지 인터넷 기술의 대중성과 급속한 확산만 가지고는 그것이 곧바로 사회변혁적이라고 하기는 어렵다. 진정으로 사회변혁적 기술이 갖는 특성은 앞서 말한 바와 같이 지속적인 인간의 욕구를 양적으로만이 아니라 질적으로 충족시키는 역량과 더

---

7) K. Marx and F. Engels, *The Communist Manifesto, The German Ideology* 등 참조.
8) G. Graham, 앞의 책, pp.29-31.

불어 그로 인해 사회적, 정치적 삶의 구조에 광범위한 영향력을 갖는다는 것이다. 첫 번째 특성인 욕구충족의 능력은 결국 힘의 확대를 함축한다. 변혁적 기술을 통해 우리는 과거보다 더 많은 것을 행할 수 있게 되고 이 같은 힘의 증대는 나아가 선택의 종류와 폭의 증대를 가져온다. 이런 식으로 분석할 경우 인터넷이 그야말로 변혁적인 기술인 까닭은 지속적 욕구충족과 선택의 힘 간에 긴밀한 함수관계가 있기 때문이다.

전세계적인 웹의 그물망이 사람들에게 엄청난 힘이 되는 까닭은 텔레비전과 같은 수동적 매체와는 달리 웹이 갖는 상호작용적 특성으로 인해 일반시민들이 그들의 여건과 전망을 좌우하는 사회적, 정치적 사안에 있어 전례 없는 영향력을 행사할 가능성을 제시하기 때문이다. 이같이 시민들이 그들 삶의 공공적, 공유적 측면에 대한 지배력을 극적으로 확장시킴으로써 그것은 시민들에게 그 어느 때보다 개인적 자율성(autonomy)을 상당한 정도로 증진시키며 이는 민주사회 건설에 근간이 된다고 할 것이다. 만일 이 점이 사실이라면 인터넷은 인간적 삶에 근본이 되는 가치를 엄청나게 고양시키며 물질적 번영에 못지않게 기본적인 욕구를 상당한 정도로 충족시키는 것으로 간주될 수 있다.

나아가 인터넷은 또한 사회적, 문화적 삶의 구조에 있어 주요한 변화를 예고함으로써 근본적 변혁의 두 번째 기준도 충족시킨다. 인터넷은 전세계에 걸친 웹의 그물망을 통해 개별국가(nation)의 경제를 무너뜨리고 있다. 그것은 과거에는 생각할 수조차 없었던 정도의 국제주의(internationalism)를 현실 속에 구현하고 있다.[9] 국가의 경제를 약화시킴으로써 사회적 삶에 있어 지배세력으로서 국가의 힘을 무력화하고 그럼으로써 개인이 선택한 근거에 따라 인간공동체의 재구성, 재편

---

9) 위의 책, pp.37-38.

성을 가능하게 할 것으로 예견된다. 이 같은 재구성이 진정 변혁적인 까닭은 그것이 개인이나 집단의 활동이 수세기 동안 그를 중심으로 이루어졌던 개별국가에 상관없이 혹은 그에 반하게끔 이루어질 여건이 조성되기 때문이다. 이상과 같이 인터넷이 갖는 두 가지 특성 즉 자율성에 의거한 민주주의와 국가를 넘어선 국제주의는 또한 상호 밀접한 관련을 갖는 특성이며 이들 두 특성이 결합됨으로써 인간존재는 근본적으로 새로운 삶의 영역으로 나아가는 계기가 제공된다 할 것이다.

3. 정보사회, 민주주의, 전제주의

과학기술문명 일반의 운명에 대해서도 그러하듯 정보사회의 미래에 대해서도 서로 상반된 두 가지 전망이 있다. 긍정적 전망은 정보사회가 인간의 얼굴을 한 유토피아(utopia)의 꿈을 실현해 줄 것으로 기대하며 부정적 시각은 정보사회가 통치자의 조종을 받는 전체주의적 역유토피아(dystopia)로 귀결된다고 본다. 이 모든 것은 정확한 예측(prediction)에 바탕을 둔 것이기보다 정보체계가 갖는 잠재적 가능성 내지 경향성에 근거한 추정적 투사(projection)인 까닭에 부정적 시각을 지양하고 긍정적 전망을 지향하는 것은 인간 자신의 대응과 결단에 의존하는 것으로서 사회윤리적 자각이 요구되는 것은 바로 이 점에 있어서이다.

정보사회를 긍정적으로 보는 시각에 따르면 급속히 발전하는 통신기술은 정보에 대한 보편적이고 즉각적인 접근을 가능하게 함으로써 점진적으로 부자와 빈자, 특권계층과 소외계층 간의 간격은 사라질 것이고 정치적 영향력은 더욱더 광범위하게 공유될 것이라 한다. 개인용 컴퓨터가 위대한 평균자(the great equalizer)로서 기능함에 따라 중앙집권화된 권위에 의한 지배, 사회적 위계질서의 군림은 퇴조할 것이라 한다. 낙관적 정보이론가들은 정보사회의 진보적 특성을 부각하기 위해 피라미드 구조에 의해 지배되는 엘리트 정치체제인 산업국가는 애초부터 그것이 약속한 민주주의와 양립 불가능한 것이었으며 정보 사회에서야 비로소 진정한 민주사회의 실현을 목격하게 될 것이라고 말한다.[10]

대표적인 정보사회 이론가인 네이스빗(John Naisbitt)은 정보사회의 도래를 다음과 같이 환호하고 있다. "컴퓨터는 피라미드를 단숨에 파괴할 것이다. 과거 우리는 사람들이 하는 일을 추적하기 위해 수직적이고 피라미드적인 경영체계를 필요로 했다. 이제 컴퓨터가 이 일을 대신하기 때문에 우리는 우리의 제도를 수평적으로 재구조화 할 수 있게 되었다."[11] 미국의 앞날을 예측하는 『메가트렌즈(Megatrends)』에서 네이스빗은 정치영역에 있어서 정보사회의 두 가지 추세를 다루는데 그것은 중앙집권에서 지방분권화의 추세와 대의민주제에서 참여민주제로의 경향이다. 컴퓨터 과학자 릭리더(J. C. R. Licklider)는 대중적인 네트워크의 형성으로 "정치과정은 본질적으로 거대한 화상회의(teleconference)가 될 것이다"라고 하면서 정보혁명은 시민들에게 새로운 정치적 참여의 시대를 열어주는 열쇠가 될 것이라고 주장한다.[12]

토플러 역시 정보사회에 있어서 종래 산업사회의 기본 단위였던 국가는 권력의 일부를 지방공동체로 이양하는 지방분권화와 국가의 역량을 넘어서는 문제들을 국제규모의 조직에 이관하는 세계화 추세로 인해 그 권력이 위축, 해체될 것으로 본다. 나아가 토플러는 미국을 비롯한 선진 산업국가에 있어서 경직되고 융통성 없는 대의민주제의 위기를 지적하고 정보사회에 힘입어 21세기 민주주의의 기본 원리로서

---

10) 강정인, 「정보사회와 원격민주주의」, 계간 『사상』, 1995 가을호 참조.
11) John Naisbitt, *Megatrends*, New York: Warner, 1984, p.282.
12) J. C. R. Licklider, "Computers and Government", *The Computer Age: A Twenty-year View*, Cambridge, Mass.: MIT Press.

그는 다양한 소수파의 의견을 존중하고 그 결합을 유도하는 소수파 권력의 인정, 준직접민주주의(semi-direct democracy) 그리고 결정권의 분산이 바람직할 뿐만 아니라 실현 가능하다고 말한다.[13]

미국의 정치학자 아터턴(F. C. Arterton) 역시 정보기술의 민주적 잠재력에 관한 미래학자들의 낙관적인 견해가 "커뮤니케이션 미디어의 이용을 통한 직접민주주의의 확립이라는 슬로건으로서 원격민주주의(teledemocracy)라는 용어를 유행" 시켰으며 그 결과 "대의기구는 불필요하게 될 것이고 시민들은 진정 스스로를 지배하게 될 것이라는 전망을 낳게 되었다"라고 지적한다.[14] 또한 토플러는 단순히 직접민주주의가 바람직하다는 전제에서 그 가능성을 역설할 뿐만 아니라 직접민주주의의 불가피성이 점증함을 강조하고자 한다. 미래사회를 관리해 가는 데 필요한 결정의 양이 갈수록 복잡, 다양해지기 때문에 이러한 정치적 부담이 엘리트의 더 광범위한 확대와 일반시민들의 민주적인 정치참여를 통해 분담될 수밖에 없으며 그런 의미에서 직접민주주의는 선택의 문제가 아니라 진화의 필연적인 결과가 된다는 것이다.

그러나 정보기술의 민주적 잠재력에 대한 이상의 낙관론에 못지않게 그에 대한 비관적 전망에서 비판적 입장에 서는 자들도 적지 않다. 우선 루소(J. J. Rousseau)와 같은 직접민주주의자가 주장한 필수요건으로서 정치인과 시민 간의 면접적(face-to-face) 커뮤니케이션에 바탕한 친숙함을 전자민주주의에서는 기대할 수 없으며, 나아가 원격정치는 대중매체에 의한 실체의 노출보다는 외양의 조작을 통해 정치의 대중조작과 연예화를 강화할 우려가 있다. 또한 로텐스트라이히(N. Rotenstreich)가 지적한 것처럼 고전적인 직접민주주의 이론이 기대하는 것과는 달리 "결정이 수반되지 않는 방관자적 참여, 곧 소극적 참

---

13) Alvin Toffler, *The Third Wave*, 참조.
14) F. Christopher Arterton, *Teledemocracy*, Beverly Hills: Sage, 1987.

여"를 결과하는 데 그칠 가능성이 존재하며 정보과부하(information overload) 현상은 오히려 일반시민들의 정치적 무력감과 방관자 의식을 증대시킬 수 있다는 것이다.[15]

나아가 앞서 지적한 정치의 대중조작 및 정보과부하에 따른 일반시민들의 정치적 무력감과 무관심의 증대현상은 첨단의 통신전자 장치를 소수의 엘리트가 장악하는 현상과 결합할 경우 역사상 유례없는 정보정치나 전제정치가 출현할 위험이 제기된다. 원격정치의 장비는 시민들이 중앙의 컴퓨터와 직접 연결하여 자신들의 선호나 의견을 표현하고 필요한 서비스나 정보를 요청하는 장치를 전제로 할 것이다. 그럴 경우 중앙의 컴퓨터는 일반시민의 가정을 탐색하고 개별 사용자의 정치적 성향이나 선호 등 사생활과 관련된 모든 정보를 추적함으로써 그야말로 조지 오웰(J. Owell)의 『1984』를 방불하게 하는 전제주의 국가를 창출할 위험마저 갖고 있다는 것이다.

또한 정보이론가들은 대개 정보사회의 사회경제적 측면에 대해 깊은 고려를 하지 않음으로써 막연히 평등화 추세가 지속되리라고 가정하는 듯하다. 그러나 비록 정보에 대한 접근기회가 형식상 균등하게 주어진다 할지라도 현재의 사회경제적 불평등이 개혁 없이 지속되는 한 유리한 지위에 있는 개인이나 집단이 경제적 부와 정치적 권력을 배경으로 더 우수한 통신장비를 이용하여 더 많은 정보를 수집, 활용함으로써 정보의 부익부빈익빈 현상이 일어나고 이를 통해 기존의 사회경제적 불평등이 심화될 가능성이 상존한다.[16] 나아가 정보의 불평등 문제는 소비 차원의 빈부에만 국한되지 않는다. 자본주의적 정보산업은 고도로 집중된 거대한 미디어 체인 및 대기업의 통제를 받는 자본집약

---

15) Nathan Rotenstreich, "Technology and Politics", *Philosophy and Technology : Readings in the Philosophical Problems of Technology*, New York: Free Press, 1972.
16) 강정인, 앞의 논문 참조.

적 산업이라는 점을 상기할 때 쉴러(H. Schiller)의 지적대로 정보의 기본적인 생산, 분배, 저장에서 초국가적 기업의 심대한 영향력은 단순히 정보혁명이 민주적 의사소통을 결과하리라는 낙관적 믿음에 강력한 제동을 걸고 있다.

4. 인터넷과 무정부 그리고 규제

인터넷의 미래전망에 있어서는 언제나 낙관론과 비관론이 격돌하게 된다. 낙관론은 앞장에서 살핀 바와 같이 인터넷은 진정한 민주사회 실현을 위해 가장 효과적인 방법이라는 것이다. 그러나 비관론에 따르면 한편, 앞서 살핀 바와 같이 역사상 유례없는 정보정치나 전제정치가 출현할 위험이 제기되는 반면 다른 한편 인터넷은 무정부적 혼란상태를 야기할 뿐이라는 견해도 제시된다. 그러나 이 같은 낙관론과 비관론을 액면 그대로 받아들이기는 어렵다. 인터넷이 민주주의 구현의 효과적 방법이긴 하지만 이는 더 상론되어야 할 철학적 난제들을 함축하고 있다. 또한 인터넷이 무정부를 결과하리라는 비관론 또한 무정부가 과연 부정적 함축만으로 이해되어도 좋은지 여부에 따라 더 심층적인 논의가 요구된다.

사실상 무정부(anarchy)에 대해서는 긍정적 입장과 부정적 입장이 있을 수 있으며 이 모두가 정치철학에서 그 지지자들을 확보하고 있다. 긍정적 입장은 프루동(Proudhon)이나 크로포트킨(Kropotkin) 등에 의해 대변되고 있는데 이에 따르면 무정부란 문자 그대로 정부의 부재를 의미하며 나아가 정부의 부재는 국가의 강제력으로부터의 자유(freedom)를 의미하는 것으로 보인다. 이보다 흔한 부정적 입장에 있어서도 역시 무정부는 정부의 부재를 의미하나 이는 무법(lawless-ness)의 상태로 해석되며 로크(J. Locke)의 구분법에 따라 이는 자유의 체제라기보다는 방종(licence)의 체제라고 할 수 있다.[17] 긍정적 입장이건 부정적 입장이건 간에 국가 없는 사회라는 서술적 기초는 동일하나 한쪽은 환영할 만한 사태로서, 다른 한쪽은 걱정할 만한 사태로서 이해한다는 점에서 구분된다.

어느 쪽이 타당한 입장이라고 할 수 있을까? 긍정적 무정부론은 다소 비현실적 입장이긴 하나 고래로 인간참상을 결과한 가장 강력한 체제는 국가라고 할 수 있다는 점에서 부분적 타당성을 갖는다. 스탈린, 히틀러 등이 통치했던 국가는 상당한 정도의 공포와 고통의 상징이 되고 있기는 하나 과연 국가 없는 사회가 국가 있는 사회보다 더 나은지는 의문의 여지는 있다. 무정부에 반대하는 자들은 국가의 장단을 최악의 경우만으로 판단해서는 안 되며 강제력을 갖는 국가가 이론상 바람직하다 할 수는 없으나 그것은 필요악이라고 생각한다. 홉스(T. Hobbes)도 바로 이 점에서 국가를 대변하고 있는데 합법적 강제력의 독점자로서 국가는 만인의 부단한 전쟁상태를 종식시키고 정의를 집행하며 무고한 자와 약자의 보호를 위해 필요불가결하다는 것이다.[18]

무정부를 긍정적으로 보는 자들은 국가기구가 그 이론적 목적이 무엇이든 현실적으로는 부정의를 영속시키고 무고한 자와 약한 자를 착취하는 장본인이라 비판하면서 국가의 강제력 독점은 사태의 개선이 아니라 개악일 뿐이라고 간주한다. 국가 테러리즘과 국민억압은 갱단이나 마피아 이상으로 개인과 사회에 해악을 끼치는 존재임을 보이는 증거라는 것이다. 여기에서 우리의 목적상 긍정론과 부정론 간에 시비를 가리는 일보다는 무정부 상태에 대한 다른 두 가지 관점이 가능하다는 점과 어느 입장이건 전적으로 무근거한 것은 아니라는 점을 이해하는 것으로 충분하다. 우리는 이를 바탕으로 해서 인터넷의 등장이 무정부 상태로 나아가는 단계를 조장하는지, 그렇다면 그것이 바람직한

---

17) John Locke, *The Treatises of Government*, New York: Cambridge University Press, 1960 참조.

18) G. Graham, 앞의 책, p.85.

지 두려워할 만한 것인지, 그리고 그에 대한 대책이 무엇인지 등을 확인할 필요가 있다.[19]

인터넷에 있어서 가장 두드러진 현상 중의 하나는 이해관심의 유유상종(confluences)을 가능하게 하고 심지어 조장한다는 점이다. 다시 말하면 다양다종의 기호와 관심을 표현, 유발하는 자료들의 거대한 그물망을 유영할(surfing) 수 있는 능력을 이용함으로써 다양성의 공존보다는 단순한 동종결합의 여지가 커지게 된다는 것이다. 웹의 유영자들은 정상적인 학습과정에서 이루어지는 개조와 개선의 영향력은 간과하고 동종과 동류의 것들만 추구하는 기회를 누린다.

이 점은 특히 어린이 포노그라피 네트워크와 같은 것에 있어서 가장 두드러지게 나타나는데 이 경우에 있어 나쁜 욕구가 규제되지 않는 까닭은 보통 그러한 욕구를 체크하는 사항을 유영자 자신이 무시해 버림으로써 그것이 더 강화되기 때문이다. 일반적으로 이 같은 자료에 대한 기호는 일상적 공간에서는 쉽사리 공적 표현을 얻기가 어려우나 인터넷에 있어서는 소위 공적인 것(the public)이 무시될 수 있어 그 같은 개인적 욕구만이 지지, 강화될 수 있는 것이다.[20]

어린이 도색물은 극단적인 경우이나, 유사한 지적이 비교적 덜 유해한 경우들에도 그대로 적용될 수 있다. 시시껄렁한 것, 야비하고 비루한 것, 우스꽝스러운 것 등 이런 쓰레기 같은 것들도 인터넷에서 쉽사리 매체를 발견하게 된다. 그 같은 것들이 그에 도전, 규제, 시정하려는 모든 장애들을 배제하고 스스로를 권장, 강화하는 것들만 추구하게 된다. 동류들이 반복적으로 방문함으로써 미신적인 괴담들이 과학적 비판을 외면한 채 횡횡하게 되며 어중이떠중이 동인 그룹을 형성하게

---

19) Barry Fagin, "Liberty and Community Online", eds., R. M. Baird, *Cyberethics*, pp.332-352.
20) G. Graham, 앞의 책, p.99.

됨으로써 인터넷상에 수많은 오물과 쓰레기가 떠다니게 되는 것이다.

이 같은 부류의 상호작용이 갖는 논리적 귀결은 도덕적 공동체(moral community)가 아니라 도덕적 파탄, 파편화(moral fragmentation)로서 그 현실적 결과는 중대한 파괴적 경향성을 갖게 되고 결국 인터넷상의 자유는 방종으로의 통로를 갖게 된다.[21] 이러한 파편화가 나쁜 의미의 무정부 상태인 이유는 그것이 각종 야만적 욕구의 해방이요 증식이기 때문이다. 결국 낙관론자보다도 비관론자가 더 합당한 이해를 하고 있는 것으로서 인터넷이 가진 무정부적 성향은 좋은 의미보다는 나쁜 의미일 가능성이 더 클 것으로 생각된다.

인터넷에 나타나는 사태를 규제하는 데는 어떤 방법이 있을 수 있는가? 여러 가지 제안이 있기는 하나 대별하면 두 가지 기본적 전략으로 나뉠 수 있다. 첫 번째는 인터넷으로의 접근을 제한하거나 통제하는 방도를 강구하는 것이고, 두 번째는 내용에 대한 직접적 규제를 겨냥하는 일이다. 첫 번째 전략과 관련된 가장 분명한 방법은 인허가(licencing)의 체제를 통한 것이다. 소형 컴퓨터로부터 인터넷에 접근하기 위해서 유저들은 보통 서버를, 통상적으로 독립적인 인터넷 서비스 제공서버(ISP)를 이용한다. 다시 말하면 개인 PC들은 전세계적 웹과 연결, 디지털 정보를 저장, 처리하는 능력을 제공하는 체계와 연결되어 있다. 물론 개인들이 자신의 서버를 작동하지 않을 이유는 없으나 전문적 유지, 관리의 필요와 엄청난 비용으로 인해 대부분의 서버는 공공기관이나 직업적 기업 등에 소속되어 있다.

이러한 시스템은 다른 인허가 시스템과 같은 방식으로 작동한다. 서버의 소유자는 개인이건 조직이건 간에 인허가를 요구하며 이 같은 인허가의 지속적 부여를 위해서는 충족시켜야 할 몇 가지 조건을 전제한다. 이런 조건들에는 자료와 관련된 요구사항 즉 내용관리(contents

---

21) 위의 책 참조.

management)와 관련된 사항이 포함된다. 만일 ISP가 유해하거나 도색적 자료를 발견하게 되면 자동차 운전면허자의 과실에 대해 면허가 취소되는 것과 같은 방식으로 허가가 취소된다. 인터넷에 적용될 경우 인허가 체제가 더 강화될 수 있을 것인데 그 오너가 인허가증을 갖지 못한 것이 발각될 경우 서버를 차단하거나 그 기능을 마비시키는 것까지도 기술적으로 가능하기 때문이다. 물론 이 같은 체제가 가장 효율적이거나 완벽한 것이라고는 할 수 없으며 다른 모든 인허가 체제에 있어서와 같이 불법적 행위를 온전히 차단하기는 어렵다.[22]

물론 어느 정도의 불법행위는 불가피하다 할지라도 인터넷의 경우는 상당한 정도의 불법행위가 있을 가능성이 높다고 생각될 만한 이유가 지적된다. 첫째, ISP 인허가 체제는 두 가지로 구분되는 수준의 통제가 요구되는데 관계당국에 의한 ISP 규제와 ISP 자신에 의한 내용관리이다. 그런데 첫 번째 경우에도 결함이 불가피하며 두 번째 경우는 그 가능성이 더 클 것으로 예견되는데 유저의 수가 증대될수록 검색은 더 어려워질 것으로 생각된다. ISP 인허가를 요구하는 데 대한 또 한 가지 중대한 반론은 그것이 경우에 따라 무고한 자를 처벌할 가능성도 있기 때문이다.

타인의 범죄로 인해 무고한 자도 처벌받을 수 있다는 명백한 부정의는 인허가제보다는 등급제(labelling)를 더 매력적이게 하는 한 가지 요인이라 할 수 있다.[23] 등급제는 인터넷에 나타난 자료에 직접 적용되는 것으로서 그것이 이용하는 하부구조에 적용되는 것은 아니다. 이미 각 분야에서 이런 제도가 운용되고 경험이 축적되어 있으며 특히 새로운 영화나 상업적으로 제작된 비디오 등에 대표적으로 적용되고 있다. 등급분류 체제에도 여러 방식이 있으나 크게 세 가지 형태로 나누어지

---

22) 위의 책, pp.107–110.
23) 위의 책, p.111.

는데 백색 리스트(white listing)로 알려진 체제에서는 백색이나 찬성 표시가 없는 한 어떤 것도 허용되지 않는다. 흑색 리스트(black listing)에 있어서는 흑색 표시가 없는 한 모든 것이 허용된다. 끝으로 다양한 색깔의 리스트(multi-coloured listing)는 모든 것에 색깔을 부여하고 그 성격을 미리 광고하게 하는 체계이다.

기술적으로는 색깔별로 내용을 구별해서 개인용 컴퓨터가 일정한 색깔 표시가 된 것만을 보여줄 수 있게 하는 것이 가능하며 특히 이러한 방식이 걱정 많은 부모님들에게 선호되는 이유는 부모가 감독할 수 없는 동안에도 어린이가 접근할 수 있는 종류의 자료를 제한할 수 있기 때문이다. 그러나 그것이 현실적으로 이용되기에는 상당한 어려움이 따르게 되는데, 백색 리스트나 다원색 리스트 작성을 위해서는 인터넷에 오를 수 있는 모든 자료의 사전검색이 요구되는데 이것이 사실상 불가능하기 때문이다. 이들에 비해 흑색 리스트에 의한 방식은 단지 접근 가능한 자료의 일부만을 배제하는 것으로서 더 현실성 있는 방법이라 할 수 있다.

우리가 판단하기에 일반적 범주의 블랙리스트 작성과 더불어 ISP상의 내용관리를 요구하는 허가제도가 어떤 방식으로 결합될 경우 인터넷 관리규제(policing)를 위한 가장 현실적인 대책이 될 것으로 생각한다.[24] 물론 이러한 방식도 다소 비효율적인 면이 있다고 생각될 만한 근거는 있다. 첫째로 감시와 규제의 대상이 과다한 경우 어떤 통제의 수단도 다소간 불완전할 수밖에 없다고 할 수 있기 때문이다. 국제적인 마약거래에 대한 단속이 가장 좋은 사례의 하나이다. 둘째로 ISP를 통해 블랙리스트를 만드는 시스템은 그것이 자발적인 경우에만 가장 현실성이 있다는 점에서 그러하다. 셋째로 인터넷 자체의 특성상 해커, 크래커, 프리커 등과 대결하는 일이 손쉽지 않으며 그들과의 투쟁

---

24) 위의 책, p.113.

에 있어 승산이 반반이라는 점 때문이다.

5. 참여민주주의와 전자공동체

인터넷이 이용되고 널리 일반화되는 속도가 전대미문의 것이긴 하나 우리는 단지 그 발전단계의 시발점에 서 있다 해도 과언이 아니다. 인터넷이 안겨준 포부 중의 하나는 대단한 정도의 표현의 자유와 역사상 유래가 없는 민주적 통제가 가능한 세상에 대한 전망이다.[25] 이 같은 전망의 실현 가능성이 기술적 관점에서 언제 혹은 어느 정도 현실화될 수 있는지에 앞서 인터넷이 그 같은 민주주의를 원리상 실현해 주리라는 합당한 근거가 있는지, 즉 인터넷이 갖는 민주주의적 성격을 논구해 보는 것이 우리의 관심사 중 하나가 아닐 수 없다.

인터넷이 민주주의를 실현해 줄 강력한 도구라는 말은 사실인가? 고대 그리스의 아테네에서는 시민들이 광장에 함께 모여 모두가 동등한 집단을 형성하여 단지 논쟁이나 토론만이 아니라 의사결정의 과정에도 참여했던 것으로 전해진다. 그러나 아테네의 민주주의가 지극히 낭만적인 것으로 묘사되어 왔다고 할 만한 까닭은, 아테네가 자율적인 통제가 가능한 소규모 도시국가였기 때문이며 실상은 여성이나 노예 등 다수의 사람이 그러한 민주적 의사결정의 과정에서 소외되었다는 사실 때문이다. 국가의 규모가 커지면서 그 같은 낭만적 모형의 민주체제는 더 이상 실현 불가능하게 되었음을 우리는 잘 알고 있다.

오늘날과 같은 대규모의 국가체제에 있어서는 고대적 민주주의 이념이 실현 불가능하며 따라서 현실적으로 가능한 민주체제는 대의적인 (representative) 것일 수밖에 없다. 직접민주제와 대의민주제 간의

---

25) Deborah G. Johnson, "Is the Global Information Infrastructure a Democratic Technology", eds., R. M. Baird, *Cyberethics*, pp.304-318.

대비 및 그것이 민주주의 이념에 대해 어떤 의미를 갖는지는 상당한 논의의 주제가 되어 왔다. 대의원들이, 그들을 선출한 유권자들이 바라는 바대로 표결할 의무를 가진 단순한 대리인(delegate)인지, 아니면 비록 선거구민의 이해관계를 염두에 두되 당면한 정치적 문제에 대해 그들 나름의 의사결정권을 갖는 대표인의 자격을 부여받은 것인지가 쟁점으로 떠오르게 되며, 그 중 어느 쪽으로 해석되든 나름의 현실적 난점이 생겨나게 됨으로써 민주제의 현실적 구현을 어렵게 만든다.[26]

단지 대리인에 불과하다는 첫 번째 해석에 따를 경우 당장에 봉착하게 되는 난점은 대리인이 대변할 유권자들의 견해가 상호 일치하지 못하고 있다는 점, 그리고 투표 당시에 예상하지 못했던 정치적 사안이 지속적으로 생겨나게 될 경우 대리인은 난관에 처하게 된다는 점이다. 대리인으로서 대의제가 갖는 난점으로 인해 민주주의의 이론가들은 자율적 결정의 권리와 책임을 지는 대의제를 고려하게 된다. 그러나 이 같은 대표인 역시 나름의 문제에 봉착하게 되는 까닭은 대표인이 최상의 정책에 대해 자율적 의사결정권을 가질 경우 그들은 선거구민의 기대와 선호로부터 이탈할 가능성이 상존하게 되고 그럴 경우 비록 민주주의 이념의 일부(국민을 위한 정부)가 잔존한다고 말할 수 있을지는 모르나 민주주의의 더 본질적이고 핵심적인 부분(국민에 의한 정부)의 이념은 유명무실하게 되고 말기 때문이다.

이상과 같은 성찰의 일반적 귀결을 요약하면 다음과 같다. 현실적 여건을 고려할 경우 직접민주주의보다 대의민주주의가 불가피함을 인정하지 않을 수 없게 된다. 그런데 그 점을 일단 수용할 경우 우리는 다음과 같은 딜레마에 빠지게 되고 내키지 않는 두 선택지 중 하나를 택하지 않을 수 없는 상황에 처하게 된다. 우선 우리는 선출된 대의원을, 자결권이 없는 보잘것 없는 대리인으로 대우하게 되어 새로운 사안의 결

---

26) G. Graham, 앞의 책, pp.63-65 참조.

정에 있어 정치적으로 무력하게 만들거나 아니면 국민으로부터 나오는 권력을 대의원들에게 양도함으로써 실상 민주주의 이념의 핵심으로부터 멀어지게 되거나이다. 이 두 가지 대안이 가능한 선택지의 전부일 경우 우리는 어느 하나도 만족스런 대안으로 수용할 수 없는 진퇴양난의 형국에 빠지게 되는 것이다.[27]

물론 이 같은 딜레마적 형국은 지나친 단순화에서 오는 것일지도 모르며 두 선택지 모두를 보완할 수 있는 방법이 있을지는 모르나 과연 그러한 보완이 근본적인 문제해결에 도움이 될지는 의심의 여지가 있다. 자유주의 사회에 있어 시민들은 다양한 언론매체를 통해 대의원들과 직접적인 접촉이 가능하며 자신의 생각과 선호를 전달할 수 있는 갖가지 통로가 열려 있다. 따라서 대의민주주의에 있어서 일반시민들의 참여는 선거제도 이외에도 다양하게 열려 있으며 국민에 의한 정부의 이념은 선거를 떠나서도 지속적으로 실현 가능하다는 주장이 있을 수 있다.

이같이 대의민주제의 결함을 보완, 민주주의 원래의 이념에 근접하는 제3의 길은 특히 인터넷에 의해 더욱 기대를 모으고 있다. 만일 의사소통과 표현의 수단을 이용할 가능성과 효율성이 민주주의를 실현함에 있어 중대한 요소이며 인터넷이 의사소통과 표현을 위한 전대미문의 수단임이 사실이라면 인터넷은 전대미문의 훌륭한 민주주의를 현실화시키리라는 추론은 타당하다고 할 수 있을 것이다.[28]

이상의 논의는 인터넷이 다른 의사소통 형식에 비해 갖는 실질적 이점에 주목함으로써 더 설득력을 갖게 될 것이다. 앞서 이메일이 갖는 이점들이 개인들에게 이로운 것임을 살핀 바 있다. 개인들이 이메일을 통해 쉽고 저렴하게 그리고 편하게 의사소통할 수 있음은 개인들의 집

---

27) 위의 책, pp.64-65.
28) 위의 책, pp.66.

단 간 의사소통에도 그대로 적용됨으로써 집단을 조직, 관리함에 있어서도 편지, 전화 등과 비교할 수 없을 정도로 저렴하고 용이함을 알 수 있다. 이로 인해서 개인적, 교육적, 상업적 이익을 넘어 정치적으로도 큰 의의를 지니게 됨은 분명하며 그럼으로써 직접민주주의 이념과 대의민주주의 요구 간의 간극을 메우는 중대한 방식이 제공될 수 있다.

나아가 웹페이지는 개인, 조직, 기업 등의 카탈로그나 진열장으로 생각될 수 있으며 어떤 카탈로그보다 더 다채롭고도 인상적인 것인 까닭은 그것이 음향과 동영상뿐만 아니라 텍스트와 도해까지도 내포하고 있음으로써 반응과 상호작용의 기회를 증대시키기 때문이다. 또한 웹페이지는 기계 속에 저장된 디지털 정보의 체계로서 이는 세계 어느 곳에서이건 접근이 가능하며 동영상, 테스트, 음향 등 모두가 접근자의 컴퓨터 스크린에 즉시 뜰 수가 있다. 더욱 중요한 것은 사용하는 소프트웨어의 용량이 클수록 전자상거래나 오락물의 향유 또한 자유롭게 이루어지며 이것이 갖는 민주주의적 함축 또한 상당하다는 점은 쉽사리 짐작이 간다 할 것이다.

이메일이나 웹페이지와 더불어 인터넷은 소통과 표현의 기술적 수단을 과거와는 비교할 수 없을 정도로 많은 사람들에게 확대했다. 그럴 경우 우리는 민주국가의 정치적 과정에 있어 상당한 영향력을 기대할 수가 있으며 또한 정치적 형식이 인간 삶의 중심적 요소를 이룬다고 간주하는 한 우리는 인간의 생활이 근본적으로 변혁을 이룰 시점에 이르렀다고 결론지을 수 있을 것이다. 물론 민주주의적 이념을 무조건 수용하지 않을 경우 이 같은 변혁이 개선인지 개악인지는 논의의 여지가 있을 것이다.

민주주의가 좋은 정치체제인가라는 질문에 대해서는 여러 가지 논의가 가능할 것이나 대체로 긍정적인 입장이 보편화되고 있음에도 불구하고 부정적인 입장 또한 만만하지가 않다. 민주주의는 국민에 의한 (by the people) 정치라는 그 이념에도 불구하고 국민으로 간주될 성원의 자격과 관련된 포함의 원칙(principle of inclusion) 자체가 다분히 자의적이라는 점이 그 한 가지 문제로서 지적될 수 있다.[29]

또한 민주주의는 정치적 책임의 공평하고 합리적인 행사와 편향되고 비합리적인 행사를 차별화하지 않음으로써 합리성(rationality)을 평가절하할 가능성을 함축하고 있다는 점, 다수자의 의지를 명분으로 해서 개인권(individual rights)의 침해를 용납할 수 있다는 점, 나아가 민주주의는 국민들에게 권력을 배분한다고(power to the people) 주장하고 있기는 하나 사실상 그것은 환상에 불과하다는 비판이 가능하며 현실적으로는 개개인은 정치적으로 무력할 뿐이라는 점 등이 민주주의의 이념과 현실의 관점에서 지적되고 있다.[30] 비록 인터넷이 외견상 민주주의적 성향을 갖는다 할지라도 그것이 민주주의와 관련된 이 같은 결함을 어떤 방식으로 보완할 가능성을 갖는지는 인터넷의 민주주의적 성격과 관련해서 논의할 만한 또 다른 주제라 할 것이다.

---

29) 위의 책, p.72.
30) 위의 책, pp.75-77.

제3장 사이버 시대, 정체성의 위기인가

1. 인간의 자기동일성의 문제

1) 자기동일성이란 무엇인가?

지금 우리는 태어날 그때와 동일한 바로 그 사람인가? 이 물음에 대해 부정적인 답변을 할 사람은 없을 것이다. 그러나 그 두 시점을 관통하는 자아동일성(self-identity)이 어떻게 가능한지 설명하는 일은 다소 미묘한 문제가 아닐 수 없다. 우선 우리가 태어날 때와 현재 사이에 우리의 몸이 겪어 온 신체적(physical) 변화는 엄청나다고 할 수 있다. 현재 나의 몸이 갓 태어난 아기였을 때의 나의 몸과 공유하는 단 하나의 원자도 존재하지 않을 것이기 때문이다.

물론 인간의 자아동일성은 신체적 동일성과 관련된 것이 아니고 정신적 동일성과 연관된 것이다. 그러나 비록 우리가 정신적(mental) 성질에 주목한다 할지라도 태어나서부터 지금까지 우리가 동일한 존재임을 설명한다는 것은 쉬운 일이 아니다. 지금 우리가 갓난아기 때의 기억을 가지고 있는 것인가? 우리는 어린 시절 자신이 가진 것과 똑같은 신념이나 욕구를 공유하고 있는 것인가? 이런 식으로 정신적 성질의 동일성에 의거해서 시간을 두루한 자아동일성을 설명하는 일 또한 성공할 가능성이 그리 크지 않을 것으로 보인다.

그렇다면 또 다른 해결책이 있을 수 있는가? 혹시나 우리가 삶을 두루해서 변하지 않고 지속하는 비물질적인 영혼(soul)을 소유하고 있는 것인가? 그래서 바로 그로 인해서 우리가 태어날 때와 동일한 인간이 될 수 있는 것인가? 이 같은 설명은 또 다른 문제를 끌어들임이 없이 성공할 수 있는가? 이상과 같은 문제들은 인간의 자아동일성 (personal identity)이라는 주제에 속하는 종류의 물음들이라 할 수 있다. 이에 대한 대답들은 한 인간으로서 우리가 누구이며 무엇인지를 함축하는 까닭에 우리의 기본적인 자기인식(self-knowledge)에 중대한 결과를 갖게 된다.[1]

우리가 일상에서 시간을 두루 통해 어떤 사람이 동일인임을 어떻게 확인(identify)하게 되는가? 며칠 동안 보지 못한 친구를 다시 만나 그가 동일한 친구임을 믿게 되는 증거의 종류는 무엇인가? 누군가 동일인임을 확인하는 데 우리가 이용하게 되는 가장 중요한 특성은 그의 신체적 외모이다. 우리는 친구의 외모를 기억하고 지금 만난 사람의 외모가 그것과 갖는 유사성과 차이성을 살피게 될 것이다. 물론 우리는 정확한 동일성을 요구하지 않을지도 모른다. 그렇다면 동일인으로 인정하기 위해서는 어느 정도의 유사성이 필요한가?

---

1) John Perry, ed., *Personal Identity*, University of California Press, 1975 참조.

2) 신체적, 심리적 연속성과 영혼이론

인간의 자아동일성에 대한 통상적 이해에 대해 이상의 이야기는 무엇을 말해 주는가? 그것은 그 누군가에 대해 관찰할 수 있는 신체적 특징, 즉 어떤 모양을 하고 있으며 목소리는 어떠한지 등이 인간의 자아동일성에 대한 우리의 판단에 크게 중요하다는 것을 보여준다. 그러나 앞서 살핀 바와 같이 신체적 유사성은 자아동일성을 결정(determine)하는 속성이라고 할 수 없다. 내가 만난 그 사람이 친구와 닮은 쌍둥이임을 알게 될 경우 신체적 유사성에도 불구하고 나는 즉각 그가 내 친구라는 믿음을 그만두게 될 것이기 때문이다.

하지만 신체적 유사성은 자아동일성을 규정하는 충분한 속성은 아니나 우선적인 속성 중 하나임을 부인할 수 없다. 이 같은 기본적인 속성은 신체적 연속성이라 할 수 있다. 인간의 동일성에 대한 신체적 연속성 이론(physical continuity theory)에 따르면, 우리의 몸이 태어난이래 지금까지 연속적으로 존재해 왔을 경우 우리는 태어날 때와 동일인인 것이다. 우리는 잠시 보지 못한 친구도 신체적 외모의 유사성을 보고서 바로 그와 동일한 사람임을 알게 되는 것이다.[2]

그러나 만일 신체적 연속성이 인간의 동일성을 위해 요구되는 것일 경우 신체적 죽음 이후의 생존, 즉 사후의 생존은 불가능하게 된다. 죽음 이후 우리의 몸은 더 이상 신체로서 존재하지 않기 때문이다. 물론 우리의 신체를 구성하던 원소들은 지속하겠지만 그것들은 더 이상 신체를 구성하지 못하게 된다. 연속성을 불가능하게 하는 신체적 변혁이 일어나게 되는 것이다. 인간 신체의 해체는 근본적 변화라 할 수 있다. 결국 우리가 인간의 동일성에 대한 신체적 연속성 이론을 받아들이게 될 경우 죽음, 즉 신체의 해체 이후에 연속적으로 존재한다는 것은 생

---

2) Mary M. Litch, *Philosophy through Film*, New York: Routledge, 2002, p.69.

각할 수 없는 일이다.

어떤 철학자들은 인간의 동일성에 대한 심리적 연속성 이론(psy-chological continuity theory)을 옹호한다. 이 이론에 따르면, 나를 나이게 하는 것은 나의 심리적 특성이다. 내가 작년의 바로 그 나와 동일한 사람인 까닭은 그때부터 지금까지 연속해서 존재하는 한 무리(a bundle)의 심리적 속성 때문인 것이다. 이런 심리적 속성이 무엇인지는 철학자들마다 다르다. 혹자는 이를 의식의 흐름(stream of con-sciousness)이라 한다. 그러나 이런 입장은 수면시간 동안 일어나는 의식의 흐름에 있어서 불연속성을 처리해야 할 또 다른 문제가 생겨난다.[3]

다른 철학자들은 심리적 속성이 나의 성격, 성향, 가치관, 장기적 욕구 등 높은 수준(higher order)의 심리적 속성이라고 주장하는데, 이는 일반적으로 매우 느리게 변하는 그런 종류의 속성이라 할 수 있다. 다른 이는 심리적 연속성이 기억(memory)에 의해 유지된다고 본다. 내가 작년의 바로 그 나인 이유는 그때 그 사람이 가진 지각과 사고의 일부를 내가 지금 기억할 수 있기 때문이다. 기억은 과거의 나와 현재의 나를 동일한 존재로 확인시켜 주는 잠정적 연결고리인 것이다.

물론 심리적 연속성에 대한 이상의 세 가지 입장들을 각각 분리해서 생각할 필요는 없을 것이다. 심리적 특성에 대한 해석들 중 둘 혹은 셋을 결합하는 유형의 이론들도 생각해 볼 수 있을 것이다. 그래서 예를 들어 기억의 연속성이 성립하지 않은 경우 의식의 흐름이 갖는 연속성이 정신생활의 단절된 기억을 상호 연결시키는 데 이용될 수도 있을 것이다.

심리적 연속성 이론이 신체적 연속성 이론보다 사후 생존의 가능성을 더 잘 설명해 줄 것으로 보이기는 하나, 심리적 특성들이 어떻게 지

---

3) 위의 책, p.70.

속할지는 명확하지가 않다. 그런데 많은 종교적 전통에 있어 사후에도 연속적으로 존재하는 것은 비물질적 영혼이다. 비물질적인 까닭에 신체의 해체에 의해서도 영향을 받지 않는다. 인간의 동일성에 대한 동일한 영혼 이론(same soul theory)에 따르면, 나를 나이게 만드는 것은 나의 영혼이며 그것은 나의 생존시에 어떤 방식으로 내 신체에 깃들어 있다가 죽을 때에 이탈하여 사후에는 신체에 의존하지 않고 떠돌다가 다른 신체에 기생하게 된다고 본다.[4]

인간의 동일성에 대한 심리적 연속성과 동일한 영혼 이론이 갖는 문제점은 일상에서 우리가 동일성을 규정함에 있어 신체적 속성에 크게 의존하는 이유를 설명해 준다. 비물질적 영혼은 기생할 신체가 해체되어도 생존하겠지만 그것은 비물질적인 것인 까닭에 보이거나 들리거나 어떤 식으로 감각될 수가 없다. 심리적 속성 역시 직접적으로 감지되기 어려우며 우리는 단지 신체적 동작을 통해 간접적으로 추론할 수 있을 뿐이다. 그러나 이러한 근거들이 더 이상 성립되지 않을 경우 우리는 무엇을 근거로 해서 자기동일성을 확보할 것인가?

동일한 영혼 이론은 사후적 삶의 가능성에 대한 통상적 믿음에 가장 잘 부합하는 자아동일성 이론이라 할 수 있다. 이는 데카르트적 이원론(Cartesian dualism)이라 불리는 세계관에 바탕을 두고 있다. 그에 따르면, 두 가지 서로 다른 유형의 존재가 있는데 그 중 하나는 물질로서 물리적 대상을 구성하는 유형의 질료이며 또한 이는 우리의 신체도 구성하고 있다. 또 다른 유형의 존재는 비물질적인 것으로서, 우리의 영혼은 이 같은 유형의 것으로 이루어진다.

데카르트의 이원론에 따르면, 물질과 영혼은 그 존재에 있어 전적으로 상호 독립적이다. 따라서 영혼 없는 물질이 존재하며 사후의 영혼 같이 비물질적인 영혼도 존재한다. 인간에게 있어 본질적인 것은 나의

---

4) 위의 책 참조.

신체가 아니라 바로 나의 영혼이다. 이 이론에 따르면 나의 신체에 앞서 내가 존재할 수 있으며 또한 내 신체가 해체된 후에도 내가 계속해서 존재할 수 있다. 하지만 이원론의 정당근거는 어떻게 주어질 수 있는 것인가?

3) 무아, 단일자아, 다중자아

이상과 같이 인간의 자아동일성에 대한 갖가지 이론들을 배경으로 해서 동서고금을 통해 갖가지 자아관이 제시되어 왔다. 고대에는 플라톤에 의해, 근세 이후, 특히 합리론자들에 의해서는 통일적인 자아관(unitary self), 혹은 단일한 하나의 자아가 강하게 주장되고 요구되어서 자아관의 주류를 이루고 있는 데 비해, 동양의 불교나 회의론자인 흄에 있어서는 그러한 자아관이 거부되고 오히려 무아론(no self)이 주창되고 있다. 이에 비해 근래에 이르러 서구의 일부 심리학에서는 다중자아관(multiple self)이 대두되고 있으며, 특히 사이버 공간에 있어서 자아의 다중적 표현이 논의의 중심에 떠오르고 있다.[5]

회의론자인 흄은 데카르트 이래 하나의 실체로서 주장되어 오던 마음이나 자아의 실체성에 대한 강한 회의를 토로하였다. 마음의 실체를 포착하기 위해 내성을 통해 관찰할 경우 우리가 목격하는 것은 마음의 본체라기보다는 텅 빈 무대와 더불어 무대를 지나가는 무수한 관념의 연합(association of ideas)일 뿐이라고 한다. 결국 마음의 실체란 단지 습관적 사고나 상상의 소산에 불과할 뿐이라는 것이다.

일찍이 동양의 불교에서는 삼라만상이 실체가 없다(諸法無我)라고 하여 무아론을 강력히 주장하고 있다. 만물은 흙, 물, 불, 공기 등 4원

---

5) Howard L. Parson, *Self, Global Issues, and Ethics*, Amsterdam: B. R. Grüner Publishing Co., 1980, pp.3-4.

소의 이합집산을 통해 잠시 합성되었다가 조만간 해체될 운명에 있는 것이기에 삼라만상 모두에 있어 실체로서 '나'라는 것이 있을 수 없다는 것이다. 인간의 신체 또한 지수화풍의 잠정적 합성이며 마음 역시 수많은 상념의 연속일 뿐, 자아의 상정은 집착의 산물일 뿐인 것이다.

근래에 이르러 철학자 파피트(Derek Parfit)는 인간의 자기동일성에 대해 두 가지 입장이 가능하다고 전제하고, 각각 단순론(simple view)과 복합론(complex view)이라 부른다. 복합론에 의하면, 인간의 기억, 의도, 성격 등은 시간의 흐름에 따라 끊임없이 변화하며, 개인의 삶에 있어서 두 시점 간의 관계가 갖는 강도에 따라 연속성(continuity)의 정도는 다양할 수 있다는 것이다. 따라서 복합론은 인간의 자기동일성에도 여러 정도가 있다는 것을 함축하게 되며 과거의 자기가 미래의 자기 속에 살아남아 동일한 인간이 존속한다는 것을 정도의 문제(matters of degree)로 본다.[6]

이에 비해서 단순론은 인간의 자기동일성을 정도의 문제로 다루는 것에 강한 반론을 제기한다. 이러한 견해에 따르면, 자기동일성의 문제는 전부냐 전무냐(all or nothing)의 문제이며 어떤 인간은 현실에 있어서이건 상상 속에서이건 간에 '나'이거나 아니면 '타인'인 것이며, 그 중간은 있을 수 없다는 것이다. 따라서 자기동일성은 정도의 차이를 갖는 연속성 너머에서 찾아야 할 문제라는 것이다.[7]

인간의 자기동일성에 대한 이상의 입장들이 처벌, 약속, 지조 등과 관련된 도덕문제에 미치는 영향은 주목할 만한 것이라 생각된다. 예를 들어서, 처벌의 문제를 두고 생각해 볼 때 현행의 처벌원칙은 대체로 처벌받는 자와 범죄를 저지른 자의 자기동일성을 가정하는 단순론에

---

6) Derek Parfit, "Later Selves and Moral Principles", ed., Alan Montefiore, *Philosophy and Personal Relations*, London: Roputledge and Kegan Paul, 1973, pp.137-169.
7) 위의 책, p.145.

의거해 있다고 볼 수 있다. 단순론은 책임을 묻고 책임의 귀속을 위해 단일한 자아관을 강하게 내세우고 있는 것이다.

그런데 만일 우리가 복합론을 받아들임으로써 어떤 범인의 죄지을 당시의 자아와 체포되어 처벌될 때의 자아 간의 다양한 연속성을 고려하게 될 경우, 처벌의 내용은 연속성의 정도에 따라 달라질 것이며, 연속성이 무한히 감소함에 따라 더 이상 처벌할 수 없는 지점에 이르게 된다. 이렇게 될 경우 도덕론에 있어서 인간의 자기동일성이 갖는 도덕적 의의나 비중은 감소하게 마련인 것이다.

최근에 이르러 일부 철학이나 심리학은 문자 그대로 분열된 자아관(split self)을 내세우고 있으며, 심지어 하위체계에 대한 상이한 신체적 기반(hardware)을 가정할 정도에까지 이르고 있다. 분열된 두뇌이론이 그 가장 대표적 사례라 할 수 있다. 이들 현대의 신체학에 따르면, 인간은 단일한 개체이기보다는 다중적 모형에 의해 더욱 잘 설명된다는 것이다. 감각적, 인지적, 정서적 특성들이 투입, 산출되는 것은 다중자아들 중 어떤 개체가 이 같은 신체와 신경체제를 점유할지를 선택하는 것과 같다는 것이다. 이는 동일한 신경, 생리학적 기제를 이용하는 상이한 프로그램(software)에 의해 자아가 분열함을 보여준다고 한다.

이러한 다중자아관은 과거 프로이트의 이드, 자아, 초자아에 관한 심층 심리학에 대해서도 새로운 해석을 시도한다. 전통적 독법은 이드, 자아, 초자아가 매우 강한 의미에서 통일된 자아관을 전제한다는 관점에서 이루어지나, 새로운 독법은 오히려 분열된 자아관 혹은 다중자아관의 관점에서 이해되어야 한다는 것이다. 또한 근래에 논쟁이 되고 있는 자기기만(self-deception), 혹은 의지 나약(weakness of will)의 문제는 글자 그대로 이중자아 내지는 다중자아를 함축한다는 것이다.[8] 여하튼 우리는 전통사회와 근대 이후의 사회에 있어 자아동일성 논의의 사회철학적 함축을 살피고 사이버 공간에서 대두되는 다중자아론을 검토, 그 도덕적 문제들을 논의해 보고자 한다.

2. 동일성, 익명성과 다중자아

1) 시민사회의 전개와 자아정체성

적어도 근세 이후 서구의 전통적인 발상에 따르면, 인간이 도덕적 행위주체가 되기 위한 요구조건은 인간 자아의 동일성(identity) 내지 통합성(integrity), 즉 자아정체성이라 할 수 있다. 행위의 주체가 거주하고 책임의 귀속이 가능하기 위해서는 다양한 가운데 통합성을 유지하고 변화 속에서도 동일성을 유지하는 거점이 요구되는 것이다. 특히 이 같은 발상이 권리와 의무의 주체로서 인간의 개체성(individuality)을 확립하고자 한 근세철학에서 강조된 것은 당연하다 하겠다.

경험과 지식의 객관성을 확보하기 위해 경험과 지식에 대한 1인칭 관점(first-person)을 확립하고자 했던 데카르트(R. Descartes)를 위시해서 자아정체성에 대한 요구는 이론 및 실천 이성 모두에 있어서 선험적 입지를 내세웠던 칸트에 이르러 그 절정에 다다른다. 그러나 자아의 통합성이나 동일성에 대한 이 같은 요구는 현실적이기보다는 요청적인 것이었고 사실 서술적(descriptive)이기보다는 규범적(prescriptive)인 성격이 강하다고 할 수 있다.

칸트주의자에게 자아는 인식과 행위의 아르키메데스적 거점이었고 자아정체성은 전부 아니면 전무(all or nothing)의 문제였다. 그러나 같은 시대의 공리주의자들에 있어서 자아의 동일성이나 정체성은 현재의 자아(present self)와 미래의 자아(future self) 사이에 기억(memory)에 의해 연계되는 정도의 문제(maters of degree)였다. 공

---

8) Jon Elster, ed., *The Multiple Self*, Cambridge University Press, 1985 참조.

리주의에 있어서 자아는 쾌락의 그릇에 불과하며, 따라서 현재의 자아와 미래의 자아 간의 관계는 자아(my self)와 타아(other self) 간의 관계와 본질적인 차이가 없다. 그러므로 공리주의는 개체와 개인격에 집착하는 권리론과 길을 달리하며 다수자의 행복 극대화를 지향할 수가 있었다.[9]

현대의 일부 심리철학자들은 자아동일성의 문제를 자아의 해체 쪽으로 더욱 강력하게 전개한다. 이들에 따르면 자아는 우리가 상식적으로 생각하는 중심의 관망자(middle man)나 중앙의 의미 산출자(central meaner)일 수는 없으며 우리의 뇌 속에도 행위 속에도 그런 존재는 없다는 것이다. 그들은 자아의 실상을 포착하기 위해서 우리는 데카르트 이래의 관료제적인 발상을 포기해야 한다는 것이다. 우리의 자아는 복잡다양한 의식의 흐름을 연출하는 병렬회로들(뇌의 가소성에 기반한) 이상도 이하도 아니며, 이런 뜻에서 다원적 자아들(multiple selves)만이 있을 뿐이라고 한다. 이러한 다원적 자아들 너머 배후의 실체를 추적한다든지 이를 공고히 하기 위해 고정된 틀을 짜는 개인적, 사회적 노력은 자아에 대한 잘못된 개념에 기반한 것으로 본다.[10]

전통사회에서와 같이 면접적(face-to-face) 공동체에 있어서는 성원들 모두가 대체로 서로의 정체성을 숙지하고 있는 반투명하거나 혹은 투명한(transparent) 사회라 할 수 있다. 이러한 사회에 있어서는 서로 숨겨진 부분이 거의 없다고 해도 과언이 아니며, 따라서 사생활권(privacy)이 문제될 여지가 없었다. 이 같은 사회에 있어서는 사람들 간의 관계도 전인적(whole person)이거나 총체적 자아(total self) 간의 관계로서 공적인 삶과 사적인 삶 간의 구분이 불가능할 뿐만 아니라 불필요한 공간이라 할 수 있을 것이다.

---

9) Derek Parfit, 앞의 논문, pp.137-169 참조.
10) Jon Elster, 앞의 책 참조.

그러나 전통사회의 해체로부터 도래하는 시민사회는 낯선 사람들 (strangers)이 상이한 이해관계를 중심으로 이합집산하는 익명적 (anonymous) 공간이라 할 수 있다. 유기체적 존재로서 혈연, 지연 등 공유하는 연고를 바탕으로 자연적으로 구성된 전통사회와는 달리 시민사회는 각자가 자신의 이익에 따라 의도적으로 조성되는 추상적 사회이며, 이 같은 추상사회는 시공간적으로 무한히 확대될 수 있다. 시민사회는 전통사회의 구체성과 정서적 유대를 상실하는 반면 무한한 역동성과 개방성을 얻게 된다는 점에서, 열린 사회의 이념과 보편윤리의 가능성을 보여준다.[11]

시민사회의 익명적 공간 속에서 사람들 간의 관계는 전인적이거나 총체적 자아 간의 관계이기보다는 부분인격이나 부분적 자아(partial self) 간의 관계로 바뀐다. 이해관계를 중심으로 조건부의 잠정적 관계를 맺게 될 경우, 사람들은 상대방을 도구나 수단으로 간주하게 되며 자신의 전모를 노출하는 일은 상처받을 가능성(vulnerability)을 증대시킬 뿐이다. 여기에서 자아는 분열하여 공적인 공간에서 대면하게 되는 공적 자아(public self)와, 이와 달리 사적 공간에 숨어 있는 사적 자아(private self)로 이원화된다. 시민사회의 성원들인 시민은 이런 관점에서 볼 때 우리의 자아 중 공적 자아라 할 수 있으며, 따라서 시민윤리 역시 공적 윤리라 할 수 있을 것이다.

전통윤리가 더 개인윤리적이고 심정의 윤리를 강조하고 동기의 윤리를 중시했다면, 근대의 시민윤리가 공공윤리적이고 책임의 윤리를 강조하며 결과의 윤리를 중시하게 되는 까닭은 바로 이상에서 논의한 바와 같이, 시민사회가 익명적 공간이고 시민들이 부분적 자아로서 공적 자아라는 점과도 관련되어 있다고 생각된다. 공공윤리, 책임윤리, 결과윤리의 연장선상에서 법규범이 성립한다면, 시민윤리는 준-법적

---

11) Dean Jodi, *Solidarity of Strangers*, University of California Press, 1996 참조.

(sub-legal)인 윤리라 해도 무방할 것이다. 이런 관점에서 볼 때 전통적인 도덕론자의 시각에는 시민윤리가 최소윤리 내지 윤리의 퇴락으로 비칠지 모르나, 이는 시민사회와 시민이 갖는 특이성이 요청하는 불가결하고 불가피한 도덕의 형태가 아닐 수 없는 것이다.

2) 사이버 공간과 익명성의 문제

시민사회적 공간이 보장하는 익명성은 어떤 점에서 부분적 익명성이라 할 수 있다. 공적 자아와 사적 자아는 상호 밀접하게 연계되어 있어, 비록 사적 자아가 숨겨진다 해도 그 정체는 쉽사리 확인될 수가 있다. 그러나 정보사회가 제공하는 사이버 공간의 익명성은 이와 비교해서 더 입체적이고 더 철저히 보장되는 익명성이다. 여기에서 익명성이 갖는 두 가지 가능성, 즉 빛과 그림자는 사이버 공간에서 더욱 강화되고 증폭되어 나타나게 된다. 익명성은 무한히 해방적인(liberating) 측면을 갖는 동시에 무한히 범죄적인(criminal) 측면을 가질 수가 있는 것이다.

현실공간에서의 만남이란 직접적인 대면인 반면, 사이버 공간에서의 교류는 메시지의 교환이다. 이런 교류에서 사람들은 비교적 자신에 대한 노출 없이 타인과의 관계를 형성할 수 있으며, 이런 익명성은 현실세계와는 다른 새로운 인간관계를 나타나게 한다. 이 관계의 핵심은 바로 개인의 자아정체성의 변화라 할 수 있다. 사이버 공간에서는 현실에서 도저히 불가능한 창조적 경험을 하게 되고 현실에서는 표현하지 못하는 자신의 모습을 창조할 수 있다.[12]

사이버 공간에서의 대화에서는 자신이 타인에게 보여주고 싶은 모습을 가능한 한 거칠고 통제되지 않는 방식으로 나타내고자 하는 욕구가

---

12) 황상민, 「사이버 공간 속의 인간관계와 심리적 특징」참조.

작용한다. 이처럼 자신의 모습을 가능한 한 다양하고 예측할 수 없게 끔 나타내려고 하는 것은 다양한 자신의 변신 속에서 경험하는 우월감과 통제감의 환상 때문이다. 사이버 공간에서 나타나는 다양한 자기의 모습에 대한 흥미와 관심은 지극히 나르시스적이라 할 수 있다. 여하튼 이는 바로 사이버 공간에서의 자신의 정체성 발견과정이고 복합 정체성의 창조과정이며, 이는 사이버 공간의 해방적 측면이라 할 수 있을 것이다.

그러나 이 같은 해방의 측면과 표리의 관계가 있는 것으로서 사이버 공간의 익명성이 갖는 범죄적 측면 또한 주목할 필요가 있다. 현실세계에서 폭주족들이 자신의 존재를 굉음이나 스피드를 매개로 해서 나타내고자 하는 욕망을 갖는다면, 사이버 공간에서는 지나친 음란성이나 상대방에 대한 무례한 행동, 그리고 억제된 자신의 모습을 거칠게 표현하는 일 등이 통제 없이 이루어지게 된다. 마치 어린이가 장난감이나 인형으로 하나의 놀이세계를 만들어내듯, 청소년들은 사이버 공간 속에서의 다양한 성격이나 역할을 통해 하나의 놀이세계를 만들게 된다. 그러나 사이버 공간의 놀이세계는 그 익명성으로 인해 탈선적 범죄욕구가 증폭되어, 최악의 경우 복마전적 마귀소굴이 될 우려가 있게 된다.[13]

우리는 사이버 스페이스나 거기에 나타나는 가상현실의 전개를 막을 수가 없으며, 그것은 실로 인간에게 주어지는 새로운 가능성이기도 하다. 다원화와 더불어 억압으로부터의 해방, 상호작용의 무한한 확산 등 이러한 가능성은 인류역사상 주어진 적이 없는 것들이다. 그러나 바로 거기에 윤리적 진공상태가 배태되고 윤리적 선택행위의 가능조건인 자율적 자아의 해체에 당면하게 된다. 자아의 해체에는 원초적 본능인 리비도의 해방, 윤리적 파트너로서의 타자의 거부, 그리고 결

---

13) 위의 논문 참조.

국 사회와 역사의 허무화라는 경향이 잠복할 수가 있다. 따라서 정보화 세계가 이 같은 윤리적 진공상태를 벗어나고자 할 경우, 그것은 파열된 자아의 상처를 보듬어 주는 자아에의 배려, 리비도의 탐닉으로 빨려 들어가지 않는 절제적 자아의 발현을 위한 자아의 격려를 통하여 증발의 위협 앞에 있는 윤리적 행위의 가능조건을 확보하는 일이다.[14]

전통사회는 개체와 전체가 유기적으로 통합되어 개인은 개체로서의 정체성보다는 전체로서의 공동체에의 몰입 속에서 그 존재이유를 찾았다고 할 수 있다. 이에 비해서 전통사회의 해체로부터 비롯되는 근세 시민사회는 개체로서의 정체성 확립에 기반한 개인의 발견에서 시작되며, 공동체는 이 같은 개체들 간의 이해관계를 중심으로 구성되는 인위적 집단이라 할 수 있다. 개체로서의 정체성 확립에 기반한 개인이 핵심인 까닭에 근세 시민사회에 있어서는 개인의 정체성이 철학의 핵심 주제를 이루었으며, 이와 더불어 개인의 사생활권 및 사적 소유권 문제가 논의의 전면으로 부각되기에 이른다.

그러나 근세의 이 같은 강한 자아정체성 개념은 두 가지 측면에서 도전에 직면할 가능성이 있다. 시민사회적 구조가 요청할 뿐만 아니라 유형의 기계자산이 중심이던 산업사회에 의해 강화되는 자아정체성은 사실상 요청되고 구성된 허구일 수가 있기 때문이다. 현대의 심리철학은, 자아란 단일하고 통합된 정체성을 갖기보다는 더 다양하고 다원적인 자아(multiple selves)에 가깝다고 하며, 정치철학 역시 자아보다는 공동체의 우선성에 기반한 공동체주의적 성향을 띠게 된다.

이 같은 다원주의적 자아관과 공동체주의적 사회관은 산업사회 이후에 도래하는 정보사회에서 더욱 강화됨으로써 정보사회는 이른바 자아관과 사회관에 있어서 새로운 구조조정이 요구되는 시대라 할 수 있다. 우선 비교적 일차원적이고 정태적인 시민사회의 공간에서는 각자

---

14) 이종관, 「가상현실의 형이상학과 윤리학」, 『철학』 5집, 1998 참조.

에게 지정된 공적 자아의 정체성을 확립하게끔 요청받는다. 이는 익명의 공간에서 사회적으로 요구되는 시민적 자아요, 공적 자아이며, 이를 거점으로 해서 모든 거래가 이루어지고 확인된다. 그러나 정보시대의 가상공간에서는 이같이 정태적으로 고정된 자아정체성보다는 다양하고 총체적인 자아형성의 실험이 가능해진다. 더 다차원적이고 개방적인 가상공간은 자아형성의 무한한 자유와 가능성이 되기 때문이다.

나아가서 사이버 공간에 있어서 생산양식인 정보는 산업사회적 시민공간에 있어서의 생산양식인 기계산업과는 달리, 그 본성상 사유적이기보다는 공유적인 성향을 갖는다. 따라서 정보사회에 있어서는 산업사회의 핵심을 이루어 온 사적 소유권(ownership) 개념도 크게 변경되거나 완화될 가능성이 있으며 정보자산을 공유하는 경향이 있게 된다. 또한 이와 더불어 산업사회에서 중요시되었던 사생활권(privacy)의 보호 역시 상당한 장애에 봉착하게 되며, 사생활권의 침해가 빈번하게 이루어질 조짐을 보이고 있다.

3) 공간의 익명성과 도덕적 구속력

흔히 전통사회의 특성 중 한 가지가 공동사회적이라면, 근세 이후의 사회가 갖는 특성 중 하나는 이익사회적인 것으로 이해되고 있다. 공동사회(Gemeinschaft)가 성원들이 공동의 목적과 친밀한 유대에 의해 결집된 자연적 공동체(community)라면, 이익사회(Gesellschaft)는 성원들이 개별적 이해관심에 의해 이합집산하는 인위적 조직체(association)라 할 수 있다. 또한 공동사회가 성원들 간에 연고관계와 더불어 그 정체성이 숙지되어 있는 친한 공간이라면 이익사회는 성원들 간에 이해관계에 따라 계약이 이루어지는 낯선 공간이라 할 수 있다.[15]

친한 공간에서는 서로의 공사 구분이 애매하고 상대의 정체성이 비교적 쉽사리 확인 가능하지만 낯선 공간에서는 서로의 부분적 익명성이 보장됨으로써 인간관계의 불투명성 혹은 반투명성이 도입되고 공사 간의 구분이 명확해진다. 그런데 바로 이 같은 익명성이나 반투명성은 공동사회에 비해 이익사회 성원들 간에 도덕성이 견지되기 어렵게 하는 주요 원천이 되며, 이는 이익사회의 가치다원성과 더불어 규범의 최소화, 최소도덕화의 경향을 조장하게 된다고 생각한다.

친한 공간에서는 도덕의 구속력이 성원들 상호간의 친밀성, 정체성 숙지, 연고성 등에 의해 비교적 수월하게 담보되지만, 낯선 공간에서는 그것이 상호간의 소원함, 익명성, 반투명성 등으로 인해 견지되기 쉽지가 않다. 범행이나 비행을 해도 더 숨을 공간이 없거나 완전범행이나 비행이 불가능한 여건과는 달리 범행이나 비행을 하고서도 숨을 여지가 얼마든지 있을 수 있는 익명의 공간에는 도덕적 구속력을 보장할 버팀목이 없다. 이런 뜻에서 공간의 익명성과 도덕적 구속력 간에는 대체로 반비례적 함수관계가 성립한다고 할 수 있다.[16]

근세 이후 윤리적 지평이 축소됨으로써 최소도덕화, 사회윤리화, 자유주의화하는 경향은 결국 사회구성체가 갖는 다원성 혹은 익명성의 도전에 대한 응답이라 할 수 있다. 물론 근세의 낯선 공간에 있어서의 익명성은 전적인 익명성이라기보다는 공적 공간에 있어서는 일정한 정체성을 노정하고 확인할 수 있는 동시에 사적인 공간에 있어서는 익명성이 보장될 수 있는바, 전체적으로는 반익명성, 반투명성이라 함이 옳을 것이다. 이같이 공사의 공간이 구분됨으로써 어떤 점에서 개별 자아에 있어서도 공적 자아와 사적 자아가 분열되는 현상을 보이게 되며, 여기에 자아의 이중성이라는 새로운 문제도 생겨나게 된다.

공간의 익명화와 자아의 다원화는 정보화사회의 사이버 공간에 있어

---

15) 황경식, 『시민공동체를 향하여 — 근대성, 그 한국사회적 함축』, 제4장 시민사회와 시민공동체.
16) 위의 책 참조.

서 더욱 가속화되고 강화되기에 이른다. 사이버 공간에서는 개인의 정체가 얼마든지 익명성 속에 숨겨질 수 있으며, 또한 이 같은 익명의 공간 속에서 개체의 이중성 내지 다중성이 자유로이 발현됨으로써 다중 자아(multiple self)가 출현하게 된다. 다중자아는 자아의 해방인 동시에 자아의 분열이라는 양면을 지니고 있다. 이같이 익명적 공간의 다중자아들에 있어서 도덕성은 어떻게 담보되고 도덕적 책임은 어떤 방식으로 그 누구에게 배정될 수 있는지는 사이버 윤리에 있어 핵심적인 문제가 아닐 수 없다.[17]

물론 도덕발달론에 있어서는 인간이 권위에 의거한 도덕, 연고에 의거한 도덕을 넘어 원리에 의거한 도덕으로 발달해 간다고 말한다. 따라서 결국 인간이 온전히 성숙하게 되면, 어떤 권위에 대한 두려움이나 우연적 연고 때문이 아니라 이성에 의거해서 원리를 수용, 그에 헌신(commitment)하는 일이 가능할 수도 있다.[18] 그러나 도덕에 있어서는 원리의 정당화 못지않게 실행의 동기화(motivation) 또한 중요하며, 이 같은 동기부여에 있어 권위나 연고는 여전히 중대한 영향력을 갖게 되는 것이다. 그럴 경우 익명적 공간에서는 어떤 권위나 연고도 힘을 쓸 수 없는 까닭에, 그것이 갖는 도덕적 구속력을 상실하게 될 것이며, 도덕적 실행을 보증하기에 충분할 수 없는 것이 인간적 현실이 아닐 수 없다.

과학기술은 쓰기에 따라서 사람을 살리는 활인검이 될 수도 있고 사람을 죽이는 살인검이 될 수도 있다. 정보기술 또한 예외일 수가 없으며 이로운 혜택을 주는 빛에 못지않게 해로운 재앙이 되는 어두운 그림자 또한 길게 드리우고 있다. 결국 우리의 과제는 정보사회의 사이버 공간이 갖는 긍정적 측면을 극대화하고 부정적 측면을 극소화하는 일

---

17) Jon Elster, 앞의 책.
18) John Rawls, *A Theory of Justice*, Part 3 Ends 참조.

이며, 바로 이 같은 사이버 공간에서 나타나는 윤리적 도전에 대해서 슬기롭게 응답하는 일은 새로운 정보기술이 살인검이 아니라 활인검이 되게 하는 데 있어 가장 중대한 기여 중 하나가 될 것이다. 우리는 이 점에서 자아정체성과 사이버 공간의 윤리적 문제를 주제적으로 논구해 보고자 한다.

3. 사이버 공간과 자아의 해체

1) 사이버 공간과 자아정체성

사이버 공간(cyber-space)이라는 용어를 사용하게 된 것은 가상세계를 서술하기 위해 공상과학소설에서 유래된 것이지만 우리들 대부분에게 이제 사이버 공간은 일상생활의 일부가 되어 가고 있다. 우리가 전자우편을 읽고 보내거나 컴퓨터 네트워크를 통해 각종 예약을 하고 상거래를 할 때 우리는 사이버 공간에 살고 있다.

사이버 공간에서 우리는 말하고 생각을 교환하며 우리가 창출한 성격대로 행동한다. 우리는 새로운 종류의 공동체, 즉, 가상공동체를 구성할 기회를 가지며 전세계로부터 온 사람들과 그 공동체에 참여하게 되고 결코 직접 만난 적이 없는 그들과 매일 대화를 나누거나 친밀한 교제를 갖기도 한다.

영상문화에 있어 정체성(identity)을 구성하는 담론에서는 인터넷상의 경험이 가장 두드러진 모습으로 다가오겠지만 그것 또한 더 넓은 문화적 맥락의 일부로서만 이해되어야 할 것이다. 그러한 맥락은 현실적 자아와 가상적 자아, 생명적 자아와 비생명적 자아, 단일자아와 다중자아 간의 경계가 무너지는 이야기로서, 이는 첨단과학적 탐구에서만이 아니라 일상생활의 행태들에서도 나타난다. 가상공간의 실시간 공동체에 있어 우리는 가상과 실상 간의 문턱을 넘나드는 거주자로서 우리가 어디에 발을 딛고 서 있는지조차 확신이 없으면서 진행하는 동안 우리 자신을 새롭게 창출해 간다.

선수들이 경기에 참여하듯 인터넷의 거주자들은 단지 텍스트의 작자일 뿐만 아니라 상호작용을 통해 새로운 자아들을 구성함으로써 그들 자신의 작자이기도 하다. 특히 인터넷의 다인용 방(MUD)은 우리의 현실자아(real self)로부터 우리가 선택하는 대로 거리가 가장 멀거나 가장 가까운 역할을 할 수 있는 익명적인 사회적 상호작용을 위한 공간을 제공한다.

다인용 방의 익명성(anonymity) — 각자는 다인용 방에서 자신이 선택한 특성이나 성격들을 가진 이름에 의해서만 알려지기에 — 은 사람들에게 자아의 다중적인 특성들, 때로는 아직 알려지지도 않은 특성을 표현할 기회를 제시함으로써 그들의 정체성을 가지고 조작하며 새로운 정체성을 시험할 기회를 준다. 다인용 방은 정체성이라는 개념의 한계를 왜곡할 정도로 유동적이고 다중적인 정체성의 창출을 가능하게 한다. 정체성은 두 성질 간의 동일성(sameness)을 가리키며, 따라서 한 인간과 그의 이러저러한 성격 간의 동일성을 가리키지만 다인용 방에 있어 각자는 여러 가지 정체성을 갖는 지경에 이르기 때문이다.

이상과 같이 사이버 공간에 있어서 인간의 자기동일성은 단순히 규정하기가 어려우며 탈중심성, 유동성, 비선형성 그리고 모호성 등의 용어들로 특성화될 수 있을지 모른다. 이런 점에서 이 같은 특성들은 계몽시대 이래 서구사상을 지배해 온 고전적 세계관인 모더니즘(modernism)과 대조를 이룬다. 근대적 실재관은 선형성, 논리성, 계층성 등으로 기술될 수 있는 데 비해 사이버 공간의 정체성은 그야말로 탈근대적(postmodern)이라 할 만한 것이다.[19]

---

19) Sharry Turkle, *Life on the Screen: Identity in the Age of the Internet*, Simon & Schuster, 1995, p.17.

2) 탈근대의 존재론과 다중자아

탈근대론자들은 심오함과 구조틀에 대한 탐구는 무용하며 근원과 구조에 대한 탐색을 하기보다는 스쳐가는 표피의 세계를 탐구하는 것이 더 현실적이라고 말한다. 제임슨(Fredric Jameson)은 탈근대주의(postmodernism)의 의미에 대한 고전적 논문을 쓴 학자이다.[20] 그는 탈근대의 규정 속에 심층에 대한 표층의 우위, 실상에 대한 가상의 우선, 심각성에 대한 유희성의 우위 등 새로운 컴퓨터 미학을 기술하는 것과 동일한 여러 특성들을 포함시킨다. 제임슨은 동시에 탈근대의 시기가 표상할 수 있는 대상을 결여하고 있다는 점에 주목하면서, 새로운 인지적 지형(cognitive mapping)의 필요성을 지적한다.

영상에 떠오르는 대상은 단순한 물리적 지시체(physical referent)를 갖지 않으며 이런 의미에서 그것은 기원도 기반도 없는 것이다. 거기에는 기호가 실재하는 것을 대신하며, 그 미학 또한 조작과 재구성에 관련되는 것이다. 원본 없는 세계의 개념은 깊이와 관련된 전통적 인식론에 대한 탈근대론자들의 도전과 유사하다. 근대적 인식론은 현상적인 것이 잠재적인 것을 지시하며 의미가 의미체를 지시한다. 이와 대조적으로 탈근대의 인식론은 깊이가 없는 세계, 즉 표피의 세계와 관련된다. 기저에 숨겨진, 결코 우리가 알 수 없는 그런 의미가 없다면 탈근대적 인식론에 있어 우위에 있는 인식은 표피의 탐색을 통해서만 주어진다고 할 수 있다.

이상과 같은 배경적 논의를 통해 제임슨은 말하기를 탈근대적 세계에 있어 주체(subject)는 소외되는 것이 아니라 파편화될 뿐이라는 것이다. 그의 설명에 따르면, 소외(alienation)의 개념은 자신에게 몰입

---

20) Fredric Jameson, "Postmodernism, or the Cultural Logic of Late Capitalism", *New Left Review* 146(July–August, 1984), pp.53–92.

될 수 있는 중심화된 단일한 자아(centralized, unitary self)를 전제한다는 것이다. 그러나 만일 탈근대론자들이 생각하듯, 자아가 탈중심화되고 다중적인(decentralized, multiple) 것이라면, 소외의 개념은 더 이상 성립할 수가 없게 된다. 여기에서 남아 있는 문제는 소외가 아니라 정체성에 대한 불안이 전부이다. 오늘날 사이버 문화의 가장 긴박한 문제는 정체성 위기(identity crisis)에 대해 더 구체적으로 생각할 수 있는 방법을 제시하는 일이라는 것이다.[21]

터클(Sharry Turkle)은 자주 사이버 공간에 있어서 자아정체성 문제를 프로이트의 정신분석학과의 유비를 통해 설명하고자 한다. 그에 따르면, 프로이트의 무의식 개념은 원래 행위주체로서 단일한 통일적 자아의 개념을 의문시하는 데서 시작된다고 한다. 프로이트에 따르면, 우리는 자신이 진정 무엇을 원하는지조차 모르며 우리의 욕구는 복잡한 억압의 과정을 거쳐 우리로부터 숨어 있다는 것이다. 따라서 프로이트는 자아를 탈중심화(decentralized)시키고자 했지만 그의 후속자들 중 자아 심리학자들(ego psychologists)로 알려진 일단의 학자들은 자아의 중심적 권위회복을 추구했다는 것이 터클의 해석이다. 자아 심리학자들은 자아를, 세계를 바라보는 안정되고 객관적인 플랫폼으로 생각하며 심리현상들을 통합하는 능력을 가진 것으로 간주했다고 한다. 그러나 터클은 이들이 프로이트 정신분석학의 기본 의도를 망각한 것으로 서술한다.[22]

여하튼 우리가 살고 있는 탈근대적 시대에 있어 다중 자아정체성(multiple identities)은 이제 더 이상 주변적인 담론만은 아니다. 이미 많은 사람들이 자아정체성을, 여러 역할들이 뒤섞이고 만나며, 그 다양한 요구들이 서로 중재될 필요가 있는 일련의 역할체계로 경험하고

---

21) 위의 논문 참조.
22) Sharry Turkle, 앞의 책, p.140.

있다. 많은 사회학적, 심리학적 이론가들이 정체성에 대한 새로운 경험을 포착하고자 노력하고 있는데, 예를 들면 리프턴(Robert Jay Lifton)은 그것을 다면적 자아(protean self)라고 부르고, 게르겐(Kenneth Gergen)은 그 가면의 다양성을 삼투된 자아(saturated self)로 묘사하며, 마틴(Emily Martin)은 유기체, 인격, 조직체의 고유한 특징으로서 신축적 자아(flexible ego)를 이야기하고 있다.[23]

3) 익명성과 자아의 탈중심화

인터넷은 탈근대적 삶을 특징지으며, 자아의 구성과 재구성을 시험하는 의미 깊은 사회적 실험실이 되고 있다. 가상현실에서 우리는 자아를 형성하고 자아를 창출한다. 우리는 어떤 유형의 인격을 형성하는가? 또한 그것은 우리가 전통적으로 하나의 전인격(whole person)으로 생각해 온 것과 어떤 관련을 갖는가? 그것은 확장된 자아로 경험되는가 아니면 자아로부터 분리된 것으로 체험되는가? 또한 우리의 현실적 자아는 가상적 자아로부터 교훈을 배우게 되는가? 이 같은 가상적 인격들은 통합적인 현실인격의 파편들인가? 그러한 인격들은 서로 어떤 방식으로 의사소통을 하는가? 이 같은 시험들은 천박한 게임일 뿐이고 시간낭비에 불과한 것인가? 이는 우리가 과거에 청소년과 관련지은 정체위기의 한 표현인가? 이와 같은 물음들이 새로운 과제로 부각된다.

사실상 다인용 방의 익명성은 개인들에게 아직 알려지지 않은 자신의 일부를 표현할 수 있는 풍부한 여지를 제공한다. 우리는 지금까지 남에게 보이지도 않았고 자신조차 잘 몰랐던 자기의 어두운, 난폭한, 거친, 야한 자신을 투사하고, 하나가 아니고 다채로운 자신의 모습을,

---

23) 위의 책, p.180.

그것도 더욱 풍성하게 다인용 방에서 표현할 수 있다. 비록 내가 다인용 방에서 하나 이상의 역할을 수행하게 되지만, 그럴 경우 나는 더 나 자신을 나답게, 여실하게 느끼고 체험하게 된다. 일상적 공간은 우리가 자신의 전모를 노출하기에 너무나 속박되고 협애한 공간이었지만 사이버 공간은 자신을 속속들이 내비치고 구석구석 알게 되는 풍부한 자아표현의 기회를 제공하는 공간으로 경험된다.[24)]

다인용 방은 차이, 다중성, 이질성, 파편화 등을 함축한다. 정체성(identity)에 대한 이러한 경험은 동일성(the same)을 의미하는데, 이 용어의 라틴어 어원인 'idem'이라는 말과 모순된다. 그러나 이러한 모순은 바로 가상세계 속에서 이루어지는 우리의 삶의 조건들을 규정하는 까닭에 다인용 방은 탈근대적 자아에 대한 우리의 사고와 담론의 실재 대상이 된다. 전통적인 정체성이나 동일성 관념은 진실성(authenticity) 개념과 밀접한 관련을 가져왔으나, 가상경험은 그러한 관련을 해체시킨다. 각각의 행위자가 많은 성격들을 창출할 수 있고, 여러 게임에 참여할 수 있을 경우, 자아는 탈중심화될 뿐만 아니라 무한히 다중화되기 때문이다.

다인용 방은 정신분석학자 에릭슨(Erick Erickson)이 심리학적 유보(moratorium)라고 말한 것과 유사한 상황을 제공한다.[25)] 유보라는 개념은 청소년의 정체성 발달론의 중요한 측면을 나타내는 말로서, 그 용어는 휴식시간(time out)을 함축하고 있지만, 실상 에릭슨이 염두에 두고 있는 것은 소극적 도피를 의미하지는 않는다. 오히려 청소년기의 유보상태는 여러 사람들 및 다양한 사상들과의 긴밀한 상호작용의 시간이며, 뜨거운 우정과 실험의 시기이다. 청소년 시기 동안 우리는 일반적으로 그들에 있어 새로운 체험과 실험이 이루어지고 있음을 이해

---

24) 위의 책, p.185.
25) Erick Erickson, *Childhood and Society*, New York: Norton, 1963, p.262.

하고 아량으로 용납하는 기간이라 할 수 있다.

4) 삶의 패러다임과 자아관

『스크린 위의 삶(*Life on the Screen*)』의 저자 터클에 따르면, 모든 시대는 심리적 안녕을 위해 그 나름의 메타포를 구성한다고 말한다. 얼마 전까지만 해도 안정성(stability)이 사회적으로 높이 평가되었고 문화적으로도 재삼 강화되어 왔다는 것이다. 엄격한 성역할, 반복되는 노동, 일정한 종류의 직업을 갖고 일생 동안 한 지역에서 살아가는 일 등이 기대될 뿐이었으며, 이런 모든 것들이 일관되게 건강(health)이라는 개념을 규정하는 데 있어 중심을 이루어 왔다.[26]

그러나 이 같은 삶의 구조는 해체되기 시작했으며, 우리 시대에 와서 건강은 안정성보다는 오히려 유동성(fluidity)을 통해 서술되기에 이르렀다. 오늘날 가장 문제되는 것은 새로운 직업, 새로운 삶의 방향, 새로운 성역할, 새로운 기술 등에 적응하고, 그에 따라 신축성 있게 변화할 수 있는 능력이라는 것이다.

건강에 대한 새로운 메타포로서 유동성이란 개념은 인간의 정신적, 신체적 영역에만 적용되는 것이 아니라 법인, 정부조직, 기업체 등에까지 적용된다. 이 같은 제도들도 급속히 변화하는 여건 속에서 순기능을 해야 하며, 따라서 유연성을 통해 자신의 적합성을 추구하게 되었다. 인류학자 마틴은 문화공간(cultural space)이란 그 속에서 우리가 강직성보다 변화의 새로운 미덕을 배우는 것으로 기술한다. 단지 광고, 오락, 교육 분야를 넘어 우리의 직장도 마찬가지라 하며, 마틴은 이런 모든 것들이 유연성의 연습장이라고 말한다. 물론 유연성과 신축성의 문화탐구에서 마틴이 가상공동체에 대한 논의를 주제적으로 하

---

26) Sharry Turkle, 앞의 책, p.255.

고 있는 것은 아니나, 사이버 공간은 이 모든 기술의 가장 탁월한 예화라 할 만한 것이다.[27]

사이버 공간과 같은 익명적 공간에서는 일상적 삶의 공간에서 억압되어 왔던 자아의 다양한 측면들이 표현될 기회를 가짐으로써 다양한 자아들, 즉 다중자아(multiple self)를 경험하게 된다. 이런 식으로 볼때, 온라인상의 인간은 정신분석적 면담에서 나타나는 자아와 공통점을 갖는 것으로 보인다. 정신분석에서 문제되는 자아 역시 가상적인 차원에서 성립하며, 분석의 공간 속에서 구성된 것이다. 여기에서 경험되는 자아정체성은 다양한 성격들의 혼합물로서 능력의 기준이, 전체의 통합성에 있기보다는 여타의 성격들을 위기로 몰지 않으면서 적절한 시간, 적절한 맥락에서 나타나는 바를 올바르게 대변하는 데서 성립한다고 할 수 있다.

앞서 언급한 적이 있지만, 게르겐은 인간을, 인류의 (친숙한 혹은 낯선) 여러 목소리들이 상호 침투되어 있는 존재(saturated self)로 서술한다. 그의 믿음에 따르면, 우리는 타인들의 다양한 감성과 지성을 흡수함으로써 그들은 우리의 일부가 되고 우리 또한 그들의 일부가 된다고 한다. 이 같은 사회적 삼투로 인해 우리는 자아에 대해 부적합하고 무관한 언어들의 다양성을 제공하게 된다. 전 지구촌에 두루 확대된 관계의 그물망과, 우리의 태도를 상대화시키고 탈규범화하는 타문화에 대한 확대된 인식으로 인해 우리는 부단한 구성과 재구성의 상태에 존재하게 된다는 것이다.[28]

모든 것이 상호 교류되고 조정될 수 있는 이런 세계에서 다중자아의 감각은 서로의 실체에 대해 반성적 의문과 아이러니, 그리고 유희적

---

27) Emily Martin, *Flexible Bodies*, Boston Beacon Press, 1994, pp.162-225 참조.
28) Kenneth Gergen, *The Saturated Self, Dilemmas of Identity in Contemporary Life*, New York: Basic Books, 1991 참조.

평가를 행하는 가운데, 어떤 중심도 더 이상 존속하기 어렵게 된다. 그러나 비록 처음에는 사람들이 자아의 해체를 느끼는 가운데 불안을 갖게 될지라도 그들은 동시에 이 같은 새로운 가능성을 기꺼이 수용하게된다고 게르겐은 말한다. 이제 단일한 개체로서의 자아관이 관계망의무대 속으로 사라지고, 그래서 우리가 깃들어 있는 관계망과 무관한하나의 자아에 대한 믿음을 중단하게 된다는 것이다. 우리는 서로의두뇌 속에서 영상에 떠오른 목소리와 이미지로서 살게 된다. 우리는다중적 인격으로서 서로를 함축하게 되는 것이다.

4. 자아통합성과 현실에의 회귀

1) 다중적 자아의 정합성

어떤 정합성(coherence)의 원칙도 없이 자아는 모든 방향으로 그물을 치고 뻗어가게 된다. 하지만 다중성(multiplicity)이 상호 의사소통할 수 없는 인격들 사이에 전전하는 것을 의미할 경우 그것은 더 이상존속할 수 없는 것이 아닌가? 다중성이 비활동성과 소통 불가능성에이를 정도로 혼란스러운 것을 의미할 경우 그것은 지탱될 수도 수용될수도 없을 것이기 때문이다.

그렇다면 우리는 어떻게 다중적(multiple)이면서도 동시에 정합적(coherent)일 수가 있는 것인가? 『다면적 자아(*The Protean Self*)』속에서 리프턴(R. J. Lifton)은 외견상 모순으로 보이는 이 문제를 해결하는 일에 몰두한다. 우선 그는 통일적인 단일한 자아관(unitary view of self)은 안정된 상징, 제도, 관계를 중심으로 한 전통문화에 대응한다고 가정한다. 그에 따르면, 이러한 단일한 자아관이 더 이상 지탱될 수 없는 이유는 전통문화가 해체되었기 때문이라고 진단하고, 그러한 상황에 대한 몇 가지 대응책을 논의하고 있다.

리프턴에 따르면 정체성 위기에 대한 한 가지 응수는 통일성을 그냥 독단적으로 고수하는 길이며, 또 하나는 종교적 근본주의와 같은 믿음의 체제로 복귀하는 것으로서, 순종을 강제하는 방안이다. 세 번째 대안은 분열된 자아개념을 수용하는 것인데, 리프턴에 따르면, 이 또한 지극히 위험스러운 대안으로서, 그것은 도덕적인 내용과 지속 가능한 내적 형식을 결여한 유동성으로 귀결될 것이기 때문이다.

그러나 리프턴은 또 하나의 가능성을 발견하는데, 이는 건강한 다면적 자아(protean self)라고 부를 수 있다고 한다. 그것은 프로테우스(Proteus)처럼 유동적 변화를 겪되, 정합성과 도덕적 전망에 근거를 둔 것이다. 그것은 다중적이지만 통합적인 것이라 한다. 이를 통해 우리는 단일한 자아가 아니면서도 하나의 자아감(a sense of self)을 갖게 된다고 한다.[29]

한 극단에 있어서 통일적 자아는 그 단일성을, 그에 맞지 않는 다른 모든 것을 억압함으로써 유지하게 된다. 이렇게 해서 자아 중 감시받는 부적합한 부분은 나타날 수가 없고, 따라서 그에 근접할 길이 없다. 물론 이러한 모형은 분명히 규정된 규칙과 역할을 가진 상당히 강고한 사회구조 내에서 가장 잘 기능할 수가 있을 것이다. 다른 극단에는 다양하게 분열된 인격장애(MPD)로 고통당하는 존재가 있는데, 그 다중성은 서로 동등하게 억압적인 완고성의 맥락에서 성립하는 것이다. 자아의 부분들 간에 수월한 의사소통이 불가능하며 의사소통 방식도 일방적이고 지극히 유형화되어 있다. 사실상 '다중인격'이라는 말이 부적합한 까닭은 자아의 다양한 부분들이 각기 온전한 인격으로 존재하지도 않으며, 분열되어 상호 관계맺지 못한 파편들로 존재하기 때문이다.

---

29) Robert Jay Lifton, *The Protean Self, Human Resilience in an Age of Fragmentation*, New York: Basic Books, 1993, p.192.

그러나 다중인격장애에 있어 그 혼란이 각각의 자아가 보호할 비밀을 차단하기 위해 자아들 간의 강고한 벽을 필요로 하는 것이라면 다중인격장애에 대한 연구는 단일하지 않으면서 여러 측면들 간에 유동적으로 접근 가능한 건강한 자아를 생각할 방도를 제시해 줄 수가 있을 것이다. 따라서 단일한 자아와 다중인격장애라는 두 극단에 대해서 우리는 신축적인 자아(flexible self)를 상정할 수가 있을 것이다. 이러한 자아의 본질은 단일하지가 않으며, 그 부분들 또한 안정적 존재가 아니다. 그 각 측면들은 쉽사리 순환할 수 있으며, 이들은 서로간 부단한 의사소통을 통해 변화하게 된다. 이는 철학자 데넷(Daniel Dennet)이 의식의 다중이론에서 유동적 자아에 대해 언급하고 있는 점과도 상통한다.[30)]

자아관은 사회관이나 공동체관과도 유사한 방식으로 설명할 수가 있다. 통일된, 완고한 자아관은 전제적인 통일국가와도 유사하다. 그것은 전체주의적 질서가 일사분란하게 유지되기 위해 그 이념에 맞지 않는 다양한 견해들이 유린된다. 이에 비해 유동적 자아관은 그 다중성이 민주적 사회질서를 방불하게 한다. 개별적 부분들이 가능한 한 자신의 개성을 최선의 방식으로 표현하는 데 비해, 그 전체적 모습은 다소 갈등적이거나 조화적일 수도 있고 전체적 구성은 일사분란한 통일이나 통합보다는 다소 느슨한 연결상태를 보이거나 경우에 따라 무질서나 무정부적 혼란상태로 나아갈 수도 있다. 하지만 여기에서 더 중요한 것은 통일성의 결여가 반드시 혼란상태를 의미하지는 않는다는 점이다.

---

30) Daniel C. Denenett, *Consciousness Explained*, Boston: Little, Brown and Company, 1991.

2) 일상과 가상의 변증법

끝으로 우리는 가상성을 잠정적이고 과도적인 공간으로 이해할 필요성에 주목하고자 한다. 해리스(Leslie Harris)는 가상경험이 우리가 사물을 보는 방식을 변화시키는 인지적, 정서적 배경의 일부를 이룬다는 점을 강조하고 있다. 다시 말하면, 가상공간에서의 체험결과는 현실의 생활공간으로 이전, 전이되어 강한 영향을 미치게 된다는 것이다. 사랑, 결혼, 부성애 등에 대한 가상경험이 결국 현실공간에서 동료를 이해하거나 이성을 사랑하는 감정을 강화하는 갖가지 예화들에 대한 보고가 있다. 여기에서 가상성은 강렬하다 할지라도 과도적이라는 점이 중요하며, 결국 그것은 우리의 현실적, 구체적 자아에 기여하고 봉사한다는 점에 주목할 필요가 있다.

가상경험은 정신분석의 과정에서 창출된 공간과도 같이 일상시간 밖의 시간에서 그 나름의 규칙에 따라 이루어지는 게임이다. 그리고 성공적인 정신분석에서 보듯, 분석가나 피분석가의 만남이 종결될 경우 그 과정에서 체험된 것은 결국 피분석가의 인격 속에 내면화되어 그의 삶 속에서 순기능을 하게 된다. 이렇게 해서 가능해진 다양하고 입체적인 관점들은 새로운 도덕적 담론을 가능하게 한다. 영상문화로 인해 우리는 다원적이면서도 통합적인 정체성의 전망을 성취하게 되고, 다양한 자아들을 통해 우리의 정체성은 유연성, 탄력성, 행복의 역량을 소지하게 된다.

불교도들은 그들의 수행(修行)을, 강을 건너 다른 언덕, 즉 해방에 이르게 하는 뗏목(raft)이라고 말한다. 그러나 뗏목은 정신분석 치료처럼 강을 건넌 이후에 버리게 될 도구로 생각된다. 비트겐슈타인(Wittgenstein)도 『논고(*Tractatus*)』에서 그의 작업을 독자들이 새로운 수준의 이해에 도달하기 위해 이용한 후 버리게 될 사다리(ladder)에 비유하였다.[31]

이상과 같이 생각할 때 가상성은 감옥이 될 필요가 없으며, 대자유를 성취한 다음 버리게 될 뗏목, 사다리, 과도적 공간, 즉 모라토리움(유예)이 될 수가 있다. 그래서 우리는 영상 속의 삶을 거부할 필요가 없으며, 그것을 대안적 삶(alternative life)으로 취급할 필요도 없다. 우리는 그것을 성장(space for growth)의 공간으로 더 고차적인 삶을 위한 예행연습장으로 이용할 수가 있다. 온라인상의 삶을 체험하게 될 경우, 우리는 일상생활 속에 투사하게 될 내용에 대해 더 잘 이해하게 되는 위치에 서게 된다. 외국문화를 배우고 귀향하게 된 인류학자처럼.

터클에 따르면, 오늘날 우리는 영상을 이용함에 있어 오도되기 십상이라 한다. 사람들은 가상의 세계에 몰입되거나 심지어 익사하게 되며, 어떤 사람은 사이버 공간의 삶을 도피나 외도처럼 보잘것없는 것으로 본다. 그러나 사실상 사이버 체험은 심각한 유희로서 이를 경시할 경우 위험할 수도 있다고 경고한다. 터클에 따르면, 누가 위험에 처해 있는지를 예견하기 위해서, 그리고 그러한 체험을 선용하기 위해 우리는 가상 체험의 역동성을 이해해야만 한다는 것이다. 우리가 가상세계에서 표현하는 다중자아에 대한 깊은 이해가 없을 경우, 우리는 사이버 경험을 이용해서 우리의 현실세계를 풍요하게 할 수가 없다. 영상자아의 배후에 있는 것에 대한 감각을 개발한다면, 우리는 우리의 자아혁신을 위해 가상체험을 이용하는 데 성공할 가능성이 더욱 커지게 될 것이다.

---

31) Sharry Turkle, 앞의 책, p.263.

제4장 인간복제에 대한 윤리적 찬반 논변

1. 인간복제 담론의 스펙트럼

윌머트(Ian Wilmut)와 그의 동료들이 어미 양의 세포로부터 돌리 (Dolly)를 복제했다고 발표했을 때 모든 사람들의 마음속에 충격과 더불어 즉각적으로 떠오른 물음은 다음과 같은 것들이었다. 그렇다면 다음에는 인간복제(human cloning)가 이루어진다는 말인가? 이같이 대단한 기술의 발전으로 결국 모녀 쌍둥이가 태어난다는 것인가? 헉슬리가 예견한 '멋진 신세계'의 악몽이 현실로 박두한 것이 아닌가? 등등이다.

복제양 돌리의 발표에 대응해서 당시 미국의 클린턴 대통령은 인간복제에 대한 사적 기금들의 지원이 자발적으로 유보되어야 할 것을 요구했고 인간복제 연구에 대한 공공기금 지원도 잠정적으로 금지할 것을 요청했다. 이어서 그는 국립생명윤리자문위원회(NBAC)로 하여금 인간복제에 내포된 윤리적, 법적 사안들에 대한 자문을 요청했다. 이

즈음 인간존재를 복제하려는 시도가 적어도 그 당시 수준으로는 무책임한(irresponsible) 행동이라는 점에 대해 거의 보편적인 합의가 이루어졌다.

그러나 이 같은 의견의 합의에도 불구하고 매우 절실한 의견의 불일치 역시 존재했다. 만일 언젠가 인간복제가 부모들의 동의(consent) 아래 안전하게(safe) 이루어질 수 있을 경우에는 그것이 용납될 수 있을 것인가? 심지어 인간복제는 불임에 대한 새로운 치료법으로서 권장할 만한 것인가? 이와 관련해서 새로운 출산권이 주장될 수 있는가? 복제된 인간배아(embryos)는 의료상의 연구를 위해 이용될 수 있는가? 주정부는 이 같은 방식으로 배아복제가 이용된다는 조건으로 연구기금을 제공해도 좋은가? 등등이다.[1]

1998년 미국 상원은 연구용이건 출산용이건 간에 모든 인간복제에 대한 금지법안에 대해 논의했으며 다양한 입장들이 제시되었다. 선택권을 옹호하는 자유주의자들(Pro-choice liberals)은 생명공학기술 제약사들의 로비와 연계하여 제한 없는 연구를 옹호하고 나섰다. 그리고 생명권을 옹호하는 보수주의자들(Pro-life conservatives)은 복제를 전면 금지하자는 데 대한 가장 열렬한 지지자였다. 그러나 생명권을 옹호하는 입장을 지닌 자의 일부는 연구를 제한적으로 옹호하는 집단과 제휴하여 그 의안을 부결시키고자 했다. 어쨌든 이 문제는 그 후 당분간 그 긴급성이 다소 약화되어 갔다.

하지만 그해 후반 위스콘신 대학의 톰슨(James Thomson)과 존스홉킨스 대학의 기어하르트(John Gearhart)는 인간 배아줄기세포(human embryonic Stem Cell)를 발견했다고 선포했는데 그들에 따르면 이는 언젠가 각종 난치병들을 치유하게 될 마법의 세포(magic

---

1) William Kristol and Eric Cohen, eds., *The Future is Now, America Confronts the New Genetics*, Rowman & Littlefield Publishers, Inc, 2002, p.103.

cells)라고 주장했다. 이로 인해 인간복제를 둘러싼 새로운 담론이 재개되었다. 그런데 논쟁은 대체로 줄기세포를 얻기 위해 폐기될 배아의 도덕적 지위(moral status)와 도래할 질병치료의 가능성 간의 비중 재기에 초점이 맞추어졌다. 이와 관련해서 제기된 또 하나의 문제로서 이러한 연구가 공공기금을 이용할 자격이 과연 있는가라는 현실적 관심사였다.[2]

국립생명윤리자문회의의 연구가 진행된 후 2000년 8월경 미국 대통령은 국립보건원(NIH)과 더불어 배아복제연구 금지법을 피해 갈 여지를 주게 될 새로운 지침을 공표했다. 이를 요약하면 NIH는 인간배아로부터 파생할 줄기세포에 대한 연구기금을 조건부로 지원하되 단지 제한조건으로서 공공기금의 지원을 받은 연구가들이 배아를 죽여 줄기세포를 추출하는 일을 스스로 수행해서는 안 되고 그 배아가 시험관 임신 클리닉에서 쓰고 남은 것이어야 하며 배아의 공여자(doner)가 그들의 잠재적 후손들이 이런 연구에 이용되어도 좋다는 데 동의하는 한에서이다.[3]

대선 이후 부시가 대통령이 된 2001년 초반 두 가지 사건이 인간 배아 줄기세포의 대논쟁에 다시 불을 붙이게 되었다. 첫째, 논쟁의 비주류파들과 불임치료 관련 의사들이 그해 말경 인간을 복제하겠다는 그들의 의도를 공표하고 나선 것이 하나의 계기가 되었다. 그리고 둘째로, 부시 대통령은 배아줄기세포 연구와 관련, 연방정부의 기금에 대한 NIH 지침의 재검토를 지시했다. 논쟁은 6월경 모든 인간복제 금지 법안에 대한 의회의 표결과 8월경 배아줄기세포에 대한 국가 특별담화 발표에서 그 절정을 이루었다.

며칠 간 밤낮에 걸쳐 줄기세포와 인간복제 문제는 미국 정치의 중심

---

2) James A. Thomson, "Testimony, U. S. Senate", 위의 책, pp.149-154 참조.
3) 위의 책, p.104.

의제가 되었다. 부시 대통령이 배아줄기세포 연구에 대해 어떤 조치를 취할 것인지에 대한 자신의 결정을 두고 숙고하는 동안 의회는 줄기세포와 인간복제에 대한 일련의 공청회를 개최하게 되었다. 논쟁을 통해서 세 가지 기본 입장이 서로 대결하고 있는 것으로 나타났다. 물론 문제의 복잡성을 감안한다면 이런 분류는 과도한 단순화의 잘못을 함축할 수 있겠으나 논의의 편의상 대체로 자유주의, 보수주의, 절충주의로 요약될 수 있을 것이다.

(1) 진보주의적 자유주의자(liberals)

이런 집단에는 생명공학 관련 기업체들, 환자들의 권익을 대변하는 자들, 선택권을 옹호하는 자유주의자, 진보를 옹호하는 일부 보수주의자 등이 속한다. 이 같은 입장은 어떤 대가를 치르더라도 의료상의 연구를 옹호하고자 하며 인간의 고통과 질병을 종식시킨다는 목표는 선일 뿐만 아니라 그것도 궁극적 선이라는 견해이다. 이들의 신념에 따르면 과학자들은 최소한의 규제나 규제 없이 자유로이 그들의 작업을 수행해야 하고 부모들 또한 자유로이 자신과 아이들에게 최선이라고 생각되는 의사결정과 선택을 할 수 있어야 한다는 것이다.

인간복제 및 줄기세포와 관련된 논쟁에 있어 이런 집단은 배아줄기세포 연구에 연방기금 지원을 옹호하는 입장을 취한다. 이는 또한 이른바 치료적 복제(therapeutic cloning)를 옹호하며 심지어 이들은 연구용 복제배아는 실제로 배아가 아니라는 주장을 하기도 한다. 왜냐하면 그것들은 임신을 위해 결코 착상되는 일이 없기 때문이다. 하지만 이들은 일반적으로 출산용 복제에 대해서 잠정적 금지를 옹호하는 입장을 취하기도 하는데 그 근거는 인간복제가 아직까지 안전하지 못하며 책임질 수 없는 수준이기 때문이다. 그러나 이들은 의학을 규제하려는 대부분의 노력을 교회와 국가의 분리에 대한 종교적, 형이상학적 위배라고 비난한다. 사실상 고통과 질병을 종식시키고 인간종의 유

전적 개선을 위해 노력하는 일은 우리에게 부여된 신의 뜻이기도 하다는 것이다.[4]

(2) 중도적 절충주의자(moderates)

이러한 입장을 취하는 자들은 의학의 발전을 찬양하면서도 그러한 진보를 규제하는 도덕적 잣대를 내세우고자 한다. 그들은 질병을 치유하고 고통을 종식시키는 것이 가치 있고 가장 고귀한 목표라는 견해를 수용하면서도 과학자들이 행할 수 있는 범위나 적어도 연방정부가 기금을 지원할 과제에 대한 일정한 도덕적 제한을 가할 필요성을 인정하고자 한다.

현재의 인간복제 및 줄기세포 논쟁에 있어 여러 유형의 중도적 절충주의의 입장들이 있다. 연구 이후에 폐기하게 될 복제배아를 산출하는 것은 윤리적 한계를 넘는 것이라 믿는, 선택권을 옹호하는 자유주의자로부터 불임시술 클리닉에서 버리게 될 배아는 그대로 낭비하기보다 연구에 활용되는 것이 낫다고 생각하는, 생명권을 옹호하는 보수주의자에 이르기까지 다양하다. 이런 입장은 줄기세포 연구에 연방기금 지원을 옹호하면서도 인간복제는 합법적으로 금지하고자 한다.

(3) 위대한 신세계를 혐오하는 보수주의자(conservatives)

이러한 집단에는 인간배아가 결코 의료연구에 이용되어서는 안 된다고 믿는 사람들이 속하며 그리고 일반적으로 의료상의 진보를 도모하고 질병과 고통을 종식시키는 목표는 더 높은 도덕적 의무에 의해 규제되어야 한다고 믿는 사람들이 속한다.[5] 이 집단에 속하는 일부 사람들은 좀더 극단적이어서 진보 그 자체에 대한 근대적(modern) 집착 자

---

4) 위의 책, p.185.
5) 위의 책, p.186.

체가 재고되어야 한다고 믿는다. 그들은 근대적 의료나 과학의 발전이 인간들에게 많은 축복을 가져온 것이 사실이긴 하나 우리는 과학기술의 잠재적 해악이 잠재적 선을 훨씬 능가하는 시대로 접어들고 있으며 그러한 추세를 거부하고 역사의 방향을 돌이킬 수 있는 지도력이 요구되는 시점에 이르렀다는 것이다. 이 같은 견해를 가진 사람들은 일반적으로 모든 인간복제에 대해 항구적으로 금지할 것과 배아의 줄기세포 연구의 대부분 혹은 모두를 중지시켜야 한다고 주장하고 있다.

2. 복제 혐오의 가상 시나리오

어떤 기술에 있어서도 그러했지만 인간복제기술에 대해서도 기술혐오주의(neo-Luddites)와 기술애호주의(Technophiles)가 격돌하고 있다. 인간은 근본에 있어 보수적인 성향이 강한 것으로 보이며 지금까지 영위해 온 삶의 기반을 흔들 것으로 보이는 변화들에 대해 두려움을 가진 나머지 즉각적으로 그에 대해 거부하고 저항하게 된다. 복제기술에 대해서도 사람들의 일차적인 반응은 경악과 혐오이며 그에 대한 보수적 혐오주의 입장은 다수의 지지를 얻게 된다. 이에 반해 다른 새로운 기술과 마찬가지로 복제기술에 있어서도 기술애호주의 혹은 그에 대해 중립적 내지 개방적 입장을 취하는 자는 소수의 과학자와 지식인 집단으로서 이들은 일차적으로 대중에 의해 매도, 비판받게 된다.

그러나 어떤 기술의 역사이건 간에 대중들은 점차 초기의 생리적, 본능적 거부반응을 접고 새로운 기술이 주는 달콤한 효과에 취해 어느덧 그 해악에 대해서마저 무감각해지는 것이 일반적인 진행의 수순이다. 이 경우에도 역시 시대의 유행이나 대세로부터 거리를 두고 있는 지성적 주변인(marginal man)들은 중독현상의 해악을 고발하고 그로부터 일반의 각성을 촉구하기 위해 목소리를 높인다. 결국 정치에 있어서와 마찬가지로 과학기술의 발전에 있어서도 보수와 진보는 나름의 역할분담이 있는 것으로 보인다. 대중의 보수주의는 기술진보주의의 성급한 경솔을 견제하는 데 기여하며, 또한 소수의 진보주의자 없이는 문명의 새로운 가능성은 열릴 길이 없는 것이다. 역사의 변증법은 보수와 진보라는 두 수레바퀴를 타고서야 발전할 수 있는 것이 아닌가 생각된다.

여섯 살 난 한 마리의 어미양으로부터 세포를 채취해서, 그 유전자를 다른 양으로부터 추출한 난자에 삽입한 후 이를 또 다른 양의 자궁에 삽입함으로써 그 자매보다 여섯 살 어린 일란성 쌍둥이 양 돌리가 출생하게 되었다. 이 사건에 뒤이어 몇몇 과학자들이 쥐를 복제했고 이들 연구자들은 또한 원리상 인간을 복제하는 일(human cloning)도 가능하지 않을 이유가 없다고 발표했다. 이 같은 전망은 즉각 많은 사람들에게 충격을 주었고 그들 중 일부는 복제가 가져올 잠재적 결과가 예견할 수조차 없다는 이유로 이를 금지할 규제조치를 강력히 요구하게 되었다.

이로 인한 파장은 일단 충격과 더불어 거부하는 입장이 대세를 이루었다. 생명공학산업협의회 회장 펠드바움은 인간복제가 즉각 금지되어야 한다고 선언했다. 일관된 기술혐오주의자 리프킨(Jeremy Rifkin)은 복제로 인해 모든 관습과 역사적 전통이 무너지게 되리라는 엄청난 예언을 했다. 보수적 칼럼니스트인 조지 윌(George Will)은 이에 동조해서 "인간이 남성과 여성의 결합에 의한 산물이라는 위대한 유산이 더 이상 유산이 아닐 경우 우리의 미래는 어떻게 되는가?"라고 반문한다. 아울러 많은 생명의료 윤리학자들 또한 인간복제에 대한 비판과 반대의견에 가담하고 있다.[6]

이 같은 소동을 염두에 둘 때 인간복제가 비윤리적임이 지극히 명백

---

6) Ronald Bailey, "What Exactly Is Wrong With Cloning People?", ed., Glenn McGee, *The Human Cloning Debate*, Berkeley Hills Books, 1998, p.182.

한 것으로 생각될지 모른다. 그러나 정확히 인간복제에 있어 무엇이 그릇된 것인지는 그다지 분명하지가 않다. 인간복제가 어떤 윤리원칙에 위배된다는 말인가? 이 점이 분명해지지 않는 한 인간복제에 대한 대부분의 반론들은 오랜 기술혐오주의의 새로운 형태에 불과한 것이 된다. 인간복제가 부자연스러운(unnatural) 현상이라든지 신을 희롱하는(playing god) 일이라는 지적만으로는 설득력 있는 윤리적 논변을 구성할 수가 없는 것이다.

도대체 복제아란 어떤 존재인가? 그것은 다른 인간과 동일한 유전자를 공유하고 있는 온전한 인간존재로서 일란성 쌍생아가 동시적인 존재라면 복제아는 시차를 가진 쌍둥이라는 점에서 다르다. 하지만 이같은 연령상의 차이가 윤리적 문제를 제기할 이유는 없으며 그로 인해 복제아에게 상이한 도덕적 지위가 주어질 근거도 없는 것이다. 이런 점에서 철학자 엥겔하르트(H. T. Engelhart)는 "우리는 일란성 쌍생아를 다루듯 그 이상도 이하도 아닌 모든 복제아를 동일하게 대우해야 한다"고 했으며 생의 윤리학자 플레처(John Fletcher)는 "나는 복제가 수행되어서는 안 될 어떤 본질적 이유(intrinsic reason)도 발견하지 못했다"고 술회하고 있다.[7]

인간복제의 반대자들이 묘사하는 몇 가지 시나리오를 관찰, 분석해 보기로 하자. 일부 반대자들의 주장에 따르면 클론은 인간존재 각각의 고유성(uniqueness)을 침해하게 될 것이라고 한다. "개체성, 정체성, 존엄성 등이 유전적 차이성과 분리될 수 있으며 개인의 개방된 미래에 대한 믿음으로부터 분리될 수 있는가?"라고 조지 윌은 반문한다.

그런데 우리가 보기에 윌과 더불어 많은 반대자들은 플레처가 유전자 본질주의(genetic essentialism)라고 부르는 그릇된 발상에 예속된 것으로 보인다. 플레처에 따르면 여론조사는 미국인의 34% 이상

---

7) 위의 논문, p.183.

이, 유전인자가 사람의 정체성을 결정한다고 믿는 유전자 본질주의자라는 것이다. 그러나 복제된 인간은 그의 유전적 선행자와는 매우 상이한 세계에 살게 될 것이며 또한 엄청나게 서로 다른 인생경험을 통해 그들의 두뇌와 사고는 전혀 다르게 조직, 구성될 것이다. 결국 지극히 유사한 환경에서 유사한 경험을 하며 성장한 일란성 쌍둥이도 서로 다른 인간으로 살아가므로 복제인간은 더욱 상이한 환경에서 살아갈 서로 다른 성격을 가진 개체라 하지 않을 수 없으며, 추호도 앞서 윌이 걱정한 것처럼 개체성, 정체성, 존엄성을 결여한 존재일 수 없는 것이다.

다른 사람의 숙주 난자에 투입되어 어떤 사람의 DNA로부터 자라난 복제아는 그 난자 속에 있는 단백질로부터 모성인자들(maternal factors)을 받아들임으로써 상이한 발달경로를 걷게 된다. 나아가 원래의 엄마와 숙주 엄마의 자궁상의 생리학적 차이 역시 복제아의 발달에 영향을 미치게 된다. 따라서 복제아는 결코 그의 선행자로부터 판에 박은 복사본(carbon copy)이 될 수가 없다. 결국 유전자 본질주의는 물론 유전적 결정론(genetic determinism) 또한 의문의 여지가 다분히 있다 할 것이다.[8]

또한 일부 반대자들은 복제아가 선행자의 면역체계에 대해 거부반응을 보이지 않는 여분의 장기를 제공하기 위해 출산되는 살인적 시나리오를 두려워하기도 한다. 이들의 생각을 요약하면 "인간존재의 창출이 대체 가능한 여분의 장기를 위해 이용되어서는 안 된다. 인간은 단지 수단으로 이용되어서는 안 될 존엄한 존재이기 때문이다." 물론 이 점은 지당한 생각이며 우리 또한 그에 동조한다. 이 같은 시나리오에 대한 합당한 반응은 다음과 같다. 복제아도 인간이며 따라서 우리는 그를 다른 인간과 똑같이 대우해야 한다. 우리는 쌍둥이 중 하나로부터

---

8) 황경식, 「게놈 프로젝트와 판도라의 상자 — 유전자연구의 빛과 그림자」, 『철학, 구름에서 내려와서』, 동아일보사, 2001, pp.139-144 참조.

강제로 일부 장기를 떼내어 다른 하나에게 이식하지 않거늘 복제아의 경우에 그런 일이 정당화될 근거는 무엇인가?

복제기술은 생명공학자들로 하여금 장기이식을 위해 인간친화적인 장기를 배양할 동물을 만들어낼 수 있게 했다. 하지만 다른 인간을 치료할 수단으로서 여분의 인간을 복제한다는 것은 가당치도 않은 말이다. 나아가 마이클 조던의 여덟 살 난 복제아가 농구보다 바이올린을 더 선호한다고 할지라도 복제자는 이를 용납할 수 있어야 할 것이다. 노예제가 폐지된 지는 이미 오래며 아이들은 한갓 사유재산에 불과한 것이 아니다. 자녀들의 인생을 자신의 틀에 맞추어 재단하려는 부모들의 무모한 이기적 고집이 청산되지 않는 한 복제아가 오용될 가능성은 크다 할 것이다.[9]

복제에 대한 과학적 반론의 기반으로 추정되는 또 하나의 시나리오가 있다. 복제에 반대하는 한 견해에 따르면 '다양성'이란 정치적으로 바람직하지 않을지 모르나 과학적으로는 훌륭한 징표이다. 성을 통한 출산은 부단히 변화하는 병원체와의 지속적인 투쟁에서 인간이 살아남기 위해서도 다양한 진화를 조장해 왔다. 성적 재생산을 통해 창출된 유전자의 새로운 융합은 면역체계로 하여금 급속히 진화하는 세균, 바이러스 기생충 등에 대한 대비책을 고안하게끔 돕게 된다. 하지만 복제에 반대하는 논변에 따르면 인간복제가 일반화될 경우 병원체들의 적응이 인간의 대응을 앞지름으로써 광범위한 질병을 유발할 수가 있어 인간종이 파국을 맞을 수도 있다는 것이다.

종종 인용되는 이와 비슷한 비유로 많은 농부들이 모두 동일한 변종 옥수수를 파종한다고 해보자. 그 변종이 특정 병원균에 취약할 경우 농사는 한번에 망칠 수가 있다. 그러한 경고는 복제된 생체의 경우에 있어서도 질병이 창궐하는 환경에서 동일한 타당성을 갖는다는 것이

9) William Kristol and Eric Cohen, 앞의 책, pp.184-185.

다. 그러나 한 인간형이나 혹은 소수의 인간형만을 수십, 수백만 복제할 가능성은 생각하기 어렵다. 유전적 다양성은 인간존재에 있어 기본적 사실이며 한 인간형의 수백만 복제아가 없는 한 창궐하는 전염병으로 인해 인류가 몰살할 가능성은 그리 크다고 할 수 없는 것이다.[10] 여하튼 우리는 이상의 가상 시나리오들은 현실성이 없다는 잠정적 결론을 내려보기로 하자.

3. 윤리적 찬반 논변의 무승부

개인의 행위가 타인에게 심각한 해악을 끼치지 않는 한 그 개인의 행위의 자유가 허용되어야 한다는 J. S. 밀의 자유론을 복제의 문제와 개인의 권리에 원용해 본다면 다음과 같이 말할 수 있을 것이다. 출산의 수단으로서 인간복제와 관련해서 옹호될 가능성이 가장 높은 개인권은 출산의 자유권(right to reproduction)이며 이 권리는 피임이나 낙태 등 출산을 하지 않을 권리와 인공수정이나 인간복제 등 출산할 권리 양쪽을 모두 포함하는 것으로 이해될 수 있다.

인간복제와 관련된 권리는 소극적 권리로서 그 방법을 선택하고자 할 경우 정부나 여타의 간섭을 받지 않고 이용할 수 있는 권리를 말한다. 다양한 피임수단이 출산권에 의해 보호되는 것과 마찬가지로 갖가지 출산수단 역시 출산의 자유에 의해 허용되어야 할 것이다. 그러나 특정 출산수단이 허용될 가능성은 개인이 진정으로 출산을 절실히 원하며 타인이나 자신에게 큰 부담이나 해악을 끼치지 않고 더욱이 그러한 수단이 가능한 유일한 수단일 경우 가장 높아진다고 할 수 있다.[11]

---

10) 위의 책, p.185.
11) Dan W. Brock, 「인간복제 윤리적 찬반논쟁의 평가」, Martha C. Nussbaum and Cass R. Sunstein, 『클론 AND 클론(Clones and Clones)』, 이한음 역, 그린비, 1998, p.235.

출산의 다른 수단이 가능한 경우일지라도 특정한 개인의 유전형질 (genome)을 복제할 수 있다는 이유 때문에 인간복제가 선택될 수도 있다. 이 경우에 문제가 되는 것은 출산 자체에 대한 단순한 관심이 아니라 어떤 유형의 아이를 가질 것인가 하는 선택과 관련된 더 구체적인 관심이다. 일반적으로 출산의 자유권은 최소한 아이의 종류를 선택할 수 있는 권리를 포함하는 것으로 이해된다. 우리는 바람직한 형질을 가진 자손을 위해 특정 배필을 선택하기도 하고 유전병이나 기형인 아이를 갖지 않기 위해 사전검사를 받기도 하는데 이러한 경우 출산의 자유라는 개인권의 토대는 개인의 자기결정권에 대한 존중이라 할 수 있다.

이상에서 설명한 바와 같이 출산할 자유권이 인간복제 등으로 어떤 종류의 아이를 가질 것인지 결정할 권리뿐만 아니라 특정한 출산의 수단을 선택할 권리까지 포함한다고 할 만한 타당한 이유가 있다고 할 수 있다. 그러나 다른 한편 인간복제 가능성에 대한 무수한 비난들은 인간복제가 인권 또는 개인권을 침해한다는 주장을 펴고 있다. 물론 이것이 구체적으로 어떤 권리가 어떤 식으로 침해되는 것인지 정확하게 지적되거나 언급되는 경우가 드물기는 하나 우리는 그런 권리의 후보가 될 만한 두 가지 권리를 생각해 보기로 한다.

인간복제로 인해 침해된다고 할 만한 두 권리 중 하나는 인간이 각자 자신에게 고유한 정체성(unique identity)을 지닐 권리이며 다른 하나는 열린 미래(open future)에 대한 권리 혹은 타인의 미래를 알지 못할(not to know) 권리이다. 복제가 개인의 고유한 정체성을 부정한다는 주장이 보편적으로 제시되는 반론이기는 하나 비록 개인이 고유의 정체성을 지닐 권리가 있다 할지라도 인간복제가 그것을 침해하는지는 의심스럽다. 또한 열린 미래에 대한 권리 내지 미래에 대한 무지할 권리를 인간복제라는 맥락에서 언급한 사람은 요나스(Hans Jonas)로 알려져 있으나 그의 논증이 어느 정도 설득력이 있는지 또한 의문의 여지가 있다.

　고유한 정체성을 지닐 개인권이 있는가? 그리고 있다면 그것이 과연 인간복제에 의해 침해된다고 할 수 있는 것인가? 인간복제의 경우 침해될 정체성은 유전적 정체성(genetic identity) 즉 중복되지 않은 고유의 유전형질을 가질 권리가 될 것이다. 그러나 고의적인 행위의 결과가 아니라 자연적인 원인에 의해 나타나는 일란성 쌍둥이의 경우 과연 그런 권리가 침해되었다고 할 수 있을 것인가? 그뿐만 아니라 일란성 쌍둥이의 경우조차 동일한 유전자를 가졌을 뿐 그 각각의 고유한 질적 정체성은 동일하지가 않으며 또한 고유한 정체성이 침해된다고 할 수 없는 것이다. 개인의 유전자가 개인의 모든 것을, 즉 개인의 삶을 이루는 전체 역사 혹은 일대기와 그 개인의 다른 모든 비유전적 특성들을 전적으로 그리고 결정적으로 규정한다고 보는 것은 가장 소박한 유전적 결정론에 지나지 않는다.[12]

　다음으로 요나스가 무지의 권리라고 한 것 혹은 파인버그(Joel Feinberg)가 열린 미래권이라 부른 것이 인간복제에 의해 침해되는지 생각해 보기로 하자.[13] 요나스에 의하면 복제에 의한 쌍둥이는 일란성 쌍둥이와 근본적으로 달라서 그들의 삶을 동시적으로가 아니라 상당한 시차를 두고 시작하게 된다고 한다. 일란성 쌍둥이의 경우는 동일한 유전자를 지녔을지라도 동시에 삶을 시작하는 까닭에 같은 형질을 공유한 다른 쪽이 무엇을 선택할 것인지 알지 못하기 때문에 자신의 삶을 스스로 선택하게 된다. 그러나 복제한 쌍둥이의 경우는 이미 자신의 삶을 상당히 살아온 다른 한쪽을 알고 있는 까닭에 자신의 운명도 상당한 정도 알게 된 셈이라는 것이다. 요나스는 이 경우 늦게 시작하는 쌍둥이는 자신의 인생을 창조해 갈 자율적 가능성을 상당 정도 상실

---

12) 위의 책, pp.245-246 참조.
13) J. Feinberg, "The Child's Right to an Open Future, Whose Child?", ed., W. Aiken, *Children's Right, Parental Authority and State Power*, 1980.

하게 된다는 것이다.[14]

이 같은 요나스의 복제반대론 역시 유전자 결정론이라는 그릇된 전제에서 출발하는 것으로 보인다. 우리의 운명은 유전자 이외에도 갖가지 환경에 의해 상당한 정도 달라질 수 있으며 설사 뒤늦은 쌍둥이가 자신의 미래는 이미 결정되었다고 믿기 쉽다 할지라도 그러한 단순한 심리적 사실 때문에 그의 권리가 실제로 침해당하는 것은 아니라고 말할 수 있다. 물론 우리는 복제가 그 쌍둥이에게 심리적 부담을 준다는 사실을 부인하는 것은 어려울지 모르나 이같이 그릇된 추정으로 인해 그의 권리가 침해된다는 논증은 재고의 여지가 있다 할 것이다.

지금까지 우리는 비결과론적인, 그런 의미에서 권리와 같은 본질가치에 기반한 의무론적 관점에서 인간복제에 대한 찬반론을 살펴왔다. 다음으로 우리는 결과론적, 공리론적 관점에서 복제문제를 살피게 되고 이는 다시 개인적, 사회적인 이해관심의 관점 그리고 현재의 결과(actual consequences) 내지 미래에 나타날 잠재적 결과(potential consequences) 등에 따라서 다양한 고려들이 이루어지게 될 것인데, 이 또한 찬반 양론이 팽팽하게 균형을 이루고 있으며 불확실한 결과 등으로 인해 그 어느 입장도 현재로서는 결정적인 논변이 되기는 어려운 것으로 보인다.

우선 인간복제는 일부 사람들이 현재 겪고 있는 불임이라는 짐을 덜어줄 새로운 수단이 될 것이다. 물론 입양을 기다리고 있는 전세계 수많은 아이들이 불임해결의 대안이기는 하나 자신과 생물학적 혈연관계가 있는 아이를 임신, 출산, 양육하고자 하는 사람들에게 인간복제는 불법화되기가 어려울 것이다. 또한 인간복제는 부모가 심각한 유전병을 앓고 있을 경우 건강한 출산을 하기 위한 한 가지 대안이 될 수 있

---

14) H. Jonas, *Philosophical Essay, From Ancient Creed to Technological Man*, Prentice-Hall, 1994.

으며 아주 제한적으로 이식용 장기나 조직을 제공하기 위해 인간복제를 사용하는 경우도 정당화될 여지를 배제하기는 어렵다. 또한 인간복제는 죽은 아이처럼 특별한 의미를 지니는 사람을 복제하여 대체아이를 가짐으로써 상실감으로 인한 고통을 완화하는 데 도움을 줄 수도 있을 것이다.[15]

인간복제는 사회적으로도 큰 이익을 줄 것으로 예상된다. 인간복제는 위대한 재능과 천재성, 귀감이 될 만한 인격 등 특별한 품성을 지닌 개인을 복제하는 데도 사용될 수 있음으로써 사회적으로 큰 이익이 될 수 있다. 또한 인간복제 및 그 연구는 인간의 발생과정과 같은 과학지식상의 중대한 발전을 가져옴으로써 사회적 이익에 공헌할 것으로 보인다. 그러나 이상에서 논의해 온 인간복제의 개인적, 사회적 이익의 대부분이 현재로서는 상당한 불확실성을 지니고 있음도 유념해야 할 일이다.

이상과 같이 인간복제가 지닌 개인적, 사회적 이익이 예상되는 한편 그에 못지않게 개인적, 사회적 피해 또한 예상된다. 이미 지적된 바와 같이 인간복제는 개인적으로 뒤늦게 태어난 쌍둥이에게 심리적 부담이나 피해를 줄 것으로 추정된다. 또한 인간복제의 과정은 현재의 안전성과 효과성에서 볼 때 클론에게 용납하기 어려운 위험을 끼칠 수 있다. 그 한 가지 위험은 클론의 착상, 성장, 발달이 제대로 일어나지 않는 것이며 또 다른 위험은 복제과정이 어떤 식으로 실패함으로써 클론에게 예기치 않은 치명적 피해가 발생할 수 있다는 것이다.

나아가 인간복제가 가져올 사회적 피해로서는 인간복제가 상업적 이익을 목적으로 사용됨으로써 복제된 배아가 시장에서 매매될 수 있다는 점이다. 그뿐만 아니라 인간복제가 정부나 다른 집단에 의해 착취적 목적으로 사용될 수 있다는 우려도 지적된다. 헉슬리의 멋진 신세

---

15) Dan W. Brock, 앞의 논문, pp.238-245 참조.

계와 같이 한정된 능력과 조건을 지니도록 인위적으로 조작함으로써 사회에 필요한 천한 일도 행복하게 감수할 사람을 복제할 우려가 있는데 이같이 인간복제기술의 오용과 남용을 규제하는 일이 쉽지 않다는 것은 사회적 부담이 아닐 수 없는 것이다.[16] 결국 의무론이나 권리론에 있어서와 같이 결과론이나 공리론에 있어서도 찬반 논변은 균형을 이루고 있으며 어느 한쪽도 다른 쪽에 대해 결정적인 논변을 제시하지 못하고 있는 형편이라 할 수 있다.[17]

4. 사회문화적 격변에의 우려

자기 엄마로부터 복제된 여아는 사실상 복제 쌍둥이라 함이 옳지 않겠는가. 그런데 이 여아가 자신의 아버지를 찾고자 하며 부녀관계를 소망할 경우 그녀는 결국 자신의 생물학적 쌍둥이 자매인 어머니의 아버지를 찾아가 그러한 관계를 요청할 수 있다. 이때 부모로서 자신의 의무가 이미 끝난 지 오래라고 생각하던 그 할아버지(?)는 손녀(?)인 복제아가 자기에게 부모로서의 관심과 지원을 바란다는 것을 알고서 과연 기뻐할 것인가 아니면 귀찮게 생각할 것인가?

더 모호한 심리적 자기동일성(고유한 차별성: distinctiveness)은 지극히 분명한 유전적 자기동일성(형질의 일치: sameness)과 구분된다. 나아가 이 같은 자기동일성은 친족관계나 사회적 자기동일성과 얽힘으로써 더욱 복잡한 문제를 야기하게 된다. 이미 주목한 바와 같이 복제는 근본적으로 생물학적 계통과 사회적 관계를 혼합하는 과정이라 할 수 있다.

사회적 자기동일성과 사회적 관계 및 책임은 생물학적 친족관계와

---

16) 위의 논문, pp.249-257 참조.
17) 위의 논문, p.258.

광범위하게 관련되고 이에 의해 지지된다. 근친상간이나 간통 등에 대한 일반적인 사회적 금기는 이 같은 관계 즉 어떤 아이가 어떤 부모에 귀속되는지를 명확히 구분해 주는 데 도움이 되며 부모, 형제자매, 사회적 자기동일성의 혼동을 피하게 하는 데 소용된다.

사실상 사회적 자기동일성은 입양이나 혹은 인위적인 임신조작에 의해서도 유지될 수가 있었다. 그러나 부모 중 어느 한 편만 존재하는 복제의 경우에는 사회적 자기동일성에 있어서 일대 혼란이 생겨날 것으로 예상된다. 자기복제의 경우 자녀는 자신과 쌍둥이가 되고 부모가 형제자매가 됨으로써 어떤 성적 관계도 없이 의도되지 않은 근친상간이 이루어지는 셈이다. 이런 경우 할아버지, 아버지, 삼촌, 사촌, 자매 관계는 도대체 어떤 의미를 갖게 되는가? 이들 간에 어떤 관계와 의무 및 책임이 생겨나며 어떤 사회적 자기동일성이 배제되는가? 우리 사회에서 현행 이혼, 재혼, 입양이 빈번함으로써 생겨나는 사태와 비교될 수 없을 정도의 혼란이 예상된다. 더욱이 인간복제가 더 일반화되어 출산이 제조(manufacturing)의 수준으로 이행하게 될 경우 어떤 사태가 벌어질지 예견하기조차 어려운 실정이다.

통상적으로 인간복제 문제는 몇 가지 맥락에서 논의되고 있는데 기술적(technological) 맥락, 자유주의적(liberal) 맥락, 개량주의적(melioristic) 맥락이 그것이다.[18] 기술적 관점에서 볼 때 복제는 현행 기술의 연장선상에서 출산을 돕고 아이의 유전적 구조를 결정하는 기술로 간주된다. 다른 기술들과 마찬가지로 그 자체로서 본질적 의미나 가치는 없고 다양한 목적으로 선용 혹은 악용될 수도 있는 그야말로 중립적 기술이라는 것이다. 따라서 복제의 도덕성은 전적으로 복제자의 동기나 의도가 갖는 선악에 달려 있게 된다고 본다.

---

18) Leon Kass, "The Wisdom of Repugnance: Why We Should Ban the Cloning of Humans", Glenn McGee, 앞의 책, pp.157–159 참조.

자유주의적 관점에서는 복제를 권리, 자유, 개인의 능력 등의 맥락에서 다룬다. 복제는 개인의 출산과 더불어 원하는 유형의 아이를 갖게 될 권리를 행사할 수 있는 또 하나의 선택지에 불과하다. 나아가 복제는 자연의 속박이나 운명의 우연으로부터 인간의 해방을 증진시키며, 특히 그것은 남성 중심적 굴레로부터 여성을 해방시키는 데 기여하게 된다. 이런 관점을 가진 자에 있어 복제에 대한 유일한 도덕적 제약은 적절한 정보에 의거한 사전동의(informed consent)와 신체적 해악의 기피이다. 어떤 사람도 그의 동의 없이 복제되지 않고 복제되는 사람에게 신체적 상해만 없다면 합법적, 도덕적인 행위의 요건들이 충족되는 것이다.

개량주의적 입장에는 병약자들을 비롯해서 우생학자들까지 포함된다. 이들은 복제를 통해서 인간존재를 개선시킬 수 있는 새로운 전망을 기대한다. 작게는 유전적 질병의 위험을 회피함으로써 건강한 개인의 항구적 존속을 보장하게 되고 크게는 탁월한 각종 유전적 자질을 보존하고 유전공학기술을 통해 여러 방면에서 태생적으로 고양된 인간 능력을 가진 최적의 아기(optimum babies)를 출산할 수가 있다. 여기에서 복제의 도덕성은 결과의 탁월성에 의해 정당화되는 수단으로서, 즉 복제된 개인의 뛰어난 특성 이를 테면 미, 근력, 두뇌 등에 의해 정당화된다.

이상과 같은 세 가지 접근방식은 그 자체로서 의미가 있고 일반적으로 영미문화권에 있어 복제담론의 주류를 이루고 있기는 하나 인간복제가 갖는 더욱 심층적인 함의를 놓칠 우려를 제기하는 입장도 있다. 이같이 심층적 관점을 내세우는 자들은 앞서와 같은 담론에서는 출산의 신비와 인간의 오묘함 그리고 부모-자식 관계의 깊은 의미들이 환원주의적 과학과 그 잠재기술들에 의해 왜곡될 우려가 있다는 것이다. 그리고 출산과 가족적 삶의 친밀성을 정치적-법적 차원에서 그리고 개인권의 관점에서만 다룰 경우 아이의 출산, 양육, 결혼과의 관련들

이 갖는 근본적으로 사회적, 문화적인 함축을 훼손할 염려가 있다는 것이다.[19]

복제기술 혐오주의자로 생각되는 카스(Leon Kass)에 따르면, 자연적 욕구충족의 극대화와 출산의 자연권을 옹호한다는 명분 아래 복제기술과 같이 전적으로 자연으로부터의 도피를 추구한다는 것은 이론적으로 자기모순(self-contradicting)일 뿐만 아니라 실제적으로도 자기소외(self-alienating)라는 것이다. 왜냐하면 인간은 지능이나 의지가 불행히도 육체 속에 속박되어 있기 때문만이 아니라 신체를 가진 존재로서 성적 관능을 누릴 수 있는 존재이기 때문이다.[20] 비록 건강 및 장수의 추구와 고통의 극소화가 분명 대단한 선이기는 하나 성(sex)의 매개가 없이 유전공학의 기술을 통해 아이를 개량하고 제조한다는 것은 수용하기 어렵다는 것이다.

나아가서 기술적, 자유주의적, 개량주의적 접근은 모두가 새로운 생명의 출산이 갖는 더 심오한 인간학적, 사회학적, 존재론적 의의를 망각하고 있다고 한다. 더 심층적인 관점에 따르면 복제는 인간에게 육체적, 성별적, 출산적 존재로서 주어진 천성(자연)을 개변, 훼손, 위반함으로써 그런 자연적 지반 위에 세워진 사회적 관계를 왜곡하게 된다. 일단 이런 관점을 깊이 이해하게 될 경우 복제에 대한 윤리적 판단은 더 이상 복제자의 사적 동기나 의도에만 의거할 수 없으며 권리나 자유 혹은 이해득실, 수단목적의 관계만으로 환원될 수 없음을 인식하게 된다. 그것은 그 이상으로 인간존재의 의미 차원에서 접근해야 할 문제로 이해될 수 있는 것이다.

다시 말하면 복제를 올바른 맥락에서 보기 위해 우리는 성적 출산의 문제를 단지 실험실의 기술로서가 아니라 자연적, 사회적, 인간학적

---

19) 위의 책, p.159.
20) 위의 책 참조.

차원에서 다루어야 한다는 것이다. 성적 재생산은 상호 보완적인 남녀의 성적 결합을 통해 새로운 생명이 탄생하는 것으로서 단순한 인간적 의사결정이나 문화적 전통에 의해 쉽사리 좌우될 수 있는 것이 아니라 자연에 의거해서 오랜 역사를 통해 확립된 절차이며 자연적 과정에 의해 모든 아이는 정확히 두 계통으로부터 유래하고 이의 통합에 의해 생겨난다. 이같이 태어난 후손의 정확한 유전적 구성은 인간의 기획이 아니라 자연과 우연의 연합에 의해 결정된다. 이로써 인간의 자손들은 인간종의 공통된 유전자형을 공유할 뿐만 아니라 양부모의 유전적 근친이 되며 그러면서도 유전적으로 고유한 존재가 된다. 인간의 기원에 대한 이러한 생물학적 사실은 우리의 자기동일성과 인간의 조건에 대해 심오한 진실을 말해 주는 것이다.[21]

이상과 같은 깊은 자연적 사실의 지반 위에 육아의 책임과 자기정체성 및 상호관계의 그물망과 더불어 그 의미 관련이 구축된다. 하지만 이 같은 자연적 기반이 없는 친족관계가 있을 수 있는지, 친족관계가 없는 자기정체성은 무엇을 의미하는지 알기 어렵다는 것이다. 무성생식(asexual reproduction) 즉, 단일부모에 의거한 자손들은 자연적인 인간적 연계로부터 근본적으로 일탈한 관계를 갖게 됨으로써 부모자녀 관계를 비롯 모든 친족관계나 사회적 정체성이 규정되기 어렵거나 새롭게 규정되어야 할 것이다. 더욱이 생겨난 자손이 배아로부터의 복제가 아니라 쌍둥이의 성인으로부터 유래된 복제일 경우 또한 그 과정이 자연적 우연이 아니라 인간적 구상과 조작일 경우 이런 문제는 더욱 혼란스럽게 될 것이다.

인간복제기술의 혐오자들은 성적인 관계에 의한 번식의 존재론적(ontological) 의미의 관점에서도 비판을 제기한다. 그들에 따르면 성과 성적 번식이 없는 곳에서는 엄밀한 의미에서 인간생명이 존재한다

21) 위의 책, p.160.

는 것 자체가 불가능한 것으로 본다. 무성생식에 의한 번식은 박테리아, 조류, 곰팡이, 무척추동물 등 하등동물들에서만 발견된다. 성과 성적 관련을 통해서 지상에는 비로소 새롭고도 풍부한 관계가 가능하게 되며 성적 동물들만이 그들 자신의 존재를 초월하는 목표를 추구할 보완적 타자(complementary others)를 추구하고 또한 발견하게 된다. 성적 존재들에 있어서는 세계가 더 이상 무관심하고 대체로 동질적인 타자들(일부는 식용, 일부는 위험의 대상)의 천지가 아니며 세계는 매우 특별하고 친밀한 보완적 존재와 더불어 있는 곳이며 그들이 특별한 관심과 배려의 대상이 된다.[22]

성이 갖는 영혼고양의 능력은 그 밑바닥에 유한성(mortality: 죽음)과의 기이한 관련 속에 뿌리 내리고 있다. 성은 동시에 그런 유한성을 수용하면서 초극하고자 하는 양면을 지니고 있다. 무성생식은 자기보존 활동의 연속으로 간주될 수 있고, 한 유기체가 둘로 분열될 경우 원형은 그대로 보존되는 것이며 어떤 것도 소멸되지 않는다. 이에 비해서 성은 가사성을 함축하며 두 존재가 하나로 결합되어 다른 하나가 생길 경우 원래의 존재들은 소멸하게 됨으로써 존재의 대체가 이루어진다. 모든 존재와 더불어 인간존재에 있어서 성적 욕구는 따라서 역설적이게도 자기보존의 종말로 치닫는 욕구이다. 물결을 거슬러 올라가는 연어의 종착점이 죽음이라는 것은 생명의 보편적 이야기이다. 성은 죽음과 맞닿아 있으며 이것이 바로 출산의 비밀에 대한 부분적 해답을 간직하고 있다. 그래서 복제혐오자들은 출신을 성, 사랑, 친밀성으로부터 분리시키는 것은 결과에 상관없이 본질적으로 비인간화하는 (inherently dehumanizing) 과정으로서 용납하기 어렵다는 것이다.[23]

---

22) 위의 책, p.163.
23) 위의 책, p.164.

제5장 실천철학으로서의 윤리학의 전망
- 철학과 현실의 접점을 찾아서

1. 메타윤리학과 규범윤리학의 관계

일찍이 열암 박종홍 선생은 '철학하는 것'의 출발점에 관해 의문을 가지고 심각한 고민을 한 나머지 결국 우리가 '실천'을 통해 교섭하고 있는 '현실'이라는 대답을 제시한 적이 있다. 열암에 따르면 현실이 우리의 철학에 단초가 되는 이유는 그것이 지적 호기심의 대상으로서가 아니고 실천적 해결을 요구하는 문제이기 때문이라는 것이다. 따라서 우리가 현실에서 발견하는 문제는 근원적으로 우리의 실천에 뿌리를 두고 있으며 그런 점에서 우리의 문제인 현실파악의 방향을, 이 실천의 성질이 제약하고 있다고 한다.[1]

나아가 열암은 현실의 존재성격을 규정할 뿐만 아니라 현실의 구조를 형성하는 것 역시 실천이라고 말한다. 현실을 실천을 통해 파악한

---

1) 朴鐘鴻, 「哲學的小論」, 『朴鐘鴻全集』, 제1권 참조.

다는 것은, 현실적 존재를 그 자체로서 완성된 것으로 간주하거나 고정된 것으로 관찰하려는 오류를 피하기 위함이라는 것이다. 이로부터 우리는 실천적 지반에 토대를 둔 열암의 인식론은 또한 역동적이고 동태적인 현실존재론을 전제하고 있음을 알 수가 있다.

또한 열암은 철학하는 것의 실천적 지반을, 실천이 이론을 제약하는 면에서 볼 뿐만 아니라 다시 이론이 거기에서 실천화되어야 할 것으로 본다. 이론이 실천의 산물이기는 하나 실천으로 인해 산출된 이론이 다시 실천화함으로써 새로운 현실이 생겨나게 되며 이러한 측면에서 이론은 또한 실천을 제약한다고 볼 수 있는 것이다. 결국 열암은 이론과 실천은 서로 제약하는 것으로서, 실천은 이론의 지도를 받음으로써 발전하고 발전된 실천은 다시 새로운 단계의 이론을 요구하며 이론은 실천을 발전시키는 동시에 자신을 발전시키고 발전된 이론은 다시 새로운 단계의 실천을 요구함으로써 이론과 실천은 그야말로 변증법적 통합, 발전의 관계에 있다고 결론짓는다.[2]

이상과 같이 열암은 철학하는 것의 실천적 지반으로서의 현실 및 이론과 실천의 변증법적 통합의 관계를 철학 일반의 관점에서 제시하고 있다. 열암의 이 같은 관점이 '실천철학으로서 윤리학'에 그대로 해당된다는 것은 불문가지의 사실이 아닐 수 없을 것이다. 윤리학이란 태생적으로 실천철학으로서의 운명을 지니고서 생겨난 것인 만큼 윤리학의 철학적 단초가 실천적 지반으로서 현실임은 물론이고 윤리학의 이론적 발전 또한 그 진가가 실천적 지반과의 대면 속에서 검증되어야 할 것이며 이런 점에서 윤리학에 있어 이론과 실천의 상관성을 말하는 것 또한 진부한 진리에 가깝다 할 것이다.

그러나 우리는 20세기 영미 윤리학을 일별하는 가운데 이같이 진부

---

2) 황경식, 「이론과 실천의 변증법 ― 열암 사상 철학의 한 이해」, 『이론과 실천 ― 도덕철학적 탐구』, 철학과현실사, 1998.

한 진리마저 통용되지 않는 사정을 목격하면서 적이 놀라지 않을 수 없다. 20세기 초반 각종 개별과학들에게 자신의 콘텐츠(contents)를 아낌없이 양도해 버린 철학이 자신의 정체성 확보를 위해 언어의 의미 분석에 몰두하게 된 소위 '언어적 전회(linguistic turn)' 이래 윤리학 또한 철학 일반과 그 운명을 함께하기에 이른다. 윤리학은 그 실천적 지반으로부터 두어 걸음 멀어진 채 자신의 본령인 규범윤리보다는 가치 개념의 논리적 분석이나 도덕적 지식의 가능성 여부를 논구하는 이른바 메타윤리학(meta-ethics)에 탐닉하게 된 것이다.

물론 이 같은 도덕문제에 대한 메타이론적 천착을 두고 대부분의 일상인들이나 일부 철학자들은 메타윤리학자들이 자신의 철학적 책무를 방기하는 것으로 비난했고 일견 그 같은 비난이 실천철학자로서 윤리학자들에게 전적으로 부당한 것이라 하기도 어려운 점이 있다. 메타윤리학자들에 있어서 어떤 현실적인 실천의 지침도 기대할 수가 없었고 그들은 고안된 자기들만의 전문언어로 자신들끼리만의 대화에 열을 올리고 있었다.[3] 이러한 메타윤리학의 오랜 이론적 유희가 1960년대의 격동하는 현실의 충격으로 중단되기에 이르기까지 윤리학을 위시한 이른바 실천철학의 영역은 더 이상 실천적 규범을 산출할 수 없는 불모의 동토인 양 간주되었다.

그러나 외견상 실천철학자들이 현실의 실천적 지반으로부터 멀어진 듯하고 이론과 실천의 변증법적 상호작용이 멈추어 버린 듯한 전후 사정에도 사실상 나름의 변명의 여지가 전적으로 봉쇄된 것은 아니다. 20세기 초반 일단의 대륙 철학자들에 의해 시발된 비엔나 서클(Vienna Circle)과 그로부터 태동한 논리실증주의는 당시 철학자들의 현실인 실천적 지반이 어떠했는지 저간의 사정을 함축하는 그야말로

---

3) 황경식, 「현실적 요청에 부응하는 교양 철학교육」, 위의 책.

철학적 이벤트라 할 만한 사건이다. 진리와 이데올로기를 분간하지 못하게 한 당시의 정치적 현실과 열악한 실천적 지반은 철학자들로 하여금 현실로부터 퇴각을 강제했을 뿐 아니라 현실과의 실천적 교섭에 있어 필수적 매체로서 언어의 의미에 대한 성찰과 그 명료화가 선결과제임을 절감하게 했던 것이다. 역설적으로 명료한 현실인식 바로 그것이 현실로부터의 퇴각을 명했다 할 것이다.

나아가 철학자들의 오랜 이론적 칩거와 성찰 또한 그 실천적 함축이 적다고 할 수만은 없는 것이다. 철학자들은 오랫동안 개념의 논리적 분석과 인식의 정당화 작업을 통해서 다른 어떤 방식으로는 획득하기 어려운 이론적 무장을 얻게 된 것이다. 오래 단련되고 연마된 연장을 통해 이제 철학자들은 어떤 현실적 주제도 치밀하고 효율적으로 접근할 수 있는 경지에 이른 것이다. 1960년대 이후 새로운 모습의 응용윤리 내지 실천윤리는 그간의 메타이론적 수행이 결코 헛되지만은 않은 것임을 웅변적으로 보여주고 있다. 이론과 실천의 연관이 갖는 이 같은 깊은 함축을 우리는 메타윤리학과 규범윤리학이 결코 상관없는 분야일 수 없다는 점에서도 발견하게 된다.

규범윤리와 메타윤리는 서로 상관없는 과제로 연구될 수도 있고 또한 종종 그렇게 추구되어 왔다. 사실상 일부 철학자들은 그 두 가지 윤리가 전적으로 구분될 수 있고 또한 나름의 자립성(autonomy)을 지켜야 한다고 생각해 왔다.[4] 예를 들어서 윤리인식이 불가능하다고 믿는 비인지주지주의(non-cognitivists)는 윤리적 신념이 진리가치를 결여하고 있는, 비인지적 태도(attitude)를 표현하고 있을(express) 뿐이라는 그들의 메타윤리설이, 우리가 어떤 윤리적 태도를 진지하게 내세워야 할지에 대해서 아무런 말도 할 수 없다고 주장한다. 다시 말하면 메타윤리는 규범윤리(normative ethics)에 아무런 영향을 줄 수 없

---

4) Stephen Darwall, *Philosophical Ethics*, Westview Press, 1998, p.12.

다는 것이다.

규범윤리와 메타윤리 간의 구분과 분리는 윤리를 학생들에게 제시하는 윤리교육의 방식에 있어서도 그대로 반영되고 있다. 윤리교과는 일반적으로 이러한 두 영역 간에 별도의 관심을 기울이게 했으며 그들 간의 잠재적 상호작용을 신중히 고려하지 않았다. 도덕교사들 역시 종래의 도덕교육의 교조화(indoctrination)가 갖는 폐해를 두려워한 나머지 가치관에 대해 중립적인 입장을 견지하면서 학생들의 가치관이 갖는 함축의 명료화(value clarification) 작업에 전념할 것을 권장받기도 했다. 그러나 이 같은 구분과 고립이 불행한 결과를 가져오는 까닭은 그것이 윤리에 대한 철학적 사고가 갖는 가장 매력 있고 흥미로운 특성 중 한 가지를 무시해 버리기 때문이다.

윤리학사에 등장하는 위대한 철학자들의 저술에서 그와 같은 분리와 고립을 발견하기는 어렵다.[5] 오히려 아리스토텔레스, 칸트, 밀 등과 같은 사상가들은 모두가 메타윤리와 규범윤리를 통합, 정합적이고 체계적인 도덕철학을 구성했던 자들이다. 가치 있는 것이 무엇인가에 대한 그들의 규범이론은 예외없이 가치가 무엇인가에 대한 그들의 철학적 이론 즉 메타윤리적 기반에 의거하고 있다. 이들 윤리학자들은 윤리학에 대한 그들의 가장 심오한 철학적 사고의 지반 위에 그들의 규범윤리 사상을 세움으로써 그들이 제시한 규범에 보편적인 설득력을 부여하고 있다. 이들 사상가들에 있어서 이론철학적 사유는 지극히 중대한 실천윤리적 함축을 갖는 것이라 할 수 있다.

주지하다시피 규범윤리에 대해 전통적으로 유명한 두 가지 상이한 접근방식은 결과주의(consequentialism)와 의무주의(deontology)이다. 이들은 옳음이나 좋음 그 자체가 무엇인가라는 메타윤리적 문제에 대해서가 아니라 옳은 것과 그른 것이 무엇인가라는 규범윤리적 문

---

5) 위의 책, p.12.

제에 대해 서로 대립적인 이견을 제시하고 있다. 하지만 이 두 가지 문제가 서로 구분되는 영역에 속함에도 불구하고 윤리학의 역사는 상이한 규범윤리적 접근과 일정한 메타윤리적 입장 간에 놀라운 친화성을 보여주고 있다. 물론 그들 간에 일사분란한 일대일 대응관계를 말할 수는 없지만 일정한 메타윤리적 입장과 규범윤리적 접근을 이어주는 상당한 경향성을 볼 수 있다는 것이다.[6]

예를 들어서 메타윤리에 있어 자연주의적(naturalistic) 입장을 취하는 철학자들은 거의 언제나 규범윤리에 있어 결과론자들이었다. 물론 모든 결과론자가 자연주의자였던 것은 아니다. 이를테면 G. E. 무어는 자연주의자가 아니면서 결과주의자였던 예외적 경우라 할 수 있다. 자연주의자들은 옳고 그름을 결정하는 규범의 자연주의적 기반보다는 도덕과 무관한(non-moral) 가치형태에 대한 자연주의적 기반을 옹호하기가 수월한 것임을 알고 있었다. 이렇게 해서 많은 자연주의자들은 도덕이란 어떤 방식으로든 도덕과 무관한 가치로 환원할 수 있다는, 예를 들어 결과주의를 지지해 줄 도구주의적 방식으로 환원할 수 있다는 주장을 하기에 이른다.

이에 비해서 의무주의자들은 옳고 그른 것이 이득이나 손실과는 다른 방식으로 설명해 줄 도덕적 의무에 대한 메타이론을 요구한다. 일부 의무론자는 신학적 주의주의자(theistic voluntarist)로서 그들의 의무론은 신의 명령이 갖는 비결과주의적 특성에 기반을 둔다. 다른 의무론자는 합리적 직관주의자들(rational intuitionist)로서, 예를 들어 고문의 그릇됨은 그 자체로서 본질적, 필연적 진리라고 주장한다. 일부 의무론자는 칸트주의자(Kantianist)로서 옳고 그름의 원리는 자유롭고 합리적인 행위자의 숙고가 갖는 구조 속에 기초한다고 주장한다.[7]

---

6) 위의 책, p.82.

메타윤리와 규범윤리가 갖는 이 같은 상관성은 단지 우연적인 것이라 보기가 어렵다. 아리스토텔레스, 칸트, 밀 등과 같이 위대한 윤리학자들의 사상을 천착해 볼 때 우리는 그들의 메타윤리적 접근과 규범윤리적 입장 간에 역동적인 상호작용을 보게 된다. 이들 사상가들은 각기 나름의 개성적인 철학적 윤리학(philosophical ethics)을 전개했는데 그것들은 각각 메타윤리와 규범적인 사상을 통합하는 특이한 접근방식들을 보이고 있다. 그들은 메타윤리와 규범윤리를 상호 독립적인 것으로 다루지 않았으며 오히려 가치 그 자체가 무엇인지에 대한 철학적 이해(메타윤리학) 속에 가치 있는 것이 무엇인가에 대한 그들의 입장(규범윤리학)을 정초하고 있다 할 수 있다.

2. 응용윤리학이냐 실천윤리학이냐?

1950년대에 미국의 철학자 피터 라스레(Peter Laslett)는 "정치철학은 이미 죽었으며 도덕철학은 분명 상처투성이로 비틀거리고 있다"고 단언했다. 1960년대에 사회학자 다니엘 벨(Daniel Bell)은 "한때 행동강령이었던 이데올로기는 이미 종언을 고했다"고 선언했다. 미국에 있어 어떻게 살아야 하며 어떤 나라를 창출할 것인지 등에 대한 근본적인 물음은 당시의 풍요한 사회에 의해 대체로 해결되었다는 입장이 널리 퍼져 있었다. 삶의 대부분의 문제는 기본 과학이나 합리적 선택 및 사회적 조직을 통한 효율적 대응책을 디자인함으로써 해결될 수 있다는 것이었다. 도덕 및 정치 철학은 진부한 주제일 뿐 아니라 현실세계에 대해 적실성이 없다는 것이다.[8]

하지만 1960년대 국내외의 격변은 미국의 기성 지성계에 하나의 충

---

7) 위의 책, p.82.
8) Daniel Bell, *The End of Ideology*, The Free Press, 1960, p.370.

격으로 받아들여졌다. 베트남전쟁, 시민권 운동, 여권주의의 재활 등으로 인해 1950년대의 외견상 합의는 학생 저항운동, 흑인 폭동운동 등으로 산산조각이 났다.

대학에서 진행되는 일과 거리에서 전개되는 일들 간에 명백한 단절이 있었다. 이를 상징하는 것으로서 설(J. Searle)은 윤리학 강의에서 '존재로부터 당위의 도출'에 열을 올렸으나 베트남전쟁에 대해 논의하고 싶은 학생들은 그 같은 윤리학 수업에 냉담했다. 그야말로 철학과 현실은 평행선을 달리며 극단적인 괴리를 보였다. 윤리학 교실에서는 로스(W. D. Ross)와 노웰 스미스(Nowell-Smith) 등이 운위되었으나 교실 밖의 대화의 주류를 이룬 것은 마틴 루터 킹(M. Luther King)과 체게바라(Che Guevara)였다.

1968년 학생들의 봉기가 전세계를 휩쓰고 있을 때 강단철학의 뉴스는 진리조건적 의미론이 주도권을 잡게 되었다는 것이었다. 이 같은 격변에 점화한 철학자는 콰인(Quine)이나 데이빗슨(Davidson)이 아니라 마르크스(Marx)와 마르쿠제(Marause)였다. 많은 사람들로 하여금 절망적으로 만든 것은 단지 마르크스나 마르쿠제가 교실에서 논의되지 않았다는 것이 아니라 이들을 동기화한 바로 그 사회적 관심사들이 강단철학에서 더 이상 문제되지 않고 있었기 때문이다. 물론 언어철학적 주제도 나름의 중요성을 간과할 수는 없겠지만 현실적 삶의 주요 관심사들이 학원담론에서 배제되고 있을 뿐만 아니라 더욱이 그것이 현실적 규범문제를 다루어 온 오랜 역사를 가진 철학에서 소외되고 있음은 안타까운 사실이었던 것이다.[9]

이 같은 시대적 요청으로 인해 1960년대 말 네이글(Nagel), 롤즈(Rawls), 톰슨(Thomson) 등 일부 동부철학자들이 중심이 되어 '윤리

---

9) Dale Jamieson, "Singer and the Practical Ethics Movement", ed., D. Jamieson, *Singer and His Critics*, Blackwell, 1999, p.3.

학 및 법철학 학회'가 구성되었고 인종주의, 임신중절, 역차별, 전쟁윤리 등의 주제가 논의되기 시작했다. 이어서 일단의 철학자들은 이러한 사회정치적 문제를 논의할 담론의 장으로서 『철학과 공공문제(*Philosophy and Public Affairs*)』라는 잡지를 창간했으며 이를 전후로 해서 응용윤리학 내지 실천윤리학 운동이 전국으로 확산되었다. 긴급한 공공적 관심사에 주의를 기울인 철학자들은 단지 도덕및 정치철학자에만 국한된 것이 아니었고 러셀(B. Russell) 등을 필두로 논리학자 과학철학자들까지 가세함으로써 그야말로 응용철학(applied philosophy)의 시대를 예고했다.

실질적인 측면에서이건 방법론적 측면에서이건 실천윤리와 정치철학에 관련된 각종 관심사들이 『철학과 공공문제』, 『응용철학』 등의 잡지를 통해 선을 보였으며 지배적 주제로서 전쟁윤리 이외에도 마르크시즘, 안락사, 자살, 임신중절, 언론의 자유 등이 담론을 이끌었다. 이어서 1971년에는 롤즈(John Rawls)의 『정의론』을 필두로 노직(R. Nozick)의 『아나키 국가 그리고 유토피아』, 코헨(G. Cohen)의 『마르크스 역사 이론 옹호』 등이 출간되어 분석적 전통에 있어 자유주의, 자유지상주의, 마르크스주의 등을 대변하게 되었다. 이렇게 해서 15여 년 전에 사망선고가 내려졌던 정치철학이 다시 회생하는 전기가 만들어지게 된 것이다.

그러나 이같이 새로운 정치철학은 그 저술방식에 있어서 지극히 추상적이고 비현실적이어서 구체적 현실에 적용되었을 경우 그 실천적 함축을 분간하기가 쉽지 않은 것이었다. 이 같은 정치철학 이론의 실천적 미결정성(practical indeterminacy)으로 인해 정치철학과 실천윤리의 분화가 결과되었다. 실천윤리의 중심을 이루는 관심사가 있다면 그것은 현실적 문맥에 있어서의 구체적 문제이기 때문이다.[10] 정치철학과

---

10) 위의 논문, p.5.

실천윤리학의 구분 없이 공동의 공론장이었던 잡지 『철학과 공공문제』 대신 실천윤리학의 전문지인 『의료와 철학잡지(*Journal of Medicine and Philosophy*)』(1976), 『환경윤리학(*Environmental Ethics*)』(1979), 『직업 윤리학 잡지(*Journal of Business Ethics*)』(1982) 등이 창간된 것도 바로 이 같은 배경적 이유에서이다.

『뉴욕타임즈 매거진(*New York Times Magazine*)』(1974)에 기고한 「철학자들이 본업으로 돌아왔다(Philosophers are back on the job)」라는 글을 통해서 실천윤리학자 싱어(Peter Singer)는 실천윤리 운동을 비전문가들에게까지 널리 확산시키고자 한다. 싱어는 그 글에서 20세기 철학의 동향을 일별하는 가운데 논리실증주의와 일상언어 철학의 장점을 소개하면서도 결국 그런 철학들은 전통적인 철학적 문제를 해결하거나 해소하는 데 실패했다고 주장한다. 이어서 그는 롤즈의 『정의론』을 집중적으로 논의하면서 그것이 도덕·정치 철학의 새로운 가능성을 보여주기는 하나 최상의 도덕·정치 철학을 대변하지는 않는다고 말한다. 싱어는 롤즈의 이론을 비판, 정치철학과 실천철학 간의 분화를 상징하는 방식으로 롤즈의 반성적 평형(reflective equilibrium) 방법에 대한 반론을 제시한다. 이 같은 방법론적 차별화를 위시해서 실제로 싱어의 모든 저술은 다음 세 가지 주요 특징에서 기존 철학자들의 입장과 달리한다.[11]

첫째, 실천윤리는 강한 개혁주의 내지 수정주의(revisionary)를 내세운다. 실천윤리의 요체는 단지 세계를 이해하는 것이 아니고 그것을 변화시키고 변혁시키는 데 있다는 것이다. 각종 실천문제들에 대한 싱어의 구체적 견해는 널리 알려져 있다. 그에 따르면 우리는 육식이나 동물실험을 중단해야 하며 부의 일부를 빈곤한 자들에게 나누어야 하고 어떤 경우 유아살해도 용납할 수 있다는 것이다. 실천윤리가 변화

---

11) 위의 논문, p.4.

를 도모해야 할 관심사들로 인해 그는 일상적인 도덕신념에 의존하는 도덕·정치 철학적 접근방식에 대해 회의적 태도를 취하게 된다. 롤즈에 대한 그의 비판의 핵심은 롤즈의 이른바 도덕적 직관에 의거한 반성적 평형의 방법에 겨냥되고 있다. 우리가 행해야 할 바에 대한 어떤 결론도 우리 사회의 대부분 성원들이 생각하는 바에 대한 기술로부터 타당하게 도출될 수 없다는 것이다. 만일 우리가 건전한 기초를 가진 도덕이론을 지닐 경우 우리는 그 이론의 함축이 주요 문제들에 대한 우리의 도덕적 견해에 대한 변화를 요구할지라도 그것을 수용할 용의를 가져야 한다는 것이다. 이 점을 망각할 경우 도덕철학은 기존하는 도덕관의 근본적 비판을 산출하는 역량을 잃게 되고 기존체제를 유지하는 보수적 과업에만 봉사하게 된다는 것이다.[12]

　실천윤리가 갖는 두 번째 특징은 사실(facts)을 대면하게 하는 현실적 지반을 중시한다는 점이다. 철학은 사실이 끝나는 지점에서 시작되는 것인지도 모른다. 하지만 싱어는 현실과 사태에 대한 생생한 이해와 더불어 시작하지 않는다면 철학이 무엇이며 무엇을 위한 것인지를 반문한다. 사실이 중요하다는 관찰은 대부분의 사람들에 있어서 진부한 이야기일지도 모른다. 그러나 철학자들은 종종 단순한 경험적 사실들이 철학적 의의를 갖는 어떤 것과 무관한 것인 양 말한다. 하지만 이런 자만이 더 이상 유지되기 어려움을 인지하게 될 경우 철학자들은 종종 사고의 실험이라는 미명 아래 사실을 만들어낸다(invent facts). 이런 관점에서 볼 때 싱어의 저술들에 현실적 힘을 부여한 것은 바로 그의 저술이 담고 있는 풍부한 사실적 자료와 그에 즉한 실천적 처방이라 할 만하다. 이상과 같이 사실과 현실적 지반을 중시한다는 점에서 실천윤리는 이론윤리의 단순한 적용을 함축하는 응용윤리학과도 차별화된다 할 것이다.

---

12) 위의 논문, p.6.

세 번째로 실천윤리가 갖는 특성은 구체적 실천으로서 개인의 행위(individual action)만이 세상을 변화시킬 수 있다는 가정에 있다. 물론 문제해결에 접근함에 있어 사회정책적 차원이 중요하다는 것 또한 사실이기는 하나 정책이 구현되는 것 역시 개인의 실천적 행위를 매개할 수밖에 없다는 점에서 싱어의 강조는 나름의 의의를 갖게 된다. 여권주의자들이 '개인적인 것이 정치적인 것'이라는 슬로건을 고안하기도 했지만 싱어는 철학적 활동을 행하는 동안 줄곧 자신과 가족, 그리고 친지의 삶에 대한 이야기를 언급하고 있다. 그의 목표는 우리의 태도와 행동을 바꾸는 데 있으며 그 이유는 이것만이 우리가 세계를 변화시킬 수 있는 방도이기 때문이다. 동물들이 식용으로 사육될 경우 고통을 당할 수밖에 없다면 우리는 마땅히 육식을 중단해야 하는 것이다. 만일 우리가 수입의 십일조를 빈민구제기금(Oxfam)에 보낼 경우 큰 어려움을 감수하지 않고서 생명을 구할 수 있다면 우리는 바로 이 자리에 앉아 수표에 서명해야 한다는 것이다. 우리가 변화되어야 세계가 변화될 수 있기 때문이다.[13]

이상의 논의들을 종합해서 생각해 볼 때 실천윤리는 지극히 행동주의적이고(activist) 실천을 강하게 요청하는 윤리임을 알 수 있다. 그것은 세상이 어떻게 돌아가는지 현실을 알아내고 그것을 변화시키고 더 개선할 수 있는 방도를 결정할 것을 요구한다. 또한 그것은 우리가 알아내고 결정한 바에 따라서 행동, 실천할 것까지 요구한다. 이러한 이유로 해서 싱어는 갖가지 사안에 대해 시가 행진을 불사하며 저항운동에 가담했던 참여적 지성이었던 것이다. 실천윤리는 단지 이론윤리의 응용에 그치는 것이 아니라 실천에서 출발하여 다시 실천으로 돌아오는 윤리적 기획이요 활동인 것이다.

---

13) 위의 논문, p.7.

3. 이론윤리와 응용윤리의 변증법

응용윤리학이 하나의 독자적 분야로 성장함에 따라 그 분야의 성격과 다루는 문제를 중심으로 몇 가지 중대한 물음이 제기된다. 이들 중가장 근본적인 문제로서 윤리이론(ethical theory)의 유용성과 관련된 열띤 논의가 이루어지고 있는 것은 다소 역설적으로 들린다. 특히이 점은 실천철학으로서 윤리학에 있어 이론과 실천의 연관문제와 관련해서 중대한 의미를 가질 것으로 생각된다.

주지하다시피 전통적인 도덕철학은 진정한 도덕적 지식(moral knowledge)의 가능성을 보편타당한 윤리이론의 가능성과 동일시했다. 또한 이는 모든 상황에 보편적으로 적용될 수 있는 도덕적 척도나기준이 합리적으로 체계화될 수 있고 그러한 체계가 일련의 근본 원칙에 의해 설명될 수 있음을 함축한다. 물론 완전한 이론적 통합성과 체계화는 기본 원칙이 다원적일 경우 다소 어려움이 따르긴 하겠지만 그러한 원리들이 수적으로 소수인 까닭에 실질적이고 지배적인 하나의체계가 발견되리라는 점이 일반적으로 가정되고 있었다. 이상과 같은도덕인식론과 병행해서 도덕적 추론과정이란 본질적으로 기본 원리를구체적 사례에 연역적으로 적용(deductive application)하는 것으로생각되어 왔다.[14]

그러나 이 같은 방법론적 가정으로 인한 기대와는 달리 많은 철학자들은 그 같은 연역적 접근방식이 현실의 도덕문제에 봉착할 경우 별반소용이 없다는 사실을 점차 발견하게 되었다. 의료의 경우와 같이 현실적인 도덕문제의 해결을 시도할 경우 칸트주의나 공리주의가 내세우는 일반적인 도덕원리의 추상성과 공허성을 깨닫게 된 것이다. 관련

---

14) Earl R. Winkler, "Applied Ethics, Overview", *Encyclopedia of Applied Ethics*, vol. 1, Academic Press, 1998, p.193.

된 모든 이의 이해관심을 고려하거나 당사자의 권리나 존엄성에 대한 존중이 어떤 식으로 구체화될 수 있는지 현실의 문제상황에서 명료한 해답이 주어지기 어렵다는 사실을 실감했기 때문이다.

응용윤리학적 경험을 가진 많은 철학자들은 일반적 규범이론을 발전, 이를 현실에 적용한다는 전통적 이념을 배척하는 방향으로 나아가게 된다. 이들의 신념에 따르면 일반적 규범이론에 의해 성취될지도 모를 보편성을 대가로 해서 도덕에 대한 사고는 역사적, 사회적 현실과 전통, 특정 문화적 관행으로부터 거리를 두게끔 강요되었고 이 같은 분리의 결과로서 전통적 윤리이론이 우리의 현실적 의사결정에 무용한 추상성으로 나아가게 만든 것이다. 전통윤리학에 대해 이같이 비판적 입장을 취하는 자들은 윤리학이 갖는 비역사성, 비현실성으로부터 실천철학으로서 윤리학을 구제하는 것을 그들의 가장 중요한 과제로 삼고자 한다.

이미 살핀 바와 같이 응용윤리 혹은 실천윤리가 전통윤리에 대해 도전적 입장을 취하는 한 가지 관점은 응용윤리학에 있어서 윤리이론이나 도덕원칙이 갖는 역할과 관련된 것이다. 즉 응용윤리학자들은 실천의 지침(practical guide)을 찾기 위해 윤리이론에 의지해서는 안 된다는 것이다. 우리가 이 같은 도전의 핵심을 파악하기 위해서는 윤리이론을 특정한 구체적 도덕문제에 적용하는 것으로 생각하는 통념적 인식을 이해할 필요가 있다. 응용윤리학적 도전의 주요 목표는 바로 이 같은 윤리이론과 도덕실천 및 그 관계에 대한 전통적 입장이다. 물론 이러한 도전에 모든 응용윤리학자들이 동조한다고 볼 수는 없으나 이런 반이론(anti-theory)적 경향이 지배적인 추세인 것은 사실이며 이 같은 추세는 다음과 같은 몇 가지 특징을 보이고 있다.[15]

---

15) Tim Dare, "Applied Ethics, Challenges to", *Encyclopedia of Applied Ethics*, vol. 1, Academic Press, 1998, pp.186-187 참조.

첫째, 도덕이론가들은 지극히 추상적이고 보편적인 규칙(universal rules)이나 원칙을 중요시하는 자들이다. 예를 들어 바이어(A. Baier)는 규범이론을, 더 일반적인 것으로부터 덜 일반적인 것이 도출되는 도덕원칙들의 체계로 규정하며 도덕이론가들이 공식화된 일반규칙들에 지나치게 편향되어 있음을 비판하고 있다. 둘째, 반이론가들은 도덕이론이 지나치게 환원주의적(reductionist)인 것으로 생각한다. 다시 말하면 모든 도덕적 가치들이 단일한 척도 아래 통합될 수 있다고 주장한다는 것이다. 이론가들은 특수한 판단들의 무한한 다양성을 단일한 원리나 원리들의 체계 아래 통합하고자 하는 욕구로 인해 현실의 다원성에 둔감한 일원론자가 되고 만다는 것이다.

셋째, 이론가들은 또한 도덕적 추론을 본질적으로 연역적인(deductive) 것으로 이해하고 있다. 그들은 모든 도덕적 문제에 있어 정확한 하나의 의사결정이 있다고 가정하며 이는 합리적 행위자가 행할 바를 결정하기 위해 따라야 할 연역적 절차에서 주어진다는 것이다. 윌리엄스(B. Williams)의 주장에 따르면 합리주의적 의사결정 절차를 갖고자 하는 욕구는 바로 도덕이론을 산출하는 것과 동일하다는 것이다. 반이론가들은 이러한 연역적 모형에 반대하면서 주장하기를 도덕판단은 일반원리가 아니고 현실적 사태와 상황의 특수성에 주목함으로써 생겨난다고 한다.[16]

맥도웰(J. Madowell)은 도덕이란 코드화할 수 없는 것(uncodifiable)이라고 주장하면서 말하기를 우리가 행해야 할 바는 보편원리의 적용을 통해서 아는 것이 아니라 어떤 종류의 사람됨을 통해서, 즉 상황에 대한 어떤 방식의 이해를 통해서 알 수 있다고 했다. 너스바움(M. Nussbaum) 또한 규칙보다 지각(perception)의 우위성을 주장하면서 "우리를 보편적인 것에 국한시키는 것은 둔감한 자를 위한 처방"

---

16) 위의 논문, p.187.

이라고 했다. 같은 이유에서 반이론가들은 연역적 기술에 대립해서 구체적 판단의 중요성을 강조하는데 그 이유는 유능한 도덕추론가는 환원 불가능한 경쟁적 가치와 해소 불가능한 요구들 간의 갈등을 해결, 해소하는 자로 보기 때문이다. 결국 응용윤리학에서 이론이 갖는 역할에 겨냥된 도전의 분명한 목표는 응용윤리가 일반적 윤리이론의 발전과 그를 통해 윤리의 궁극원리를 발견함으로써 구체적 상황에 실천적 지침을 주고자 하는 것이라는 통념적 인식인 것이다.

이상과 같은 도전을 통해 취할 수 있는 한 가지 입장은 그러한 비판을 그대로 받아들임으로써 이론이 없이(without theory) 응용윤리학을 수행하고자 하는 입장이다. 그러나 이같이 극단적인 반이론적 입장을 취하는 자들로부터 거리를 두는 더 신중한 응용윤리학자들은 응용윤리학을 위한 올바른 방법이 일반원리보다 구체적 사태에 주목하는 것이라는 반이론가들의 어떤 일면을 받아들이면서도 윤리적 숙고에 있어서 이론이 나름의 역할을 갖는다는 전통적 입장의 일부를 유지하고자 한다. 그렇다면 이들이 이론과 원리에 대해서 나름의 역할을 유지하고자 하는 이유는 무엇인가?

첫째, 반이론주의자들은 일반적으로 관행에 대한 평가는 그 관행 내부로부터(from within) 이루어져야 한다고 말한다. 특정 관행에 외재적인 이론적 기준을 거부하면서 그들은 현실관행, 전통, 역사적, 문화적 요인에 주목하는 것이 중요하다는 것을 강조한다. 하지만 이 같은 입장은 사회적 관행에 대한 비판의 가능성을 심각히 제한하는 결과를 갖게 된다. 반이론가들은 도덕적, 정치적 규범은 공동체의 근본 가치와 관행에 반대되는 비판적 척도를 근거로 해서 거부될 수 없다고 말한다. 그러나 이론을 고수하고자 하는 중요한 이유는, 효율적인 비판이란 적어도 우리가 문제삼고 있는 공동체의 특정 관행으로부터 일정한 거리를 취해서 평가의 일반적 척도나 원리에 의거할 것을 요구하기 때문이다. 그렇다고 해서 이것이 비판과 평가가 절대적인 아르키메데스적인(Archimedean) 이론적 관점을 요구한다고 말하는 것은 아니다. 또한 특정한 관행의 여러 부분들 간의 정합성 문제와 같은 내재적 탐구 조차도 관행의 어떤 부분이 더 중요하며 왜 그런지 등에 대한 이해를 요구하는데 이 또한 이론적 문제가 아닐 수 없는 것이다.[17]

둘째로 일반적인 도덕원칙은 여러 가지 방식으로 유용한 것일 수 있다. 내가 지금 당면한 상황이 이미 많은 이들의 숙고를 거친 상황과 동일한 종류로 생각하고 서술할 수 있다는 것은 분명 이로운 일이다. 이론이나 원리는 그와 관련된 도덕적 갈등을 평가하고 숙고할 수 있는 방도를 제공하며 이 같은 갈등이 과거에 다루어진 방식을 발견하고 지시하는 방도를 제공할 뿐만 아니라 그러지 않고서는 지나치게 될 대안을 인식하는 방도이기도 하다. 나의 경우를 일반원리 아래 포섭되는 것으로 이해함으로써 나는 시간, 노력, 심적 부담 등도 절약할 수 있으며 이로써 나보다 먼저 타인들이 유사한 길을 갔다는 사실로부터 위안과 지지를 받게 된다. 나아가 원리는 내 주장에 대한 타인의 태도에 대해 더 큰 신뢰의 근거를 제공할 뿐만 아니라 나의 주장을 그들에게 제시하는 손쉬운 방도를 제공하기도 한다. 일반이론 또한 이 점에 있어 원리와 동일한 역할을 하게 된다고 할 수 있다.

이상과 같은 이유에서 반이론적 주장이 일리있음을 인정하면서도 응용윤리에 있어 이론이 갖는 나름의 역할을 인정하고자 하는 자들은 따라서 전통적 윤리이론가들과는 다른 시각에서 이론에 의미를 부여하고자 한다. 우선 이들은 이론 일원론보다는 이론 다원론(theory pluralism)의 어떤 형태를 수용할 필요가 있음을 인정한다. 이는 적절히 수행된 도덕적 탐구는 옳은 행위에 대해 하나 이상의 이론과 원리를 기대하며 올바른 이론이나 원리는 단일해야 한다는 입장을 배척한다. 이들의 주장에 따르면 도덕문제에 대한 서로 다른 이론과 원리를 인정

17) 위의 논문, p.187.

하는 것은 적합한 숙고에 이르기 위한 발견의 방도라는 것이다. 단일한 올바른 도덕이론이나 원리를 추구하는 일을 버리게 되면 우리는 규범이론 속에서 발견하는 갖가지 추상적 진술들이 상황의 다양한 차원에 대한 각성제로 사용할 수 있음을 이해하게 된다는 것이다.[18]

나아가 보편적이고 정식화된 도덕적 의사결정 절차를 포기하게 될 경우 도덕적 숙고는 이론이나 원리의 기계적인 적용이 아니며 이론과 원리가 갖가지 논의를 명료히하고 진단하며 구조화하는 데 이용되는 이른바 숙고의 전략(deliberative strategy)으로 간주될 수 있다. 올바른 하나의 도덕적 해답을 산출할 목적으로 이론과 원리를 적용하지 않으며 이론과 원리는 도덕문제에 접근하는 과정의 일부를 이루게 된다. 또한 우리는 도덕에는 해결이 어려운 문제들(irresolvable problems)이 존재한다는 현실을 인정할 필요가 있다. 경쟁적 가치관을 전제할 경우 어떤 행위가 도덕적으로 옳고 그른지 결정하기가 쉽지 않다는 점을 깨닫게 된다.

그러나 해결할 수 없는 문제들이 있다고 해서 윤리학의 용도폐기를 말하는 것은 아니다. 오히려 사람들에게 도덕적 갈등을 보여주고 갈등이 있는 이유, 다양한 가치관이 하나로 통합되기 어려운 이유, 하나의 정답이 없지만 더불어 사는 지혜 등을 보여주기 위해서도 윤리학이 요구되는 것이다. 다양한 반응의 장단점을 아는 것은 문제를 입체적으로 이해하는 데 도움이 되며 도덕적 숙고의 기술을 발전시키고 인간에 대한 이해에 있어 비옥한 토양이 될 것이다. 이런 점에서 우리는 이론과 실천의 변증법적 발전과 철학의 실천적 지반으로서 현실에 대한 열암의 화두를 다시 한번 상기하게 된다.

---

18) 위의 논문, p.188.

맺음말: 해체시대의 중심잡기

1. 들어가는 말

오늘날 우리 사회는 서구가 수세기에 걸쳐 겪어 온 근대화의 과정을 수십 년 동안 집약적으로 체험하면서 압축성장을 성취한 것을 기반으로 오히려 정보통신산업에 있어서는 세계를 선도하기에 이르렀다 해도 과언이 아니다. 이러한 시점을 전후로 해서 21세기 한국 메가트렌드(대추세)를 탐색하고 고도 기술사회의 철학적 전망을 얻고자 함에 앞서 몇 가지 주의할 점이 있다고 생각된다.

우선 이같이 앞으로 도래할 미래의 전망이나 예측과 관련된 과제에 대해 우리가 자신 있게 말할 수 있는 것이 그리 많지 않다는 점이다. 우리가 20여 년 전 예견하기 어려운 사태들이 오늘날 목전에 전개되고 있듯 앞으로 20여 년 후의 상황은 더욱 예견하기 어려운 것이 사실이기 때문이다. 어떤 학자가 말했듯 미래에 대한 우리의 예측(prediction)은 기껏해야 현실의 연장선상에서 추정된 현재의 투사(projection)에 불과할 뿐 현실의 예측과는 거리가 있다는 것이다.

더욱이 21세기 한국이 나아갈 대추세는 그 방향이 다원적, 다중적일 수 있어서 단선적이고 단일한 방향을 추정하거나 단정하는 일 또한 어려운 것이다. 정보통신기술의 사회적 영향 또한 유토피아적 시나리오와 더불어 디스토피아적 시나리오가 팽팽히 맞서고 있어 지금으로서는 어느 한쪽으로 결론짓기가 어려운 실정이다. 하지만 불확실하고 불투명한 미래를 앞두고 삶을 영위할 수밖에 없는 인간존재는 또한 불확실하나마 미래를 점치며 그에 따라 스스로 예비할 수밖에 없는 운명이다.

특히 이 점과 관련해서 우리가 삼가야 할 것은 기술결정론적인 사고이다. 물론 특정 기술이 인간의 삶의 방식에 미칠 사회문화적 영향과 상관된 잠재역량은 부인하기 어려우나 그것을 결정적이고 운명적인 요인으로 수용할 것인지 여부는 또 다른 문제이다. 고도 과학기술 특히 정보통신기술이 가진 사회문화적 영향은 주어진 고정된 것이라기보다는 인간주체에 의해 선택의 여지가 있는 과제로서 이해되어야 할 것이다. 이같이 열린 과제로서의 의의가 없다면 미래에 대한 예견과 예측을 위한 모든 인간적 노력은 무의미한 것에 그칠 뿐이기 때문이다.

미래에 대한 전망이 예측하기 어려울 정도로 불확실하고 다원적이며 또한 미래가 기술결정론적으로 주어지는 운명적인 것이기보다 선택의 여지가 있는 열린 과제로서의 성격을 갖는 것이라면, 미래에 대한 철학적 전망은 한편 사실 예측적 성격을 갖는 동시에 다원적 미결정적 가능성에 대한 규범적 처방의 측면을 가질 수 있을 것으로 생각된다. 이런 관점에서 볼 때 고도 기술사회의 철학적 전망은 지극히 규범적, 윤리적, 처방적 성격을 띠게 마련인 것이다.

고도 기술사회의 철학적 전망을 얻기 위해 우리는 이 같은 사회에서 제기되는 논제들을 크게 미시적 수준(micro-level)과 거시적 수준(macro-level), 그리고 중간적 수준(meso-level)의 주제 등으로 세분하여 고찰해 보기로 한다. 이 같은 과제를 효율적으로 수행하기 위해 인문·철학 분야에 속하는 10개의 주제를 추출했고 특히 미시적 수준과 거시적 수준의 주제에 전형이 될 만한 것으로서 자아정체성(self-identity)의 문제와 정치 공동체(political community)의 문제를 중심으로 각 주제들을 연계, 배열함으로써 전반적 조망을 가늠하는 데 도움이 되고자 했다.

래드(John Ladd)가 암시하듯 윤리도 크게 나누면 거시윤리(macro ethics)와 미시윤리(micro ethics)로 나누어진다. 그런데 컴퓨터 기술영역에 있어 우리는 자주 미시적(구체적인 도덕) 문제들에 집중한 나머지 중대한 거시적(정책적, 개념적) 문제들을 놓치게 되는데 사실상 관련된 거시적 문제의 해결 없이는 미시적 문제 또한 해결되기 어려움을 유념해야 할 것이다. 물론 거시적이고 제도적인 문제에 골몰한 나머지 미시적, 개인적 문제해결을 등한시하는 일 또한 삼가야 할 것이다. 거시윤리와 미시윤리에 대한 균형 있는 관심이 절실히 요청된다 할 것이다.

2. 대추세: 해체, 탈구조화, 연성화 혁명의 시대

고도 기술사회의 철학적 전망, 특히 21세기 한국이 보여줄 대추세를 한 마디로 말하기는 어려울 것이다. 다양한 관점에서 전망이 가능하고 다원적인 추세를 보이는 현실을 어떤 한 가지 특성으로 환원적인 분석을 한다는 것은 무리한 과제이고 무의미한 작업일 수 있다. 그러나 본 과제를 수행하면서 나름으로 감지하게 된 한 가지 추세를 굳이 제시하라면 그것은 바로 현대가 구성, 구조화, 경성화로부터 해체, 탈구조화, 연성화 혁명(destructuralizing, soft revolution)의 시대라 할 만하다고 생각한다. 이는 물론 현시대와 앞시대 간의 상대적 비교관찰에 의한 것으로서 중세에 비해 근대가, 그리고 근대 초기에 비해 현대가, 특히 고도 과학기술에 의해 그러한 과정이 더욱 가속화되는 대추세가 아닐까 한다.

기독교가 지배했던 중세는 그 세계관, 사회관, 인간관에 있어 그야말로 불변하는 신학적 질서에 의해 고착되고 구조화된 경성시대라 할 만하다.

신 중심적인 중세적 질서가 퇴조하고 인간 중심적인 근대적 질서로 이행하기 시작한 근대 초기는 일단 해체, 탈구조화, 연성화 과정의 시발점이라 할 수 있을 것이다. 그러나 무질서와 더불어 예견되는 불안정을 두려워한 나머지 근세인들은 중세의 신적 구조물에 대신할 만한 새로운 인간적 구조물을 축성하기에 이르렀다. 물론 그것은 다시 중세와 같은 고착화된 질서로 회귀하는 것은 아니었으나 이를테면 개체화 경향이 계층(status)이나 성별(gender) 등과 같은 유적 카테고리 속에 안주하고 재구조화되었다고 할 수 있다.

이같이 중세에 비해 근세를 전반적으로 해체와 탈구조화가 진행되는 시기로 본다 할지라도 우리는 근세를 다시 근대 전기와 근대 후기, 즉 현대로 나눌 때 근세 전기를 경성 근대(solid modernity), 근세 후기, 즉 현대를 연성 근대(liquid modernity)로 부를 수 있을 것이다. 경성 근대에는 인간관, 특히 자아정체성에 있어 통일적 자아(unitary self)를 추구함으로써 인식과, 도덕에 있어 아르키메데스적 거점(Archimedean point)을 확보하고자 했다. 또한 사회관, 공동체관에 있어서도 국가의 주권(sovereignty)을 확보함으로써 개별국가(nation state)의 형성을 지상의 과제로 삼았던 시대라 할 만하다.

우리는 이 같은 추세를 근세철학의 아버지 데카르트에서 계몽철학의 완성자인 칸트를 거쳐 국가철학을 전개한 헤겔에 이르기까지 이른바 근세철학의 흐름을 통해 확인할 수 있다. 이들 근세철학자들의 일관된 화두는 인식론이나 도덕철학에 있어 자아의 통합이나 통일적 자아였고 사회철학이나 정치철학에 있어 국가의 통합이나 통일국가였다 해도 과언이 아니다.

"나는 생각한다. 고로 나는 존재한다"라는 데카르트의 말이 근세철학의 문을 연 명제로 해석되는 까닭은 그것이 생각하는 나(thinking I)의 존재를 존재론적, 윤리학적 거점으로 요청함으로써 인간 중심적, 주체주의적, 주관주의적 전환으로서 근세의 핵심을 천명하고 있기 때문이다. 그런데 통합된 주체로서 단일한 자아가 아닐 경우 그것은 인식론적으로나 도덕철학적 거점으로서 역할을 수행할 수 없다는 것이 그들이 공유한 인식이었다. 생각하는 나로서 통합된 인식주체가 없이는 통일적 인식이 불가능하며 생각하는 나로서 통합된 인격이 없이는 도덕적 실천 또한 불가능하다고 생각되었다. 물론 이 같은 이해는 대륙철학의 선험철학적 프로젝트에 있어서 더욱 강력히 추구되었고 영국의 경험철학에 있어서는 그 같은 요청이 견지되기 어려웠던 것이 사실이다.

사회·정치 철학에 있어서도 전통적인 공동체의 해체로 인해 예견되는 시민사회적 무질서, 무정부 상태는 근세인들이 회피해야 할 불안정과 불확실성으로 간주되었다. 시민사회는 그야말로 전통적인 공동체의 해체요, 곧바로 무정부, 무질서를 의미하는 것이었다. 그래서 근대 사회철학의 과제는 이해타산에 의해 이합집산하는 시민사회를 지양함으로써 새로운 공동체적 유대와 통합을 담보하는 민족국가의 건립이었고 이성적 존재들에게 납득 가능한 합리적 질서체로서의 정부였다. 세계국가는 가능하지도 바람직하지도 않으며 개별국가가 공동체의 최종목표라는 헤겔의 국가철학에 있어 근세적 국가 이데올로기는 그 절정에 이르게 된다.

그러나 자아정체성이나 국가의 주권을 통해 질서와 안정을 추구했던 경성 근대의 프로젝트는 그 이후 서서히 무너지는 해체의 과정을 걷게 되고 현대의 정보기술에 의거한 지식기반 사회이념에 이르러 그러한 해체의 추세는 더욱 가속화된다. 자아정체성에 있어 강조된 통일자아나 개별국가에 있어 강조된 국가주권이 이제 그것에 부여되었던 시대적 소명을 넘어 오히려 인간자아에 대해 억압과 구속의 기제가 되고 개인의 인권에 대해 침해와 유린의 기제로 이해됨으로써 자아와 국가의 해체, 탈구조화, 연성화를 추동하게 된다.

해체시대, 연성화 혁명의 시대에 있어 자아관은 근세의 통일적 자아로부터 근래의 다중자아(multiple self)로의 경향으로 대변된다. 이제는 "나는 생각한다. 고로 나는 존재한다"라는 명제 대신 "나는 접속한다. 고로 나는 존재한다(I connect, so I am)"라는 명제로 대체되고 있으며, 이 같은 전환에 있어 더 중요한 것은 생각하고 접속하는 주체인 '나'가 우주의 절대거점으로서 통일적 자아이기보다는 여러 자아로 분립된 자아로 다중화되고 있다는 점이며, 그것은 또한 전지구적 그물망(worldwide network) 속의 한 매듭에 불과하게 된다는 점이다.

통일적 자아를 요청하고 그것을 확립하기 위해 전력투구했던 시대에 이중적, 다중적 자아는 병리적 현상으로서 비정상적 자아로 간주되었다. 그러나 다중자아와 관련된 담론에 있어서는 다중자아의 순기능과 역기능, 즉 그 양면성이 논의되기에 이른다. 자아의 절대통합이 요구되던 시기에 억압되고 예속되던 자아의 다양한 측면들이 해방되고 각기 제 목소리를 갖게 됨으로써 오히려 자아통합성에 대한 과도한 강조가 다면적 자아에게 엄청난 스트레스로 인지되었고 자아인식의 왜소화, 빈곤화를 결과했던 것으로 간주된다. 그러나 다중자아는 이같이 해방적 측면을 갖는 동시에 그 범죄적 측면 또한 갖는다는 점에 주목할 필요가 있다.

익명적 공간에서 자유로이 자신의 다면성을 현출하는 다중자아는 비록 그 익명성이 문자 그대로 이름이나 신원까지 감출 수는 없다 할지라도 안면이나 얼굴을 마주하는 면대면(face to face) 직접성을 회피할 수 있게 되는 안면 몰수(facelessness)의 가능성을 열어둠으로써 무례하고 무도한 행태를 서슴지 않는, 그야말로 범죄적 측면을 노정하게 되는 것이다. 여기에서 우리는 '해체시대의 중심잡기'라는 우리의 규범적 과제에 직면하게 된다. 통일적 자아의 해체는 기회인 동시에 위기이기도 하며 기회를 이용하면서도 위기를 극복할 수 있는 중심잡기의 방책과 처방을 모색하지 않을 수 없는 것이다. 여기에서 다중자아들 간의 대화 가능성이나 새로운 방식의 통합문제가 제기되며 현실공간의 일상적 자아와 사이버 공간의 다중자아 간의 관계설정의 문제가 제기되기에 이른다.

대표적인 정보사회 이론가인 네이스빗(John Naisbitt)은 정보사회의 도래를 반기면서 "과거 우리는 사람들이 하는 일을 추적하기 위해 수직적이고 피라미드적인 경영체계를 필요로 했으나 컴퓨터는 피라미드를 단숨에 파괴할 것이며 따라서 우리는 제도들을 수평적으로 재구조화할 수 있게 되었다"고 환호했다. 이 같은 환호를 다소 감안해서 이해할지라도 정보사회는 과거 수직적인 피라미드 구조에 의해 지탱되던 절대국가의 권위를 와해, 침식하게 되리라는 것은 부인하기가 어렵다. 이어서 네이스빗은 미국의 앞날을 예측하는 『메가트렌즈(*Megatrends*)』에서 정치영역에 있어 정보사회의 두 가지 추세를 다루는데 그것은 중앙집권에서 지방분권화의 추세와 대의민주제에서 참여민주제로의 경향이다.

토플러(A. Toffler) 역시 정보사회에 있어 종래 산업사회의 기본 단위였던 국가는 권력의 일부를 지방공동체로 이양하는 지방분권화와 국가의 역량을 넘어서는 문제들을 국제규모의 조직에 이관하는 세계화 추세로 인해 그 권력이 위축, 해체될 것으로 본다. 정보통신기술의 발달로 인한 물리적 시공의 축소, 축약, 밀집화로 국가 간 경계는 악화 일로에 있으며 토플러의 지적대로 지방화, 세계화로 인해 국가권력은 이중으로 위축, 약화되고 있는 것이 현실이다.

이상에서 우리는 정보통신기술의 발달 이후 본격화된 해체, 탈구조화, 연성화의 추세를 인간관 내지 자아관과 사회관 내지 공동체관의 변화를 통해 살펴보았다. 이로 인해 우리는 자아관에 있어서 통일적 자아로부터 다중적 자아로의 이행을 확인하고 사회관에 있어서 개별국가로부터 전지구적 무정부 상태로의 전환을 목격하게 된다. 이 같은 무정부적, 다원화적 추세 속에서 우리는 자유화냐 방임화냐(liberty or license)의 기로에 서게 되고 내면적으로나 외면적으로 '해체시대의 중심잡기'라는 규범적 문제에 봉착하지 않을 수 없게 된다.

정보사회는 여러 방식으로 설명되고 있지만 요약하면 세 가지 코드에 의해 이해될 수 있다. 정보사회는 지식정보(information) 사회를 의미하며 디지털 전자(electronic) 사회이고 동시에 온라인 네트워크(network) 사회이다. 정보사회가 온라인 네트워크 사회라 함은 과거 유형의 고착된 사회가 종언을 고하고 무정형적으로 끊임없이 변화를 거듭하는 새로운

'리좀형 사회'가 도래했음을 시사하고 있다.

리좀(rhizome)이란 뿌리 없이 무정형적으로 뻗어나가는 덩굴식물을 뜻하는 것으로서 나무와 같이 뿌리가 있는 식물, 즉 수목(arborescent)과 대비되는 개념이다. 어느 한 지점에 뿌리를 박고 있는 수목은 위계적 질서(hierarchy)의 체계를 가지고 있다. 따라서 수목적 구조 속의 개인은 권력에 의해 장악됨으로써 사회의 지배적 질서를 내면화하고 그것에 포섭되는 정착민(sedentaries)적 존재로 남는다.

한편 리좀은 중심이 없이 유동적으로 뻗어나가면서 끊임없이 새로운 연결을 만들어낸다. 그리고 리좀적 네트워크 속의 개인은 기존의 사회질서에 포섭되지 않고 끊임없이 변화하면서 새로운 가치를 창출해 가는 능동적 주체인 유목민(nomad)적 존재인 셈이다. 따라서 수목형사회의 기본단위가 '근대국가'라는 집단이었다면 리좀형 사회의 기본 단위는 '세계화된 지구촌 속의 개인'이라는 존재의 위상이 강조된다.

정보사회가 유목문화적 성향을 지니고 있다 함은 현대사회가 해체, 탈구조화, 연성화 추세에 있다는 점과 합치한다. 연성 근대는 모든 구조가 해체되고 유연화하며 모든 구조물이 녹아 내리는 그야말로 액상 근대(liquid modernity)라고도 할 수 있다. 모든 것이 변화무쌍하고 유동적인 가운데 고정된 거점이란 존재하지 않는다. 일정한 거점에 정착하여 안정을 향유할 수 있는 농경문화와는 달리 부단히 변화하는 정세 속에서 수시로 이동하는 유목적 삶을 통해 불안정하면서도 역동적인 삶을 추구하는 것이 연성화 혁명 후속세대인 유목민의 생활양식인 것이다.

3. 최소화 전략으로 새 질서 모색: 해체시대의 중심잡기

구성, 구조화, 경성 근대의 문제는 그것이 주는 안정성 대신 구속과 억압의 질곡으로 인해 해체, 탈구조화, 연성화로 추동된다. 그러나 또한 해체와 탈구조화 일변도는 그 종착점이 무정부, 무질서로 인한 파국과 파멸일 수 있다. 원심력과 구심력의 팽팽한 긴장과 균형 속에서 팽이가 힘차게 돌 수 있듯 공동체의 건실함도 원심성과 구심성의 견제와 균형을 통해서만 지켜질 수 있을 것으로 생각된다. 그러나 우리가 다시 구성, 구조화, 경성 근대로 회귀하는 것은 불가능한 까닭에 해체시대의 중심잡기를 위해 필요하고도 충분한 최소한의 질서를 모색하게 된다.

해체시대의 중심잡기라는 시대적 과제를 두고 우리는 그 해결책의 모색을 위해 다년간 '다원주의 사회의 질서 찾기'에 골몰해 온 정의론자 롤스(John Rawls)의 해법에 주목할 필요가 있다. 그에 따르면 근세 이후 불가피한 하나의 사회적 사실은 다원주의(pluralism)라는 사실이며 이는 근세 이후 대부분의 사회철학자들이 공유하고 있는 전제라는 것이다. 우리가 국가 등에 의해 강제되지 않고 자유로운 여건에 처하게 될 경우 우리들의 세계관, 종교관, 철학관, 윤리관, 가치관 등 포괄적 교설(comprehensive doctrine)에 있어서 다원화 경향은 불가피한 현실이라는 것이다.

다원주의적 현실을 전제하는 롤스의 해법은 최소화 전략으로서 그가 제시한 정치적 자유주의도 결국 최소 자유주의(minimal liberalism) 프로젝트라 할 수 있다. 다원주의 사회 속에서 우리는 포괄적 가치관에 있어 합의할 것을 기대해서는 안 되며 그것을 고집할 경우 우리는 결국 독단에 의한 전제나 무질서에 의한 해체의 길을 걷게 된다. 따라서 롤스는 우리가 한 공동체의 성원이 되기 위해서 최소한의 사항에 있어서 합의할 수 있는 한, 즉 중첩적 합의(overlapping consensus)를 도출할 수 있는 한 포괄적 가치관의 나머지 부분에 있어서의 다원성과 차이들은 그대로 관용하고 용납해야 한다는 것이다.

여기에서 중첩적인 합의의 부분은 서로 가치관과 인생철학을 달리하는 자들이 공동체의 존속을 위해 필수적으로 공유하게 될 최소한의 공통가치(common values) 혹은 핵심가치(core values)를 의미한다. 설사 우리가 철학과 종교가 서로 다르다 할지라도 적어도 우리는 인간 존엄성에 기초한 인권의 존중이라는 가치를 공유할 수는 있으며 이 점은 어떤 철학이나 종교도 나름의 방식으로 정당근거를 제시할 수 있는 것이다. 이 같은 최소한의 가치도 용납할 수 없는 철학이나 종교라면 그것은 다원주의 속에 포함될 자격조차 없다는 점에서 롤스의 다원주의는 이성에 의한 합당한 다원주의(reasonable pluralism)라 할 수 있다.

해체시대의 중심잡기라는 우리의 과제에 롤스의 최소화 전략을 원용하게 될 경우 우리는 다중자아의 통합이나 다문화·다민족 간의 공존에 있어서 나름의 해법을 구상해 볼 수 있을 것이다. 그것은 다중화된 자아나 다원화된 사회 간에 각기 자신의 고유성을 유지하면서도 다중화, 다원화의 원심성이 해체라는 파국에 이르지 않을 정도로 충분한 최소한의 유대와 합의를 도출하는 일이다. 이로써 다중자아는 건강한 자아통합을 확보할 수 있고 다원사회는 건실한 사회통합을 보장할 수 있게 되는 것이다.

어떤 정합성의 원칙도 없이 최소한의 유대를 담보할 통합도 없이 다양한 방향으로 분화되는 단순한 다중성으로는 다중적 자아들 간에 대화도 소통도 불가능한 그야말로 분열된 자아, 인격의 장애로 귀결될 뿐이다. 건전한 자아나 인격은 설사 그것이 다양한 자아나 인격으로 분화되어 다채로운 가능성을 현출한다 할지라도 그들 사이에 유대와 소통의 여지를 잃지 않음으로써 최소한의 통합과정에 의해서만 성립할 수 있는 것이다.

한 극단에 있어서 통일적 자아는, 그에 맞지 않는 다른 모든 가능성을 억압함으로써 그 단일성을 유지하게 된다. 감시하는 중심자아에 의해 부적합한 것으로 판정된 주변자아는 억압, 소외되며 모습을 드러낼 수조차 없다. 이러한 자아관은 강고한 전제적 사회구조 내에서 가장 잘 기능할 수가 있을 것이다. 이와는 다른 극단에는 다양하게 분열된 인격장애로 고통당하는 다중자아가 존재하게 되는데 이들 자아는 상호간에 억압적인 완고성으로 인해 수월한 의사소통이 불가능하며 소통방식 또한 일방적이고 유형화되어 있어 하나의 인격이 아니라 서로 관계 맺지 못한 분열된 파편들로 존재하고 있을 뿐이다. 이 또한 무정부적 해체를 통해 파국으로 치닫는 사회상을 반영하고 있다.

여기에서 우리는 단일한 통일자아와 다중인격장애라는 두 극단을 피해 신축적인 자아(flexible self), 유동적 자아, 최소한의 통합성을 견지하는 다중자아라는 절충적 입장의 가능성에 주목하게 된다. 자아관과 사회관의 관련에 있어서도 통일된 완고한 자아관이 전체적인 통일국가와 관련되는 데 비해 신축적인 다중자아는 개체의 고유성이 존중되는 민주적 사회질서를 방불하게 하며 전체적 모습은 다소 갈등적이거나 조화적일 수도 있어 일사불란한 통일이나 통합보다도 다소 느슨한 연관을 보이며 경우에 따라 무질서나 혼란의 가능성도 잠재되어 있다.

끝으로 다중자아가 현출되는 가상공간이 잠정적이고 과도적인 공간임에 주목하고자 한다. 해리스(Leslie Harris)의 지적대로 가상경험이 우리가 사물을 보는 방식을 변화시키는 인지적, 정서적 배경의 일부를 이루는 것으로서 가상공간에서의 체험결과는 현실의 생활공간으로 이전, 전이되어 강한 영향을 미치게 된다는 것이다. 사랑, 결혼, 부성애 등에 대한 가상경험이 현실자아의 관점을 교정, 치유, 강화시키는 갖가지 예화들이 보고되고 있다. 이는 마치 성공적인 정신분석에서 보듯 분석공간을 통해 환자와 의사의 만남이 종결될 경우 그 체험이 환자의 인격 속에 내면화되어 그의 삶을 치유, 고양시키는 순기능을 하게 되는 것과 마찬가지이다.

나아가서 가상세계에서의 체험은 불교도들이 수행을, 강을 건너 다른 언덕, 즉 대자유와 해방에 이르는 '뗏목'이라고 말한 것이나, 현대 언어철학자 비트겐슈타인(Wittgenstein)이 그의 철학적 작업을 독자들이 새로운 수준의 이해에 도달하기 위해 이용한 후 버리게 될 '사다리'에 비유한 것과도 유사하다. 가상공간은 그것이 인터넷에 의한 것이건, 정신분석에 의한 것이건, 혹은 학문적 활동에 의한 것이건 예술적 상상력에 의한 것이건 상관없이 현실적 자아의 고통을 해소하고 병증을 치유하며 부족한 점을 개선하고 질적으로 고양, 풍부화시킬 지렛대로 간주되어야 하고, 그런 의미에서 가상공간을 지나치게 보잘것 없는 것으로 보거나 과대평가해서 중독, 익사되어서는 안 될 것이다.

사회관이나 공동체관에 있어서도 정보통신은 해체, 탈구조화, 연성화의 추세를 가속화함으로써 국가를 포함한 모든 권위적 통일체를 해체시키고 아울러 거미줄 같은 연결망으로 짜인 전지구적 네트워크로 대체해 가고 있다. 여기에서 무게중심은 서서히 국가의 주권으로부터 개인의 인권으로 이행됨으로써 예상되는 공동체 유형은 개체들로 이루어진 지구촌 공동체(global community)가 될 것으로 보인다. 그렇다면 이 같은 지구촌 공동체의 통치기구 혹은 규율체계는 무엇인가. 물론 무정부 상태가 반드시 무질서 상태를 의미하는 것은 아니나 우리의 관심사는 개체들의 인권과 개성을 보호, 용납하면서도 무질서를 배제, 관리해 줄 최소한의 규율체계의 구상에 있다 할 것이다.

여기에서 우리는 이에 대한 해법으로서 근래에 주목할 만한 통치개념의 변화에 주목하고자 한다. 지난 10여 년은 지구촌이 인류공영의 문제를 해결하기 위한 글로벌 거버넌스(global governance)의 탐색기였다고 평가된다. 현실 사회주의 붕괴와 냉전체제의 종식으로 지금까지 군사적, 정치적 이슈들에 의해 배경으로 밀려났던 인권, 빈곤, 주거, 여성, 환경 등 비정치적 이슈들이 세계인들이 공감하는 글로벌 의제로 부상하면서 이에 대한 해결책으로서 글로벌 거버넌스가 화두로 떠오르게 된 것이다. 시공간의 축약을 통해 국경의 구분을 약화시키는 정보혁명의 영향으로 크게 활성화된 무수한 시민사회 NGO들이 지구촌 문제 전반에 관심을 갖고 행동으로 참여하면서 글로벌 거버넌스의 동참자로서 위상을 높여가고 있는 것이다.

거버넌스 국제학술대회에서는 "정부의 변화된 역할과 정부가 기존 역할을 포기해야 한다는 변화된 환경이 정부 혹은 통치(government)라는 단어가 더 이상 충분하지 않게 된 추세는 거버넌스(governance) 개념을 보편적으로 이용되게끔 만든 요인"이라고 보고했다. 특히 거버넌스라는 개념이 더 크게 부각된 배경은 정부의 위기 혹은 통치력의 위기에 있다고 할 수 있다. 정부의 위기 혹은 통치력의 위기의 원인은 구체적으로 정부의 중앙집권적 권위의 상실, 정부정책의 효율성 저하, 그리고 이에 따른 공공부문과 사부문 간의 파트너십 네트워크의 중시 등을 지적할 수 있을 것이다.

정보화와 세계화가 전개되면서 사회는 더욱 복잡 다양화되어 하위 체제들이 활성화되는 데 비해 이에 대한 정부의 통치나 규제의 역할에는 뚜렷한 한계가 드러나고 있다. 정부정책의 결과를 예측하기란 지극히 어렵고 또한 정책의 추진에 따른 부작용을 줄이는 것도 쉽지가 않다. 이 같은 정부의 무능에 비해 시민사회단체들은 정부가 해서는 안 될 일 혹은 정부가 행하지 못하는 일을 해결하기 위해 시민들의 관심을 모으고 이들의 힘을 동원, 문제를 풀어가는 가시적 성과를 거둠으로써 시민 또는 정부로부터 신뢰를 쌓아가고 있는 것이다. UN 또한 세계화라는 밖으로부터의 압력과 지방화라는 아래로부터의 압력으로 인해 거버넌스의 선택은 불가피하다고 지적한 바 있다.

글로벌 거버넌스란 글로벌 차원에서의 거버넌스를 의미하며 지구촌적 협치(協治) 체제를 뜻한다. 글로벌 차원이란 한 국가의 국경을 초월한 지구촌 공동 관심사 혹은 문제영역에서 무엇보다도 지구촌 절대 다수의 국가들과 사람들의 동의를 구해야 할 필요성을 강조하고 있다. 또한 글로벌 거버넌스는 지구촌 문제나 과제의 해결을 위한 주체가 정부 혹은 UN과 같은 정부의 국제적 연합체와 같은 전통적인 행위자들(agents)에게만 국한되는 것이 아니라 새로운 초국가적 글로벌 행위자들을 포함시키는 새로운 패러다임을 제시한다고 볼 수 있다. 정보와 지식에 기반한 성찰적(deliberative) 연성 근대에 있어 지구촌 협치는 그야말로 롤스의 중첩적 합의의 역동적 모형이라 할 수 있을 것이다.

4. 정보사회의 비전과 정보-소통사회에의 지향

정보사회(information society)라고 말할 경우 우리가 의미하고자 하는 것은 무엇인가? 이러한 표현은 어떤 사태에 대한 기술(description)인 동시에 미래에 대한 포부(aspiration)를 나타내기도 한다. 다시 말하면 정보사회란 특정 사회에 대한 사실묘사인 동시에 그런 사회로 향한 희망과 비전을 함축하기도 한다.

사실 묘사로서 정보사회라는 개념은 바로 우리가 살고 있는 시대의 일반적 현상을 표현하고 있다. 오늘날 우리는 각종 매체를 통하여 정보가 도처에 존재하는 세기에 살고 있으며 이 시대에 있어 정보는 우리가 생활하고 배우며 일하고 타인과 관계 맺는 방식까지 변화시키고 있다. 또한 정보는 건강, 농업, 교육, 교역 등을 위해 불가결한 것일 뿐만 아니라 민주주의가 작동하기 위해 본질적으로 요구되는 참여적이고 지성적인 시민의 양성에 있어서도 필수적인 자원이라 할 수 있다.

그런데 우리가 활용할 수 있는 수많은 정보와 지식으로 무엇을 할 것인지 숙고할 경우 현실묘사는 동시에 미래에 대한 비전으로 바뀌게 된다. 다시 말하면 그것이 평화이건, 개발이건, 인권이건, 지구촌 화합이건 간에 우리가 정보를 선용하게 될 대의나 명분을 찾고자 할 경우 정보사회는 단순한 현실묘사나 기술적 차원을 넘어 미래에의 비전과 포부로 다가오게 된다.

정보가 가진 해방적, 민주적 힘은 로제타스톤이나 구텐베르크 인쇄술 못지않게 인지된 지 오래이다. 오늘날 새삼스러운 것은 정보를 지구촌 전역에 전파하는 일을 극적으로 가속화시켜 주게 될 정보기술의 존재이다. 이러한 기술은 새로운 기회를 창출하고 사람들과 국가들을 지구촌 공동체로 통합시키는 엄청난 힘을 지니고 있다고 생각된다. 그러나 오늘날 전세계의 수많은 인민들은 아직도 정보혁명과는 무관하게 구태의연한 방식 그대로 살고 있는 것이 현실이다. 이른바 지구촌 정보격차(digital divide)

의 현황은 정보화가 약속하는 보랏빛 유토피아가 허망한 신화에 불과하다는 느낌마저 들 정도이다.

또한 정보기술은 사람들로 하여금 그들의 삶의 질을 고양해 줄 대단한 잠재역량을 지님과 더불어 세계화의 추동력이라고 할 수 있다. 그러나 그러한 기술은 그 자체로서 목적이 될 수도 없고 우리의 문제들을 모두 해결해 줄 마술도 아니다. 기술이 미래를 형성하는 것이기는 하나 기술을 형성하고 그것을 어디에 어떻게 활용해야 하는지를 결정하는 것은 결국 인간임을 잊어서는 안 될 것이다. '인간의 얼굴을 한 정보사회(information society in human face)'의 구축에 있어 성패는 바로 우리 인간 자신의 손에 달려 있음을 명심해야 할 것이다.

정보사회의 비전과 그 현실화에 있어 우리가 주의를 환기하고자 하는 점 두 가지만을 언급하고자 한다. 그 중 하나는 정보 사회정의(social justice)의 구현이고 다른 하나는 대화와 소통사회(communication society)의 실현이다. 전자가 사회적이고 더 외면적인 과제라면 후자는 개인적이고 더 내면적인 문제이다. 하지만 후자가 더 본질적이고 목적적인 과제로서 우리는 결국 개인 간의 대화와 의사소통을 위해서 누구나 정보에의 보편적인 접근권을 향유할 수 있는 정의사회를 지향하고자 하는 것이다.

기본적으로 지구촌 정보 사회정의는 다민족, 다문화 간의 중첩적 합의라는 최소화 전략의 산물로서 주어진다. 비록 우리가 자신의 철학, 종교 등에 바탕한 가치관 전반에 있어 합의하기는 어렵다 할지라도 우리는 모두 동일한 인간으로서 도덕적 평등과 인간의 존엄성에 기반한 인권 및 자유를 존중해야 하며, 이것들이 추상적으로가 아니라 실질적으로 보장되어야 한다는 최소한의 합의를 이끌어내야 할 것이다. 도덕적 평등을 전제한 정의의 원칙이 구체적으로 어떤 것인지는 더 많은 논의를 필요로 할 것이다. 특히 이 점은 공공재(commons)로서의 정보와 지적 소유권으로서의 정보 간의 균형점과도 관련해서 논구되어야 할 것이다.

현대사회를 정보사회 혹은 지식기반사회라는 개념으로 묘사하는 것이 일반적인 관행이 되고 있다. 이러한 개념은 그 일차적인 의미로 사회적 영역에 있어서 정보화 과정의 중요성을 뜻하며 이용 가능한 정보량의 점진적 증대에 대한 기대를 함축한다. 그러나 근래에 이르러 이 같은 입장에 이론의 여지가 있다는 논의가 전개되고 있으며 도대체 사회현상을 포괄적인 하나의 변수로 묘사하는 것이 적절한지, 설사 그것이 가능하다 할지라도 정보가 합당한 범주인지에 대한 의문이 제기되고 있다.

현대사회에 있어 정보화에 의한 발전이 대단한 것임은 의심의 여지가 없으며 사회의 다른 발전들과의 상호작용을 통해 정보화는 우리의 미래사회가 다양한 방식으로 전개되는 데 큰 영향을 미치게 될 것이다. 기술 일반이 활인검이 될 수도 살인검이 될 수도 있듯, 근래의 여러 저술들에서 정보사회의 발전이 긍정적인 영향을 미치리라는 유토피아적 시나리오가 제시되기도 했으나 역유토피아적 시나리오에 의해 그 부정적 영향이 강조되기도 한다.

어느 경우에서나 분석적 평가가 사회발전에 대한 결정론적 전망(deterministic perspective)에 의해 좌우되어서는 안 될 것이다. 다시 말하면 기술발전이 사회의 진전에 직접적이고 결정적인 영향을 미침으로써 그 귀결을 숙명론적으로 받아들일 수밖에 없다는 것은 사실에 부합하지도 않을 뿐더러 바람직한 태도라고도 할 수 없다. 기술과 사회 그리고 인간이 변증법적으로 상호작용하는 다원적, 복합적 방식에 대해서는 정확한 예견도 확실한 예측도 어려운 것이 사실이다.

정보사회의 미래에 대한 대부분의 입장들은 일련의 대중적 믿음에 기반을 두고 있는 것으로 보인다. 예를 들어, 더 많은 정보가 적은 정보보다 나으며, 지식과 이해를 창출하고 공개적인 정보유통으로 갈등의 예방에 기여하며, 불확실성이 감소하고 더 합당하고 합리적인 선택이 가능함은 물론, 사람들이 서로에 대해 더 나은 정보를 갖게 되면 서로를 이해하게 되고 상호 갈등이 감소하리라는 것 등등이다. 그런데 이상의 모든 믿음은 지극히 매력적인 가정이긴 하나 그 어느 것도 필연적인 진리는 아니라는 점을 유념할 필요가 있다.

또한 일반적 가정에 따르면 정보는 힘(power)이라는 것이다. 그런데 정보가 힘의 원천이 되기 위한 필요충분조건은 정보를 생산, 유통, 저장, 수정하는 데 필요한 인프라 구조가 접근 가능하고 사람들이 정보를 활용할 유효한 기술을 소지하며 각자의 이해관심을 증진해 줄 사회적 네트워크에 참여할 기술을 가질 경우이다. 이러한 가정에 따르면 결국 사람들이 그러한 힘을 행세할 수 없는 이유는 그들의 정보가 부실하거나 정보에 무지하기 때문이라는 것이다. 또한 그들이 제대로 정보를 소지하고 있으면서도 실제로 힘을 행사하지 못하는 까닭은 그것을 실현해 줄 물질적, 전략적 수단을 결여하고 있기 때문이라는 것이다.

이상과 같은 일련의 사고에 따르면 일단 시민들이 서로에 대해 더 나은 정보를 가질 경우 그들은 서로를 더 잘 알고 이해하며 서로 간에 갈등의 소지가 적어진다는 것이다. 그러나 생사를 건 갈등이 정보의 결여에 의해 원인이 제공되지 않는 경우도 흔하며 오히려 현실의 많은 갈등들이 매우 적절한 정보에 바탕을 두고 있음 또한 사실이다. 반대로 서로에 대해 무지하기 때문에 그나마의 사회적 조화가 유지되는 경우도 있으며 계층 간의 위계도 서로의 실상이 가시화되지 않는 관계로 근근히 유지되는 경우도 적지 않다.

대립하는 자들이 서로의 목적과 동기에 대해 지나친 정보를 갖기 때문에 갈등상황이 증폭되기도 한다. 결국 정보와 지식의 역할 및 효과에 대한 상식적 가정은 심각하게 잘못된 인과적 모형에 바탕을 둔 것일 수 있다. 정보와 지식은 사회적 과정의 중요한 변수로 간주되며 그것들이 조종되는 방식에 따라 여러 가지 사회적 결과가 생겨나게 된다. 사회과학적 탐구에 따르면 정보와 지식의 공유는 단순한 자극-반응의 단선적 모형으로, 다시 말하면 정보, 지식의 투입과 사회적 결과 상호간의 단선적인 인과관계 모형으로 풀기 어렵다는 사실이다.

나아가 정보사회와 관련된 일반적 담론에 있어 지식, 정보에 기반한 미래사회에의 전망만을 강조함으로써 대화나 의사소통이라는 개념은 상대적으로 간과되고 있다는 점에 주목할 필요가 있다. 그러나 우리의 진정한 목표는 오히려 대화와 소통사회를 형성할 방도를 모색하는 일이 아닐까? 사실상 세계의 가장 긴요한 현안 문제를 해결하기 위해 우리가 필요로 하는 것은 더 이상의 정보유통이기보다는 의사소통의 능력을 신장시키는 일이라고 생각된다. 역설적이게도 정보와 지식을 유통하고 분배하는 우리의 능력이 팽창, 증대함에 따라 서로의 의사를 소통하고 대화하는 능력은 오히려 감소하고 있음이 현실로 여겨진다.

복잡한 현대사회에 있어 우리는 서로 의사를 소통하고 대화할 필요가 긴요해진다. 우리의 가장 긴급한 사회문제의 해결을 위해 의사 소통할 능력은 정보능력보다 더 요긴하고 화급하다. 사실상 가장 안타까운 사실은 우리가 정보사회, 지식기반사회의 발전을 위해서는 고심하면서도 그런 가운데 사람들 상호간에 대화나 의사소통이 제대로 이루어지지 못하고 있다는 점에 무심하다는 사실이다. 그래서 오늘날 우리에게 주어진 또 한 가지 도덕적, 철학적 도전은 세계가 정보-지식사회가 아니라 대화-소통사회를 절실히 요청하고 있다는 점이 아닐까 한다.

세계의 가장 긴요한 문제들을 해결하기 위해 사람들은 더 많은 양의 정보나 지식이 아니라 문화, 종교, 언어의 장벽을 넘어서 서로 의사를 나눌 수 있는 소통의 능력을 습득할 필요가 있다. 문명 간의 만남을 위해 대화란 절대적으로 필요하고 중요한 것이다. 대화 없는 세계화는 획일화와 패권주의이고 대화 없는 지방화는 파편화와 고립주의를 함축한다. 어느 경우에 있어서나 지구촌 공동체의 지속 가능한 미래는 심각하게 손상받게 된다. 그래서 2003년 제네바에서 열린 '정보사회에 관한 세계정상회의'는 정보기술(IT)이 아니라 정보소통기술(ICT)을 공식명칭으로 선언하기에 이른 것이다.

대화에의 요청은 절실하고도 실현 가능한 일이다. 그러나 사실상 대화는 말하는 일 가운데서도 지극히 어려운 일이다. 많은 사람들은 대화적 의

사소통을 위해 여유시간이 없고 인내심도 지니고 있지 못하는 실정이다. 대화는 단시간에 어떤 성과를 내지 못하는 특성으로 인해 현대의 성취 지향적 사회의 기본 정신과도 맞지 않는 듯하다. 각종 매스미디어는 사회로 하여금 대화의 기술을 가르치는 데 특별한 도움이 되지 못하고 있다. 언론 매체가 제공하는 대부분의 내용은 부단히 말을 늘어놓으면서도 실상 아무 말도 한 것이 없는 수다, 험담, 광고, 선전, 언쟁들의 꾸러미에 불과하다.

의미 있는 논의에 대한 요구는 내면적 대화에 대한 필요에서 시작된다. 이는 모든 참여자가 그들의 판단과 가정들에 물음을 제기하는 일을 함축한다. 우리 자신의 생각과 가정들에 대한 비판적 음미와 반성은 그것을 자주 잊고 살게 마련이기에 이는 소크라테스 이래 우리의 일상에 대한 철학적 도전인 것이다. 가정들은 우리가 무비판적으로 추종하는 성향이 있는 마음의 지도로서 이른바 동굴의 우상이라 할 만하다. 우리는 모두 서로 상이하고 갈등하는 가정을 갖고 있으며 이는 또한 우리가 서로 다른 문화적 배경, 상이한 체험적 환경을 갖기에 불가피한 것이기도 하다. 그러나 우리가 '나' 아닌 타자와 진정으로 소통하고 교감하기 위해서는 자기만의 동굴에서 해방될 필요가 있다.

대화는 침묵하면서 남의 이야기에 귀를 기울일 것을 요구한다. 대화는 그야말로 침묵과 경청의 언어에 길들여질 것을 요청하는 것으로서 시각적 영상문화에 깊이 습관화된 사회에서는 지극히 어려운 일일 수도 있다. 듣는 것은 청각 중심의 문화를 요구하는데 현대의 대중매체는 토크쇼에만 능숙할 뿐 듣는 쇼는 제공하지 않는다. 인도의 철학자 크리슈나무르티(Krishnamurti)는 이르기를 "우리는 자신의 소리에만 귀 기울이고 타인의 말을 경청하지 않는다. 그래서 우리는 언제나 수용적이기보다는 방어적으로만 듣는다. 우리는 자신에게 도움이 되는 것만을, 가능한 한 위험을 예견하기 위해 이로운 것만을 듣는다. 대화는 침묵이 존중되는 곳에서만 이루어진다"고 했다.

결국 의사소통은 인간의 기본적 욕구이고 모든 사회적 과정의 기반이다. 모든 이가 어느 곳에서나 의사소통과정에 참여할 기회를 가져야 하고 그 누구도 그런 기회가 주는 이득으로부터 배제되어서는 안 된다. 나아가 모든 사람이 소통의 수단에 실질적으로 접근할 수 있게 함으로써 그들의 의견과 표현의 자유를 행사하는 사회야말로 우리가 지향하는 인간의 얼굴을 한 정보-소통사회라 할 만하다고 생각된다.

황경식

서울대학교 철학과를 졸업하고 동대학원에서 철학 박사 학위를 받았다. 미국 하버드대학교 객원연구원과 동국대학교 교수 및 한국윤리학회, 철학연구회의 회장을 역임하였으며 현재 서울대 교수로 재직중이다.

주요 저서로는 〈사회정의의 철학적 기초〉(민음사), 〈개방사회와 사회윤리〉(철학과현실사), 〈시민공동체를 향하여〉(민음사), 〈이론과 실천〉(철학과현실사), 〈철학, 구름에서 내려와서〉(동아일보사), 〈철학속의 논리〉, 〈가슴이 따뜻한 아이로 키우자〉 등이 있다.
역서로는 J. 롤즈 저 〈정의론〉(이학사), W. 프랑케너 저〈윤리학〉, P. 싱어 저〈실천윤리학〉, B. 브로디 저〈윤리학과 그 응용〉, R. 바노이 저〈사랑이 없는 성〉, F. 톰슨 저〈공직의 윤리〉, A. 스피넬로 저〈정보기술의 윤리〉, H. J. 맥클로스키 저〈환경윤리와 환경정책〉, 보위 저〈기업윤리〉, 솔로몬 저〈생의윤리란 무엇인가〉 등이 있다.

자유주의는 진화하는가

지은이	황경식
1판 1쇄 발행	2006년 11월 15일
1판 1쇄 인쇄	2006년 11월 20일
발행처	철학과현실사
발행인	전춘호
등록번호	제1-583호
등록일자	1987년 12월 15일

서울특별시 서초구 양재동 338-10호
전화번호 579-5908
팩시밀리 572-2830

ISBN 89-7775-606-5 03190
값 25,000원

●잘못된 책은 교환해 드립니다.